쉽게 푸는 당사주

쉽게 푸는 당사주

李 修 著

동학사

일러두기

제1부　간명(看命)편은 6개의 테마로 분류하여 핵심 내용만을 설명하였다.

1. 당사주의 골격을 이루는 12지지, 12성, 12살, 형, 충, 합을 개관하고 사주명식의 작성방법을 설명하였다.
2. 형 · 충살을 중심으로 간명시 주목해야 할 점들을 설명하였다.
3. 12성이 암시하는 내용을 해당 주별로 설명하였다.
4. 12신살의 성질을 설명하고 해당 주별로 해석하였다.
5. 당사주로 매년의 운세를 보는 방법과 삼재살에 대하여 설명하였다.
6. 당사주상 용신(좋은 기운)을 구하여 실생활에 이로움을 도모하고자 하였다.

제2부　당사주의 귀납적 추론으로 당사주의 효용성을 증명하고자 하였다.

제3부　해설편에서는 당사주의 이론적 배경과 운명에 대한 바른 관점을 논하여 보았다.

제4부　당사주 원문의 주된 내용을 수록하고 보주하였다.

부록　1930~2050년까지의 만세력을 수록하였다.

들어가는 말

역술(易術)로서의 사주학을 생각해본다

오래 전부터 동양에서는 음양오행(陰陽五行)을 인식하였다. 漢나라 이전에 이미 오행설에 대한 이론 체계가 성립되었다고 할 수 있는데 그 내용은 다음과 같다.

즉 삼라만상(森羅萬象)이 오행으로 구성되어 있으며 각 오행은 끊임없는 생화제극(生和制剋)의 규칙적인 운동을 통해 만물을 탄생시킨다. 이렇게 탄생한 만물은 성장하여 활동하다 결국에는 사라지니 여기에 인간이 예외일 수 없음을 깨달았던 것이다.

오행에 대한 연구는 더욱 발전하여 당나라 때부터는 오행설이 개인의 운명을 추론하는 데 본격적으로 이용되기 시작하였다. 당대의 이허중(李虛中)은 개인의 수명, 귀천, 운명의 길흉을 추명(推命)함에 있어 놀라운 정확도를 보였으므로 당시의 대문호 한유가 그의 묘비명에 "백중의 하나도 틀림이 없다."라는 문구를 새길 정도였다. 이때 유행한 역술이 생년을 중심으로 사주를 보는 당사주(唐四柱)였다. 그러나 요즘에는 당사주를 살피는 명리학자는 보기 힘들다.

송대에 이르러 일간(日干) 위주로 운명을 해석하는 학문적 체계가 형성되었는데, 서승(徐升)의 연해자평(淵海子平)이 그 집대성이라 할 수 있다. 이후 명대의 명리정종(命理正宗), 만유오의 삼명통회(三命通會)를 주목할 만하며 이후 청나라 때 명조 초기 유백온(劉伯溫)이 쓴 적천수(滴天髓)가 약 오백 년간 비전되어오다가 세상에 알려져 명리학에 일대 발전을 가져왔다. 또한 저자 미상의 궁통보감(窮通寶鑑)은 조후설로 명리학에 일조하였다. 명리학의 발전은 곧 적중률이 높아짐을 의미하니 명리학의 적중률이 높아짐에 따라 자평 이전 성행했던 점성술 등이 자취를 감추게 되었다.

그러나 이후 사주학의 괄목할 만한 발전상은 찾기 어렵다. 따라서 현재 사주학은 명나라 때의 방식을 이어받아 한국, 중국, 일본 및 동남아 국가들에서 여전히 그 뿌리를 내리고 있다. 이중 중국에서는 천 년 전에 발표된 연해자평류의 화려하고 현학적인 해석의 번잡함을 지양하고 비판적인 시각에서 새로운 명리학의 발전을 도모하여 자평명리학과 두수(斗數)를 병용하는 새로운 성상학류(星相學類)의 체계가 정립되고 있다. 일본 역시 이러한 사조에 편승하고 있으나 정도가 지나친 도식화, 공식화의 경향으로 본류에 어긋나는 느낌을 주기도 하며 때론 원서의 해석상 오류로 일견 왜곡된 내용들도 눈에 띄는 실정이다.

이에 비해 우리는 연해자평과 명리정종의 현학적인 주석에 집착하는 경향이 있어 학문의 발전상으로는 정체된 느낌이 든다. 현 사주학의 한계를 벗어나려는 새로운 시도가 필요하다고 본다.

이렇게 다듬어지는 사주학의 체계는 보다 정연한 논리를 갖추게 될 것이고, 우주를 지배하는 절대 진리와 맥을 같이 하게 되어 이를 사람에게 적용시킬 때 결국 정확한 추명 결과로 나타날 것이다.

사주학은 특히 연역적인 학문이기에 신비롭다 한다. 즉 올바른 진리를 터득했다면 추명에 한 치의 빈틈이 있을 수 없다. 결론적으로 역학의 본도는 진리를 깨우쳐 이로써 명(命)을 알고 앞날을 도모하는 것이다. 다시 말해 역술의 생명은 적중률에 있다.

역학이 과학이냐, 미신이냐의 논쟁은 오로지 적중률에 근거하며 현대 과학이 오행설을 수용하는 것은 시간의 문제일 뿐이다.

당사주(唐四柱)에 대해 생각해본다

당대에 이허중으로부터 유래되었다는 당사주는 서민이 애용하는 역술의 형태로 전해져오면서 더욱 형이하학적인 모양새로 변질되지 않았나 생각된다. 당사주하면 떠오르는 세련되지 못한 화도(畵圖), 나이 드신 분들이 화도를 펼쳐 들고 읽어내려가던 보편적인 구술, 당사주류의 출판물에서 지겹도록 반복되는 초년, 중년, 말년운에 대한 해설 등은 과연 책을 펴낸 의도가 무엇인가 하는 원초적 회의감마저 들게 한다.

그러나 당사주 역시 자평명리학과 마찬가지로 오행설에 기본을 두고 있을 뿐만 아니라 네 글자에 오행의 기본적인 내용만 가미하면 그 적중률이 여타의 역술보다 앞선다는 것을 귀납적으로 증명할 수 있다. 따라서 지금 남아 있는 당사주는 학문으로서 퇴보되어온 결과물이라는 생각이 든다. 그러나 이러한 당사주의 퇴보는 자평명리학의 적중률이 더욱 신묘하다는 점 때문이라기보다는 — 당시 서민들에게 유포된 역술이 정권의 교체까지 정확히 예측함으로써 전제군주의 압박을 받았다 — 당시 역술의 높은 적중률에 위험을 느낀 계층이 인위적으로 핵심적 내용을 빠뜨렸을 가능성이 있다.

당사주는 12지지의 네 글자로 운명을 본다. 그럼에도 불구하고 60갑자의 여덟 글자로 간명(看命)하는 명리학보다 더욱 명쾌하게 개인의 운명을 적중시키는 사례가 많다. 그것은 당사주상의 네 글자가 사주팔자의 지지(地支) 네 글자가 아니기 때문이다. 분명 명리학은 학문적인 발전의 체계를 이룩하고 현존하는 역술의 최고봉이지만 간명시 오히려 난삽(難澁)하다는 느낌이 들 때가 있으니 참 아이러니컬하다.

당사주의 한계는 명리학에 비해 세밀하지 못하다는 데에 있다. 그러나 숙명적인 부분, 예컨대 단명이라거나 부부간 생이별, 사별 등은 무서우리만큼 정확히 알 수 있으니 그것이 단점이라면 단점일 것이다. 그러나 여기에서는 학문하는 자의 마음으로 바르게 당사주 보는 방법을 알리고 터득하게 하는 데 목적이 있다. 또한 학문을 하는 자가 어떤 형태로든 전수되어온 한

분야를 쉽게 무시해버리는 경솔을 범해서는 안 된다고 생각하기에 당사주를 결코 무시해서는 안 될 것이다.

독자들에게

대부분의 사람들은 자신이 성운(盛運)일 때는 자기 자신을 잊고 살다가 불운을 실감하게 되어서야 자신의 정체성(identity)에 대하여 깊은 생각을 해보게 된다.

박복한 자는 삶에 대한 애착으로 각고의 노력을 경주해도 결국 돌아오는 것은 고생의 반복이며 더하여 육친과 사별, 배우자와의 이별로 인한 슬픔 등이 이어지므로 삶이 불공평하게만 느껴지며 이 세상에서 나만이 절대 고독에 처했다는 허무감에 빠져들 수 있다. 또 사업에 실패하여 도저히 해결할 수 없는 채무의 늪에서 허우적대며 엄청난 압박감에 시달릴 때 '나는 왜 이럴까' 하는 자문을 하게 될 것이다.

여기에 대한 해답을 가장 빨리 구할 수 있는 것이 바로 역학이다. 그러나 이 역학의 이치를 알고자 모든 사람들이 역학에 매달리는 것은 노력의 낭비이고 시간의 낭비일 것이다. 때문에 여기에 다소 보탬을 주는 것이 바로 역학인의 사명이다.

다만 분명한 것은 자신의 명(命)은 자신만이 감지할 수 있다는 것이다. 불행한 운명체라 하여 더욱 비관하고 고통스러워 할 자였더라면 굳이 자신의 명을 알고자 하지도 않았을 것이다.

명을 안다는 것은 명을 개척한다는 의미이다. 명을 모르고서

운명을 개척할 순 없다. 명을 알면 분수를 지킬 수 있으나 명을 모르면 천방지축이 되는 것이다. 현인들이 명을 알고자 생을 바친 의도가 거기에 있었다.

역(易)이란 변한다는 뜻이다. 불운의 시기에 자중하고 기다리면 반드시 호기가 온다. 불행한 운명체가 암시하는 위력은 틀림없이 대단하지만 스스로 명을 알고 노력하는 자에겐 반드시 복이 온다. 아울러 복된 명으로 행복을 구가하는 자가 쇠운의 도래 시기를 알아 겸허히 처세한다면 더욱 아름답다 하겠다.

나를 알고 세상을 알고자 하는 것이 역학이며, 명을 알고〔知命〕 명을 개척〔立命〕하는 것이 역학의 도(道)다.

또한 바르게 생각하고 매사 바르게 행하는 자에게는 흉운의 의미가 없다.

졸문(拙文)으로 자신의 명(命)을 구하는 계기가 되고 명(命)에 대한 바른 이해가 따른다면 이 둔재(鈍才)에게 더한 보람이 없을 것이다.

1997년 가을 李修 識

쉽게 푸는

당 사 주

제1부

간명편

독자들은 앞으로 계속 나열되는 殺이나 凶이라는 글자에 거부감을 느낄 수 있다. 이 두 글자를 파자(波字)하면 칼질한다는 좋지 못한 의미를 내포하고 있기 때문이다.
그러나 12殺은 12殺星의 줄임말로 길흉의 양쪽을 모두 암시하며 오래 전부터 쓰여진 표현을 여과없이 사용한 것임을 밝히며 이해를 구한다.

제1장
당사주 간명에 앞서

1. 본 내용은 독자가 가장 신속하고 정확하게 개인의 운명을 감지하는 데 그 목적을 둠으로써, 이론적 논거는 별도로 열거하지 않고 따로 제3부 해설편에서 설명하였다.

2. 당사주는 12개의 지지(地支), 12개의 성(星), 12개의 신살(神殺), 형(刑), 충(沖), 합(合)으로만 간명 – 운명을 살펴봄 – 하므로 매우 단순하고 명쾌한 논법을 가진다. 그러나 단순함에 비해 적중률은 뛰어나다.

종래 당사주의 효용가치에 의문을 품었던 역학인들의 주된 주장은 자평명학 이후 일간(日干)을 주체로 운명을 추론함이 타당하고 오행의 상생상극 논리에 따른 복식판단(複式判斷, macroscopic)이 주이며 신살(神殺) 등은 부수적으로 따르는 종의 개념이므로 중요하게 여기지 않아도 상관없다는 것이었다.

그러므로 신살론(神殺論)이 골격을 이루는 당사주는 정설이 아니라는 견해가 주류를 이루었고, 따라서 재론의 가치가 없다는 식으로 무시하는 자가 많았다. 그러나 역학을 공부하는 사람의 입장에서 이론적 근거가 다소 희박하고 모순된 점을 가지고 있다 하여 오랫동안 전해내려온 역술을 경안시하는 것은 매우 경솔한 태도라 할 것이다.

당사주는 만물의 이치인 생장멸(生長滅)의 원칙을 그 기본으로 하여 삼합(三合)의 사맹(四孟), 사정(四正), 사고(四庫)의 원리를 통해 운명을 판단하는 쉽고 명쾌한 역술이다. 따라서 역학에 관심을 갖고 있는 일반인이 유용하게 활용할 목적이라면 당사주만큼 실용적인 역술이 없다 할 것이다. 더군다나 누구나 쉽게 접근할 만큼 간명방법이 용이함에도 불구하고 그 적중률은 간과할 수준이 아니므로 당사주에 대한 명리학자들의 새로운 시각이 요구된다.

종래의 당사주와 달리 신당사주(新唐四柱)는 바로 이 점을 부각시키는 데 그 목적을 두고 있다. 또한 역술을 업으로 하는 자의 경우도 타인의 운명에 대해 어설픈 지식으로 백 가지의 설명을 하는 것보다 차라리 자신 있는 한 가지의 정확한 간명을 하는 것이 낫다. 혹 섣부른 지식을 남용하여 – 이는 지식이라 할 수도 없으나 – 잘못된 방향을 제시한다면 그 악영향의 파급효과는 지대하며 심지어 상대에게 불안감을 조성하여 재물 축재에 힘쓴다면 그 죄는 씻을 수 없는 악업(惡業)이 될 것이다.

3. 당사주도 한계를 가지고 있다. 당사주는 한 개인의 숙명적

암시는 쉽게 감지할 수 있어도 향후 운명의 길운과 흉운을 예측하는 데는 역부족한 면이 있다. 물론 당사주로 행운(行運)을 추론할 수는 있으나 인생의 세운(매년 운)은 60년마다 한 번씩, 대운(10년간의 운)은 600년에 한 번 찾아오므로 이를 12개의 신살로 추론함은 분명 한계가 있다.

그러나 매년의 운에서 명식(命式) – 자신의 사주 – 에 있는 殺에 해당하는 년이 돌아오거나 刑, 沖이 되면 반드시 사주는 움직이기 시작하여 사고가 발생하므로 이를 쉽게 감지할 수 있는 유용한 면이 있다.

4. 당사주의 논리가 단순 명료하므로 인생 명식(命式)의 경우의 수가 적다고 볼 수 있으나 실제 살펴보면 결코 그렇지 않다라는 것을 알 수 있다.

우선 간단히 12지지와 12개월, 30일, 12시, 남녀2로 102,680개의 인생 방정식이 도출됨을 알 수 있다(12×12×30×12×2=102,680). 당사주의 논법과 적용의 단순함으로 102,680개의 명식을 추론할 수 있다는 점은 가히 '당사주학'이라 할 만하다.

5. 당사주로 간명하는 데는 만세력이 필요하지 않다. 숙달되면 종이와 펜도 필요 없으므로 비법이라 한다. 처음에는 졸속한 통변이 되겠지만 반복할수록 사주 전체를 보는 실력이 쉽게 배양되므로 더욱 세련된 통변을 할 수 있게 될 것이다.

제2장
당사주 개관

새로운 당사주로 운명을 감정하기 위해서는 최소한의 기본 지식을 갖추어야 한다. 그러나 이 기본 지식이 여타의 역술 분야와는 비교도 되지 않을 정도로 간단하다. 그 가운데서도 간명편에서는 꼭 필요한 내용만을 설명하였으므로 가벼운 마음으로 다음의 내용을 숙지하기 바란다.

오행(五行)

오행이란 木, 火, 土, 金, 水 의 다섯 가지 기운을 일컫는 말이다.

우리 주변의 모든 환경〔自然〕은 오행으로 구성되어 있으며 오행은 서로 작용하여 만물을 변화 – 생장멸(生長滅) – 하게 한다. 동양의 사상은 자연과 인간을 따로 보지 않으므로 사람도 역시 오행의 기운을 가지고 있으며 이 오행의 작용에 의해 태어나서〔生〕, 성장하고〔長〕, 죽는다〔滅〕.

오행의 작용 중 특기할 만한 두 가지 작용이 있는데 이는 상생(相生)과 상극(相剋)작용이다.

상생작용(木-火-土-金-水-木)
나무가 있어야 불이 탄다.—木生火
불이 모든 것을 태우면 재만 남아 다시 흙이 된다.—火生土
흙 속에서 쇠가 생성된다.—土生金
쇠의 차가운 표면 위에 이슬이 맺힌다.—金生水
물은 나무를 성장케 한다.—水生木

상극작용(木≫土≫水≫火≫金≫木)
나무는 흙의 영양분을 흡수하여 땅을 못 쓰게 한다.—木剋土
흙은 물의 흐름을 막는다.—土剋水
물은 불을 끈다.—水剋火
불은 쇠를 녹여버린다.—火剋金
쇠는 나무를 잘라버린다.—金剋木

이처럼 상생작용은 서로를 위해주는 화합의 작용이나 상극작용은 상대를 사라지게 하니 이를 일컬어 무서운 의미를 지닌 충살(沖殺)이라 한다.

12지지(地支)

12지지는 자(子), 축(丑), 인(寅), 묘(卯), 진(辰), 사(巳), 오(午), 미(未), 신(申), 유(酉), 술(戌), 해(亥)의 열두 글자를 말한다.

이 열두 글자는 위에서 말한 자연의 법칙을 푸는 기호라고 생각할 수 있다. 그리고 각 글자에는 각각의 동물이 배속되어 있으며, 또한 오행의 기운이 스며 있다.

표 1 지지배속표

지지	子	丑	寅	卯	辰	巳	午	未	申	酉	戌	亥
동물	쥐	소	호랑이	토끼	용	뱀	말	양	원숭이	닭	개	돼지
오행1	水	土	木	木	土	火	火	土	金	金	土	水
오행2		金	火		水	金	土	木	水		火	木
오행3	水	水	土	木	木	土	火	火	土	金	金	土

※ 子년에 태어난 사람을 쥐띠라고 한다.

※ 오행1이 대표적인 기운이며 巳의 경우 화기(火氣)가 가장 왕성하고 金과 土의 기운도 있다.

또한 12지지는 계절과 방위를 나타낸다.

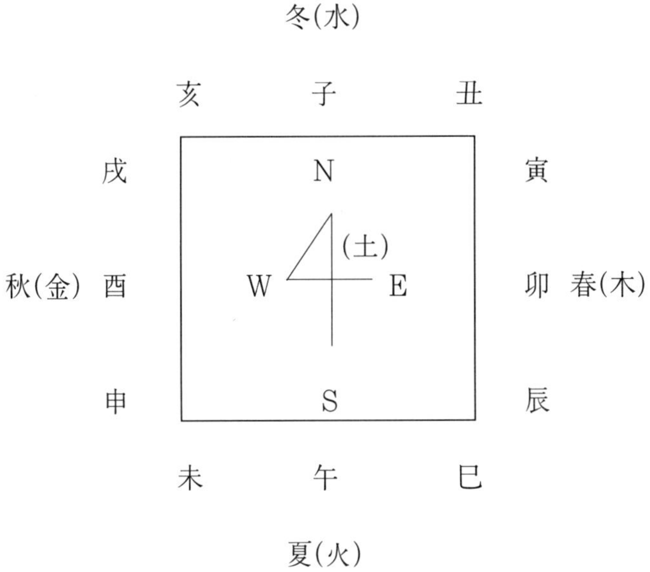

각각의 세 글자들은 모여서〔合〕 동일한 방위와 계절을 형성하므로 이를 방합(方合)이라 한다.

인, 묘, 진 방합 木
사, 오, 미 방합 火
신, 유, 술 방합 金
해, 자, 축 방합 水

위의 12 지지로 당사주를 세운다. 사주란 태어난 년, 월, 일,

시, 네 기둥을 말하며 이 네 글자를 가지고 개인에게 속한 오행의 기운과 작용을 알 수 있으므로 태어난 시점이 운명을 결정짓는 것이다. 즉 12 지지의 네 글자로 운명을 추론하는 것이 당사주이다.

1969년(닭띠) 4월 9일 오전 11시 30분 출생자의 사주를 세워보자.

우선 사주에서 시간은 하루 12시간 단위이므로 태어난 시간을 정한다.

표 2 출생시 조견표

시지	자시	축시	인시	묘시	진시	사시
출생 시간	23:30 ≀ 01:30	01:30 ≀ 03:30	03:30 ≀ 05:30	05:30 ≀ 07:30	07:30 ≀ 09:30	09:30 ≀ 11:30
시지	오시	미시	신시	유시	술시	해시
출생 시간	11:30 ≀ 13:30	13:30 ≀ 15:30	15:30 ≀ 17:30	17:30 ≀ 19:30	19:30 ≀ 21:30	21:30 ≀ 23:30

※ 만일 자신이 출생한 시간이 정확하지 않다면 잠자는 모습으로 추정할 수 있다

자, 오, 묘, 유시: 반듯이 누워 잔다.
인, 신, 사, 해시: 옆으로 잔다.

진, 술, 축, 미시: 엎드려 자거나 수그리고 잔다.

이 사주의 주인공, 오전 11시 30분 출생자는 오시(午時)생이다.

당사주를 세울 때 기준은 생년의 지지가 되며 생년의 지지(위의 경우 닭띠는 酉)에서 출발하여 생년의 지지가 년주(年柱)가 된다.(년주 – 酉) 월주(月柱)는 년주부터 – 년주를 포함하여 – 12지지 순으로 월 수만큼 세어 나간다.

4월생이므로 酉→戌→亥→子순이니 월주는 子가 된다.

일주(日柱)는 월주부터 – 월주를 포함하여 – 12지지 순으로 일 수만큼 세어 나간다.

9일생이므로 子–丑–寅–卯–辰–巳–午–未–申순이니 일주는 申이 된다.

시주(時柱)는 午시로 子–丑–寅–卯–辰–巳–午 일곱번째 시간이니 일주부터 – 일주를 포함하여 – 12지지 순으로 일곱번째인 申–酉–戌–亥–子–丑–寅순이니 시주는 寅이 된다.

그러므로 닭띠생 4월 9일 午時生의 사주는 다음과 같다.

년주	월주	일주	시주
酉	子	申	寅

※ 당사주의 사주를 왼손 하나로 쉽게 세우는 방법이 있다. 이 부분에 대하여는 뒤에 설명이 있으니 우선은 위의 방법에 따라 사주를 세우는 것을 반복해서 연습하기 바란다.

12운성(十二運星)

12운성이란 사람이 태어나서 성장하며 활동기를 거친 후 사망하고 다시 태어나는 과정 – 자연의 법칙 – 을 12가지 과정에 비유한 것으로 절(絶)–태(胎)–양(養)–생(生)–욕(浴)–대(帶)–록(祿)–왕(旺)–쇠(衰)–병(病)–사(死)–묘(墓)를 말한다.

절(絶) : 사라져 잊혀진 상태를 말한다.
태(胎) : 남녀가 만나 잉태하였음을 뜻한다.
양(養) : 태아가 모태에서 길러지는 것을 의미한다.
생(生) : 아기가 태어남을 말한다(고통을 의미한다).—生(생)
욕(浴) : 신생아를 목욕시킴을 의미한다(세속의 때가 묻음을 의미한다).
대(帶) : 의관을 갖춘다는 뜻이니 성장을 의미한다.
록(祿) : 입신하였음을 뜻하니 발전을 의미한다.
왕(旺) : 세도를 득한다는 뜻이니 전성기를 의미한다.—長(장)
쇠(衰) : 왕한 후 기운이 쇠약해짐을 말한다.
병(病) : 늙고 병이 든 것을 말한다.
사(死) : 죽음을 의미한다.
묘(墓) : 죽어 묘에 드니 사라짐을 의미한다.—滅(멸)

이 과정을 모두 거친 뒤에 잊혀진다. 그리고 다시 태, 양, 생… 이 반복된다. 이것이 자연의 이치니 사람이 예외일 수 없다. 즉 자연의 이치를 사람에게 적용한 것, 이는 다시 말해 오행설을 사주론에 적용한 것으로 바로 사주운명학이다.

표 3 십이운성표

12운성 / 오행	生	浴	帶	祿	旺	衰	病	死	墓	絶	胎	養
木	해	자	축	인	묘	진	사	오	미	신	유	술
火, 土	인	묘	진	사	오	미	신	유	술	해	자	축
金	사	오	미	신	유	술	해	자	축	인	묘	진
水	신	유	술	해	자	축	인	묘	진	사	오	미

앞에 서술한 생장멸(生長滅) – 자연의 법칙 – 을 12운성에 비추어 보면 生의 자리, 旺의 자리, 墓의 자리로 대표할 수 있다. 이를 木의 기준에서 보면 亥, 卯, 未, 火의 기준에서 보면 寅, 卯, 辰, 金의 기준에서 보면 巳, 酉, 丑, 水의 기준에서 보면 申, 子, 辰이 生, 旺, 墓의 자리에 있음을 알 수 있다.

이것이 바로 당사주간명상 원리의 핵심인 삼합(三合)이다.

해, 묘, 미 삼합 木
인, 오, 술 삼합 火
사, 유, 축 삼합 金
신, 자, 진 삼합 水

형(刑)

형이란 충과 더불어 작용력이 크다. 관재구설, 형벌을 당한다는 의미를 가지며 반대로 권력을 득한다는 의미도 있다. 작용력에 대해서는 형 · 충살의 위력편에서 설명하겠다.

※ 당사주상 형, 충의 위력은 명리학상(사주팔자)의 형, 충보다 위력이 훨씬 크다.

형은 방합과 삼합이 작용하여 만들어지는데 합된 것을 다시 상생 또는 동기(同氣)의 관계로 기운을 왕성하게 하여 오히려 화(禍)가 발생하는 것이다.

표 4　　형(刑)

오행	木	火	金	水
방합	寅 卯 辰	巳 午 未	申 酉 戌	亥 子 丑
오행의 작용	↑ ↑ ↑	↑ ↑ ↑	↑ ↑ ↑	↑ ↑ ↑
삼합	申 子 辰	寅 午 戌	巳 酉 丑	亥 卯 未
오행	水	火	金	木

다시 정리하면 寅-申-巳, 丑-戌-未를 완전한 삼형살(三刑殺)이라 하고, 寅-申, 申-巳, 寅-巳와 丑-戌, 戌-未, 丑-未 역시 삼형살로 간주한다. 子-卯는 상형살이라 하고 辰辰, 午午, 酉

酉, 亥亥를 반형살(反刑殺)이라 한다. 이중 삼형살의 작용력이 가장 크다.

충(沖)

충은 이별〔生死別〕, 변동수를 암시하며 인생의 파란을 가져온다.

寅과 申, 巳와 亥가 충하며, 子와 午, 卯와 酉가 충하고, 辰과 戌, 丑과 未가 충한다.

각각의 글자는 내포하고 있는 오행이 서로 상극작용을 하고 있는 형국이며 (표 1) 지지 배속표를 참고하면 충하는 지지는 상호간 오행의 상극작용이 일어남을 알 수 있다.

예를 들어 寅과 申의 경우, 상호간 극을 하고 극을 당하니 손상을 당한다.

寅 ↔ 申
木 ← 金
火 ← 水
木 → 土
火 → 金

이상의 충이나 형은 사주가 가까이 있을 때 그 작용력이 강하다. 예를 들어 월주와 시주가 충하는 것보다 일주와 시주가 충할 때가 작용력이 큰 것이다.

寅, 申, 巳, 亥 이 네 글자를 주목할 필요가 있다. 이들은 삼합의 첫글자이며 12운성의 生의 자리에 있으므로 이를 사맹(四孟)이라 한다. 즉 생장멸의 生을 의미하니 이제 막 싹이 오르는 시기에 모진 시련을 겪게 됨을 암시한다. 또한 刑과 沖이 분분하니 사주 네 글자 중 이들 두 글자 이상이 들어 있으면 일단 해당 운명체의 행로에 고초가 따름을 암시한다.

12성(星)

당사주의 12성은 12지지의 자리에 순서대로 위치하여 초년, 중년, 말년운을 설명하며 시주의 12성은 총운으로 인생운로의 전반을 개관한다

표 5 12성(星)

12성	貴	厄	權	破	奸	文	福	驛	孤	刃	藝	壽
운	귀	액	권	파	간	문	복	역	고	인	예	수
12지	자	축	인	묘	진	사	오	미	신	유	술	해

※ 앞에서 예를 든 1969년 4월 9일 午時생의 명식(命式) – 사주 – 은 년주酉, 월주子, 일주申, 시주寅으로 해당 12성은 刃星, 貴星, 孤星, 權星이 된다.

酉	子	申	寅
刃	貴	孤	權

12신살(神殺)

12신살은 겁살(劫殺) 재살(災殺) 천살(天殺) 지살(地殺) 년살(年殺) 월살(月殺) 망신살(亡身殺) 장성살(將星殺) 반안살(攀鞍殺) 역마살(驛馬殺) 육해살(六害殺) 화개살(華蓋殺)의 12살성(殺星)으로 운명의 길, 흉조를 암시하며 그 원리는 12운성과 다름이 없다. 12운성과 원리가 같으므로 삼합과 밀접한 관련이 있다. 이에 대해서는 제3부 해설편에서 따로 설명하겠다.

1. 사주를 세우는 법(당사주 命式 작성법)

표 6 당사주명식 조견표

12지	자	축	인	묘	진	사	오	미	신	유	술	해
12성	귀	액	권	파	간	문	복	역	고	인	예	수
ⓐ 申 子 辰	將	攀	驛	六	華	劫	災	天	地	年	月	亡
ⓑ 亥 卯 未	年	月	亡	將	攀	驛	六	華	劫	災	天	地
ⓒ 寅 午 戌	災	天	地	年	月	亡	將	攀	驛	六	華	劫
ⓓ 巳 酉 丑	六	華	劫	災	天	地	年	月	亡	將	攀	驛

12신살은 생장멸의 원리에 따르므로 삼합을 주동하여 – 기준으로 하여 – 대비하는데 태어난 띠가 원숭이, 쥐, 용이면 ⓐ에 해당하며 사주의 각 지지별 해당란의 12살을 찾아 사주명식을 작성하면 된다.

이제 1969년(己酉년), 4월 9일 午시생의 완전한 당사주명식을 작성하여 본다.

• 酉년생이므로 닭띠이니 12殺은 ⓓ를 기준으로 하여 년주 酉에 장성살(將星殺), 월주 子에 육해살(六害殺), 일주 申에 망신살(亡身殺), 시주 寅에 겁살(劫殺)이 해당된다.

1969년 4월 9일 午時생의 당사주명식

사 주	年柱	月柱	日柱	時柱
12 地支	酉	子	申	寅
12 星	刃星	貴星	孤星	權星
12 神殺	將星殺	六害殺	亡身殺	劫殺
刑 · 沖 · 合	寅申沖, 申子(辰)合			

제3장
형 · 충살의 위력

1. 충(沖)에 대하여

다음의 지지가 사주 내 존재하면 충(沖)되었다 한다.

寅과 申,	巳와 亥,	辰과 戌,	丑과 未,	子와 午,	卯와 酉

당사주에선 이를 충살(沖殺)이라 하며 사주 내 충살이 있으면 다음과 같은 일이 발생하기 쉽다.

육친과 배우자의 생이별, 사별
교통사고 등 신체상의 횡액
직장사퇴 등 명예 실추 이상의 흉조를 의미하니 그 불운을 실감하게 하며 영향력도 강력하다.

매년 해가 바뀌면서〔流年〕의 지지가 사주 네 글자 중 한 글자를 沖해오면 사건(사고)이 발생하고 만약 명식 내 충이 된 글자를 또다시 沖하면 반드시 불우한 일이 발생한다.

예를 들어 아래의 사주 명식(女命)에서 일주 申과 시주 寅이 충되었음을 알 수 있다.

년	월	일	시
酉	子	申	寅

이러한 명식의 소유자에게는 寅申沖 하나로 인해 불운을 실감하는 일이 자주 발생한다. 또한 寅과 申은 沖이면서 刑도 되니 1997년 정축(丁丑)년 한 해는 탈없이 넘기나 1998년 무인(戊寅)년에는 지지인 寅이 명식 내 존재하는 申과 寅을 다시 沖하므로 반드시 본인이나 배우자의 일신에 형액(刑厄)이 따르게 된다.

사주의 각 주(柱)별 육친의 자리를 알아볼 필요가 있다.

男命 (**남자의 사주**)

년주 · 조상	월주 · 부모, 妻	일주 · 본인	시주 · 자손

女命 (**여자의 사주**)

년주 · 조상	월주 · 부모, 본인	일주 · 남편	시주 · 자손

그러므로 여명(女命)의 월주와 일주가 沖되어 있으면 그의 남편은 무능해지고 서로가 불만을 품어 결혼 후 얼마 되지 않아 결국 생이별하는 불운을 실감하게 된다. 단, 재혼자나 떨어져 사는 부부는 예외이다.

2. 형(刑)에 대하여

다음의 지지가 사주 내 존재하면 형이 있다 한다.

寅巳申, 丑戌未 이들 세 글자가 명식에 모두 들어 있으면 삼형살(三刑殺)이 완전히 성립된 격으로 반드시 중한 형액(刑厄)이 따른다.

寅巳, 巳申, 寅申이나 丑戌, 戌未, 丑未는 위의 완전한 삼형살보다는 흉운이 감소되나 엄연히 삼형살이므로 행년(行年)에서 또다시 刑되거나 沖되면 형액을 당한다.

1965년(뱀띠), 7월 30일 戌시생(男命)

년	월	일	시
巳	亥	辰	寅

이 사주는 우선 사맹의 글자(寅, 申, 巳, 亥) 중 세 글자가 있으므로 생에 극심한 파란이 있다고 본다. 반면 성운(盛運)에 접어들면 권세를 득하여 이름을 떨칠 수 있으나 사맹의 흉조를 피하기는 어렵다. 년과 월이 巳亥沖이며 년과 시가 寅巳刑(이 경우는 자리가 떨어져 있어 작용력이 다소 떨어진다.)으로 1995년 을해(乙亥)년의 亥는 巳亥沖을 다시 沖하였으므로 직장을 그만두게 되고 실업자의 신세로 전락하였으며 관재구설수에 시달렸다(亥는 寅巳刑을 다시 沖한다).

1996년 병자(丙子)년에 위기에서 벗어났으나 손재가 있었다. (위의 경우 寅巳刑의 작용력이 다소 약하므로) 1997년 정축년은 별탈이 없을 것으로 예상되나 1998년 무인년은 寅巳 삼형살이 성립되므로 흉운을 피하기 어렵다고 본다. 이처럼 삼형살의 소유자는 매년의 지지가 寅, 申, 巳, 亥년에 해당될 때마다 문제의 소지가 있으므로 그의 인생이 파란만장하다는 것이다.

• 子와 卯가 사주 내에 있으면 이를 상형살(相刑殺)이라 하

여 성질이 난폭하고 무례한 경향이 있으나 삼형살의 흉조와는 비길 바가 못 될 정도로 작용력이 약하다.

• 辰辰, 午午, 酉酉, 亥亥를 반형살(反刑殺)이라 하여 위의 상형살과 비슷한 경향을 지닌다. 이러한 형살이 사주 내에 존재하면 정신적 괴리, 주체의식의 박약, 소극적 의타심 등이 엿보이고 신경성 질환 및 두통이 평생을 따라다닌다. 사물에 대한 부정적 견해로 우울증에 빠지기 쉽고 심지어 염세적 자살을 시도하는 자도 있다.

위의 예를 통해 형살에서 특히 삼형살의 작용이 중하다는 것을 알게 되었을 것이다. 이중 寅巳나 巳申刑은 금전횡령, 사기, 배신 등의 흉조를 암시하고 丑戌이나 戌未刑은 폭행, 수술 (여자의 경우 낙태, 유산 등) 등을 강하게 암시한다.

이러한 형살의 소유자는 자신의 성격이 잔인, 냉혹해질 우려가 있고 배신과 불화가 따르며 관재구설이 잦고 형액을 당하는 신상의 화가 우려된다.

명식에 刑 · 沖이 있으면서 行年에 다시 형충이 되면 반드시 흉조가 있다

충살이 행년에 충되면 골육, 또는 배우자간 생이별 내지 사별이 있을 수 있고 이사, 좌천, 퇴직 등의 명예가 실추되는 일이 생긴다.

형살이 행년에 충되면 형벌이 따르고 구속된다. 아니면 타인에게 형벌을 가하는 등의 타격을 준다.

형살이 행년에 다시 형되면 범법 행위를 남몰래 저지르거나,

형액의 암시가 강력하므로 관재구설에 시달린다.

형을 당한다는 것은 자연히 발생하는 불가사의한 험조(險阻)로 가벼운 경우로는 벽지에서 심한 고생, 군대 등에서 혹독한 훈련, 구타 및 기합, 교통법규 위반으로 범칙금 납부 등의 사례로 나타나며, 중하면 감금, 납치, 폭행, 민사소송을 당하거나 불기소 처분, 벌금형, 기소중지, 단기간의 구속 등의 형액이 발생한다.

더욱이 흉조의 위력이 심하면 사경에 이르는 사고, 질병, 상해가 발생하고, 불치병, 수족불구, 장기복역, 사망에 이르는 결과를 가져올 수 있다.

여자의 경우는 유산, 낙태 등으로 형을 겪는다고 하며, 그의 배우자가 파란을 겪고 형액을 당하는 것으로 나타나기도 한다.

형충살(刑沖殺)

寅과 申, 丑과 未의 결합은 刑도 되고 沖도 되니 이를 형충살이라 한다. 형충살은 寅巳申, 丑戌未의 완전한 삼형살과 더불어 크게 불길하다고 보는데 이러한 殺이 사주 내에 존재하면 그의 인생행로는 참으로 드라마틱해지는 것이다.

언제 흉사(凶事)가 발생하는가

명식에 형이나 충이 있고 행년에서 다시 형·충할 때 사고가 발생한다.

명식에 형·충이 없어도 행년에서 충하면 불행을 당하게 된다.

년주를 충하면 직장을 그만두게 되거나 전근, 좌천 등 명예에 손상을 입는다.

월주를 충하면 부모나 형제의 신상에 해가 있고 이동(이사) 수가 있다.

일주를 충하면 부부궁이 불길해지고 병이나 상해를 입을 수 있다.

시주를 충하면 자식이 가출하거나, 자식과 떨어져 사는 일이 발생한다.

일주의 12신살이 흉살(凶殺)인데 같은 殺해를 만나면 해당 殺의 위력이 나타난다.

3. 합(合)에 대하여

당사주상 合에는 방합(方合)과 삼합(三合)이 있다.

방합	寅 卯 辰	巳 午 未	申 酉 戌	亥 子 丑
삼합	亥 卯 未	寅 午 戌	巳 酉 丑	申 子 辰
오행	木	火	金	水

이중 방합은 세 글자가 모두 있어야만 합이 성립되며, 삼합은 각 두 글자씩만 있어도 합이 성립된다. 이를테면 사주명식 내 寅과 卯가 있으면 방합이라 볼 수 없고, 亥와 卯가 있으면 삼합은 성립되는 것이다.

合은 다정함, 화합을 암시하는 좋은 의미이나 명식 내 충이나 형이 없이 합만 존재할 경우에는 외정(外情) – 이성문제로 인한 구설 – 의 문제가 발생하며 지나칠 경우 음란하고 천박해지기까지 한다.

방합의 작용력은 삼합의 작용력을 능가하므로 사주 내 형, 충이 있더라도 방합이 형성되어 있으면 형 · 충살의 위력은 발휘되지 못한다.

이는 삼합의 경우에도 비슷한데 형, 충이 된 글자가 다시 합이 되면 흉운의 위력이 감소된다. 단 형, 충의 위력을 방합과 같이 완전히 소멸시키지는 못하므로 흉조는 나타난다.

4. 지지(地支)의 중복에 대하여

지지가 중복된다는 것은 사주 네 글자 중 같은 글자가 둘 이상 있는 경우로 이것은 사주의 네 글자가 각기 다른 경우에 비해 오행의 기운이 고루 분포되지 않았다는 의미이니 좋지 않게 본다.

명리학에서는 사주팔자의 오행 기운이 편중됨 없이 고루 분포되어 이들 오행이 적절히 생화제극(生化制剋)하는 것을 중화(中華)라 하여 길하게 본다. 같은 맥락으로 당사주에서는 사주 네 글자가 중복되지 않는 것을 좋게 보고 이에 더하여 형이나 충이 없으면 길한 명으로 간주하는 것이다.

동일 지지가 세 개 이상인데 그것이 길성일 때는 크게 발전하여 귀해지나 흉성이면 단명이나 신체불구가 되는 등 길흉의 극단적인 현상이 나타난다.

명리학상 중화를 우선적으로 길하게 보나 오행의 기운이 일방적으로 편승되는 – 이를 종(從)한다고 한다 – 경우 종격(從格)의 사주가 되는 때가 있는데 이 경우 다가오는 운로에서 그 기운에 편승한 운기가 작용하면 크게 발전하고 그 세를 거스르는 운기가 작용할 때 크게 불길해진다고 한다. 엄밀히 말해 같은 의미는 아니지만 당사주상으로는 동일 지지가 세 개 이상일 경우 종격으로 보고 그 길흉의 판단을 오로지 해당 살성(殺星)의 길흉조로 예측하는 것이다.

사주 내 동일 지지가 두 개 중복되면 아래와 같은 경향이 있다.

년주와 시주가 중복되면 자식과의 연이 박하고 무자식인 예가 많다.

월주와 시주가 중복되면 배우자를 극하는 성향이 있고 자식만을 데리고 산다.

일주와 시주가 중복되면 배우자와 자식을 버리고 집을 나가는 경우가 있다.

동착살(同着殺)

년주와 월주, 월주와 일주, 일주와 시주 식으로 동일 지지가 나란히 붙으면 이를 동착살이라 하여 늘 몸이 아프고 신경질적이 되며, 히스테리가 극심한 경향이 있다. 배우자를 혐오하는 등 부부연이 매우 불길해져 이혼하는 사례가 많다.

5. 원진살(怨嗔殺)에 대하여

다음의 두 글자가 사주명식 내 있으면 원진살이 있다 한다.

원진살	子↔未	丑↔午	寅↔酉	卯↔申	辰↔亥	巳↔戌

원진이 있으면 사람이 경솔하고 허점이 많아 종종 미움을 사는 경우가 있다. 그러므로 인덕이 없다 하고 매사 막힘이 따르니 남들보다 더욱 노력을 경주해야만 일을 성취할 수 있다.

행년에 일주를 주동하여 – 일주를 기준으로 – 원진에 해당하는 해에는 일이 잘 풀리지 않는 경우가 많다. 또한 원진살이 있으면 부부가 화목한 경우가 드물다.

원진살은 불혼개폐살이라 하여 궁합시 하늘이 그 연을 허락치 않는다는 의미로 중하게 보는 경향이 있으나 이는 무시해 버리는 것이 타당하다고 본다. 다만 화목을 위해 본인이 더욱 노력할 필요는 있다. 원진살은 그 원리에 있어 석연찮은 점이 있기 때문이다.

이상으로 刑, 沖殺의 위력을 중심으로 하여 불행을 야기하는 제살력(殺力)에 대한 설명을 마친다. 지지 열두 글자 중 네 글자를 뽑아 이상의 설명으로만 숙명적인 불운을 감지할 수 있는 것이 바로 신당사주 간명법이다.

혹 독자들은 좋지 않은 내용들로만 구성된 형 · 충살의 위력편에서 다소 불만과 의구심을 갖게 될지도 모른다. 이 점에 대해서는 향후 논하기로 하고 앞으로 설명하는 12星, 12殺의 내용을 잘 살펴 종합적인 간명을 할 수 있기 바란다. 다만 형 · 충살의 위력편은 길, 흉명의 단적인 판단 기준으로 파악하기 바란다. 그러므로 이상의 사항에 해당이 없는 자는 찾아보기 힘들며 있다면 자신이 참으로 행복하다는 것을 알아야 할 것이다.

종래 당사주 해석상의 문제는 복잡다양하고 급변하는 현대사회환경 속에서의 개인의 운명을 추론함에 있어 상대적으로 단조로왔던 옛날의 상황을 그대로 적용하기 때문에 발생한다고 할 수 있다.

그렇다면 현대인들이 역술에 기대하는 것은 무엇인가?

그것은 앞날을 짐작하여 대흉을 피할 수 있는 방안을 찾는 것이라 할 수 있다. 따라서 역술의 높은 적중률을 기대하며, 또한 편리성을 추구한다. 제분야가 편리를 도모하는 추세인데 역술이 예외일 수 없다. 일반인이 접하고 유용할 역술은 더욱 간편해야 한다. 이러한 역술을 탄생시키려면 운명학자들의 각고의 노력이 따라야 함은 물론이다. 다만 역학이 지니는 심오함을 특히 일본의 경우처럼 지나치게 도식화, 공식화시키면 본질이 왜곡되는 현상을 초래하니 이것의 중도를 택하는 것이 운명학자들에게 부여된 최고의 숙제라 할 수 있다. 더욱이 현대인은 운로를 개척함에 있어 귀신의 힘을 빌리고자 하는 경향이 사라지고 그것보다는 구체적인 근거가 뒷받침되는 사주의 결과에 믿음을 가지는 경향이 크다고 본다.

이러한 관점에서 신당사주 간명비법은 정확성, 간편성, 운로 개척의 선명성을 추구하는 것이다.

불운을 감면하는 방법

- 심상(心相)이 중요하다 하였으니 매사 바르게 생각하고 바르게 행한다면 가히 액(厄)을 면한다.
- 신앙생활에 충실한 자에게는 흉명(凶命)의 의미가 없다.
- 산간 벽지나 한적한 농촌에서 은거하면 고독으로 흉운을 면한다.
- 육체적 고통이 따르는 업에 종사하거나 군대 등에서 혹독한 훈련을 받으면 흉운을 면한다.
- 육친간의 생이별 내지 사별을 면하려면 서로 떨어져 살아야 한다. 주말부부 등은 좋은 예라 할 수 있다.

위의 방법은 거듭 숙독(熟讀)할 필요가 있다. 운로 개척의 방법이 특별치 않다는 데 실망할 여지가 있을지 모르나, 재삼 숙고해 보기 바란다.

고난에 처했을 때 하늘에 의지하여 스스로 성심껏 기도를 반복함이 부적류의 방액(防厄) 작용을 능가함은 당연한 사실이다. 덧붙여 '고독(孤獨)' 함을 피하려 하지 말고 견디어내고자 한다면 더한 불행한 사태를 방지할 수 있음은 자명한 이치이다.

제4장
12성론

12성으로 인생의 운로를 개관해본다. 월주에 비중을 두고 각 해당 주(柱)별로 해석해본다.

당사주 원문을 보면 년주는 초년운, 월주는 중년운, 일주는 말년운, 시주는 총운으로 분류하고 있으나 간명편에서 년주 12성은 채택하지 않았다.(제4부 당사주원문보주편을 참고하기 바란다).

귀성(貴星)

귀하다, 아름답다라는 의미로 요약되며 이는 이성에게 매력을 느끼게 함을 암시하고 – 연애사업에 능수능란 – 동시에 이성으로 인한 번뇌도 따름을 의미한다.

월주 귀성

• 누구에게나 호감을 사고 이성에게 인기가 좋으니 연애로 혼사가 수월하게 성사된다.

• 부부가 충돌하는 일은 잦으나 빨리 평정을 찾으니 부부궁이 나쁘다 할 순 없다.

• 낭비벽이 심하고 사치스러우며 유흥, 주색을 즐기니 자제가 요구된다.

• 쥐띠생이 월주에 귀성이면 오히려 나쁘고(동착살), 여기에 예성(藝星)이나 역성(驛星)이 사주 내 존재하면 현실 적응력이 떨어지고 정신적 괴리가 따르므로 심하면 무당, 박수 등이 될 수 있다.

일주 귀성

• 배우자에 대한 불만이 있으나 평정을 찾는 감각이 있어 부부궁이 무난하다.

시주 귀성

• 말년이 화평한 명이나 만약 사주 내 액성(厄星)이나 귀성(貴星)이 또 있으면 오히려 고생하게 된다.

액성(厄星)

신체상의 흉터나 액운 – 화상이나 수액 등 – 이 따르며 심하면 형벌을 받는 것을 암시한다.

월주 액성

• 주변에 도와주는 이가 없으니 인덕이 없다 하고 모든 일을 스스로 해결해야 하는 고달픔이 있다.

• 사주 내 액성이 또 있으면 오히려 길해지므로 말년득재(末年得財)의 길조가 있다.

• 사주 내 역성(驛星)과 액성이 함께 있으면 형액의 암시가 강해져 교통범칙금 등의 가벼운 형이 잦고 여자는 화류계 종사자가 많다.

• 어릴 때 물조심, 불조심이 각별히 요구된다.

일주 액성

• 중년에 신병이 발생하여 입원할 일이 생기며 이런 일이 없다면 관액(官厄)이 있다.

• 벌이는 상업, 사업에 실패수가 있다.

• 부부궁이 불미하다.

시주 액성

• 동분서주하나 별다른 이익이 없고 말년에 중병으로 고생한다.

권성(權星)

권세, 자존심, 고집 등을 의미하니 이는 만인의 우두머리로 세도가 당당하다는 의미와 이면에 성격의 결함으로 인한 인화

부족으로 스스로 고립을 자초한다는 의미가 함께 나타날 수 있다.

월주 권성

- 초년에 총명하고 눈에 띄는 형으로 리더격이다.
- 군인, 경찰이 최적의 직업이다.
- 반면 사주 내 권성이 두 개면 유유부단하고 학업이 저조하며 권성이 세 개면 화상의 위험과 세도(勢道) 후 형벌을 당하는 사례가 있다.

일주 권성

- 권세와 위엄이 당당하다.
- 운이 나빠지면 주변의 사람들이 떨어져나가 고립무원의 형국이다.

시주 권성

- 남에게 굽히질 않으니 구설시비가 잦다.
- 백절불굴의 기상으로 어디서든 우두머리다.

파성(破星)

깨지다, 파산하다라는 암시가 강하므로 시주를 중요하게 본다.

월주 파성

• 외유내강형으로 경우가 밝으며 대쪽 같은 성정이나 초년에 운이 잘 따라주지 않는다.

• 이성 교제에 능하고 이성에게 후하여 지출이 심하다.

• 사주 내 파성이 또 있으면서 여기에 고성(孤星)이 있으면 의처, 의부증이 심하고 신경질적이며 정신질환을 겪는다.

일주 파성

• 조업에 실패가 있으며 은혜를 모르는 자로 인해 배신감에 빠진다.

• 중년에 몸이 쇠약해지는 암시가 강하다.

시주 파성

• 인생 말년에 재산을 탕진하는 불운이 있다.

간성(奸星)

'姦'이라고도 하며 꾀, 지모 또는 간통으로 인한 망신을 의미한다. 융통성이라는 의미도 있으니 사주 내 1개 정도의 간성은 좋다고 보고 간성이 없는 자는 융통성이 다소 부족하다고 한다.

월주 간성

• 영특하여 초년에 학업이 순조로운 우등생이다.

• 자존심이 강하여 트러블메이커가 될 수도 있고 구설에 자주 오른다.

• 화려함을 지향하니 사치, 허영, 낭비에 휩싸일 우려가 있다.

• 년주와 월주가 공히 간성(奸星)이면 학업이 불량하고 부모 형제 덕이 없다.

일주 간성

• 비상한 두뇌로 위기관리 능력이 일품이다.

• 위기 후 사업을 일으켜 대성하는 위인의 명이다.

• 지혜가 출중하고 언변이 뛰어나니 세미나, 심포지엄 등에서 빛을 발하고 유명 강사로 이름을 날리기도 한다.

• 일주 외의 다른 주에 간성(奸星)이 또 있으면 반드시 부귀의 명이다.

일주 간성에 일주 망신살이 있으면 필시 간통이나 강간으로 인한 망신이 있다.

시주 간성

• 언변이 뛰어나니 변호업, 중개업, 대서업, 강사 등의 직업이 좋다.

• 매사 실속이 없다.

문성(文星)

글, 학문을 상징하니 내무행정직, 교직원, 교수 등의 직업에 종사하는 자가 많다. 문성이 사주 내에 있으면 공부를 많이 한 자와 하지 못한 자의 길흉이 뚜렷이 대비되므로 월, 일, 시 세 주 중 어느 곳에라도 문성이 있다면 필히 학업에 힘써야 한다.

월주 문성

- 학력이 좋은 자는 출세가 빠르나 그렇지 않으면 고생을 면키 어렵다.
- 성격이 유하고 바르므로 인기가 있으나 사업은 맞지 않다.
- 다른 주에 문성(文星)이 또 있으면 두통에 시달린다.
- 사주 내 문성(文星)이 세 개면 교육계에서 크게 성공한다.
- 타주에 예성(藝星)이 있으면 의처증, 의부증이 있고 주사(酒邪)가 있다.

일주 문성

- 용모가 뛰어나고 자존심이 강하다.
- 재주와 예술적 감각이 비상하여 예능계에서 이름을 날린다.
- 예술인의 뜻을 못 이루면 엔지니어이다.
- 색(色)을 탐하는 경향이 농후하여 이성으로 인한 망신수가 있다.

시주 문성

• 타주에 예성(藝星)이 있으면 본인 또는 자식이 주사가 심하다.
• 봉사심이 많다.

복성(福星)

육친의 덕, 재물복 등을 의미하는 길성이다.

월주 복성

• 부모와 형제의 덕으로 좋은 환경에서 성장한다.
• 의식주가 족하나 쉽게 권태를 느껴 변덕스러운 경향이 있다.
• 복성(福星)이 나란히 있으면(동착살) 고생수가 따르고 액성(厄星)이 나란히 있으면 요절할 수 있다.
• 파성(破星)과 나란히 있으면 용두사미격이다.

일주 복성

• 배우자의 덕이 있다.
• 재록이 풍부하다.
• 활동력이 왕성하고 용기가 출중하니 필시 자수성가하고 귀인의 도움으로 대업을 성취한다.

시주 복성

• 말년 부귀하고 자손이 번창한다.

역성(驛星)

돌아다니다, 타지, 해외와 인연이 많음을 암시하고 직장인의 경우 출장, 전근이 잦고 사업인의 경우 원행(遠行)함으로써 재물을 구함이 이로운 형이다. 공히 이사와 이동이 잦고 분주다사한 경향이 있다.

월주 역성

- 조업을 탕진하고 일신상에 곤액이 있다.
- 속성속패의 기질이 농후하고 영업직에서 출세가 빠른 편이다.

일주 역성

- 해외와 인연이 많고 집 밖이 편한 자다.
- 실패를 낙천적 기질로 극복한다.
- 부부가 떨어져 사는 경우가 많다.

시주 역성

- 육친의 덕이 없어 말년이 안정되지 못한다.
- 이사가 잦고 여전히 분주다사하다.

고성(孤星)

외롭고 고독함을 암시하는데 이는 사회적 동물인 사람에게 가장 고통스러운 환경에 봉착함을 의미한다. 따라서 고성은 불우한 명(命)을 대표한다. 만일 고성이 두 개 이상이고 사주 내 인성(刃星)이 있다면 소아마비, 수족불구로 평생을 불우하게 보내는 고통을 겪기도 하며 사주가 고성과 인성(刃星)으로만 이루어져 있어도 이러한 흉의 암시가 강력하다.

월주 고성

- 조실부모 또는 조출타향하여 일가친척 없이 고독하다.
- 품성은 곧고 순결하며 꼼꼼하다.
- 이기적이고 독선적인 경향이 있다.

일주 고성

- 부부연이 위태로우며 이별의 암시가 강하다.
- 재물은 스스로 구해야 하며 남의 도움은 기대하기 힘들다.

시주 고성

- 배우자와 자식의 연이 박해 말년이 고독하다

※ 고성이 명식 내에 존재하는 경우 많은 자들이 절대 고독의 심경에서 자유롭고자 종교에 봉신하는 경향이 있다. 이는 이미 언급하였듯 불운을 감면시키는 절대적 효력이 있으므로 바람직한 경우라 할 것이다. 실제로 흉명(凶命)의 악운에도 불구하고 위기를 벗어나거나, 숙명적으로 생이별 내지 사별할 부부운명체임에도 이별 없이 잘 사는 경우를 보면 대체로 충실한 신앙인들인 경우가 많았다

인성(刃星)

칼날처럼 예리하고 잔인하다는 의미로 성격이 악한 자들의 경우 인성의 소유자가 많다.

사주 내 인성이 두 개 이상이면 교통사고나 신체상의 상해를 입는 암시가 있다.

월주 인성

- 수족에 큰 상처가 있다. 아니면 젊어서 중한 병에 걸린다.
- 성질이 급하고 과격한 면이 있으나 뒤끝은 없는 자다.
- 무도에 입문하면 최적이고 이름을 날릴 수 있다.
- 인성이 세 개면 신체상 고통이 끊이질 않는다.

일주 인성

- 몸에 현저한 흉터가 있다.
- 성격이 강직하고 대담하나 인덕이 없다.
- 무예를 전공하면 일신에 영화가 따른다.
- 군인, 경찰, 외과의, 법관 등의 직업과 무도인, 체육 계통이 좋다.

시주 인성

- 재산을 많이 잃는 형국이다.
- 말년 패재(敗財)의 암시가 강하다.

예성(藝星)

특별한 재주가 있거나 수완가를 의미한다.

월주 예성

• 재능과 손재주가 뛰어나다.

• 사치스러운 경향이 있고 아랫사람을 잘 부리는 수단이 있다.

• 금전운이 있어 재물에 궁함이 없다.

• 예성이 세 개 이상이면 의사로서 이름을 날리던가 아니면 뛰어난 종교 지도자의 명이다.

일주 예성

• 성격이 섬세하고 미묘한 면이 있어 묘한 점이 있고 재주가 뛰어나다.

• 기술이나 예술 부문에서 두각을 나타낸다.

• 대부분 부유하게 살게 되나 일시의 액은 있다.

시주 예성

• 일시적인 손재수가 있으나 부유하다.

• 자식이 현출하다.

수성(壽星)

수명이 길다는 뜻과 동시에 끈질긴 근성을 의미한다. 그러나 사주 내 파성(破星), 액성(厄星)과 같이 존재하면 미천한 명이 되어 오히려 수명이 짧아지는 경우가 많다.

월주 수성

- 진취적이고 명예욕, 권위의식이 강하다.
- 색정을 탐하여 가정의 불화가 잦다.
- 동정심이 많아 손해를 보기도 하며 낭비벽이 있다.
- 삶에 대한 애착이 강하나 매사 여의치 못하다.
- 선빈후부(先貧後富)의 격이다.
- 생의 전반기에 고초가 많이 따르는 격이다.

일주 수성

- 장수의 명이며 만인에게 적선하며 살 수 있다.

시주 수성

- 의식이 풍요하고 백수(白壽)를 누리며 한가롭다.
- 다른 주에 수성이 또 있으면 신기가 발동하기도 하여 꿈의 예지가 잘 맞는다.

제5장
12신살(神殺)

12신살은 사주 명식 내에 존재하면서 운명의 길흉조를 암시하는 역할을 한다. 행년(行年)에서 명식 내 존재하는 살이 겹치면 해당 살성(殺星)이 암시하는 힘이 작용하므로 각 신살의 성질을 먼저 파악한 후 해당 주별 암시의 내용을 살펴봐야 한다. 여자 일주의 살의 작용은 남편에게 해당된다.

또한 당사주상 매년의 운은 12신살로 보게 되니 각 신살의 성질을 유념하여 볼 필요가 있다.

1. 12신살의 성질

겁살(劫殺)

남에게 빼앗긴다는 뜻으로 겁탈, 실물(失物), 강도, 도둑, 사기, 강탈의 재화를 암시하고 강제로 빼앗기거나 강제로 빼앗는 결과를 초래하는데 겁살년에 압류, 차압 등의 불미스런 일이 많이 발생한다.

또한 일명 낙상살(落傷殺)이라 하는데 그 작용력이 강하여 살 중의 왕이라는 별칭도 있다. 신체상의 횡액이 우려되며 비명횡사, 돌발사고, 관재구설 등이 발생하고 폭력 상해를 입기도 하는 흉살이다.

재살(災殺)

재앙, 재산의 손실 등을 의미하며 상대방과의 치열한 투쟁, 특히 이간질에 의한 보복 등으로 해를 입는 경우가 있다.

수옥살(囚獄殺)이라고도 하며 구속, 납치, 감금 등의 형액이 따른다.

천살(天殺)

하늘이 내리는 벌이라는 의미로 불의의 천재지변, 고질병, 불치병, 정신병 등의 흉조가 있다.

하늘을 보고 탄식한다는 의미도 가지는데 주변의 어처구니없는 실수로 인해 큰 고통을 당하기도 하며 인성(刃星), 고성(孤星)과 동주 - 같은 주에 있는 것 - 하면 더욱 흉하여 외롭게 고립될 수 있다.

지살(地殺)

땅 속에 감추어 둔 숨은 슬픔이나 비밀 등을 의미하는 것으로 남에게 드러내지 못하는 가족의 비애나 애로가 있으므로 이 살의 소유자는 눈물이 많다.

그러나 한편 지살이 땅에 대한 연관성을 가지므로 지살이 두 개 이상이면 부명(富命)의 암시가 있고 세 개 이상이면 많은 부동산을 소유한 갑부의 명이다.

년살(年殺)

색정을 탐하여 애정행각을 벌이는 것을 의미하는데 심하면 음란해져 첩이나 간부(奸夫)를 두는 사례가 많으나 남녀 공히 가정은 버리지 않으려는 성향이 강하다.

일명 도화살(桃花殺), 함지살(咸池殺)로 불린다.

월살(月殺)

소아마비, 약물중독 등의 흉조가 있고 사경을 헤매기도 하며 또 재난이 겹치니 고독함을 헤아리기 어려울 정도다. 혹자는 점술 등에 깊이 빠지기도 하며 불륜을 저지르기도 한다.

일명 고갈살(枯渴殺)로 싹을 틔우지 못한다는 의미가 있으나 노인은 그 수명을 다한다는 암시가 있다.

망신살(亡身殺)

대흉살이다.

패가망신을 의미하며 망신살이 있는 주가 刑 또는 沖되면 형액이 따르고, 특히 여명(女命)의 일주가 망신살이면 그의 남편이 불운을 실감하게 된다. 이혼의 암시가 강하게 나타나고 심하면 사별한다. 망신살이 여러 개 겹치면 불구가 되거나 단명하는 비운이 있다.

인성(刃星)과 동주하면 칼 등의 흉기에 의해 상해를 입는다.

간성(奸星)과 동주하면 이성문제로 크게 망신당한다.

※ 사주 내 망신살이 있는 주가 합이 되든지, 또는 길살성(吉殺星)으로 둘러싸여 있으면 그 흉의가 감소된다.〔길살: 반안살(攀鞍殺), 화개살(華蓋殺), 장성살(將星殺), 역마살(驛馬殺)〕

1968년(원숭이띠), 4월 13일 子시생 (男命)

時	日	月	年
丙 子	庚 辰	丁 巳	戊 申

9	19	29	39	49	59
戊 午	己 未	庚 申	辛 酉	壬 戌	癸 亥

이 자의 사주를 명리학의 견지에서 해설해 보면 庚辰일주가 강한 화기(火氣)에 의해 제련되고 지지의 수국(水局)으로 일견 태약해 보이나 대운의 흐름이 용신에 편승하므로 총명하기 이를 데 없고, 이른 나이에 입신하여 국가의 동량이 될 만한 재목의 사주라 여겨진다.

실제로 이 명은 학업이 뛰어났고 인물이 준수한 자로 명문대에 재학중이었으나 己대운 己巳년에 익사(溺死)하는 재앙을 맞았다. 귀납적 추론상 여러 가지 접근 방법이 있겠으나 사고의 중함으로 볼 때 석연치 않은 점이 있다.

이를 당사주로 풀어보면, 다음과 같이 살펴볼 수 있다.

申	亥	亥	亥
孤 地	壽 亡	壽 亡	壽 亡

월주, 일주, 시주가 겹쳐 있으며 해당 살성이 모두 망신살(亡身殺)이니 참으로 불우한 운명체라는 것을 확연히 알 수 있다. 특히 사고가 난 己巳년은 겁살년으로 (겁살과 망신살은 沖한다) 명식의 亥와 行年의 巳가 沖이 되니 이 해를 넘기기가 어려웠다고 본다. 이같이 망신살의 위력은 대단하다.

장성살(將星殺)

군인이 별을 다는 격이니 권세를 얻고 만인을 통솔한다는 의미이다.

반면 여명에 장성살은 남편보다 기가 센 형국으로 부부궁이 불길해질 수 있으며 고독을 실감하고 늘상 몸이 아픈 상황이다. 이 경우에는 오히려 밖으로 나가야만 건강 상태가 좋아진다.

반안살(攀鞍殺)

말뜻 그대로 풀이하면 말의 안장을 뜻하는데 이는 즉, 출세와 번영을 보장하는 최상의 살성(殺星)이다.

사주 내 반안살이 두 개 이상이면 가히 부와 명예를 함께 안은 형국이라 할 수 있다.

역마살(驛馬殺)

돌아다니면 길하다는 의미의 살로 12성의 역성(驛星)보다 길한 의미를 지니고 있다.

사방팔방을 주유하며 풍류를 즐기고 재복도 좋다.

육해살(六害殺)

피 흘리는 비극을 암시한다.

일주에 인성과 동주하면 그 흉의가 가중되고 刑이나 沖되면 교통사고, 수술, 상해 등으로 피를 흘리는 일이 있다.

화개살(華蓋殺)

만물을 추수하여 창고에 보관한다는 의미이니 의식주의 풍요를 상징한다.

예술, 기술, 종교성의 살로 해당 분야에 종사하는 자가 많으며 이름을 떨친다.

여자는 미색이 뛰어나며 가끔 염문을 일으키기도 한다.

사주 내 화개살이 세 개면 갑부의 사주이다.

2. 12神殺의 해당 주별 해설법

겁살(劫殺)

년주 겁살

가업의 계승이 어렵고 타지에서 자수성가함을 의미한다.

월주 겁살

자신과 형제들의 기질이 불과 같이 강렬하고 급하다. 재미있는 점은 그의 아내 역시 같은 기질로 남편이 극하면 끝까지 대들어 크게 부딪치게 되므로 부드럽게 대하여야 한다는 점이다.

여성도 마찬가지로 강한 기질이 있으며 남편의 잘못은 절대 용서하지 않고 한바탕 난리를 일으키는 예가 많다.

초년에 대체로 곤고한 생활이 이어지나 후에 기어이 자수성가하는 명이다.

일주 겁살

평생 동안 파란과 곡절이 끊이질 않으나 강한 성품으로 난세를 극복하고자 무단히 노력하여 이겨내며 살아간다.

급한 성격에 섣불리 폭력을 행사하면 그 결과가 이롭지 못하여 후회만 남을 수 있고, 교통사고, 낙상사고 등의 흉한 암시도 있으니 주의해야 한다.

여자의 경우 부모나 형제도 간섭할 수 없을 만큼 자아가 강하고 밖에서는 능란한 수단가이니 식구들은 그녀의 능력에 손을 들게 된다. 그러나 결국은 임자를 만나 강하게 빠지는 타입으로 불륜의 조짐도 있고 혼전 동거에 들어가는 경우가 많다.

사주 겁살

沖이 되거나 인성과 동주하면 말년이 불우하고 의식주가 곤궁해진다.

그러나 다른 주에 흉신이 없거나 미약하면 말년에 성공과 출세의 영화가 있고 특히 권성과 동주하면 작용력이 더욱 강해져 가히 시상겁살(時上劫殺) 영웅살(英雄殺)이라 한다.

재살(災殺)

년주 재살

일생 동안에 관재구설수가 자주 발생한다.

월주 재살

타인에 의한 보복성 납치, 감금 등의 흉조가 있으니 오해를 살 만한 행동이나 언사를 금하고 타인을 이간시키는 행위 등은 절대 해서는 안 된다.

노상횡액의 암시가 있다.

일주 재살

한 번쯤의 관액이 있고 재물을 크게 손해 보는 재앙이 발생한다.

그러나 뒤집어 생각하면 잃어버릴 것이 있으니 기본적으로 이 사람은 재산이 있는 사람이다.

사주 재살

노후에 재산은 있으나 풍파도 꽤 있다. 갑부들에게서 많이 발견되는 살성(殺星)이다.

천살(天殺)

년주 천살

객지에서 고생하는 예가 많다.

월주 천살

예고 없이 사고가 발생하며 배우자의 어처구니없는 실수로 한탄할 일이 있다.

일주 천살

구설이 잦고 평생 오명을 받기 쉬우나 이후에는 성공하여 결과가 아름답다할 수 있다.

시주 천살

자손이 없거나 또는 자식이 불치의 병을 앓음으로써 하늘을 보고 탄식한다는 암시가 있다.

지살(地殺)

년주 지살

생에 변화가 잦고 안정되지 못하는 경향이 있다.

월주 지살

부친이 작첩했거나 본인이 양자 또는 재가한 어머니의 소생 등으로 가족의 내력으로 인한 숨은 슬픔이 있으니 감상적 경향이 많고 눈물이 많은 자다.

일주 지살
부부궁의 불길로 이별수가 있으며 여자의 경우 남편이 刑을 겪거나 아니면 반드시 중병 환자다.

시주 지살
보편적으로 재물복이 있고 그의 자손은 타지에서 성공한다.

년살(年殺)

년주 년살
부부간 화목을 암시한다.

월주 년살
주색을 좋아하며 성격이 강하다.

부모대에 파산한 경우가 많으므로 부모의 도움은 기대하지 못한다.

일주 년살
도박 및 주색에 탐닉하는 경향이 농후하다.

불운이 도래하면 반드시 부부간 생이별 내지 사별하므로 중년 이후 이혼이 많다.

시주 년살

말년에 주색 풍류에 빠진다.

월살(月殺)

년주 월살

분주다사하나 가난하다.

월주 월살

조실부모 또는 부모대에 파란만장하였고 남녀 공히 외도를 일삼는다.

일주 월살

몸이 대체로 허약해지고 잔 질병이 많으며 배우자는 바람둥이이니 남에게 배우자를 뺏기는 경우가 많다.

속상함이 지나쳐 탈출구로 종교나 미신 등에 빠지기도 한다.

이혼의 암시가 강하고 후에 재혼한다.

시주 월살

오십세를 넘으면서 서서히 파란이 이는 경향이 있으며 이는 자식의 문제 때문이다. 혹은 후처의 자식 때문에 인한 남다른 고민이 있다. 이 고비를 넘기면 결과가 아름답다.

망신살(亡身殺)

년주 망신

인생에 파란이 있다.

월주 망신

신체상 고질병이 있고 가정과 사회로부터 신뢰를 얻지 못한다.

법망을 피해 범법 행위 등을 저지르다 가까운 사람들에게 피해를 주기도 한다.

일주 망신

부부궁이 불길하여 이혼의 암시가 강하며 형·충되면 결혼 후 3년 이내 생이별 내지 사별한다(상대가 재혼자거나 떨어져 사는 경우가 아닌 이상).

시주 망신

잘난 자식이 없고 인생 말년이 극빈의 파란으로 불우하다.

장성살(將星殺)

년주 장성

많은 사람을 거느린다.

월주 장성

군인이나 경찰관이면 권세를 떨친다.

여성은 고집이 세어 남편을 극하는 기질이 있으나 직업을 가지면 이 기질이 밖으로 쓰여 길하다.

일주 장성

남녀 모두 배우자의 덕이 있어 남자는 처덕을 보며 부귀영달해진다.

여성의 경우 그의 배우자는 멋있는 사람이다.

시주 장성

자식의 덕이 있고 고귀한 인품을 유지하며 여생을 보낼 수 있다.

반안살(攀鞍殺)

년주 반안

가정이 화목하고 매사 걱정할 일이 없다.

월주 반안

인품이 중후하고 존경을 받으며 처는 재복이 따르는 좋은 가문의 여성이다.

일주 반안

인생의 황금기에 한 번의 영화는 반드시 있다.

여자는 남편을 출세시킬 수 있는 성정의 소유자다.

시주 반안

시주의 반안을 가장 길하다고 본다. 부와 명예가 동시에 따르며 자식도 뛰어나니 부러울 게 없다.

역마살(驛馬殺)

년주 역마

원지(遠地)에서 산다는 것을 의미한다.

월주 역마

품위 있는 군자의 상을 지닌 자로 재복이 있다.

부부간은 떨어져 사는 것이 길하고 부인이 직업을 가지면 더욱 좋다.

일주 역마

의식주가 풍족하니 남자는 의식에 구애받음 없이 돌아다니며 풍류를 즐길 수 있다.

시주 역마

만약 화개살이 다른 주에 있다면 큰 부자가 되는 명이다.

정신적으로 안정을 기하지 못하는 경향이 있으니 불안, 초조 등의 스트레스에 시달리기도 한다. 돌아다닐수록 무병이다.

육해살(六害殺)

년주 육해

신앙심이 결여된 가정에서 자란다는 암시가 있다.

월주 육해

본인의 성격이 급하고 독한 면이 있는데 배우자 역시 그러한 면이 있음을 알아야 한다. 만일 배우자를 자주 극하면 도리어 배우자로 인해 큰 화를 입는다.

그러나 여자의 경우는 오히려 심성이 착한 자가 많고 신앙심이 두터워 착실한 신자의 예가 많다.

일주 육해

피 흘리는 비극이 분명 있으니 각종 사고나 질병에 유의해야 한다.

시주 육해

소득도 없는 일로 분주하기만 하니 실속이 없다.

늦게서야 생활의 여유를 찾는다.

화개살(華蓋殺)

년주 화개

성품이 어질고 총명하며 지혜로운 사람으로 생이 평탄하고 풍파가 없다. 다만 월주에 월살이 있으면 출생과 동시에 부모대의 극심한 파란〔敗家〕이 있다.

월주 화개

총명하고 슬기로운 자로 혹 가난한 집안의 태생이어도 자신은 행복하게 공부 잘하고 좋은 환경에서 일하게 된다.

일주 화개

졸업 후 구직도 순조롭고 결혼운도 좋으며 결혼후 성운을 맞아 활기찬 생애를 보낸다.

종교인이나 예술인이 많다.

화개살이 나란히 중복되어 있으면 색욕이 강해 유혹에 약하며 부부연이 바뀌는 수도 있다.

시주 화개

형과 충이 없다면 인생 후반부에 발복하며 고생을 했더라도 대가가 있다.

시주의 화개살 하나만으로도 가히 인생을 보상받았다 할 수 있다.

※천망살(天亡殺)

일주가 천살이고 시주가 망신살일 때 이를 천망살이라 한다.

이는 육친과 생이별 내지 사별, 배우자와 생이별 내지 사별, 재물, 자식 등 모두 망하여 더 이상 세상에 발 붙일 곳 없는 절대 고독의 명(命)을 암시하니 실로 아찔한 흉살이다.

제6장
당사주 유년법(流年法)

1. 유년법 개론

이미 서술하였듯 당사주는 행운(行運)을 추론함에 있어 부족함이 있다. 그러므로 명리학에 의거해서 인생의 대운로를 살펴보고 대의를 파악해볼 필요가 있다. 부족한 부분은 올바른 전문가의 도움을 받기 바란다.

그러나 당사주로 한 해의 운을 살피는 데 익숙해지면 무서운 예지력을 가질 수도 있다. 매년의 운로에서 그 해의 신수를 보는 방법은 간단하면서도 적중률이 높기 때문이다.

어느 시기에 사고가 발생하는지는 형 · 충살의 위력편에서 설명하였다. 또한 남자와 여자의 명식상 본인과 배우자의 자리가 다른 점도 이미 설명하였으니 여기에 유의해서 매년의 운세를 짐작해보기로 한다.

이를테면 행년(行年)의 지지가 여자 사주의 일주를 沖하면 여명의 일주는 남편의 자리이니 남편의 신상에 해가 발생함을 감지할 수 있다. 행운에 형이나 충이 되면 어떠한 일이 발생하는지 또한 형 · 충살의 위력편에서 설명하였으니 다시 한 번 살펴보기 바란다.

즉 당사주의 유년법은 첫째로 형 · 충을 보고 다음으로 12신살을 찾아서 해석하게 된다.

그러나 이런 식이라면 12년마다 똑같은 추이로 인생의 운로가 반복된다는 모순이 성립되므로 여기에서는 천간의 십이운성론을 첨가하였다.

천 간	甲	乙	丙	丁	戊	己	庚	辛	壬	癸
오 행	木	木	火	火	土	土	金	金	水	水

천간이란 갑, 을, 병, 정, 무, 기, 경, 신, 임, 계의 열 개의 글자로 이를 십간(十干)이라고 한다.

10간은 12지지와 양과 음끼리 짝을 지어 60갑자를 형성하는데 명리학의 사주팔자는 바로 4개의 간지(4개의 干과 4개의 支)를 의미하는 것이다.

12신살로 매년의 운을 볼 때는 생년(띠)을 주동하여 보나, 12운성으로 매년의 운을 볼 때는 자신의 일간(日干)을 알아야 하는데 이는 '만세력'에서 자신의 생일을 찾아보면 알 수 있다. 즉 69년(닭띠), 4월 9일생의 1997년(丁丑년) 운세를 보려면,

12신살은 생년(닭띠) 酉에서 행년의 지지 丑을 찾아 화개살년이 됨을 알 수 있고, 12운성은 만세력에서 생일을 찾아본 결과 己亥일 이므로 일간 己를 주동하여 행년의 천간 丁을 대비하면 록(祿)성임을 알 수 있다.

2. 매년 간지표

다음의 조견표를 참조한다

표 7 매년 간지표

1990庚午년	1998戊寅년	2006丙戌년	2014甲午년
1991辛未년	1999己卯년	2007丁亥년	2015乙未년
1992壬申년	2000庚辰년	2008戊子년	2016丙申년
1993癸酉년	2001辛巳년	2009己丑년	2017丁酉년
1994甲戌년	2002壬午년	2010庚寅년	2018戊戌년
1995乙亥년	2003癸未년	2011辛卯년	2019己亥년
1996丙子년	2004甲申년	2012壬辰년	
1997丁丑년	2005乙酉년	2013癸巳년	

3. 당사주 유년법 조견표

표 8　　12신살 조견표

생년 \ 신살	劫殺	災殺	天殺	地殺	年殺	月殺	亡身	將星	攀鞍	驛馬	六害	華蓋
ⓐ 申 子 辰	사	오	미	신	유	술	해	자	축	인	묘	진
ⓑ 亥 卯 未	신	유	술	해	자	축	인	묘	진	사	오	미
ⓒ 寅 午 戌	해	자	축	인	묘	진	사	오	미	신	유	술
ⓓ 巳 酉 丑	인	묘	진	사	오	미	신	유	술	해	자	축
12운성	絶	胎	養	生	浴	帶	祿	旺	衰	病	死	墓

표 9　　천간의 12운성 조견표

생일천간 \ 12운성	절	태	양	생	욕	대	록	왕	쇠	병	사	묘
甲	庚	辛	戊	壬	癸	己	甲	乙	戊	丙	丁	己
乙	신	경	기	정	병	무	을	갑	기	계	임	무
丙	임	계	기	갑	을	무	병	정	기	경	신	무
丁	계	임	무	신	경	기	정	병	무	을	갑	기
戊	임	계	기	갑	을	무	병	정	기	경	신	무
己	계	임	무	신	경	기	정	병	무	을	갑	기
庚	갑	을	무	병	정	기	경	신	무	임	계	기
辛	을	갑	기	계	임	무	신	경	기	정	병	무
壬	병	정	기	경	신	무	임	계	기	갑	을	무
癸	정	병	무	을	갑	기	계	임	무	신	경	기

유년행운법에 12운성을 이용하는 방법은 일본의 역술계에서 유행하는 것으로, 명리학의 관점에서 볼 때 12운성은 몇 가지 문제점이 있다. 첫째는 일간이 음간(陰干)일 경우 오행의 생극 원리에 어긋날 때가 있고, 둘째는 신강사주의 경우 대운의 흐름이 희신의 기운으로 흐를 때 해당 12운성은 오히려 그 기운이 쇠약할 때가 많다. 반면 12운성을 천간에 적용하면 묘한 점이 있다.

당사주상으로도 대운 – 10년 간의 운 – 을 세우는 방법이 있으나 해석 방법 및 추론 과정이 열악하므로 채택의 여지가 없다고 본다.

유년법에서 갑자기 천간을 운용하므로 독자들은 혼란을 느낄지 모른다. 그러나 매년의 운을 12신살로만 추론할 수는 없으며, 또한 매년의 운은 지지보다 천간에 더욱 비중을 두는 관점 – 이는 개두(蓋頭)설에 근거한다 – 이 있으므로 간과할 바가 아닌 것으로 생각된다.

유년법을 해석하는 방법을 다시 설명한다.

1997년 丁丑년의 경우 65년(뱀띠), 7월 30일 출생자라면 표 8을 참조하여 ⓓ항에 뱀띠가 속하므로 丑을 찾아 12신살의 화개살년에 해당함을 알 수 있다

만세력을 찾아 壬子일생임을 알았다면 壬자를 기준으로 하여 표 9에서 丁을 대비하면 12운성이 태(胎)의 자리에 있음을 알 수 있다. 이렇게 해서 1997년 丁丑년의 운세를 다음의 해석법에서 화개살년과 胎성을 찾아 짐작해본다

4. 행운(行運) 해석법

• 매년의 지지가 사주를 형 · 충하는지를 먼저 살펴본다. (형 · 충살의 위력편 참조.)

• 12신살의 해석법을 참고하여 한해의 운세를 짐작해 보고 만일 명식 내에 존재하는 살성과 같은 해라면 해당 살의 작용력이 더욱 강하다는 것을 염두에 둔다.

• 해당 12운성으로 해당 년의 길흉을 감지한다.

5. 12신살의 해석법

행운(行運) 해석을 하기 전 먼저 앞에서 서술한 12신살의 성질을 재독하기 바란다.

겁살년

• 매사 이롭지 않다.

• 강탈, 차압, 압류, 경매, 돌발사고 등의 조짐이 있다.

재살년

• 신병이 발생하거나 노상 횡액의 우려가 있다.

• 12운성이 길성이면 재물운이 따르나 흉성이면 손재수가 있다.

천살년

• 예고 없는 사건, 사고로 한탄할 일이 있다.
• 12운성이 帶이면 재록과 의식이 풍부해진다.

지살년

• 12운성의 生, 帶, 祿과 함께하면 취업이나 승진의 경사가 있다.
• 12운성의 흉성과 함께하면 손재수가 있다.

년살년

• 애정 행각으로 인한 망신의 우려가 있다.
• 12운성의 浴이 있으면 색정에 탐닉하는 자신의 행동을 자제할 수가 없다. 12운성의 旺이면 횡재수가 있다.

월살년

• 신병을 얻거나 중병으로 고생할 수다.
• 노인은 그 수명을 다한다는 암시가 강하다.
• 12운성의 病, 死, 墓, 絶에 해당하면 흉운의 암시가 더욱 가중된다.

망신살년

• 관재구설수가 있을 수이니 절대 경거망동해선 안 된다. 아니면 손재수나 본인이 범법 행위를 할 우려가 있다.
• 12운성의 旺이나 生이면 오히려 길하다.

장성살년
• 출세, 승진 등의 경사가 겹친다.
• 12운성의 胎이면 주위의 칭송이 자자하다.
• 12운성의 浴이면 재산의 피해가 있다.

반안살년
• 관록을 득하는 길한 운으로 발전하는 한 해가 된다.
• 12운의 흉성에 해당하면 관액이 우려된다.

역마살년
• 이사, 전근, 해외로의 여행이나 출장갈 일이 있다.
• 12운성의 흉성이 있으면 그 해의 길흉이 반반이다.
• 12운성의 生이면 재앙이 없고 발전하는 운이다.

육해살년
• 교통사고, 안전사고의 우려가 있다.
• 12운성의 死, 絶이면 흉조가 강하다.
• 12운성의 旺이나 生이면 길하다.

화개살년
• 결혼 등 애정운이 길하고 자신의 의견이나 작품을 완성하여 발표할 일이 있다. 반면 외도나 패색(敗色)의 조짐도 있다.
• 12운성의 死, 絶이 있으면 처궁에 액이 있다.
• 12운성의 旺이면 매우 길하다.

6. 12운성(運星)의 해석법

우선 12운성의 기운을 길흉조로 나누어 볼 필요가 있다. 12운성의 기운을 세 가지로 나누어 浴, 帶, 祿, 旺을 사왕지(四旺地)라 하고, 養, 生, 衰, 病을 사평지(四平地)라 하며, 絶, 胎, 死, 墓를 사몰지(四沒地)라 한다. 기운의 왕, 중, 쇠로 나누어 그 운세를 가늠하나 실제 길흉조의 판단에 있어서는 작용력이 다르므로 아래에 12운성의 작용력을 도식화하였다.

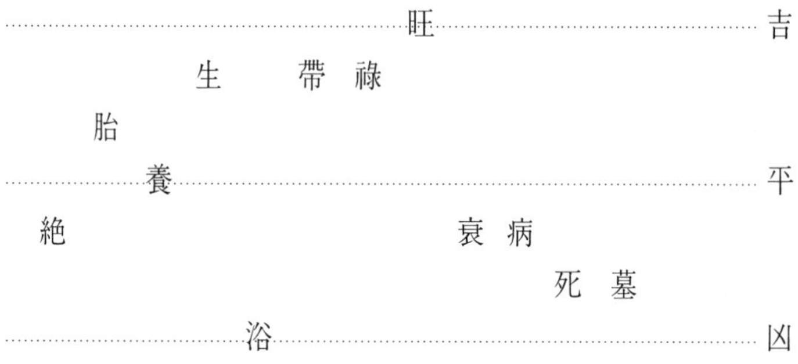

절(絶)

- 매사 불리한 형국, 명예 실추의 우려가 있다.
- 월살이 있으면 중풍이 발생하기도 한다.
- 역마살이 있으면 상업으로 큰 이익을 남긴다.

태(胎)

• 신용이 회복되고 새로운 출발을 한다.
• 년살이 있으면 부부가 이별하는 운이다.

양(養)

• 일을 마무리하고 생남의 암시가 있다.

생(生)

• 지난날을 잊고 이제부터 길해진다.

욕(浴)

• 중병을 얻거나 신상에 망신수가 있다.

대(帶)

• 영화로운 일이 있다.
• 화개살이 있으면 대길하다.
• 천살이 있으면 생남할 수다.

록(祿)

• 출세와 승진이 기대된다.
• 망신살과 겁살이 있으면 주색으로 패망을 암시한다.

왕(旺)

• 재물과 건강이 크게 호전된다.

쇠(衰)

• 분주다사해지나 실익은 없다.

병(病)

• 신병으로 고생한다.
• 장성살이 있으면 오히려 길하다.

사(死)

• 일신이 고달파진다.
• 역마살이 있으면 재물을 크게 모은다.

묘(墓)

• 육친에 해가 발생한다.
• 장성살이 있으면 흉조를 없애고 길해진다.

이상의 유년해석법은 일견 조악해 보일 여지가 있으나 신당사주간명법의 기본에 충실하여 미래를 예측해볼 때 명쾌한 점이 있다. 명리학상의 형 · 충과 달리 당사주상 형 · 충의 위력은 매우 강하므로 행년에서 형 · 충이 되면 그 위력을 실감할 수 있게 되고, 해당 신살의 성질을 잘 이해하여 향후를 예측해보면 방법에 비해 적중률이 상당히 높음을 느낄 수 있을 것이다.

실례로 전 북한 주석 김일성이나 박정희 전 대통령이 사망한 해는 고갈살(枯渴殺)에 해당하는 월살년이었는데 이는 명리학적으로 접근할 때보다 훨씬 명쾌한 점이 있다. 당사주 유년법으로는 그들이 세(勢)를 득한 시점과 사망한 해를 간단히 추론할 수 있다.

• 김일성(1912년 쥐띠 6월 22일 未시생)

壬子일주로 사망한 94년 甲戌년은 12신살로는 수명을 다한다는 의미의 월살년, 干의 12운성은 病에 해당하였으므로 사망의 암시가 강력하다고 본다.

명리학상으로는 그 해가 용신입묘(用神入墓)한 시기이다.

• 박정희(1917년 뱀띠 9월 30일 寅시생)

庚申일주로 사망한 79년 己未년은 12신살로는 월살년, 12운성은 墓에 해당하는 흉운이었다.

명리학의 관점에서 볼 때는 희신(喜神) 木기운이 대운과 합하여 사라지는 불길한 조짐이 있었다는 정도, 오히려 80년 庚申년을 명리학상으로는 더욱 불길한 해로 볼 수 있다.

7. 삼재살(三災殺)

삼재살이란 삼합의 첫 글자가 沖하는 해부터 내리 삼년간 - 이는 12운성의 病, 死, 墓에 해당한다 - 삼재팔난관재구설(三災八難官災口舌)이라는 환란이 그치지 않는다는 암시를 주는 살성이다.

매 12년마다 3년씩 머무니 불운에 처한 자들에게 그 흉조를 설명하기에는 참 만만한 소재가 되었을 것이다. 일반인들에게도 귀에 익은 살로 일이 꼬이거나 걸핏하면 모든 일을 삼재 탓으로 돌리는 경향도 있다. 그러나 실제로 삼재살은 흉조의 위력을 여실히 발하므로 잘 이해하여 일신의 안전을 도모하여야 한다.

• 인오술(범띠, 말띠, 개띠)의 寅은 申과 충하니 申년, 酉년, 戌년이 삼재가 된다.

• 신자진(원숭이띠, 쥐띠, 용띠)의 申은 寅과 충하니 寅년, 卯년, 辰년이 삼재가 된다.

• 사유축(뱀띠, 닭띠, 소띠)의 巳는 亥와 충하니 亥년, 子년, 丑년이 삼재가 된다.

• 해묘미(돼지띠, 토끼띠, 양띠)의 亥는 巳와 충하니 巳년, 午년, 未년이 삼재가 된다.

자연의 재해 앞에 무기력하고 질병에 대해서도 속수무책일 수밖에 없던 옛날의 환경에서는 삼재팔난의 근심이 끊이지 않았을 것이다. 삼재는 자연의 재해로 사람의 무력함을 실감하게 한다. 삼재의 파괴력에 탈진된 상태에서 설상가상으로 팔난이라는 인간사의 재앙까지 발생하니 옛사람들에게 삼재살의 위력은 매우 강하게 인식되었을 것이다.

그러나 현대의 환경에서는 이러한 의미의 삼재 위협은 감소되었으므로 팔난에 초점을 맞추어 설명한다. 실제로 구치소나 교도소에 입소하는 재소자들의 경우 삼재년에 해당하는 자가 많다.

삼재

• 火災, 水災, 風災

팔난

• 부모 신변에 근심이 발생한다.
• 본인과 처자식에 근심이 발생한다.
• 형제의 근심이 발생한다.
• 손재의 근심이 발생한다.
• 도적의 근심이 발생한다.
• 여난남난(女難男難)을 경험한다.
• 쟁투와 시비가 발생한다.
• 관재구설이 있다.

삼재년에 해당하는 첫해를 '들삼재'라 하여 꼭 표를 하고 들어와, 가정에 우환이 발생한다 하고 다음 해를 '묵삼재'라 하여 하는 일마다 실패수가 따른다 하며, 마지막 해를 '날삼재'라 하여 더욱 기승을 부리면서 화재, 비명횡사, 도난, 송사, 손재, 부부이별 등의 징표를 반드시 남기면서 떠난다고 한다.

즉 날삼재의 흉력을 가장 중히 본다는 것인데 과장된 면이 없지 않다. 그러나 삼재에는 악삼재(惡三災)라는 것이 있어 삼재년 중 일년이 해당되는 데 이는 원리상 타당한 점이 있으므로 필시 주의해야 한다.

악삼재

• 사맹생인 寅, 申, 巳, 亥년에 태어난 자가 인, 신, 사, 해년을 만나면 악삼재가 된다.

• 사정생인 子, 午, 卯, 酉년에 태어난 자가 자, 오, 묘, 유년을 만나면 악삼재가 된다.

• 사고생인 辰, 戌, 丑, 未년에 태어난 자가 진, 술, 축, 미년을 만나면 악삼재가 된다.

이상의 당사주 유년법에서 독자들은 보다 정확하고 상세한 해설을 구하고자 할 것이다.

여기에는 두 가지 방법이 있다. 첫째는 명리학에 조예가 깊은 진정한 대가에게 자문을 구하는 것이고, 둘째로는 본격적인 명리학 연구에 스스로 뛰어들어 탐구하는 것인데, 후자의 방법에 도전해 볼 의사가 있는 독자라면 필자가 소개하는 다음의 책을 살펴보기를 권한다.

수많은 명리학의 눈부신 고전들 중에서도 절대 포기할 수 없는 세 가지를 선택하라면 필자는 단연코 첫째로 자평진전(오행에 대한 설명이 수려하다)을 꼽고 싶다. 두번째로는 적천수〔십간을 위주로 설명한 내용들이 실로 깔끔한 보전(寶典)이다〕, 세번째는 명리정종(명리학의 교과서)을 권하고 싶다.

실없는 이야기지만 이 중에서 하나를 더 포기하라면 명리정종을 포기하겠다. 왜냐하면 자평진전(子平眞典)과 적천수(適天髓)에 명리학의 모든 것이 농축되어 있다고 할 수 있기 때문이다. 단 이상의 고전을 독파하기 이전 '음양오행'에 대하여 잘 설명한 양서를 구하여 기본을 충분히 다지는 것이 시행착오를 줄이고 뜻한 바를 이루는 첩경임을 강조하고 싶다.

필자의 경우 사주정설(四柱精說, 白靈觀 著)이라는 훌륭한 책을 처음으로 접하였는데 중도에서 어렵게 느껴진 부분을 극복하느라 애를 먹었던 연유가 바로 오행에 대한 이해가 충분치 못한 상태에서 시작하였기 때문이다. 또한 많은 명리학자들이 주장하길 역학의 난해성과 학문을 그르칠 우려가 있다 하여 유독 스승을 두어야 함을 강조하나 그것은 단지 인연의 문제일 뿐이다.

또한 역학이라는 학문을 그렇게 난해하다고 주장하는 것조차 사실은 납득이 잘 가지 않는 이야기이다. 역학은 현상 그대로를 관찰하고 설명하는 학문이므로 결코 여타의 학문에 비해 어려운 학문이 아니다. 훌륭한 스승을 모신다는 것은 분명 큰 복이지만 만약 그러하지 않은 스승을 만나 배움을 구한다면 정말 이야기는 복잡해진다.

제7장 당사주 개운법(開運法)

1. 개운법 개론

"삼라만상 모두에 음양오행이 깃들어 있다."는 소강절(邵康節)의 말을 굳이 인용하지 않더라도 운명학 또는 역술은 오행설에 근거하며 이러한 맥락에서 사람도 오행으로 구성되어 있고, 그 오행의 분포 및 작용 여부를 사주팔자에서 찾아 명을 구하는 것이 명리학이다. 명리학에서 정의하는 숙명 및 운명의 정의는 명백하다. 이것은 바로 한 사람을 구성하고 있는 오행의 기운이 생극(生剋), 제화(制化), 왕성(旺盛), 휴수(休囚) 등의 오행 작용을 거치면서 어떤 일정한 법칙을 만들어내고, 이 법칙에 의해 설명되는 인간의 길흉화복을 점치는 것이다. 그러므로 나의 의지와 전혀 상관 없이 태어난 그 시점이 운명의 결정축이 되며 이것이 바로 숙명이다.

한 사람을 구성하는 오행이 편중됨이 없이 고루 분포되어 있으면 이를 중화(中華)라 하여 좋다 하고, 구성 오행의 작용이 원만하고 활발하면 청순(淸純)하다 하여 길한 명으로 보는 것이다. 그러나 대개의 경우 이러한 사주를 찾아보기란 어렵다.

누구에게나 오행의 기운은 빠짐없이 있고 작용한다. 그러므로 살아 존재하는 것이다. 이를테면 사주팔자를 풀어놓고 水에 해당하는 글자가 없다 하여 水기운이 없는 것이 아니라 단지 모자랄 뿐이다. 사주가 특수한 격국(格局) – 사주에 분포된 오행의 기운이 일방적으로 치우치거나 또는 각 오행이 합변(合變)하여 그 세를 거스를 수 없는 경우 – 을 제외하고는 대개 자신에게 부족하거나 또는 세력이 강한 오행의 기운을 억제해주는 기운이 필요하게 된다. 이같이 자신에게 필요한 오행의 기운을 용신(用神)이라 하고 용신을 찾아 해당 기운이 왕(旺)한 곳으로 움직이고 왕한 것을 택해 이로움을 도모코자 하는 것이 개운(開運)의 시작이라 할 수 있다.

당사주로 오행의 제작용을 살펴보고 용신을 구하는 것은 불가능하다. 그렇다고 해서 자신에게 이로운 기운(용신)을 전혀 구할 방법이 없는 것은 아니다.

만일 당신이 한여름 태양이 작열하는 시점에 태어났다면 사주팔자를 세우기에 앞서 당신의 몸은 화기(火氣)가 왕성하다고 유추해볼 수 있다. 이때 당신에게 필요한 기운은 화기를 식혀줄 수기(水氣)가 된다. 또 반대로 한겨울 추운 날에 당신이 태어났다면 이를 보온해줄 따뜻한 화기가 필요하게 되는 것이다. 이처럼 필요한 기운이 바로 용신이 되며 명리학에선 이를 조후(調

候)라 하여 대단히 중요시하는 것이다.

이제 독자들은 과연 자신을 구성하는 오행의 분포 여부와 또 나에게 필요한 용신은 무엇인지 궁금할 것이다. 이 문제를 푸는 열쇠는 바로 당신이 어느 계절에 태어났는가에 있다. 내가 태어난 때가 봄인지, 여름인지, 가을인지, 겨울인지 그것의 기준은 당신의 생년월일 중 월이 된다. 이것을 기준으로 용신을 도출하는 방법이 바로 사상(四象)용신법이며 당사주로 용신을 도출할 수 있는 유일한 방법이 된다. 단 사상(四象)이라는 것 자체가 다소 불완전하다는 점만은 부정할 수가 없으나 여기에선 자세한 설명을 하지 않는 것이 좋을 듯하다.

명리학을 공부하는 자들에게 명식의 격국과 용신을 정확히 구하는 방법을 터득하는 데는 아마도 자평진전(子平眞詮)이 교과서가 아닐까 한다. 자평진전에서는 용신을 구함에 있어 오직 월령(月令)에서 구한다라고 규정하고 있는데 이 구절을 잘못 이해하여 몇몇 학자들은 용신을 오로지 월지의 지장간에서만 구하여야 한다고 주장하기도 하고, 시중의 일본 번역서에서는 월지의 통변성을 용신으로 칭하는 경우도 있었다.

용신을 구하는 것은 태어난 월을 기준으로 하여 일간을 제외한 어디서든 채용할 수 있는 것이다. 즉 월령에서 구한다는 의미는 태어난 달이 기준이 됨을 의미하는 것이다.

사상용신법에 의해 용신을 구하여 본다.(오행의 상극 작용을 염두에 둔다)

• 1월, 2월 출생자는 寅,卯월로 木의 기운이 왕성한 목왕지절(木旺之節)이니 木을 제어하는 金을 용신으로 쓴다.

• 4월, 5월 출생자는 巳,午월로 화왕지절(火旺之節)이니 水를 용신으로 쓴다.

• 7월, 8월 출생자는 申,酉월로 금왕지절(金旺之節)이니 火를 용신으로 쓴다.

• 10월, 11월 출생자는 亥,子월로 수왕지절(水旺之節)이니 土를 용신으로 쓴다.

• 3월, 6월, 9월, 12월은 辰,未,戌,丑월로 토왕지절(土旺之節)이니 木을 용신으로 쓴다.

위의 방법으로 도출된 용신이 꼭 자기에게 필요한 기운(용신)이 아닐 경우도 있으나 원리상 대체로 이로운 기운이 될 확률이 높으므로 이를 잘 활용하기 바란다.

실지로 용신을 구한다는 문제가 위의 공식처럼 쉽게 해결되진 않는다. 정확한 용신을 구하려면 아무래도 전문가의 도움을 받아야 하는데 문제는 누가 전문가인가 하는 점이다. 유명하다는 역술인들조차 용신을 잘못 집어내는 수가 태반이기 때문이다.

2. 용신의 활용법

• 1월, 2월 출생자는 金의 기운이 이롭게 작용한다.
• 4월, 5월 출생자는 水의 기운이 이롭게 작용한다.
• 7월, 8월 출생자는 火의 기운이 이롭게 작용한다.
• 10월, 11월 출생자는 土의 기운이 이롭게 작용한다.
• 3월, 6월, 9월, 12월 출생자는 木의 기운이 이롭게 작용한다.

예를 들어 木의 기운이 이로운 자라면 아래의 오행 배속표를 활용하여 木과 관련된 것을 잘 이용하면 생각지도 않게 상담이 수월해지고 재운도 따르는 행운이 있다.

이를테면 아침 시간 동쪽 방면의 약속 장소에서 30분이나 80분 또는 3시간이나 8시간 동안 상대를 만나면 일을 성사시키기가 수월해지기도 하고 이때 청색 계통의 정장에 푸른색 스트라이프 와이셔츠, 청색 양말 등을 착용했다면 그 효과가 더욱 증가되리라 본다.

3. 오행 배속표

표 10 오행배속표

오행 / 구분	木	火	土	金	水
방위	동	남	중앙	서	북
계절	봄	여름	사계절	가을	겨울
성좌	목성	화성	토성	금성	수성
색깔	青	赤	黃	白	黑

오행 / 구분	木	火	土	金	水
덕목	어짐	예의	신의	정의	지혜
미각	신맛	쓴맛	단맛	매운맛	짠맛
장기	간장	심장	위장	폐	신장
숫자	3 . 8	2 . 7	5 . 10	4 . 9	1 . 6
시각	아침	낮	대낮	저녁	밤

위 배속표에 대하여 아래와 같이 분류해볼 수 있다.

표 11

오 행	직 업	인 체	속 성
木 아시아	목재업, 곡물업, 방직류, 가구산업, 제지업, 한약업, 수목원, 화원, 농산물 센터, 산림공무원,	담, 머리, 뇌, 척추, 사지, 눈, 근육,목,	위로 뻗쳐 오르려는 성질, 성장,발육,약진

오 행	직 업	인 체	속 성
木 아시아	조경업, 의상업, 신문사, 독서실, 출판업, 한약상	손, 발, 인대, 눈	학문, 학자, 학생, 언론, 경전, 책, 나무, 한국무용, 현악기 등
火 유럽	화학공장, 제련소, 고무공장, 타이어상, 신발상, 주유소, 극장업, 염색업, 통신사업, 사진관, 백화점, 미장원, 용접공, 미용사, 폭발물, 방사선, 조명기구, 간판업, 가스상, 악기상, 예식장, 언론기관, 사치품, 악세사리, 화장품, 검찰, 경찰, 의사, 간호원, 침구사 등	소장, 어깨, 발뒤꿈치, 눈, 혀, 가슴 부위	위로 치솟아 타오름, 붐을 일으킴(신드롬) 열정, 애정, 온도, 전쟁, 태양, 별, 용광로, 석유, 과학, 예능, 화술 등
土 오세아니아	부동산업, 관광업, 채석장, 전답, 광산업, 사찰, 교회, 학원, 도서관, 국회, 법원, 정보부, 교도관, 계리사, 변호사, 골동품, 도자기, 시계, 계산기, 컴퓨터, 서적, 침구류, 토건업, 요리사, 정육점 등	명치에서 배꼽사이, 입술, 옆구리, 피부	모든 만물 번성의 근원, 중용의 기운 조화, 중용, 중심, 안정, 산, 평야, 밭, 정원, 가죽제품, 안개, 구름, 지리학 등
金 아메리카	군인, 경찰, 침구사, 통신공사, 전화사업, 철도청, 주차장, 은행, 항공사, 세차장, 농기구, 중장비, 검찰, 교사, 총포류, 무기상 등	대장, 골격, 코, 손톱, 발톱, 허벅지 안쪽, 기관지, 치아	형태를 변형시킴 정의, 심판, 가톨릭, 개신교, 권력, 군부대, 경찰, 자동차, 유리, 거울, 귀금속, 전자제품, 타악기 등
水 아프리카	수도사업, 목욕탕, 해수욕장, 산부인과, 소아과, 어부, 선장,	방광, 신장, 장딴지, 침,	흐르면서 변화, 변동함

오 행	직 업	인 체	속 성
水 아프리카	어패류, 다방, 카페, 술집, 양어장, 요리사, 이발소, 탁아소, 저술가, 포목점, 식당, 판사, 해군 등	땀, 골수, 정액, 혈액, 귀	총명,기지,성교,대중예술,연예계,유흥소,수학,속셈 등

▶ 이 손 안에 있다 【地支圖】

AUGURIES OF INNOCENCE
To see a World in a Grain of Sand
And a Heaven in a Wild Flower
Hold Infinity in the palm of your hand
And Eternity in an hour

• William Brake (1757~1877)

한알의 모래에서 世界를
야생화 한 송이에서 天國을 보기 위해
그대의 손바닥 속에 無限을 한 시간 속에 永遠을 쥐어라

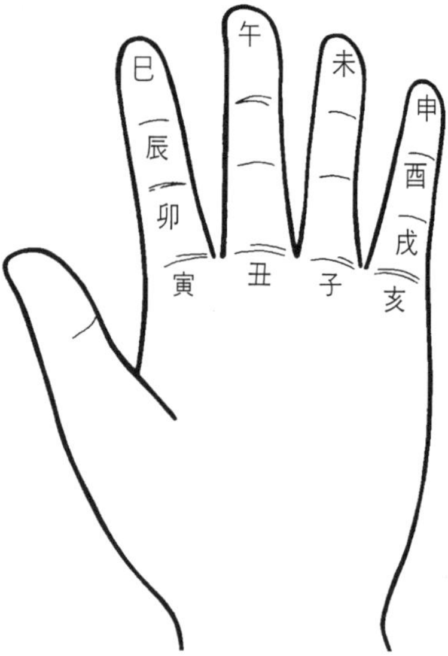

왼손을 펴고 12지지의 자리를 익힌다.

12성(星)은 12지지와 자리가 동일하므로 子貴 - 丑厄 - 寅權 식으로 익혀 나간다.

이것으로 당사주를 세울 수 있다.

쥐띠, 3**월** 11**일 午시생일 경우**

• 子에서 시계방향으로 순행하여 세 번째인 寅이 월주가 되고,

• 寅에서 열한번째 - 寅을 포함하여 - 인 子가 일주가 되며,

• 子에서 일곱번째 - 자, 축, 인, 묘, 진, 사, 오 순으로 午는 일곱번째에 해당 - 인 午가 시주가 된다.

그러므로 사주는 년, 월, 일, 시가 子, 寅, 子, 午이며 해당 12성은 貴, 權, 貴, 福이다.

다음은 12신살의 문제인데, 우선 12신살의 순서를 익힌다.

신살	겁	재	천	지	년	월	망	장	반	역	육	화
12성	귀	액	권	파	간	문	복	역	고	인	예	수
12지	자	축	인	묘	진	사	오	미	신	유	술	해

12신살은 모두 다음과 같이 겁살이 시작된다.

• 인, 오, 술 생은 술 다음의 글자인 亥자부터

• 신, 자, 진 생은 진 다음의 글자인 巳자부터

• 사, 유, 축 생은 축 다음의 글자인 寅자부터
• 해, 묘, 미 생은 미 다음의 글자인 申자부터

※ 위의 경우 쥐띠생이므로 巳자부터 겁살이 시작된다.

사주	年, 日		月				時					
12지	자	축	인	묘	진	사	오	미	신	유	술	해
12살	장	반	역	육	화	겁	재	천	지	년	월	망

그러므로 이 사주는 다음과 같다.

년주	월주	일주	사주
子 貴	寅 權	子 貴	午 福
將	驛	將	災

12신살(神殺)

1	2	3	4	5	6	7	8	9	10	11	12
劫殺	災殺	天殺	地殺	年殺	月殺	亡身殺	將星殺	攀鞍殺	驛馬殺	六害殺	華蓋殺

쥐띠생이라면, '巳'에서 劫殺이 시작된다.

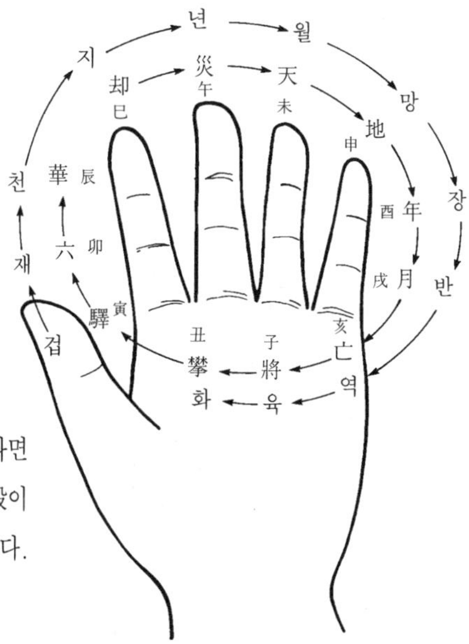

뱀띠생이라면
'寅'에서 劫殺이
시작된다.

① 원숭이띠, 쥐띠, 용띠생은 '巳'에서 '겁살'이 시작된다.
② 돼지띠, 토끼띠, 양띠생은 '申'에서 '겁살'이 시작된다.
③ 범띠, 말띠, 개띠생은 '亥'에서 '겁살'이 시작된다.
④ 뱀띠, 닭띠, 소띠생은 寅'에서 '겁살'이 시작된다.

방합(方合)

寅卯辰 方合 木
巳午未 方合 火
申酉戌 方合 金
亥子丑 方合 水

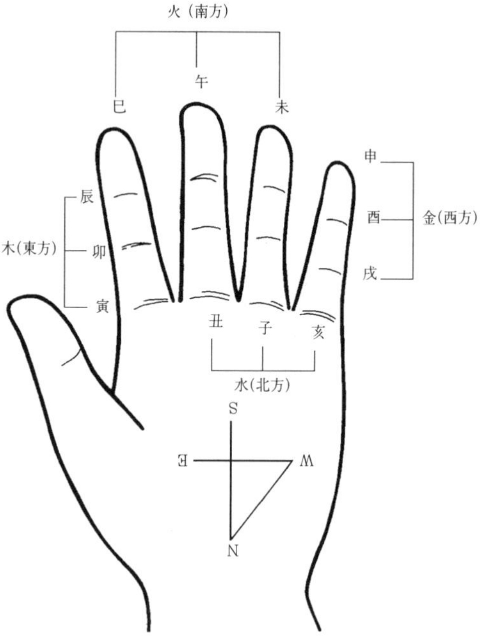

삼합(三合)

· 亥	卯	未	合	木
· 寅	午	戌	合	火
· 巳	酉	丑	合	金
· 申	子	辰	合	水

四孟,四正,四庫

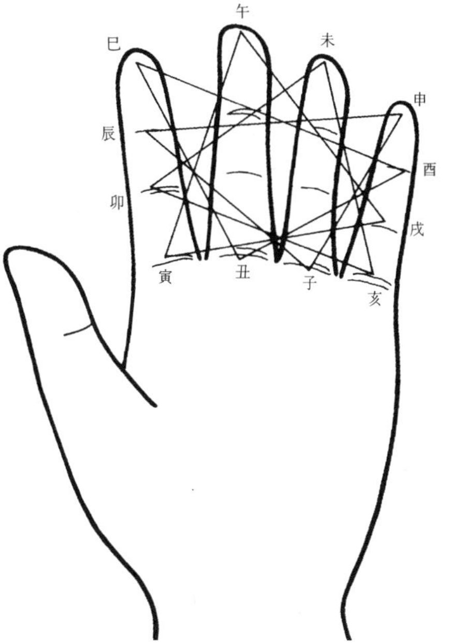

충(沖)

· 子午沖	· 丑未沖	· 寅申沖
· 卯酉沖	· 辰戌沖	· 巳亥沖

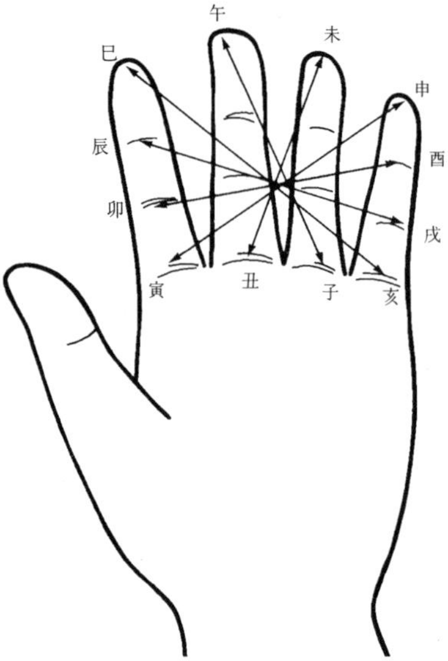

子午, 丑未가 沖이며 子未, 丑午는 원진이다.
寅申, 卯酉가 沖이며 寅酉, 卯申은 원진이다.
辰戌, 巳亥가 沖이며 辰亥, 巳戌은 원진이다.

삼형(三刑)

· 寅巳申	· 丑戌未
· 寅巳 · 寅申 · 巳申	· 丑戌 · 丑未 · 戌未

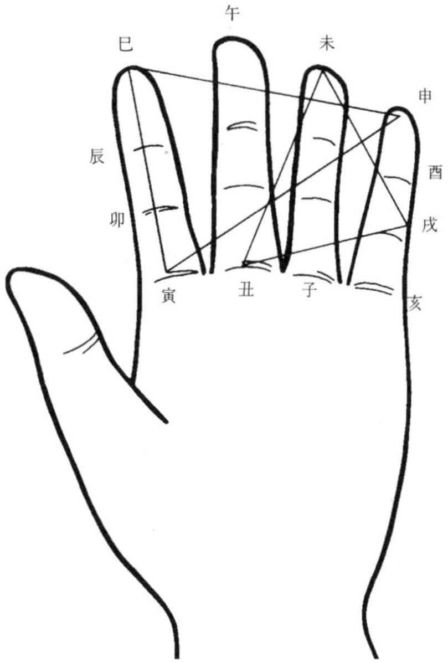

※이중 寅申, 丑未는 沖도 되므로 刑沖殺이라 한다.

제2부

당사주의 귀납적 추론

당사주의 특성상 여명(女命)의 경우가 그 적중률이 더욱 높다. 여자의 사주에는 배우자의 운명이 그대로 투영(投影)되어 있으므로 남자는 처의 사주로 자신의 운명을 실감할 수 있으며 여자는 자신의 사주로 배우자의 운을 알게 된다.

※ 여명의 경우 월주(月柱)가 본인, 일주(日柱)가 배우자를 나타낸다.

본 장에서 설명한 사례들은 사주학 관련 서적들에서 인용한 것이며 이는 오직 객관성을 도모하기 위함이다.
여명의 명리학적 해석과 당사주식 해석을 동시에 약술하였으므로 독자들은 각각의 장단을 잘 활용하기 바란다. 명식(命式)을 인용한 관련 서적을 아래에 밝히며 저자들께 감사드린다.

1. 白靈觀, 『四柱精說』, 명문당, 1995.
2. 파우리민, 『中國命運學』, 예예원, 1995.
3. 金奉俊, 『말하는 易學』, 삼한출판사, 1992.
4. 南宮 祥, 『한국 여성의 과부 팔자』, 1996.
5. 南德, 『운명은 외상을 사절한다』, 대광출판사, 1995.

제1장
이별하는 부부 운명체의 공식

우선 이 장을 읽기 전에 형 · 충살의 위력편을 재독하여 완전히 습득한 뒤 읽어나가기 바란다.

명식에 沖이 있으면 배우자와의 이별 암시가 강하다

월주의 충은 이별을 강하게 암시한다.
일주의 충은 여자의 경우 그의 남편이 불운을 실감한다.
그러므로 월주와 일주가 충된 경우 우려되는 바가 크다.

동일 지지의 중복은 부부궁을 불미(不美)하게 한다

특히 지지가 나란히 붙는 동착살(同着殺)을 중히 본다.

부부궁에 작용을 미치는 살성이 있으면 불운의 시기가 되며 이별수가 있다

월주와 일주에 있는 살이 망신살, 년살, 월살일 경우에 해당된다. 특히 망신살은 불행과 고독을 중하게 암시한다.

간명비법(看命秘法)

다음에 해당하는 자는 부부궁이 불길하다.

매년 7월 출생자 : 년주와 월주가 沖이 된다.
매월 7일, 19일 출생자 : 월주와 일주가 沖이 된다.
午시생 출생자 : 일주와 시주가 沖이 된다.
매월 1일, 13일, 25일 출생자 : 월주와 일주가 붙는다(동착살).

위의 공식에 해당함에도 불구하고 이혼하지 않고 잘 사는 경우로는 재혼자거나, 떨어져 사는 부부의 경우에서 많이 발견된다.

떨어져 사는 부부란 남편이 공직자거나 전근이 잦은 직장인, 지방에 사업체를 갖고 있는 경우, 해외근무 등으로 불가피하게 떨어져 사는 경우를 말하는데, 이 경우 여명에 沖이 있음에도 불구하고 오히려 그의 남편은 출세하는 경우가 많다.

제2장
사례별 해석

乙丑년 6월 13일 巳시생

時	日	月	年
丁	戊	癸	乙
巳	午	未	丑

己	戊	丁	丙	乙	甲
丑	子	亥	戌	酉	申
52	42	32	22	12	2

이 여성은 43세에 3남 3녀를 두고 남편과 사별하였다. 년간 乙 정관이 약한 편이고 지지가 巳午未 방합 화국(火局)을 형성

하고 천간도 戊癸 합 火하여 火기운이 태강하니 乙木은 그 형체 조차 없어지는 형국으로 해로하지 못하고 사별하였다 본다.

당사주 명식

年	月	日	時
丑	午	午	亥
厄	福	福	壽
華	年	年	驛

우선 월주와 일주가 동착살로, 이러한 경우 늘 몸이 아프며 부부궁이 불미하여 이별의 암시가 가중된다. 사주 내 복성이 두 개면 오히려 불우하여 일신이 고단함을 의미하고 년살이 중복되어 도화살의 흉의가 가중되니 일단 불운이 도래하면 반드시 부부간의 생이별 내지 사별이 있게 된다.

丁酉년 9월 25일 亥시생

己	辛	庚	丁
亥	亥	戌	酉

丙 辰	乙 卯	甲 寅	癸 丑	壬 子	辛 亥
56	46	36	26	16	6

명문의 자손으로 태어나 11세에 영친왕(英親王)과 약혼하였으나 일제의 강압으로 21세에 파혼당하였다. 년간의 관성이 미약하므로 결혼운이 불길하다 한다. 21세 丁巳년은 용신인 亥와 충하는 해로 파혼의 아픔이 있었다.

이 여성의 일, 시주의 형상은 왕족의 사주라 할 만하나 일, 시주에 역마가 중첩되니 오랜 망명생활을 하게 되었다.

당사주 명식

酉	巳	巳	辰
刃	文	文	奸
將	地	地	天

월주와 일주의 동착살로 부부궁이 불길하고 이별의 암시가 강하다고 본다. 일주의 문성은 용모가 출중하고 예술적 감각이 있음을 짐작케 하고, 지살이 중하므로 내면에 간직된 깊은 슬픔이 혼자 눈물을 흘리게 하였을 것이다. 또한 일주의 지살은 남편의 신상에 형액이 있음을 암시한다.

乙酉년 7월 25일 酉시생

辛 酉	癸 酉	甲 申	乙 酉

辛 卯	庚 寅	己 丑	戊 子	丁 亥	丙 戌	乙 酉
62	52	42	32	22	12	2

떳떳이 재혼하기도 힘든 여성으로 오직 정부 하나만을 두고 있는 비운의 명이다. 관성土가 월지에 암장되어 있으나 갑木 때문에 힘을 상실하니 이것이 가정불화와 이혼을 가져왔다고 본다. 이러한 경우에는 甲과 乙이라는 자식을 두고부터 부부가 갈라지는 경향이 많다고 한다.

그러나 식상성이 잘 발달되어 있음으로 자식과의 연은 좋으며 申중 戊土가 일간 癸와 합하려 하므로 정부를 두고 살 팔자라 한다.

당사주 명식

酉	卯	卯	子
刃	破	破	貴
將	災	災	六

년주, 월주, 일주가 충하고 월주, 일주 동착살이니 한마디로 남편이 없는 자다. 오직 시주 귀성 하나로 말년에 안정되며 자손의 덕은 있다고 본다.

癸巳년 2월 17일 午시생

甲	辛	乙	癸
午	巳	卯	巳

壬	辛	庚	己	戊	丁	丙
戌	酉	申	未	午	巳	辰
62	52	42	32	22	12	2

년지와 월지의 장간 丙火가 일간 辛과 서로 합하려 하니 하나를 놓고 서로 다투려 하는 쟁합(爭合)의 격으로 남편은 의처증이 심하였다. 실제로 이 여성은 두 명의 정부를 둠으로써 이혼의 화근이 되었다. 木火 기운에 從하므로 42세 庚대운부터 불운에 접어든다고 본다.

당사주 명식

巳	未	亥	巳
文	驛	壽	文
地	月	驛	地

월주의 월살은 남녀 공히 외도를 일삼는다는 의미가 있고 년

주, 일주, 시주가 충하므로 부부간 이혼의 암시가 중하다.

또한 년주와 시주가 중복되니 자식운이 없고 늘 몸이 아픈 경향이 있다.

甲午**년** 1**월** 8**일** 子**시생**

壬	戊	丙	甲
子	戌	寅	午

己	庚	辛	壬	癸	甲	乙
未	申	酉	戌	亥	子	丑
63	53	43	33	23	13	3

관성이 합하여 인수가 되니 - 寅午戌 합火 - 남편이 무능하다. 그러나 용신이 재성이 되어 돈에 대한 집착이 강하니 재복이 있다고 본다. 태강한 사주로 상관운에 관을 극하여 남편이 죽고 보상비를 받는 팔자라 한다.

당사주 명식

午	午	丑	丑
福	福	厄	厄
將	將	天	天

년과 월, 일과 시가 동착살이니 배우자를 심히 극하고 부부는 생이별 내지 사별할 암시가 강하다.

액성이 두 개면 오히려 길해져 40대 이후부터는 재복이 따르고 안정을 찾는다고 본다.

甲戌년 6월 18일 辰시생

壬 辰	辛 丑	辛 未	甲 戌

乙 丑	丙 寅	丁 卯	戊 辰	己 巳	庚 午
57	47	37	27	17	7

결혼을 두 번하고 두 번 모두 사별한 여성으로 사주 내 관성

이 없으며, 지지에 丑戌未 삼형이 있고 시간에 관을 극하는 상관이 투출되어 그 세가 강하므로 이러한 여성은 결혼을 여러 번 하여도 남편덕이 없다. 그러나 대신 자식의 덕은 있다 본다.

당사주 명식

戌	卯	申	子
藝	破	孤	貴
華	年	驛	災

일주 고성을 중히 본다. 고성은 부부연이 박하여 평생 고독함을 실감하게 된다. 또한 파성과 고성이 같이 있으면 본인의 성격은 매우 신경질적이고 주변과도 불화하는 성격의 소유자인데 월주와 일주가 卯申 원진으로 부부간 화목도 어려웠으리라 예상된다.

일주의 역마살로 보아 그의 남편은 활동력이 왕성했었을 것이며 떨어져 살았다면 사별을 면할 수 있었다고 본다.

己亥년 5월 27일 辰시생

庚	乙	庚	己
辰	酉	午	亥

丙 子	乙 亥	甲 戌	癸 酉	壬 申	辛 未
52	42	32	22	12	2

남편과 불화하여 이혼소송을 제기하였으나 남편이 용서를 구하여 이혼을 취소하였다. 그러나 그후에도 계속적으로 남편이 괴롭히므로 다시 이혼을 결심하였다.

현재 별거중인 37세인 여성으로 월간과 시간의 상관성에 주목하여 부부운이 좋지 않다고 본다.

당사주 명식

亥	卯	巳	酉
壽	破	文	刃
地	將	驛	災

巳亥 충으로 일주가 충되었으니 그의 남편은 되는 일이라고는 없는 불운을 실감하였을 것이다. 아마 남편의 무능을 무던히도 탓하였을 것으로 보이는데 이로 인해 부부간 싸움이 잦았을 것이다. 아마 결혼 전과 결혼 후의 남편의 상황을 생각해보면 본인과 결혼 이후 실패가 잇따랐음을 알 수 있을 것이다. 남편의 무능을 탓하기 이전에 동정할 수 있어야 한다.

壬寅년 4월 28일 酉시생

癸	己	乙	壬
酉	巳	巳	寅

己	庚	辛	壬	癸	甲
亥	子	丑	寅	卯	辰
58	48	38	28	18	8

년지 寅이 관성인데 일견 미약하고 시주의 식상성이 강하며 지지의 寅巳 刑이 있으므로 이 여성은 남편에게 잦은 폭행을 당하고 남편의 외도가 심했으며 결국 이혼하였다.

당사주 명식

寅	巳	申	巳
權	文	孤	文
地	亡	驛	亡

이 명의 여성은 당사주상 가장 기피하는 형살, 충살이 중중하다. 또한 일주의 고성, 월주와 시주의 망신살 등을 모두 갖추었으니 극심한 파란을 겪는다고 본다. 형의 작용으로 남편에게

폭행을 자주 당하는 불미한 일이 잦았으며 충의 작용으로 결국 이혼하고 월주와 시주의 중복은 자식만 데리고 나가 산다는 것을 의미한다.

己丑년 2월 7일 未시생

癸 未	乙 未	丙 寅	己 丑

壬 申	辛 未	庚 午	己 巳	戊 辰	丁 卯
51	41	31	21	11	1

아들 둘을 둔 여성인데 34세 되던 그해 남편이 갑작스런 교통사고로 사망하였다. 사주 내 관성이 없고 월간에 丙火 상관이 있으므로 이런 경우 대개 아들을 두고 이별한다 한다.

그러나 이 사주를 명리학적으로 풀어보면 교통사고로 사별할 만큼의 흉조를 찾긴 힘들다.

당사주 명식

丑	寅	申	卯
厄	權	孤	破
華	劫	亡	災

월주와 일주의 충, 그것을 매우 흉하게 보는데 寅申은 형도 되고 충도 되니 형충살이라 하여 크게 불길하다고 한다. 또한 일주에 망신살이 중하니 흉조를 피하기가 어려웠을 것이다. 이러한 여성의 남편은 한평생을 누리는 일이 없다 하였다. 그러나 교통사고로 비명횡사하였다면 생전에 무척 다정하고 성실했던 훌륭한 남편이었으리라 본다.

아마 남편의 자리인 申과 또 형충하는 寅년(겁살년)이나 巳년에 사고를 당했다고 여겨진다.

甲午년 3월 2일 午시생

丙 午	丁 巳	丙 寅	甲 午

庚 申	辛 酉	壬 戌	癸 亥	甲 子	乙 丑
59	49	39	29	19	9

이 여성은 대만인으로 그의 남편은 직장을 전전하고 변동수가 빈번했으며 브라질, 일본 등 뚜렷한 목적 없이 유랑을 거듭했다고 한다. 브라질로 남편과 이주하여 고초를 겪고 가족과의 불화로 사실상 이혼하고 일본으로 유학을 갔다.

저자는 두수(斗數)로 궁합을 설명하고 있으므로 추명학상의 주석은 달고 있지 않으나 일견 木火가 왕한 종왕격(從旺格)의 사주임을 알 수 있다. 이러한 명은 운로에서 대발하기도 하고 고초를 심하게 겪기도 하는데 水대운에 힘들었다고 본다.

당사주 명식

午	申	酉	卯
福	孤	刃	破
將	驛	六	年

누구든지 午시생이면 일주와 시주가 충하게 된다. 이런 경우 부부궁이 불길하고 자식과의 인연이 박해진다. 또한 일주의 충은 그의 남편이 매사 좌절을 겪음을 의미하는 것이다. 일주 인성과 육해살은 결코 남자에게 지지 않으려는 깐깐한 성격의 소유자임을 알 수 있다.

제3부

해설편

There is no greater grief than to recall a time of happiness when in misery.

– Alighieri Dante

제1장
음양과 오행에 대하여

역학에는 일정한 원리가 있는데 이러한 원리를 연역(演繹)하여 운명을 추론해보는 것이다. 그 원리가 바로 음양과 오행설이다.

음양설과 오행설은 출현 시기가 같지 않고 구체적인 내용이 다르지만 만물의 생장멸(生長滅) 법칙을 공통적으로 담고 있으므로 원리에 공통점이 있다. 이러한 음양설과 오행설이 자연스럽게 결합하고 체계화되면서 역학은 눈부신 발전을 이루었다.

다시 말해 음양오행의 세계관에서 역학이 잉태된 것이지, 역학이 음양오행론을 만들어낸 것이 아니다.

1. 음양(陰陽)

고대의 동방인은 만물이 서로 대립하여 존재하는 것에 주목하였다. 하늘이 위에 있고 땅은 아래에 있다. 수컷이 있으면 암컷이 있다. 또한 눈에 보이지 않는 기운이나 성질도 대립되는 개념으로 존재한다는 것을 알고 대립되지 않는 것은 존재할 수 없다고 결론짓게 되었다.

陽	陰	陽	陰
하늘	땅	적극적	소극적
해〔日〕	달〔月〕	움직임	멈춤
몸〔身〕	마음〔心〕	열다〔開〕	닫다〔閉〕
남자	여자	시작	끝
바깥〔外〕	안〔內〕	나타남〔現〕	숨음〔隱〕
위〔上〕	아래〔下〕	들어감	나감
큼〔大〕	작음〔小〕	아름다움	추함
길다〔長〕	짧다〔短〕	귀함〔貴〕	천함〔賤〕
강함	약함	더하기	빼기
무거움	가벼움	볼록	오목

이와 같이 음양은 대립되는 개념으로 존재하기 때문에 양이 없는 음이 성립될 수 없고, 음이 없는 양이 성립될 수 없음을 알 수 있다.

또한 환한 대낮과 캄캄한 밤이 교차하는 것을 통해 양이 극에 달하면 음으로 바뀌고, 음이 극에 달하면 양으로 바뀌는 사실을 깨달을 수 있다. 이러한 음양의 교차는 똑같은 반복작용을 되풀이하면서 계속된다. 그러는 동안 만물은 변화하며 변화의 작용 또한 똑같은 형태로 반복되어 우주의 대질서를 인식하게 하는 것이다.

낮이 가면 밤이 온다. 이 작용이 계속되면서 더워지는 계절이 오고 그 더위가 절정에 이르면 다시 추위가 시작되는 것이다. 이러한 음양의 작용은 미세한 모래 한 알에서도 작용하여 거대한 모래사장을 변화시켜 가고 크게는 자연의 변화로 나타나는 것이다. 이것은 그 끝을 알 수 없는 위대한 순환의 원리이다.

이는 사람의 경우에도 마찬가지여서 남자와 여자는 서로 대립하여 존재하지만, 이 둘은 다시 합하여 새로운 생명체를 탄생시키고 사라지며 탄생된 생명체 역시 그러한 과정을 반복하게 되는 것이다. 그리하여 인류의 문명은 발전하고 쇠퇴하게 된다.

이처럼 음양은 대립되는 개념으로 존재하고, 이것이 다시 합하여 변화하고 발전하며, 그 발전은 정점에서 다시 쇠락하게 되는 것이다. 이는 곧 새로운 발전의 시작을 예고하는 것이다.

음과 양의 불평등한 형태는 시간이 흐르면서 평형을 이루게 되고 시간이 지나면서 평형은 또다시 한쪽으로 기울게 된다. 이 원리를 한 개체에 적용하면 그 개체는 영원하지 않고 결국 사라지나 그 법칙은 계속되어 간다는 의미가 된다.

그러므로 선인들은 음양운동의 연속선상에서 자신이 속했던 그 시기에서만이라도 무언가 최선을 다하고 싶었을 것이다. 그들은 자연의 순환 원리에서 음을 위한 음, 양을 위한 양은 존재할 수 없는 고독, 정지, 죽음의 이치임을 깨닫고 이러한 음양이 지순하게 결합되어 균형을 이루는 상태를 선의 개념으로 규정하고 음양합일조화(陰陽合一調和)를 무던히도 추구했던 것이다. 이러한 맥락에서 우리는 지성〔陽〕과 감성〔陰〕을 잘 조화시켜 스스로 균형감을 상실하지 않도록 노력해야 한다. 생활 속에서도 남편과 아내는 서로가 소중한 존재임을 알고 각자의 역할에 충실하여 화목한 가정을 일구는 것이 나아가 사회, 국가의 발전을 도모하는 것이니 이것이 음양조화의 도이다.

우리는 오늘날 문명의 발전이 계속되리라 예견한다. 그러나 문명의 발전이 정점에 이르면 다시 몰락의 길로 접어드는 것이 이치며 이것이 음양의 의미이다. 그리고 문명의 몰락은 새로운 문명 발전의 장을 열어가게 될 것이다.

제1차 세계대전 후 『서양의 몰락(Der Untergang des Avendlandes)』이라는 책을 펴낸 슈펭글러의 논지는 세계인의 이목을 집중시켰다. 그는 세계의 역사가 곧 문명의 몰락사이며 지금 세계를 지배하는 유럽 문명도 이제 황혼기에 접어들었다는 것이었다. 이후 토인비가 이 점에 주목하여 어떠한 결론을 내리고자 하였으나 도저히 답을 구할 수 없었다. 그러던 그가 어느 날 동양의 음양상대성이론에 눈을 뜸으로써 확연히 깨달은 바 있어 『역사의 연구』라는 명저를 발표하게 되었다. 서양인이 뒤늦게 감지한 음양론에 우리가 감탄하였던 것이다.

2. 오행(五行)

오행설은 음양설보다 그 출현 시기가 앞서는 것으로 고서에는 기록되어 있다. 오행은 木 火 土 金 水의 다섯 가지 기운을 말하며 세상의 모든 만물이 이 오행으로 구성되어 있고, 또 구성된 오행이 서로 작용을 함으로써 만물은 탄생하고 성장하여 활동하다가 사라지는 반복적인 변화를 일으킨다는 것이 오행설의 내용이다.

'나'라는 존재는 무엇인가? 인류 역사 이후 오늘에 이르기까지 여기에는 여러 가지 형이상학적인 정의가 부여되었다. 그러나 역학에서는 이 문제에 대한 설명이 비교적 명백하다. 즉 나라는 존재를 오행의 작용으로 탄생하고 성장하며 활동하다 사라져 가는 자연의 일부분으로 규정지어 놓았다. 나라는 존재는 나를 구성하고 있는 오행의 작용 여부에 따라 행복해지기도 하고 슬퍼지기도 하며 발전하기도 하고 미천해지기도 한다는 운명의 빈부귀천을 설명하는 것이 사주학이다.

그러므로 오행의 제작용에 대해서 음미해볼 필요가 있다. 오행의 작용은 상생과 상극작용으로 대표된다. 이때의 상호관계를 후대의 역학에서는 더욱 체계화시켜 나갔던 것이다.

오행의 상생작용은 나무에 의해 불이 타고, 불이 모든 것을 태우면 재만 남아 다시 흙이 되며, 흙 속에서 쇠가 생성되어 나오고 쇠의 차가운 표면 위에 대기가 응축되어 – 지구 물리학에 의하면 지구상의 공기와 물이 45억여 년간의 지구변화과정에서 중력에 의한 지구 내부 암석의 원자력 반응으로 형성되었다는 것이다 – 이슬로 맺혀 물이 생기며 물은 나무를 생장시키는 일

련의 순조로운 생조법칙을 말하는 것이다.

그러나 생해주는 쪽의 기운이 너무 강하다든가 생을 받는 쪽의 기운이 너무 강하면 균형을 잃어 생한다는 본래의 좋은 의미를 상실하고 오히려 해를 입게 되는 수가 있다.

나무가 지나치게 많으면 불이 치열해진다	목다화치(木多火熾)
불이 지나치게 많으면 흙이 갈라진다	화다토초(火多土焦)
흙이 지나치게 많으면 쇠가 묻힌다	토다금매(土多金埋)
쇠가 지나치게 많으면 물이 탁해진다	금다수탁(金多水濁)
물이 지나치게 많으면 나무가 떠내려간다	수다목표(水多木標)

나무가 지나치게 많으면 물이 줄어든다	목다수축(木多水縮)
불이 지나치게 많으면 나무는 불타서 없어진다	화다목분(火多木焚)
흙이 지나치게 많으면 불이 어두워진다	토다화회(土多火晦)
쇠가 지나치게 많으면 흙이 약해진다	금다토약(金多土弱)
물이 지나치게 많으면 쇠가 물 속에 잠긴다	수다금침(水多金沈)

상생의 반대 의미인 상극작용은 쇠가 나무를 베고 자르며, 나무는 흙의 양분을 흡수하여 사토(死土)가 되게 하고 흙은 물의 흐름을 막으며 물은 불을 꺼버린다. 또 불은 쇠를 녹인다.

그러나 극하는 경우에도 오행의 기운이 너무 약하면 극하지 못하고 오히려 당하게 된다.

나무가 지나치게 단단하면 쇠가 부러진다	목견금결(木堅金缺)
불이 지나치게 강하면 물이 마른다	화염수갈(火炎水渴)
흙이 지나치게 많으면 나무가 부러진다	토중목절(土重木折)
쇠가 너무 많으면 쇠를 녹이기 전 불이 꺼진다	금다화식(金多火熄)
물이 지나치게 많으면 흙이 씻겨 내려간다	수다토류(水多土流)

이 외에도 오행의 작용에는 다음과 같은 성질이 있을 수 있다. 木은 土를 극하나 金을 만나면 오히려 木이 극을 당하여 土는 살아나게 된다.

木剋土이나 金을 만나면 土가 살아난다.
火剋金이나 水를 만나면 金이 살아난다.
土剋水이나 木을 만나면 水가 살아난다.
金剋木이나 火를 만나면 木이 살아난다.
水剋火이나 土를 만나면 火가 살아난다.

이와 같이 오행의 작용은 일견 쉽게 수긍이 가면서도 복잡다단하고 심오하여 이를 모두 나열하자면 한이 없으니 오행의 제 작용을 충분히 이해한다는 것은 곧 도를 터득함을 의미한다고 볼 수 있다. 아무튼 선인들이 음양오행설에서 중요하게 생각하였던 것은 조화였다. 세상의 모든 것을 그대로 인정하고 더 이상 독선과 아집에 사로잡히지 않는 자유로움을 추구하였던 것이다.

제2장
12신살에 대하여

신살(神殺)의 종류는 그 수를 헤아리기조차 번잡할 만큼 다양하다. 난립하는 신살을 가지고 길흉조를 예측하다 보면 신살간의 모순에 빠질 정도로 복잡하여 혹자는 신살무용론을 주장하기도 한다. 아마도 오행의 원리에 입각해서 설명할 수 없었던 여러 가지 상황들을 보충하고자 새롭게 만들어낸 신살들이 많기 때문이라 생각된다. 따라서 우리는 제반 신살에 대한 이론적 근거를 찾아내고 이중 비교적 정설들만을 추려내어 채용해볼 필요가 있다.

신살과 관련하여 확률적 통계 작업은 이루어진 바가 없지만 주목할 만한 몇 가지의 신살은 그 작용력이 강하므로 현상에 있어서 공통분모를 이루고 있음을 실감하고 있다.

여기서는 당사주상의 12신살에 대해서만 논하고자 한다.

1. 12신살(神殺)

신당사주 해석법의 골격을 이루는 12지지, 12운성, 12신살은 모두 만물의 생장멸 법칙에서 유도된 것으로 같은 맥락에서 비롯된다. 당사주에서 12신살을 해석하는 방법으로는 12신살을 채용할 때 기준이 되는 삼합 – 인오술합火, 신자진합水, 사유축합金, 해묘미합木 – 으로 오행의 12운성에 대조할 때 그 기운의 왕쇠에 따라 12신살이 정해지는 것이다.

명리학상 12운성을 채용함에 있어 음일간의 경우 오행의 원리와 어긋나는 경우가 발생하므로 12운성은 일본을 제외하고는 그리 중요하게 취급하고 있지 않다. 그러나 당사주는 생년을 기준으로 한 삼합에 따른 오행의 12운성으로 운용되므로 어긋남이 없다. 간명편의 표 3과 해당설명을 참고하면 12신살과 12운성의 상호 연관성을 알 수 있다.

여기서 신당사주 해석법과 명리학적 해석과의 개념을 분명히 할 필요가 있다. 분명 명리학은 제역술 분야에서 가장 체계화되고 발전적인 학문이다. 그러므로 당사주를 명리학과 구분하여 정의를 내린다는 것은 어렵다. 단지 신당사주 해석법은 역학의 원리를 이루는 가장 기본적인 것을 주축으로 간명하는 단순성에 특징이 있으므로 이론상 허점을 제공하지 않는 장점을 가진다.

그러므로 12지지의 4 글자로 간명한다 해서 60갑자의 8 글자로 해석하는 방법의 축소판이라 규정짓는 것은 부당하다. 이를테면 당사주법으로 세워진 사주의 沖은 명리학상 사주팔자의

沖과 그 의미가 일견 비슷하지만 그 결과에 있어 더욱 강력한 작용력으로 나타나는 것이다. 12신살 역시 삼합의 생년을 주동하여 해석하는 것이 일간 중심의 해석과 다를 수밖에 없다. 이것은 어느 것이 타당한가의 문제가 아니다. 당사주의 사주에서 쓰이는 네 글자는 단순히 명리학상 사주팔자의 지지 네 글자가 아니기 때문이다.

우주의 생장멸 원리에서 집약되고 농축된 이론 – 간명편의 당사주 개관에서 설명하였다. – 으로 명식 102,680을 자유자재로 해석하는 것이니 12신살의 경우도 명리학상의 부수적인 개념이 아닌 12지지와 같은 절대적인 요소가 되는 것이다.

신살의 성립 요건

겁살은 삼합의 끝 글자 다음 글자다.
재살은 삼합의 가운데 글자와 충하는 글자다.
천살은 삼합의 첫 글자의 바로 전 글자다.
지살은 삼합의 첫 글자다.
년살은 삼합의 첫 글자의 다음 글자다.
월살은 삼합의 끝 글자와 충하는 글자다.
망신살은 삼합 가운데 글자의 바로 전 글자다.
장성살은 삼합의 가운데 글자다.
반안살은 삼합 가운데 글자의 다음 글자다.
역마살은 삼합의 첫 글자와 충하는 글자다.
육해살은 삼합의 끝 글자의 바로 전 글자다.

화개살은 삼합의 끝 글자다.

12신살의 각 살성은 지지의 충과 마찬가지로 일곱번째에 해당하는 살성과 서로 상충하게 되니 행년(行年)에 상충되는 살을 만나면 작용력이 강해지는 것이다. 이를테면 당사주의 유년법에 장성살년을 매우 길하게 보나 명식상 월주나 일주에 재살이 있다면 길하지 못한 한 해가 되는 것이다.

겁살과 망신살은 상충한다.
재살과 장성살은 상충한다.
천살과 반안살은 상충한다.
지살과 역마살은 상충한다.
년살과 육해살은 상충한다.
월살과 화개살은 상충한다.

이상으로 12신살은 삼합과 절대적인 관계를 가지며 동일한 맥락에서 사맹, 사정, 사고를 분류해낼 수 있다.

2. 사맹(四孟), 사정(四正), 사고(四庫)에 대하여

만물의 생장멸 3단계 순환운동을 기운의 세기로 분류한 것을 사맹(四孟), 사정(四正), 사고(四庫)라 한다.

사맹은 삼합의 첫 글자다.
사정은 삼합의 가운데 글자다.
사고는 삼합의 끝 글자다.

또한 생장멸로 분류하여 사맹은 생(生)이고, 사정은 장(長)이며, 사고는 멸(滅)을 의미한다.

그리고 춘하추동 사계절의 첫 월의 지지가 사맹이며, 둘째 월의 지지가 사정이고, 계절의 마지막 월의 지지가 사고다.

계절	春	夏	秋	冬
방합	寅 卯 辰	巳 午 未	申 酉 戌	亥 子 丑
사맹,사정,사고	孟 正 庫	孟 正 庫	孟 正 庫	孟 正 庫

※ 12운성으로 사맹은 生, 사정은 旺, 사고는 墓의 자리이다.

寅巳申亥 이 네 글자는 사맹으로 生이 의미하는 것으로 싹을 틔운다는 의미이다. 잉태의 고통과 아픔을 딛고 이제 막 지상으로 솟아올랐으나 주위의 환경은 모태 속과 달리 춥거나 더우며 바람이 몰아치니 고통을 암시하고 때론 꺾이고 짓밟히니 이를 극복하면 불세출의 위인이 되지만, 이를 극복하지 못하면 실패자란 낙오가 평생을 따라다니게 되는 것이다. 어쨌든 사맹의 네 글자가 사주명식 내 존재하면 생에 고초가 따르게 된다.

그래서 당사주는 이 네 글자를 주목한다. 이들 중 두 글자 이상이 명식에 존재하면 일단 파란을 겪는 운명체라 추론하는 것이다. 앞서 서술했듯 사주팔자 내 존재하는 것보다 위력이 더욱 강하다.

寅申巳亥 네 글자는 형살의 작용력이 막강하고 형,충,파,해 모두가 성립되므로 부부 생이별 내지 사별, 육친간 불화, 사망, 사고, 불구, 소송, 쟁투, 배신, 이간, 사기, 도난, 손재, 폭행, 절도 등의 곡절을 겪기 쉬우니 인과율의 법칙을 염두에 두고 늘 마음가짐을 바르게 하는 데 각고의 노력을 경주하여야 한다.

子午卯酉 네 글자를 사정이라 하는데 청,장년의 시기를 의미하니 활동력이 왕성하고 자립의 성향이 강하게 나타난다. 다만 12운성의 浴자리에도 해당되므로 정조관념의 희박할 수 있다. 따라서 정이 헤프고 사치, 낭비벽이 있기도 하다. 또한 도화(桃花)를 의미하므로 미색이며 아름답다.

辰戌丑未 이 네 글자가 사고이며 곡식을 창고에 저장한다는 의미가 있어 대체로 재물이 많은 편이고 반면 사람이 죽어 입묘한다는 의미도 있으므로 성격상 결함이 눈에 띄기도 한다. 辰戌丑未가 사주 내 존재하면 싸움이 많고 출입이 잦은 경향이 농후하여 외국과 인연이 많다.

제3장
12지지에 대하여

1. 10간과 12지지 이야기

12지지에 앞서 10간과의 관계를 알아볼 필요가 있다. 역사에 10간과 12지는 동시에 발생한 것으로 전해지고 이를 사주학에서는 자연의 법칙, 즉 자연율(自然律)을 푸는 기호로 일단의 의미를 둔다.

놀라운 사실은 고대 중국인들이 날짜를 기록하던 부호인 간지를 오행으로 표현하여 매시간 변화하는 오행의 기운을 감지하였다는 점이다. 이에 대한 명쾌한 설명만 할 수 있다면 실로 위대한 업적을 남긴 현자로 길이 빛날 것이다. 다만 여기서는 이러한 10간 12지가 어떻게 탄생하였는지 기록을 살펴보고 선인들이 이미 정립한 내용들을 서술하고자 한다.

1963년 섬서성에서 남전(藍田)원인이 발견됨으로써 인류의 역사를 약 백만년 전 이상으로 보고 이후 약 사오십만년 전 북경원인이 출현하였다고 추측하고 있다. 고대 중국 역사의 기원을 살펴보면 기록상으로 약 오천년 전부터 존재한다.

고대 중국의 역사는 삼황오제(三皇五帝)로부터 비롯되는데 삼황은 복희씨, 여와씨, 신농씨를 가리키며 오제는 황제, 전욱, 제곡, 제요, 제순을 말한다. 이중 황제가 전쟁에서 승리하여 삼황의 시대를 마감하고 비로소 중국은 황제 – 비옥한 황토(黃土) 나라의 주인을 의미 – 의 나라가 되었다.

이때 중국의 변방에는 동쪽에 이족, 서쪽에 강족, 남쪽에 묘족, 북쪽에 적족이 자리잡고 있었다. 이중 이족에 치우라는 이름난 두령이 쇠로 만든 무기를 가지고 세상을 어지럽히니 황제는 이들과의 한판 결전을 피할 수 없었다.

결국 황제는 치우와의 대전에서 대승을 거두었고, 이에 중원의 모든 제후들이 황제를 천자로 추대하게 되었다. 천자가 된 황제는 배와 수레를 발명하고 집 짓는 법과 옷감 짜는 일을 개발하였으며 약초를 조사, 분석하여 의료기술을 폈다. 또한 창일에게 명하여 문자를 제작하게 하고 영륜에게는 악기, 부인인 유조는 누에 치는 법을 가르쳤다 한다. 이때 대요에게 명하여 십간 십이지를 만들었다고 전하는데 오늘날 실제로 당시 대결전의 흔적이 발견되고 있다 하니 기록의 신빙성을 더해주고 있다.

이를 연해자평에서는 탁록벌판에서 벌인 치우와의 싸움에서 황제가 승리를 거두었으나 그 유혈이 백 리 밖까지 넘쳐 민심이 흉흉해지니 이들을 물리친 황제가 친히 목욕재계하고 단을 모아 하늘에 제를 지내니 이에 하늘에서 십간십이지를 내렸다 한다. 이로써 십간은 둥글게 펴 하늘을 상징하는 천형(天形)을 만들고 십이지는 사각으로 땅〔地形〕을 상징해 간은 하늘이 되고 지는 땅이 되어 세상을 잘 다스렸다고 한다. 후에 대요씨가 십간과 십이지에서 우주의 이치를 깨달아 육십갑자를 만들어 이를 근본으로 나라를 다스렸다 한다.

10干	甲	乙	丙	丁	戊	己	庚	辛	壬	癸		
12支	子	丑	寅	卯	辰	巳	午	未	申	酉	戌	亥

12지지는 10천간이 상징하는 하늘의 작용, 허공 속에 분포된 제기운의 끊임없는 상호작용이 구체적으로 현실화되어 나타난 것으로 표현한다. 그러므로 지지의 오행은 이미 물질화하여 물체의 형체를 띠게 되며 천간의 양기를 받아 물질을 생하는 작용을 하므로 간을 체(體)라 하면 지는 용(用)이라 한다.

오행	천간	지지
木	生氣	나무
火	빛 과 열	불
土	먼지의 작용	대지
金	광물질의 화학작용	쇠와 돌
水	수증기	물

2. 지지의 자의(字義)

12지지의 자의는 해당 동물의 특성과 관련이 있다.

子 : 포대기에 싸인 아기를 본뜬 모양, 자손의 번창은 곧 일손을 의미하였다.(번식이 왕성한 쥐)

丑 : 손으로 물건을 꼭 쥐는 모양(소에 코뚜레를 씌움)

寅 : 화살을 잃어버리지 않도록 화살 끝에 줄을 매단 형태(쏜살같이 나는 범)

卯 : 만물이 땅 위로 솟아오르며 성장하는 모양(토끼의 두 귀와 흡사)

辰 : 농작물에 해를 끼치는 꿈틀거리는 벌레를 본뜬 모양(꿈틀대며 날아 오르는 용)

巳 : 지열이 끓어올라 양기가 표출된 형태(독기가 오른 뱀)

午 : 서로 교차하는 모양(당시 말이 주요한 교통수단)

未 : 나무가 무성하게 자란 형상으로 풍요로움을 상징(양은 젖,고기,양털을 제공)

申 : 하늘에서 번개가 치는 형태(원숭이의 재주가 묘하다)

酉 : 술단지를 본뜬 모양(안주감으로 닭이 적당)

戌 : 전투용 도끼를 본뜬 모양(개는 사냥을 돕는다)

亥 : 사나운 멧돼지의 형상(야생의 돼지를 길들여 키움)

지지를 동물에 비유한 점은 대단히 흥미롭게 여겨지는데 지지 속의 동물들은 사람이 지닌 여러 본능을 나타내기도 하고 궁극적으로 자연의 일부분을 동물로 상정하였다 볼 수 있다. 재미

있는 사실은 각 동물들의 발톱 수가 지지의 음양에 따라 홀수, 짝수로 반복되어 구성된 점이다.

지지	자	축	인	묘	진	사	오	미	신	유	술	해
동물	쥐	소	호랑이	토끼	용	뱀	말	양	원숭이	닭	개	돼지
발톱수	5	2	5	4	5	2	1	2	5	4	5	2
음양	양	음	양	음	양	음	양	음	양	음	양	음

※ 뱀은 혀가 두 쪽, 말은 통굽으로 하나

지지의 순서는 우주의 생장멸 원리에 따라 정해졌다.

子 : 포대기에 쌓인 아기로 막 태어났다.
丑 : 엄마의 젖을 꽉 물고 엄마는 포대기 끈을 감싸고 있다.
寅 : 아기는 화살을 당기듯 무럭무럭 자란다.
卯 : 한창 성장하는 소년기로 두 귀를 쫑긋 세운 듯 호기심이 왕성하다.
辰 : 혈기방장한 청년이 되어 기운이 꿈틀대기 시작한다.
巳 : 몸을 사릴 줄 아는 지혜를 갖출 만큼 성장하였다.
午 : 활동기의 전성 시대를 의미한다.
未 : 무르익을 대로 익은 성숙한 중년기다.
申 : 절정기를 지난 힘의 여력이 아직까지는 뻗치고 있음을 의미한다.
酉 : 오곡백과가 무르익는 시기로 술이 익듯 완숙의 경지다.

戌 : 은퇴하여 집을 지키는 시기다.

亥 : 죽어 뼈만이 남아 있다.

沖과 원진(怨嗔)을 동물에 비유하여 재미있게 설명한 사례도 있다.

충(沖)

자오충(子午沖) : 말은 유난히 콧구멍이 크므로 혹 잘 때 쥐가 콧구멍으로 들어오지 않을까 걱정이 되어 서서 자야만 하니 쥐를 싫어한다.

축미충(丑未沖) : 둘다 뿔 달린 동물인데 소는 자신보다 작은 양이 뿔을 단 것에 자존심이 상한다 하여 싫어한다.

인신충(寅申沖) : 호랑이는 동물의 왕이면서도 원숭이의 재주를 흉내내지 못하므로 싫어한다.

묘유충(卯酉沖) : 닭은 붉은 것을 보면 흥분하는데 토끼의 눈이 붉어 싫어한다.

진술충(辰戌沖) : 용이 개 짓는 소리에 신경이 거슬려 승천하는 시간을 놓친다 하여 싫어한다.

사해충(巳亥沖) : 뱀은 깨끗한 이슬을 먹고 사는데 돼지는 더럽다 하여 싫어한다.

원진(怨嗔)

子未원진 : 쥐는 양의 배설물을 싫어한다.

丑午원진 : 소는 말의 게으름을 싫어한다.

寅酉원진 : 호랑이는 닭의 목청 터지는 소리를 싫어한다.

卯申원진 : 토끼의 눈과 원숭이의 궁둥이가 같은 빨간 색이라 싫어한다.

辰亥원진 : 용은 돼지의 코가 자기와 닮았다고 싫어한다.

巳戌원진 : 뱀은 금속성의 개 짖는 소리에 허물을 벗다 죽으므로 싫어한다.

이 외에도 合의 작용을 동물에 비유한 설명이 있다.

그리고 생년의 띠로 성격을 분류하기도 하는데 이는 무리가 따르는 방법으로 서술할 필요가 없다고 본다. 부연하자면 신문이나 잡지 등에서 흔히 보는 띠로 운세를 푸는 내용들은 단순히 심심풀이에 불과한 것으로 이해하면 된다.

제4장
사상(四象)적 용신에 대하여

사주학에서 절대적인 것이 바로 용신을 구하는 문제다. 용신이란 자신에게 꼭 필요한 오행의 기운을 말한다. 운로에서 용신을 생하거나 용신운으로 흐르면 발전한다 하고 용신의 기운을 거스르는 운의 흐름을 맞으면 좌절을 겪게 되는 불운을 맞게 된다. 따라서 사주 간명시에 용신을 잘못 구하면 운명의 예측이 크게 빗나갈 뿐 아니라 당사자의 심리에 크게 악영향을 미치게 된다.

용신을 구하는 데에는 여러 가지 방법이 있다. 우선적으로 사주의 격국을 설정하고 나면 용신을 구하기가 더욱 선명해지나 당사주로는 그것이 불가하므로 사상(四象) 용신에 대해서만 설명한다.

용신을 구하는 방법 중에 사상용신법이라는 것이 있다. 사상용신법은 대개의 명리학자들이 대수롭지 않게 생각하는 경향이 있으나 그 원리가 타당하고 적중률이 높으므로 상대성의 원리에서 볼 때 요긴하게 활용할 수 있는 방법이다. 그러나 사물의 현상을 네 가지로 분류한다는 것은 많은 문제점을 내포하고 있는 것도 엄연한 사실이다.

그렇지만 사상용신법은 독자들이 용신의 채용법과 개념에 대해 이해하는 데 가장 적절한 활용법이라 여겨지며 신당사주 간명법상 용신에 접근하는 방법으론 사상용신법이 유일하다.

특히 당사주를 대변하는 12지지 모두에 사상의 원리가 배속되어 있고 – 바로 사맹, 사정, 사고의 원리를 말한다 – 채용법도 간편하므로 독자들이 유기적인 사고를 하는 데 도움이 될 것이다. 신당사주 간명법은 사상의 이론에 충실하고 기본이 되므로 나아가 본격적인 명리학 연구를 함에 있어서도 도움이 될 것이다.

용신은 오로지 월령(月令)에서 구한다는 것을 앞에서 설명한 바 있다. 즉 용신을 구하는 기준이 태어난 월에 있다는 것인데 사상은 바로 사계절을 의미하니 이 점은 백 번을 반복해도 과함이 없다.

사상이란 우주순환상생의 자연 원리를 구명하는 요체로 먼저 사계절과 사방위를 의미한다. 계절로는 봄, 여름, 가을, 겨울이며 방위로는 동방, 남방, 서방, 북방을 말한다.

순환상생이라는 것은 봄이 가면 여름이 오고 여름이 가면 가을이 오고 가을이 가면 겨울이 오고 다시 봄이 옴을 설명하는 이치이다. 또한 이를 사람에 비유하면 태어나서 유년기 다음에

청년 시절이 오고 장년 시절, 노년 시절을 거치고 사라지면 또 다시 후대가 그러한 순서를 반복하는 것으로 자연적 현상의 원리를 그대로 답습하고 있다. 이를 오행에 적용하면 木→火→金→水의 순으로 나무〔木〕가 자라나 꽃을 피우는 것을 火라 하고 꽃이 진 후 열매를 맺는 것을 金으로 보며 열매를 짜낸 엑기스를 정액(精液)이라 하여 水로 보는 것이다.

오행	木	火	金	水
사람	유년기	청년기	장년기	노년기
계절	봄	여름	가을	겨울
해	동쪽에서 뜨고	남쪽에서 중천하며	서쪽으로 저물어	북쪽에 밤이 온다

또한 12지지에도 사상의 원리가 배속되어 사맹, 사정, 사고로 표현된다.

겨울에는 陽이 허하고 여름에는 陰이 허하니 겨울에는 따뜻한 음식이나 陽을 돋우는 열약(熱藥)을 쓰고 여름에는 냉한 음식과 음기를 돋우는 약을 쓴다. 체질적으로도 여름을 잘 견디는 사람과 겨울을 잘 견디는 사람이 있다.

木과 火가 왕성한 사람은 소양(小陽)과 태양(太陽)인 체질로 성질이 양성적이고 불 같으며 외향적인 성품에 사회적이다. 陽은 가볍고 높은 곳에 있으므로 신체도 상체에 해당하니 상반신이 잘 발달해 있으나 하반신은 약하다고 본다. 金과 水가 왕성한 사람은 소음(小陰)과 태음(太陰)의 체질로 반대의 성향을 나타낸다.

그래서 봄에 태어난 자는 소양, 여름은 태양, 가을은 소음, 겨울은 태음이라 하고 이 원리를 의학적으로 응용한 것이 사상의학의 원리이다.

출생월	春	夏	秋	冬
체질	小陽人	太陽人	小陰人	太陰人

여름이면 시원한 것을 찾고 겨울이면 뜨거운 것을 찾는 것이 만물의 이치이니 봄에 출생한 자는 金, 여름에 출생한 자는 水, 가을에 출생한 자는 木, 겨울에 출생한 자는 火를 사용해야 운기가 발복하게 되는 것이다.

1. 사상용신의 해설과 활용

사상과 오행을 배합하면 약간 복잡한 면이 있으나 원리에 크게 어긋남이 없으므로 잘 이해하기 바란다.

출생월	1월,2월 (寅,卯)	4월,5월 (巳,午)	7월,8월 (申,酉)	10월,11월 (亥,子)	3월, 6월 9월, 12월
체질	소양인	태양인	소음인	태음인	태양인
용신	金	水	火	火,土	木
희신	土	金	木	火	水

희신(喜神)이란 용신을 생조해주는 기운을 말한다. 용신과 희신을 따로 구분하여 말하기도 하고 희신은 용신을 포함하는 이로운 제기운들로 쓰이기도 한다. 또한 희신을 보좌용신이라 하여 용신으로 명하는 경우도 있다.

1월, 2월 출생자

목의 기운이 왕성한 목왕지절이므로 나무는 계속 뻗어나가는 성질이 있다. 이를 그대로 두면 과다하게 무성하여 영양분이 가지로 빠져나가 오히려 원목의 성장에 해를 주니 金의 성질을 가진 도구로 가지를 쳐주어야만 생기를 찾는다. 그러므로 金이 용신이다.

이때 사주에 火가 있으면 火를 극하는 水를 보좌용신으로 하여 金水용신을 쓰고 사주에 火가 없고 水가 많으면 金의 용신작용이 무력해지니 土를 희신으로 하여 土金을 용신으로 쓴다. 소양체질이니 소음약을 써야 하고 소음약의 색은 흰색이며 서방이 길하다.

4월, 5월 출생자

화왕지절이니 뜨거운 태양 아래 흙은 갈라지고 그러한 땅에서 식물의 성장을 기대하기 어렵다. 따라서 만물의 열기를 식혀줄 수 있는 水를 절실히 필요로 한다. 그러므로 水가 용신이다.

사주에 土가 있으면 土를 극하는 木을 보좌용신으로 하여 水木 용신을 쓰고 土가 없고 木이 많으면 水용신이 무력해지니 金으로 木을 극해야 하므로 金水를 용신으로 쓴다. 태양체질이니 태음약을 써야 하고 태음약의 색은 흑색이며 서북방이 길하다.

7월, 8월 출생자

금왕지절이니 금의 단단한 성질로 인해 만물이 굳어지게 되므로 이 굳은 성질을 녹여줄 기운을 필요로 한다. 그런데 이 金을 더욱 유용하게 만들어주는 것이 火이므로 용신은 火가 된다.

사주에 水가 있으면 水를 극하는 土를 보좌용신으로 하여 火土 용신을 쓰고 水가 없고 土가 많으면 용신火가 무력해지니

土를 극하는 木을 택하여 木火를 용신으로 쓴다. 소음체질이니 소양약을 쓰고 소양약은 그 색이 적색, 청색이다. 동남방이 길하다.

10월, 11월 출생자

수왕지절이니 물이 많아 흘러넘치는 지경이다. 물이 넘치면 모든 것을 쓸어가버리므로 마땅히 土로써 흐름을 자제시켜야 한다. 또한 만물이 추위로 인해 활동을 정지하므로 火기운으로 이를 보온해야만 활동이 원활해지니 용신은 火 土가 된다.

사주에 木이 있으면 金으로 木을 극해야 하므로 土金을 용신으로 하며, 木이 없고 金이 많으면 용신이 무력해지니 火를 보좌용신으로 金을 극하여야 하므로 火土를 용신으로 삼는다. 태음 체질이니 태양약을 써야 하며 그 색은 적색이고 남방이 길하다.

3월, 6월, 9월, 12월 출생자

토왕지절이니 나무를 심어 흙의 효용가치를 높혀야 한다. 만약 木이 없다면 사토(死土)가 되어 무용지물이 되니 용신은 木이 된다.

사주에 金이 있으면 火를 보좌용신으로 택하여 木火를 용신으로 쓰고 金이 없고 火가 많으면 용신이 무력해지니 火를 극하는 水를 택하여 水木을 용신으로 쓴다. 태양 체질로 보고 태음약과 소음약을 쓰며 북방이 길하다.

제5장
사주, 운명 잡담(雜談)

1. 운명, 어떻게 생각할 것인가

감나무 아래에서 감이 떨어지기만을 기다리며 누워 있는 자의 태도에 대해 왈가왈부하기 이전에 참 행복한 사람이라는 생각을 해본다. 급변하는 현대 환경은 잠시 머물러 정체하도록 우리를 내버려두지 않는다. 누구든 스스로 또는 타의에 의해 끊임없이 움직이며 변해가야만 하는 것이다. 여기서는 그러한 자세에 대해 어떻게 생각하는 것이 옳은 것인지에 대해 이야기하고자 한다.

명리학자들 중 많은 자들이 사주팔자에 인간의 운명이 엄연히 예약되어 있다고 말한다. 또한 사랑하는 가족을 잃었거나 본인이 불구가 되는 등의 극심한 불운을 실감했다면 숙명론자가 되기에 충분한 계기가 된다. 그러나 이렇게 모든 운명이 이미 정해져 있다면 좋은 운명을 타고난 경우에는 굳이 감을 따려고 나무를 흔들거나 올라갈 필요가 없이 가만히 누워 있어도 적당한 때에 감은 상하지 않게 잘 떨어질 것이다. 반대로 불우한 운명체로 태어났다면 감을 따기 위해 나무로 오르다가 떨어져서 심하면 죽거나 신체의 일부를 못 쓰게 되는 불행이 필연적으로 발생할 것이다.

그러나 인간의 노력이나 향상심(向上心)에 대해 의미를 전혀 부여하지 않는 이와 같은 절대 숙명론은 꿈을 가지고 살아가는 보통의 사람에게는 믿을 게 못 된다는 의미로 받아들여질 것이다.

이야기 하나

10여 년 전 필자는 군복무중이었는데 – 당시 특수부대의 팀장으로 10여 명의 부하와 함께 계룡산에서 장기간 야전 생활을 하였다 – 삼군본부가 막 계룡대 지역으로 이전하는 시기였으므로 많은 무속인들이 그들의 터를 잃고 떠나게 되었다. 나는 그 해에 단기복무를 마치고 전역이 예정되어 있었으나 한편으론 군생활의 순수성에 매료되어 군인을 천직으로 삼아볼까 하는 갈등을 겪기도 하였다.

그러던 중 어느 날 새벽녘에 나는 천왕봉 부근의 한 암자 위에 웃옷을 벗어둔 채 앉아 있는 한 도인과 – 당시 백발의 수염과 풍채는 정말 그럴 듯했다 – 조우하게 되었다.

그것이 계기가 되어 그분에게 나의 미래에 대해 물어본 적이 있었는데 나의 질문은 다분히 속물적인 것들이었다. 배우자는 미인일 것인가, 군인으로 출세할 수 있을 것인가 등등 쏟아지는 나의 물음에 그는 간략한 대답을 해주었다.

"당신은 군인의 길을 가지 않는다. 무장으로서의 업이 끝났기 때문이다. 재물과 관련이 깊은 직업에 일정기간 종사하게 될 것이다."

이후의 내용은 아무튼 내 인생에 극심한 파란과 영화가 교차할 것이라는 것이며 그것을 시기별로 나누어 인생 전반을 개관해주었던 것이다. 그러나 당시의 나로서는 파란이라는 것이 무엇을 의미하는지조차 제대로 알 수가 없었고 도인에게 품었던 기대에 미치지 못하는 대답을 들었다는 생각에 적이 실망했었던 기억이 있다. 그리고 더 이상 연을 맺지는 못하였다.

그 해에 전역을 한 나는 나의 진로로 전혀 고려하지 않았던 은행원 생활을 하게 되었다. 그리고 결혼을 한 후부터는 오직 금융계에서 큰 인물이 되겠다는 포부로 활기찬 직장생활을 영위하면서 도인과의 기억은 멀어져만 갔다.

그러나 뜻과 같지 않게 삶이 전개된 지금에 와서 그 도인이 필자에게 들려주었던 이야기를 새삼 기억해내려 애쓰고 있다. 대다수의 사람들이 불운을 실감하고 나서야 자신의 명에 대해 깊은 생각을 해보게 된다. 필자 역시 예외는 아니어서 지금의 어려움이 대체 어디서 연유된 것인지 알 수 없어 이에 대해 수도 없이 생각해보았던 것이다. 그러면서 불운한 시기에 지나친 욕심이 화근이 되었다는 결론을 내리게 되었고, 아무래도 지금의 형편을 초래한 것은 철저히 내 자신에게서 비롯된 것이며 뿌린 대로 거둔다는 인과(因果)의 엄연한 현실을 인정하고 있을 뿐이다. 그리고 운명에 대한 결론을 속히 내리고 싶을 뿐이다.

이야기 둘

명나라의 진사였던 원료범(袁了凡)이 『음즐록』- 天命이라는 뜻- 에서 말한 이야기는 대체로 많은 이들이 알고 있는 내용으로 명(命)에 대한 바른 이해를 제시하는 교훈을 담고 있다.

원료범은 임진왜란 때 이여송을 따라 우리나라에 원군으로 오기도 한 경력이 있는 자로 일찍이 아버지를 여의고 편모 슬하에서 자랐다.

어려운 환경에서 편모를 부양할 수 있는 길은 과거시험 - 중국의 문화는 귀족과 평민의 문화가 전혀 다른 것으로 우리에게 전해지는 중국의 문화는 귀족들의 문화일 뿐이다. 이처럼 귀족과 평민은 하늘과 땅 차이였으므로 당시 과거에 급제하여 진사가 되는 것은 대가족의 유일한 목표였다 -을 일찌감치 포기하고 의사가 되는 방법밖에 없다고 생각했다.

그러던 중 어느 날 공씨라는 노인을 만나게 되는데 노인은 원의 상을 보고 몇 살에 몇 번째로 과거에 급제하게 되어 진사가 되며 다만 자식은 없을 것이라고 하면서 언제 수명을 다하는지까지 원의 일생을 예언하였다. 이에 원은 크게 감격하여 그 노인을 집으로 모셔다가 대접하고 열심히 공부하여 과거에 응시한 바 신기하게도 그 노인의 예언이 그대로 적중하여 소위 출세를 하게 되었다. 그리고 생에 자식은 없었다.

이 경험을 통해 원은 사람의 운명이란 미리 정해져 이렇게도 저렇게도 할 수 없는 것인데 출세도 하고 싶고 떼돈도 벌고 싶은 갖가지 희망에 부풀어 안절부절못하지만 모두 어리석은 것이라고 생각하게 되었다. 즉 나는 자식도 없고 몇 년 몇 월 몇 일에 죽는다는 것까지 정해져 있으니 이 정해진 짧은 인생에 무엇 때문에 부질없는 일을 두고 애쓸 것인가 생각하면서 철저한 운명론자가 되었던 것이다.

원은 마음을 비웠으므로 젊은 나이에 점잖은 사람이 되었다. 그러던 어느 날 남경 근처의 절에 묶게 되었는데 그 절에 운곡이라는 선사가 있어 원의 자태가 맑고 침착하며 군자의 풍모를 하고 있으므로 어떤 수양을 하였길래 그런 품격을 지니게 되었는지 물어보게 되었다. 이에 원은 지난 경험을 그대로 이야기하고 자신의 운명론적인 생각을 이야기하였다. 그러자 운곡은 이내 실망스런 표정을 감추지 못하고 당신을 잘못 보았다라고 말하였다.

원이 그 연유를 묻자 운곡은 대답한다.

"그대의 체념이나 깨달음이라는 것이 지극히 단편적이며 저급하고 유치한 것이오. 인간의 운명이라는 것은 그리 간단하게 생각할 바가 아니어서 한평생 제 운명이 어떠한가를 탐구한 뒤에야 비로소 제 운명이 이런 것이라 말할 수 있는 것이오. 즉 관뚜껑을 덮고 난 뒤에야 정해지는 것이므로 그따위 한 노인의 관찰이나 예언으로 정해져버리는 무의미한 것이 아니오. 운명은 학문에 의해 끊임없이 밝혀지는 것이면서 동시에 수업에 의

하여 무한히 창조되는 것이오. 운명은 하늘이 이루는 것이면서 또한 스스로 만들어지는 것이오. 만약 그대의 말대로 인간의 명이 절대적으로 정해진 것이라면 제성현들이 생애를 걸고 학문에 정진할 이유가 없어지니 그렇다면 그대에게 주어진 소질, 능력과 작용들이 무의미한 것이 되어 그대는 쓸모없는 인간이라 할 수 있지 않겠는가."

원은 전신에 식은땀을 흘리면서 이야기를 들었고 이후 새로운 자아를 발견하게 되었다. 그 후 그는 용맹심을 일으켜 적선음덕을 행하고 정신수양을 하여 노인이 예언한 53세라는 천수를 넘기고 69세에 『음즐록』을 쓰게 되었으며 운곡과의 만남 이후 공노인의 예언은 어긋나기 시작해 자식도 얻었다고 전해진다.

우리들 존재, 각자의 인생이란 하나의 명으로, 명이란 우주의 본질인 끝없는 창조와 변화를 말하는데 움직인다라는 의미로 '운명'이라 칭하는 것이다. 그러나 우리는 운명을 이미 정해진 예정 코스로 인식하여 머무른다는 뜻의 숙(宿)인 숙명으로 인식하는 경향이 많다.

이같이 고정된 숙명이라는 환경하에 인간은 늘 사색하고 반성하며 행동하게 된다. 그리고 이것이 원인을 낳고 결과를 내는 명 속에 복잡한 인과관계가 성립되는데 이를 운으로 본다. 나아가 숙명이 암시하는 유인력 – 이를테면 단명의 암시가 중한 경우 – 은 대단한 위력을 지니지만 그 유인력보다 더 큰 노력으로 건강에 유의하고 섭생, 운동한다면 단명의 암시로부터 벗어날 수 있는 것이라 볼 때 인과율(因果律)의 대원칙이 우선한다고 본다.

그러므로 명이란 절대적 운명이긴 하지만 동시에 그 속에 복잡하게 움직이는 인과관계로 형성되어 나간다 볼 수 있다. 그런 연유로 지구상의 모든 자는 제각각의 삶이 다른 것이다. 따라서 거기에 관련된 제법칙과 과정을 탐구해봄으로써 새로운 운명을 창조하고자 하는 것이 역학의 도다.

운곡선사가 원료범에게 전한 이야기는 명을 알고 난 이후에도 스스로가 새로운 운명을 재창조할 수 있다는 것이었다. 이때 전자를 지명(知命)이라 하고 후자를 입명(立命)이라 한다.

내가 부여받은 재능과 소질을 십분 활용하여 새로운 인격, 새로운 생활, 새로운 사회를 창조하자는 것이 운명을 알고자 하는 이의 참뜻일 것이다.

2. 사주학의 한계

명을 구하는 제역학 분야 중 사주명리학 이상이 없음은 의심의 여지가 없다고 본다. 그러나 절대적이라는 표현은 성립될 수 없다. 적어도 현재의 학문으로는 그러하다는 것이다.

우선 생각하기로 사주팔자의 명식수가 1주년은 60년, 1년은 12개월, 1개월은 30일, 1일은 12시간으로 겨우 259,200개인데 남녀의 행운이 순행, 역행으로 다르니 여기에 2를 곱하여 전체 518,400개의 경우의 수 – 여기에 3원 갑자 (상원, 중원, 하원)을 더 곱하여 명식의 수를 더 많게 보는 주장도 있다 – 가 성립

된다.

현재 세계 인구는 60억 명을 족히 넘으니 만약 이로 통계를 내면 동일 팔자의 사람은 약 1만2천여 명에 달한다는 결과가 나온다. 일단의 역술가들이 말하길 좋은 시간대에 태어나는 사람은 극히 드물고 그 이외의 시간대에 대부분이 태어난다는 사례를 접했다고 하였으나 도대체 어느 정도의 사람을 만나보았는지가 의문이다. 그리고 무엇보다 사주가 좋은 자들보다는 나쁜 자들이 의뢰하는 예가 많을 테니 사주를 감정한 사람들은 나쁜 운의 사람들이 많았을 것이다.

각설하고 어쨌든 동일 시간대에 속한 동일 사주의 운명체가 모두 같은 삶을 산다는 것을 어불성설이다. 생각건대 동일 명식의 수천 명이라도 부귀빈천에 있어서의 결과는 천차만별일 것이다.

이러한 점을 보완하고자 시간을 24시간 단위로 정하려는 시도도 있고, 생시 이외 분, 초의 시점까지 파악하여 사주를 육주(六柱)로 만들려는 노력도 하고 있다. 이 경우 명식의 수는 18억 5천 개를 넘으므로 동일 명식의 해당자 수는 현저히 줄 것이다. 또한 24절기를 모두 활용하는 오주(五柱)론을 주장하기도 한다. 그러나 여기에는 두 가지 문제점이 있다.

첫째, 생시를 모르는 자도 많은데 하물며 태어난 분, 초까지 아는 자는 드물다고 본다.

둘째, 학문이 체계화되기 이전 해석상의 난삽함에 빠질 우려가 많다.

이러한 시도 이외에 역술의 몇 가지를 병용하기도 하는데 대표적인 예가 두수와 자평명학을 병용하는 것이 유행하는 중국의 경우다. 이에 비해 우리는 자평명학(사주추명학)에만 너무 집착하는 경향이 있는 듯하다. 현재의 사주학이 백발백중일 순 없다. 그렇다고 해서 80퍼센트 정도는 맞는다는 식의 이야기도 있을 수 없다.

역학자들의 과제는 운명학의 불완전성을 끊임없이 보완하도록 애쓰면서 새로운 학문을 체계화하는 데 있다. 그리하여 더욱 세밀하고 정확한 추명을 구하고자 하는 것이다.

동일한 명식의 소유자들에 대하여 해당자들의 운명 결과가 다르게 나타나는 경우, 현재로선 대답할 수 있는 방법이 제한되어 있다. 우선 생시의 착오를 들 수 있는데 이는 논 외로 하고 많은 명리학자들이 조후의 관점으로 설명하고 있다는 것이다.

이를테면 출생지가 각기 다르므로 기후와 풍토가 다르니 용신이 다를 수도 있고 그 작용의 차이점이 있을 수 있다.

그러나 같은 지방에서 같은 시간대에 태어난 두 사람이 부귀빈천이 전혀 다르게 나타난 사례도 있으므로 이때는 결국 상(相)을 보고 설명할 수밖에 없다는 결론이 나온다.

사주가 관상만 못하다라는 이야기가 있다. 그러나 이를 상학이 명리학보다 일보 전진한 학문이다라는 뜻으로 해석해선 안된다. 제역술의 분야가 명리학의 학문적 체계에 근거하고 있고 사람을 직접 보지 않은 상태에서도 명을 논할 수 있는 명리학만큼 정확하고 세밀한 설명을 구할 수 있는 역술은 아직 존재하지 않는다. 실상 관상이나 성명 등의 분야에 '學'이라는 글자를 붙이기가 선뜻 내키지 않는 것이 필자의 개인적 견해이다.

또한 일란성 쌍둥이의 경우, 같이 아프고 같은 해 비슷한 배우자를 만나 결혼하는 예가 있는가 하면 어떤 연유로 전혀 다른 길로 나서 행복과 불행의 극을 달리는 사례도 있으니 – 일설에는 탯속에서 서로 마주보고 있었다 하여 간지에 대응하는 간합과 육합으로 간지를 바꾸어 사주를 세우는 방법이 있다 하나 사례 결과를 접해본 적이 없다 – 계속 연구해볼 과제이다.

이상에서 보듯 사주학이 만능은 아니며 단지 완벽을 향해 정진하는 자세만이 요구될 뿐이다. 통계를 내어 확률로써 과학임을 입증하는 귀납적인 방법도 좋으나 우주와 자연의 대순환진리에 다가서는 철학적인 태도가 견지되어야 할 것이다.

3. 이름, 올바른 인식을 위하여

원래 성명학이란 그 역사가 오래 되지 않았다. 당나라와 송나라 때 유행한 파자(破字)점이라는 점술의 형태에서 기원하여 이름을 가지고 운명을 예측하는 것을 말하는데, 전해오는 설에는 이름만 가지고 그 사람의 운명을 정확히 예측하는 자도 있었다 하나 아무래도 '이름 = 운명'의 등식은 성립되기가 곤란하다고 본다. 적당한 예는 아니지만 전화번호부에 기재된 수많은 동일명의 이름을 두고 각자의 운명을 예측한다는 것은 터무니없는 짓이 될 것이다. 다만 그 의미가 심히 불길한 경우 흉조를 예측해볼 수 있다.

그러나 오늘날엔 개운의 맥락에서 작명의 중요성이 강조되어 여러 가지 논리가 가미되면서 본말이 전도된 느낌이 든다. 흔히 사주는 좋은데 이름이 흉하여 작금의 불운을 초래했다든가, 후천운 운운하며 좋은 이름자 하나로 길한 운명을 만들 수 있다는 역술인의 주장은 본말의 전도를 넘어서 역술계를 암울하게 하는 주장들이다.

엄밀히 말해 성명의 영향력은 정신적인 것이다. 납득이 가는 이치로 개명하여 정신적 안락과 쾌적한 기분으로 생활한다면 발전이 따를 것이다. 요체는 개인의 분발과 정진에 달렸을 뿐이다.

그렇다고 해서 이름의 중요성을 간과해선 안 된다. 존재하는 모든 것은 각자의 이름이 있고 이름으로 자신을 상징하며 대표하니 이러한 점에서는 이름의 중요성을 아무리 강조하여도 지나침이 없다고 본다. 따라서 이왕이면 좋지 못한 의미의 글자로 이름을 짓는 것은 – 잘 모르기 때문에 –반드시 피해야 한다.

우리는 날마다 이름을 부르고 산다. 이는 우리가 날마다 공기를 마시고, 먹고, 생각하면서 육체와 정신을 지켜나가듯이 매일 부르는 이름이 반복되면 운명에 일정한 영향을 미칠 것이라는 생각을 해볼 수 있다. 또한 우리들의 이름은 통상 한자로 구성되어 글자 한 자 한 자마다 한자가 지니는 신비성이 있다 하여 – 글자 하나에 하나의 영이 깃들어 있어 이름을 부를 때마다 영동(靈動)한다 함 – 세인의 관심과 흥미를 불러 일으키기도 한다.

오늘날 체계화된 작명의 원칙은 첫째 이름의 의미를 좋게 해야 하고, 둘째 사주학과 관련하여 용신(희신)에 해당하는 기운의 오행을 길하게 배치하고, 셋째 길한 수리로 구성하여 이름을 짓는 것이다.

각 글자의 오행에는 발음과 획수, 자원(字源)오행 세 가지가 있는데 한글의 경우는 발음오행을 우선시하고 한자의 경우에는 자원오행을 우선시한다. 문제는 용신을 구하는 데 있으므로 일반인들이 쉽게 작명하기 힘들며 시중의 작명가들 역시 잘못된 이름을 짓는 경우가 허다하다는 점이다.

또한 글자의 획수를 풀어 흉한 수리를 피하는 것도 중요하게 생각하는데 이는 송나라 채구봉의 81수원도(八十一數元圖)에서 비롯된 것으로 추정된다. 아울러 불용문자라 하여 이름에서 기피하는 글자는 쓰지 않는 것이 좋다.

그러므로 좋은 이름 요건은 아래와 같이 요약된다.

뜻이 좋아야 한다

재미있는 예로 다음과 같은 이름들을 상정해 보면 張建達(장건달), 高生文(고생문), 黃泉吉(황천길), 盧加多(노가다), 羅

竹子(나죽자), 朱吉連(주길년) 등은 곤란하지 않겠는가. 여기에 더해 발음이 힘든 경우나 잘못 발음될 소지가 있는 이름은 피한다.

음양오행을 맞추어야 한다

오행을 맞추기 위해 기준이 되는 것이 사주이므로 개인의 사주에서 오행상의 결함을 이름으로 보충하면 길하다고 한다.

음양의 배합은 각 글자의 획수가 홀수면 陽, 짝수면 陰으로 분류하여 성명자의 순서에 상관없이 성명자 모두가 양이거나 음이 되는 경우를 피하면 된다.

오행의 배합은 각 글자의 해당 오행이 서로 상생하는 배치를 길하게 보고 상극하는 형태를 피한다.

오행이 길한 배합 – 오행 상생의 관계

金金水	金金土	金水金	金水木	金水水	金土金
金土火	金土土	木木水	木木火	木木金	木水木
木水水	木火木	木火火	木火土	水金金	水金水
水金土	水木木	水木水	水木火	水水金	水水木
火木木	火木水	火木火	火木土	火火木	火火土
火土金	火土火	火土土	土金金	土金水	土金土
土火木	土火火	土火土	土土金	土土火	

발음오행 – 발음시 첫 발음의 오행으로 '이지승'이라면 土金金이 된다

木	아 음(牙 音)	ㄱ ㅋ
火	설 음(舌 音)	ㄴ ㄷ ㄹ ㅁ
土	후 음(喉 音)	ㅇ ㅎ
金	치 음(齒 音)	ㅅ ㅈ ㅊ
水	순 음(脣 音)	ㅁ ㅂ ㅍ

통상적으로 발음오행을 채택하며 수리오행으로 보조하여 오행의 길한 배치를 유도한다.

수리오행 – 각 글자의 획수를 오행으로 분류, 10단위 이상이면 10단위 미만의 수

오행	木	火	土	金	水
획수	1 . 2	3 . 4	5 . 6	7 . 8	9 . 10

자원오행

자원오행은 글자 자체가 지니는 오행의 속성을 말하는 것으로 주로 부수나 자의에 의해 구분된다. 이를테면 江, 川, 法 등의 글자는 오행상 水에 해당하고 李, 林, 桂 등은 木으로 분류

된다.

한자 이름의 경우 자원오행을 더욱 중요하게 보는 경향이 있다.

흉수리를 피한다

성명을 분석할 때 가장 많이 쓰는 방법으로 이름의 각 글자를 두 개씩 조합하여 그 수리가 어떤 의미를 표상하는가를 알아보는 수리분석법이 있다.

각 글자의 획수를 계산할 때는 강희자전(康熙字典)의 원칙에 따라 옥편에 나오는 원래 부수를 채용하는 방법인 원획법과 실제 한자를 쓰는 획수 대로 계산하는 필획법의 두 가지가 있는데 여기에 대해 학자들간 의견이 분분하나 易이 실체적 진리〔數〕를 구명하는 학문이라는 취지에서 '실제'를 중요시하여 여기서는 필획법을 따른다.

각 운의 계산법

성명 3글자에서 2자씩 획수를 조합하여 3가지 운(주운, 부운, 외운)을 만들고 3글자의 획수를 총합하여 총운을 만든다. 즉 주운(主運), 부운(副運), 외운(外運), 총운(總運)으로 분류한다.

참고로 성(姓) 위에 허수 1 을 넣어 천격(利格), 인격(亨格), 지격(元格), 총격(貞格)으로 분류하는 예가 있는데 이는 일본 성명학의 대가 구마자키가 4글자로 된 일본 사람들의 이름을 분석하기 위해 고안된 것으로 여기서는 채용하지 않았다.

주운: 네 가지 운 중 중추적 역량을 발휘하는 운으로 청장년의 운을 주관 (亨格)

부운: 주운을 보조함 (元格)

외운: 대인관계나 사회적인 운, 또는 부부간의 운을 주관 (利格)

총운: 말년의 운, 총체적 운 (正格)

수리 채용법

성이 1자, 이름이 2자인 경우

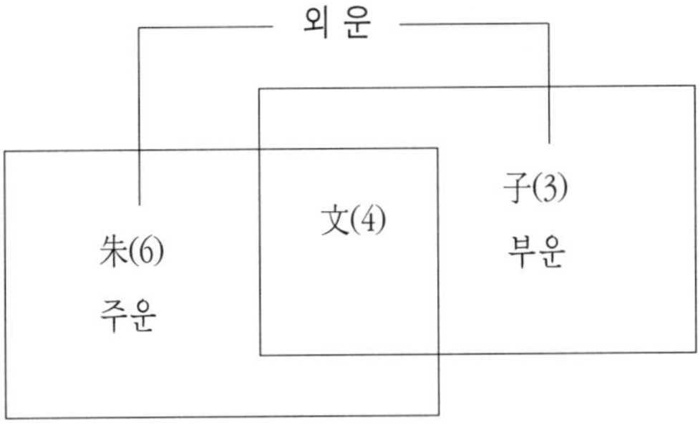

주운: 10 부운: 7 외운: 9 총운: 13

성이 1자, 이름이 1자인 경우

이름이 외자인 경우는 이름에 받침이 있을 경우와 없을 경우로 나누어 수리를 채용한다. 받침이 있는 이름은 성명 끝에 가상의 허수 1 을 끼워넣고, 받침이 없는 이름은 이름 가운데 가상의 허수 1 을 끼워넣어 각 운을 계산한다.

金(8) 哲(10) ①(1) 주운:18 부운:11 외운:9 총운:19
李(7) ①(1) 修(10) 주운:8 부운:11 외운:17 총운:18

81수리 길흉 판단

- 길한 수리 : 1, 3, 5, 7, 8, 11, 13, 15, 16, 17, 18, 21, 23, 24, 25, 31, 32, 33, 35, 37, 38, 39, 41, 45, 47, 48, 52, 57, 63, 65, 67, 68, 81

- 흉한 수리 : 2, 4, 9, 10, 12, 14, 19, 20, 22, 27, 28, 30, 34, 36, 40, 43, 44, 46, 50, 51, 53, 54, 56, 59, 60, 62, 64, 66, 69, 70, 74, 76, 79, 80

해당되는 수가 없으면 보통의 수리로 보고, 이중 22수는 재박수(再撲數)로 두 번 망한다는 중한 흉암시가 있으므로 피하는 것이 좋다.

마지막으로 이름에 쓰면 해로울 수 있다는 불용문자에 대해 알아보면 먼저 예기(禮記)에 다음과 같은 글이 있다.

'名字者 不以國 不以日月 不以山川' 이름자에 나라 이름, 해와 달 이름, 산천의 이름은 쓰지 말라는 뜻인데 특별한 사연이 없는 한 쓰지 않는 것이 좋다고 본다.

• 대체로 글자의 뜻이 원대하고 거창한 것은 피한다.

- 福, 壽, 秀, 峰, 孝, 滿 등

• 10단위의 글자는 흉수리를 의미하므로 피한다.

- 十, 百, 千, 萬, 億, 兆 등

• 짐승을 뜻하는 글자도 좋지 않게 본다.

- 犬, 鷄, 豚, 蛇, 龍, 鶴, 龜 등

• 정신 세계를 뜻하는 글자도 피한다.

- 佛, 神, 尊 등

• 뜻이 불길한 글자는 피한다.

- 尿, 毒, 汚, 四, 病, 弱, 衰, 亡, 敗, 破, 姦 등

• 10간12지는 영동(靈動)하는 힘의 위력이 대단하다 하여 피한다.

- 측자파자상 불길한 글은 피한다. 특히 양쪽으로 분리되는 글자는 이별을 의미한다고 하여 잘 쓰지 않는다.(好: 女-子, 林: 木-木 등)

운명 감정시 사주 몇 퍼센트, 관상 몇 퍼센트, 이름 몇 퍼센트 식의 설명을 들어본 독자들이 있을 것이다. 이런 류의 이야기를 들을 때마다 그렇게 설명해야 할 특별한 이유가 있었는지 몰라도 역술인 스스로가 역학의 본질적 의미를 퇴색시키니 오늘날 역술, 역학이 제대로 자리잡지 못한 중대한 이유가 그릇된 역술인들에게 있다고 본다.

이치를 따지자면 사주나 관상이 일치하는 것인데 일치점을 찾지 못했다면 역술인 스스로가 학문의 짧음을 인정하고 그 연

유를 찾도록 더욱 탐구하여야지, 어물쩍 결론을 내리려는 이런 태도는 마땅히 지양되어야 한다.

사주나 관상은 이미 정해진 것으로 대저 인위적으로 바꾸기가 불가능한 것이다. 그러나 이름이야 얼마든지 바꿀 수 있으니 이름이 개인의 운명에 미치는 영향력을 논하기 이전 좋은 이름으로 정신적 안정을 구하고 쾌적한 기분이 된다면 나쁠 것이 없다. 단 자신의 사주에 걸맞는 이름이어야 한다.

제4부

당사주 원문 보주

전해 내려오는 당사주의 내용은 인간의 운명을 감정함에 있어 생전의 인과(因果)에서부터 사후의 업보에 이르기까지를 포함하고 있는 신비성을 담고 있다.

당사주에 대한 평가는 그것의 운용 여부에 달려 있다.

종래의 당사주류 책자들에 많은 오류가 있는 듯하여 이에 원문(原文)의 주된 내용을 수록하고 해석에 착오가 없도록 노력하였으며 가능한 한 현대적 감각의 주석을 달았다.

제1장
12성론(十二星論)

간명 방법은 제1부 간명편에서 설명한 방법대로 하여 년주는 초년운, 월주는 중년운, 일주는 말년운, 시주는 총운(總運)으로 본다.

초년운(년주에 貴星이면 年天貴로 표시한다)

년천귀

年入天貴　心性柔順
言語忠直　少有固執
修學文章　少年登科
若非官位　農事大吉
冠前親患　不然身病

년에 귀성이 있으니 심성이 유순하다.
언어가 충직하고 약간의 고집이 있다.
학문에 힘쓰면 이른 나이 관직에 오른다.
만약 관직으로 나아가지 않으면 농업이 매우 좋다.
20세 이전 부모에게 우환이 있거나 아니면 신병을 얻는다.

년천액

年入天厄　初年有厄
問有疾患　凡事阻碍
祖業難守　損財頻頻
莫近是非　官災口舌
若無比厄　早別天地

년에 액성이 드니 초년에 액이 있다.
간간이 질병이 따르고 매사에 장애가 있다.
조업을 계승하기 어렵고 손재수가 빈번하다.
시비를 피하지 않으면 관재구설이 있다.
만일 이 같은 액이 없다면 육친과 일찍 이별한다.

년천권

年入天權　少年奔走
爲人俊秀　聰明多才
若勤學問　官祿之人
廣交千人　權在四方
貴格雖好　一見困厄

년에 권성이 드니 초년에 분주하다.
사람됨이 준수하고 총명다재하다.
학문에 힘쓰면 관직에 오른다.
많은 사람과 교제하니 권세가 사방에 있다.
비록 귀한 신분임은 좋으나 한때 곤액이 있다.

년천파

年入天破 百事不成
桃花侵命 酒色見敗
雖有世業 損財失敗
莫信人言 有害無益
東西奔走 爲人虛妄

년에 파성이 드니 되는 일이 없다.
명에 도화기가 있으니 주색으로 패함이 있다.
비록 하는 일은 있으나 손재와 실패가 있다.
남의 말을 믿지 마라. 백해무익이다.
동서로 분주하나 허망한 결과로다.

년천간

年入天奸 智謀過人
能柔能剛 變化無窮
以才成功 名辰四方
信才莫濫 反有失敗
琴宮論之 妻妾可知

년에 간성이 드니 지모의 뛰어남이 지나칠 정도다.
능히 유하고 능히 강하니 변화가 무궁하다.
재주로 성공하여 이름을 사방에 떨친다.
재주를 과신하면 반대로 실패한다.
금슬궁에 대해 논하자면 가히 처첩이 있음을 알 수 있다.

년천문

年入天文　容貌端正
若勤學問　早年出世
若不學問　勞苦生涯
琴瑟和樂　一有離別
早婚不利　晩娶偕老

년에 문성이 드니 용모가 단정하다.
학문에 힘쓰면 일찍 출세한다.
만약 배우지 못했으면 생애에 노고가 따른다.
금슬은 화목하나 한 번의 이별수가 있다.
조혼은 불리하니 늦게 얻으면 해로한다.

년천복

年入天福　早年富貴
聰明多才　人人稱讚
貴人來助　每事如意
有德有信　出入公門
莫貪過財　反有損害

년에 복성이 드니 일찍이 부귀하다.
총명다재하니 사람마다 칭찬한다.
귀인이 와서 도우니 매사 뜻대로 된다.
덕이 있고 신의가 있으니 공직에 나아가 출세할 수 있다.
지나치게 재물을 탐하면 반대로 손해를 입는다.

년천역

年入天驛　食小事煩
在家有憂　出則生財
心中有苦　世事浮雲
月落琴床　未免叩盆
周遊天下　以商得財

년에 역성이 드니 먹을 것은 적고 일만 많다.
집에 있으면 근심이 많고 나가면 재물이 생긴다.
심중에 고심이 있으니 세상 일이 뜬구름이다.
금슬은 달이 지는 격이니 땅을 치고 한탄할 일이 있다.
세상을 떠돌며 상업으로 재물을 모은다.

년천고

年入天孤　心性閑逸
塞北歸雁　秋月孤飛
若非風霜　累經疾病
雁宮論之　東西各飛
身雖孤獨　財帛隨身

년에 고성이 들었으니 심성이 한가롭고 편안하다.
북쪽 변방으로 돌아가는 기러기가 가을 달밤에 외로이 난다.
풍상을 겪거나 아니면 질병을 자주 앓는다.
형제궁을 논하자면 기러기가 동서로 각기 나는 격이다.
비록 일신은 고독하나 재물은 있다.

년천인

年入天刃　性堅固執
若無身厄　道觀僧堂
生小用大　損財之數
平生隱愁　傍人何知
幼無疾病　手足有欠

년에 인성이 드니 성격이 곧고 고집이 있다.
만약 신체상 횡액이 없다면 종교인의 명이다.
적게 벌어 많이 쓰니 재물에 손실이 있다.
평생 숨은 근심은 가까운 사람도 알 수 없다.
어려서 질병이 없다면 수족에 흠이 있다.

년천예

年入天藝　智謀過人
目巧手技　日日興財
依食有足　安過歲月
百年琴宮　不調芝嘆
若不然也　早子難養

년에 예성이 드니 지모가 뛰어나다.
안목이 정교하고 손재주가 있으니 날로 재물이 쌓인다.
의식이 족하고 세월이 편안하다.
백년의 금슬궁이 고르지 않음이 아쉽다.
만약 그렇지 아니하면 일찍 얻은 자식은 기르기 어렵다.

년천수

年入天壽　一身孤單
若非獨身　許多風霜
性雖無爲　口舌損財
莫恨初苦　立後榮華
十人耕之　一人食之

년에 수성이 드니 일신이 고단하다.
만일 독신이 아니면 풍상이 허다하다.
성품은 거짓이 없으나 구설과 손재수가 있다.
초년의 고생을 한탄 마라. 삼십 세 이후에는 영화가 있다.
열 사람이 밭을 갈아 한 사람이 먹는 격이다.

중년운

월천귀

月入天貴　中年榮華
口辨出衆　到處生財

商賈爲業 陽翟不羨
井之二三 必見大利
莫入花街 損財可畏

월에 귀성이 드니 중년에 영화가 있다.
구변이 출중하니 도처에서 재물을 구할 수 있다.
상업에 종사하면 황제가 부럽지 않다.
(황후가 타는 수레를 적거翟車라 하였다)
삼십이삼 세에 필시 큰 이득이 있다.
꽃길로 들어서면 손재가 두렵다.

월천액

月入天厄 凶多吉小
性多固執 親人自跳
世業如雲 自力生涯
若無身厄 琴宮不和
或相或醫 可免凶厄

달에 액성이 드니 길함보다 흉함이 많다.
고집이 센 친한 사람은 자연 멀어진다.
상의 업은 구름 같으니 평생을 자신의 힘으로 산다.
신체상에 액이 없으면 부부가 화목하지 못하다.
혹 상술이나 의술이면 가히 액을 면한다.

월천권

月入天權　依食豊足
修身養德　可稱君子
立身揚名　名播遠近
千金家産　榮華無窮
貴格如此　一身非命

달에 권성이 드니 의식이 풍족하다.
수양하고 덕을 쌓으니 가히 군자라 칭한다.
입신양명하여 이름을 널리 떨친다.
천금의 가산에 영화가 끝이 없다.
귀함은 이 같으나 뜻밖의 큰 재앙이 있다.

월천파

月立天破　一身事煩
方病大腫　身藏大欠
官厄常隨　勿事輕率
中年之運　家産大敗
踰山渡水　重重風想

월에 파성이 드니 일신에 일이 생겨 번민에 사로잡히게 된다.
큰 종기로 인한 병이 있으니 신체상에 큰 흠이 있다.
관액이 항시 따르니 매사 경솔해선 안 된다.
중년의 운수는 가산의 탕진을 말한다.
산 넘고 물을 건너니 각고의 풍상을 겪는다.

월천간

月入天奸　中年有厄
智謀過人　不信人言
有無敗殺　千金自散
若無官厄　堂上有優
早不學問　身勢困苦

월에 간성이 드니 중년에 액이 있다.
지모가 지나치니 남의 말을 믿지 않는다.
패살은 없으나 천금이 자연히 흩어진다.
관액을 당하지 않으면 집안에 우환이 있다.
일찍이 학문에 힘쓰지 못했다면 신세가 곤고하다.

월천문

月入天文　文筆有餘
爲人俊秀　以一當白
雖無世業　赤手致富
官位一品　萬人仰視
若非官祿　醫術生涯

월에 문성이 드니 문필이 출중하다.
사람됨이 준수하니 하나로 백을 당해낸다.
비록 세업은 없으나 빈손으로 치부한다.
관직이 일품에 오르니 만인이 우러러본다.
만일 관록을 얻지 못하면 평생 의술을 펼친다.

월천복

月入天福　鼠入秋庫
中年之數　財源如泉
福祿有餘　以濟貧窮
莫嘆配宮　不然多病
猛虎出林　到處有權

월에 복성이 드니 쥐가 곳간에 든다.
중년의 운은 재물이 샘솟듯한다.
복록이 넘치니 가난한 자를 돕는다.
배우자궁이 불길함을 한탄 마라. 그렇지 않으면 병이 많다.
맹호가 숲에서 나오니 도처에 권세가 있다.

월천역

月入天驛　虛度世事
居家不安　出他心閑
有始無終　行如浮雲
樂極生悲　一成一敗
幾年困窮　始得安身

월에 역성이 드니 세상일이 헛되도다.
집에 있으면 불안하고 나가면 마음이 한가롭다.
시작은 있으나 끝이 없으니 뜬구름같이 다닌다.
즐거움이 극에 이르면 비운이 오니 한 번 이루고 한 번 패한다.
몇 년간 곤궁하였으나 비로소 안정을 찾는다.

월천고

月入天孤　一身孤單
梧桐秋夜　孤立月下
身如浮萍　四海爲家
守分上策　亡動不利
無主香火　奉祀爲好

월에 고성이 드니 일신이 고단하다.
가을 밤 오동나무 달빛 아래 홀로 서 있다.
몸이 부평과 같으니 사해로 집을 삼는다.
분수를 지킴이 상책이니 경거망동하면 이롭지 않다.
주인 없는 제사를 받들면 좋다.

월천인

月入天刃　身有疾病
若無腫患　落傷難免
木工生涯　可免此厄
平生之事　有頭無尾
守舊安靜　有人來助

월에 인성이 드니 몸에 질병이 있다.
만일 종기가 없다면 낙상사고를 면키 힘들다.
목공의 생을 살면 가히 이 액을 면한다.
평생의 일이 시작은 있으나 결과가 없다.
옛것을 지키고 안정하면 도와주는 이가 있다.

월천예

月入天藝　才藝超衆
手巧過人　以此得名
雖無世業　自手成家
若非孔名　東西流離
藝術生涯　安過平生

월에 예성이 드니 재주가 보통 사람을 능가한다.
손재주가 보통이 아니니 이로써 이름을 얻는다.
비록 세업은 없으나 자수성가한다.
만약 공명을 얻지 못하면 동서로 떠돌아다닌다.
예술을 생의 업으로 삼으면 평생 안정된다.

월천수

月入天壽　東西奔走
一身孤單　數也奈何
一喜一悲　吉凶相反
冠后多困　立后開運
親人爲敵　一被基害

월에 수성이 드니 동서로 분주하다.
일신이 고단하나 운이니 어쩔 것인가.
한 번 웃고 한 번 우는 길흉이 상반된다.
이십 이후 곤고하나 삼십 이후 운이 열린다.
친한 사람이 적이 되니 그 해를 한 번 입는다.

말년운

일천귀

日入天貴　守舊安常
每當危處　變化無窮
性急如火　又有固執
至於末年　可得功名
若非功名　商業大吉

일에 귀성이 드니 옛것을 지키는 것이 늘 좋다.
매번 위태로움에 처하나 변화가 무궁하다.
성질이 불같이 급하며 또한 고집이 있다.
말년운에 이르면 가히 공명을 얻는다.
공명을 얻지 못하면 상업이 크게 길하다.

일천액

日入天厄　身厄常隨
登舟必愼　難免水厄
致誠龍王　可免此數
明株潛海　失意之嘆
若非喪妻　克子可畏

일에 액성이 드니 일신에 액이 늘 따른다.
배에 오르는 것을 필히 조심하라. 수액을 면키 어렵다.
용왕에게 치성하면 가히 액을 면한다.

밝은 구슬이 바다에 잠겼으니 실의에 찬 탄식이 있다.
만일 처를 잃지 않으면 자식에 액이 있다.

일천권

日入天權 官祿之人
君前受命 文武之才
旱苗逢雨 其色更新
平生之事 權道用之
如干財物 或成或敗

일에 권성이 드니 관록을 먹는 자다.
군주로부터 명을 받는 자니 문무를 겸비한 귀재이다.
메마른 싹이 비를 맞으니 그 빛이 더욱 새롭다.
평생의 일은 권세를 부리는 데 있다.
약간의 재물을 혹 이루고 잃는다.

일천파

日入天破 家勢貧困
事不如意 心思不閑
活人救濟 養虎爲患
多有疾病 不然官厄
平生之事 善無功德

일에 파성이 드니 가세가 빈곤하다.
일이 여의치 못하니 심사가 편치 않다.

사람을 구제하여 살려준 것이 오히려 범을 키운 셈이 되었다.
병이 잦고 그렇지 않다면 관액이 있다.
평생 선행에 공덕이 없다.

일천간

日入天奸　坐謀平生
蛟龍得雲　變化無窮
天恩厚重　必及高官
或有災厄　自然消滅
莫近酒色　恐或成病

일에 간성이 드니 앉아서 평생일을 도모한다.
교룡이 구름을 얻었으니 변화가 무궁하다.
하늘의 은혜가 후하고 두터우니 필시 고관에 이른다.
혹 재앙이 있더라도 자연히 소멸된다.
주색을 가까이 마라. 혹 병을 얻을까 두렵다.

일천문

日入天文　末年榮華
用心正直　世稱君子
若勤學問　名掛龍門
若不然也　配宮不吉
衣食豊足　安過平生

일에 문성이 드니 말년이 영화로다.

마음 씀씀이가 정직하니 세인이 군자라 칭한다.
학업에 힘썼다면 등용문에 이름을 건다.
만약 그렇지 않다면 배우자궁이 불길하다.
의식이 풍족하고 평생에 아무 일 없이 편안하다.

일천복

日入天福　福祿昌盛
才藝非常　必爲大人
商賈爲業　手弄千金
門戶榮華　必得富名
五十年光　非命注意

일에 복성이 드니 복록이 창성하다.
재주와 예능이 뛰어나니 필히 크게 된다.
상업을 업으로 삼으면 손으로 천금을 희롱한다.
문호에 영화가 있으니 반드시 부명을 얻는다.
오십 세에 비명의 액을 조심하라.

일천역

日入天驛　出入頻繁
驛馬到門　商業有利
在家不利　出則快樂
莫貪過慾　反爲損財
夫婦相別　后必相逢

일에 역성이 드니 출입이 잦다.
역마가 문에 이르니 상업이 유리하다.
집에 있으면 불리하고 출타하면 쾌락이 있다.
과욕하여 탐하면 반대로 재물에 손실이 있다.
부부간 이별이 있으나 후일 반드시 상봉한다.

일천고

日入天孤　出系之數
有誰相論　春林獨鳥
才智聰明　每嘆失數
春蘭秋菊　自有其時
莫恨初困　末年逢貴

일에 고성이 드니 양자가 될 운이로다.
누구와 이야기를 해볼꼬 봄철 숲 속의 외로운 새와 같다.
재주와 지혜가 총명하나 매번 실수를 한탄한다.
봄 난초와 가을 국화는 제각기 때가 있다.
초년의 곤함을 한탄 마라. 말년에 귀함이 있다.

일천인

日刃天刃　飛鳥傷翼
蒙人之害　累年風波
出入酒肆　損財不少
祖基不利　離鄕爲吉
若無身欠　手足有欠

일에 인성이 드니 나는 새가 날개를 상했도다.
무지몽매한 자의 해가 있으니 여러 해 풍파가 있다.
술집에 출입하니 손재가 적지 않다.
조상의 터는 불리하나 고향을 떠나면 길하다.
몸에 흠이 없으면 수족에 흠이 있다.

일천예

日入天藝　性巧才多
文武兼全　必得功名
神通之才　經國濟世
東西出入　孰不願見
晚得富貴　家內多厄

일에 예성이 드니 성품이 교묘하고 재주가 많다.
문무를 겸전하였으니 필히 공명을 얻는다.
신통한 재주로 나라와 세상을 위기로부터 구한다.
동서로 출입하니 누가 보기를 원치 않겠는가.
늦게 부귀를 얻으나 집안의 액은 잦다.

일천수

日入天壽　閑寂之人
天上得罪　人間謫下
正直之心　每事公平
性急如火　非官則舌
兄耶弟耶　爭則必損

일에 수성이 드니 한적한 자로다.
하늘에서 죄를 지어 인간세계에 귀양온 자다.
마음이 정직하니 매사 공평하다.
성격이 불같이 급하니 관액이 아니면 구설이다.
형이냐 아우냐 다투면 반드시 손해를 입는다.

총운(總運)

시천귀

時入天貴　末年榮華
能柔能鋼　變化無窮
秋鼠入庫　衣食豊足
少年誰困　苦盡甘來
莫近酒色　損財害身

시에 귀성이 드니 말년 영화로다.
능히 유하고 또한 강하니 변화가 무궁하다.
가을에 쥐가 곳간에 드니 의식이 풍족하다.
소년 시절 비록 곤고하였으나 고진감래라.
주색을 멀리하라. 손재와 신체상 해가 있다.

시천액

時入天厄　東西奔走
事多阻碍　雪上加霜

魚遊淺水　造化難施
莫信人言　必有災厄
世上萬事　畵中之餠

시에 액성이 드니 동서로 분주하다.
매사 장애가 따르니 설상가상이라.
얕은 물에 고기가 노는 격이니 조화를 부리기가 어렵다.
사람을 믿지 마라. 반드시 재액이 있다.
세상만사가 그림의 떡이다.

시천권

時天入權　爲人俊秀
少用其才　求濟萬人
身出馭路　權在萬人
若非官祿　以商爲業
莫入是非　口舌難免

시에 권성이 드니 사람됨이 준수하다.
그 재주를 조금만 써도 만인을 구제한다.
말을 타고 세상에 나오니 권세가 사방에 있다.
만일 관록이 아니면 상업으로 업을 삼는다.
시비에 들지 마라. 구설을 면키 힘들다.

시천파

時入天破　總明不足

以沙防川　虛費心力
井厚命運　餓虎逢肉
老來富豪　膝下之榮
閱盡白首　風霜如夢

시에 파성이 드니 총명이 부족하다.
모래로 냇물을 막는 격이니 심력만 허비할 뿐이다.
사십 이후의 운은 주린 범이 고기를 만난 격이다.
늙어 부호가 되고 슬하에 영화가 있다.
백수 다함을 볼 때 풍상이 꿈만 같다.

시천간

時入天奸　一成一敗
智慧出衆　口辯有餘
在家有利　出則損財
出入官門　難免長沙
商業從事　依食豊足

시에 간성이 드니 한 번 성공하고 한 번 패한다.
지혜가 출중하니 언변이 뛰어나다.
집에 있는 것이 좋고 나서면 손재수가 있다.
관에 출입하면 관액을 면키 힘들다.
상업에 종사하면 의식이 풍족하다.

시천문

時入天文　豪傑之人
出入聚財　衣食足足
博學多識　孰不願見
平生所忌　日見火厄
若非官祿　妻憂子患

시에 문성이 드니 호걸이다.
출입하며 재물을 모으니 의식이 족하다.
박학다식하니 누군들 보기를 원치 않겠는가.
평생 기피해야 할 것은 화재수다.
만일 관직에 있지 않으면 처자에 우환이 있다.

시천복

時入天福　富豪之命
高樓巨閣　錦依玉食
立身揚名　一身榮貴
雖有名譽　一有疾厄
末年之運　子孫榮華

시에 복성이 드니 부호의 명이다.
고루거각에 앉아 금의옥식으로 지낸다.
입신양명하니 일신이 영귀하다.
비록 명예는 있으나 한때 병액이 있다.
말년의 운은 자손의 영화로다.

시천역

時入天驛　奔走南北
異域風霜　一時困苦
心厄不絶　世事浮雲
六親無德　不然叩盆
周遊天下　以商得財

시에 역성이 드니 남북으로 분주하다.
이역의 풍상으로 한때 곤고하다.
마음의 액이 끊이질 않으니 세상일이 뜬구름이다.
육친의 덕이 없고 그렇지 않으면 상처한다.
천하를 두루 다니니 상업으로 재물을 모은다.

시천고

時入天孤　末年苦單
形影相依　何人來助
手段則好　成敗頻繁
恩人爲仇　勞而無功
難免孤獨　富名可期

시에 고성이 드니 말년이 고단하다.
형상과 그림자만이 서로 의지하니 누가 도와줄 것인가.
수단은 좋으나 성패가 빈번하다.
은인이 원수가 되니 노력하되 공이 없다.
고독은 면키 어려우나 가히 부명은 기약한다.

시천인

時入天刃　一時困厄
爲人俊秀　不遇時機
遍踏江山　天地爲家
行善積德　以待天命
厄運自消　后必榮華

시에 인성이 드니 일시 곤액이 있다.
사람됨은 준수하나 시기를 못 만났다.
강산을 편답하며 천지를 집으로 삼는다.
선을 행하고 덕을 쌓은 뒤 하늘의 명을 기다린다.
액운이 절로 사라지고 후에 반드시 영화가 있다.

시천예

時入天藝　弱馬馱重
鵲巢鳩居　累次移宅
托身公門　以才成功
六親無德　赤手成家
指東作西　機計變化

시에 예성이 드니 약한 말에 무거운 짐을 실은 격이다.
까치와 비둘기가 새집에 같이 거하니 여러 번 이사한다.
공문에 출입하면 그 재주로 성공한다.
육친이 무덕하여 빈손으로 자수성가한다.
동쪽을 가리키고 서쪽을 지으니 기교와 꾀의 씀씀이가 변화

무쌍하다.

시천수

時入天壽　白壽閑暇
衣食豊足　萬事如意
無事無愁　壽事八十
琴瑟不調　或有妻妾
莫恨初困　后分太平

시에 수성이 드니 백수에 한가하다.
의식이 족하니 만사가 여의롭다.
근심할 일이 없으니 수명이 팔십에 이르리라.
금슬이 고르지 못하여 혹 처첩을 둔다.
초년의 곤함을 한스러워 마라. 후에 분명 태평해진다.

제2장
골격론(骨格論)

골격론은 골격(骨格)과 성품(性品)을 아래의 십이수(十二獸)에 비교하여 설명한 것이다.

동물	쥐	소	범	토끼	용	뱀	말	양	원숭이	닭	개	돼지
골격	鼠骨 서골	牛骨 우골	虎骨 호골	兎骨 토골	龍骨 용골	蛇骨 사골	馬骨 마골	洋骨 양골	猿骨 원골	鷄骨 계골	拘骨 구골	猪骨 저골

보는 법은 생년과 생월을 대비하여 보는데, 가령 子年生 정월생이면 서골이 되고 이월생이면 우골이 된다.

골격 / 생월 / 생년	서골	우골	호골	토골	용골	사골	마골	양골	원골	계골	구골	저골
子年	1	2	3	4	5	6	7	8	9	10	11	12
丑年	2	3	4	5	6	7	8	9	10	11	12	1
寅年	3	4	5	6	7	8	9	10	11	12	1	2
卯年	4	5	6	7	8	9	10	11	12	1	2	3
辰年	5	6	7	8	9	10	11	12	1	2	3	4
巳年	6	7	8	9	10	11	12	1	2	3	4	5
午年	7	8	9	10	11	12	1	2	3	4	5	6
未年	8	9	10	11	12	1	2	3	4	5	6	7
申年	9	10	11	12	1	2	3	4	5	6	7	8
酉年	10	11	12	1	2	3	4	5	6	7	8	9
戌年	11	12	1	2	3	4	5	6	7	8	9	10
亥年	12	1	2	3	4	5	6	7	8	9	10	11

간명비법(看命秘法)

본론에 앞서 골격으로 감정하는 몇 가지 방법을 소개한다.

누구든 서골(鼠骨)에 해당하면 긴급한 사태 – 깜짝 놀랄 일 – 가 자주 발생하고 파란이 심하며 일찍 결혼하면 반드시 이혼하는 불행이 있다. 그러므로 서골에 해당하는 사람은 결혼 적령기를 넘어 혼인하는 것이 좋다고 본다.

골격으로 궁합을 보는 방법이 있으나 부부란 그 인연이 좋고 나쁘고를 떠나 동일한 운명체가 결합되게 되는 것으로 서로 아끼고 잘 지내도록 노력하는 것이 중요한 바 자세한 내용은 밝히지 않는다.

앞에서 이미 서술했듯 부부궁이 불길한 것이 나의 명(命)이라면 더 이상 배우자에게 기대하는 마음을 버리고 상대를 더욱 동정하는 마음을 가지는 것이 역학이 추구하는 소도(小道)다.

단 서골(鼠骨)과 우골(牛骨)은 참으로 나쁜 인연이니 되도록 피하기 바란다. 더해서 서골과 서골, 서골과 양골이 나쁘다고 본다. 그러므로 이러한 골격의 해당자가 동업이나 연을 맺게 되면 서로 주도권을 쟁취하려고 시비, 쟁투 등을 벌이게 되고 오해가 잦아 싸움이 그치지 않게 된다.

용골(龍骨)의 해당체는 사업이 좋지 않다고 본다. 용골은 공공기관 등에 근무하는 것을 최적으로 보고 개인사업을 하게 되면 일시적인 발전은 있으나 풍류에 빠질 위험이 크고 서서히 패망하는 암시가 강하다.

서골(鼠骨)

作事伶俐　性輕燥級
用計非常　巧妙誘人
平生之事　有頭無尾
處世自重　勿事輕事
鼠入秋園　衣食豊足

하는 일이 영리하나 성격이 가볍고 조급하다.
비상한 계책으로 교묘하게 사람을 유인한다.
평생의 일이 용두사미격이다.
처세함에 있어 자중하고 경솔하게 일을 벌이지 마라.
가을 동산에 쥐가 든 격이니 의식이 족하다.

우골(牛骨)

性以遇鈍　心志厚重
牛耕百畝　治農致富
勤儉節用　自手成家
救助他人　善無功德
若不水火　一驚蛇拘

성품이 우둔해 보이나 뜻하는 바가 후중하다.
소는 백 이랑(밭이랑)을 가니 농업으로 치부한다.
근검절약하여 자수성가한다.
타인을 구제하나 선무공덕격이다.
만일 불이나 물이 아니면 뱀이나 개에 놀란다.

호골(虎骨)

天性剛强　容貌嚴肅
威壓群衆　不屈他人
骨肉無情　累次移居
職近三品　官祿之數
平生之運　必逢女亂

천성은 강하고 용모는 엄격하고 단정하다.
위엄이 군중을 제압하니 굽힘이 없다.
골육간에 정이 없고 누차 이사한다.
직위가 삼품에 이르니 관록을 얻을 운이다.
평생의 운중에 필히 여난을 겪는다.

토골(兎骨)

爲人聰明　未免輕薄
靑氈無德　恒時奔走
初年多厄　爲僧八字
無主孤魂　奉祀爲吉
三十以后　枯木逢春

위인이 총명하나 경박함을 면키 힘들다.
안락처가 없으니 항시 분주하다.
초년에 액이 많고 종교인의 팔자다.
주인 없는 외로운 혼을 제사하면 길하다.
삼십 이후 마른 나무가 봄을 만난 격이다.

용골(龍骨)

漁變成龍　造化無窮
聰明英才　金榜壯元
雖無世業　自力成家
酒肆靑樓　風流之人
若不學門　魚物得利

고기가 용으로 변하였으니 조화가 무궁하다.
총명하고 영특한 재주로써 과거에 장원한다.
비록 세업은 없으나 자력으로 성공한다.
주사청루(술집)에 출입하니 풍류남아다.
배움의 길로 들어서지 않으면 어물로써 덕이 있다.

사골(蛇骨)

性有陰詐　外寬內深
多管人事　口舌紛紛
財在路上　商業有利
塵土成山　自手成富
水邊生涯　可得千金

성품이 음흉하고 간사하며 겉과 속이 다르다.
남의 일에 관여가 잦으니 구설이 분분하다.
재물이 노상에 있으니 상업이 유리하다.
티끌 모아 산을 이루니 맨손으로 부를 이룬다.
물가에 살면 가히 천금을 얻는다.

마골(馬骨)

性急如火　解如春雪
每多人情　少見失敗
銀鞍金馬　遍踏長安
若非官祿　營商聚財
奔走東西　橫財之運

성격은 불같이 급하나 봄눈처럼 풀린다.
매번 인정이 많아 조그만 실패가 있다.
은안장의 금마를 타고 장안을 편답하게 된다.
관록을 먹지 않으면 상업을 영위하여 재를 모은다.
동서로 분주하며 횡재수가 있다.

양골(羊骨)

外貌平凡　爲人輕薄
岩上走馬　奔走不暇
無益之事　虛送歲月
若非早失　流離他鄕
才幹得財　散如浮雲

외모는 평범하나 위인이 경박하다.
말이 바위 위를 달리는 격이니 한가할 때가 없다.
이익 없는 일에 허송세월이다.
조실부모 하지 않으면 타향으로 떨어져 방랑한다.
재간이 있어 재물을 모으나 뜬구름처럼 흩어진다.

원골(猿骨, 후골이라고도 함)

猿猿攀木　爲人多疑
與人同事　持疑不快
性情巧妙　隨時變通
六親無德　公門得財
后分運通　每事如意

원숭이들이 나무에 오르니 위인이 의심이 많다.
남과 더불어 일을 도모하면 의심이 많아 불쾌하다.
성정이 교묘하니 수시로 변통한다.
육친의 덕은 없으나 공문에서 재물을 얻는다.
후에는 운이 대통하니 매사 뜻대로 되리라.

계골(鷄骨)

性后忠直　且有德望
志高心小　交人有來
若不文章　風流放浪
初運不吉　每事不成
勿求他事　農業大利

성품이 후하고 충직하며 또한 덕망이 있다.
뜻은 높으나 욕심이 적고 교제에 예가 있다.
만일 문장이 아니면 풍류를 즐기고 방랑한다.
초년운이 불길하니 매사가 이루어지지 않는다.
다른 일을 구하지 마라. 농업이 크게 이롭다.

구골(拘骨)

性直心平　外見愚鈍
初年致敗　自聚之禍
久居古土　世業蕩盡
身上無欠　一驚巳戌
修心行德　幽谷回春

성품이 곧고 마음이 태평하나 겉으론 우둔해 보인다.
초년의 실패는 스스로 취한 화근이다.
옛터에 오래 있으면 세업을 탕진한다.
몸에 흠이 없으면 한 번 뱀이나 개로 인해 놀란다.
마음을 닦고 덕을 행하면 찬 골짜기에 봄이 온다.

저골(猪骨)

意見有餘　人多願見
豪俠有義　廣交上下
困以得財　利於他人
初年之運　一成一敗
公門出入　每事如意

뜻이 넓고 여유가 있으니 사람마다 보기를 청한다.
호협하고 의리가 있어 상하로 널리 교제한다.
어렵게 재물을 모아 타인을 이롭게 한다.
초년의 운은 한 번 이루고 한 번 패할 수다.
공문에 출입하면 매사 뜻을 이룬다.

제3장
심성론(心性論)

심성론은 골격론에 더하여 성격 및 자질을 십이금수에 비교하여 설명한 것이다.

보는 법은 해당 골격에 대비하여 해당 금수(禽獸)를 본다.

골격	서골	우골	호골	토골	용골	사골	마골	양골	원골	계골	구골	저골
심성	백록 白鹿	공작 孔雀	적구 赤鳩	주작 朱雀	청학 青鶴	앵무 鸚鵡	봉황 鳳凰	사자 獅子	금계 金鷄	노치 老雉	연자 燕子	홍곡 鴻鵠

12금수

봉황 : 상서로운 의미의 상상 속의 새, 봉은 수컷, 황은 암컷을 의미.

사자 : 위엄과 용맹을 상징하는 고양이과 동물.

금계 : 꿩과의 새로 수컷은 머리 위 황금빛의 깃이 나 있다. 중국에선 집에서 완상용으로 기른다.

노치 : 성숙하여 자태를 드러내는 꿩을 말한다.

연자 : 제비를 말한다.

홍곡 : 기러기와 고니를 뜻하며 큰 인물에 비유한다.

백록 : 흰 사슴을 말한다.

공작 : 화려함을 상징하는 꿩과의 새.

적구 : 비둘기를 말한다.

주작 : 붉은 봉황을 형상화하여 예로부터 무덤과 관의 남쪽에 그려진 새를 말하나 여기서는 단순히 참새를 의미한다.

청학 : 고고한 학을 말한다.

앵무 : 앵무새를 말한다.

봉황(鳳凰)

仁厚正直 心志高遠
非禮不爲 非義不行
狗碍人情 每見損害
多有智謀 隨時變通
貴人指路 可得橫財

인후하고 정직하니 심지가 깊고 원대하다.
예가 아니면 하지 않고 의가 아니면 행하지 않는다.
인정에 구애되어 매양 손해를 입는다.
지모가 있어 수시로 변통한다.

귀인이 길을 알려주니 가히 횡재하게 된다.

사자(獅子)

嚴威勇猛 不屈他人
性多固執 間有口舌
經營大事 不拘小利
積德行善 富貴兼全
若非功名 勸農成家

위엄 있고 용맹하니 남에게 굽힘이 없다.
고집이 많으니 간간이 구설이 있다.
대사를 경영함에 작은 이익엔 구애치 아니한다.
덕을 쌓고 선을 행하니 부귀겸전하게 된다.
공명을 얻지 않으면 농업으로 성가한다.

금계(金鷄)

畵鳳爲雉 有頭無尾
織女星照 手才出衆
善心奉仕 初困后吉
若不學問 務農財足
一呼百諾 到處多權

봉황을 그리려다 꿩이 된 격이니 용두사미라.
직녀성이 비치니 손재주가 출중하다.
선심으로 봉사하면 초년에 곤하나 후에 길하다.

만약 학문을 못 하였으면 농사에 힘쓰라. 재물이 족하다.
한 번 부르면 백이 답하니 권세가 도처에 있다.

노치 (老雉)

爲人聰明　才多輕薄
春雉自鳴　口舌紛紛
多言爲病　擇言而發
若不學問　流離放浪
他關生涯　每事如意

위인이 총명하고 재주는 많으나 경박하다.
봄에 꿩이 스스로 우니 구설이 분분하다.
말이 많아 병이 되니 말을 가려 발설하라.
학문에 임하지 못했다면 고향을 떠나 방랑한다.
타관에서 생을 보내면 매사 뜻대로 된다.

연자(燕子)

外愚內明　人皆信望
智謀深遠　意思通達
心性雖急　不嫌他人
若非功名　虛度光陰
久基不利　離去則吉

겉으로는 우둔하나 안으로는 명석함이 있으니 사람마다 신망한다.

지모가 심원하고 의사가 통달하였다.
비록 마음은 급하나 남에게 혐의치는 않는다.
만일 공명을 얻지 않으면 허송세월한다.
옛터는 불리하니 떠나 거하는 것이 길하다.

홍곡(鴻鵠)

性直心淸　勿貪非義
天性火急　勿入是非
才藝出衆　善交朋友
雁宮無情　孤獨之狀
每多人情　廣濟衆人

성품이 곧고 청백하니 의가 아니면 탐하지 않는다.
천성이 급하니 시비에 들지 마라
재예가 출중하니 능히 친구들과 좋은 관계를 유지한다.
형제궁이 무정하니 고독한 상황이다.
매양 인정이 많으니 널리 대중을 구제한다.

백녹(白鹿)

心性仁厚　本無慾心
仁情拘碍　每見損害
東西奔走　食少事煩
到處多友　人人稱讚
自力生涯　安貧樂道

심성이 인후하니 본래 욕심이 없다.
인정에 구애되어 매번 손해를 본다.
동서로 분주하나 먹을 것은 적고 일마다 어려움이 있다.
도처에 벗이 많으니 사람마다 칭찬한다.
자력으로 사니 안빈낙도의 상이다.

공작(孔雀)

容貌端正 心性閒逸
口辯有餘 不言他事
善心積德 后必富貴
貴人來助 每事成就
古土雖好 不餘他鄉

용모가 단정하고 심성이 한가롭고 편하다.
구변이 뛰어나고 남의 일은 말하지 않는다.
선심적덕하니 후에 필히 부귀하게 된다.
귀인이 와서 도우니 모든 일에 성취함이 있다.
비록 옛터도 좋으나 타지만은 못하다.

적구(赤鳩)

天性云何 直而淸高
乾坤無情 自手成家
平生所愼 八人口舌
之南之北 食小事煩
困以得財 他人救濟

천성을 말하자면 곧고 청렴하며 고상하다.
부모를 여의고 자수성가한다.
평생에 신중해야 하는데 이는 구설수 때문이다.
남북 쪽은 먹을 것은 적고 일만 번거롭다.
어렵게 벌어 타인을 구제한다.

주작(朱雀)

朱雀煩鳴　口舌紛紛
出外多猜　持身操心
春稚自鳴　勿爲輕率
若不謹愼　每多失手
東西奔走　一身多煩

참새 떼가 지저귀니 구설이 분분하다.
나가면 시기하는 자가 많으니 몸가짐을 조심하라.
봄에 꿩이 스스로 우니 경솔하지 마라.
근신하지 않으면 매번 실수뿐이다.
동분서주함에 번거로운 일뿐이다.

청학(靑鶴)

鵲巢鳩居　他人之去
修身正心　自有助我
東西四方　暫時風霜
文學從事　三品之職
運回命年　寒谷到陽

까치가 비둘기 집에 든 격이니 남의 덕으로 산다.
수신하고 정심하면 자연히 도움이 있게 된다.
동서사방에 잠깐의 풍상이 있다.
문학에 종사하면 삼품의 관록이다.
오십이 되면 찬 골짜기에 볕이 드는 형국이다.

앵무(鸚鵡)

容貌端正 口辯有餘
淸直謙和 人皆敬慕
機巧才幹 每事多能
金榜掛名 官祿之人
春風溫和 到處多助

용모가 단정하고 구변이 뛰어나다.
청렴, 정직, 겸손, 화목하니 뭇사람이 경모한다.
기교로운 재간으로 매사 능하다.
시험에 합격하니 관록의 명이다.
춘풍이 온화하게 부는 격이니 도처에서 도와준다.

제4장
12살론(十二殺論)

간명 방법은 제1부 간명편과 달리 생년과 태어난 시간을 대조하여 보며 인생의 운로에서 장애가 되는 흉액을 암시한다.

子年生이 巳時生이면 겁살(刦殺)에 해당한다.

殺 時 年	겁살 刦殺	재살 災殺	천살 天殺	지살 地殺	년살 年殺	월살 月殺	망신 亡身	장성 將星	반안 攀鞍	역마 驛馬	육해 六害	화개 華蓋
子年	사	오	미	신	유	술	해	자	축	인	묘	진
丑年	인	묘	진	사	오	미	신	유	술	해	자	축
寅年	해	자	축	인	묘	진	사	오	미	신	유	술
卯年	신	유	술	해	자	축	인	묘	진	사	오	미
辰年	사	오	미	신	유	술	해	자	축	인	묘	진
巳年	인	묘	진	사	오	미	신	유	술	해	자	축

殺 時 年	겁살 劫殺	재살 災殺	천살 天殺	지살 地殺	년살 年殺	월살 月殺	망신 亡身	장성 將星	반안 攀鞍	역마 驛馬	육해 六害	화개 華蓋
午年	해	자	축	인	묘	진	사	오	미	신	유	술
未年	신	유	술	해	자	축	인	묘	진	사	오	미
申年	사	오	미	신	유	술	해	자	축	인	묘	진
酉年	인	묘	진	사	오	미	신	유	술	해	자	축
戌年	해	자	축	인	묘	진	사	오	미	신	유	술
亥年	신	유	술	해	자	축	인	묘	진	사	오	미

겁살(劫殺)

早別父母　雁行各飛
若非早別　他鄕依託
性急如火　祖業難守
移徙重重　百事難成
諸營凡事　龍頭蛇尾

조실부모하고 형제가 각기 떨어져 산다.
그렇지 않으면 타향에 의탁하게 된다.
성급하기가 불 같으니 조업을 지키기 어렵다.
이사를 여러 번 하고 일을 성취하기 힘들다.
모든 일을 경영함에 있어 용두사미격이다.

재살(災殺)

天地情小　世業難守
家勢致敗　不然身病
身有苦楚　事多災殃
中年致敗　一驚盜賊
致誠禱厄　厄消福來

친지의 정이 없으니 세업을 지키기 어렵다.
가세가 몰락하며 그렇지 않다면 신병을 얻는다.
몸에 고초를 겪고 매사 재앙이 따른다.
중년에 실패하며 한 번 도적에 놀란다.
치성으로 빌면 액은 소멸되고 복이 온다.

천살(天殺)

初年之數　好事多魔
家內有殺　心肝有病
勿信親人　必有其害
勤以得財　以好他人
莫恨身病　中后回春

초년 운수는 호사다마격이다.
집안에 살이 있으니 간장에 병이 있다.
친한 사람을 믿지 마라. 필시 해가 있다.
애써 재물을 모아 타인을 이롭게 한다.
신병을 한탄 마라. 중년 이후 회춘한다.

지살(地殺)

地殺侵命　每事不成
若非二母　三妻八字
中年之運　官厄愼之
若非農業　工場生涯
因人成事　四面有吉

명에 지살이 드니 매사 불성이다.
두 어머니가 아니면 삼처를 둘 팔자다.
중년에 관액을 조심하라
농업이 아니면 공장 일을 한다.
남의 도움으로 일을 성사하니 사면이 길하다.

년살(年殺)

桃花侵命　左琴右瑟
若非妻妾　一見叩盆
官災口舌　不然空門
立井之年　橫額操心
財運雖吉　諸殺妨害

명에 도화기가 있으니 좌우에 처첩이다.
첩이 없다면 한 번의 상처수가 있다.
관재구설이 없다면 불도에 입문한다.
삼십과 사십에 횡액을 조심하라.
비록 재운은 있으나 모든 살이 방해한다.

월살(月殺)

若非早孤　妻子之患
若非荊殺　骨肉無情
若非官災　口舌之數
隱床惡殺　間間災亂
勿近虛妄　成敗頻頻

일찍 고독하지 않으면 처자에 우환이 있다.
처궁에 살이 없다면 골육간 정이 없다.
만일 관재수가 없다면 구설이 있다.
방 안에 숨어 있는 악살은 간간이 재난을 일으킨다.
허망한 일을 벌이지 마라. 성패가 빈번하다.

망신살(亡身殺)

命入亡身　怪變層生
莫近是非　長沙之厄
靑氈祖業　飄落狂風
累次移席　虛送歲月
棄墳離妻　他鄕作客

명에 망신이 드니 괴이한 변고가 겹으로 생긴다.
시비를 가까이 마라. 관액을 당한다.
조상의 유업이 없으니 광풍에 표락한다.
여러 번 이사하며 허송세월한다.
처자를 버리고 타향에서 객노릇을 한다.

장성살(將星殺)

命入將星　執權之人
武藝出衆　手執兵權
雖有譽聲　胸中有愁
大人進祿　小人運吉
若非權變　反爲下賤

명에 장성이 드니 집권한다.
무예가 출중하니 손에 병권을 넣는다.
비록 명성은 있으나 흉중에 수심이 있다.
대인은 녹이 더하며 소인은 운이 길하다.
만일 권세가 없다면 반대로 천해진다.

반안살(攀鞍殺)

文筆出衆　少年登科
性情柔順　貴人之狀
若不官位　可嘆平生
井命之年　橫額愼之
命之二三　魚入大海

문필이 출중하니 소년 등과한다.
성정이 유순하니 귀인지상이다.
관직에 오르지 못하면 평생 탄식한다.
사오십에 횡액을 조심하라.
오십이삼에는 고기가 바다에 나간 격이다.

역마살(驛馬殺)

之南之北　早年風波
遍踏江山　以商得財
若非官祿　虛送歲月
出入四方　行處有旺
末年之運　運數大通

남북지간에 일찍이 풍파가 있다.
강산을 편답하며 상업으로 득재한다.
관록이 아니면 허송세월이다.
사방으로 출입하여 가는 곳마다 운이 좋다.
말년은 운수대통이다.

육해살(六害殺)

早失天地　他鄕流離
若非早失　無后奉祀
因人被害　骨肉無情
若非僧道　困厄重重
身煩東西　世事如夢

조실부모하고 타향을 떠돈다.
조실부모하지 않으면 양자로 갈 수다.
타인으로 인한 해를 입고 골육간 정이 없다.
만약 종교인이 되지 않으면 곤액이 중하다.
동서로 몸은 번거로우나 세상일이 꿈만 같다.

화개살(華蓋殺)

若不登科　風流之人
祖業何歸　自手成家
雁宮無德　兄弟不和
勸苦得財　每濟貧窮
井後命年　所榮必成

관직에 오르지 못하면 풍류지인이 된다.
조상의 업은 어디로 갔는가. 자수성가한다.
형제의 덕이 없으니 형제간 화목치 못하다.
애써 재산을 모아 빈궁한 자들을 구제한다.
사십 후 오십에는 경영하는 바가 성취된다.

제5장
유년행운론(流年行運論)

유년 행운에서는 유년에 따라 길한 때와 불길한 때를 알고자 일생 중 중요한 시기만을 설명한 것이다.

간명 방법은 생년과 생월로 대비하여 각 12지지별 해당 내용을 본다. 즉 골격론, 심성론과 원리가 같으므로 여기서는 골격에 대비한 조견표를 수록하였다.

골격이 서골이면 심성궁은 백녹이고, 유년행운은 子에 해당한다.

骨格	流年 行運 該當 地支	心性
서골	子	백녹
우골	丑	공작
호골	寅	적구
토골	卯	주작
용골	辰	청학
사골	巳	앵무
마골	午	봉황
양골	未	사자
후골	申	금계
계골	酉	노치
구골	戌	연자
저골	亥	홍곡

순(旬)은 일십 세를 말한다.
관(冠)은 이십 세를 말한다.
입(立)은 삼십 세를 말한다.
정(井)은 사십 세를 말한다.
명(命)은 오십 세를 말한다.

자(子)

旬之四五　鶯出幽谷
旬之七八　春風得意

冠之七八　吉事到門
冠八九運　官厄愼之
立之一二　所願成就
立之七八　財數大通
井之七八　北方移舍
命之七八　必見大利
命之九運　萬事如意

십사오 세, 꾀꼬리가 찬 골짜기에서 나온다.
십칠팔 세, 봄바람에 뜻을 얻는다.
이십칠팔 세, 좋은 운이 문 앞에 이른다.
이십팔구 세, 관액을 조심하라.
삼십일이 세, 소원 성취한다.
삼십칠팔 세, 재수대통이다.
사십칠팔 세, 북방으로 이사할 수다.
오십칠팔 세, 필시 큰 이익이 있다.
오십구 세, 만사가 뜻대로다.

축(丑)

旬之七八　華蓋到門
冠之五六　花園蜂蝶
冠之八九　榮華可得
若無榮華　身數不吉
井之一二　非榮則厄
井之八九　愼之北人

命之一二　吉事到門
一生之事　善無功德
莫恨初困　中后太平

십칠팔 세, 화개가 문에 이른다.
이십오육 세, 화원에 벌과 나비가 날아든다.
이십팔구 세, 가히 영화를 본다.
영화로운 일이 없다면 신수가 불길하다.
사십일이 세, 영화가 아니면 액이 있다.
사십팔구 세, 북쪽 사람을 조심하라.
오십일이 세, 길한 일이 문 안에 이른다.
일생지사는 선무공덕이다.
초년의 곤함을 한탄 마라. 중년 이후 태평이다.

인(寅)

旬九冠運　羊變爲馬
冠之三四　琴宮春色
冠之七八　非榮則厄
立之二三　樂在家中
立之七八　名辰四方
井年之運　古木逢春
井之八九　膝下之榮
命之二三　必見大利
命之八九　失敗之數

십구 세와 이십 세, 양이 말로 변하는 격이다.
이십삼사 세, 배우자궁에 경사가 있다.
이십칠팔 세, 영화가 아니면 액이 있다.
삼십이삼 세, 집안에 즐거움이 있다.
삼십칠팔 세, 이름을 사방에 떨친다.
사십 세, 고목이 봄을 만난 격이다.
사십팔구 세, 슬하에 영화가 있다.
오십이삼 세, 필시 큰 이익이 있다.
오십팔구 세, 실패수가 있다.

묘(卯)

旬之七八　挑梨滿發
冠之二三　財榮可期
若不其然　天地有憂
冠之七八　大通之數
立志以后　古木逢春
井之二三　財數大通
命年以后　衣食豊足
六十之年　烏飛梨落

십칠팔 세, 도화와 오얏꽃이 만발하다.
이십이삼 세, 재물의 영화를 기약한다.
그렇지 않으면 부모의 근심이 있다.
이십칠팔 세, 대통할 운이다.
삼십 이후, 고목이 봄을 만난 격이다.

사십이삼 세, 재수대통한다.
오십 이후, 의식이 풍족하다.
육십 세, 횡액수 있다.

진(辰)

旬之三四　一身有慶
冠之一二　花木逢春
冠之三四　貴人來助
立之二三　身數不平
若不然也　服制之數
井之三四　以小易大
井之八九　大通之數
命之八九　魚入大海

십삼사 세, 일신에 경사가 있다.
이십일이 세, 꽃과 나무가 봄을 만난 격이다.
이십삼사 세, 귀인의 도움이 있다.
삼십이삼 세, 신수가 평탄치 않다.
그렇지 않으면 상복(喪服)을 입을 일이 있다.
사십삼사 세, 적은 것으로 큰 것을 만든다.
사십팔구 세, 대통할 운수다.
오십팔구 세, 고기가 큰 바다로 나간 격이다.

사(巳)

旬之一二　天地有憂

冠之三四　可期榮華
冠之六七　財數大通
立之六七　幽谷回春
井之二三　榮華之數
若無榮華　逢賊損財
井之七八　金玉滿堂
命之八九　一身榮貴
末年之運　衣食豊足

십일이 세, 부모의 근심이 있다.
이십삼사 세, 가히 영화를 기약한다.
이십육칠 세, 재수대통한다.
삼십육칠 세, 찬 골짜기에 봄이 돌아온 격이다.
사십이삼 세, 영화가 있다.
영화가 없으면 도적을 만나 손재한다.
사십칠팔 세, 금과 옥이 집에 가득 찬다.
오십팔구 세, 일신이 영귀하다.
말년의 운은 의식이 풍족하다.

오(午)

旬之七八　喜事有之
魚躍龍門　籠鳥飛天
冠之三四　水火愼之
冠之六七　春風花開
若不其然　吉反爲凶

立之二三　財數大通
立之七八　手弄千金
井之三四　井魚出海
命之五六　萬事如意

십칠팔 세, 기쁜 일이 있다.
고기가 용문에 오르고 조롱 속 새가 하늘을 난다.
이십삼사 세, 물과 불을 조심하라.
이십육칠 세, 봄바람에 꽃이 핀다.
그렇지 않으면 길이 흉으로 변한다.
삼십이삼 세, 재수대통한다.
사십칠팔 세, 천금을 희롱한다.
사십삼사 세, 우물안 고기가 바다로 나가는 격이다.
오십오육 세, 만사가 뜻대로다.

미(未)

旬之七八　喜事有之
冠之一二　非榮則厄
冠之六七　奔走不暇
冠之八九　榮華之數
若不榮華　橫財之運
立之六七　東敗西傷
若不然而　損財之數
立九井二　萬事如意
井之三四　財數大利

십칠팔 세, 기쁜 일이 있다.
이십일이 세, 영화가 아니면 액이 있다.
이십육칠 세, 분주하여 한가하지 못하다.
이십팔구 세, 영화가 있다.
만일 영화가 아니면 횡재수가 있다.
삼십육칠 세, 동서로 실패수다.
그렇지 않으면 손재가 있다.
삼십구 세 · 사십이 세, 만사가 뜻대로다.
사십삼사 세, 재수대통하여 큰 이익이 있다.

신(申)

旬前之運　家內有患
旬之三四　必有喪厄
旬之六七　喜事有之
旬九冠一　頭揷桂花
立之二三　終成大器
立之七八　榮華無窮
立九井運　大通之數
井之三四　手弄千金
命之一二　金銀自來

십세 이전, 집안의 우환이 있다.
십삼사 세, 반드시 상액이 있다.
십육칠 세, 기쁜 일이 있다.
십구 세 · 이십일 세, 머리에 계수나무를 꽂은 격(벼슬).

삼십이삼 세, 마침내 큰 일을 이룬다.
삼십칠팔 세, 영화가 무궁하다.
삼십구 세 · 사십 세, 운수대통이다.
사십삼사 세, 천금을 희롱한다.
오십일이 세, 금은이 절로 들어온다.

유(酉)

幼年之數 病厄難免
旬之一二 家産致敗
旬九冠八 橫厄操心
冠之四五 必有慶事
立之三四 雨中春梅
立之五六 渴馬飮川
井之三四 非榮則厄
朱雀飛來 口舌何免
命之二三 手弄千金

유년에는 병액을 면치 못한다.
십일이 세, 가업이 몰락한다.
십구 세 · 이십팔 세, 횡액을 조심하라.
이십사오 세, 필시 경사가 있다.
삼십삼사 세, 매화가 비를 만난 격이다.
삼십오육 세, 목마른 말이 냇물을 마시는 격이다.
사십삼사 세, 영화가 아니면 액이 있다.
주작이 날아오니 어찌 구설을 면할 것인가.

오십이삼 세, 천금을 희롱한다.

술(戌)

旬前之運　家産大敗
旬之一二　風波泛舟
冠之二三　一身榮貴
立之一二　身旺財旺
立九井運　每事如意
井之三四　以小成大
命之二三　千金致來
若不其然　膝下有厄
命之五六　必有慶事

십 세 이전, 가산이 몰락한다.
십일이 세, 풍랑에 배를 띄운 격이다.
이십이삼 세, 일신이 영귀한다.
삼십일이 세, 재물이 왕성하고 건강하다.
삼십구 · 사십 세, 매사 뜻대로다.
사십삼사 세, 적은 것으로 큰 것을 이룬다.
오십이삼 세, 천금의 재산이 자연이 이루어진다.
그렇지 아니하면 슬하에 액이 있다.
오십오육 세, 필히 경사가 있다.

해(亥)

旬五六七　桃李滿發

冠之三四　鳳凰之樂
冠之六七　生産之數
若非二母　無后奉祀
立之三四　身旺財旺
立之五六　一見災厄
若免此數　致誠寺門
立之七八　古木回陽
井之以后　大通之數

십오육칠 세, 도화와 이화가 만발하다.
이십삼사 세, 봉황의 즐거움이 있다.
이십육칠 세, 발전이 있다.
두 어머니가 아니면 양자수다.
삼십삼사 세, 재물이 왕성하고 건강하다.
삼십오육 세, 한 번의 재액이 따른다.
이 액을 면하려면 종교에 독실하라.
삼십칠팔 세, 고목이 빛을 만난 격이다.
사십 이후, 대통할 운이다

글을 맺으며

"뿌린 대로 거둔다." "하늘은 스스로 돕는 자를 돕는다." 원인이 있으면 그에 따른 결과가 있다는 것은 진리로 받아들여진다. 이러한 진리는 자연에서부터 한 개인에 이르기까지 있는 그대로의 상황을 이야기하는 것이다. 그러나 이러한 삼라만상의 진리를 절대적인 기준으로 제한하려는 인간의 독선과 교만이 현재의 사회를 극도의 이기심과 물질만능주의에 빠지게 하였다.

역학은 대자연의 이치를 밝혀내는 진리탐구의 학문일 뿐이기 때문에 결코 종교나 미신이 될 수 없다. 따라서 역학은 어떤 조건이나 절차가 필요 없는 자연 그 자체이며 가까이는 우리들 생활 그 자체인 것이다.

역학은 그 어느 것도 배제하거나 구속하려 하지 않으며 있는 그대로를 바라볼 뿐이다. 진리란 결코 어느 기준에 국한될 수 없는 것인데 이를 스스로 제한하려는 인간의 시도는 영적 무지의 결과일 뿐이다.

그러나 독선과 무지가 아닌 한 시대의 보편적 인식이 자연과 더욱 친했던 예전과 달리 역학을 수월하게 받아들이지 못한다면 그것을 탓할 수는 없는 것이다. 다만 역학의 진면목과 실용성을 알리려는 노력은 계속되어야 한다고 본다. 역학은 조화와 공존의 이치이므로 바르게 이해하면 서로의 대립은 사라지고 건강하고 밝은 사회를 창조해나갈 수 있는 것이다.

그러므로 한 개인의 명(命)은 절대적인 동시에 또한 그 속에는 복잡하기 짝이 없는 인과관계가 있으므로 이러한 인과율(因果律)을 찾아내어 새로운 운명을 창출하고자 하는 것이 역학의 사명이다.

끝으로 단 일면식에 출간을 도와주신 동학사 유재영 사장님, 원고를 정리해주신 편집부 직원들께 감사드리고 아울러 늘 밝은 표정을 잃지 않고 격려해준 아내에게 고맙다는 말을 전한다.

부록

서기 1930 년/단기 4263 　　庚 午 年

正 月(戊寅)

음 력	1	2	3	4	5	6	7	8	9	10	11	12	13	14	15	16	17	18	19	20	21	22	23	24	25	26	27	28	29	
						입춘															우수									
양력 월·일	1·30	31	2·1	2	3	4	5	6	7	8	9	10	11	12	13	14	15	16	17	18	19	20	21	22	23	24	25	26	27	
일 진	庚辰	辛巳	壬午	癸未	甲申	乙酉	丙戌	丁亥	戊子	己丑	庚寅	辛卯	壬辰	癸巳	甲午	乙未	丙申	丁酉	戊戌	己亥	庚子	辛丑	壬寅	癸卯	甲辰	乙巳	丙午	丁未	戊申	
						亥初															酉初									

2 月(己卯)

음 력	1	2	3	4	5	6	7	8	9	10	11	12	13	14	15	16	17	18	19	20	21	22	23	24	25	26	27	28	29	30
							경칩															춘분								
양력 월·일	2·28	3·1	2	3	4	5	6	7	8	9	10	11	12	13	14	15	16	17	18	19	20	21	22	23	24	25	26	27	28	29
일 진	己酉	庚戌	辛亥	壬子	癸丑	甲寅	乙卯	丙辰	丁巳	戊午	己未	庚申	辛酉	壬戌	癸亥	甲子	乙丑	丙寅	丁卯	戊辰	己巳	庚午	辛未	壬申	癸酉	甲戌	乙亥	丙子	丁丑	戊寅
							申初															申正								

3 月(庚辰)

음 력	1	2	3	4	5	6	7	8	9	10	11	12	13	14	15	16	17	18	19	20	21	22	23	24	25	26	27	28	29	30
							청명	한식															곡우							
양력 월·일	3·30	31	4·1	2	3	4	5	6	7	8	9	10	11	12	13	14	15	16	17	18	19	20	21	22	23	24	25	26	27	28
일 진	己卯	庚辰	辛巳	壬午	癸未	甲申	乙酉	丙戌	丁亥	戊子	己丑	庚寅	辛卯	壬辰	癸巳	甲午	乙未	丙申	丁酉	戊戌	己亥	庚子	辛丑	壬寅	癸卯	甲辰	乙巳	丙午	丁未	戊申
							亥初																寅正							

4 月(辛巳)

음 력	1	2	3	4	5	6	7	8	9	10	11	12	13	14	15	16	17	18	19	20	21	22	23	24	25	26	27	28	29	
								입하																소만						
양력 월·일	4·29	30	5·1	2	3	4	5	6	7	8	9	10	11	12	13	14	15	16	17	18	19	20	21	22	23	24	25	26	27	
일 진	己酉	庚戌	辛亥	壬子	癸丑	甲寅	乙卯	丙辰	丁巳	戊午	己未	庚申	辛酉	壬戌	癸亥	甲子	乙丑	丙寅	丁卯	戊辰	己巳	庚午	辛未	壬申	癸酉	甲戌	乙亥	丙子	丁丑	
								申初																寅初						

5 月(壬午)

음 력	1	2	3	4	5	6	7	8	9	10	11	12	13	14	15	16	17	18	19	20	21	22	23	24	25	26	27	28	29	
										망종																하지				
양력 월·일	5·28	29	30	31	6·1	2	3	4	5	6	7	8	9	10	11	12	13	14	15	16	17	18	19	20	21	22	23	24	25	
일 진	戊寅	己卯	庚辰	辛巳	壬午	癸未	甲申	乙酉	丙戌	丁亥	戊子	己丑	庚寅	辛卯	壬辰	癸巳	甲午	乙未	丙申	丁酉	戊戌	己亥	庚子	辛丑	壬寅	癸卯	甲辰	乙巳	丙午	
										戌初																午正				

6 月(癸未)

음 력	1	2	3	4	5	6	7	8	9	10	11	12	13	14	15	16	17	18	19	20	21	22	23	24	25	26	27	28	29	30
													소서											초복				대서		
양력 월·일	6·26	27	28	29	30	7·1	2	3	4	5	6	7	8	9	10	11	12	13	14	15	16	17	18	19	20	21	22	23	24	25
일 진	丁未	戊申	己酉	庚戌	辛亥	壬子	癸丑	甲寅	乙卯	丙辰	丁巳	戊午	己未	庚申	辛酉	壬戌	癸亥	甲子	乙丑	丙寅	丁卯	戊辰	己巳	庚午	辛未	壬申	癸酉	甲戌	乙亥	丙子
													卯正															子初		

閏 六 月(癸未)

				중복										입추 말복																
음 력	1	2	3	4	5	6	7	8	9	10	11	12	13	14	15	16	17	18	19	20	21	22	23	24	25	26	27	28	29	
양력 월·일	7·26	27	28	29	30	31	8·1	2	3	4	5	6	7	8	9	10	11	12	13	14	15	16	17	18	19	20	21	22	23	
일 진	丁丑	戊寅	己卯	庚辰	辛巳	壬午	癸未	甲申	乙酉	丙戌	丁亥	戊子	己丑	庚寅	辛卯	壬辰	癸巳	甲午	乙未	丙申	丁酉	戊戌	己亥	庚子	辛丑	壬寅	癸卯	甲辰	乙巳	
														申正																

7 月(甲申)

	처서															백로														
음 력	1	2	3	4	5	6	7	8	9	10	11	12	13	14	15	16	17	18	19	20	21	22	23	24	25	26	27	28	29	
양력 월·일	8·24	25	26	27	28	29	30	31	9·1	2	3	4	5	6	7	8	9	10	11	12	13	14	15	16	17	18	19	20	21	
일 진	丙午	丁未	戊申	己酉	庚戌	辛亥	壬子	癸丑	甲寅	乙卯	丙辰	丁巳	戊午	己未	庚申	辛酉	壬戌	癸亥	甲子	乙丑	丙寅	丁卯	戊辰	己巳	庚午	辛未	壬申	癸酉	甲戌	
	卯正															戌初														

8 月(乙酉)

			추분															한로												
음 력	1	2	3	4	5	6	7	8	9	10	11	12	13	14	15	16	17	18	19	20	21	22	23	24	25	26	27	28	29	30
양력 월·일	9·22	23	24	25	26	27	28	29	30	10·1	2	3	4	5	6	7	8	9	10	11	12	13	14	15	16	17	18	19	20	21
일 진	乙亥	丙子	丁丑	戊寅	己卯	庚辰	辛巳	壬午	癸未	甲申	乙酉	丙戌	丁亥	戊子	己丑	庚寅	辛卯	壬辰	癸巳	甲午	乙未	丙申	丁酉	戊戌	己亥	庚子	辛丑	壬寅	癸卯	甲辰
			寅正															巳正												

9 月(丙戌)

			상강															입동												
음 력	1	2	3	4	5	6	7	8	9	10	11	12	13	14	15	16	17	18	19	20	21	22	23	24	25	26	27	28	29	
양력 월·일	10·22	23	24	25	26	27	28	29	30	31	11·1	2	3	4	5	6	7	8	9	10	11	12	13	14	15	16	17	18	19	
일 진	乙巳	丙午	丁未	戊申	己酉	庚戌	辛亥	壬子	癸丑	甲寅	乙卯	丙辰	丁巳	戊午	己未	庚申	辛酉	壬戌	癸亥	甲子	乙丑	丙寅	丁卯	戊辰	己巳	庚午	辛未	壬申	癸酉	
			未初															午正												

10 月(丁亥)

				소설															대설											
음 력	1	2	3	4	5	6	7	8	9	10	11	12	13	14	15	16	17	18	19	20	21	22	23	24	25	26	27	28	29	30
양력 월·일	11·20	21	22	23	24	25	26	27	28	29	30	12·1	2	3	4	5	6	7	8	9	10	11	12	13	14	15	16	17	18	19
일 진	甲戌	乙亥	丙子	丁丑	戊寅	己卯	庚辰	辛巳	壬午	癸未	甲申	乙酉	丙戌	丁亥	戊子	己丑	庚寅	辛卯	壬辰	癸巳	甲午	乙未	丙申	丁酉	戊戌	己亥	庚子	辛丑	壬寅	癸卯
				巳正															卯初											

11 月(戊子)

			동지															소한												
음 력	1	2	3	4	5	6	7	8	9	10	11	12	13	14	15	16	17	18	19	20	21	22	23	24	25	26	27	28	29	30
양력 월·일	12·20	21	22	23	24	25	26	27	28	29	30	31	1·1	2	3	4	5	6	7	8	9	10	11	12	13	14	15	16	17	18
일 진	甲辰	乙巳	丙午	丁未	戊申	己酉	庚戌	辛亥	壬子	癸丑	甲寅	乙卯	丙辰	丁巳	戊午	己未	庚申	辛酉	壬戌	癸亥	甲子	乙丑	丙寅	丁卯	戊辰	己巳	庚午	辛未	壬申	癸酉
			亥正															申初												

12 月(己丑)

			대한															입춘												
음 력	1	2	3	4	5	6	7	8	9	10	11	12	13	14	15	16	17	18	19	20	21	22	23	24	25	26	27	28	29	
양력 월·일	1·19	20	21	22	23	24	25	26	27	28	29	30	31	2·1	2	3	4	5	6	7	8	9	10	11	12	13	14	15	16	
일 진	甲戌	乙亥	丙子	丁丑	戊寅	己卯	庚辰	辛巳	壬午	癸未	甲申	乙酉	丙戌	丁亥	戊子	己丑	庚寅	辛卯	壬辰	癸巳	甲午	乙未	丙申	丁酉	戊戌	己亥	庚子	辛丑	壬寅	
			巳初															寅初												

서기 1931 년/단기 4264　　辛 未 年

正 月(庚寅)

	1	2	3	4	5	6	7	8	9	10	11	12	13	14	15	16	17	18	19	20	21	22	23	24	25	26	27	28	29	30
			우수															경칩												
음력	1	2	3	4	5	6	7	8	9	10	11	12	13	14	15	16	17	18	19	20	21	22	23	24	25	26	27	28	29	30
양력 월·일	2·17	18	19	20	21	22	23	24	25	26	27	28	3·1	2	3	4	5	6	7	8	9	10	11	12	13	14	15	16	17	18
일진	癸卯	甲辰	乙巳	丙午	丁未	戊申	己酉	庚戌	辛亥	壬子	癸丑	甲寅	乙卯	丙辰	丁巳	戊午	己未	庚申	辛酉	壬戌	癸亥	甲子	乙丑	丙寅	丁卯	戊辰	己巳	庚午	辛未	壬申
			子初															亥初												

2 月(辛卯)

	1	2	3	4	5	6	7	8	9	10	11	12	13	14	15	16	17	18	19	20	21	22	23	24	25	26	27	28	29	30
			춘분																한식 청명											
음력	1	2	3	4	5	6	7	8	9	10	11	12	13	14	15	16	17	18	19	20	21	22	23	24	25	26	27	28	29	30
양력 월·일	3·19	20	21	22	23	24	25	26	27	28	29	30	31	4·1	2	3	4	5	6	7	8	9	10	11	12	13	14	15	16	17
일진	癸酉	甲戌	乙亥	丙子	丁丑	戊寅	己卯	庚辰	辛巳	壬午	癸未	甲申	乙酉	丙戌	丁亥	戊子	己丑	庚寅	辛卯	壬辰	癸巳	甲午	乙未	丙申	丁酉	戊戌	己亥	庚子	辛丑	壬寅
			亥正																丑正											

3 月(壬辰)

	1	2	3	4	5	6	7	8	9	10	11	12	13	14	15	16	17	18	19	20	21	22	23	24	25	26	27	28	29	30
				곡우															입하											
음력	1	2	3	4	5	6	7	8	9	10	11	12	13	14	15	16	17	18	19	20	21	22	23	24	25	26	27	28	29	30
양력 월·일	4·18	19	20	21	22	23	24	25	26	27	28	29	30	5·1	2	3	4	5	6	7	8	9	10	11	12	13	14	15	16	17
일진	癸卯	甲辰	乙巳	丙午	丁未	戊申	己酉	庚戌	辛亥	壬子	癸丑	甲寅	乙卯	丙辰	丁巳	戊午	己未	庚申	辛酉	壬戌	癸亥	甲子	乙丑	丙寅	丁卯	戊辰	己巳	庚午	辛未	壬申
				巳正															戌正											

4 月(癸巳)

	1	2	3	4	5	6	7	8	9	10	11	12	13	14	15	16	17	18	19	20	21	22	23	24	25	26	27	28	29	
				소만																	망종									
음력	1	2	3	4	5	6	7	8	9	10	11	12	13	14	15	16	17	18	19	20	21	22	23	24	25	26	27	28	29	
양력 월·일	5·18	19	20	21	22	23	24	25	26	27	28	29	30	31	6·1	2	3	4	5	6	7	8	9	10	11	12	13	14	15	
일진	癸酉	甲戌	乙亥	丙子	丁丑	戊寅	己卯	庚辰	辛巳	壬午	癸未	甲申	乙酉	丙戌	丁亥	戊子	己丑	庚寅	辛卯	壬辰	癸巳	甲午	乙未	丙申	丁酉	戊戌	己亥	庚子	辛丑	
				巳正																	丑初									

5 月(甲午)

	1	2	3	4	5	6	7	8	9	10	11	12	13	14	15	16	17	18	19	20	21	22	23	24	25	26	27	28	29	
							하지																소서						초복	
음력	1	2	3	4	5	6	7	8	9	10	11	12	13	14	15	16	17	18	19	20	21	22	23	24	25	26	27	28	29	
양력 월·일	6·16	17	18	19	20	21	22	23	24	25	26	27	28	29	30	7·1	2	3	4	5	6	7	8	9	10	11	12	13	14	
일진	壬寅	癸卯	甲辰	乙巳	丙午	丁未	戊申	己酉	庚戌	辛亥	壬子	癸丑	甲寅	乙卯	丙辰	丁巳	戊午	己未	庚申	辛酉	壬戌	癸亥	甲子	乙丑	丙寅	丁卯	戊辰	己巳	庚午	
							酉初																午正							

6 月(乙未)

	1	2	3	4	5	6	7	8	9	10	11	12	13	14	15	16	17	18	19	20	21	22	23	24	25	26	27	28	29	30
										대서 중복															입추					말복
음력	1	2	3	4	5	6	7	8	9	10	11	12	13	14	15	16	17	18	19	20	21	22	23	24	25	26	27	28	29	30
양력 월·일	7·15	16	17	18	19	20	21	22	23	24	25	26	27	28	29	30	31	8·1	2	3	4	5	6	7	8	9	10	11	12	13
일진	辛未	壬申	癸酉	甲戌	乙亥	丙子	丁丑	戊寅	己卯	庚辰	辛巳	壬午	癸未	甲申	乙酉	丙戌	丁亥	戊子	己丑	庚寅	辛卯	壬辰	癸巳	甲午	乙未	丙申	丁酉	戊戌	己亥	庚子
										卯初															亥正					

7 月(丙申)

음력	1	2	3	4	5	6	7	8	9	10	11	12	13	14	15	16	17	18	19	20	21	22	23	24	25	26	27	28	29	
											처서																백로			
양력 월·일	8·14	15	16	17	18	19	20	21	22	23	24	25	26	27	28	29	30	31	9·1	2	3	4	5	6	7	8	9	10	11	
일진	辛丑	壬寅	癸卯	甲辰	乙巳	丙午	丁未	戊申	己酉	庚戌	辛亥	壬子	癸丑	甲寅	乙卯	丙辰	丁巳	戊午	己未	庚申	辛酉	壬戌	癸亥	甲子	乙丑	丙寅	丁卯	戊辰	己巳	
											午初																子正			

8 月(丁酉)

음력	1	2	3	4	5	6	7	8	9	10	11	12	13	14	15	16	17	18	19	20	21	22	23	24	25	26	27	28	29	
													추분															한로		
양력 월·일	9·12	13	14	15	16	17	18	19	20	21	22	23	24	25	26	27	28	29	30	10·1	2	3	4	5	6	7	8	9	10	
일진	庚午	辛未	壬申	癸酉	甲戌	乙亥	丙子	丁丑	戊寅	己卯	庚辰	辛巳	壬午	癸未	甲申	乙酉	丙戌	丁亥	戊子	己丑	庚寅	辛卯	壬辰	癸巳	甲午	乙未	丙申	丁酉	戊戌	
													巳正															申正		

9 月(戊戌)

음력	1	2	3	4	5	6	7	8	9	10	11	12	13	14	15	16	17	18	19	20	21	22	23	24	25	26	27	28	29	30
														상강															입동	
양력 월·일	10·11	12	13	14	15	16	17	18	19	20	21	22	23	24	25	26	27	28	29	30	31	11·1	2	3	4	5	6	7	8	9
일진	己亥	庚子	辛丑	壬寅	癸卯	甲辰	乙巳	丙午	丁未	戊申	己酉	庚戌	辛亥	壬子	癸丑	甲寅	乙卯	丙辰	丁巳	戊午	己未	庚申	辛酉	壬戌	癸亥	甲子	乙丑	丙寅	丁卯	戊辰
														戌初															酉正	

10 月(己亥)

음력	1	2	3	4	5	6	7	8	9	10	11	12	13	14	15	16	17	18	19	20	21	22	23	24	25	26	27	28	29	
														소설															대설	
양력 월·일	11·10	11	12	13	14	15	16	17	18	19	20	21	22	23	24	25	26	27	28	29	30	12·1	2	3	4	5	6	7	8	
일진	己巳	庚午	辛未	壬申	癸酉	甲戌	乙亥	丙子	丁丑	戊寅	己卯	庚辰	辛巳	壬午	癸未	甲申	乙酉	丙戌	丁亥	戊子	己丑	庚寅	辛卯	壬辰	癸巳	甲午	乙未	丙申	丁酉	
														申正															午初	

11 月(庚子)

음력	1	2	3	4	5	6	7	8	9	10	11	12	13	14	15	16	17	18	19	20	21	22	23	24	25	26	27	28	29	30
															동지														소한	
양력 월·일	12·9	10	11	12	13	14	15	16	17	18	19	20	21	22	23	24	25	26	27	28	29	30	31	1·1	2	3	4	5	6	7
일진	戊戌	己亥	庚子	辛丑	壬寅	癸卯	甲辰	乙巳	丙午	丁未	戊申	己酉	庚戌	辛亥	壬子	癸丑	甲寅	乙卯	丙辰	丁巳	戊午	己未	庚申	辛酉	壬戌	癸亥	甲子	乙丑	丙寅	丁卯
															寅正														未正	

12 月(辛丑)

음력	1	2	3	4	5	6	7	8	9	10	11	12	13	14	15	16	17	18	19	20	21	22	23	24	25	26	27	28	29	
														대한															입춘	
양력 월·일	1·8	9	10	11	12	13	14	15	16	17	18	19	20	21	22	23	24	25	26	27	28	29	30	31	2·1	2	3	4	5	
일진	戊辰	己巳	庚午	辛未	壬申	癸酉	甲戌	乙亥	丙子	丁丑	戊寅	己卯	庚辰	辛巳	壬午	癸未	甲申	乙酉	丙戌	丁亥	戊子	己丑	庚寅	辛卯	壬辰	癸巳	甲午	乙未	丙申	
														未正															巳初	

서기 1932 년/단기 4265　　壬 申 年

正 月(壬寅)

	1	2	3	4	5	6	7	8	9	10	11	12	13	14	15	16	17	18	19	20	21	22	23	24	25	26	27	28	29	30
															우수															경칩
음 력	1	2	3	4	5	6	7	8	9	10	11	12	13	14	15	16	17	18	19	20	21	22	23	24	25	26	27	28	29	30
양력 월·일	2·6	7	8	9	10	11	12	13	14	15	16	17	18	19	20	21	22	23	24	25	26	27	28	29	3·1	2	3	4	5	6
일 진	丁酉	戊戌	己亥	庚子	辛丑	壬寅	癸卯	甲辰	乙巳	丙午	丁未	戊申	己酉	庚戌	辛亥	壬子	癸丑	甲寅	乙卯	丙辰	丁巳	戊午	己未	庚申	辛酉	壬戌	癸亥	甲子	乙丑	丙寅
															卯初															寅初

2 月(癸卯)

	1	2	3	4	5	6	7	8	9	10	11	12	13	14	15	16	17	18	19	20	21	22	23	24	25	26	27	28	29	30
															춘분															청명
음 력	1	2	3	4	5	6	7	8	9	10	11	12	13	14	15	16	17	18	19	20	21	22	23	24	25	26	27	28	29	30
양력 월·일	3·7	8	9	10	11	12	13	14	15	16	17	18	19	20	21	22	23	24	25	26	27	28	29	30	31	4·1	2	3	4	5
일 진	丁卯	戊辰	己巳	庚午	辛未	壬申	癸酉	甲戌	乙亥	丙子	丁丑	戊寅	己卯	庚辰	辛巳	壬午	癸未	甲申	乙酉	丙戌	丁亥	戊子	己丑	庚寅	辛卯	壬辰	癸巳	甲午	乙未	丙申
															寅正															辰正

3 月(甲辰)

	1	2	3	4	5	6	7	8	9	10	11	12	13	14	15	16	17	18	19	20	21	22	23	24	25	26	27	28	29	30
	한식														곡우															
음 력	1	2	3	4	5	6	7	8	9	10	11	12	13	14	15	16	17	18	19	20	21	22	23	24	25	26	27	28	29	30
양력 월·일	4·6	7	8	9	10	11	12	13	14	15	16	17	18	19	20	21	22	23	24	25	26	27	28	29	30	5·1	2	3	4	5
일 진	丁酉	戊戌	己亥	庚子	辛丑	壬寅	癸卯	甲辰	乙巳	丙午	丁未	戊申	己酉	庚戌	辛亥	壬子	癸丑	甲寅	乙卯	丙辰	丁巳	戊午	己未	庚申	辛酉	壬戌	癸亥	甲子	乙丑	丙寅
															申正															

4 月(乙巳)

	1	2	3	4	5	6	7	8	9	10	11	12	13	14	15	16	17	18	19	20	21	22	23	24	25	26	27	28	29	
	입하															소만														
음 력	1	2	3	4	5	6	7	8	9	10	11	12	13	14	15	16	17	18	19	20	21	22	23	24	25	26	27	28	29	
양력 월·일	5·6	7	8	9	10	11	12	13	14	15	16	17	18	19	20	21	22	23	24	25	26	27	28	29	30	31	6·1	2	3	
일 진	丁卯	戊辰	己巳	庚午	辛未	壬申	癸酉	甲戌	乙亥	丙子	丁丑	戊寅	己卯	庚辰	辛巳	壬午	癸未	甲申	乙酉	丙戌	丁亥	戊子	己丑	庚寅	辛卯	壬辰	癸巳	甲午	乙未	
	丑正															申初														

5 月(丙午)

	1	2	3	4	5	6	7	8	9	10	11	12	13	14	15	16	17	18	19	20	21	22	23	24	25	26	27	28	29	30
			망종																하지											
음 력	1	2	3	4	5	6	7	8	9	10	11	12	13	14	15	16	17	18	19	20	21	22	23	24	25	26	27	28	29	30
양력 월·일	6·4	5	6	7	8	9	10	11	12	13	14	15	16	17	18	19	20	21	22	23	24	25	26	27	28	29	30	7·1	2	3
일 진	丙申	丁酉	戊戌	己亥	庚子	辛丑	壬寅	癸卯	甲辰	乙巳	丙午	丁未	戊申	己酉	庚戌	辛亥	壬子	癸丑	甲寅	乙卯	丙辰	丁巳	戊午	己未	庚申	辛酉	壬戌	癸亥	甲子	乙丑
			辰初																子正											

6 月(丁未)

	1	2	3	4	5	6	7	8	9	10	11	12	13	14	15	16	17	18	19	20	21	22	23	24	25	26	27	28	29	
				소서											초복					대서					중복					
음 력	1	2	3	4	5	6	7	8	9	10	11	12	13	14	15	16	17	18	19	20	21	22	23	24	25	26	27	28	29	
양력 월·일	7·4	5	6	7	8	9	10	11	12	13	14	15	16	17	18	19	20	21	22	23	24	25	26	27	28	29	30	31	8·1	
일 진	丙寅	丁卯	戊辰	己巳	庚午	辛未	壬申	癸酉	甲戌	乙亥	丙子	丁丑	戊寅	己卯	庚辰	辛巳	壬午	癸未	甲申	乙酉	丙戌	丁亥	戊子	己丑	庚寅	辛卯	壬辰	癸巳	甲午	
				酉初																午初										

7 月(戊申)

						말복	입추															처서								
음 력	1	2	3	4	5	6	7	8	9	10	11	12	13	14	15	16	17	18	19	20	21	22	23	24	25	26	27	28	29	30
양력 월·일	8·2	3	4	5	6	7	8	9	10	11	12	13	14	15	16	17	18	19	20	21	22	23	24	25	26	27	28	29	30	31
일 진	乙未	丙申	丁酉	戊戌	己亥	庚子	辛丑	壬寅	癸卯	甲辰	乙巳	丙午	丁未	戊申	己酉	庚戌	辛亥	壬子	癸丑	甲寅	乙卯	丙辰	丁巳	戊午	己未	庚申	辛酉	壬戌	癸亥	甲子
							寅初															酉正								

8 月(己酉)

								백로															추분							
음 력	1	2	3	4	5	6	7	8	9	10	11	12	13	14	15	16	17	18	19	20	21	22	23	24	25	26	27	28	29	
양력 월·일	9·1	2	3	4	5	6	7	8	9	10	11	12	13	14	15	16	17	18	19	20	21	22	23	24	25	26	27	28	29	
일 진	乙丑	丙寅	丁卯	戊辰	己巳	庚午	辛未	壬申	癸酉	甲戌	乙亥	丙子	丁丑	戊寅	己卯	庚辰	辛巳	壬午	癸未	甲申	乙酉	丙戌	丁亥	戊子	己丑	庚寅	辛卯	壬辰	癸巳	
								卯正															申初							

9 月(庚戌)

									한로																상강					
음 력	1	2	3	4	5	6	7	8	9	10	11	12	13	14	15	16	17	18	19	20	21	22	23	24	25	26	27	28	29	
양력 월·일	9·30	10·1	2	3	4	5	6	7	8	9	10	11	12	13	14	15	16	17	18	19	20	21	22	23	24	25	26	27	28	
일 진	甲午	乙未	丙申	丁酉	戊辰	己亥	庚子	辛丑	壬寅	癸卯	甲辰	乙巳	丙午	丁未	戊申	己酉	庚戌	辛亥	壬子	癸丑	甲寅	乙卯	丙辰	丁巳	戊午	己未	庚申	辛酉	壬戌	
									亥正																子正					

10 月(辛亥)

										입동															소설					
음 력	1	2	3	4	5	6	7	8	9	10	11	12	13	14	15	16	17	18	19	20	21	22	23	24	25	26	27	28	29	30
양력 월·일	10·29	30	31	11·1	2	3	4	5	6	7	8	9	10	11	12	13	14	15	16	17	18	19	20	21	22	23	24	25	26	27
일 진	癸亥	甲子	乙丑	丙寅	丁卯	戊辰	己巳	庚午	辛未	壬申	癸酉	甲戌	乙亥	丙子	丁丑	戊寅	己卯	庚辰	辛巳	壬午	癸未	甲申	乙酉	丙戌	丁亥	戊子	己丑	庚寅	辛卯	壬辰
										子初															亥初					

11 月(壬子)

										대설															동지					
음 력	1	2	3	4	5	6	7	8	9	10	11	12	13	14	15	16	17	18	19	20	21	22	23	24	25	26	27	28	29	
양력 월·일	11·28	29	30	12·1	2	3	4	5	6	7	8	9	10	11	12	13	14	15	16	17	18	19	20	21	22	23	24	25	26	
일 진	癸巳	甲午	乙未	丙申	丁酉	戊戌	己亥	庚子	辛丑	壬寅	癸卯	甲辰	乙巳	丙午	丁未	戊申	己酉	庚戌	辛亥	壬子	癸丑	甲寅	乙卯	丙辰	丁巳	戊午	己未	庚申	辛酉	
										申正															巳正					

12 月(癸丑)

											소한														대한					
음 력	1	2	3	4	5	6	7	8	9	10	11	12	13	14	15	16	17	18	19	20	21	22	23	24	25	26	27	28	29	30
양력 월·일	12·27	28	29	30	31	1·1	2	3	4	5	6	7	8	9	10	11	12	13	14	15	16	17	18	19	20	21	22	23	24	25
일 진	壬戌	癸亥	甲子	乙丑	丙寅	丁卯	戊辰	己巳	庚午	辛未	壬申	癸酉	甲戌	乙亥	丙子	丁丑	戊寅	己卯	庚辰	辛巳	壬午	癸未	甲申	乙酉	丙戌	丁亥	戊子	己丑	庚寅	辛卯
											寅初														戌正					

서기 1933 년/단기 4266　　癸 酉 年

正 月(甲寅)

음 력	1	2	3	4	5	6	7	8	9	10	11	12	13	14	15	16	17	18	19	20	21	22	23	24	25	26	27	28	29	
										입춘															우수					
양력 월·일	1·26	27	28	29	30	31	2·1	2	3	4	5	6	7	8	9	10	11	12	13	14	15	16	17	18	19	20	21	22	23	
일 진	壬辰	癸巳	甲午	乙未	丙申	丁酉	戊戌	己亥	庚子	辛丑	壬寅	癸卯	甲辰	乙巳	丙午	丁未	戊申	己酉	庚戌	辛亥	壬子	癸丑	甲寅	乙卯	丙辰	丁巳	戊午	己未	庚申	
										未正															巳正					

2 月(乙卯)

음 력	1	2	3	4	5	6	7	8	9	10	11	12	13	14	15	16	17	18	19	20	21	22	23	24	25	26	27	28	29	30
											경칩															춘분				
양력 월·일	2·24	25	26	27	28	3·1	2	3	4	5	6	7	8	9	10	11	12	13	14	15	16	17	18	19	20	21	22	23	24	25
일 진	辛酉	壬戌	癸亥	甲子	乙丑	丙寅	丁卯	戊辰	己巳	庚午	辛未	壬申	癸酉	甲戌	乙亥	丙子	丁丑	戊寅	己卯	庚辰	辛巳	壬午	癸未	甲申	乙酉	丙戌	丁亥	戊子	己丑	庚寅
											巳初															巳正				

3 月(丙寅)

음 력	1	2	3	4	5	6	7	8	9	10	11	12	13	14	15	16	17	18	19	20	21	22	23	24	25	26	27	28	29	30
											청명	한식														곡우				
양력 월·일	3·26	27	28	29	30	31	4·1	2	3	4	5	6	7	8	9	10	11	12	13	14	15	16	17	18	19	20	21	22	23	24
일 진	辛卯	壬辰	癸巳	甲午	乙未	丙申	丁酉	戊戌	己亥	庚子	辛丑	壬寅	癸卯	甲辰	乙巳	丙午	丁未	戊申	己酉	庚戌	辛亥	壬子	癸丑	甲寅	乙卯	丙辰	丁巳	戊午	己未	庚申
											未正															亥初				

4 月(丁巳)

음 력	1	2	3	4	5	6	7	8	9	10	11	12	13	14	15	16	17	18	19	20	21	22	23	24	25	26	27	28	29	
												입하															소만			
양력 월·일	4·25	26	27	28	29	30	5·1	2	3	4	5	6	7	8	9	10	11	12	13	14	15	15	17	18	19	20	21	22	23	
일 진	辛酉	壬戌	癸亥	甲子	乙丑	丙寅	丁卯	戊辰	己巳	庚午	辛未	壬申	癸酉	甲戌	乙亥	丙子	丁丑	戊寅	己卯	庚辰	辛巳	壬午	癸未	甲申	乙酉	丙戌	丁亥	戊子	己丑	
												辰正															亥初			

5 月(戊午)

음 력	1	2	3	4	5	6	7	8	9	10	11	12	13	14	15	16	17	18	19	20	21	22	23	24	25	26	27	28	29	30
														망종																하지
양력 월·일	5·24	25	26	27	28	29	30	31	6·1	2	3	4	5	6	7	8	9	10	11	12	13	14	15	16	17	18	19	20	21	22
일 진	庚寅	辛卯	壬辰	癸巳	甲午	乙未	丙申	丁酉	戊戌	己亥	庚子	辛丑	壬寅	癸卯	甲辰	乙巳	丙午	丁未	戊申	己酉	庚戌	辛亥	壬子	癸丑	甲寅	乙卯	丙辰	丁巳	戊午	己未
														未初																卯正

閏 五 月(戊午)

음 력	1	2	3	4	5	6	7	8	9	10	11	12	13	14	15	16	17	18	19	20	21	22	23	24	25	26	27	28	29	30
															소서						초복									
양력 월·일	6·23	24	25	26	27	28	29	30	7·1	2	3	4	5	6	7	8	9	10	11	12	13	14	15	16	17	18	19	20	21	22
일 진	庚申	辛酉	壬戌	癸亥	甲子	乙丑	丙寅	丁卯	戊辰	己巳	庚午	辛未	壬申	癸酉	甲戌	乙亥	丙子	丁丑	戊寅	己卯	庚辰	辛巳	壬午	癸未	甲申	乙酉	丙戌	丁亥	戊子	己丑
															子初															

6 月(己未)

	대서 중복																입추				말복									
음 력	1	2	3	4	5	6	7	8	9	10	11	12	13	14	15	16	17	18	19	20	21	22	23	24	25	26	27	28	29	
양력 월·일	7·23	24	25	26	27	28	29	30	31	8·1	2	3	4	5	6	7	8	9	10	11	12	13	14	15	16	17	18	19	20	
일 진	庚寅	辛卯	壬辰	癸巳	甲午	乙未	丙申	丁酉	戊戌	己亥	庚子	辛丑	壬寅	癸卯	甲辰	乙巳	丙午	丁未	戊申	己酉	庚戌	辛亥	壬子	癸丑	甲寅	乙卯	丙辰	丁巳	戊午	
	酉初																巳初													

7 月(庚申)

			처서																백로											
음 력	1	2	3	4	5	6	7	8	9	10	11	12	13	14	15	16	17	18	19	20	21	22	23	24	25	26	27	28	29	30
양력 월·일	8·21	22	23	24	25	26	27	28	29	30	31	9·1	2	3	4	5	6	7	8	9	10	11	12	13	14	15	16	17	18	19
일 진	己未	庚申	辛酉	壬戌	癸亥	甲子	乙丑	丙寅	丁卯	戊辰	己巳	庚午	辛未	壬申	癸酉	甲戌	乙亥	丙子	丁丑	戊寅	己卯	庚辰	辛巳	壬午	癸未	甲申	乙酉	丙戌	丁亥	戊子
			子正																午正											

8 月(辛酉)

				추분																한로										
음 력	1	2	3	4	5	6	7	8	9	10	11	12	13	14	15	16	17	18	19	20	21	22	23	24	25	26	27	28	29	
양력 월·일	9·20	21	22	23	24	25	26	27	28	29	30	10·1	2	3	4	5	6	7	8	9	10	11	12	13	14	15	16	17	18	
일 진	己丑	庚寅	辛卯	壬辰	癸巳	甲午	乙未	丙申	丁酉	戊戌	己亥	庚子	辛丑	壬寅	癸卯	甲辰	乙巳	丙午	丁未	戊申	己酉	庚戌	辛亥	壬子	癸丑	甲寅	乙卯	丙辰	丁巳	
				亥初																寅初										

9 月(壬戌)

						상강															입동									
음 력	1	2	3	4	5	6	7	8	9	10	11	12	13	14	15	16	17	18	19	20	21	22	23	24	25	26	27	28	29	30
양력 월·일	10·19	20	21	22	23	24	25	26	27	28	29	30	31	11·1	2	3	4	5	6	7	8	9	10	11	12	13	14	15	16	17
일 진	戊午	己未	庚申	辛酉	壬戌	癸亥	甲子	乙丑	丙寅	丁卯	戊辰	己巳	庚午	辛未	壬申	癸酉	甲戌	乙亥	丙子	丁丑	戊寅	己卯	庚辰	辛巳	壬午	癸未	甲申	乙酉	丙戌	丁亥
						卯正															卯正									

10 月(癸亥)

						소설														대설										
음 력	1	2	3	4	5	6	7	8	9	10	11	12	13	14	15	16	17	18	19	20	21	22	23	24	25	26	27	28	29	
양력 월·일	11·18	19	20	21	22	23	24	25	26	27	28	29	30	12·1	2	3	4	5	6	7	8	9	10	11	12	13	14	15	16	
일 진	戊子	己丑	庚寅	辛卯	壬辰	癸巳	甲午	乙未	丙申	丁酉	戊戌	己亥	庚子	辛丑	壬寅	癸卯	甲辰	乙巳	丙午	丁未	戊申	己酉	庚戌	辛亥	壬子	癸丑	甲寅	乙卯	丙辰	
						寅初														亥正										

11 月(甲子)

						동지															소한									
음 력	1	2	3	4	5	6	7	8	9	10	11	12	13	14	15	16	17	18	19	20	21	22	23	24	25	26	27	28	29	
양력 월·일	12·17	18	19	20	21	22	23	24	25	26	27	28	29	30	31	1·1	2	3	4	5	6	7	8	9	10	11	12	13	14	
일 진	丁巳	戊午	己未	庚申	辛酉	壬戌	癸亥	甲子	乙丑	丙寅	丁卯	戊辰	己巳	庚午	辛未	壬申	癸酉	甲戌	乙亥	丙子	丁丑	戊寅	己卯	庚辰	辛巳	壬午	癸未	甲申	乙酉	
						申正															巳初									

12 月(乙丑)

							대한														입춘									
음 력	1	2	3	4	5	6	7	8	9	10	11	12	13	14	15	16	17	18	19	20	21	22	23	24	25	26	27	28	29	30
양력 월·일	1·15	16	17	18	19	20	21	22	23	24	25	26	27	28	29	30	31	2·1	2	3	4	5	6	7	8	9	10	11	12	13
일 진	丙戌	丁亥	戊子	己丑	庚寅	辛卯	壬辰	癸巳	甲午	乙未	丙申	丁酉	戊戌	己亥	庚子	辛丑	壬寅	癸卯	甲辰	乙巳	丙午	丁未	戊申	己酉	庚戌	辛亥	壬子	癸丑	甲寅	乙卯
							丑正														戌正									

서기 1934 년/단기 4267 甲 戌 年

正 月(丙寅)

음 력	1	2	3	4	5	6	7	8	9	10	11	12	13	14	15	16	17	18	19	20	21	22	23	24	25	26	27	28	29	
						우수															경칩									
양력 월·일	2·14	15	16	17	18	19	20	21	22	23	24	25	26	27	28	3·1	2	3	4	5	6	7	8	9	10	11	12	13	14	
일 진	丙辰	丁巳	戊午	己未	庚申	辛酉	壬戌	癸亥	甲子	乙丑	丙寅	丁卯	戊辰	己巳	庚午	辛未	壬申	癸酉	甲戌	乙亥	丙子	丁丑	戊寅	己卯	庚辰	辛巳	壬午	癸未	甲申	
						申正															未初									

2 月(丁卯)

음 력	1	2	3	4	5	6	7	8	9	10	11	12	13	14	15	16	17	18	19	20	21	22	23	24	25	26	27	28	29	30
							춘분															청명	한식							
양력 월·일	3·15	16	17	18	19	20	21	22	23	24	25	26	27	28	29	30	31	4·1	2	3	4	5	6	7	8	9	10	11	12	13
일 진	乙酉	丙戌	丁亥	戊子	己丑	庚寅	辛卯	壬辰	癸巳	甲午	乙未	丙申	丁酉	戊戌	己亥	庚子	辛丑	壬寅	癸卯	甲辰	乙巳	丙午	丁未	戊申	己酉	庚戌	辛亥	壬子	癸丑	甲寅
							申正															戌正								

3 月(戊辰)

음 력	1	2	3	4	5	6	7	8	9	10	11	12	13	14	15	16	17	18	19	20	21	22	23	24	25	26	27	28	29	
								곡우															입하							
양력 월·일	4·14	15	16	17	18	19	20	21	22	23	24	25	26	27	28	29	30	5·1	2	3	4	5	6	7	8	9	10	11	12	
일 진	乙卯	丙辰	丁巳	戊午	己未	庚申	辛酉	壬戌	癸亥	甲子	乙丑	丙寅	丁卯	戊辰	己巳	庚午	辛未	壬申	癸酉	甲戌	乙亥	丙子	丁丑	戊寅	己卯	庚辰	辛巳	壬午	癸未	
								寅初															未正							

4 月(己巳)

음 력	1	2	3	4	5	6	7	8	9	10	11	12	13	14	15	16	17	18	19	20	21	22	23	24	25	26	27	28	29	30
										소만															망종					
양력 월·일	5·13	14	15	16	17	18	19	20	21	22	23	24	25	26	27	28	29	30	31	6·1	2	3	4	5	6	7	8	9	10	11
일 진	甲申	乙酉	丙戌	丁亥	戊子	己丑	庚寅	辛卯	壬辰	癸巳	甲午	乙未	丙申	丁酉	戊戌	己亥	庚子	辛丑	壬寅	癸卯	甲辰	乙巳	丙午	丁未	戊申	己酉	庚戌	辛亥	壬子	癸丑
										寅初															戌初					

5 月(庚午)

음 력	1	2	3	4	5	6	7	8	9	10	11	12	13	14	15	16	17	18	19	20	21	22	23	24	25	26	27	28	29	30
											하지																소서			
양력 월·일	6·12	13	14	15	16	17	18	19	20	21	22	23	24	25	26	27	28	29	30	7·1	2	3	4	5	6	7	8	9	10	11
일 진	甲寅	乙卯	丙辰	丁巳	戊午	己未	庚申	辛酉	壬戌	癸亥	甲子	乙丑	丙寅	丁卯	戊辰	己巳	庚午	辛未	壬申	癸酉	甲戌	乙亥	丙子	丁丑	戊寅	己卯	庚辰	辛巳	壬午	癸未
											午初																卯初			

6 月(辛未)

음 력	1	2	3	4	5	6	7	8	9	10	11	12	13	14	15	16	17	18	19	20	21	22	23	24	25	26	27	28	29	
												대서															중복	입추		
양력 월·일	7·12	13	14	15	16	17	18	19	20	21	22	23	24	25	26	27	28	29	30	31	8·1	2	3	4	5	6	7	8	9	
일 진	甲申	乙酉	丙戌	丁亥	戊子	己丑	庚寅	辛卯	壬辰	癸巳	甲午	乙未	丙申	丁酉	戊戌	己亥	庚子	辛丑	壬寅	癸卯	甲辰	乙巳	丙午	丁未	戊申	己酉	庚戌	辛亥	壬子	
												子初																申初		

7 月(壬申)

								말복							처서															백로
음 력	1	2	3	4	5	6	7	8	9	10	11	12	13	14	15	16	17	18	19	20	21	22	23	24	25	26	27	28	29	30
양력 월·일	8·10	11	12	13	14	15	16	17	18	19	20	21	22	23	24	25	26	27	28	29	30	31	9·1	2	3	4	5	6	7	8
일 진	癸丑	甲寅	乙卯	丙辰	丁巳	戊午	己未	庚申	辛酉	壬戌	癸亥	甲子	乙丑	丙寅	丁卯	戊辰	己巳	庚午	辛未	壬申	癸酉	甲戌	乙亥	丙子	丁丑	戊寅	己卯	庚辰	辛巳	壬午
															卯正															酉正

8 月(癸酉)

																추분														
음 력	1	2	3	4	5	6	7	8	9	10	11	12	13	14	15	16	17	18	19	20	21	22	23	24	25	26	27	28	29	30
양력 월·일	9·9	10	11	12	13	14	15	16	17	18	19	20	21	22	23	24	25	26	27	28	29	30	10·1	2	3	4	5	6	7	8
일 진	癸未	甲申	乙酉	丙戌	丁亥	戊子	己丑	庚寅	辛卯	壬辰	癸巳	甲午	乙未	丙申	丁酉	戊戌	己亥	庚子	辛丑	壬寅	癸卯	甲辰	乙巳	丙午	丁未	戊申	己酉	庚戌	辛亥	壬子
																寅初														

9 月(甲戌)

	한로																	상강												
음 력	1	2	3	4	5	6	7	8	9	10	11	12	13	14	15	16	17	18	19	20	21	22	23	24	25	26	27	28	29	
양력 월·일	10·9	10	11	12	13	14	15	16	17	18	19	20	21	22	23	24	25	26	27	28	29	30	31	11·1	2	3	4	5	6	
일 진	癸丑	甲寅	乙卯	丙辰	丁巳	戊午	己未	庚申	辛酉	壬戌	癸亥	甲子	乙丑	丙寅	丁卯	戊辰	己巳	庚午	辛未	壬申	癸酉	甲戌	乙亥	丙子	丁丑	戊寅	己卯	庚辰	辛巳	
	巳初																	午正												

10 月(乙亥)

		입동															소설													
음 력	1	2	3	4	5	6	7	8	9	10	11	12	13	14	15	16	17	18	19	20	21	22	23	24	25	26	27	28	29	30
양력 월·일	11·7	8	9	10	11	12	13	14	15	16	17	18	19	20	21	22	23	24	25	26	27	28	29	30	12·1	2	3	4	5	6
일 진	壬午	癸未	甲申	乙酉	丙戌	丁亥	戊子	己丑	庚寅	辛卯	壬辰	癸巳	甲午	乙未	丙申	丁酉	戊戌	己亥	庚子	辛丑	壬寅	癸卯	甲辰	乙巳	丙午	丁未	戊申	己酉	庚戌	辛亥
		午正															巳初													

11 月(丙子)

		대설														동지														
음 력	1	2	3	4	5	6	7	8	9	10	11	12	13	14	15	16	17	18	19	20	21	22	23	24	25	26	27	28	29	
양력 월·일	12·7	8	9	10	11	12	13	14	15	16	17	18	19	20	21	22	23	24	25	26	27	28	29	30	31	1·1	2	3	4	
일 진	壬子	癸丑	甲寅	乙卯	丙辰	丁巳	戊午	己未	庚申	辛酉	壬戌	癸亥	甲子	乙丑	丙寅	丁卯	戊辰	己巳	庚午	辛未	壬申	癸酉	甲戌	乙亥	丙子	丁丑	戊寅	己卯	庚辰	
		寅正														亥正														

12 月(丁丑)

		소한															대한													
음 력	1	2	3	4	5	6	7	8	9	10	11	12	13	14	15	16	17	18	19	20	21	22	23	24	25	26	27	28	29	30
양력 월·일	1·5	6	7	8	9	10	11	12	13	14	15	16	17	18	19	20	21	22	23	24	25	26	27	28	29	30	31	2·1	2	3
일 진	辛巳	壬午	癸未	甲申	乙酉	丙戌	丁亥	戊子	己丑	庚寅	辛卯	壬辰	癸巳	甲午	乙未	丙申	丁酉	戊戌	己亥	庚子	辛丑	壬寅	癸卯	甲辰	乙巳	丙午	丁未	戊申	己酉	庚戌
		申初															辰正													

서기 1935 년/단기 4268　　乙 亥 年

正 月(戊寅)

		입춘														우수														
음 력	1	2	3	4	5	6	7	8	9	10	11	12	13	14	15	16	17	18	19	20	21	22	23	24	25	26	27	28	29	
양력 월·일	2·4	5	6	7	8	9	10	11	12	13	14	15	16	17	18	19	20	21	22	23	24	25	26	27	28	3·1	2	3	4	
일 진	辛亥	壬子	癸丑	甲寅	乙卯	丙辰	丁巳	戊午	己未	庚申	辛酉	壬戌	癸亥	甲子	乙丑	丙寅	丁卯	戊辰	己巳	庚午	辛未	壬申	癸酉	甲戌	乙亥	丙子	丁丑	戊寅	己卯	
		丑正														亥正														

2 月(己卯)

		경칩															춘분													
음 력	1	2	3	4	5	6	7	8	9	10	11	12	13	14	15	16	17	18	19	20	21	22	23	24	25	26	27	28	29	
양력 월·일	3·5	6	7	8	9	10	11	12	13	14	15	16	17	18	19	20	21	22	23	24	25	26	27	28	29	30	31	4·1	2	
일 진	庚辰	辛巳	壬午	癸未	甲申	乙酉	丙戌	丁亥	戊子	己丑	庚寅	辛卯	壬辰	癸巳	甲午	乙未	丙申	丁酉	戊戌	己亥	庚子	辛丑	壬寅	癸卯	甲辰	乙巳	丙午	丁未	戊申	
		戌正															亥初													

3 月(庚辰)

				청명 한식															곡우											
음 력	1	2	3	4	5	6	7	8	9	10	11	12	13	14	15	16	17	18	19	20	21	22	23	24	25	26	27	28	29	30
양력 월·일	4·3	4	5	6	7	8	9	10	11	12	13	14	15	16	17	18	19	20	21	22	23	24	25	26	27	28	29	30	5·1	2
일 진	己酉	庚戌	辛亥	壬子	癸丑	甲寅	乙卯	丙辰	丁巳	戊午	己未	庚申	辛酉	壬戌	癸亥	甲子	乙丑	丙寅	丁卯	戊辰	己巳	庚午	辛未	壬申	癸酉	甲戌	乙亥	丙子	丁丑	戊寅
				丑正															巳初											

4 月(辛巳)

				입하																소만										
음 력	1	2	3	4	5	6	7	8	9	10	11	12	13	14	15	16	17	18	19	20	21	22	23	24	25	26	27	28	29	
양력 월·일	5·3	4	5	6	7	8	9	10	11	12	13	14	15	16	17	18	19	20	21	22	23	24	25	26	27	28	29	30	31	
일 진	己卯	庚辰	辛巳	壬午	癸未	甲申	乙酉	丙戌	丁亥	戊子	己丑	庚寅	辛卯	壬辰	癸巳	甲午	乙未	丙申	丁酉	戊戌	己亥	庚子	辛丑	壬寅	癸卯	甲辰	乙巳	丙午	丁未	
				戌正																巳初										

5 月(壬午)

							망종															하지								
음 력	1	2	3	4	5	6	7	8	9	10	11	12	13	14	15	16	17	18	19	20	21	22	23	24	25	26	27	28	29	30
양력 월·일	6·1	2	3	4	5	6	7	8	9	10	11	12	13	14	15	16	17	18	19	20	21	22	23	24	25	26	27	28	29	30
일 진	戊申	己酉	庚戌	辛亥	壬子	癸丑	甲寅	乙卯	丙辰	丁巳	戊午	己未	庚申	辛酉	壬戌	癸亥	甲子	乙丑	丙寅	丁卯	戊辰	己巳	庚午	辛未	壬申	癸酉	甲戌	乙亥	丙子	丁丑
							子正															酉初								

6 月(癸未)

								소서					초복										중복	대서						
음 력	1	2	3	4	5	6	7	8	9	10	11	12	13	14	15	16	17	18	19	20	21	22	23	24	25	26	27	28	29	
양력 월·일	7·1	2	3	4	5	6	7	8	9	10	11	12	13	14	15	16	17	18	19	20	21	22	23	24	25	26	27	28	29	
일 진	戊寅	己卯	庚辰	辛巳	壬午	癸未	甲申	乙酉	丙戌	丁亥	戊子	己丑	庚寅	辛卯	壬辰	癸巳	甲午	乙未	丙申	丁酉	戊戌	己亥	庚子	辛丑	壬寅	癸卯	甲辰	乙巳	丙午	
								午初																寅正						

7 月(甲申)

				말복						입추																처서				
음 력	1	2	3	4	5	6	7	8	9	10	11	12	13	14	15	16	17	18	19	20	21	22	23	24	25	26	27	28	29	30
양력 월·일	7·30	31	8·1	2	3	4	5	6	7	8	9	10	11	12	13	14	15	16	17	18	19	20	21	22	23	24	25	26	27	28
일 진	丁未	戊申	己酉	庚戌	辛亥	壬子	癸丑	甲寅	乙卯	丙辰	丁巳	戊午	己未	庚申	辛酉	壬戌	癸亥	甲子	乙丑	丙寅	丁卯	戊辰	己巳	庚午	辛未	壬申	癸酉	甲戌	乙亥	丙子
										亥初																午初				

8 月(乙酉)

											백로																추분			
음 력	1	2	3	4	5	6	7	8	9	10	11	12	13	14	15	16	17	18	19	20	21	22	23	24	25	26	27	28	29	30
양력 월·일	8·29	30	31	9·1	2	3	4	5	6	7	8	9	10	11	12	13	14	15	16	17	18	19	20	21	22	23	24	25	26	27
일 진	丁丑	戊寅	己卯	庚辰	辛巳	壬午	癸未	甲申	乙酉	丙戌	丁亥	戊子	己丑	庚寅	辛卯	壬辰	癸巳	甲午	乙未	丙申	丁酉	戊戌	己亥	庚子	辛丑	壬寅	癸卯	甲辰	乙巳	丙午
											子初																巳初			

9 月(丙戌)

												한로															상강			
음 력	1	2	3	4	5	6	7	8	9	10	11	12	13	14	15	16	17	18	19	20	21	22	23	24	25	26	27	28	29	
양력 월·일	9·28	29	30	10·1	2	3	4	5	6	7	8	9	10	11	12	13	14	15	16	17	18	19	20	21	22	23	24	25	26	
일 진	丁未	戊申	己酉	庚戌	辛亥	壬子	癸丑	甲寅	乙卯	丙辰	丁巳	戊午	己未	庚申	辛酉	壬戌	癸亥	甲子	乙丑	丙寅	丁卯	戊辰	己巳	庚午	辛未	壬申	癸酉	甲戌	乙亥	
												申初															酉正			

10 月(丁亥)

													입동															소설		
음 력	1	2	3	4	5	6	7	8	9	10	11	12	13	14	15	16	17	18	19	20	21	22	23	24	25	26	27	28	29	30
양력 월·일	10·27	28	29	30	31	11·1	2	3	4	5	6	7	8	9	10	11	12	13	14	15	16	17	18	19	20	21	22	23	24	25
일 진	丙子	丁丑	戊寅	己卯	庚辰	辛巳	壬午	癸未	甲申	乙酉	丙戌	丁亥	戊子	己丑	庚寅	辛卯	壬辰	癸巳	甲午	乙未	丙申	丁酉	戊戌	己亥	庚子	辛丑	壬寅	癸卯	甲辰	乙巳
													酉正															未正		

11 月(戊子)

													대설															동지		
음 력	1	2	3	4	5	6	7	8	9	10	11	12	13	14	15	16	17	18	19	20	21	22	23	24	25	26	27	28	29	30
양력 월·일	11·26	27	28	29	30	12·1	2	3	4	5	6	7	8	9	10	11	12	13	14	15	16	17	18	19	20	21	22	23	24	25
일 진	丙午	丁未	戊申	己酉	庚戌	辛亥	壬子	癸丑	甲寅	乙卯	丙辰	丁巳	戊午	己未	庚申	辛酉	壬戌	癸亥	甲子	乙丑	丙寅	丁卯	戊辰	己巳	庚午	辛未	壬申	癸酉	甲戌	乙亥
													巳正															寅正		

12 月(己丑)

												소한															대한			
음 력	1	2	3	4	5	6	7	8	9	10	11	12	13	14	15	16	17	18	19	20	21	22	23	24	25	26	27	28	29	
양력 월·일	12·26	27	28	29	30	31	1·1	2	3	4	5	6	7	8	9	10	11	12	13	14	15	16	17	18	19	20	21	22	23	
일 진	丙子	丁丑	戊寅	己卯	庚辰	辛巳	壬午	癸未	甲申	乙酉	丙戌	丁亥	戊子	己丑	庚寅	辛卯	壬辰	癸巳	甲午	乙未	丙申	丁酉	戊戌	己亥	庚子	辛丑	壬寅	癸卯	甲辰	
												亥初															未正			

서기 1936 년/단기 4269	丙 子 年

正 月(庚寅)

음 력	1	2	3	4	5	6	7	8	9	10	11	12	13	14	15	16	17	18	19	20	21	22	23	24	25	26	27	28	29	30
													입춘															우수		
양력 월·일	1·24	25	26	27	28	29	30	31	2·1	2	3	4	5	6	7	8	9	10	11	12	13	14	15	16	17	18	19	20	21	22
일 진	乙巳	丙午	丁未	戊申	己酉	庚戌	辛亥	壬子	癸丑	甲寅	乙卯	丙辰	丁巳	戊午	己未	庚申	辛酉	壬戌	癸亥	甲子	乙丑	丙寅	丁卯	戊辰	己巳	庚午	辛未	壬申	癸酉	甲戌
													辰正															寅正		

2 月(辛卯)

음 력	1	2	3	4	5	6	7	8	9	10	11	12	13	14	15	16	17	18	19	20	21	22	23	24	25	26	27	28	29	
													경칩															춘분		
양력 월·일	2·23	24	25	26	27	28	29	3·1	2	3	4	5	6	7	8	9	10	11	12	13	14	15	16	17	18	19	20	21	22	
일 진	乙亥	丙子	丁丑	戊寅	己卯	庚辰	辛巳	壬午	癸未	甲申	乙酉	丙戌	丁亥	戊子	己丑	庚寅	辛卯	壬辰	癸巳	甲午	乙未	丙申	丁酉	戊戌	己亥	庚子	辛丑	壬寅	癸卯	
													丑正															寅初		

3 月(壬辰)

음 력	1	2	3	4	5	6	7	8	9	10	11	12	13	14	15	16	17	18	19	20	21	22	23	24	25	26	27	28	29	
														청명	한식														곡우	
양력 월·일	3·23	24	25	26	27	28	29	30	31	4·1	2	3	4	5	6	7	8	9	10	11	12	13	14	15	16	17	18	19	20	
일 진	甲辰	乙巳	丙午	丁未	戊申	己酉	庚戌	辛亥	壬子	癸丑	甲寅	乙卯	丙辰	丁巳	戊午	己未	庚申	辛酉	壬戌	癸亥	甲子	乙丑	丙寅	丁卯	戊辰	己巳	庚午	辛未	壬申	
														辰初															申初	

閏 三 月(壬辰)

음 력	1	2	3	4	5	6	7	8	9	10	11	12	13	14	15	16	17	18	19	20	21	22	23	24	25	26	27	28	29	30
																입하														
양력 월·일	4·21	22	23	24	25	26	27	28	29	30	5·1	2	3	4	5	6	7	8	9	10	11	12	13	14	15	16	17	18	19	20
일 진	癸酉	甲戌	乙亥	丙子	丁丑	戊寅	己卯	庚辰	辛巳	壬午	癸未	甲申	乙酉	丙戌	丁亥	戊子	己丑	庚寅	辛卯	壬辰	癸巳	甲午	乙未	丙申	丁酉	戊戌	己亥	庚子	辛丑	壬寅
																丑初														

4 月(癸巳)

음 력	1	2	3	4	5	6	7	8	9	10	11	12	13	14	15	16	17	18	19	20	21	22	23	24	25	26	27	28	29	
	소만																망종													
양력 월·일	5·21	22	23	24	25	26	27	28	29	30	31	6·1	2	3	4	5	6	7	8	9	10	11	12	13	14	15	16	17	18	
일 진	癸卯	甲辰	乙巳	丙午	丁未	戊申	己酉	庚戌	辛亥	壬子	癸丑	甲寅	乙卯	丙辰	丁巳	戊午	己未	庚申	辛酉	壬戌	癸亥	甲子	乙丑	丙寅	丁卯	戊辰	己巳	庚午	辛未	
	申初																卯正													

5 月(甲午)

음 력	1	2	3	4	5	6	7	8	9	10	11	12	13	14	15	16	17	18	19	20	21	22	23	24	25	26	27	28	29	30
			하지																소서										초복	
양력 월·일	6·19	20	21	22	23	24	25	26	27	28	29	30	7·1	2	3	4	5	6	7	8	9	10	11	12	13	14	15	16	17	18
일 진	壬申	癸酉	甲戌	乙亥	丙子	丁丑	戊寅	己卯	庚辰	辛巳	壬午	癸未	甲申	乙酉	丙戌	丁亥	戊子	己丑	庚寅	辛卯	壬辰	癸巳	甲午	乙未	丙申	丁酉	戊戌	己亥	庚子	辛丑
			子初																申正											

6 月(乙未)

					대서																입추									
음 력	1	2	3	4	5	6	7	8	9	10	11	12	13	14	15	16	17	18	19	20	21	22	23	24	25	26	27	28	29	
양력 월·일	7·19	20	21	22	23	24	25	26	27	28	29	30	31	8·1	2	3	4	5	6	7	8	9	10	11	12	13	14	15	16	
일 진	壬寅	癸卯	甲辰	乙巳	丙午	丁未	戊申	己酉	庚戌	辛亥	壬子	癸丑	甲寅	乙卯	丙辰	丁巳	戊午	己未	庚申	辛酉	壬戌	癸亥	甲子	乙丑	丙寅	丁卯	戊辰	己巳	庚午	
					巳正																寅初									

7 月(丙申)

							처서																백로							
음 력	1	2	3	4	5	6	7	8	9	10	11	12	13	14	15	16	17	18	19	20	21	22	23	24	25	26	27	28	29	30
양력 월·일	8·17	18	19	20	21	22	23	24	25	26	27	28	29	30	31	9·1	2	3	4	5	6	7	8	9	10	11	12	13	14	15
일 진	辛未	壬申	癸酉	甲戌	乙亥	丙子	丁丑	戊寅	己卯	庚辰	辛巳	壬午	癸未	甲申	乙酉	丙戌	丁亥	戊子	己丑	庚寅	辛卯	壬辰	癸巳	甲午	乙未	丙申	丁酉	戊戌	己亥	庚子
							酉初																卯初							

8 月(丁酉)

								추분															한로							
음 력	1	2	3	4	5	6	7	8	9	10	11	12	13	14	15	16	17	18	19	20	21	22	23	24	25	26	27	28	29	
양력 월·일	9·16	17	18	19	20	21	22	23	24	25	26	27	28	29	30	10·1	2	3	4	5	6	7	8	9	10	11	12	13	14	
일 진	辛丑	壬寅	癸卯	甲辰	乙巳	丙午	丁未	戊申	己酉	庚戌	辛亥	壬子	癸丑	甲寅	乙卯	丙辰	丁巳	戊午	己未	庚申	辛酉	壬戌	癸亥	甲子	乙丑	丙寅	丁卯	戊辰	己巳	
								申初															亥初							

9 月(戊戌)

									상강															입동						
음 력	1	2	3	4	5	6	7	8	9	10	11	12	13	14	15	16	17	18	19	20	21	22	23	24	25	26	27	28	29	30
양력 월·일	10·15	16	17	18	19	20	21	22	23	24	25	26	27	28	29	30	31	11·1	2	3	4	5	6	7	8	9	10	11	12	13
일 진	庚午	辛未	壬申	癸酉	甲戌	乙亥	丙子	丁丑	戊寅	己卯	庚辰	辛巳	壬午	癸未	甲申	乙酉	丙戌	丁亥	戊子	己丑	庚寅	辛卯	壬辰	癸巳	甲午	乙未	丙申	丁酉	戊戌	己亥
									子正															子初						

10 月(己亥)

									소설															대설						
음 력	1	2	3	4	5	6	7	8	9	10	11	12	13	14	15	16	17	18	19	20	21	22	23	24	25	26	27	28	29	30
양력 월·일	11·14	15	16	17	18	19	20	21	22	23	24	25	26	27	28	29	30	12·1	2	3	4	5	6	7	8	9	10	11	12	13
일 진	庚子	辛丑	壬寅	癸卯	甲辰	乙巳	丙午	丁未	戊申	己酉	庚戌	辛亥	壬子	癸丑	甲寅	乙卯	丙辰	丁巳	戊午	己未	庚申	辛酉	壬戌	癸亥	甲子	乙丑	丙寅	丁卯	戊辰	己巳
									亥初															申正						

11 月(庚子)

									동지															소한						
음 력	1	2	3	4	5	6	7	8	9	10	11	12	13	14	15	16	17	18	19	20	21	22	23	24	25	26	27	28	29	30
양력 월·일	12·14	15	16	17	18	19	20	21	22	23	24	25	26	27	28	29	30	31	1·1	2	3	4	5	6	7	8	9	10	11	12
일 진	庚午	辛未	壬申	癸酉	甲戌	乙亥	丙子	丁丑	戊寅	己卯	庚辰	辛巳	壬午	癸未	甲申	乙酉	丙戌	丁亥	戊子	己丑	庚寅	辛卯	壬辰	癸巳	甲午	乙未	丙申	丁酉	戊戌	己亥
									巳初															丑正						

12 月(辛丑)

								대한															입춘							
음 력	1	2	3	4	5	6	7	8	9	10	11	12	13	14	15	16	17	18	19	20	21	22	23	24	25	26	27	28	29	
양력 월·일	1·13	14	15	16	17	18	19	20	21	22	23	24	25	26	27	28	29	30	31	2·1	2	3	4	5	6	7	8	9	10	
일 진	庚子	辛丑	壬寅	癸卯	甲辰	乙巳	丙午	丁未	戊申	己酉	庚戌	辛亥	壬子	癸丑	甲寅	乙卯	丙辰	丁巳	戊午	己未	庚申	辛酉	壬戌	癸亥	甲子	乙丑	丙寅	丁卯	戊辰	
								亥初															未正							

서기 1937 년/단기 4270　　丁 丑 年

正 月(壬寅)

									우수															경칩						
음 력	1	2	3	4	5	6	7	8	9	10	11	12	13	14	15	16	17	18	19	20	21	22	23	24	25	26	27	28	29	30
양력 월·일	2·11	12	13	14	15	16	17	18	19	20	21	22	23	24	25	26	27	28	3·1	2	3	4	5	6	7	8	9	10	11	12
일 진	己巳	庚午	辛未	壬申	癸酉	甲戌	乙亥	丙子	丁丑	戊寅	己卯	庚辰	辛巳	壬午	癸未	甲申	乙酉	丙戌	丁亥	戊子	己丑	庚寅	辛卯	壬辰	癸巳	甲午	乙未	丙申	丁酉	戊戌
									巳正															辰正						

2 月(癸卯)

									춘분															청명	한식					
음 력	1	2	3	4	5	6	7	8	9	10	11	12	13	14	15	16	17	18	19	20	21	22	23	24	25	26	27	28	29	
양력 월·일	3·13	14	15	16	17	18	19	20	21	22	23	24	25	26	27	28	29	30	31	4·1	2	3	4	5	6	7	8	9	10	
일 진	己亥	庚子	辛丑	壬寅	癸卯	甲辰	乙巳	丙午	丁未	戊申	己酉	庚戌	辛亥	壬子	癸丑	甲寅	乙卯	丙辰	丁巳	戊午	己未	庚申	辛酉	壬戌	癸亥	甲子	乙丑	丙寅	丁卯	
									巳初															未初						

3 月(甲辰)

										곡우																입하				
음 력	1	2	3	4	5	6	7	8	9	10	11	12	13	14	15	16	17	18	19	20	21	22	23	24	25	26	27	28	29	
양력 월·일	4·11	12	13	14	15	16	17	18	19	20	21	22	23	24	25	26	27	28	29	30	5·1	2	3	4	5	6	7	8	9	
일 진	戊辰	己巳	庚午	辛未	壬申	癸酉	甲戌	乙亥	丙子	丁丑	戊寅	己卯	庚辰	辛巳	壬午	癸未	甲申	乙酉	丙戌	丁亥	戊子	己丑	庚寅	辛卯	壬辰	癸巳	甲午	乙未	丙申	
										亥初																辰初				

4 月(乙巳)

												소만																망종		
음 력	1	2	3	4	5	6	7	8	9	10	11	12	13	14	15	16	17	18	19	20	21	22	23	24	25	26	27	28	29	30
양력 월·일	5·10	11	12	13	14	15	16	17	18	19	20	21	22	23	24	25	26	27	28	29	30	31	6·1	2	3	4	5	6	7	8
일 진	丁酉	戊戌	己亥	庚子	辛丑	壬寅	癸卯	甲辰	乙巳	丙午	丁未	戊申	己酉	庚戌	辛亥	壬子	癸丑	甲寅	乙卯	丙辰	丁巳	戊午	己未	庚申	辛酉	壬戌	癸亥	甲子	乙丑	丙寅
												戌正																午正		

5 月(丙午)

														하지															소서	
음 력	1	2	3	4	5	6	7	8	9	10	11	12	13	14	15	16	17	18	19	20	21	22	23	24	25	26	27	28	29	
양력 월·일	6·9	10	11	12	13	14	15	16	17	18	19	20	21	22	23	24	25	26	27	28	29	30	7·1	2	3	4	5	6	7	
일 진	丁卯	戊辰	己巳	庚午	辛未	壬申	癸酉	甲戌	乙亥	丙子	丁丑	戊寅	己卯	庚辰	辛巳	壬午	癸未	甲申	乙酉	丙戌	丁亥	戊子	己丑	庚寅	辛卯	壬辰	癸巳	甲午	乙未	
														卯初															亥正	

6 月(丁未)

					초복										중복	대서														
음 력	1	2	3	4	5	6	7	8	9	10	11	12	13	14	15	16	17	18	19	20	21	22	23	24	25	26	27	28	29	
양력 월·일	7·8	9	10	11	12	13	14	15	16	17	18	19	20	21	22	23	24	25	26	27	28	29	30	31	8·1	2	3	4	5	
일 진	丙申	丁酉	戊戌	己亥	庚子	辛丑	壬寅	癸卯	甲辰	乙巳	丙午	丁未	戊申	己酉	庚戌	辛亥	壬子	癸丑	甲寅	乙卯	丙辰	丁巳	戊午	己未	庚申	辛酉	壬戌	癸亥	甲子	
																申正														

7 月(戊申)

음력	1	2	3	4	5	6	7	8	9	10	11	12	13	14	15	16	17	18	19	20	21	22	23	24	25	26	27	28	29	30
			입추			말복												처서												
양력 월·일	8·6	7	8	9	10	11	12	13	14	15	16	17	18	19	20	21	22	23	24	25	26	27	28	29	30	31	9·1	2	3	4
일진	乙丑	丙寅	丁卯	戊辰	己巳	庚午	辛未	壬申	癸酉	甲戌	乙亥	丙子	丁丑	戊寅	己卯	庚辰	辛巳	壬午	癸未	甲申	乙酉	丙戌	丁亥	戊子	己丑	庚寅	辛卯	壬辰	癸巳	甲午
			亥正															子初												

8 月(己酉)

음력	1	2	3	4	5	6	7	8	9	10	11	12	13	14	15	16	17	18	19	20	21	22	23	24	25	26	27	28	29	
				백로															추분											
양력 월·일	9·5	6	7	8	9	10	11	12	13	14	15	16	17	18	19	20	21	22	23	24	25	26	27	28	29	30	10·1	2	3	
일진	乙未	丙申	丁酉	戊戌	己亥	庚子	辛丑	壬寅	癸卯	甲辰	乙巳	丙午	丁未	戊申	己酉	庚戌	辛亥	壬子	癸丑	甲寅	乙卯	丙辰	丁巳	戊午	己未	庚申	辛酉	壬戌	癸亥	
				午初															亥初											

9 月(庚戌)

음력	1	2	3	4	5	6	7	8	9	10	11	12	13	14	15	16	17	18	19	20	21	22	23	24	25	26	27	28	29	30
						한로															상강									
양력 월·일	10·4	5	6	7	8	9	10	11	12	13	14	15	16	17	18	19	20	21	22	23	24	25	26	27	28	29	30	31	11·1	2
일진	甲子	乙丑	丙寅	丁卯	戊辰	己巳	庚午	辛未	壬申	癸酉	甲戌	乙亥	丙子	丁丑	戊寅	己卯	庚辰	辛巳	壬午	癸未	甲申	乙酉	丙戌	丁亥	戊子	己丑	庚寅	辛卯	壬辰	癸巳
						寅初															卯正									

10 月(辛亥)

음력	1	2	3	4	5	6	7	8	9	10	11	12	13	14	15	16	17	18	19	20	21	22	23	24	25	26	27	28	29	30
						입동															소설									
양력 월·일	11·3	4	5	6	7	8	9	10	11	12	13	14	15	16	17	18	19	20	21	22	23	24	25	26	27	28	29	30	12·1	2
일진	甲午	乙未	丙申	丁酉	戊戌	己亥	庚子	辛丑	壬寅	癸卯	甲辰	乙巳	丙午	丁未	戊申	己酉	庚戌	辛亥	壬子	癸丑	甲寅	乙卯	丙辰	丁巳	戊午	己未	庚申	辛酉	壬戌	癸亥
						卯初															寅初									

11 月(壬子)

음력	1	2	3	4	5	6	7	8	9	10	11	12	13	14	15	16	17	18	19	20	21	22	23	24	25	26	27	28	29	30
					대설															동지										
양력 월·일	12·3	4	5	6	7	8	9	10	11	12	13	14	15	16	17	18	19	20	21	22	23	24	25	26	27	28	29	30	31	1·1
일진	甲子	乙丑	丙寅	丁卯	戊辰	己巳	庚午	辛未	壬申	癸酉	甲戌	乙亥	丙子	丁丑	戊寅	己卯	庚辰	辛巳	壬午	癸未	甲申	乙酉	丙戌	丁亥	戊子	己丑	庚寅	辛卯	壬辰	癸巳
					亥正															申初										

12 月(癸丑)

음력	1	2	3	4	5	6	7	8	9	10	11	12	13	14	15	16	17	18	19	20	21	22	23	24	25	26	27	28	29	
					소한															대한										
양력 월·일	1·2	3	4	5	6	7	8	9	10	11	12	13	14	15	16	17	18	19	20	21	22	23	24	25	26	27	28	29	30	
일진	甲午	乙未	丙申	丁酉	戊戌	己亥	庚子	辛丑	壬寅	癸卯	甲辰	乙巳	丙午	丁未	戊申	己酉	庚戌	辛亥	壬子	癸丑	甲寅	乙卯	丙辰	丁巳	戊午	己未	庚申	辛酉	壬戌	
					辰初															丑初										

서기 1938 년/단기 4271 戊 寅 年

正 月(甲寅)

					입춘															우수										
음 력	1	2	3	4	5	6	7	8	9	10	11	12	13	14	15	16	17	18	19	20	21	22	23	24	25	26	27	28	29	30
양력 월·일	1·31	2·1	2	3	4	5	6	7	8	9	10	11	12	13	14	15	16	17	18	19	20	21	22	23	24	25	26	27	28	3·1
일 진	癸亥	甲子	乙丑	丙寅	丁卯	戊辰	己巳	庚午	辛未	壬申	癸酉	甲戌	乙亥	丙子	丁丑	戊寅	己卯	庚辰	辛巳	壬午	癸未	甲申	乙酉	丙戌	丁亥	戊子	己丑	庚寅	辛卯	壬辰
					戌正															申正										

2 月(乙卯)

					경칩															춘분										
음 력	1	2	3	4	5	6	7	8	9	10	11	12	13	14	15	16	17	18	19	20	21	22	23	24	25	26	27	28	29	30
양력 월·일	3·2	3	4	5	6	7	8	9	10	11	12	13	14	15	16	17	18	19	20	21	22	23	24	25	26	27	28	29	30	31
일 진	癸巳	甲午	乙未	丙申	丁酉	戊戌	己亥	庚子	辛丑	壬寅	癸卯	甲辰	乙巳	丙午	丁未	戊申	己酉	庚戌	辛亥	壬子	癸丑	甲寅	乙卯	丙辰	丁巳	戊午	己未	庚申	辛酉	壬戌
					未正															申初										

3 月(丙辰)

					청명	한식															곡우									
음 력	1	2	3	4	5	6	7	8	9	10	11	12	13	14	15	16	17	18	19	20	21	22	23	24	25	26	27	28	29	
양력 월·일	4·1	2	3	4	5	6	7	8	9	10	11	12	13	14	15	16	17	18	19	20	21	22	23	24	25	26	27	28	29	
일 진	癸亥	甲子	乙丑	丙寅	丁卯	戊辰	己巳	庚午	辛未	壬申	癸酉	甲戌	乙亥	丙子	丁丑	戊寅	己卯	庚辰	辛巳	壬午	癸未	甲申	乙酉	丙戌	丁亥	戊子	己丑	庚寅	辛卯	
					戌初																寅初									

4 月(丁巳)

							입하																소만							
음 력	1	2	3	4	5	6	7	8	9	10	11	12	13	14	15	16	17	18	19	20	21	22	23	24	25	26	27	28	29	
양력 월·일	4·30	5·1	2	3	4	5	6	7	8	9	10	11	12	13	14	15	16	17	18	19	20	21	22	23	24	25	26	27	28	
일 진	壬辰	癸巳	甲午	乙未	丙申	丁酉	戊戌	己亥	庚子	辛丑	壬寅	癸卯	甲辰	乙巳	丙午	丁未	戊申	己酉	庚戌	辛亥	壬子	癸丑	甲寅	乙卯	丙辰	丁巳	戊午	己未	庚申	
							未初																丑正							

5 月(戊午)

									망종																하지					
음 력	1	2	3	4	5	6	7	8	9	10	11	12	13	14	15	16	17	18	19	20	21	22	23	24	25	26	27	28	29	30
양력 월·일	5·29	30	31	6·1	2	3	4	5	6	7	8	9	10	11	12	13	14	15	16	17	18	19	20	21	22	23	24	25	26	27
일 진	辛酉	壬戌	癸亥	甲子	乙丑	丙寅	丁卯	戊辰	己巳	庚午	辛未	壬申	癸酉	甲戌	乙亥	丙子	丁丑	戊寅	己卯	庚辰	辛巳	壬午	癸未	甲申	乙酉	丙戌	丁亥	戊子	己丑	庚寅
									酉正																午初					

6 月(己未)

											소서									초복						대서				
음 력	1	2	3	4	5	6	7	8	9	10	11	12	13	14	15	16	17	18	19	20	21	22	23	24	25	26	27	28	29	
양력 월·일	6·28	29	30	7·1	2	3	4	5	6	7	8	9	10	11	12	13	14	15	16	17	18	19	20	21	22	23	24	25	26	
일 진	辛卯	壬辰	癸巳	甲午	乙未	丙申	丁酉	戊戌	己亥	庚子	辛丑	壬寅	癸卯	甲辰	乙巳	丙午	丁未	戊申	己酉	庚戌	辛亥	壬子	癸丑	甲寅	乙卯	丙辰	丁巳	戊午	己未	
											寅正															亥正				

7 月(庚申)

	중복												입추								말복								처서	
음 력	1	2	3	4	5	6	7	8	9	10	11	12	13	14	15	16	17	18	19	20	21	22	23	24	25	26	27	28	29	
양력 월·일	7·27	28	29	30	31	8·1	2	3	4	5	6	7	8	9	10	11	12	13	14	15	16	17	18	19	20	21	22	23	24	
일 진	庚申	辛酉	壬戌	癸亥	甲子	乙丑	丙寅	丁卯	戊辰	己巳	庚午	辛未	壬申	癸酉	甲戌	乙亥	丙子	丁丑	戊寅	己卯	庚辰	辛巳	壬午	癸未	甲申	乙酉	丙戌	丁亥	戊子	
													未正																卯初	

閏 七 月(庚申)

															백로															
음 력	1	2	3	4	5	6	7	8	9	10	11	12	13	14	15	16	17	18	19	20	21	22	23	24	25	26	27	28	29	30
양력 월·일	8·25	26	27	28	29	30	31	9·1	2	3	4	5	6	7	8	9	10	11	12	13	14	15	16	17	18	19	20	21	22	23
일 진	己丑	庚寅	辛卯	壬辰	癸巳	甲午	乙未	丙申	丁酉	戊戌	己亥	庚子	辛丑	壬寅	癸卯	甲辰	乙巳	丙午	丁未	戊申	己酉	庚戌	辛亥	壬子	癸丑	甲寅	乙卯	丙辰	丁巳	戊午
															酉初															

8 月(辛酉)

	추분															한로														
음 력	1	2	3	4	5	6	7	8	9	10	11	12	13	14	15	16	17	18	19	20	21	22	23	24	25	26	27	28	29	
양력 월·일	9·24	25	26	27	28	29	30	10·1	2	3	4	5	6	7	8	9	10	11	12	13	14	15	16	17	18	19	20	21	22	
일 진	己未	庚申	辛酉	壬戌	癸亥	甲子	乙丑	丙寅	丁卯	戊辰	己巳	庚午	辛未	壬申	癸酉	甲戌	乙亥	丙子	丁丑	戊寅	己卯	庚辰	辛巳	壬午	癸未	甲申	乙酉	丙戌	丁亥	
	丑正															辰正														

9 月(壬戌)

		상강															입동													
음 력	1	2	3	4	5	6	7	8	9	10	11	12	13	14	15	16	17	18	19	20	21	22	23	24	25	26	27	28	29	30
양력 월·일	10·23	24	25	26	27	28	29	30	31	11·1	2	3	4	5	6	7	8	9	10	11	12	13	14	15	16	17	18	19	20	21
일 진	戊子	己丑	庚寅	辛卯	壬辰	癸巳	甲午	乙未	丙申	丁酉	戊戌	己亥	庚子	辛丑	壬寅	癸卯	甲辰	乙巳	丙午	丁未	戊申	己酉	庚戌	辛亥	壬子	癸丑	甲寅	乙卯	丙辰	丁巳
		午初															午初													

10 月(癸亥)

		소설															대설													
음 력	1	2	3	4	5	6	7	8	9	10	11	12	13	14	15	16	17	18	19	20	21	22	23	24	25	26	27	28	29	30
양력 월·일	11·22	23	24	25	26	27	28	29	30	12·1	2	3	4	5	6	7	8	9	10	11	12	13	14	15	16	17	18	19	20	21
일 진	戊午	己未	庚申	辛酉	壬戌	癸亥	甲子	乙丑	丙寅	丁卯	戊辰	己巳	庚午	辛未	壬申	癸酉	甲戌	乙亥	丙子	丁丑	戊寅	己卯	庚辰	辛巳	壬午	癸未	甲申	乙酉	丙戌	丁亥
		辰正															寅初													

11 月(甲子)

	동지															소한														
음 력	1	2	3	4	5	6	7	8	9	10	11	12	13	14	15	16	17	18	19	20	21	22	23	24	25	26	27	28	29	
양력 월·일	12·22	23	24	25	26	27	28	29	30	31	1·1	2	3	4	5	6	7	8	9	10	11	12	13	14	15	16	17	18	19	
일 진	戊子	己丑	庚寅	辛卯	壬辰	癸巳	甲午	乙未	丙申	丁酉	戊戌	己亥	庚子	辛丑	壬寅	癸卯	甲辰	乙巳	丙午	丁未	戊申	己酉	庚戌	辛亥	壬子	癸丑	甲寅	乙卯	丙辰	
	亥初															未正														

12 月(乙丑)

		대한															입춘													
음 력	1	2	3	4	5	6	7	8	9	10	11	12	13	14	15	16	17	18	19	20	21	22	23	24	25	26	27	28	29	30
양력 월·일	1·20	21	22	23	24	25	26	27	28	29	30	31	2·1	2	3	4	5	6	7	8	9	10	11	12	13	14	15	16	17	18
일 진	丁巳	戊午	己未	庚申	辛酉	壬戌	癸亥	甲子	乙丑	丙寅	丁卯	戊辰	己巳	庚午	辛未	壬申	癸酉	甲戌	乙亥	丙子	丁丑	戊寅	己卯	庚辰	辛巳	壬午	癸未	甲申	乙酉	丙戌
		辰初															丑初													

서기 1939 년/단기 4272　　己 卯 年

正 月(丙寅)

	우수															경칩														
음 력	1	2	3	4	5	6	7	8	9	10	11	12	13	14	15	16	17	18	19	20	21	22	23	24	25	26	27	28	29	30
양력 월·일	2·19	20	21	22	23	24	25	26	27	28	3·1	2	3	4	5	6	7	8	9	10	11	12	13	14	15	16	17	18	19	20
일 진	丁亥	戊子	己丑	庚寅	辛卯	壬辰	癸巳	甲午	乙未	丙申	丁酉	戊戌	己亥	庚子	辛丑	壬寅	癸卯	甲辰	乙巳	丙午	丁未	戊申	己酉	庚戌	辛亥	壬子	癸丑	甲寅	乙卯	丙辰
	亥初															戌正														

2 月(丁卯)

	춘분																청명 한식													
음 력	1	2	3	4	5	6	7	8	9	10	11	12	13	14	15	16	17	18	19	20	21	22	23	24	25	26	27	28	29	30
양력 월·일	3·21	22	23	24	25	26	27	28	29	30	31	4·1	2	3	4	5	6	7	8	9	10	11	12	13	14	15	16	17	18	19
일 진	丁巳	戊午	己未	庚申	辛酉	壬戌	癸亥	甲子	乙丑	丙寅	丁卯	戊辰	己巳	庚午	辛未	壬申	癸酉	甲戌	乙亥	丙子	丁丑	戊寅	己卯	庚辰	辛巳	壬午	癸未	甲申	乙酉	丙戌
	亥初																丑初													

3 月(戊辰)

		곡우															입하													
음 력	1	2	3	4	5	6	7	8	9	10	11	12	13	14	15	16	17	18	19	20	21	22	23	24	25	26	27	28	29	
양력 월·일	4·20	21	22	23	24	25	26	27	28	29	30	5·1	2	3	4	5	6	7	8	9	10	11	12	13	14	15	16	17	18	
일 진	丁亥	戊子	己丑	庚寅	辛卯	壬辰	癸巳	甲午	乙未	丙申	丁酉	戊戌	己亥	庚子	辛丑	壬寅	癸卯	甲辰	乙巳	丙午	丁未	戊申	己酉	庚戌	辛亥	壬子	癸丑	甲寅	乙卯	
		辰正															戌初													

4 月(己巳)

				소만															망종											
음 력	1	2	3	4	5	6	7	8	9	10	11	12	13	14	15	16	17	18	19	20	21	22	23	24	25	26	27	28	29	
양력 월·일	5·19	20	21	22	23	24	25	26	27	28	29	30	31	6·1	2	3	4	5	6	7	8	9	10	11	12	13	14	15	16	
일 진	丙辰	丁巳	戊午	己未	庚申	辛酉	壬戌	癸亥	甲子	乙丑	丙寅	丁卯	戊辰	己巳	庚午	辛未	壬申	癸酉	甲戌	乙亥	丙子	丁丑	戊寅	己卯	庚辰	辛巳	壬午	癸未	甲申	
				辰正															子初											

5 月(庚午)

						하지																소서				초복				
음 력	1	2	3	4	5	6	7	8	9	10	11	12	13	14	15	16	17	18	19	20	21	22	23	24	25	26	27	28	29	30
양력 월·일	6·17	18	19	20	21	22	23	24	25	26	27	28	29	30	7·1	2	3	4	5	6	7	8	9	10	11	12	13	14	15	16
일 진	乙酉	丙戌	丁亥	戊子	己丑	庚寅	辛卯	壬辰	癸巳	甲午	乙未	丙申	丁酉	戊戌	己亥	庚子	辛丑	壬寅	癸卯	甲辰	乙巳	丙午	丁未	戊申	己酉	庚戌	辛亥	壬子	癸丑	甲寅
						申正																巳正								

6 月(辛未)

						중복		대서															입추			말복				
음 력	1	2	3	4	5	6	7	8	9	10	11	12	13	14	15	16	17	18	19	20	21	22	23	24	25	26	27	28	29	
양력 월·일	7·17	18	19	20	21	22	23	24	25	26	27	28	29	30	31	8·1	2	3	4	5	6	7	8	9	10	11	12	13	14	
일 진	乙卯	丙辰	丁巳	戊午	己未	庚申	辛酉	壬戌	癸亥	甲子	乙丑	丙寅	丁卯	戊辰	己巳	庚午	辛未	壬申	癸酉	甲戌	乙亥	丙子	丁丑	戊寅	己卯	庚辰	辛巳	壬午	癸未	
								寅正															戌正							

7 月(壬申)

음 력	1	2	3	4	5	6	7	8	9	10	11	12	13	14	15	16	17	18	19	20	21	22	23	24	25	26	27	28	29	
										처서															백로					
양력 월·일	8·15	16	17	18	19	20	21	22	23	24	25	26	27	28	29	30	31	9·1	2	3	4	5	6	7	8	9	10	11	12	
일 진	甲申	乙酉	丙戌	丁亥	戊子	己丑	庚寅	辛卯	壬辰	癸巳	甲午	乙未	丙申	丁酉	戊戌	己亥	庚子	辛丑	壬寅	癸卯	甲辰	乙巳	丙午	丁未	戊申	己酉	庚戌	辛亥	壬子	
										午初															子初					

8 月(癸酉)

음 력	1	2	3	4	5	6	7	8	9	10	11	12	13	14	15	16	17	18	19	20	21	22	23	24	25	26	27	28	29	30
												추분															한로			
양력 월·일	9·13	14	15	16	17	18	19	20	21	22	23	24	25	26	27	28	29	30	10·1	2	3	4	5	6	7	8	9	10	11	12
일 진	癸丑	甲寅	乙卯	丙辰	丁巳	戊午	己未	庚申	辛酉	壬戌	癸亥	甲子	乙丑	丙寅	丁卯	戊辰	己巳	庚午	辛未	壬申	癸酉	甲戌	乙亥	丙子	丁丑	戊寅	己卯	庚辰	辛巳	壬午
												辰正															未正			

9 月(甲戌)

음 력	1	2	3	4	5	6	7	8	9	10	11	12	13	14	15	16	17	18	19	20	21	22	23	24	25	26	27	28	29	
												상강															입동			
양력 월·일	10·13	14	15	16	17	18	19	20	21	22	23	24	25	26	27	28	29	30	31	11·1	2	3	4	5	6	7	8	9	10	
일 진	癸未	甲申	乙酉	丙戌	丁亥	戊子	己丑	庚寅	辛卯	壬辰	癸巳	甲午	乙未	丙申	丁酉	戊戌	己亥	庚子	辛丑	壬寅	癸卯	甲辰	乙巳	丙午	丁未	戊申	己酉	庚戌	辛亥	
												酉初															酉初			

10 月(乙亥)

음 력	1	2	3	4	5	6	7	8	9	10	11	12	13	14	15	16	17	18	19	20	21	22	23	24	25	26	27	28	29	30
													소설															대설		
양력 월·일	11·11	12	13	14	15	16	17	18	19	20	21	22	23	24	25	26	27	28	29	30	12·1	2	3	4	5	6	7	8	9	10
일 진	壬子	癸丑	甲寅	乙卯	丙辰	丁巳	戊午	己未	庚申	辛酉	壬戌	癸亥	甲子	乙丑	丙寅	丁卯	戊辰	己巳	庚午	辛未	壬申	癸酉	甲戌	乙亥	丙子	丁丑	戊寅	己卯	庚辰	辛巳
													未正															巳初		

11 月(丙子)

음 력	1	2	3	4	5	6	7	8	9	10	11	12	13	14	15	16	17	18	19	20	21	22	23	24	25	26	27	28	29	
													동지														소한			
양력 월·일	12·11	12	13	14	15	16	17	18	19	20	21	22	23	24	25	26	27	28	29	30	31	1·1	2	3	4	5	6	7	8	
일 진	壬午	癸未	甲申	乙酉	丙戌	丁亥	戊子	己丑	庚寅	辛卯	壬辰	癸巳	甲午	乙未	丙申	丁酉	戊戌	己亥	庚子	辛丑	壬寅	癸卯	甲辰	乙巳	丙午	丁未	戊申	己酉	庚戌	
													寅初														戌正			

12 月(丁丑)

음 력	1	2	3	4	5	6	7	8	9	10	11	12	13	14	15	16	17	18	19	20	21	22	23	24	25	26	27	28	29	30
													대한															입춘		
양력 월·일	1·9	10	11	12	13	14	15	16	17	18	19	20	21	22	23	24	25	26	27	28	29	30	31	2·1	2	3	4	5	6	7
일 진	辛亥	壬子	癸丑	甲寅	乙卯	丙辰	丁巳	戊午	己未	庚申	辛酉	壬戌	癸亥	甲子	乙丑	丙寅	丁卯	戊辰	己巳	庚午	辛未	壬申	癸酉	甲戌	乙亥	丙子	丁丑	戊寅	己卯	庚辰
													未初															辰初		

서기 1940 년/단기 4273　　庚 辰 年

正 月(戊寅)

음력	1	2	3	4	5	6	7	8	9	10	11	12	13	14	15	16	17	18	19	20	21	22	23	24	25	26	27	28	29	30
													우수															경칩		
양력 월·일	2·8	9	10	11	12	13	14	15	16	17	18	19	20	21	22	23	24	25	26	27	28	29	3·1	2	3	4	5	6	7	8
일진	辛巳	壬午	癸未	甲申	乙酉	丙戌	丁亥	戊子	己丑	庚寅	辛卯	壬辰	癸巳	甲午	乙未	丙申	丁酉	戊戌	己亥	庚子	辛丑	壬寅	癸卯	甲辰	乙巳	丙午	丁未	戊申	己酉	庚戌
													寅初															丑初		

2 月(己卯)

음력	1	2	3	4	5	6	7	8	9	10	11	12	13	14	15	16	17	18	19	20	21	22	23	24	25	26	27	28	29	30
													춘분															청명	한식	
양력 월·일	3·9	10	11	12	13	14	15	16	17	18	19	20	21	22	23	24	25	26	27	28	29	30	31	4·1	2	3	4	5	6	7
일진	辛亥	壬子	癸丑	甲寅	乙卯	丙辰	丁巳	戊午	己未	庚申	辛酉	壬戌	癸亥	甲子	乙丑	丙寅	丁卯	戊辰	己巳	庚午	辛未	壬申	癸酉	甲戌	乙亥	丙子	丁丑	戊寅	己卯	庚辰
													寅初															辰初		

3 月(庚辰)

음력	1	2	3	4	5	6	7	8	9	10	11	12	13	14	15	16	17	18	19	20	21	22	23	24	25	26	27	28	29	
													곡우																입하	
양력 월·일	4·8	9	10	11	12	13	14	15	16	17	18	19	20	21	22	23	24	25	26	27	28	29	30	5·1	2	3	4	5	6	
일진	辛巳	壬午	癸未	甲申	乙酉	丙戌	丁亥	戊子	己丑	庚寅	辛卯	壬辰	癸巳	甲午	乙未	丙申	丁酉	戊戌	己亥	庚子	辛丑	壬寅	癸卯	甲辰	乙巳	丙午	丁未	戊申	己酉	
													未正																丑初	

4 月(辛巳)

음력	1	2	3	4	5	6	7	8	9	10	11	12	13	14	15	16	17	18	19	20	21	22	23	24	25	26	27	28	29	30
															소만															
양력 월·일	5·7	8	9	10	11	12	13	14	15	16	17	18	19	20	21	22	23	24	25	26	27	28	29	30	31	6·1	2	3	4	5
일진	庚戌	辛亥	壬子	癸丑	甲寅	乙卯	丙辰	丁巳	戊午	己未	庚申	辛酉	壬戌	癸亥	甲子	乙丑	丙寅	丁卯	戊辰	己巳	庚午	辛未	壬申	癸酉	甲戌	乙亥	丙子	丁丑	戊寅	己卯
															未正															

5 月(壬午)

음력	1	2	3	4	5	6	7	8	9	10	11	12	13	14	15	16	17	18	19	20	21	22	23	24	25	26	27	28	29	
	망종															하지														
양력 월·일	6·6	7	8	9	10	11	12	13	14	15	16	17	18	19	20	21	22	23	24	25	26	27	28	29	30	7·1	2	3	4	
일진	庚辰	辛巳	壬午	癸未	甲申	乙酉	丙戌	丁亥	戊子	己丑	庚寅	辛卯	壬辰	癸巳	甲午	乙未	丙申	丁酉	戊戌	己亥	庚子	辛丑	壬寅	癸卯	甲辰	乙巳	丙午	丁未	戊申	
	卯初															亥正														

6 月(癸未)

음력	1	2	3	4	5	6	7	8	9	10	11	12	13	14	15	16	17	18	19	20	21	22	23	24	25	26	27	28	29	30
			소서									초복							대서			중복								
양력 월·일	7·5	6	7	8	9	10	11	12	13	14	15	16	17	18	19	20	21	22	23	24	25	26	27	28	29	30	31	8·1	2	3
일진	己酉	庚戌	辛亥	壬子	癸丑	甲寅	乙卯	丙辰	丁巳	戊午	己未	庚申	辛酉	壬戌	癸亥	甲子	乙丑	丙寅	丁卯	戊辰	己巳	庚午	辛未	壬申	癸酉	甲戌	乙亥	丙子	丁丑	戊寅
			申正																巳初											

7 月(甲申)

					입추							말복								처서										
음 력	1	2	3	4	5	6	7	8	9	10	11	12	13	14	15	16	17	18	19	20	21	22	23	24	25	26	27	28	29	
양력 월·일	8·4	5	6	7	8	9	10	11	12	13	14	15	16	17	18	19	20	21	22	23	24	25	26	27	28	29	30	31	9·1	
일 진	己卯	庚辰	辛巳	壬午	癸未	甲申	乙酉	丙戌	丁亥	戊子	己丑	庚寅	辛卯	壬辰	癸巳	甲午	乙未	丙申	丁酉	戊戌	己亥	庚子	辛丑	壬寅	癸卯	甲辰	乙巳	丙午	丁未	
					丑正															申正										

8 月(乙酉)

							백로															추분								
음 력	1	2	3	4	5	6	7	8	9	10	11	12	13	14	15	16	17	18	19	20	21	22	23	24	25	26	27	28	29	
양력 월·일	9·2	3	4	5	6	7	8	9	10	11	12	13	14	15	16	17	18	19	20	21	22	23	24	25	26	27	28	29	30	
일 진	戊申	己酉	庚戌	辛亥	壬子	癸丑	甲寅	乙卯	丙辰	丁巳	戊午	己未	庚申	辛酉	壬戌	癸亥	甲子	乙丑	丙寅	丁卯	戊辰	己巳	庚午	辛未	壬申	癸酉	甲戌	乙亥	丙子	
							卯初															未正								

9 月(丙戌)

								한로															상강							
음 력	1	2	3	4	5	6	7	8	9	10	11	12	13	14	15	16	17	18	19	20	21	22	23	24	25	26	27	28	29	30
양력 월·일	10·1	2	3	4	5	6	7	8	9	10	11	12	13	14	15	16	17	18	19	20	21	22	23	24	25	26	27	28	29	30
일 진	丁丑	戊寅	己卯	庚辰	辛巳	壬午	癸未	甲申	乙酉	丙戌	丁亥	戊子	己丑	庚寅	辛卯	壬辰	癸巳	甲午	乙未	丙申	丁酉	戊戌	己亥	庚子	辛丑	壬寅	癸卯	甲辰	乙巳	丙午
								戌正															子初							

10 月(丁亥)

								입동															소설							
음 력	1	2	3	4	5	6	7	8	9	10	11	12	13	14	15	16	17	18	19	20	21	22	23	24	25	26	27	28	29	
양력 월·일	10·31	11·1	2	3	4	5	6	7	8	9	10	11	12	13	14	15	16	17	18	19	20	21	22	23	24	25	26	27	28	
일 진	丁未	戊申	己酉	庚戌	辛亥	壬子	癸丑	甲寅	乙卯	丙辰	丁巳	戊午	己未	庚申	辛酉	壬戌	癸亥	甲子	乙丑	丙寅	丁卯	戊辰	己巳	庚午	辛未	壬申	癸酉	甲戌	乙亥	
								亥正															戌正							

11 月(戊子)

									대설															동지						
음 력	1	2	3	4	5	6	7	8	9	10	11	12	13	14	15	16	17	18	19	20	21	22	23	24	25	26	27	28	29	30
양력 월·일	11·29	30	12·1	2	3	4	5	6	7	8	9	10	11	12	13	14	15	16	17	18	19	20	21	22	23	24	25	26	27	28
일 진	丙子	丁丑	戊寅	己卯	庚辰	辛巳	壬午	癸未	甲申	乙酉	丙戌	丁亥	戊子	己丑	庚寅	辛卯	壬辰	癸巳	甲午	乙未	丙申	丁酉	戊戌	己亥	庚子	辛丑	壬寅	癸卯	甲辰	乙巳
									申初															巳初						

12 月(己丑)

									소한														대한							
음 력	1	2	3	4	5	6	7	8	9	10	11	12	13	14	15	16	17	18	19	20	21	22	23	24	25	26	27	28	29	
양력 월·일	12·29	30	31	1·1	2	3	4	5	6	7	8	9	10	11	12	13	14	15	16	17	18	19	20	21	22	23	24	25	26	
일 진	丙午	丁未	戊申	己酉	庚戌	辛亥	壬子	癸丑	甲寅	乙卯	丙辰	丁巳	戊午	己未	庚申	辛酉	壬戌	癸亥	甲子	乙丑	丙寅	丁卯	戊辰	己巳	庚午	辛未	壬申	癸酉	甲戌	
									丑正														戌初							

서기 1941 년/단기 4274 辛 巳 年

正 月(庚寅)

									입춘															우수						
음 력	1	2	3	4	5	6	7	8	9	10	11	12	13	14	15	16	17	18	19	20	21	22	23	24	25	26	27	28	29	30
양력 월·일	1·27	28	29	30	31	2·1	2	3	4	5	6	7	8	9	10	11	12	13	14	15	16	17	18	19	20	21	22	23	24	25
일 진	乙亥	丙子	丁丑	戊寅	己卯	庚辰	辛巳	壬午	癸未	甲申	乙酉	丙戌	丁亥	戊子	己丑	庚寅	辛卯	壬辰	癸巳	甲午	乙未	丙申	丁酉	戊戌	己亥	庚子	辛丑	壬寅	癸巳	甲辰
									未初															巳初						

2 月(辛卯)

									경칩															춘분						
음 력	1	2	3	4	5	6	7	8	9	10	11	12	13	14	15	16	17	18	19	20	21	22	23	24	25	26	27	28	29	30
양력 월·일	2·26	27	28	3·1	2	3	4	5	6	7	8	9	10	11	12	13	14	15	16	17	18	19	20	21	22	23	24	25	26	27
일 진	乙巳	丙午	丁未	戊申	己酉	庚戌	辛亥	壬子	癸丑	甲寅	乙卯	丙辰	丁巳	戊午	己未	庚申	辛酉	壬戌	癸亥	甲子	乙丑	丙寅	丁卯	戊辰	己巳	庚午	辛未	壬子	辛酉	甲戌
									辰正															巳初						

3 月(壬辰)

									청명															곡우						
음 력	1	2	3	4	5	6	7	8	9	10	11	12	13	14	15	16	17	18	19	20	21	22	23	24	25	26	27	28	29	
양력 월·일	3·28	29	30	31	4·1	2	3	4	5	6	7	8	9	10	11	12	13	14	15	16	17	18	19	20	21	22	23	24	25	
일 진	乙亥	丙子	丁丑	戊寅	己卯	庚辰	辛巳	壬午	癸未	甲申	乙酉	丙戌	丁亥	戊子	己丑	庚寅	辛卯	壬辰	癸巳	甲午	乙未	丙申	丁酉	戊戌	己亥	庚子	辛丑	壬寅	癸卯	
									未初															戌正						

4 月(癸巳)

											입하															소만				
음 력	1	2	3	4	5	6	7	8	9	10	11	12	13	14	15	16	17	18	19	20	21	22	23	24	25	26	27	28	29	30
양력 월·일	4·26	27	28	29	30	5·1	2	3	4	5	6	7	8	9	10	11	12	13	14	15	16	17	18	19	20	21	22	23	24	25
일 진	甲辰	乙巳	丙午	丁未	戊申	己酉	庚戌	辛亥	壬子	癸丑	甲寅	乙卯	丙辰	丁巳	戊午	己未	庚申	辛酉	壬戌	癸亥	甲子	乙丑	丙寅	丁卯	戊辰	己巳	庚午	辛未	壬申	癸酉
											辰初															戌正				

5 月(甲午)

												망종																하지		
음 력	1	2	3	4	5	6	7	8	9	10	11	12	13	14	15	16	17	18	19	20	21	22	23	24	25	26	27	28	29	30
양력 월·일	5·26	27	28	29	30	31	6·1	2	3	4	5	6	7	8	9	10	11	12	13	14	15	16	17	18	19	20	21	22	23	24
일 진	甲戌	乙亥	丙子	丁丑	戊寅	己卯	庚辰	辛巳	壬午	癸未	甲申	乙酉	丙戌	丁亥	戊子	己丑	庚寅	辛卯	壬辰	癸巳	甲午	乙未	丙申	丁酉	戊戌	己亥	庚子	辛丑	壬寅	癸卯
												午初																寅正		

6 月(乙未)

													소서																대서	
음 력	1	2	3	4	5	6	7	8	9	10	11	12	13	14	15	16	17	18	19	20	21	22	23	24	25	26	27	28	29	
양력 월·일	6·25	26	27	28	29	30	7·1	2	3	4	5	6	7	8	9	10	11	12	13	14	15	16	17	18	19	20	21	22	23	
일 진	甲辰	乙巳	丙午	丁未	戊申	己酉	庚戌	辛亥	壬子	癸丑	甲寅	乙卯	丙辰	丁巳	戊午	己未	庚申	辛酉	壬戌	癸亥	甲子	乙丑	丙寅	丁卯	戊辰	己巳	庚午	辛未	壬申	
													亥正																申初	

閏 六 月(乙未)

								중복								입추		말복												
음 력	1	2	3	4	5	6	7	8	9	10	11	12	13	14	15	16	17	18	19	20	21	22	23	24	25	26	27	28	29	30
양력 월·일	7·24	25	26	27	28	29	30	31	8·1	2	3	4	5	6	7	8	9	10	11	12	13	14	15	16	17	18	19	20	21	22
일 진	癸酉	甲戌	乙亥	丙子	丁丑	戊寅	己卯	庚辰	辛巳	壬午	癸未	甲申	乙酉	丙戌	丁亥	戊子	己丑	庚寅	辛卯	壬辰	癸巳	甲午	乙未	丙申	丁酉	戊戌	己亥	庚子	辛丑	壬寅
																辰初														

7 月(丙申)

	처서																백로													
음 력	1	2	3	4	5	6	7	8	9	10	11	12	13	14	15	16	17	18	19	20	21	22	23	24	25	26	27	28	29	
양력 월·일	8·23	24	25	26	27	28	29	30	31	9·1	2	3	4	5	6	7	8	9	10	11	12	13	14	15	16	17	18	19	20	
일 진	癸卯	甲辰	乙巳	丙午	丁未	戊申	己酉	庚戌	辛亥	壬子	癸丑	甲寅	乙卯	丙辰	丁巳	戊午	己未	庚申	辛酉	壬戌	癸亥	甲子	乙丑	丙寅	丁卯	戊辰	己巳	庚午	辛未	
	亥正																巳正													

8 月(丁酉)

			추분																한로											
음 력	1	2	3	4	5	6	7	8	9	10	11	12	13	14	15	16	17	18	19	20	21	22	23	24	25	26	27	28	29	
양력 월·일	9·21	22	23	24	25	26	27	28	29	30	10·1	2	3	4	5	6	7	8	9	10	11	12	13	14	15	16	17	18	19	
일 진	壬申	癸酉	甲戌	乙亥	丙子	丁丑	戊寅	己卯	庚辰	辛巳	壬午	癸未	甲申	乙酉	丙戌	丁亥	戊子	己丑	庚寅	辛卯	壬辰	癸巳	甲午	乙未	丙申	丁酉	戊戌	己亥	庚子	
			戌正																丑正											

9 月(戊戌)

					상강															입동										
음 력	1	2	3	4	5	6	7	8	9	10	11	12	13	14	15	16	17	18	19	20	21	22	23	24	25	26	27	28	29	30
양력 월·일	10·20	21	22	23	24	25	26	27	28	29	30	31	11·1	2	3	4	5	6	7	8	9	10	11	12	13	14	15	16	17	18
일 진	辛丑	壬寅	癸卯	甲辰	乙巳	丙午	丁未	戊申	己酉	庚戌	辛亥	壬子	癸丑	甲寅	乙卯	丙辰	丁巳	戊午	己未	庚申	辛酉	壬戌	癸亥	甲子	乙丑	丙寅	丁卯	戊辰	己巳	庚午
					寅正															寅正										

10 月(己亥)

					소설														대설											
음 력	1	2	3	4	5	6	7	8	9	10	11	12	13	14	15	16	17	18	19	20	21	22	23	24	25	26	27	28	29	
양력 월·일	11·19	20	21	22	23	24	25	26	27	28	29	30	12·1	2	3	4	5	6	7	8	9	10	11	12	13	14	15	16	17	
일 진	辛未	壬申	癸酉	甲戌	乙亥	丙子	丁丑	戊寅	己卯	庚辰	辛巳	壬午	癸未	甲申	乙酉	丙戌	丁亥	戊子	己丑	庚寅	辛卯	壬辰	癸巳	甲午	乙未	丙申	丁酉	戊戌	己亥	
					丑初														戌正											

11 月(庚子)

					동지															소한										
음 력	1	2	3	4	5	6	7	8	9	10	11	12	13	14	15	16	17	18	19	20	21	22	23	24	25	26	27	28	29	30
양력 월·일	12·18	19	20	21	22	23	24	25	26	27	28	29	30	31	1·1	2	3	4	5	6	7	8	9	10	11	12	13	14	15	16
일 진	庚子	辛丑	壬寅	癸卯	甲辰	乙巳	丙午	丁未	戊申	己酉	庚戌	辛亥	壬子	癸丑	甲寅	乙卯	丙辰	丁巳	戊午	己未	庚申	辛酉	壬戌	癸亥	甲子	乙丑	丙寅	丁卯	戊辰	己巳
					未正															辰正										

12 月(辛丑)

					대한														입춘											
음 력	1	2	3	4	5	6	7	8	9	10	11	12	13	14	15	16	17	18	19	20	21	22	23	24	25	26	27	28	29	
양력 월·일	1·17	18	19	20	21	22	23	24	25	26	27	28	29	30	31	2·1	2	3	4	5	6	7	8	9	10	11	12	13	14	
일 진	庚午	辛未	壬申	癸酉	甲戌	乙亥	丙子	丁丑	戊寅	己卯	庚辰	辛巳	壬午	癸未	甲申	乙酉	丙戌	丁亥	戊子	己丑	庚寅	辛卯	壬辰	癸巳	甲午	乙未	丙申	丁酉	戊戌	
					丑初														戌初											

서기 1942 년/단기 4275　　壬 午 年

正 月(壬寅)

	1	2	3	4	5	6	7	8	9	10	11	12	13	14	15	16	17	18	19	20	21	22	23	24	25	26	27	28	29	30
					우수															경칩										
음 력	1	2	3	4	5	6	7	8	9	10	11	12	13	14	15	16	17	18	19	20	21	22	23	24	25	26	27	28	29	30
양력 월·일	2·15	16	17	18	19	20	21	22	23	24	25	26	27	28	3·1	2	3	4	5	6	7	8	9	10	11	12	13	14	15	16
일 진	己亥	庚子	辛丑	壬寅	癸卯	甲辰	乙巳	丙午	丁未	戊申	己酉	庚戌	辛亥	壬子	癸丑	甲寅	乙卯	丙辰	丁巳	戊午	己未	庚申	辛酉	壬戌	癸亥	甲子	乙丑	丙寅	丁卯	戊辰
					申初															未初										

2 月(癸卯)

	1	2	3	4	5	6	7	8	9	10	11	12	13	14	15	16	17	18	19	20	21	22	23	24	25	26	27	28	29	
					춘분															청명	한식									
음 력	1	2	3	4	5	6	7	8	9	10	11	12	13	14	15	16	17	18	19	20	21	22	23	24	25	26	27	28	29	
양력 월·일	3·17	18	19	20	21	22	23	24	25	26	27	28	29	30	31	4·1	2	3	4	5	6	7	8	9	10	11	12	13	14	
일 진	己巳	庚午	辛未	壬申	癸酉	甲戌	乙亥	丙子	丁丑	戊寅	己卯	庚辰	辛巳	壬午	癸未	甲申	乙酉	丙戌	丁亥	戊子	己丑	庚寅	辛卯	壬辰	癸巳	甲午	乙未	丙申	丁酉	
					未正															酉正										

3 月(甲辰)

	1	2	3	4	5	6	7	8	9	10	11	12	13	14	15	16	17	18	19	20	21	22	23	24	25	26	27	28	29	30
							곡우															입하								
음 력	1	2	3	4	5	6	7	8	9	10	11	12	13	14	15	16	17	18	19	20	21	22	23	24	25	26	27	28	29	30
양력 월·일	4·15	16	17	18	19	20	21	22	23	24	25	26	27	28	29	30	5·1	2	3	4	5	6	7	8	9	10	11	12	13	14
일 진	戊戌	己亥	庚子	辛丑	壬寅	癸卯	甲辰	乙巳	丙午	丁未	戊申	己酉	庚戌	辛亥	壬子	癸丑	甲寅	乙卯	丙辰	丁巳	戊午	己未	庚申	辛酉	壬戌	癸亥	甲子	乙丑	丙寅	丁卯
							丑正															午正								

4 月(乙巳)

	1	2	3	4	5	6	7	8	9	10	11	12	13	14	15	16	17	18	19	20	21	22	23	24	25	26	27	28	29	30
								소만															망종							
음 력	1	2	3	4	5	6	7	8	9	10	11	12	13	14	15	16	17	18	19	20	21	22	23	24	25	26	27	28	29	30
양력 월·일	5·15	16	17	18	19	20	21	22	23	24	25	26	27	28	29	30	31	6·1	2	3	4	5	6	7	8	9	10	11	12	13
일 진	戊辰	己巳	庚午	辛未	壬申	癸酉	甲戌	乙亥	丙子	丁丑	戊寅	己卯	庚辰	辛巳	壬午	癸未	甲申	乙酉	丙戌	丁亥	戊子	己丑	庚寅	辛卯	壬辰	癸巳	甲午	乙未	丙申	丁酉
								丑正															酉初							

5 月(丙午)

	1	2	3	4	5	6	7	8	9	10	11	12	13	14	15	16	17	18	19	20	21	22	23	24	25	26	27	28	29	
									하지																소서					
음 력	1	2	3	4	5	6	7	8	9	10	11	12	13	14	15	16	17	18	19	20	21	22	23	24	25	26	27	28	29	
양력 월·일	6·14	15	16	17	18	19	20	21	22	23	24	25	26	27	28	29	30	7·1	2	3	4	5	6	7	8	9	10	11	12	
일 진	戊戌	己亥	庚子	辛丑	壬寅	癸卯	甲辰	乙巳	丙午	丁未	戊申	己酉	庚戌	辛亥	壬子	癸丑	甲寅	乙卯	丙辰	丁巳	戊午	己未	庚申	辛酉	壬戌	癸亥	甲子	乙丑	丙寅	
									巳正																寅初					

6 月(丁未)

	1	2	3	4	5	6	7	8	9	10	11	12	13	14	15	16	17	18	19	20	21	22	23	24	25	26	27	28	29	30
				초복							대서			중복													입추			
음 력	1	2	3	4	5	6	7	8	9	10	11	12	13	14	15	16	17	18	19	20	21	22	23	24	25	26	27	28	29	30
양력 월·일	7·13	14	15	16	17	18	19	20	21	22	23	24	25	26	27	28	29	30	31	8·1	2	3	4	5	6	7	8	9	10	11
일 진	丁卯	戊辰	己巳	庚午	辛未	壬申	癸酉	甲戌	乙亥	丙子	丁丑	戊寅	己卯	庚辰	辛巳	壬午	癸未	甲申	乙酉	丙戌	丁亥	戊子	己丑	庚寅	辛卯	壬辰	癸巳	甲午	乙未	丙申
				亥初																							未初			

7 月(戊申)

음 력	1	2	3	4	5	6	7	8	9	10	11	12	13	14	15	16	17	18	19	20	21	22	23	24	25	26	27	28	29	30
				말복									처서															백로		
양력 월·일	8·12	13	14	15	16	17	18	19	20	21	22	23	24	25	26	27	28	29	30	31	9·1	2	3	4	5	6	7	8	9	10
일 진	丁酉	戊戌	己亥	庚子	辛丑	壬寅	癸卯	甲辰	乙巳	丙午	丁未	戊申	己酉	庚戌	辛亥	壬子	癸丑	甲寅	乙卯	丙辰	丁巳	戊午	己未	庚申	辛酉	壬戌	癸亥	甲子	乙丑	丙寅
													寅正															申正		

8 月(己酉)

음 력	1	2	3	4	5	6	7	8	9	10	11	12	13	14	15	16	17	18	19	20	21	22	23	24	25	26	27	28	29	
														추분															한로	
양력 월·일	9·11	12	13	14	15	16	17	18	19	20	21	22	23	24	25	26	27	28	29	30	10·1	2	3	4	5	6	7	8	9	
일 진	丁卯	戊辰	己巳	庚午	辛未	壬申	癸酉	甲戌	乙亥	丙子	丁丑	戊寅	己卯	庚辰	辛巳	壬午	癸未	甲申	乙酉	丙戌	丁亥	戊子	己丑	庚寅	辛卯	壬辰	癸巳	甲午	乙未	
														丑正															辰正	

9 月(庚戌)

음 력	1	2	3	4	5	6	7	8	9	10	11	12	13	14	15	16	17	18	19	20	21	22	23	24	25	26	27	28	29	30
															상강															입동
양력 월·일	10·10	11	12	13	14	15	16	17	18	19	20	21	22	23	24	25	26	27	28	29	30	31	11·1	2	3	4	5	6	7	8
일 진	丙申	丁酉	戊戌	己亥	庚子	辛丑	壬寅	癸卯	甲辰	乙巳	丙午	丁未	戊申	己酉	庚戌	辛亥	壬子	癸丑	甲寅	乙卯	丙辰	丁巳	戊午	己未	庚申	辛酉	壬戌	癸亥	甲子	乙丑
															午初															巳正

10 月(辛亥)

음 력	1	2	3	4	5	6	7	8	9	10	11	12	13	14	15	16	17	18	19	20	21	22	23	24	25	26	27	28	29	
															소설															
양력 월·일	11·9	10	11	12	13	14	15	16	17	18	19	20	21	22	23	24	25	26	27	28	29	30	12·1	2	3	4	5	6	7	
일 진	丙寅	丁卯	戊辰	己巳	庚午	辛未	壬申	癸酉	甲戌	乙亥	丙子	丁丑	戊寅	己卯	庚辰	辛巳	壬午	癸未	甲申	乙酉	丙戌	丁亥	戊子	己丑	庚寅	辛卯	壬辰	癸巳	甲午	
															辰正															

11 月(壬子)

음 력	1	2	3	4	5	6	7	8	9	10	11	12	13	14	15	16	17	18	19	20	21	22	23	24	25	26	27	28	29	
	대설														동지															
양력 월·일	12·8	9	10	11	12	13	14	15	16	17	18	19	20	21	22	23	24	25	26	27	28	29	30	31	1·1	2	3	4	5	
일 진	乙未	丙申	丁酉	戊戌	己亥	庚子	辛丑	壬寅	癸卯	甲辰	乙巳	丙午	丁未	戊申	己酉	庚戌	辛亥	壬子	癸丑	甲寅	乙卯	丙辰	丁巳	戊午	己未	庚申	辛酉	壬戌	癸亥	
	寅初														未正															

12 月(癸丑)

음 력	1	2	3	4	5	6	7	8	9	10	11	12	13	14	15	16	17	18	19	20	21	22	23	24	25	26	27	28	29	30
	소한															대한														
양력 월·일	1·6	7	8	9	10	11	12	13	14	15	16	17	18	19	20	21	22	23	24	25	26	27	28	29	30	31	2·1	2	3	4
일 진	甲子	乙丑	丙寅	丁卯	戊辰	己巳	庚午	辛未	壬申	癸酉	甲戌	乙亥	丙子	丁丑	戊寅	己卯	庚辰	辛巳	壬午	癸未	甲申	乙酉	丙戌	丁亥	戊子	己丑	庚寅	辛卯	壬辰	癸巳
	未初															辰初														

서기 1943 년/단기 4276 癸 未 年

正 月(甲寅)

	입춘														우수															
음력	1	2	3	4	5	6	7	8	9	10	11	12	13	14	15	16	17	18	19	20	21	22	23	24	25	26	27	28	29	
양력 월·일	2·5	6	7	8	9	10	11	12	13	14	15	16	17	18	19	20	21	22	23	24	25	26	27	28	3·1	2	3	4	5	
일진	甲午	乙未	丙申	丁酉	戊戌	己亥	庚子	辛丑	壬寅	癸卯	甲辰	乙巳	丙午	丁未	戊申	己酉	庚戌	辛亥	壬子	癸丑	甲寅	乙卯	丙辰	丁巳	戊午	己未	庚申	辛酉	壬戌	
	丑初														亥初															

2 月(乙卯)

	경칩															춘분														
음력	1	2	3	4	5	6	7	8	9	10	11	12	13	14	15	16	17	18	19	20	21	22	23	24	25	26	27	28	29	30
양력 월·일	3·6	7	8	9	10	11	12	13	14	15	16	17	18	19	20	21	22	23	24	25	26	27	28	29	30	31	4·1	2	3	4
일진	癸亥	甲子	乙丑	丙寅	丁卯	戊辰	己巳	庚午	辛未	壬申	癸酉	甲戌	乙亥	丙子	丁丑	戊寅	己卯	庚辰	辛巳	壬午	癸未	甲申	乙酉	丙戌	丁亥	戊子	己丑	庚寅	辛卯	壬辰
	戌初															戌正														

3 月(丙辰)

		청명	한식														곡우													
음력	1	2	3	4	5	6	7	8	9	10	11	12	13	14	15	16	17	18	19	20	21	22	23	24	25	26	27	28	29	
양력 월·일	4·5	6	7	8	9	10	11	12	13	14	15	16	17	18	19	20	21	22	23	24	25	26	27	28	29	30	5·1	2	3	
일진	癸巳	甲午	乙未	丙申	丁酉	戊戌	己亥	庚子	辛丑	壬寅	癸卯	甲辰	乙巳	丙午	丁未	戊申	己酉	庚戌	辛亥	壬子	癸丑	甲寅	乙卯	丙辰	丁巳	戊午	己未	庚申	辛酉	
		子正															辰正													

4 月(丁巳)

			입하																소만											
음력	1	2	3	4	5	6	7	8	9	10	11	12	13	14	15	16	17	18	19	20	21	22	23	24	25	26	27	28	29	30
양력 월·일	5·4	5	6	7	8	9	10	11	12	13	14	15	16	17	18	19	20	21	22	23	24	25	26	27	28	29	30	31	6·1	2
일진	壬戌	癸亥	甲子	乙丑	丙寅	丁卯	戊辰	己巳	庚午	辛未	壬申	癸酉	甲戌	乙亥	丙子	丁丑	戊寅	己卯	庚辰	辛巳	壬午	癸未	甲申	乙酉	丙戌	丁亥	戊子	己丑	庚寅	辛卯
			酉正																辰初											

5 月(戊午)

				망종																하지										
음력	1	2	3	4	5	6	7	8	9	10	11	12	13	14	15	16	17	18	19	20	21	22	23	24	25	26	27	28	29	
양력 월·일	6·3	4	5	6	7	8	9	10	11	12	13	14	15	16	17	18	19	20	21	22	23	24	25	26	27	28	29	30	7·1	
일진	壬辰	癸巳	甲午	乙未	丙申	丁酉	戊戌	己亥	庚子	辛丑	壬寅	癸卯	甲辰	乙巳	丙午	丁未	戊申	己酉	庚戌	辛亥	壬子	癸丑	甲寅	乙卯	丙辰	丁巳	戊午	己未	庚申	
				子初																申正										

6 月(己未)

							소서													초복			대서							중복
음력	1	2	3	4	5	6	7	8	9	10	11	12	13	14	15	16	17	18	19	20	21	22	23	24	25	26	27	28	29	30
양력 월·일	7·2	3	4	5	6	7	8	9	10	11	12	13	14	15	16	17	18	19	20	21	22	23	24	25	26	27	28	29	30	31
일진	辛酉	壬戌	癸亥	甲子	乙丑	丙寅	丁卯	戊辰	己巳	庚午	辛未	壬申	癸酉	甲戌	乙亥	丙子	丁丑	戊寅	己卯	庚辰	辛巳	壬午	癸未	甲申	乙酉	丙戌	丁亥	戊子	己丑	庚寅
							巳初																酉初							

7 月(庚申)

								입추		말복														처서						
음 력	1	2	3	4	5	6	7	8	9	10	11	12	13	14	15	16	17	18	19	20	21	22	23	24	25	26	27	28	29	30
양력 월·일	8·1	2	3	4	5	6	7	8	9	10	11	12	13	14	15	16	17	18	19	20	21	22	23	24	25	26	27	28	29	30
일 진	辛卯	壬辰	癸巳	甲午	乙未	丙申	丁酉	戊戌	己亥	庚子	辛丑	壬寅	癸卯	甲辰	乙巳	丙午	丁未	戊申	己酉	庚戌	辛亥	壬子	癸丑	甲寅	乙卯	丙辰	丁巳	戊午	己未	庚申
								戌初																巳正						

8 月(辛酉)

									백로																추분					
음 력	1	2	3	4	5	6	7	8	9	10	11	12	13	14	15	16	17	18	19	20	21	22	23	24	25	26	27	28	29	
양력 월·일	8·31	9·1	2	3	4	5	6	7	8	9	10	11	12	13	14	15	16	17	18	19	20	21	22	23	24	25	26	27	28	
일 진	辛酉	壬戌	癸亥	甲子	乙丑	丙寅	丁卯	戊辰	己巳	庚午	辛未	壬申	癸酉	甲戌	乙亥	丙子	丁丑	戊寅	己卯	庚辰	辛巳	壬午	癸未	甲申	乙酉	丙戌	丁亥	戊子	己丑	
									亥正																辰初					

9 月(壬戌)

											한로															상강				
음 력	1	2	3	4	5	6	7	8	9	10	11	12	13	14	15	16	17	18	19	20	21	22	23	24	25	26	27	28	29	30
양력 월·일	9·29	30	10·1	2	3	4	5	6	7	8	9	10	11	12	13	14	15	16	17	18	19	20	21	22	23	24	25	26	27	28
일 진	庚寅	辛卯	壬辰	癸巳	甲午	乙未	丙申	丁酉	戊戌	己亥	庚子	辛丑	壬寅	癸卯	甲辰	乙巳	丙午	丁未	戊申	己酉	庚戌	辛亥	壬子	癸丑	甲寅	乙卯	丙辰	丁巳	戊午	己未
											未正															申正				

10 月(癸亥)

											입동															소설				
음 력	1	2	3	4	5	6	7	8	9	10	11	12	13	14	15	16	17	18	19	20	21	22	23	24	25	26	27	28	29	30
양력 월·일	10·29	30	31	11·1	2	3	4	5	6	7	8	9	10	11	12	13	14	15	16	17	18	19	20	21	22	23	24	25	26	27
일 진	庚申	辛酉	壬戌	癸亥	甲子	乙丑	丙寅	丁卯	戊辰	己巳	庚午	辛未	壬申	癸酉	甲戌	乙亥	丙子	丁丑	戊寅	己卯	庚辰	辛巳	壬午	癸未	甲申	乙酉	丙戌	丁亥	戊子	己丑
											申正															亥初				

11 月(甲子)

											대설															동지				
음 력	1	2	3	4	5	6	7	8	9	10	11	12	13	14	15	16	17	18	19	20	21	22	23	24	25	26	27	28	29	
양력 월·일	11·28	29	30	12·1	2	3	4	5	6	7	8	9	10	11	12	13	14	15	16	17	18	19	20	21	22	23	24	25	26	
일 진	庚寅	辛卯	壬辰	癸巳	甲午	乙未	丙申	丁酉	戊戌	己亥	庚子	辛丑	壬寅	癸卯	甲辰	乙巳	丙午	丁未	戊申	己酉	庚戌	辛亥	壬子	癸丑	甲寅	乙卯	丙辰	丁巳	戊午	
											巳初															丑正				

12 月(乙丑)

											소한															대한				
음 력	1	2	3	4	5	6	7	8	9	10	11	12	13	14	15	16	17	18	19	20	21	22	23	24	25	26	27	28	29	30
양력 월·일	12·27	28	29	30	31	1·1	2	3	4	5	6	7	8	9	10	11	12	13	14	15	16	17	18	19	20	21	22	23	24	25
일 진	己未	庚申	辛酉	壬戌	癸亥	甲子	乙丑	丙寅	丁卯	戊辰	己巳	庚午	辛未	壬申	癸酉	甲戌	乙亥	丙子	丁丑	戊寅	己卯	庚辰	辛巳	壬午	癸未	甲申	乙酉	丙戌	丁亥	戊子
											戌初															午正				

서기 1944 년/단기 4277　　甲 申 年

正 月(丙寅)

											입춘															우수				
음 력	1	2	3	4	5	6	7	8	9	10	11	12	13	14	15	16	17	18	19	20	21	22	23	24	25	26	27	28	29	
양력 월·일	1·26	27	28	29	30	31	2·1	2	3	4	5	6	7	8	9	10	11	12	13	14	15	16	17	18	19	20	21	22	23	
일 진	己丑	庚寅	辛卯	壬辰	癸巳	甲午	乙未	丙申	丁酉	戊戌	己亥	庚子	辛丑	壬寅	癸卯	甲辰	乙巳	丙午	丁未	戊申	己酉	庚戌	辛亥	壬子	癸丑	甲寅	乙卯	丙辰	丁巳	
											辰初															丑正				

2 月(丁卯)

												경칩															춘분			
음 력	1	2	3	4	5	6	7	8	9	10	11	12	13	14	15	16	17	18	19	20	21	22	23	24	25	26	27	28	29	30
양력 월·일	2·24	25	26	27	28	29	3·1	2	3	4	5	6	7	8	9	10	11	12	13	14	15	16	17	18	19	20	21	22	23	
일 진	戊午	己未	庚申	辛酉	壬戌	癸亥	甲子	乙丑	丙寅	丁卯	戊辰	己巳	庚午	辛未	壬申	癸酉	甲戌	乙亥	丙子	丁丑	戊寅	己卯	庚辰	辛巳	壬午	癸未	甲申	乙酉	丙戌	
												辰初															丑正			

3 月(戊辰)

													청명	한식														곡우		
음 력	1	2	3	4	5	6	7	8	9	10	11	12	13	14	15	16	17	18	19	20	21	22	23	24	25	26	27	28	29	30
양력 월·일	3·24	25	26	27	28	29	30	31	4·1	2	3	4	5	6	7	8	9	10	11	12	13	14	15	16	17	18	19	20	21	22
일 진	丁亥	戊子	己丑	庚寅	辛卯	壬辰	癸巳	甲午	乙未	丙申	丁酉	戊戌	己亥	庚子	辛丑	壬寅	癸卯	甲辰	乙巳	丙午	丁未	戊申	己酉	庚戌	辛亥	壬子	癸丑	甲寅	乙卯	丙辰
													卯正															未初		

4 月(己巳)

														입하															소만	
음 력	1	2	3	4	5	6	7	8	9	10	11	12	13	14	15	16	17	18	19	20	21	22	23	24	25	26	27	28	29	30
양력 월·일	4·23	24	25	26	27	28	29	30	5·1	2	3	4	5	6	7	8	9	10	11	12	13	14	15	16	17	18	19	20	21	
일 진	丁巳	戊午	己未	庚申	辛酉	壬戌	癸亥	甲子	乙丑	丙寅	丁卯	戊辰	己巳	庚午	辛未	壬申	癸酉	甲戌	乙亥	丙子	丁丑	戊寅	己卯	庚辰	辛巳	壬午	癸未	甲申	乙酉	
														子正															未初	

閏 四 月(己巳)

																망종														
음 력	1	2	3	4	5	6	7	8	9	10	11	12	13	14	15	16	17	18	19	20	21	22	23	24	25	26	27	28	29	30
양력 월·일	5·22	23	24	25	26	27	28	29	30	31	6·1	2	3	4	5	6	7	8	9	10	11	12	13	14	15	16	17	18	19	20
일 진	丙戌	丁亥	戊子	己丑	庚寅	辛卯	壬辰	癸巳	甲午	乙未	丙申	丁酉	戊戌	己亥	庚子	辛丑	壬寅	癸卯	甲辰	乙巳	丙午	丁未	戊申	己酉	庚戌	辛亥	壬子	癸丑	甲寅	乙卯
																卯初														

5 月(庚午)

	하지																소서								초복					
음 력	1	2	3	4	5	6	7	8	9	10	11	12	13	14	15	16	17	18	19	20	21	22	23	24	25	26	27	28	29	30
양력 월·일	6·21	22	23	24	25	26	27	28	29	30	7·1	2	3	4	5	6	7	8	9	10	11	12	13	14	15	16	17	18	19	
일 진	丙辰	丁巳	戊午	己未	庚申	辛酉	壬戌	癸亥	甲子	乙丑	丙寅	丁卯	戊辰	己巳	庚午	辛未	壬申	癸酉	甲戌	乙亥	丙子	丁丑	戊寅	己卯	庚辰	辛巳	壬午	癸未	甲申	
	亥初																申初													

6 月(辛未)

				대서		중복														입추						말복				
음 력	1	2	3	4	5	6	7	8	9	10	11	12	13	14	15	16	17	18	19	20	21	22	23	24	25	26	27	28	29	30
양력 월·일	7·20	21	22	23	24	25	26	27	28	29	30	31	8·1	2	3	4	5	6	7	8	9	10	11	12	13	14	15	16	17	18
일 진	乙酉	丙戌	丁亥	戊子	己丑	庚寅	辛卯	壬辰	癸巳	甲午	乙未	丙申	丁酉	戊戌	己亥	庚子	辛丑	壬寅	癸卯	甲辰	乙巳	丙午	丁未	戊申	己酉	庚戌	辛亥	壬子	癸丑	甲寅
				巳初																丑初										

7 月(壬申)

					처서																백로									
음 력	1	2	3	4	5	6	7	8	9	10	11	12	13	14	15	16	17	18	19	20	21	22	23	24	25	26	27	28	29	
양력 월·일	8·19	20	21	22	23	24	25	26	27	28	29	30	31	9·1	2	3	4	5	6	7	8	9	10	11	12	13	14	15	16	
일 진	乙卯	丙辰	丁巳	戊午	己未	庚申	辛酉	壬戌	癸亥	甲子	乙丑	丙寅	丁卯	戊辰	己巳	庚午	辛未	壬申	癸酉	甲戌	乙亥	丙子	丁丑	戊寅	己卯	庚辰	辛巳	壬午	癸未	
					申正																寅正									

8 月(癸酉)

							추분															한로								
음 력	1	2	3	4	5	6	7	8	9	10	11	12	13	14	15	16	17	18	19	20	21	22	23	24	25	26	27	28	29	30
양력 월·일	9·17	18	19	20	21	22	23	24	25	26	27	28	29	30	10·1	2	3	4	5	6	7	8	9	10	11	12	13	14	15	16
일 진	甲申	乙酉	丙戌	丁亥	戊子	己丑	庚寅	辛卯	壬辰	癸巳	甲午	乙未	丙申	丁酉	戊戌	己亥	庚子	辛丑	壬寅	癸卯	甲辰	乙巳	丙午	丁未	戊申	己酉	庚戌	辛亥	壬子	癸丑
							未初															戌初								

9 月(甲戌)

							상강															입동								
음 력	1	2	3	4	5	6	7	8	9	10	11	12	13	14	15	16	17	18	19	20	21	22	23	24	25	26	27	28	29	30
양력 월·일	10·17	18	19	20	21	22	23	24	25	26	27	28	29	30	31	11·1	2	3	4	5	6	7	8	9	10	11	12	13	14	15
일 진	甲寅	乙卯	丙辰	丁巳	戊午	己未	庚申	辛酉	壬戌	癸亥	甲子	乙丑	丙寅	丁卯	戊辰	己巳	庚午	辛未	壬申	癸酉	甲戌	乙亥	丙子	丁丑	戊寅	己卯	庚辰	辛巳	壬午	癸未
							亥正															亥正								

10 月(乙亥)

							소설															대설								
음 력	1	2	3	4	5	6	7	8	9	10	11	12	13	14	15	16	17	18	19	20	21	22	23	24	25	26	27	28	29	
양력 월·일	11·16	17	18	19	20	21	22	23	24	25	26	27	28	29	30	12·1	2	3	4	5	6	7	8	9	10	11	12	13	14	
일 진	甲申	乙酉	丙戌	丁亥	戊子	己丑	庚寅	辛卯	壬辰	癸巳	甲午	乙未	丙申	丁酉	戊戌	己亥	庚子	辛丑	壬寅	癸卯	甲辰	乙巳	丙午	丁未	戊申	己酉	庚戌	辛亥	壬子	
							戌初															未正								

11 月(丙子)

								동지															소한							
음 력	1	2	3	4	5	6	7	8	9	10	11	12	13	14	15	16	17	18	19	20	21	22	23	24	25	26	27	28	29	30
양력 월·일	12·15	16	17	18	19	20	21	22	23	24	25	26	27	28	29	30	31	1·1	2	3	4	5	6	7	8	9	10	11	12	13
일 진	癸丑	甲寅	乙卯	丙辰	丁巳	戊午	己未	庚申	辛酉	壬戌	癸亥	甲子	乙丑	丙寅	丁卯	戊辰	己巳	庚午	辛未	壬申	癸酉	甲戌	乙亥	丙子	丁丑	戊寅	己卯	庚辰	辛巳	壬午
								辰正															丑初							

12 月(丁丑)

							대한															입춘								
음 력	1	2	3	4	5	6	7	8	9	10	11	12	13	14	15	16	17	18	19	20	21	22	23	24	25	26	27	28	29	30
양력 월·일	1·14	15	16	17	18	19	20	21	22	23	24	25	26	27	28	29	30	31	2·1	2	3	4	5	6	7	8	9	10	11	12
일 진	癸未	甲申	乙酉	丙戌	丁亥	戊子	己丑	庚寅	辛卯	壬辰	癸巳	甲午	乙未	丙申	丁酉	戊戌	己亥	庚子	辛丑	壬寅	癸卯	甲辰	乙巳	丙午	丁未	戊申	己酉	庚戌	辛亥	壬子
							酉正															午正								

서기 1945 년/단기 4278 乙 酉 年

正 月(戊寅)

							우수																경칩							
음 력	1	2	3	4	5	6	7	8	9	10	11	12	13	14	15	16	17	18	19	20	21	22	23	24	25	26	27	28	29	
양력 월·일	2·13	14	15	16	17	18	19	20	21	22	23	24	25	26	27	28	3·1	2	3	4	5	6	7	8	9	10	11	12	13	
일 진	癸丑	甲寅	乙卯	丙辰	丁巳	戊午	己未	庚申	辛酉	壬戌	癸亥	甲子	乙丑	丙寅	丁卯	戊辰	己巳	庚午	辛未	壬申	癸酉	甲戌	乙亥	丙子	丁丑	戊寅	己卯	庚辰	辛巳	
							辰正															辰初								

2 月(己卯)

								춘분															청명	한식						
음 력	1	2	3	4	5	6	7	8	9	10	11	12	13	14	15	16	17	18	19	20	21	22	23	24	25	26	27	28	29	
양력 월·일	3·14	15	16	17	18	19	20	21	22	23	24	25	26	27	28	29	30	31	4·1	2	3	4	5	6	7	8	9	10	11	
일 진	壬午	癸未	甲申	乙酉	丙戌	丁亥	戊子	己丑	庚寅	辛卯	壬辰	癸巳	甲午	乙未	丙申	丁酉	戊戌	己亥	庚子	辛丑	壬寅	癸卯	甲辰	乙巳	丙午	丁未	戊申	己酉	庚戌	
								辰正															午正							

3 月(庚辰)

									곡우																입하					
음 력	1	2	3	4	5	6	7	8	9	10	11	12	13	14	15	16	17	18	19	20	21	22	23	24	25	26	27	28	29	30
양력 월·일	4·12	13	14	15	16	17	18	19	20	21	22	23	24	25	26	27	28	29	30	5·1	2	3	4	5	6	7	8	9	10	11
일 진	辛亥	壬子	癸丑	甲寅	乙卯	丙辰	丁巳	戊午	己未	庚申	辛酉	壬戌	癸亥	甲子	乙丑	丙寅	丁卯	戊辰	己巳	庚午	辛未	壬申	癸酉	甲戌	乙亥	丙子	丁丑	戊寅	己卯	庚辰
									戌初																卯正					

4 月(辛巳)

										소만																망종				
음 력	1	2	3	4	5	6	7	8	9	10	11	12	13	14	15	16	17	18	19	20	21	22	23	24	25	26	27	28	29	
양력 월·일	5·12	13	14	15	16	17	18	19	20	21	22	23	24	25	26	27	28	29	30	31	6·1	2	3	4	5	6	7	8	9	
일 진	辛巳	壬午	癸未	甲申	乙酉	丙戌	丁亥	戊子	己丑	庚寅	辛卯	壬辰	癸巳	甲午	乙未	丙申	丁酉	戊戌	己亥	庚子	辛丑	壬寅	癸卯	甲辰	乙巳	丙午	丁未	戊申	己酉	
										戌初																巳正				

5 月(壬午)

													하지															소서		
음 력	1	2	3	4	5	6	7	8	9	10	11	12	13	14	15	16	17	18	19	20	21	22	23	24	25	26	27	28	29	
양력 월·일	6·10	11	12	13	14	15	16	17	18	19	20	21	22	23	24	25	26	27	28	29	30	7·1	2	3	4	5	6	7	8	
일 진	庚戌	辛亥	壬子	癸丑	甲寅	乙卯	丙辰	丁巳	戊午	己未	庚申	辛酉	壬戌	癸亥	甲子	乙丑	丙寅	丁卯	戊辰	己巳	庚午	辛未	壬申	癸酉	甲戌	乙亥	丙子	丁丑	戊寅	
													寅初															亥初		

6 月(癸未)

												초복			대서							중복								
음 력	1	2	3	4	5	6	7	8	9	10	11	12	13	14	15	16	17	18	19	20	21	22	23	24	25	26	27	28	29	30
양력 월·일	7·9	10	11	12	13	14	15	16	17	18	19	20	21	22	23	24	25	26	27	28	29	30	31	8·1	2	3	4	5	6	7
일 진	己卯	庚辰	辛巳	壬午	癸未	甲申	乙酉	丙戌	丁亥	戊子	己丑	庚寅	辛卯	壬辰	癸巳	甲午	乙未	丙申	丁酉	戊戌	己亥	庚子	辛丑	壬寅	癸卯	甲辰	乙巳	丙午	丁未	戊申
															未正															

7 月(甲申)

	입추	말복													처서															
음 력	1	2	3	4	5	6	7	8	9	10	11	12	13	14	15	16	17	18	19	20	21	22	23	24	25	26	27	28	29	
양력 월·일	8·8	9	10	11	12	13	14	15	16	17	18	19	20	21	22	23	24	25	26	27	28	29	30	31	9·1	2	3	4	5	
일 진	己酉	庚戌	辛亥	壬子	癸丑	甲寅	乙卯	丙辰	丁巳	戊午	己未	庚申	辛酉	壬戌	癸亥	甲子	乙丑	丙寅	丁卯	戊辰	己巳	庚午	辛未	壬申	癸酉	甲戌	乙亥	丙子	丁丑	
	辰初															亥初														

8 月(乙酉)

			백로															추분												
음 력	1	2	3	4	5	6	7	8	9	10	11	12	13	14	15	16	17	18	19	20	21	22	23	24	25	26	27	28	29	30
양력 월·일	9·6	7	8	9	10	11	12	13	14	15	16	17	18	19	20	21	22	23	24	25	26	27	28	29	30	10·1	2	3	4	5
일 진	戊寅	己卯	庚辰	辛巳	壬午	癸未	甲申	乙酉	丙戌	丁亥	戊子	己丑	庚寅	辛卯	壬辰	癸巳	甲午	乙未	丙申	丁酉	戊戌	己亥	庚子	辛丑	壬寅	癸卯	甲辰	乙巳	丙午	丁未
			巳正															戌初												

9 月(丙戌)

				한로															상강											
음 력	1	2	3	4	5	6	7	8	9	10	11	12	13	14	15	16	17	18	19	20	21	22	23	24	25	26	27	28	29	30
양력 월·일	10·6	7	8	9	10	11	12	13	14	15	16	17	18	19	20	21	22	23	24	25	26	27	28	29	30	31	11·1	2	3	4
일 진	戊申	己酉	庚戌	辛亥	壬子	癸丑	甲寅	乙卯	丙辰	丁巳	戊午	己未	庚申	辛酉	壬戌	癸亥	甲子	乙丑	丙寅	丁卯	戊辰	己巳	庚午	辛未	壬申	癸酉	甲戌	乙亥	丙子	丁丑
				丑初															寅正											

10 月(丁亥)

				입동															소설											
음 력	1	2	3	4	5	6	7	8	9	10	11	12	13	14	15	16	17	18	19	20	21	22	23	24	25	26	27	28	29	30
양력 월·일	11·5	6	7	8	9	10	11	12	13	14	15	16	17	18	19	20	21	22	23	24	25	26	27	28	29	30	12·1	2	3	4
일 진	戊寅	己卯	庚辰	辛巳	壬午	癸未	甲申	乙酉	丙戌	丁亥	戊子	己丑	庚寅	辛卯	壬辰	癸巳	甲午	乙未	丙申	丁酉	戊戌	己亥	庚子	辛丑	壬寅	癸卯	甲辰	乙巳	丙午	丁未
				寅初															子正											

11 月(戊子)

			대설															동지												
음 력	1	2	3	4	5	6	7	8	9	10	11	12	13	14	15	16	17	18	19	20	21	22	23	24	25	26	27	28	29	
양력 월·일	12·5	6	7	8	9	10	11	12	13	14	15	16	17	18	19	20	21	22	23	24	25	26	27	28	29	30	31	1·1	2	
일 진	戊申	己酉	庚戌	辛亥	壬子	癸丑	甲寅	乙卯	丙辰	丁巳	戊午	己未	庚申	辛酉	壬戌	癸亥	甲子	乙丑	丙寅	丁卯	戊辰	己巳	庚午	辛未	壬申	癸酉	甲戌	乙亥	丙子	
			戌初															未正												

12 月(己丑)

				소한															대한											
음 력	1	2	3	4	5	6	7	8	9	10	11	12	13	14	15	16	17	18	19	20	21	22	23	24	25	26	27	28	29	30
양력 월·일	1·3	4	5	6	7	8	9	10	11	12	13	14	15	16	17	18	19	20	21	22	23	24	25	26	27	28	29	30	31	2·1
일 진	丁丑	戊寅	己卯	庚辰	辛巳	壬午	癸未	甲申	乙酉	丙戌	丁亥	戊子	己丑	庚寅	辛卯	壬辰	癸巳	甲午	乙未	丙申	丁酉	戊戌	己亥	庚子	辛丑	壬寅	癸卯	甲辰	乙巳	丙午
				辰初															子正											

서기 1946 년/단기 4279	丙 戌 年

正 月(庚寅)

음 력	1	2	3	4	5	6	7	8	9	10	11	12	13	14	15	16	17	18	19	20	21	22	23	24	25	26	27	28	29	30
			입춘															우수												
양력 월·일	2·2	3	4	5	6	7	8	9	10	11	12	13	14	15	16	17	18	19	20	21	22	23	24	25	26	27	28	3·1	2	3
일 진	丁未	戊申	己酉	庚戌	辛亥	壬子	癸丑	甲寅	乙卯	丙辰	丁巳	戊午	己未	庚申	辛酉	壬戌	癸亥	甲子	乙丑	丙寅	丁卯	戊辰	己巳	庚午	辛未	壬申	癸酉	甲戌	乙亥	丙子
			戌初															申初												

2 月(辛卯)

음 력	1	2	3	4	5	6	7	8	9	10	11	12	13	14	15	16	17	18	19	20	21	22	23	24	25	26	27	28	29	
			경칩															춘분												
양력 월·일	3·4	5	6	7	8	9	10	11	12	13	14	15	16	17	18	19	20	21	22	23	24	25	26	27	28	29	30	31	4·1	
일 진	丁丑	戊寅	己卯	庚辰	辛巳	壬午	癸未	甲申	乙酉	丙戌	丁亥	戊子	己丑	庚寅	辛卯	壬辰	癸巳	甲午	乙未	丙申	丁酉	戊戌	己亥	庚子	辛丑	壬寅	癸卯	甲辰	乙巳	
			午正															未初												

3 月(壬辰)

음 력	1	2	3	4	5	6	7	8	9	10	11	12	13	14	15	16	17	18	19	20	21	22	23	24	25	26	27	28	29	
				청명	한식															곡우										
양력 월·일	4·2	3	4	5	6	7	8	9	10	11	12	13	14	15	16	17	18	19	20	21	22	23	24	25	26	27	28	29	30	
일 진	丙午	丁未	戊申	己酉	庚戌	辛亥	壬子	癸丑	甲寅	乙卯	丙辰	丁巳	戊午	己未	庚申	辛酉	壬戌	癸亥	甲子	乙丑	丙寅	丁卯	戊辰	己巳	庚午	辛未	壬申	癸酉	甲戌	
				酉正																丑初										

4 月(癸巳)

음 력	1	2	3	4	5	6	7	8	9	10	11	12	13	14	15	16	17	18	19	20	21	22	23	24	25	26	27	28	29	30
						입하																소만								
양력 월·일	5·1	2	3	4	5	6	7	8	9	10	11	12	13	14	15	16	17	18	19	20	21	22	23	24	25	26	27	28	29	30
일 진	乙亥	丙子	丁丑	戊寅	己卯	庚辰	辛巳	壬午	癸未	甲申	乙酉	丙戌	丁亥	戊子	己丑	庚寅	辛卯	壬辰	癸巳	甲午	乙未	丙申	丁酉	戊戌	己亥	庚子	辛丑	壬寅	癸卯	甲辰
						午正																丑初								

5 月(甲午)

음 력	1	2	3	4	5	6	7	8	9	10	11	12	13	14	15	16	17	18	19	20	21	22	23	24	25	26	27	28	29	
							망종																하지							
양력 월·일	5·31	6·1	2	3	4	5	6	7	8	9	10	11	12	13	14	15	16	17	18	19	20	21	22	23	24	25	26	27	28	
일 진	乙巳	丙午	丁未	戊申	己酉	庚戌	辛亥	壬子	癸丑	甲寅	乙卯	丙辰	丁巳	戊午	己未	庚申	辛酉	壬戌	癸亥	甲子	乙丑	丙寅	丁卯	戊辰	己巳	庚午	辛未	壬申	癸酉	
							申正																巳初							

6 月(乙未)

음 력	1	2	3	4	5	6	7	8	9	10	11	12	13	14	15	16	17	18	19	20	21	22	23	24	25	26	27	28	29	
										소서							초복								대서		중복			
양력 월·일	6·29	30	7·1	2	3	4	5	6	7	8	9	10	11	12	13	14	15	16	17	18	19	20	21	22	23	24	25	26	27	
일 진	甲戌	乙亥	丙子	丁丑	戊寅	己卯	庚辰	辛巳	壬午	癸未	甲申	乙酉	丙戌	丁亥	戊子	己丑	庚寅	辛卯	壬辰	癸巳	甲午	乙未	丙申	丁酉	戊戌	己亥	庚子	辛丑	壬寅	
										寅初															戌正					

7 月(丙申)

음 력	1	2	3	4	5	6	7	8	9	10	11	12	13	14	15	16	17	18	19	20	21	22	23	24	25	26	27	28	29	30
												입추						말복										처서		
양력 월·일	7·28	29	30	31	8·1	2	3	4	5	6	7	8	9	10	11	12	13	14	15	16	17	18	19	20	21	22	23	24	25	26
일 진	癸卯	甲辰	乙巳	丙午	丁未	戊申	己酉	庚戌	辛亥	壬子	癸丑	甲寅	乙卯	丙辰	丁巳	戊午	己未	庚申	辛酉	壬戌	癸亥	甲子	乙丑	丙寅	丁卯	戊辰	己巳	庚午	辛未	壬申
												未初																寅初		

8 月(丁酉)

음 력	1	2	3	4	5	6	7	8	9	10	11	12	13	14	15	16	17	18	19	20	21	22	23	24	25	26	27	28	29	
													백로																추분	
양력 월·일	8·27	28	29	30	31	9·1	2	3	4	5	6	7	8	9	10	11	12	13	14	15	16	17	18	19	20	21	22	23	24	
일 진	癸酉	甲戌	乙亥	丙子	丁丑	戊寅	己卯	庚辰	辛巳	壬午	癸未	甲申	乙酉	丙戌	丁亥	戊子	己丑	庚寅	辛卯	壬辰	癸巳	甲午	乙未	丙申	丁酉	戊戌	己亥	庚子	辛丑	
													申正																丑初	

9 月(戊戌)

음 력	1	2	3	4	5	6	7	8	9	10	11	12	13	14	15	16	17	18	19	20	21	22	23	24	25	26	27	28	29	30
															한로															상강
양력 월·일	9·25	26	27	28	29	30	10·1	2	3	4	5	6	7	8	9	10	11	12	13	14	15	16	17	18	19	20	21	22	23	24
일 진	壬寅	癸卯	甲辰	乙巳	丙午	丁未	戊申	己酉	庚戌	辛亥	壬子	癸丑	甲寅	乙卯	丙辰	丁巳	戊午	己未	庚申	辛酉	壬戌	癸亥	甲子	乙丑	丙寅	丁卯	戊辰	己巳	庚午	辛未
															辰初															巳正

10 月(己亥)

음 력	1	2	3	4	5	6	7	8	9	10	11	12	13	14	15	16	17	18	19	20	21	22	23	24	25	26	27	28	29	30
															입동															소설
양력 월·일	10·25	26	27	28	29	30	31	11·1	2	3	4	5	6	7	8	9	10	11	12	13	14	15	16	17	18	19	20	21	22	23
일 진	壬申	癸酉	甲戌	乙亥	丙子	丁丑	戊寅	己卯	庚辰	辛巳	壬午	癸未	甲申	乙酉	丙戌	丁亥	戊子	己丑	庚寅	辛卯	壬辰	癸巳	甲午	乙未	丙申	丁酉	戊戌	己亥	庚子	辛丑
															巳正															辰初

11 月(庚子)

음 력	1	2	3	4	5	6	7	8	9	10	11	12	13	14	15	16	17	18	19	20	21	22	23	24	25	26	27	28	29	
															대설														동지	
양력 월·일	11·24	25	26	27	28	29	30	12·1	2	3	4	5	6	7	8	9	10	11	12	13	14	15	16	17	18	19	20	21	22	
일 진	壬寅	癸卯	甲辰	乙巳	丙午	丁未	戊申	己酉	庚戌	辛亥	壬子	癸丑	甲寅	乙卯	丙辰	丁巳	戊午	己未	庚申	辛酉	壬戌	癸亥	甲子	乙丑	丙寅	丁卯	戊辰	己巳	庚午	
															丑正														戌正	

12 月(辛丑)

음 력	1	2	3	4	5	6	7	8	9	10	11	12	13	14	15	16	17	18	19	20	21	22	23	24	25	26	27	28	29	30
															소한															대한
양력 월·일	12·23	24	25	26	27	28	29	30	31	1·1	2	3	4	5	6	7	8	9	10	11	12	13	14	15	16	17	18	19	20	21
일 진	辛未	壬申	癸酉	甲戌	乙亥	丙子	丁丑	戊寅	己卯	庚辰	辛巳	壬午	癸未	甲申	乙酉	丙戌	丁亥	戊子	己丑	庚寅	辛卯	壬辰	癸巳	甲午	乙未	丙申	丁酉	戊戌	己亥	庚子
															未正															卯正

서기 1947 년/단기 4280　　丁 亥 年

正 月(壬寅)

															입춘														우수	
음 력	1	2	3	4	5	6	7	8	9	10	11	12	13	14	15	16	17	18	19	20	21	22	23	24	25	26	27	28	29	30
양력 월·일	1·22	23	24	25	26	27	28	29	30	31	2·1	2	3	4	5	6	7	8	9	10	11	12	13	14	15	16	17	18	19	20
일 진	辛丑	壬寅	癸卯	甲辰	乙巳	丙午	丁未	戊申	己酉	庚戌	辛亥	壬子	癸丑	甲寅	乙卯	丙辰	丁巳	戊午	己未	庚申	辛酉	壬戌	癸亥	甲子	乙丑	丙寅	丁卯	戊辰	己巳	庚午
															子正														戌正	

2 月(癸卯)

														경칩															춘분	
음 력	1	2	3	4	5	6	7	8	9	10	11	12	13	14	15	16	17	18	19	20	21	22	23	24	25	26	27	28	29	30
양력 월·일	2·21	22	23	24	25	26	27	28	3·1	2	3	4	5	6	7	8	9	10	11	12	13	14	15	16	17	18	19	20	21	22
일 진	辛未	壬申	癸酉	甲戌	乙亥	丙子	丁丑	戊寅	己卯	庚辰	辛巳	壬午	癸未	甲申	乙酉	丙戌	丁亥	戊子	己丑	庚寅	辛卯	壬辰	癸巳	甲午	乙未	丙申	丁酉	戊戌	己亥	庚子
														酉正															戌初	

閏 三 月(癸卯)

															청명 한식															
음 력	1	2	3	4	5	6	7	8	9	10	11	12	13	14	15	16	17	18	19	20	21	22	23	24	25	26	27	28	29	
양력 월·일	3·23	24	25	26	27	28	29	30	31	4·1	2	3	4	5	6	7	8	9	10	11	12	13	14	15	16	17	18	19	20	
일 진	辛丑	壬寅	癸卯	甲辰	乙巳	丙午	丁未	戊申	己酉	庚戌	辛亥	壬子	癸丑	甲寅	乙卯	丙辰	丁巳	戊午	己未	庚申	辛酉	壬戌	癸亥	甲子	乙丑	丙寅	丁卯	戊辰	己巳	
															子正															

3 月(甲辰)

	곡우															입하														
음 력	1	2	3	4	5	6	7	8	9	10	11	12	13	14	15	16	17	18	19	20	21	22	23	24	25	26	27	28	29	
양력 월·일	4·21	22	23	24	25	26	27	28	29	30	5·1	2	3	4	5	6	7	8	9	10	11	12	13	14	15	16	17	18	19	
일 진	庚午	辛未	壬申	癸酉	甲戌	乙亥	丙子	丁丑	戊寅	己卯	庚辰	辛巳	壬午	癸未	甲申	乙酉	丙戌	丁亥	戊子	己丑	庚寅	辛卯	壬辰	癸巳	甲午	乙未	丙申	丁酉	戊戌	
	辰初															酉初														

4 月(乙巳)

			소만															망종												
음 력	1	2	3	4	5	6	7	8	9	10	11	12	13	14	15	16	17	18	19	20	21	22	23	24	25	26	27	28	29	30
양력 월·일	5·20	21	22	23	24	25	26	27	28	29	30	31	6·1	2	3	4	5	6	7	8	9	10	11	12	13	14	15	16	17	18
일 진	己亥	庚子	辛丑	壬寅	癸卯	甲辰	乙巳	丙午	丁未	戊申	己酉	庚戌	辛亥	壬子	癸丑	甲寅	乙卯	丙辰	丁巳	戊午	己未	庚申	辛酉	壬戌	癸亥	甲子	乙丑	丙寅	丁卯	戊辰
			辰初															申初												

5 月(丙午)

				하지																소서										
음 력	1	2	3	4	5	6	7	8	9	10	11	12	13	14	15	16	17	18	19	20	21	22	23	24	25	26	27	28	29	
양력 월·일	6·19	20	21	22	23	24	25	26	27	28	29	30	7·1	2	3	4	5	6	7	8	9	10	11	12	13	14	15	16	17	
일 진	己巳	庚午	辛未	壬申	癸酉	甲戌	乙亥	丙子	丁丑	戊寅	己卯	庚辰	辛巳	壬午	癸未	甲申	乙酉	丙戌	丁亥	戊子	己丑	庚寅	辛卯	壬辰	癸巳	甲午	乙未	丙申	丁酉	
				申初																辰正										

6 月(丁未)

			초복				대서						중복										입추	말복						
음 력	1	2	3	4	5	6	7	8	9	10	11	12	13	14	15	16	17	18	19	20	21	22	23	24	25	26	27	28	29	
양력 월·일	7·18	19	20	21	22	23	24	25	26	27	28	29	30	31	8·1	2	3	4	5	6	7	8	9	10	11	12	13	14	15	
일 진	戊戌	己亥	庚子	辛丑	壬寅	癸卯	甲辰	乙巳	丙午	丁未	戊申	己酉	庚戌	辛亥	壬子	癸丑	甲寅	乙卯	丙辰	丁巳	戊午	己未	庚申	辛酉	壬戌	癸亥	甲子	乙丑	丙寅	
							丑正															酉正								

7 月(戊申)

									처서															백로						
음 력	1	2	3	4	5	6	7	8	9	10	11	12	13	14	15	16	17	18	19	20	21	22	23	24	25	26	27	28	29	30
양력 월·일	8·16	17	18	19	20	21	22	23	24	25	26	27	28	29	30	31	9·1	2	3	4	5	6	7	8	9	10	11	12	13	14
일 진	丁卯	戊辰	己巳	庚午	辛未	壬申	癸酉	甲戌	乙亥	丙子	丁丑	戊寅	己卯	庚辰	辛巳	壬午	癸未	甲申	乙酉	丙戌	丁亥	戊子	己丑	庚寅	辛卯	壬辰	癸巳	甲午	乙未	丙申
									巳初															亥初						

8 月(己酉)

								추분																	한로					
음 력	1	2	3	4	5	6	7	8	9	10	11	12	13	14	15	16	17	18	19	20	21	22	23	24	25	26	27	28	29	
양력 월·일	9·15	16	17	18	19	20	21	22	23	24	25	26	27	28	29	30	10·1	2	3	4	5	6	7	8	9	10	11	12	13	
일 진	丁酉	戊戌	己亥	庚子	辛丑	壬寅	癸卯	甲辰	乙巳	丙午	丁未	戊申	己酉	庚戌	辛亥	壬子	癸丑	甲寅	乙卯	丙辰	丁巳	戊午	己未	庚申	辛酉	壬戌	癸亥	甲子	乙丑	
								辰初																	未初					

9 月(庚戌)

											상강															입동				
음 력	1	2	3	4	5	6	7	8	9	10	11	12	13	14	15	16	17	18	19	20	21	22	23	24	25	26	27	28	29	30
양력 월·일	10·14	15	16	17	18	19	20	21	22	23	24	25	26	27	28	29	30	31	11·1	2	3	4	5	6	7	8	9	10	11	12
일 진	丙寅	丁卯	戊辰	己巳	庚午	辛未	壬申	癸酉	甲戌	乙亥	丙子	丁丑	戊寅	己卯	庚辰	辛巳	壬午	癸未	甲申	乙酉	丙戌	丁亥	戊子	己丑	庚寅	辛卯	壬辰	癸巳	甲午	乙未
											申初															申正				

10 月(辛亥)

											소설															대설				
음 력	1	2	3	4	5	6	7	8	9	10	11	12	13	14	15	16	17	18	19	20	21	22	23	24	25	26	27	28	29	
양력 월·일	11·13	14	15	16	17	18	19	20	21	22	23	24	25	26	27	28	29	30	12·1	2	3	4	5	6	7	8	9	10	11	
일 진	丙申	丁酉	戊戌	己亥	庚子	辛丑	壬寅	癸卯	甲辰	乙巳	丙午	丁未	戊申	己酉	庚戌	辛亥	壬子	癸丑	甲寅	乙卯	丙辰	丁巳	戊午	己未	庚申	辛酉	壬戌	癸亥	甲子	
											未初															辰正				

11 月(壬子)

												동지														소한				
음 력	1	2	3	4	5	6	7	8	9	10	11	12	13	14	15	16	17	18	19	20	21	22	23	24	25	26	27	28	29	30
양력 월·일	12·12	13	14	15	16	17	18	19	20	21	22	23	24	25	26	27	28	29	30	31	1·1	2	3	4	5	6	7	8	9	10
일 진	乙丑	丙寅	丁卯	戊辰	己巳	庚午	辛未	壬申	癸酉	甲戌	乙亥	丙子	丁丑	戊寅	己卯	庚辰	辛巳	壬午	癸未	甲申	乙酉	丙戌	丁亥	戊子	己丑	庚寅	辛卯	壬辰	癸巳	甲午
												丑正														戌初				

12 月(癸丑)

											대한															입춘				
음 력	1	2	3	4	5	6	7	8	9	10	11	12	13	14	15	16	17	18	19	20	21	22	23	24	25	26	27	28	29	30
양력 월·일	1·11	12	13	14	15	16	17	18	19	20	21	22	23	24	25	26	27	28	29	30	31	2·1	2	3	4	5	6	7	8	9
일 진	乙未	丙申	丁酉	戊戌	己亥	庚子	辛丑	壬寅	癸卯	甲辰	乙巳	丙午	丁未	戊申	己酉	庚戌	辛亥	壬子	癸丑	甲寅	乙卯	丙辰	丁巳	戊午	己未	庚申	辛酉	壬戌	癸亥	甲子
											午正															卯正				

서기 1948 년/단기 4281 戊 子 年

正 月(甲寅)

음력	1	2	3	4	5	6	7	8	9	10	11	12	13	14	15	16	17	18	19	20	21	22	23	24	25	26	27	28	29	30
											우수															경칩				
양력 월·일	2·10	11	12	13	14	15	16	17	18	19	20	21	22	23	24	25	26	27	28	29	3·1	2	3	4	5	6	7	8	9	10
일 진	乙丑	丙寅	丁卯	戊辰	己巳	庚午	辛未	壬申	癸酉	甲戌	乙亥	丙子	丁丑	戊寅	己卯	庚辰	辛巳	壬午	癸未	甲申	乙酉	丙戌	丁亥	戊子	己丑	庚寅	辛卯	壬辰	癸巳	甲午
											丑正															子正				

2 月(乙卯)

음력	1	2	3	4	5	6	7	8	9	10	11	12	13	14	15	16	17	18	19	20	21	22	23	24	25	26	27	28	29	
											춘분															청명	한식			
양력 월·일	3·11	12	13	14	15	16	17	18	19	20	21	22	23	24	25	26	27	28	29	30	31	4·1	2	3	4	5	6	7	8	
일 진	乙未	丙申	丁酉	戊戌	己亥	庚子	辛丑	壬寅	癸卯	甲辰	乙巳	丙午	丁未	戊申	己酉	庚戌	辛亥	壬子	癸丑	甲寅	乙卯	丙辰	丁巳	戊午	己未	庚申	辛酉	壬戌	癸亥	
											丑初															卯初				

3 月(丙辰)

음력	1	2	3	4	5	6	7	8	9	10	11	12	13	14	15	16	17	18	19	20	21	22	23	24	25	26	27	28	29	30
												곡우															입하			
양력 월·일	4·9	10	11	12	13	14	15	16	17	18	19	20	21	22	23	24	25	26	27	28	29	30	5·1	2	3	4	5	6	7	8
일 진	甲子	乙丑	丙寅	丁卯	戊辰	己巳	庚午	辛未	壬申	癸酉	甲戌	乙亥	丙子	丁丑	戊寅	己卯	庚辰	辛巳	壬午	癸未	甲申	乙酉	丙戌	丁亥	戊子	己丑	庚寅	辛卯	壬辰	癸巳
												未初															子初			

4 月(丁巳)

음력	1	2	3	4	5	6	7	8	9	10	11	12	13	14	15	16	17	18	19	20	21	22	23	24	25	26	27	28	29	
													소만																망종	
양력 월·일	5·9	10	11	12	13	14	15	16	17	18	19	20	21	22	23	24	25	26	27	28	29	30	31	6·1	2	3	4	5	6	
일 진	甲午	乙未	丙申	丁酉	戊戌	己亥	庚子	辛丑	壬寅	癸卯	甲辰	乙巳	丙午	丁未	戊申	己酉	庚戌	辛亥	壬子	癸丑	甲寅	乙卯	丙辰	丁巳	戊午	己未	庚申	辛酉	壬戌	
													午正																寅正	

5 月(戊午)

음력	1	2	3	4	5	6	7	8	9	10	11	12	13	14	15	16	17	18	19	20	21	22	23	24	25	26	27	28	29	30
															하지															
양력 월·일	6·7	8	9	10	11	12	13	14	15	16	17	18	19	20	21	22	23	24	25	26	27	28	29	30	7·1	2	3	4	5	6
일 진	癸亥	甲子	乙丑	丙寅	丁卯	戊辰	己巳	庚午	辛未	壬申	癸酉	甲戌	乙亥	丙子	丁丑	戊寅	己卯	庚辰	辛巳	壬午	癸未	甲申	乙酉	丙戌	丁亥	戊子	己丑	庚寅	辛卯	壬辰
															亥初															

6 月(己未)

음력	1	2	3	4	5	6	7	8	9	10	11	12	13	14	15	16	17	18	19	20	21	22	23	24	25	26	27	28	29	
	소서							초복									대서	중복												
양력 월·일	7·7	8	9	10	11	12	13	14	15	16	17	18	19	20	21	22	23	24	25	26	27	28	29	30	31	8·1	2	3	4	
일 진	癸巳	甲午	乙未	丙申	丁酉	戊戌	己亥	庚子	辛丑	壬寅	癸卯	甲辰	乙巳	丙午	丁未	戊申	己酉	庚戌	辛亥	壬子	癸丑	甲寅	乙卯	丙辰	丁巳	戊午	己未	庚申	辛酉	
	未正																辰正													

7 月(庚申)

				입추					말복										처서											
음력	1	2	3	4	5	6	7	8	9	10	11	12	13	14	15	16	17	18	19	20	21	22	23	24	25	26	27	28	29	
양력 월·일	8·5	6	7	8	9	10	11	12	13	14	15	16	17	18	19	20	21	22	23	24	25	26	27	28	29	30	31	9·1	2	
일진	壬戌	癸亥	甲子	乙丑	丙寅	丁卯	戊辰	己巳	庚午	辛未	壬申	癸酉	甲戌	乙亥	丙子	丁丑	戊寅	己卯	庚辰	辛巳	壬午	癸未	甲申	乙酉	丙戌	丁亥	戊子	己丑	庚寅	
				子正															甲初											

8 月(辛酉)

						백로															추분									
음력	1	2	3	4	5	6	7	8	9	10	11	12	13	14	15	16	17	18	19	20	21	22	23	24	25	26	27	28	29	30
양력 월·일	9·3	4	5	6	7	8	9	10	11	12	13	14	15	16	17	18	19	20	21	22	23	24	25	26	27	28	29	30	10·1	2
일진	辛卯	壬辰	癸巳	甲午	乙未	丙申	丁酉	戊戌	己亥	庚子	辛丑	壬寅	癸卯	甲辰	乙巳	丙午	丁未	戊申	己酉	庚戌	辛亥	壬子	癸丑	甲寅	乙卯	丙辰	丁巳	戊午	己未	庚申
						寅初															午正									

9 月(壬戌)

						한로															상강									
음력	1	2	3	4	5	6	7	8	9	10	11	12	13	14	15	16	17	18	19	20	21	22	23	24	25	26	27	28	29	
양력 월·일	10·3	4	5	6	7	8	9	10	11	12	13	14	15	16	17	18	19	20	21	22	23	24	25	26	27	28	29	30	31	
일진	辛酉	壬戌	癸亥	甲子	乙丑	丙寅	丁卯	戊辰	己巳	庚午	辛未	壬申	癸酉	甲戌	乙亥	丙子	丁丑	戊寅	己卯	庚辰	辛巳	壬午	癸未	甲申	乙酉	丙戌	丁亥	戊子	己丑	
						戌初															亥正									

10 月(癸亥)

							입동															소설								
음력	1	2	3	4	5	6	7	8	9	10	11	12	13	14	15	16	17	18	19	20	21	22	23	24	25	26	27	28	29	30
양력 월·일	11·1	2	3	4	5	6	7	8	9	10	11	12	13	14	15	16	17	18	19	20	21	22	23	24	25	26	27	28	29	30
일진	庚寅	辛卯	壬辰	癸巳	甲午	乙未	丙申	丁酉	戊戌	己亥	庚子	辛丑	壬寅	癸卯	甲辰	乙巳	丙午	丁未	戊申	己酉	庚戌	辛亥	壬子	癸丑	甲寅	乙卯	丙辰	丁巳	戊午	己未
							亥初															戌初								

11 月(甲子)

							대설															동지								
음력	1	2	3	4	5	6	7	8	9	10	11	12	13	14	15	16	17	18	19	20	21	22	23	24	25	26	27	28	29	
양력 월·일	12·1	2	3	4	5	6	7	8	9	10	11	12	13	14	15	16	17	18	19	20	21	22	23	24	25	26	27	28	29	
일진	庚申	辛酉	壬戌	癸亥	甲子	乙丑	丙寅	丁卯	戊辰	己巳	庚午	辛未	壬申	癸酉	甲戌	乙亥	丙子	丁丑	戊寅	己卯	庚辰	辛巳	壬午	癸未	甲申	乙酉	丙戌	丁亥	戊子	
							未正															辰初								

12 月(乙丑)

								소한														대한								
음력	1	2	3	4	5	6	7	8	9	10	11	12	13	14	15	16	17	18	19	20	21	22	23	24	25	26	27	28	29	30
양력 월·일	12·30	31	1·1	2	3	4	5	6	7	8	9	10	11	12	13	14	15	16	17	18	19	20	21	22	23	24	25	26	27	28
일진	己丑	庚寅	辛卯	壬辰	癸巳	甲午	乙未	丙申	丁酉	戊戌	己亥	庚子	辛丑	壬寅	癸卯	甲辰	乙巳	丙午	丁未	戊申	己酉	庚戌	辛亥	壬子	癸丑	甲寅	乙卯	丙辰	丁巳	戊午
								子正														酉正								

서기 1949 년/단기 4282　　　己 丑 年

正 月(丙寅)

							입춘															우수								
음　력	1	2	3	4	5	6	7	8	9	10	11	12	13	14	15	16	17	18	19	20	21	22	23	24	25	26	27	28	29	30
양력 월·일	1·29	30	31	2·1	2	3	4	5	6	7	8	9	10	11	12	13	14	15	16	17	18	19	20	21	22	23	24	25	26	27
일　진	己未	庚申	辛酉	壬戌	癸亥	甲子	乙丑	丙寅	丁卯	戊辰	己巳	庚午	辛未	壬申	癸酉	甲戌	乙亥	丙子	丁丑	戊寅	己卯	庚辰	辛巳	壬午	癸未	甲申	乙酉	丙戌	丁亥	戊子
							午正															辰初								

2 月(丁卯)

							경칩															춘분								
음　력	1	2	3	4	5	6	7	8	9	10	11	12	13	14	15	16	17	18	19	20	21	22	23	24	25	26	27	28	29	30
양력 월·일	2·28	3·1	2	3	4	5	6	7	8	9	10	11	12	13	14	15	16	17	18	19	20	21	22	23	24	25	26	27	28	29
일　진	己丑	庚寅	辛卯	壬辰	癸巳	甲午	乙未	丙申	丁酉	戊戌	己亥	庚子	辛丑	壬寅	癸卯	甲辰	乙巳	丙午	丁未	戊申	己酉	庚戌	辛亥	壬子	癸丑	甲寅	乙卯	丙辰	丁巳	戊午
							卯正															辰初								

3 月(戊辰)

							청명															곡우								
음　력	1	2	3	4	5	6	7	8	9	10	11	12	13	14	15	16	17	18	19	20	21	22	23	24	25	26	27	28	29	
양력 월·일	3·30	31	4·1	2	3	4	5	6	7	8	9	10	11	12	13	14	15	16	17	18	19	20	21	22	23	24	25	26	27	
일　진	己未	庚申	辛酉	壬戌	癸亥	甲子	乙丑	丙寅	丁卯	戊辰	己巳	庚午	辛未	壬申	癸酉	甲戌	乙亥	丙子	丁丑	戊寅	己卯	庚辰	辛巳	壬午	癸未	甲申	乙酉	丙戌	丁亥	
							午初															酉正								

4 月(己巳)

									입하															소만						
음　력	1	2	3	4	5	6	7	8	9	10	11	12	13	14	15	16	17	18	19	20	21	22	23	24	25	26	27	28	29	30
양력 월·일	4·28	29	30	5·1	2	3	4	5	6	7	8	9	10	11	12	13	14	15	16	17	18	19	20	21	22	23	24	25	26	27
일　진	戊子	己丑	庚寅	辛卯	壬辰	癸巳	甲午	乙未	丙申	丁酉	戊戌	己亥	庚子	辛丑	壬寅	癸卯	甲辰	乙巳	丙午	丁未	戊申	己酉	庚戌	辛亥	壬子	癸丑	甲寅	乙卯	丙辰	丁巳
									卯初															酉正						

5 月(庚午)

										망종																하지				
음　력	1	2	3	4	5	6	7	8	9	10	11	12	13	14	15	16	17	18	19	20	21	22	23	24	25	26	27	28	29	
양력 월·일	5·28	29	30	31	6·1	2	3	4	5	6	7	8	9	10	11	12	13	14	15	16	17	18	19	20	21	22	23	24	25	
일　진	戊午	己未	庚申	辛酉	壬戌	癸亥	甲子	乙丑	丙寅	丁卯	戊辰	己巳	庚午	辛未	壬申	癸酉	甲戌	乙亥	丙子	丁丑	戊寅	己卯	庚辰	辛巳	壬午	癸未	甲申	乙酉	丙戌	
										巳正																丑正				

6 月(辛未)

												소서												초복				대서		
음　력	1	2	3	4	5	6	7	8	9	10	11	12	13	14	15	16	17	18	19	20	21	22	23	24	25	26	27	28	29	30
양력 월·일	6·26	27	28	29	30	7·1	2	3	4	5	6	7	8	9	10	11	12	13	14	15	16	17	18	19	20	21	22	23	24	25
일　진	丁亥	戊子	己丑	庚寅	辛卯	壬辰	癸巳	甲午	乙未	丙申	丁酉	戊戌	己亥	庚子	辛丑	壬寅	癸卯	甲辰	乙巳	丙午	丁未	戊申	己酉	庚戌	辛亥	壬子	癸丑	甲寅	乙卯	丙辰
												戌正																未正		

7 月(壬申)

				중복										입추 말복															처서	
음 력	1	2	3	4	5	6	7	8	9	10	11	12	13	14	15	16	17	18	19	20	21	22	23	24	25	26	27	28	29	
양력 월·일	7·26	27	28	29	30	31	8·1	2	3	4	5	6	7	8	9	10	11	12	13	14	15	16	17	18	19	20	21	22	23	
일 진	丁巳	戊午	己未	庚申	辛酉	壬戌	癸亥	甲子	乙丑	丙寅	丁卯	戊辰	己巳	庚午	辛未	壬申	癸酉	甲戌	乙亥	丙子	丁丑	戊寅	己卯	庚辰	辛巳	壬午	癸未	甲申	乙酉	
														卯正															亥初	

閏 七 月(壬申)

																백로														
음 력	1	2	3	4	5	6	7	8	9	10	11	12	13	14	15	16	17	18	19	20	21	22	23	24	25	26	27	28	29	
양력 월·일	8·24	25	26	27	28	29	30	31	9·1	2	3	4	5	6	7	8	9	10	11	12	13	14	15	16	17	18	19	20	21	
일 진	丙戌	丁亥	戊子	己丑	庚寅	辛卯	壬辰	癸巳	甲午	乙未	丙申	丁酉	戊戌	己亥	庚子	辛丑	壬寅	癸卯	甲辰	乙巳	丙午	丁未	戊申	己酉	庚戌	辛亥	壬子	癸丑	甲寅	
																巳初														

8 月(癸酉)

		추분																한로												
음 력	1	2	3	4	5	6	7	8	9	10	11	12	13	14	15	16	17	18	19	20	21	22	23	24	25	26	27	28	29	30
양력 월·일	9·22	23	24	25	26	27	28	29	30	10·1	2	3	4	5	6	7	8	9	10	11	12	13	14	15	16	17	18	19	20	21
일 진	乙卯	丙辰	丁巳	戊午	己未	庚申	辛酉	壬戌	癸亥	甲子	乙丑	丙寅	丁卯	戊辰	己巳	庚午	辛未	壬申	癸酉	甲戌	乙亥	丙子	丁丑	戊寅	己卯	庚辰	辛巳	壬午	癸未	甲申
		酉正																子正												

9 月(甲戌)

			상강															입동												
음 력	1	2	3	4	5	6	7	8	9	10	11	12	13	14	15	16	17	18	19	20	21	22	23	24	25	26	27	28	29	
양력 월·일	10·22	23	24	25	26	27	28	29	30	31	11·1	2	3	4	5	6	7	8	9	10	11	12	13	14	15	16	17	18	19	
일 진	乙酉	丙戌	丁亥	戊子	己丑	庚寅	辛卯	壬辰	癸巳	甲午	乙未	丙申	丁酉	戊戌	己亥	庚子	辛丑	壬寅	癸卯	甲辰	乙巳	丙午	丁未	戊申	己酉	庚戌	辛亥	壬子	癸丑	
			寅初															寅正												

10 月(乙亥)

				소설														대설												
음 력	1	2	3	4	5	6	7	8	9	10	11	12	13	14	15	16	17	18	19	20	21	22	23	24	25	26	27	28	29	30
양력 월·일	11·20	21	22	23	24	25	26	27	28	29	30	12·1	2	3	4	5	6	7	8	9	10	11	12	13	14	15	16	17	18	19
일 진	甲寅	乙卯	丙辰	丁巳	戊午	己未	庚申	辛酉	壬戌	癸亥	甲子	乙丑	丙寅	丁卯	戊辰	己巳	庚午	辛未	壬申	癸酉	甲戌	乙亥	丙子	丁丑	戊寅	己卯	庚辰	辛巳	壬午	癸未
				子正														戌初												

11 月(丙子)

			동지															소한												
음 력	1	2	3	4	5	6	7	8	9	10	11	12	13	14	15	16	17	18	19	20	21	22	23	24	25	26	27	28	29	
양력 월·일	12·20	21	22	23	24	25	26	27	28	29	30	31	1·1	2	3	4	5	6	7	8	9	10	11	12	13	14	15	16	17	
일 진	甲申	乙酉	丙戌	丁亥	戊子	己丑	丙寅	辛卯	壬辰	癸巳	甲午	乙未	丙申	丁酉	戊戌	己亥	庚子	辛丑	壬寅	癸卯	甲辰	乙巳	丙午	丁未	戊申	己酉	庚戌	辛亥	壬子	
			未初															卯正												

12 月(丁丑)

				대한														입춘												
음 력	1	2	3	4	5	6	7	8	9	10	11	12	13	14	15	16	17	18	19	20	21	22	23	24	25	26	27	28	29	30
양력 월·일	1·18	19	20	21	22	23	24	25	26	27	28	29	30	31	2·1	2	3	4	5	6	7	8	9	10	11	12	13	14	15	16
일 진	癸丑	甲寅	乙卯	丙辰	丁巳	戊午	己未	庚申	辛酉	壬戌	癸亥	甲子	乙丑	丙寅	丁卯	戊辰	己巳	庚午	辛未	壬申	癸酉	甲戌	乙亥	丙子	丁丑	戊寅	己卯	庚辰	辛巳	壬午
				子初														酉正												

서기 1950 년/단기 4283　　庚 寅 年

正 月(戊寅)

				우수														경칩												
음 력	1	2	3	4	5	6	7	8	9	10	11	12	13	14	15	16	17	18	19	20	21	22	23	24	25	26	27	28	29	30
양력 월·일	2·17	18	19	20	21	22	23	24	25	26	27	28	3·1	2	3	4	5	6	7	8	9	10	11	12	13	14	15	16	17	18
일 진	癸未	甲申	乙酉	丙戌	丁亥	戊子	己丑	庚寅	辛卯	壬辰	癸巳	甲午	乙未	丙申	丁酉	戊戌	己亥	庚子	辛丑	壬寅	癸卯	甲辰	乙巳	丙午	丁未	戊申	己酉	庚戌	辛亥	壬子
				未初														午正												

2 月(己卯)

			춘분															청명	한식											
음 력	1	2	3	4	5	6	7	8	9	10	11	12	13	14	15	16	17	18	19	20	21	22	23	24	25	26	27	28	29	
양력 월·일	3·19	20	21	22	23	24	25	26	27	28	29	30	31	4·1	2	3	4	5	6	7	8	9	10	11	12	13	14	15	16	
일 진	癸丑	甲寅	乙卯	丙辰	丁巳	戊午	己未	庚申	辛酉	壬戌	癸亥	甲子	乙丑	丙寅	丁卯	戊辰	己巳	庚午	辛未	壬申	癸酉	甲戌	乙亥	丙子	丁丑	戊寅	己卯	庚辰	辛巳	
			未初															酉初												

3 月(庚辰)

					곡우															입하										
음 력	1	2	3	4	5	6	7	8	9	10	11	12	13	14	15	16	17	18	19	20	21	22	23	24	25	26	27	28	29	30
양력 월·일	4·17	18	19	20	21	22	23	24	25	26	27	28	29	30	5·1	2	3	4	5	6	7	8	9	10	11	12	13	14	15	16
일 진	壬午	癸未	甲申	乙酉	丙戌	丁亥	戊子	己丑	庚寅	辛卯	壬辰	癸巳	甲午	乙未	丙申	丁酉	戊戌	己亥	庚子	辛丑	壬寅	癸卯	甲辰	乙巳	丙午	丁未	戊申	己酉	庚戌	辛亥
					丑初															午初										

4 月(辛巳)

					소만																망종									
음 력	1	2	3	4	5	6	7	8	9	10	11	12	13	14	15	16	17	18	19	20	21	22	23	24	25	26	27	28	29	30
양력 월·일	5·17	18	19	20	21	22	23	24	25	26	27	28	29	30	31	6·1	2	3	4	5	6	7	8	9	10	11	12	13	14	15
일 진	壬子	癸丑	甲寅	乙卯	丙辰	丁巳	戊午	己未	庚申	辛酉	壬戌	癸亥	甲子	乙丑	丙寅	丁卯	戊辰	己巳	庚午	辛未	壬申	癸酉	甲戌	乙亥	丙子	丁丑	戊寅	己卯	庚辰	辛巳
					子正																申初									

5 月(壬午)

								하지															소서							
음 력	1	2	3	4	5	6	7	8	9	10	11	12	13	14	15	16	17	18	19	20	21	22	23	24	25	26	27	28	29	
양력 월·일	6·16	17	18	19	20	21	22	23	24	25	26	27	28	29	30	7·1	2	3	4	5	6	7	8	9	10	11	12	13	14	
일 진	壬午	癸未	甲申	乙酉	丙戌	丁亥	戊子	己丑	庚寅	辛卯	壬辰	癸巳	甲午	乙未	丙申	丁酉	戊戌	己亥	庚子	辛丑	壬寅	癸卯	甲辰	乙巳	丙午	丁未	戊申	己酉	庚戌	
								辰初															丑正							

6 月(癸未)

									대서																입추					
음 력	1	2	3	4	5	6	7	8	9	10	11	12	13	14	15	16	17	18	19	20	21	22	23	24	25	26	27	28	29	30
양력 월·일	7·15	16	17	18	19	20	21	22	23	24	25	26	27	28	29	30	31	8·1	2	3	4	5	6	7	8	9	10	11	12	13
일 진	辛亥	壬子	癸丑	甲寅	乙卯	丙辰	丁巳	戊午	己未	庚申	辛酉	壬戌	癸亥	甲子	乙丑	丙寅	丁卯	戊辰	己巳	庚午	辛未	壬申	癸酉	甲戌	乙亥	丙子	丁丑	戊寅	己卯	庚辰
									戌初																午正					

7 月(甲申)

											처서															백로				
음 력	1	2	3	4	5	6	7	8	9	10	11	12	13	14	15	16	17	18	19	20	21	22	23	24	25	26	27	28	29	
양력 월·일	8·14	15	16	17	18	19	20	21	22	23	24	25	26	27	28	29	30	31	9·1	2	3	4	5	6	7	8	9	10	11	
일 진	辛巳	壬午	癸未	甲申	乙酉	丙戌	丁亥	戊子	己丑	庚寅	辛卯	壬辰	癸巳	甲午	乙未	丙申	丁酉	戊戌	己亥	庚子	辛丑	壬寅	癸卯	甲辰	乙巳	丙午	丁未	戊申	己酉	
											丑正															申初				

8 月(乙酉)

												추분																한로		
음 력	1	2	3	4	5	6	7	8	9	10	11	12	13	14	15	16	17	18	19	20	21	22	23	24	25	26	27	28	29	
양력 월·일	9·12	13	14	15	16	17	18	19	20	21	22	23	24	25	26	27	28	29	30	10·1	2	3	4	5	6	7	8	9	10	
일 진	庚戌	辛亥	壬子	癸丑	甲寅	乙卯	丙辰	丁巳	戊午	己未	庚申	辛酉	壬戌	癸亥	甲子	乙丑	丙寅	丁卯	戊辰	己巳	庚午	辛未	壬申	癸酉	甲戌	乙亥	丙子	丁丑	戊寅	
												子正																卯正		

9 月(丙戌)

														상강															입동	
음 력	1	2	3	4	5	6	7	8	9	10	11	12	13	14	15	16	17	18	19	20	21	22	23	24	25	26	27	28	29	30
양력 월·일	10·11	12	13	14	15	16	17	18	19	20	21	22	23	24	25	26	27	28	29	30	31	11·1	2	3	4	5	6	7	8	9
일 진	己卯	庚辰	辛巳	壬午	癸未	甲申	乙酉	丙戌	丁亥	戊子	己丑	庚寅	辛卯	壬辰	癸巳	甲午	乙未	丙申	丁酉	戊戌	己亥	庚子	辛丑	壬寅	癸卯	甲辰	乙巳	丙午	丁未	戊申
														巳初															巳初	

10 月(丁亥)

														소설															대설	
음 력	1	2	3	4	5	6	7	8	9	10	11	12	13	14	15	16	17	18	19	20	21	22	23	24	25	26	27	28	29	
양력 월·일	11·10	11	12	13	14	15	16	17	18	19	20	21	22	23	24	25	26	27	28	29	30	12·1	2	3	4	5	6	7	8	
일 진	己酉	庚戌	辛亥	壬子	癸丑	甲寅	乙卯	丙辰	丁巳	戊午	己未	庚申	辛酉	壬戌	癸亥	甲子	乙丑	丙寅	丁卯	戊辰	己巳	庚午	辛未	壬申	癸酉	甲戌	乙亥	丙子	丁丑	
														卯正															丑初	

11 月(戊子)

														동지															소한	
음 력	1	2	3	4	5	6	7	8	9	10	11	12	13	14	15	16	17	18	19	20	21	22	23	24	25	26	27	28	29	30
양력 월·일	12·9	10	11	12	13	14	15	16	17	18	19	20	21	22	23	24	25	26	27	28	29	30	31	1·1	2	3	4	5	6	7
일 진	戊寅	己卯	庚辰	辛巳	壬午	癸未	甲申	乙酉	丙戌	丁亥	戊子	己丑	庚寅	辛卯	壬辰	癸巳	甲午	乙未	丙申	丁酉	戊戌	己亥	庚子	辛丑	壬寅	癸卯	甲辰	乙巳	丙午	丁未
														戌初															午正	

12 月(己丑)

														대한															입춘	
음 력	1	2	3	4	5	6	7	8	9	10	11	12	13	14	15	16	17	18	19	20	21	22	23	24	25	26	27	28	29	
양력 월·일	1·8	9	10	11	12	13	14	15	16	17	18	19	20	21	22	23	24	25	26	27	28	29	30	31	2·1	2	3	4	5	
일 진	戊申	己酉	庚戌	辛亥	壬子	癸丑	甲寅	乙卯	丙辰	丁巳	戊午	己未	庚申	辛酉	壬戌	癸亥	甲子	乙丑	丙寅	丁卯	戊辰	己巳	庚午	辛未	壬申	癸酉	甲戌	乙亥	丙子	
														卯初															子正	

서기 1951 년/단기 4284　　辛 卯 年

正 月(庚寅)

음력	1	2	3	4	5	6	7	8	9	10	11	12	13	14	15	16	17	18	19	20	21	22	23	24	25	26	27	28	29	30
														우수															경칩	
양력 월·일	2·6	7	8	9	10	11	12	13	14	15	16	17	18	19	20	21	22	23	24	25	26	27	28	3·1	2	3	4	5	6	7
일진	丁丑	戊寅	己卯	庚辰	辛巳	壬午	癸未	甲申	乙酉	丙戌	丁亥	戊子	己丑	庚寅	辛卯	壬辰	癸巳	甲午	乙未	丙申	丁酉	戊戌	己亥	庚子	辛丑	壬寅	癸卯	甲辰	乙巳	丙午
														戌初															酉初	

2 月(辛卯)

음력	1	2	3	4	5	6	7	8	9	10	11	12	13	14	15	16	17	18	19	20	21	22	23	24	25	26	27	28	29	
														춘분															청명	
양력 월·일	3·8	9	10	11	12	13	14	15	16	17	18	19	20	21	22	23	24	25	26	27	28	29	30	31	4·1	2	3	4	5	
일진	丁未	戊申	己酉	庚戌	辛亥	壬子	癸丑	甲寅	乙卯	丙辰	丁巳	戊午	己未	庚申	辛酉	壬戌	癸亥	甲子	乙丑	丙寅	丁卯	戊辰	己巳	庚午	辛未	壬申	癸酉	甲戌	乙亥	
														戌初															子初	

3 月(壬辰)

음력	1	2	3	4	5	6	7	8	9	10	11	12	13	14	15	16	17	18	19	20	21	22	23	24	25	26	27	28	29	30
	한식															곡우														
양력 월·일	4·6	7	8	9	10	11	12	13	14	15	16	17	18	19	20	21	22	23	24	25	26	27	28	29	30	5·1	2	3	4	5
일진	丙子	丁丑	戊寅	己卯	庚辰	辛巳	壬午	癸未	甲申	乙酉	丙戌	丁亥	戊子	己丑	庚寅	辛卯	壬辰	癸巳	甲午	乙未	丙申	丁酉	戊戌	己亥	庚子	辛丑	壬寅	癸卯	甲辰	乙巳
																卯正														

4 月(癸巳)

음력	1	2	3	4	5	6	7	8	9	10	11	12	13	14	15	16	17	18	19	20	21	22	23	24	25	26	27	28	29	30
	입하																소만													
양력 월·일	5·6	7	8	9	10	11	12	13	14	15	16	17	18	19	20	21	22	23	24	25	26	27	28	29	30	31	6·1	2	3	4
일진	丙午	丁未	戊申	己酉	庚戌	辛亥	壬子	癸丑	甲寅	乙卯	丙辰	丁巳	戊午	己未	庚申	辛酉	壬戌	癸亥	甲子	乙丑	丙寅	丁卯	戊辰	己巳	庚午	辛未	壬申	癸酉	甲戌	乙亥
	酉初																卯正													

5 月(甲午)

음력	1	2	3	4	5	6	7	8	9	10	11	12	13	14	15	16	17	18	19	20	21	22	23	24	25	26	27	28	29	
		망종																하지												
양력 월·일	6·5	6	7	8	9	10	11	12	13	14	15	16	17	18	19	20	21	22	23	24	25	26	27	28	29	30	7·1	2	3	
일진	丙子	丁丑	戊寅	己卯	庚辰	辛巳	壬午	癸未	甲申	乙酉	丙戌	丁亥	戊子	己丑	庚寅	辛卯	壬辰	癸巳	甲午	乙未	丙申	丁酉	戊戌	己亥	庚子	辛丑	壬寅	癸卯	甲辰	
		亥初																未正												

6 月(乙未)

음력	1	2	3	4	5	6	7	8	9	10	11	12	13	14	15	16	17	18	19	20	21	22	23	24	25	26	27	28	29	30
					소서											초복					대서					중복				
양력 월·일	7·4	5	6	7	8	9	10	11	12	13	14	15	16	17	18	19	20	21	22	23	24	25	26	27	28	29	30	31	8·1	2
일진	乙巳	丙午	丁未	戊申	己酉	庚戌	辛亥	壬子	癸丑	甲寅	乙卯	丙辰	丁巳	戊午	己未	庚申	辛酉	壬戌	癸亥	甲子	乙丑	丙寅	丁卯	戊辰	己巳	庚午	辛未	壬申	癸酉	甲戌
					辰正																丑初									

7 月(丙申)

						입추 말복																처서								
음 력	1	2	3	4	5	6	7	8	9	10	11	12	13	14	15	16	17	18	19	20	21	22	23	24	25	26	27	28	29	
양력 월·일	8·3	4	5	6	7	8	9	10	11	12	13	14	15	16	17	18	19	20	21	22	23	24	25	26	27	28	29	30	31	
일 진	乙亥	丙子	丁丑	戊寅	己卯	庚辰	辛巳	壬午	癸未	甲申	乙酉	丙戌	丁亥	戊子	己丑	庚寅	辛卯	壬辰	癸巳	甲午	乙未	丙申	丁酉	戊戌	己亥	庚子	辛丑	壬寅	癸卯	
						酉正																辰正								

8 月(丁酉)

								백로																추분						
음 력	1	2	3	4	5	6	7	8	9	10	11	12	13	14	15	16	17	18	19	20	21	22	23	24	25	26	27	28	29	30
양력 월·일	9·1	2	3	4	5	6	7	8	9	10	11	12	13	14	15	16	17	18	19	20	21	22	23	24	25	26	27	28	29	30
일 진	甲辰	乙巳	丙午	丁未	戊申	己酉	庚戌	辛亥	壬子	癸丑	甲寅	乙卯	丙辰	丁巳	戊午	己未	庚申	辛酉	壬戌	癸亥	甲子	乙丑	丙寅	丁卯	戊辰	己巳	庚午	辛未	壬申	癸酉
								亥初																卯正						

9 月(戊戌)

									한로															상강						
음 력	1	2	3	4	5	6	7	8	9	10	11	12	13	14	15	16	17	18	19	20	21	22	23	24	25	26	27	28	29	
양력 월·일	10·1	2	3	4	5	6	7	8	9	10	11	12	13	14	15	16	17	18	19	20	21	22	23	24	25	26	27	28	29	
일 진	甲戌	乙亥	丙子	丁丑	戊寅	己卯	庚辰	辛巳	壬午	癸未	甲申	乙酉	丙戌	丁亥	戊子	己丑	庚寅	辛卯	壬辰	癸巳	甲午	乙未	丙申	丁酉	戊戌	己亥	庚子	辛丑	壬寅	
									午正															申初						

10 月(己亥)

										입동															소설					
음 력	1	2	3	4	5	6	7	8	9	10	11	12	13	14	15	16	17	18	19	20	21	22	23	24	25	26	27	28	29	30
양력 월·일	10·30	31	11·1	2	3	4	5	6	7	8	9	10	11	12	13	14	15	16	17	18	19	20	21	22	23	24	25	26	27	28
일 진	癸卯	甲辰	乙巳	丙午	丁未	戊申	己酉	庚戌	辛亥	壬子	癸丑	甲寅	乙卯	丙辰	丁巳	戊午	己未	庚申	辛酉	壬戌	癸亥	甲子	乙丑	丙寅	丁卯	戊辰	己巳	庚午	辛未	壬申
										申初															午正					

11 月(庚子)

										대설															동지					
음 력	1	2	3	4	5	6	7	8	9	10	11	12	13	14	15	16	17	18	19	20	21	22	23	24	25	26	27	28	29	
양력 월·일	11·29	30	12·1	2	3	4	5	6	7	8	9	10	11	12	13	14	15	16	17	18	19	20	21	22	23	24	25	26	27	
일 진	癸酉	甲戌	乙亥	丙子	丁丑	戊寅	己卯	庚辰	辛巳	壬午	癸未	甲申	乙酉	丙戌	丁亥	戊子	己丑	庚寅	辛卯	壬辰	癸巳	甲午	乙未	丙申	丁酉	戊戌	己亥	庚子	辛丑	
										辰初															丑初					

12 月(辛丑)

										소한															대한					
음 력	1	2	3	4	5	6	7	8	9	10	11	12	13	14	15	16	17	18	19	20	21	22	23	24	25	26	27	28	29	30
양력 월·일	12·28	29	30	31	1·1	2	3	4	5	6	7	8	9	10	11	12	13	14	15	16	17	18	19	20	21	22	23	24	25	26
일 진	壬寅	癸卯	甲辰	乙巳	丙午	丁未	戊申	己酉	庚戌	辛亥	壬子	癸丑	甲寅	乙卯	丙辰	丁巳	戊午	己未	庚申	辛酉	壬戌	癸亥	甲子	乙丑	丙寅	丁卯	戊辰	己巳	庚午	辛未
										酉正															午初					

서기 1952 년/단기 4285 壬 辰 年

正 月(壬寅)

절기										입춘															우수					
음 력	1	2	3	4	5	6	7	8	9	10	11	12	13	14	15	16	17	18	19	20	21	22	23	24	25	26	27	28	29	
양력 월·일	1·27	28	29	30	31	2·1	2	3	4	5	6	7	8	9	10	11	12	13	14	15	16	17	18	19	20	21	22	23	24	
일 진	壬申	癸酉	甲戌	乙亥	丙子	丁丑	戊寅	己卯	庚辰	辛巳	壬午	癸未	甲申	乙酉	丙戌	丁亥	戊子	己丑	庚寅	辛卯	壬辰	癸巳	甲午	乙未	丙申	丁酉	戊戌	己亥	庚子	
시각										卯初															丑初					

2 月(癸卯)

절기											경칩															춘분				
음 력	1	2	3	4	5	6	7	8	9	10	11	12	13	14	15	16	17	18	19	20	21	22	23	24	25	26	27	28	29	30
양력 월·일	2·25	26	27	28	29	3·1	2	3	4	5	6	7	8	9	10	11	12	13	14	15	16	17	18	19	20	21	22	23	24	25
일 진	辛丑	壬寅	癸卯	甲辰	乙巳	丙午	丁未	戊申	己酉	庚戌	辛亥	壬子	癸丑	甲寅	乙卯	丙辰	丁巳	戊午	己未	庚申	辛酉	壬戌	癸亥	甲子	乙丑	丙寅	丁卯	戊辰	己巳	庚午
시각											子正															子正				

3 月(甲辰)

절기											청명	한식														곡우				
음 력	1	2	3	4	5	6	7	8	9	10	11	12	13	14	15	16	17	18	19	20	21	22	23	24	25	26	27	28	29	
양력 월·일	3·26	27	28	29	30	31	4·1	2	3	4	5	6	7	8	9	10	11	12	13	14	15	16	17	18	19	20	21	22	23	
일 진	辛未	壬申	癸酉	甲戌	乙亥	丙子	丁丑	戊寅	己卯	庚辰	辛巳	壬午	癸未	甲申	乙酉	丙戌	丁亥	戊子	己丑	庚寅	辛卯	壬辰	癸巳	甲午	乙未	丙申	丁酉	戊戌	己亥	
시각											卯初															午正				

4 月(乙巳)

절기												입하																소만		
음 력	1	2	3	4	5	6	7	8	9	10	11	12	13	14	15	16	17	18	19	20	21	22	23	24	25	26	27	28	29	30
양력 월·일	4·24	25	26	27	28	29	30	5·1	2	3	4	5	6	7	8	9	10	11	12	13	14	15	16	17	18	19	20	21	22	23
일 진	庚子	辛丑	壬寅	癸卯	甲辰	乙巳	丙午	丁未	戊申	己酉	庚戌	辛亥	壬子	癸丑	甲寅	乙卯	丙辰	丁巳	戊午	己未	庚申	辛酉	壬戌	癸亥	甲子	乙丑	丙寅	丁卯	戊辰	己巳
시각												亥正																卯初		

5 月(丙午)

절기														망종															하지	
음 력	1	2	3	4	5	6	7	8	9	10	11	12	13	14	15	16	17	18	19	20	21	22	23	24	25	26	27	28	29	
양력 월·일	5·24	25	26	27	28	29	30	31	6·1	2	3	4	5	6	7	8	9	10	11	12	13	14	15	16	17	18	19	20	21	
일 진	庚午	辛未	壬申	癸酉	甲戌	乙亥	丙子	丁丑	戊寅	己卯	庚辰	辛巳	壬午	癸未	甲申	乙酉	丙戌	丁亥	戊子	己丑	庚寅	辛卯	壬辰	癸巳	甲午	乙未	丙申	丁酉	戊戌	
시각														寅初															戌正	

閏 五 月(丙午)

절기																소서						초복								
음 력	1	2	3	4	5	6	7	8	9	10	11	12	13	14	15	16	17	18	19	20	21	22	23	24	25	26	27	28	29	30
양력 월·일	6·22	23	24	25	26	27	28	29	30	7·1	2	3	4	5	6	7	8	9	10	11	12	13	14	15	16	17	18	19	20	21
일 진	己亥	庚子	辛丑	壬寅	癸卯	甲辰	乙巳	丙午	丁未	戊申	己酉	庚戌	辛亥	壬子	癸丑	甲寅	乙卯	丙辰	丁巳	戊午	己未	庚申	辛酉	壬戌	癸亥	甲子	乙丑	丙寅	丁卯	戊辰
시각																未初														

6 月(丁未)

		대서 중복															입추					말복								
음력	1	2	3	4	5	6	7	8	9	10	11	12	13	14	15	16	17	18	19	20	21	22	23	24	25	26	27	28	29	30
양력 월·일	7·22	23	24	25	26	27	28	29	30	31	8·1	2	3	4	5	6	7	8	9	10	11	12	13	14	15	16	17	18	19	20
일진	己巳	庚午	辛未	壬申	癸酉	甲戌	乙亥	丙子	丁丑	戊寅	己卯	庚辰	辛巳	壬午	癸未	甲申	乙酉	丙戌	丁亥	戊子	己丑	庚寅	辛卯	壬辰	癸巳	甲午	乙未	丙申	丁酉	戊戌
		辰初															子正													

7 月(戊申)

			처서																백로											
음력	1	2	3	4	5	6	7	8	9	10	11	12	13	14	15	16	17	18	19	20	21	22	23	24	25	26	27	28	29	
양력 월·일	8·21	22	23	24	25	26	27	28	29	30	31	9·1	2	3	4	5	6	7	8	9	10	11	12	13	14	15	16	17	18	
일진	己亥	庚子	辛丑	壬寅	癸卯	甲辰	乙巳	丙午	丁未	戊申	己酉	庚戌	辛亥	壬子	癸丑	甲寅	乙卯	丙辰	丁巳	戊午	己未	庚申	辛酉	壬戌	癸亥	甲子	乙丑	丙寅	丁卯	
			未正																丑正											

8 月(己酉)

					추분															한로										
음력	1	2	3	4	5	6	7	8	9	10	11	12	13	14	15	16	17	18	19	20	21	22	23	24	25	26	27	28	29	30
양력 월·일	9·19	20	21	22	23	24	25	26	27	28	29	30	10·1	2	3	4	5	6	7	8	9	10	11	12	13	14	15	16	17	18
일진	戊辰	己巳	庚午	辛未	壬申	癸酉	甲戌	乙亥	丙子	丁丑	戊寅	己卯	庚辰	辛巳	壬午	癸未	甲申	乙酉	丙戌	丁亥	戊子	己丑	庚寅	辛卯	壬辰	癸巳	甲午	乙未	丙申	丁酉
					午正															戌正										

9 月(庚戌)

					상강															입동										
음력	1	2	3	4	5	6	7	8	9	10	11	12	13	14	15	16	17	18	19	20	21	22	23	24	25	26	27	28	29	
양력 월·일	10·19	20	21	22	23	24	25	26	27	28	29	30	31	11·1	2	3	4	5	6	7	8	9	10	11	12	13	14	15	16	
일진	戊戌	己亥	庚子	辛丑	壬寅	癸卯	甲辰	乙巳	丙午	丁未	戊申	己酉	庚戌	辛亥	壬子	癸丑	甲寅	乙卯	丙辰	丁巳	戊午	己未	庚申	辛酉	壬戌	癸亥	甲子	乙丑	丙寅	
																				亥初										

10 月(辛亥)

						소설															대설									
음력	1	2	3	4	5	6	7	8	9	10	11	12	13	14	15	16	17	18	19	20	21	22	23	24	25	26	27	28	29	30
양력 월·일	11·17	18	19	20	21	22	23	24	25	26	27	28	29	30	12·1	2	3	4	5	6	7	8	9	10	11	12	13	14	15	16
일진	丁卯	戊辰	己巳	庚午	辛未	壬申	癸酉	甲戌	乙亥	丙子	丁丑	戊寅	己卯	庚辰	辛巳	壬午	癸未	甲申	乙酉	丙戌	丁亥	戊子	己丑	庚寅	辛卯	壬辰	癸巳	甲午	乙未	丙申
						亥初															午正									

11 月(壬子)

						동지															소한									
음력	1	2	3	4	5	6	7	8	9	10	11	12	13	14	15	16	17	18	19	20	21	22	23	24	25	26	27	28	29	
양력 월·일	12·17	18	19	20	21	22	23	24	25	26	27	28	29	30	31	1·1	2	3	4	5	6	7	8	9	10	11	12	13	14	
일진	丁酉	戊戌	己亥	庚子	辛丑	壬寅	癸卯	甲辰	乙巳	丙午	丁未	戊申	己酉	庚戌	辛亥	壬子	癸丑	甲寅	乙卯	丙辰	丁巳	戊午	己未	庚申	辛酉	壬戌	癸亥	甲子	乙丑	
						辰初															子正									

12 月(癸丑)

						대한															입춘									
음력	1	2	3	4	5	6	7	8	9	10	11	12	13	14	15	16	17	18	19	20	21	22	23	24	25	26	27	28	29	30
양력 월·일	1·15	16	17	18	19	20	21	22	23	24	25	26	27	28	29	30	31	2·1	2	3	4	5	6	7	8	9	10	11	12	13
일진	丙寅	丁卯	戊辰	己巳	庚午	辛未	壬申	癸酉	甲戌	乙亥	丙子	丁丑	戊寅	己卯	庚辰	辛巳	壬午	癸未	甲申	乙酉	丙戌	丁亥	戊子	己丑	庚寅	辛卯	壬辰	癸巳	甲午	乙未
						酉初															午初									

서기 1953 년/단기 4286 癸 巳 年

正 月(甲寅)

						우수															경칩									
음 력	1	2	3	4	5	6	7	8	9	10	11	12	13	14	15	16	17	18	19	20	21	22	23	24	25	26	27	28	29	
양력 월·일	2·14	15	16	17	18	19	20	21	22	23	24	25	26	27	28	3·1	2	3	4	5	6	7	8	9	10	11	12	13	14	
일 진	丙申	丁酉	戊戌	己亥	庚子	辛丑	壬寅	癸卯	甲辰	乙巳	丙午	丁未	戊申	己酉	庚戌	辛亥	壬子	癸丑	甲寅	乙卯	丙辰	丁巳	戊午	己未	庚申	辛酉	壬戌	癸亥	甲子	
						辰初															卯初									

2 月(乙卯)

							춘분															청명	한식							
음 력	1	2	3	4	5	6	7	8	9	10	11	12	13	14	15	16	17	18	19	20	21	22	23	24	25	26	27	28	29	30
양력 월·일	3·15	16	17	18	19	20	21	22	23	24	25	26	27	28	29	30	31	4·1	2	3	4	5	6	7	8	9	10	11	12	13
일 진	乙丑	丙寅	丁卯	戊辰	己巳	庚午	辛未	壬申	癸酉	甲戌	乙亥	丙子	丁丑	戊寅	己卯	庚辰	辛巳	壬午	癸未	甲申	乙酉	丙戌	丁亥	戊子	己丑	庚寅	辛卯	壬辰	癸巳	甲午
							卯正															巳正								

3 月(丙辰)

							곡우																입하							
음 력	1	2	3	4	5	6	7	8	9	10	11	12	13	14	15	16	17	18	19	20	21	22	23	24	25	26	27	28	29	
양력 월·일	4·14	15	16	17	18	19	20	21	22	23	24	25	26	27	28	29	30	5·1	2	3	4	5	6	7	8	9	10	11	12	
일 진	乙未	丙申	丁酉	戊戌	己亥	庚子	辛丑	壬寅	癸卯	甲辰	乙巳	丙午	丁未	戊申	己酉	庚戌	辛亥	壬子	癸丑	甲寅	乙卯	丙辰	丁巳	戊午	己未	庚申	辛酉	壬戌	癸亥	
							酉正																寅正							

4 月(丁巳)

									소만																망종					
음 력	1	2	3	4	5	6	7	8	9	10	11	12	13	14	15	16	17	18	19	20	21	22	23	24	25	26	27	28	29	
양력 월·일	5·13	14	15	16	17	18	19	20	21	22	23	24	25	26	27	28	29	30	31	6·1	2	3	4	5	6	7	8	9	10	
일 진	甲子	乙丑	丙寅	丁卯	戊辰	己巳	庚午	辛未	壬申	癸酉	甲戌	乙亥	丙子	丁丑	戊寅	己卯	庚辰	辛巳	壬午	癸未	甲申	乙酉	丙戌	丁亥	戊子	己丑	庚寅	辛卯	壬辰	
									酉初																巳初					

5 月(戊午)

												하지															소서			
음 력	1	2	3	4	5	6	7	8	9	10	11	12	13	14	15	16	17	18	19	20	21	22	23	24	25	26	27	28	29	30
양력 월·일	6·11	12	13	14	15	16	17	18	19	20	21	22	23	24	25	26	27	28	29	30	7·1	2	3	4	5	6	7	8	9	10
일 진	癸巳	甲午	乙未	丙申	丁酉	戊戌	己亥	庚子	辛丑	壬寅	癸卯	甲辰	乙巳	丙午	丁未	戊申	己酉	庚戌	辛亥	壬子	癸丑	甲寅	乙卯	丙辰	丁巳	戊午	己未	庚申	辛酉	壬戌
												丑正															戌初			

6 月(己未)

								초복					대서																입추	
음 력	1	2	3	4	5	6	7	8	9	10	11	12	13	14	15	16	17	18	19	20	21	22	23	24	25	26	27	28	29	30
양력 월·일	7·11	12	13	14	15	16	17	18	19	20	21	22	23	24	25	26	27	28	29	30	31	8·1	2	3	4	5	6	7	8	9
일 진	癸亥	甲子	乙丑	丙寅	丁卯	戊辰	己巳	庚午	辛未	壬申	癸酉	甲戌	乙亥	丙子	丁丑	戊寅	己卯	庚辰	辛巳	壬午	癸未	甲申	乙酉	丙戌	丁亥	戊子	己丑	庚寅	辛卯	壬辰
								未初																					卯初	

7 月(庚申)

															처서															
음 력	1	2	3	4	5	6	7	8	9	10	11	12	13	14	15	16	17	18	19	20	21	22	23	24	25	26	27	28	29	
양력 월·일	8·10	11	12	13	14	15	16	17	18	19	20	21	22	23	24	25	26	27	28	29	30	31	9·1	2	3	4	5	6	7	
일 진	癸巳	甲午	乙未	丙申	丁酉	戊戌	己亥	庚子	辛丑	壬寅	癸卯	甲辰	乙巳	丙午	丁未	戊申	己酉	庚戌	辛亥	壬子	癸丑	甲寅	乙卯	丙辰	丁巳	戊午	己未	庚申	辛酉	
															戌正															

8 月(辛酉)

	백로															추분														
음 력	1	2	3	4	5	6	7	8	9	10	11	12	13	14	15	16	17	18	19	20	21	22	23	24	25	26	27	28	29	30
양력 월·일	9·8	9	10	11	12	13	14	15	16	17	18	19	20	21	22	23	24	25	26	27	28	29	30	10·1	2	3	4	5	6	7
일 진	壬戌	癸亥	甲子	乙丑	丙寅	丁卯	戊辰	己巳	庚午	辛未	壬申	癸酉	甲戌	乙亥	丙子	丁丑	戊寅	己卯	庚辰	辛巳	壬午	癸未	甲申	乙酉	丙戌	丁亥	戊子	己丑	庚寅	辛卯
	辰正															酉正														

9 月(壬戌)

	한로																상강													
음 력	1	2	3	4	5	6	7	8	9	10	11	12	13	14	15	16	17	18	19	20	21	22	23	24	25	26	27	28	29	30
양력 월·일	10·8	9	10	11	12	13	14	15	16	17	18	19	20	21	22	23	24	25	26	27	28	29	30	31	11·1	2	3	4	5	6
일 진	壬辰	癸巳	甲午	乙未	丙申	丁酉	戊戌	己亥	庚子	辛丑	壬寅	癸卯	甲辰	乙巳	丙午	丁未	戊申	己酉	庚戌	辛亥	壬子	癸丑	甲寅	乙卯	丙辰	丁巳	戊午	己未	庚申	辛酉
	子初																寅初													

10 月(癸亥)

		입동															소설													
음 력	1	2	3	4	5	6	7	8	9	10	11	12	13	14	15	16	17	18	19	20	21	22	23	24	25	26	27	28	29	
양력 월·일	11·7	8	9	10	11	12	13	14	15	16	17	18	19	20	21	22	23	24	25	26	27	28	29	30	12·1	2	3	4	5	
일 진	壬戌	癸亥	甲子	乙丑	丙寅	丁卯	戊辰	己巳	庚午	辛未	壬申	癸酉	甲戌	乙亥	丙子	丁丑	戊寅	己卯	庚辰	辛巳	壬午	癸未	甲申	乙酉	丙戌	丁亥	戊子	己丑	庚寅	
		寅初															子正													

11 月(甲子)

		대설															동지													
음 력	1	2	3	4	5	6	7	8	9	10	11	12	13	14	15	16	17	18	19	20	21	22	23	24	25	26	27	28	29	30
양력 월·일	12·6	7	8	9	10	11	12	13	14	15	16	17	18	19	20	21	22	23	24	25	26	27	28	29	30	31	1·1	2	3	4
일 진	辛卯	壬辰	癸巳	甲午	乙未	丙申	丁酉	戊戌	己亥	庚子	辛丑	壬寅	癸卯	甲辰	乙巳	丙午	丁未	戊申	己酉	庚戌	辛亥	壬子	癸丑	甲寅	乙卯	丙辰	丁巳	戊午	己未	庚申
		戌初															午正													

12 月(乙丑)

		소한														대한														
음 력	1	2	3	4	5	6	7	8	9	10	11	12	13	14	15	16	17	18	19	20	21	22	23	24	25	26	27	28	29	30
양력 월·일	1·5	6	7	8	9	10	11	12	13	14	15	16	17	18	19	20	21	22	23	24	25	26	27	28	29	30	31	2·1	2	3
일 진	辛酉	壬戌	癸亥	甲子	乙丑	丙寅	丁卯	戊辰	己巳	庚午	辛未	壬申	癸酉	甲戌	乙亥	丙子	丁丑	戊寅	己卯	庚辰	辛巳	壬午	癸未	甲申	乙酉	丙戌	丁亥	戊子	己丑	庚寅
		卯正														子初														

서기 1954 년/단기 4287 甲 午 年

正 月(丙寅)

	1	2	3	4	5	6	7	8	9	10	11	12	13	14	15	16	17	18	19	20	21	22	23	24	25	26	27	28	29
	입춘															우수													
음 력	1	2	3	4	5	6	7	8	9	10	11	12	13	14	15	16	17	18	19	20	21	22	23	24	25	26	27	28	29
양력 월·일	2·4	5	6	7	8	9	10	11	12	13	14	15	16	17	18	19	20	21	22	23	24	25	26	27	28	3·1	2	3	4
일 진	辛卯	壬辰	癸巳	甲午	乙未	丙申	丁酉	戊戌	己亥	庚子	辛丑	壬寅	癸卯	甲辰	乙巳	丙午	丁未	戊申	己酉	庚戌	辛亥	壬子	癸丑	甲寅	乙卯	丙辰	丁巳	戊午	己未
	酉初															午初													

2 月(丁卯)

	1	2	3	4	5	6	7	8	9	10	11	12	13	14	15	16	17	18	19	20	21	22	23	24	25	26	27	28	29
		경칩															춘분												
음 력	1	2	3	4	5	6	7	8	9	10	11	12	13	14	15	16	17	18	19	20	21	22	23	24	25	26	27	28	29
양력 월·일	3·5	6	7	8	9	10	11	12	13	14	15	16	17	18	19	20	21	22	23	24	25	26	27	28	29	30	31	4·1	2
일 진	庚申	辛酉	壬戌	癸亥	甲子	乙丑	丙寅	丁卯	戊辰	己巳	庚午	辛未	壬申	癸酉	甲戌	乙亥	丙子	丁丑	戊寅	己卯	庚辰	辛巳	壬午	癸未	甲申	乙酉	丙戌	丁亥	戊子
		午初															午正												

3 月(戊辰)

	1	2	3	4	5	6	7	8	9	10	11	12	13	14	15	16	17	18	19	20	21	22	23	24	25	26	27	28	29	30
			청명	한식															곡우											
음 력	1	2	3	4	5	6	7	8	9	10	11	12	13	14	15	16	17	18	19	20	21	22	23	24	25	26	27	28	29	30
양력 월·일	4·3	4	5	6	7	8	9	10	11	12	13	14	15	16	17	18	19	20	21	22	23	24	25	26	27	28	29	30	5·1	2
일 진	己丑	庚寅	辛卯	壬辰	癸巳	甲午	乙未	丙申	丁酉	戊戌	己亥	庚子	辛丑	壬寅	癸卯	甲辰	乙巳	丙午	丁未	戊申	己酉	庚戌	辛亥	壬子	癸丑	甲寅	乙卯	丙辰	丁巳	戊午
			申正																子正											

4 月(己巳)

	1	2	3	4	5	6	7	8	9	10	11	12	13	14	15	16	17	18	19	20	21	22	23	24	25	26	27	28	29
				입하															소만										
음 력	1	2	3	4	5	6	7	8	9	10	11	12	13	14	15	16	17	18	19	20	21	22	23	24	25	26	27	28	29
양력 월·일	5·3	4	5	6	7	8	9	10	11	12	13	14	15	16	17	18	19	20	21	22	23	24	25	26	27	28	29	30	31
일 진	己未	庚申	辛酉	壬戌	癸亥	甲子	乙丑	丙寅	丁卯	戊辰	己巳	庚午	辛未	壬申	癸酉	甲戌	乙亥	丙子	丁丑	戊寅	己卯	庚辰	辛巳	壬午	癸未	甲申	乙酉	丙戌	丁亥
				巳正															子初										

5 月(庚午)

	1	2	3	4	5	6	7	8	9	10	11	12	13	14	15	16	17	18	19	20	21	22	23	24	25	26	27	28	29
						망종																하지							
음 력	1	2	3	4	5	6	7	8	9	10	11	12	13	14	15	16	17	18	19	20	21	22	23	24	25	26	27	28	29
양력 월·일	6·1	2	3	4	5	6	7	8	9	10	11	12	13	14	15	16	17	18	19	20	21	22	23	24	25	26	27	28	29
일 진	戊子	己丑	庚寅	辛卯	壬辰	癸巳	甲午	乙未	丙申	丁酉	戊戌	己亥	庚子	辛丑	壬寅	癸卯	甲辰	乙巳	丙午	丁未	戊申	己酉	庚戌	辛亥	壬子	癸丑	甲寅	乙卯	丙辰
						申初																辰初							

6 月(辛未)

	1	2	3	4	5	6	7	8	9	10	11	12	13	14	15	16	17	18	19	20	21	22	23	24	25	26	27	28	29	30
									소서					초복										대서 중복						
음 력	1	2	3	4	5	6	7	8	9	10	11	12	13	14	15	16	17	18	19	20	21	22	23	24	25	26	27	28	29	30
양력 월·일	6·30	7·1	2	3	4	5	6	7	8	9	10	11	12	13	14	15	16	17	18	19	20	21	22	23	24	25	26	27	28	29
일 진	丁巳	戊午	己未	庚申	辛酉	壬戌	癸亥	甲子	乙丑	丙寅	丁卯	戊辰	己巳	庚午	辛未	壬申	癸酉	甲戌	乙亥	丙子	丁丑	戊寅	己卯	庚辰	辛巳	壬午	癸未	甲申	乙酉	丙戌
									丑初															戌初						

7 月(壬申)

										입추				말복												처서				
음 력	1	2	3	4	5	6	7	8	9	10	11	12	13	14	15	16	17	18	19	20	21	22	23	24	25	26	27	28	29	
양력 월·일	7·30	31	8·1	2	3	4	5	6	7	8	9	10	11	12	13	14	15	16	17	18	19	20	21	22	23	24	25	26	27	
일 진	丁亥	戊子	己丑	庚寅	辛卯	壬辰	癸巳	甲午	乙未	丙申	丁酉	戊戌	己亥	庚子	辛丑	壬寅	癸卯	甲辰	乙巳	丙午	丁未	戊申	己酉	庚戌	辛亥	壬子	癸丑	甲寅	乙卯	
										午初																丑正				

8 月(癸酉)

												백로															추분			
음 력	1	2	3	4	5	6	7	8	9	10	11	12	13	14	15	16	17	18	19	20	21	22	23	24	25	26	27	28	29	30
양력 월·일	8·28	29	30	31	9·1	2	3	4	5	6	7	8	9	10	11	12	13	14	15	16	17	18	19	20	21	22	23	24	25	26
일 진	丙辰	丁巳	戊午	己未	庚申	辛酉	壬戌	癸亥	甲子	乙丑	丙寅	丁卯	戊辰	己巳	庚午	辛未	壬申	癸酉	甲戌	乙亥	丙子	丁丑	戊寅	己卯	庚辰	辛巳	壬午	癸未	甲申	乙酉
												未正															亥正			

9 月(甲戌)

													한로															상강		
음 력	1	2	3	4	5	6	7	8	9	10	11	12	13	14	15	16	17	18	19	20	21	22	23	24	25	26	27	28	29	30
양력 월·일	9·27	28	29	30	10·1	2	3	4	5	6	7	8	9	10	11	12	13	14	15	16	17	18	19	20	21	22	23	24	25	26
일 진	丙戌	丁亥	戊子	己丑	庚寅	辛卯	壬辰	癸巳	甲午	乙未	丙申	丁酉	戊戌	己亥	庚子	辛丑	壬寅	癸卯	甲辰	乙巳	丙午	丁未	戊申	己酉	庚戌	辛亥	壬子	癸丑	甲寅	乙卯
													卯正															辰正		

10 月(乙亥)

													입동															소설		
음 력	1	2	3	4	5	6	7	8	9	10	11	12	13	14	15	16	17	18	19	20	21	22	23	24	25	26	27	28	29	
양력 월·일	10·27	28	29	30	31	11·1	2	3	4	5	6	7	8	9	10	11	12	13	14	15	16	17	18	19	20	21	22	23	24	
일 진	丙辰	丁巳	戊午	己未	庚申	辛酉	壬戌	癸亥	甲子	乙丑	丙寅	丁卯	戊辰	己巳	庚午	辛未	壬申	癸酉	甲戌	乙亥	丙子	丁丑	戊寅	己卯	庚辰	辛巳	壬午	癸未	甲申	
													辰正															卯正		

11 月(丙子)

														대설														동지		
음 력	1	2	3	4	5	6	7	8	9	10	11	12	13	14	15	16	17	18	19	20	21	22	23	24	25	26	27	28	29	30
양력 월·일	11·25	26	27	28	29	30	12·1	2	3	4	5	6	7	8	9	10	11	12	13	14	15	16	17	18	19	20	21	22	23	24
일 진	乙酉	丙戌	丁亥	戊子	己丑	庚寅	辛卯	壬辰	癸巳	甲午	乙未	丙申	丁酉	戊戌	己亥	庚子	辛丑	壬寅	癸卯	甲辰	乙巳	丙午	丁未	戊申	己酉	庚戌	辛亥	壬子	癸丑	甲寅
														丑初														酉正		

12 月(丁丑)

													소한															대한		
음 력	1	2	3	4	5	6	7	8	9	10	11	12	13	14	15	16	17	18	19	20	21	22	23	24	25	26	27	28	29	30
양력 월·일	12·25	26	27	28	29	30	31	1·1	2	3	4	5	6	7	8	9	10	11	12	13	14	15	16	17	18	19	20	21	22	23
일 진	乙卯	丙辰	丁巳	戊午	己未	庚申	辛酉	壬戌	癸亥	甲子	乙丑	丙寅	丁卯	戊辰	己巳	庚午	辛未	壬申	癸酉	甲戌	乙亥	丙子	丁丑	戊寅	己卯	庚辰	辛巳	壬午	癸未	甲申
													午初															卯初		

서기 1955 년/단기 4288 乙 未 年

正 月(戊寅)

												입춘															우수			
음력	1	2	3	4	5	6	7	8	9	10	11	12	13	14	15	16	17	18	19	20	21	22	23	24	25	26	27	28	29	30
양력 월·일	1·24	25	26	27	28	29	30	31	2·1	2	3	4	5	6	7	8	9	10	11	12	13	14	15	16	17	18	19	20	21	22
일진	乙酉	丙戌	丁亥	戊子	己丑	庚寅	辛卯	壬辰	癸巳	甲午	乙未	丙申	丁酉	戊戌	己亥	庚子	辛丑	壬寅	癸卯	甲辰	乙巳	丙午	丁未	戊申	己酉	庚戌	辛亥	壬子	癸丑	甲寅
												亥正															戌初			

2 月(己卯)

												경칩															춘분			
음력	1	2	3	4	5	6	7	8	9	10	11	12	13	14	15	16	17	18	19	20	21	22	23	24	25	26	27	28	29	
양력 월·일	2·23	24	25	26	27	28	3·1	2	3	4	5	6	7	8	9	10	11	12	13	14	15	16	17	18	19	20	21	22	23	
일진	乙卯	丙辰	丁巳	戊午	己未	庚申	辛酉	壬戌	癸亥	甲子	乙丑	丙寅	丁卯	戊辰	己巳	庚午	辛未	壬申	癸酉	甲戌	乙亥	丙子	丁丑	戊寅	己卯	庚辰	辛巳	壬午	癸未	
												亥正															酉正			

3 月(庚辰)

													청명	한식															곡우	
음력	1	2	3	4	5	6	7	8	9	10	11	12	13	14	15	16	17	18	19	20	21	22	23	24	25	26	27	28	29	
양력 월·일	3·24	25	26	27	28	29	30	31	4·1	2	3	4	5	6	7	8	9	10	11	12	13	14	15	16	17	18	19	20	21	
일진	甲申	乙酉	丙戌	丁亥	戊子	己丑	庚寅	辛卯	壬辰	癸巳	甲午	乙未	丙申	丁酉	戊戌	己亥	庚子	辛丑	壬寅	癸卯	甲辰	乙巳	丙午	丁未	戊申	己酉	庚戌	辛亥	壬子	
													亥正																卯初	

閏 三 月(庚辰)

															입하															
음력	1	2	3	4	5	6	7	8	9	10	11	12	13	14	15	16	17	18	19	20	21	22	23	24	25	26	27	28	29	30
양력 월·일	4·22	23	24	25	26	27	28	29	30	5·1	2	3	4	5	6	7	8	9	10	11	12	13	14	15	16	17	18	19	20	21
일진	癸丑	甲寅	乙卯	丙辰	丁巳	戊午	己未	庚申	辛酉	壬戌	癸亥	甲子	乙丑	丙寅	丁卯	戊辰	己巳	庚午	辛未	壬申	癸酉	甲戌	乙亥	丙子	丁丑	戊寅	己卯	庚辰	辛巳	壬午
															申正															

4 月(辛巳)

	소만															망종														
음력	1	2	3	4	5	6	7	8	9	10	11	12	13	14	15	16	17	18	19	20	21	22	23	24	25	26	27	28	29	
양력 월·일	5·22	23	24	25	26	27	28	29	30	31	6·1	2	3	4	5	6	7	8	9	10	11	12	13	14	15	16	17	18	19	
일진	癸未	甲申	乙酉	丙戌	丁亥	戊子	己丑	庚寅	辛卯	壬辰	癸巳	甲午	乙未	丙申	丁酉	戊戌	己亥	庚子	辛丑	壬寅	癸卯	甲辰	乙巳	丙午	丁未	戊申	己酉	庚戌	辛亥	
	卯初															辰初														

5 月(壬午)

			하지																소서											
음력	1	2	3	4	5	6	7	8	9	10	11	12	13	14	15	16	17	18	19	20	21	22	23	24	25	26	27	28	29	
양력 월·일	6·20	21	22	23	24	25	26	27	28	29	30	7·1	2	3	4	5	6	7	8	9	10	11	12	13	14	15	16	17	18	
일진	壬子	癸丑	甲寅	乙卯	丙辰	丁巳	戊午	己未	庚申	辛酉	壬戌	癸亥	甲子	乙丑	丙寅	丁卯	戊辰	己巳	庚午	辛未	壬申	癸酉	甲戌	乙亥	丙子	丁丑	戊寅	己卯	庚辰	
			未初																辰初											

6 月(癸未)

						대서				중복											입추									
음력	1	2	3	4	5	6	7	8	9	10	11	12	13	14	15	16	17	18	19	20	21	22	23	24	25	26	27	28	29	30
양력 월·일	7·19	20	21	22	23	24	25	26	27	28	29	30	31	8·1	2	3	4	5	6	7	8	9	10	11	12	13	14	15	16	17
일진	辛巳	壬午	癸未	甲申	乙酉	丙戌	丁亥	戊子	己丑	庚寅	辛卯	壬辰	癸巳	甲午	乙未	丙申	丁酉	戊戌	己亥	庚子	辛丑	壬寅	癸卯	甲辰	乙巳	丙午	丁未	戊申	己酉	庚戌
						子正															酉初									

7 月(甲申)

							처서															백로								
음력	1	2	3	4	5	6	7	8	9	10	11	12	13	14	15	16	17	18	19	20	21	22	23	24	25	26	27	28	29	
양력 월·일	8·18	19	20	21	22	23	24	25	26	27	28	29	30	31	9·1	2	3	4	5	6	7	8	9	10	11	12	13	14	15	
일진	辛亥	壬子	癸丑	甲寅	乙卯	丙辰	丁巳	戊午	己未	庚申	辛酉	壬戌	癸亥	甲子	乙丑	丙寅	丁卯	戊辰	己巳	庚午	辛未	壬申	癸酉	甲戌	乙亥	丙子	丁丑	戊寅	己卯	
							辰正															戌正								

8 月(乙酉)

									추분															한로						
음력	1	2	3	4	5	6	7	8	9	10	11	12	13	14	15	16	17	18	19	20	21	22	23	24	25	26	27	28	29	30
양력 월·일	9·16	17	18	19	20	21	22	23	24	25	26	27	28	29	30	10·1	2	3	4	5	6	7	8	9	10	11	12	13	14	15
일진	庚辰	辛巳	壬午	癸未	甲申	乙酉	丙戌	丁亥	戊子	己丑	庚寅	辛卯	壬辰	癸巳	甲午	乙未	丙申	丁酉	戊戌	己亥	庚子	辛丑	壬寅	癸卯	甲辰	乙巳	丙午	丁未	戊申	己酉
									卯初															巳正						

9 月(丙戌)

									상강															입동						
음력	1	2	3	4	5	6	7	8	9	10	11	12	13	14	15	16	17	18	19	20	21	22	23	24	25	26	27	28	29	
양력 월·일	10·16	17	18	19	20	21	22	23	24	25	26	27	28	29	30	31	11·1	2	3	4	5	6	7	8	9	10	11	12	13	
일진	庚戌	辛亥	壬子	癸丑	甲寅	乙卯	丙辰	丁巳	戊午	己未	庚申	辛酉	壬戌	癸亥	甲子	乙丑	丙寅	丁卯	戊辰	己巳	庚午	辛未	壬申	癸酉	甲戌	乙亥	丙子	丁丑	戊寅	
									午正															未初						

10 月(丁亥)

										소설															대설					
음력	1	2	3	4	5	6	7	8	9	10	11	12	13	14	15	16	17	18	19	20	21	22	23	24	25	26	27	28	29	30
양력 월·일	11·14	15	16	17	18	19	20	21	22	23	24	25	26	27	28	29	30	12·1	2	3	4	5	6	7	8	9	10	11	12	13
일진	己卯	庚辰	辛巳	壬午	癸未	甲申	乙酉	丙戌	丁亥	戊子	己丑	庚寅	辛卯	壬辰	癸巳	甲午	乙未	丙申	丁酉	戊戌	己亥	庚子	辛丑	壬寅	癸卯	甲辰	乙巳	丙午	丁未	戊申
										午初															卯正					

11 月(戊子)

										동지														소한						
음력	1	2	3	4	5	6	7	8	9	10	11	12	13	14	15	16	17	18	19	20	21	22	23	24	25	26	27	28	29	30
양력 월·일	12·14	15	16	17	18	19	20	21	22	23	24	25	26	27	28	29	30	31	1·1	2	3	4	5	6	7	8	9	10	11	12
일진	己酉	庚戌	辛亥	壬子	癸丑	甲寅	乙卯	丙辰	丁巳	戊午	己未	庚申	辛酉	壬戌	癸亥	甲子	乙丑	丙寅	丁卯	戊辰	己巳	庚午	辛未	壬申	癸酉	甲戌	乙亥	丙子	丁丑	戊寅
										子正														酉初						

12 月(己丑)

									대한															입춘						
음력	1	2	3	4	5	6	7	8	9	10	11	12	13	14	15	16	17	18	19	20	21	22	23	24	25	26	27	28	29	30
양력 월·일	1·13	14	15	16	17	18	19	20	21	22	23	24	25	26	27	28	29	30	31	2·1	2	3	4	5	6	7	8	9	10	11
일진	己卯	庚辰	辛巳	壬午	癸未	甲申	乙酉	丙戌	丁亥	戊子	己丑	庚寅	辛卯	壬辰	癸巳	甲午	乙未	丙申	丁酉	戊戌	己亥	庚子	辛丑	壬寅	癸卯	甲辰	乙巳	丙午	丁未	戊申
									巳正															卯初						

서기 1956 년/단기 4289　　丙 申 年

正 月(庚寅)

음력	1	2	3	4	5	6	7	8	9	10	11	12	13	14	15	16	17	18	19	20	21	22	23	24	25	26	27	28	29	
									우수														경칩							
양력 월·일	2·12	13	14	15	16	17	18	19	20	21	22	23	24	25	26	27	28	29	3·1	2	3	4	5	6	7	8	9	10	11	
일진	己酉	庚戌	辛亥	壬子	癸丑	甲寅	乙卯	丙辰	丁巳	戊午	己未	庚申	辛酉	壬戌	癸亥	甲子	乙丑	丙寅	丁卯	戊辰	己巳	庚午	辛未	壬申	癸酉	甲戌	乙亥	丙子	丁丑	
									子正														子初							

2 月(辛卯)

음력	1	2	3	4	5	6	7	8	9	10	11	12	13	14	15	16	17	18	19	20	21	22	23	24	25	26	27	28	29	30
										춘분															청명					
양력 월·일	3·12	13	14	15	16	17	18	19	20	21	22	23	24	25	26	27	28	29	30	31	4·1	2	3	4	5	6	7	8	9	10
일진	戊寅	己卯	庚辰	辛巳	壬午	癸未	甲申	乙酉	丙戌	丁亥	戊子	己丑	庚寅	辛卯	壬辰	癸巳	甲午	乙未	丙申	丁酉	戊戌	己亥	庚子	辛丑	壬寅	癸卯	甲辰	乙巳	丙午	丁未
										子正															寅正					

3 月(壬辰)

음력	1	2	3	4	5	6	7	8	9	10	11	12	13	14	15	16	17	18	19	20	21	22	23	24	25	26	27	28	29	
										곡우															입하					
양력 월·일	4·11	12	13	14	15	16	17	18	19	20	21	22	23	24	25	26	27	28	29	30	5·1	2	3	4	5	6	7	8	9	
일진	戊申	己酉	庚戌	辛亥	壬子	癸丑	甲寅	乙卯	丙辰	丁巳	戊午	己未	庚申	辛酉	壬戌	癸亥	甲子	乙丑	丙寅	丁卯	戊辰	己巳	庚午	辛未	壬申	癸酉	甲戌	乙亥	丙子	
										午初															亥正					

4 月(癸巳)

음력	1	2	3	4	5	6	7	8	9	10	11	12	13	14	15	16	17	18	19	20	21	22	23	24	25	26	27	28	29	30
												소만																망종		
양력 월·일	5·10	11	12	13	14	15	16	17	18	19	20	21	22	23	24	25	26	27	28	29	30	31	6·1	2	3	4	5	6	7	8
일진	丁丑	戊寅	己卯	庚辰	辛巳	壬午	癸未	甲申	乙酉	丙戌	丁亥	戊子	己丑	庚寅	辛卯	壬辰	癸巳	甲午	乙未	丙申	丁酉	戊戌	己亥	庚子	辛丑	壬寅	癸卯	甲辰	乙巳	丙午
												午初																丑正		

5 月(甲午)

음력	1	2	3	4	5	6	7	8	9	10	11	12	13	14	15	16	17	18	19	20	21	22	23	24	25	26	27	28	29	
													하지																소서	
양력 월·일	6·9	10	11	12	13	14	15	16	17	18	19	20	21	22	23	24	25	26	27	28	29	30	7·1	2	3	4	5	6	7	
일진	丁未	戊申	己酉	庚戌	辛亥	壬子	癸丑	甲寅	乙卯	丙辰	丁巳	戊午	己未	庚申	辛酉	壬戌	癸亥	甲子	乙丑	丙寅	丁卯	戊辰	己巳	庚午	辛未	壬申	癸酉	甲戌	乙亥	
													戌初																未初	

6 月(乙未)

음력	1	2	3	4	5	6	7	8	9	10	11	12	13	14	15	16	17	18	19	20	21	22	23	24	25	26	27	28	29	
					초복										중복	대서														
양력 월·일	7·8	9	10	11	12	13	14	15	16	17	18	19	20	21	22	23	24	25	26	27	28	29	30	31	8·1	2	3	4	5	
일진	丙子	丁丑	戊寅	己卯	庚辰	辛巳	壬午	癸未	甲申	乙酉	丙戌	丁亥	戊子	己丑	庚寅	辛卯	壬辰	癸巳	甲午	乙未	丙申	丁酉	戊戌	己亥	庚子	辛丑	壬寅	癸卯	甲辰	
																卯正														

7 月(丙申)

음력	1	2	3	4	5	6	7	8	9	10	11	12	13	14	15	16	17	18	19	20	21	22	23	24	25	26	27	28	29	30
		입추				말복												처서												
양력 월·일	8·6	7	8	9	10	11	12	13	14	15	16	17	18	19	20	21	22	23	24	25	26	27	28	29	30	31	9·1	2	3	4
일진	乙巳	丙午	丁未	戊申	己酉	庚戌	辛亥	壬子	癸丑	甲寅	乙卯	丙辰	丁巳	戊午	己未	庚申	辛酉	壬戌	癸亥	甲子	乙丑	丙寅	丁卯	戊辰	己巳	庚午	辛未	壬申	癸酉	甲戌
		子初																未初												

8 月(丁酉)

음력	1	2	3	4	5	6	7	8	9	10	11	12	13	14	15	16	17	18	19	20	21	22	23	24	25	26	27	28	29	
				백로															추분											
양력 월·일	9·5	6	7	8	9	10	11	12	13	14	15	16	17	18	19	20	21	22	23	24	25	26	27	28	29	30	10·1	2	3	
일진	乙亥	丙子	丁丑	戊寅	己卯	庚辰	辛巳	壬午	癸未	甲申	乙酉	丙戌	丁亥	戊子	己丑	庚寅	辛卯	壬辰	癸巳	甲午	乙未	丙申	丁酉	戊戌	己亥	庚子	辛丑	壬寅	癸卯	
				丑正															午初											

9 月(戊戌)

음력	1	2	3	4	5	6	7	8	9	10	11	12	13	14	15	16	17	18	19	20	21	22	23	24	25	26	27	28	29	30
					한로															상강										
양력 월·일	10·4	5	6	7	8	9	10	11	12	13	14	15	16	17	18	19	20	21	22	23	24	25	26	27	28	29	30	31	11·1	2
일진	甲辰	乙巳	丙午	丁未	戊申	己酉	庚戌	辛亥	壬子	癸丑	甲寅	乙卯	丙辰	丁巳	戊午	己未	庚申	辛酉	壬戌	癸亥	甲子	乙丑	丙寅	丁卯	戊辰	己巳	庚午	辛未	壬申	癸酉
					酉初															戌正										

10 月(己亥)

음력	1	2	3	4	5	6	7	8	9	10	11	12	13	14	15	16	17	18	19	20	21	22	23	24	25	26	27	28	29	
					입동															소설										
양력 월·일	11·3	4	5	6	7	8	9	10	11	12	13	14	15	16	17	18	19	20	21	22	23	24	25	26	27	28	29	30	12·1	
일진	甲戌	乙亥	丙子	丁丑	戊寅	己卯	庚辰	辛巳	壬午	癸未	甲申	乙酉	丙戌	丁亥	戊子	己丑	庚寅	辛卯	壬辰	癸巳	甲午	乙未	丙申	丁酉	戊戌	己亥	庚子	辛丑	壬寅	
					戌正															酉初										

11 月(庚子)

음력	1	2	3	4	5	6	7	8	9	10	11	12	13	14	15	16	17	18	19	20	21	22	23	24	25	26	27	28	29	30
						대설															동지									
양력 월·일	12·2	3	4	5	6	7	8	9	10	11	12	13	14	15	16	17	18	19	20	21	22	23	24	25	26	27	28	29	30	31
일진	癸卯	甲辰	乙巳	丙午	丁未	戊申	己酉	庚戌	辛亥	壬子	癸丑	甲寅	乙卯	丙辰	丁巳	戊午	己未	庚申	辛酉	壬戌	癸亥	甲子	乙丑	丙寅	丁卯	戊辰	己巳	庚午	辛未	壬申
						午正															卯正									

12 月(辛丑)

음력	1	2	3	4	5	6	7	8	9	10	11	12	13	14	15	16	17	18	19	20	21	22	23	24	25	26	27	28	29	30
					소한															대한										
양력 월·일	1·1	2	3	4	5	6	7	8	9	10	11	12	13	14	15	16	17	18	19	20	21	22	23	24	25	26	27	28	29	30
일진	癸酉	甲戌	乙亥	丙子	丁丑	戊寅	己卯	庚辰	辛巳	壬午	癸未	甲申	乙酉	丙戌	丁亥	戊子	己丑	庚寅	辛卯	壬辰	癸巳	甲午	乙未	丙申	丁酉	戊戌	己亥	庚子	辛丑	壬寅
					子初															申正										

서기 1957 년/단기 4290　　丁 酉 年

正 月(壬寅)

음 력	1	2	3	4	5	6	7	8	9	10	11	12	13	14	15	16	17	18	19	20	21	22	23	24	25	26	27	28	29	30
					입춘															우수										
양력 월·일	1·31	2·1	2	3	4	5	6	7	8	9	10	11	12	13	14	15	16	17	18	19	20	21	22	23	24	25	26	27	28	3·1
일 진	癸卯	甲辰	乙巳	丙午	丁未	戊申	己酉	庚戌	辛亥	壬子	癸丑	甲寅	乙卯	丙辰	丁巳	戊午	己未	庚申	辛酉	壬戌	癸亥	甲子	乙丑	丙寅	丁卯	戊辰	己巳	庚午	辛未	壬申
					巳正															卯正										

2 月(癸卯)

음 력	1	2	3	4	5	6	7	8	9	10	11	12	13	14	15	16	17	18	19	20	21	22	23	24	25	26	27	28	29	
					경칩															춘분										
양력 월·일	3·2	3	4	5	6	7	8	9	10	11	12	13	14	15	16	17	18	19	20	21	22	23	24	25	26	27	28	29	30	
일 진	癸酉	甲戌	乙亥	丙子	丁丑	戊寅	己卯	庚辰	辛巳	壬午	癸未	甲申	乙酉	丙戌	丁亥	戊子	己丑	庚寅	辛卯	壬辰	癸巳	甲午	乙未	丙申	丁酉	戊戌	己亥	庚子	辛丑	
					寅正															卯初										

3 月(甲辰)

음 력	1	2	3	4	5	6	7	8	9	10	11	12	13	14	15	16	17	18	19	20	21	22	23	24	25	26	27	28	29	30
						청명	한식														곡우									
양력 월·일	3·31	4·1	2	3	4	5	6	7	8	9	10	11	12	13	14	15	16	17	18	19	20	21	22	23	24	25	26	27	28	29
일 진	壬寅	癸卯	甲辰	乙巳	丙午	丁未	戊申	己酉	庚戌	辛亥	壬子	癸丑	甲寅	乙卯	丙辰	丁巳	戊午	己未	庚申	辛酉	壬戌	癸亥	甲子	乙丑	丙寅	丁卯	戊辰	己巳	庚午	辛未
						巳正															酉初									

4 月(乙巳)

음 력	1	2	3	4	5	6	7	8	9	10	11	12	13	14	15	16	17	18	19	20	21	22	23	24	25	26	27	28	29	
							입하															소만								
양력 월·일	4·30	5·1	2	3	4	5	6	7	8	9	10	11	12	13	14	15	16	17	18	19	20	21	22	23	24	25	26	27	28	
일 진	壬申	癸酉	甲戌	乙亥	丙子	丁丑	戊寅	己卯	庚辰	辛巳	壬午	癸未	甲申	乙酉	丙戌	丁亥	戊子	己丑	庚寅	辛卯	壬辰	癸巳	甲午	乙未	丙申	丁酉	戊戌	己亥	庚子	
							寅初															酉初								

5 月(丙午)

음 력	1	2	3	4	5	6	7	8	9	10	11	12	13	14	15	16	17	18	19	20	21	22	23	24	25	26	27	28	29	30
									망종																하지					
양력 월·일	5·29	30	31	6·1	2	3	4	5	6	7	8	9	10	11	12	13	14	15	16	17	18	19	20	21	22	23	24	25	26	27
일 진	辛丑	壬寅	癸卯	甲辰	乙巳	丙午	丁未	戊申	己酉	庚戌	辛亥	壬子	癸丑	甲寅	乙卯	丙辰	丁巳	戊午	己未	庚申	辛酉	壬戌	癸亥	甲子	乙丑	丙寅	丁卯	戊辰	己巳	庚午
									辰正																丑初					

6 月(丁未)

음 력	1	2	3	4	5	6	7	8	9	10	11	12	13	14	15	16	17	18	19	20	21	22	23	24	25	26	27	28	29	
										소서										초복						대서				
양력 월·일	6·28	29	30	7·1	2	3	4	5	6	7	8	9	10	11	12	13	14	15	16	17	18	19	20	21	22	23	24	25	26	
일 진	辛未	壬申	癸酉	甲戌	乙亥	丙子	丁丑	戊寅	己卯	庚辰	辛巳	壬午	癸未	甲申	乙酉	丙戌	丁亥	戊子	己丑	庚寅	辛卯	壬辰	癸巳	甲午	乙未	丙申	丁酉	戊戌	己亥	
										酉正																午正				

7 月(戊申)

	중복												입추								말복							처서		
음 력	1	2	3	4	5	6	7	8	9	10	11	12	13	14	15	16	17	18	19	20	21	22	23	24	25	26	27	28	29	
양력 월·일	7·27	28	29	30	31	8·1	2	3	4	5	6	7	8	9	10	11	12	13	14	15	16	17	18	19	20	21	22	23	24	
일 진	庚子	辛丑	壬寅	癸卯	甲辰	乙巳	丙午	丁未	戊申	己酉	庚戌	辛亥	壬子	癸丑	甲寅	乙卯	丙辰	丁巳	戊午	己未	庚申	辛酉	壬戌	癸亥	甲子	乙丑	丙寅	丁卯	戊辰	
													寅正															戌初		

8 月(己酉)

															백로															추분
음 력	1	2	3	4	5	6	7	8	9	10	11	12	13	14	15	16	17	18	19	20	21	22	23	24	25	26	27	28	29	30
양력 월·일	8·25	26	27	28	29	30	31	9·1	2	3	4	5	6	7	8	9	10	11	12	13	14	15	16	17	18	19	20	21	22	23
일 진	己巳	庚午	辛未	壬申	癸酉	甲戌	乙亥	丙子	丁丑	戊寅	己卯	庚辰	辛巳	壬午	癸未	甲申	乙酉	丙戌	丁亥	戊子	己丑	庚寅	辛卯	壬辰	癸巳	甲午	乙未	丙申	丁酉	戊戌
															辰初															酉初

閏 八 月(己酉)

															한로															
음 력	1	2	3	4	5	6	7	8	9	10	11	12	13	14	15	16	17	18	19	20	21	22	23	24	25	26	27	28	29	
양력 월·일	9·24	25	26	27	28	29	30	10·1	2	3	4	5	6	7	8	9	10	11	12	13	14	15	16	17	18	19	20	21	22	
일 진	己亥	庚子	辛丑	壬寅	癸卯	甲辰	乙巳	丙午	丁未	戊申	己酉	庚戌	辛亥	壬子	癸丑	甲寅	乙卯	丙辰	丁巳	戊午	己未	庚申	辛酉	壬戌	癸亥	甲子	乙丑	丙寅	丁卯	
															子初															

9 月(庚戌)

		상강															입동													
음 력	1	2	3	4	5	6	7	8	9	10	11	12	13	14	15	16	17	18	19	20	21	22	23	24	25	26	27	28	29	30
양력 월·일	10·23	24	25	26	27	28	29	30	31	11·1	2	3	4	5	6	7	8	9	10	11	12	13	14	15	16	17	18	19	20	21
일 진	戊辰	己巳	庚午	辛未	壬申	癸酉	甲戌	乙亥	丙子	丁丑	戊寅	己卯	庚辰	辛巳	壬午	癸未	甲申	乙酉	丙戌	丁亥	戊子	己丑	庚寅	辛卯	壬辰	癸巳	甲午	乙未	丙申	丁酉
		丑正															丑正													

10 月(辛亥)

	소설															대설														
음 력	1	2	3	4	5	6	7	8	9	10	11	12	13	14	15	16	17	18	19	20	21	22	23	24	25	26	27	28	29	
양력 월·일	11·22	23	24	25	26	27	28	29	30	12·1	2	3	4	5	6	7	8	9	10	11	12	13	14	15	16	17	18	19	20	
일 진	戊戌	己亥	庚子	辛丑	壬寅	癸卯	甲辰	乙巳	丙午	丁未	戊申	己酉	庚戌	辛亥	壬子	癸丑	甲寅	乙卯	丙辰	丁巳	戊午	己未	庚申	辛酉	壬戌	癸亥	甲子	乙丑	丙寅	
	子初															酉正														

11 月(壬子)

		동지															소한													
음 력	1	2	3	4	5	6	7	8	9	10	11	12	13	14	15	16	17	18	19	20	21	22	23	24	25	26	27	28	29	30
양력 월·일	12·21	22	23	24	25	26	27	28	29	30	31	1·1	2	3	4	5	6	7	8	9	10	11	12	13	14	15	16	17	18	19
일 진	丁卯	戊辰	己巳	庚午	辛未	壬申	癸酉	甲戌	乙亥	丙子	丁丑	戊寅	己卯	庚辰	辛巳	壬午	癸未	甲申	乙酉	丙戌	丁亥	戊子	己丑	庚寅	辛卯	壬辰	癸巳	甲午	乙未	丙申
		午正															卯初													

12 月(癸丑)

	대한															입춘														
음 력	1	2	3	4	5	6	7	8	9	10	11	12	13	14	15	16	17	18	19	20	21	22	23	24	25	26	27	28	29	30
양력 월·일	1·20	21	22	23	24	25	26	27	28	29	30	31	2·1	2	3	4	5	6	7	8	9	10	11	12	13	14	15	16	17	18
일 진	丁酉	戊戌	己亥	庚子	辛丑	壬寅	癸卯	甲辰	乙巳	丙午	丁未	戊申	己酉	庚戌	辛亥	壬子	癸丑	甲寅	乙卯	丙辰	丁巳	戊午	己未	庚申	辛酉	壬戌	癸亥	甲子	乙丑	丙寅
	亥正															申正														

서기 1958 년/단기 4291 戊戌年

正 月(甲寅)

	1	2	3	4	5	6	7	8	9	10	11	12	13	14	15	16	17	18	19	20	21	22	23	24	25	26	27	28	29	
	우수															경칩														
음력	1	2	3	4	5	6	7	8	9	10	11	12	13	14	15	16	17	18	19	20	21	22	23	24	25	26	27	28	29	
양력 월·일	2·19	20	21	22	23	24	25	26	27	28	3·1	2	3	4	5	6	7	8	9	10	11	12	13	14	15	16	17	18	19	
일진	丁卯	戊辰	己巳	庚午	辛未	壬申	癸酉	甲戌	乙亥	丙子	丁丑	戊寅	己卯	庚辰	辛巳	壬午	癸未	甲申	乙酉	丙戌	丁亥	戊子	己丑	庚寅	辛卯	壬辰	癸巳	甲午	乙未	
	午正															巳正														

2 月(乙卯)

	1	2	3	4	5	6	7	8	9	10	11	12	13	14	15	16	17	18	19	20	21	22	23	24	25	26	27	28	29	30
		춘분															청명	한식												
음력	1	2	3	4	5	6	7	8	9	10	11	12	13	14	15	16	17	18	19	20	21	22	23	24	25	26	27	28	29	30
양력 월·일	3·20	21	22	23	24	25	26	27	28	29	30	31	4·1	2	3	4	5	6	7	8	9	10	11	12	13	14	15	16	17	18
일진	丙申	丁酉	戊戌	己亥	庚子	辛丑	壬寅	癸卯	甲辰	乙巳	丙午	丁未	戊申	己酉	庚戌	辛亥	壬子	癸丑	甲寅	乙卯	丙辰	丁巳	戊午	己未	庚申	辛酉	壬戌	癸亥	甲子	乙丑
		午初															申初													

3 月(丙辰)

	1	2	3	4	5	6	7	8	9	10	11	12	13	14	15	16	17	18	19	20	21	22	23	24	25	26	27	28	29	30
		곡우																입하												
음력	1	2	3	4	5	6	7	8	9	10	11	12	13	14	15	16	17	18	19	20	21	22	23	24	25	26	27	28	29	30
양력 월·일	4·19	20	21	22	23	24	25	26	27	28	29	30	5·1	2	3	4	5	6	7	8	9	10	11	12	13	14	15	16	17	18
일진	丙寅	丁卯	戊辰	己巳	庚午	辛未	壬申	癸酉	甲戌	乙亥	丙子	丁丑	戊寅	己卯	庚辰	辛巳	壬午	癸未	甲申	乙酉	丙戌	丁亥	戊子	己丑	庚寅	辛卯	壬辰	癸巳	甲午	乙未
		子初																巳初												

4 月(丁巳)

	1	2	3	4	5	6	7	8	9	10	11	12	13	14	15	16	17	18	19	20	21	22	23	24	25	26	27	28	29	
			소만																망종											
음력	1	2	3	4	5	6	7	8	9	10	11	12	13	14	15	16	17	18	19	20	21	22	23	24	25	26	27	28	29	
양력 월·일	5·19	20	21	22	23	24	25	26	27	28	29	30	31	6·1	2	3	4	5	6	7	8	9	10	11	12	13	14	15	16	
일진	丙申	丁酉	戊戌	己亥	庚子	辛丑	壬寅	癸卯	甲辰	乙巳	丙午	丁未	戊申	己酉	庚戌	辛亥	壬子	癸丑	甲寅	乙卯	丙辰	丁巳	戊午	己未	庚申	辛酉	壬戌	癸亥	甲子	
			亥正																未正											

5 月(戊午)

	1	2	3	4	5	6	7	8	9	10	11	12	13	14	15	16	17	18	19	20	21	22	23	24	25	26	27	28	29	30
						하지																소서				초복				
음력	1	2	3	4	5	6	7	8	9	10	11	12	13	14	15	16	17	18	19	20	21	22	23	24	25	26	27	28	29	30
양력 월·일	6·17	18	19	20	21	22	23	24	25	26	27	28	29	30	7·1	2	3	4	5	6	7	8	9	10	11	12	13	14	15	16
일진	乙丑	丙寅	丁卯	戊辰	己巳	庚午	辛未	壬申	癸酉	甲戌	乙亥	丙子	丁丑	戊寅	己卯	庚辰	辛巳	壬午	癸未	甲申	乙酉	丙戌	丁亥	戊子	己丑	庚寅	辛卯	壬辰	癸巳	甲午
						辰初																子正								

6 月(己未)

	1	2	3	4	5	6	7	8	9	10	11	12	13	14	15	16	17	18	19	20	21	22	23	24	25	26	27	28	29	
						중복	대서																입추			말복				
음력	1	2	3	4	5	6	7	8	9	10	11	12	13	14	15	16	17	18	19	20	21	22	23	24	25	26	27	28	29	
양력 월·일	7·17	18	19	20	21	22	23	24	25	26	27	28	29	30	31	8·1	2	3	4	5	6	7	8	9	10	11	12	13	14	
일진	乙未	丙申	丁酉	戊戌	己亥	庚子	辛丑	壬寅	癸卯	甲辰	乙巳	丙午	丁未	戊申	己酉	庚戌	辛亥	壬子	癸丑	甲寅	乙卯	丙辰	丁巳	戊午	己未	庚申	辛酉	壬戌	癸亥	
							酉正																巳正							

7 月(庚申)

음 력	1	2	3	4	5	6	7	8	9	10	11	12	13	14	15	16	17	18	19	20	21	22	23	24	25	26	27	28	29	
										처서															백로					
양력 월·일	8·15	16	17	18	19	20	21	22	23	24	25	26	27	28	29	30	31	9·1	2	3	4	5	6	7	8	9	10	11	12	
일 진	甲子	乙丑	丙寅	丁卯	戊辰	己巳	庚午	辛未	壬申	癸酉	甲戌	乙亥	丙子	丁丑	戊寅	己卯	庚辰	辛巳	壬午	癸未	甲申	乙酉	丙戌	丁亥	戊子	己丑	庚寅	辛卯	壬辰	
										丑初															未初					

8 月(辛酉)

음 력	1	2	3	4	5	6	7	8	9	10	11	12	13	14	15	16	17	18	19	20	21	22	23	24	25	26	27	28	29	30
											추분																한로			
양력 월·일	9·13	14	15	16	17	18	19	20	21	22	23	24	25	26	27	28	29	30	10·1	2	3	4	5	6	7	8	9	10	11	12
일 진	癸巳	甲午	乙未	丙申	丁酉	戊戌	己亥	庚子	辛丑	壬寅	癸卯	甲辰	乙巳	丙午	丁未	戊申	己酉	庚戌	辛亥	壬子	癸丑	甲寅	乙卯	丙辰	丁巳	戊午	己未	庚申	辛酉	壬戌
											子初																卯初			

9 月(壬戌)

음 력	1	2	3	4	5	6	7	8	9	10	11	12	13	14	15	16	17	18	19	20	21	22	23	24	25	26	27	28	29	
												상강															입동			
양력 월·일	10·13	14	15	16	17	18	19	20	21	22	23	24	25	26	27	28	29	30	31	11·1	2	3	4	5	6	7	8	9	10	
일 진	癸亥	甲子	乙丑	丙寅	丁卯	戊辰	己巳	庚午	辛未	壬申	癸酉	甲戌	乙亥	丙子	丁丑	戊寅	己卯	庚辰	辛巳	壬午	癸未	甲申	乙酉	丙戌	丁亥	戊子	己丑	庚寅	辛卯	
												辰正															辰正			

10 月(癸亥)

음 력	1	2	3	4	5	6	7	8	9	10	11	12	13	14	15	16	17	18	19	20	21	22	23	24	25	26	27	28	29	30
												소설															대설			
양력 월·일	11·11	12	13	14	15	16	17	18	19	20	21	22	23	24	25	26	27	28	29	30	12·1	2	3	4	5	6	7	8	9	10
일 진	壬辰	癸巳	甲午	乙未	丙申	丁酉	戊戌	己亥	庚子	辛丑	壬寅	癸卯	甲辰	乙巳	丙午	丁未	戊申	己酉	庚戌	辛亥	壬子	癸丑	甲寅	乙卯	丙辰	丁巳	戊午	己未	庚申	辛酉
												卯初															子初			

11 月(甲子)

음 력	1	2	3	4	5	6	7	8	9	10	11	12	13	14	15	16	17	18	19	20	21	22	23	24	25	26	27	28	29	
												동지															소한			
양력 월·일	12·11	12	13	14	15	16	17	18	19	20	21	22	23	24	25	26	27	28	29	30	31	1·1	2	3	4	5	6	7	8	
일 진	壬戌	癸亥	甲子	乙丑	丙寅	丁卯	戊辰	己巳	庚午	辛未	壬申	癸酉	甲戌	乙亥	丙子	丁丑	戊寅	己卯	庚辰	辛巳	壬午	癸未	甲申	乙酉	丙戌	丁亥	戊子	己丑	庚寅	
												酉正															午初			

12 月(乙丑)

음 력	1	2	3	4	5	6	7	8	9	10	11	12	13	14	15	16	17	18	19	20	21	22	23	24	25	26	27	28	29	30
													대한														입춘			
양력 월·일	1·9	10	11	12	13	14	15	16	17	18	19	20	21	22	23	24	25	26	27	28	29	30	31	2·1	2	3	4	5	6	7
일 진	辛卯	壬辰	癸巳	甲午	乙未	丙申	丁酉	戊戌	己亥	庚子	辛丑	壬寅	癸卯	甲辰	乙巳	丙午	丁未	戊申	己酉	庚戌	辛亥	壬子	癸丑	甲寅	乙卯	丙辰	丁巳	戊午	己未	庚申
													寅正														亥正			

서기 1959 년/단기 4292　　己 亥 年

正 月(丙寅)

음 력	1	2	3	4	5	6	7	8	9	10	11	12	13	14	15	16	17	18	19	20	21	22	23	24	25	26	27	28	29	
												우수															경칩			
양력 월·일	2·8	9	10	11	12	13	14	15	16	17	18	19	20	21	22	23	24	25	26	27	28	3·1	2	3	4	5	6	7	8	
일 진	辛酉	壬戌	癸亥	甲子	乙丑	丙寅	丁卯	戊辰	己巳	庚午	辛未	壬申	癸酉	甲戌	乙亥	丙子	丁丑	戊寅	己卯	庚辰	辛巳	壬午	癸未	甲申	乙酉	丙戌	丁亥	戊子	己丑	
												酉正															申正			

2 月(丁卯)

음 력	1	2	3	4	5	6	7	8	9	10	11	12	13	14	15	16	17	18	19	20	21	22	23	24	25	26	27	28	29	30
													춘분															청명	한식	
양력 월·일	3·9	10	11	12	13	14	15	16	17	18	19	20	21	22	23	24	25	26	27	28	29	30	31	4·1	2	3	4	5	6	7
일 진	庚寅	辛卯	壬辰	癸巳	甲午	乙未	丙申	丁酉	戊戌	己亥	庚子	辛丑	壬寅	癸卯	甲辰	乙巳	丙午	丁未	戊申	己酉	庚戌	辛亥	壬子	癸丑	甲寅	乙卯	丙辰	丁巳	戊午	己未
													酉初															亥初		

3 月(戊辰)

음 력	1	2	3	4	5	6	7	8	9	10	11	12	13	14	15	16	17	18	19	20	21	22	23	24	25	26	27	28	29	30
														곡우															입하	
양력 월·일	4·8	9	10	11	12	13	14	15	16	17	18	19	20	21	22	23	24	25	26	27	28	29	30	5·1	2	3	4	5	6	7
일 진	庚申	辛酉	壬戌	癸亥	甲子	乙丑	丙寅	丁卯	戊辰	己巳	庚午	辛未	壬申	癸酉	甲戌	乙亥	丙子	丁丑	戊寅	己卯	庚辰	辛巳	壬午	癸未	甲申	乙酉	丙戌	丁亥	戊子	己丑
														卯初															申初	

4 月(己巳)

음 력	1	2	3	4	5	6	7	8	9	10	11	12	13	14	15	16	17	18	19	20	21	22	23	24	25	26	27	28	29	
															소만															
양력 월·일	5·8	9	10	11	12	13	14	15	16	17	18	19	20	21	22	23	24	25	26	27	28	29	30	31	6·1	2	3	4	5	
일 진	庚寅	辛卯	壬辰	癸巳	甲午	乙未	丙申	丁酉	戊戌	己亥	庚子	辛丑	壬寅	癸卯	甲辰	乙巳	丙午	丁未	戊申	己酉	庚戌	辛亥	壬子	癸丑	甲寅	乙卯	丙辰	丁巳	戊午	
															寅正															

5 月(庚午)

음 력	1	2	3	4	5	6	7	8	9	10	11	12	13	14	15	16	17	18	19	20	21	22	23	24	25	26	27	28	29	30
	망종																하지													
양력 월·일	6·6	7	8	9	10	11	12	13	14	15	16	17	18	19	20	21	22	23	24	25	26	27	28	29	30	7·1	2	3	4	5
일 진	己未	庚申	辛酉	壬戌	癸亥	甲子	乙丑	丙寅	丁卯	戊辰	己巳	庚午	辛未	壬申	癸酉	甲戌	乙亥	丙子	丁丑	戊寅	己卯	庚辰	辛巳	壬午	癸未	甲申	乙酉	丙戌	丁亥	戊子
	戌正																午正													

6 月(辛未)

음 력	1	2	3	4	5	6	7	8	9	10	11	12	13	14	15	16	17	18	19	20	21	22	23	24	25	26	27	28	29	
			소서									초복							대서			중복								
양력 월·일	7·6	7	8	9	10	11	12	13	14	15	16	17	18	19	20	21	22	23	24	25	26	27	28	29	30	31	8·1	2	3	
일 진	己丑	庚寅	辛卯	壬辰	癸巳	甲午	乙未	丙申	丁酉	戊戌	己亥	庚子	辛丑	壬寅	癸卯	甲辰	乙巳	丙午	丁未	戊申	己酉	庚戌	辛亥	壬子	癸丑	甲寅	乙卯	丙辰	丁巳	
			卯正																子正											

7 月(壬申)

					입추								말복								처서									
음 력	1	2	3	4	5	6	7	8	9	10	11	12	13	14	15	16	17	18	19	20	21	22	23	24	25	26	27	28	29	30
양력 월·일	8·4	5	6	7	8	9	10	11	12	13	14	15	16	17	18	19	20	21	22	23	24	25	26	27	28	29	30	31	9·1	2
일 진	戊午	己未	庚申	辛酉	壬戌	癸亥	甲子	乙丑	丙寅	丁卯	戊辰	己巳	庚午	辛未	壬申	癸酉	甲戌	乙亥	丙子	丁丑	戊寅	己卯	庚辰	辛巳	壬午	癸未	甲申	乙酉	丙戌	丁亥
					申正																辰初									

8 月(癸酉)

						백로																추분								
음 력	1	2	3	4	5	6	7	8	9	10	11	12	13	14	15	16	17	18	19	20	21	22	23	24	25	26	27	28	29	
양력 월·일	9·3	4	5	6	7	8	9	10	11	12	13	14	15	16	17	18	19	20	21	22	23	24	25	26	27	28	29	30	10·1	
일 진	戊子	己丑	庚寅	辛卯	壬辰	癸巳	甲午	乙未	丙申	丁酉	戊戌	己亥	庚子	辛丑	壬寅	癸卯	甲辰	乙巳	丙午	丁未	戊申	己酉	庚戌	辛亥	壬子	癸丑	甲寅	乙卯	丙辰	
						戌初																寅正								

9 月(甲戌)

								한로															상강							
음 력	1	2	3	4	5	6	7	8	9	10	11	12	13	14	15	16	17	18	19	20	21	22	23	24	25	26	27	28	29	30
양력 월·일	10·2	3	4	5	6	7	8	9	10	11	12	13	14	15	16	17	18	19	20	21	22	23	24	25	26	27	28	29	30	31
일 진	丁巳	戊午	己未	庚申	辛酉	壬戌	癸亥	甲子	乙丑	丙寅	丁卯	戊辰	己巳	庚午	辛未	壬申	癸酉	甲戌	乙亥	丙子	丁丑	戊寅	己卯	庚辰	辛巳	壬午	癸未	甲申	乙酉	丙戌
								午初															未正							

10 月(乙亥)

								입동															소설							
음 력	1	2	3	4	5	6	7	8	9	10	11	12	13	14	15	16	17	18	19	20	21	22	23	24	25	26	27	28	29	
양력 월·일	11·1	2	3	4	5	6	7	8	9	10	11	12	13	14	15	16	17	18	19	20	21	22	23	24	25	26	27	28	29	
일 진	丁亥	戊子	己丑	庚寅	辛卯	壬辰	癸巳	甲午	乙未	丙申	丁酉	戊戌	己亥	庚子	辛丑	壬寅	癸卯	甲辰	乙巳	丙午	丁未	戊申	己酉	庚戌	辛亥	壬子	癸丑	甲寅	乙卯	
								未正															午初							

11 月(丙子)

									대설														동지							
음 력	1	2	3	4	5	6	7	8	9	10	11	12	13	14	15	16	17	18	19	20	21	22	23	24	25	26	27	28	29	30
양력 월·일	11·30	12·1	2	3	4	5	6	7	8	9	10	11	12	13	14	15	16	17	18	19	20	21	22	23	24	25	26	27	28	29
일 진	丙辰	丁巳	戊午	己未	庚申	辛酉	壬戌	癸亥	甲子	乙丑	丙寅	丁卯	戊辰	己巳	庚午	辛未	壬申	癸酉	甲戌	乙亥	丙子	丁丑	戊寅	己卯	庚辰	辛巳	壬午	癸未	甲申	乙酉
									卯正														子初							

12 月(丁丑)

								소한															대한							
음 력	1	2	3	4	5	6	7	8	9	10	11	12	13	14	15	16	17	18	19	20	21	22	23	24	25	26	27	28	29	
양력 월·일	12·30	31	1·1	2	3	4	5	6	7	8	9	10	11	12	13	14	15	16	17	18	19	20	21	22	23	24	25	26	27	
일 진	丙戌	丁亥	戊子	己丑	庚寅	辛卯	壬辰	癸巳	甲午	乙未	丙申	丁酉	戊戌	己亥	庚子	辛丑	壬寅	癸卯	甲辰	乙巳	丙午	丁未	戊申	己酉	庚戌	辛亥	壬子	癸丑	甲寅	
								申正															巳正							

서기 1960 년/단기 4293　　庚 子 年

正 月(戊寅)

									입춘															우수						
음 력	1	2	3	4	5	6	7	8	9	10	11	12	13	14	15	16	17	18	19	20	21	22	23	24	25	26	27	28	29	30
양력 월·일	1·28	29	30	31	2·1	2	3	4	5	6	7	8	9	10	11	12	13	14	15	16	17	18	19	20	21	22	23	24	25	26
일 진	乙卯	丙辰	丁巳	戊午	己未	庚申	辛酉	壬戌	癸亥	甲子	乙丑	丙寅	丁卯	戊辰	己巳	庚午	辛未	壬申	癸酉	甲戌	乙亥	丙子	丁丑	戊寅	己卯	庚辰	辛巳	壬午	癸未	甲申
									寅正															子正						

2 月(己卯)

								경칩															춘분							
음 력	1	2	3	4	5	6	7	8	9	10	11	12	13	14	15	16	17	18	19	20	21	22	23	24	25	26	27	28	29	
양력 월·일	2·27	28	29	3·1	2	3	4	5	6	7	8	9	10	11	12	13	14	15	16	17	18	19	20	21	22	23	24	25	26	
일 진	乙酉	丙戌	丁亥	戊子	己丑	庚寅	辛卯	壬辰	癸巳	甲午	乙未	丙申	丁酉	戊戌	己亥	庚子	辛丑	壬寅	癸卯	甲辰	乙巳	丙午	丁未	戊申	己酉	庚戌	辛亥	壬子	癸丑	
								亥正															子初							

3 月(庚辰)

										청명	한식														곡우					
음 력	1	2	3	4	5	6	7	8	9	10	11	12	13	14	15	16	17	18	19	20	21	22	23	24	25	26	27	28	29	30
양력 월·일	3·27	28	29	30	31	4·1	2	3	4	5	6	7	8	9	10	11	12	13	14	15	16	17	18	19	20	21	22	23	24	25
일 진	甲寅	乙卯	丙辰	丁巳	戊午	己未	庚申	辛酉	壬戌	癸亥	甲子	乙丑	丙寅	丁卯	戊辰	己巳	庚午	辛未	壬申	癸酉	甲戌	乙亥	丙子	丁丑	戊寅	己卯	庚辰	辛巳	壬午	癸未
										寅初															巳正					

4 月(辛巳)

										입하																소만				
음 력	1	2	3	4	5	6	7	8	9	10	11	12	13	14	15	16	17	18	19	20	21	22	23	24	25	26	27	28	29	
양력 월·일	4·26	27	28	29	30	5·1	2	3	4	5	6	7	8	9	10	11	12	13	14	15	16	17	18	19	20	21	22	23	24	
일 진	甲申	乙酉	丙戌	丁亥	戊子	己丑	庚寅	辛卯	壬辰	癸巳	甲午	乙未	丙申	丁酉	戊戌	己亥	庚子	辛丑	壬寅	癸卯	甲辰	乙巳	丙午	丁未	戊申	己酉	庚戌	辛亥	壬子	
										亥初																巳正				

5 月(壬午)

													망종															하지		
음 력	1	2	3	4	5	6	7	8	9	10	11	12	13	14	15	16	17	18	19	20	21	22	23	24	25	26	27	28	29	30
양력 월·일	5·25	26	27	28	29	30	31	6·1	2	3	4	5	6	7	8	9	10	11	12	13	14	15	16	17	18	19	20	21	22	23
일 진	癸丑	甲寅	乙卯	丙辰	丁巳	戊午	己未	庚申	辛酉	壬戌	癸亥	甲子	乙丑	丙寅	丁卯	戊辰	己巳	庚午	辛未	壬申	癸酉	甲戌	乙亥	丙子	丁丑	戊寅	己卯	庚辰	辛巳	壬午
													丑初															酉正		

6 月(癸未)

														소서				초복										중복		대서
음 력	1	2	3	4	5	6	7	8	9	10	11	12	13	14	15	16	17	18	19	20	21	22	23	24	25	26	27	28	29	30
양력 월·일	6·24	25	26	27	28	29	30	7·1	2	3	4	5	6	7	8	9	10	11	12	13	14	15	16	17	18	19	20	21	22	23
일 진	癸未	甲申	乙酉	丙戌	丁亥	戊子	己丑	庚寅	辛卯	壬辰	癸巳	甲午	乙未	丙申	丁酉	戊戌	己亥	庚子	辛丑	壬寅	癸卯	甲辰	乙巳	丙午	丁未	戊申	己酉	庚戌	辛亥	壬子
														午正																卯初

閏 六 月(癸未)

															입추			말복												
음 력	1	2	3	4	5	6	7	8	9	10	11	12	13	14	15	16	17	18	19	20	21	22	23	24	25	26	27	28	29	
양력 월·일	7·24	25	26	27	28	29	30	31	9·1	2	3	4	5	6	7	8	9	10	11	12	13	14	15	16	17	18	19	20	21	
일 진	癸丑	甲寅	乙卯	丙辰	丁巳	戊午	己未	庚申	辛酉	壬戌	癸亥	甲子	乙丑	丙寅	丁卯	戊辰	己巳	庚午	辛未	壬申	癸酉	甲戌	乙亥	丙子	丁丑	戊寅	己卯	庚辰	辛巳	
															亥正															

7 月(甲申)

		처서																백로												
음 력	1	2	3	4	5	6	7	8	9	10	11	12	13	14	15	16	17	18	19	20	21	22	23	24	25	26	27	28	29	30
양력 월·일	8·22	23	24	25	26	27	28	29	30	31	9·1	2	3	4	5	6	7	8	9	10	11	12	13	14	15	16	17	18	19	20
일 진	壬午	癸未	甲申	乙酉	丙戌	丁亥	戊子	己丑	庚寅	辛卯	壬辰	癸巳	甲午	乙未	丙申	丁酉	戊戌	己亥	庚子	辛丑	壬寅	癸卯	甲辰	乙巳	丙午	丁未	戊申	己酉	庚戌	辛亥
		未初																丑初												

8 月(乙酉)

			추분															한로												
음 력	1	2	3	4	5	6	7	8	9	10	11	12	13	14	15	16	17	18	19	20	21	22	23	24	25	26	27	28	29	
양력 월·일	9·21	22	23	24	25	26	27	28	29	30	10·1	2	3	4	5	6	7	8	9	10	11	12	13	14	15	16	17	18	19	
일 진	壬子	癸丑	甲寅	乙卯	丙辰	丁巳	戊午	己未	庚申	辛酉	壬戌	癸亥	甲子	乙丑	丙寅	丁卯	戊辰	己巳	庚午	辛未	壬申	癸酉	甲戌	乙亥	丙子	丁丑	戊寅	己卯	庚辰	
			巳正															申正												

9 月(丙戌)

				상강															입동											
음 력	1	2	3	4	5	6	7	8	9	10	11	12	13	14	15	16	17	18	19	20	21	22	23	24	25	26	27	28	29	30
양력 월·일	10·20	21	22	23	24	25	26	27	28	29	30	31	11·1	2	3	4	5	6	7	8	9	10	11	12	13	14	15	16	17	18
일 진	辛巳	壬午	癸未	甲申	乙酉	丙戌	丁亥	戊子	己丑	庚寅	辛卯	壬辰	癸巳	甲午	乙未	丙申	丁酉	戊戌	己亥	庚子	辛丑	壬寅	癸卯	甲辰	乙巳	丙午	丁未	戊申	己酉	庚戌
				戌初															戌初											

10 月(丁亥)

				소설															대설											
음 력	1	2	3	4	5	6	7	8	9	10	11	12	13	14	15	16	17	18	19	20	21	22	23	24	25	26	27	28	29	
양력 월·일	11·19	20	21	22	23	24	25	26	27	28	29	30	12·1	2	3	4	5	6	7	8	9	10	11	12	13	14	15	16	17	
일 진	辛亥	壬子	癸丑	甲寅	乙卯	丙辰	丁巳	戊午	己未	庚申	辛酉	壬戌	癸亥	甲子	乙丑	丙寅	丁卯	戊辰	己巳	庚午	辛未	壬申	癸酉	甲戌	乙亥	丙子	丁丑	戊寅	己卯	
				酉初															午正											

11 月(戊子)

					동지														소한											
음 력	1	2	3	4	5	6	7	8	9	10	11	12	13	14	15	16	17	18	19	20	21	22	23	24	25	26	27	28	29	30
양력 월·일	12·18	19	20	21	22	23	24	25	26	27	28	29	30	31	1·1	2	3	4	5	6	7	8	9	10	11	12	13	14	15	16
일 진	庚辰	辛巳	壬午	癸未	甲申	乙酉	丙戌	丁亥	戊子	己丑	庚寅	辛卯	壬辰	癸巳	甲午	乙未	丙申	丁酉	戊戌	己亥	庚子	辛丑	壬寅	癸卯	甲辰	乙巳	丙午	丁未	戊申	己酉
					卯初														亥正											

12 月(己丑)

				대한															입춘											
음 력	1	2	3	4	5	6	7	8	9	10	11	12	13	14	15	16	17	18	19	20	21	22	23	24	25	26	27	28	29	
양력 월·일	1·17	18	19	20	21	22	23	24	25	26	27	28	29	30	31	2·1	2	3	4	5	6	7	8	9	10	11	12	13	14	
일 진	庚戌	辛亥	壬子	癸丑	甲寅	乙卯	丙辰	丁巳	戊午	己未	庚申	辛酉	壬戌	癸亥	甲子	乙丑	丙寅	丁卯	戊辰	己巳	庚午	辛未	壬申	癸酉	甲戌	乙亥	丙子	丁丑	戊寅	
					申初														巳正											

서기 1961 년/단기 4294 辛 丑 年

正 月(庚寅)

음 력	1	2	3	4	5	6	7	8	9	10	11	12	13	14	15	16	17	18	19	20	21	22	23	24	25	26	27	28	29	30
					우수															경칩										
양력 월·일	2·15	16	17	18	19	20	21	22	23	24	25	26	27	28	3·1	2	3	4	5	6	7	8	9	10	11	12	13	14	15	16
일 진	己卯	庚辰	辛巳	壬午	癸未	甲申	乙酉	丙戌	丁亥	戊子	己丑	庚寅	辛卯	壬辰	癸巳	甲午	乙未	丙申	丁酉	戊戌	己亥	庚子	辛丑	壬寅	癸卯	甲辰	乙巳	丙午	丁未	戊申
					卯正															寅正										

2 月(辛卯)

음 력	1	2	3	4	5	6	7	8	9	10	11	12	13	14	15	16	17	18	19	20	21	22	23	24	25	26	27	28	29	
					춘분															청명	한식									
양력 월·일	3·17	18	19	20	21	22	23	24	25	26	27	28	29	30	31	4·1	2	3	4	5	6	7	8	9	10	11	12	13	14	
일 진	己酉	庚戌	辛亥	壬子	癸丑	甲寅	乙卯	丙辰	丁巳	戊午	己未	庚申	辛酉	壬戌	癸亥	甲子	乙丑	丙寅	丁卯	戊辰	己巳	庚午	辛未	壬申	癸酉	甲戌	乙亥	丙子	丁丑	
					卯初															巳初										

3 月(壬辰)

음 력	1	2	3	4	5	6	7	8	9	10	11	12	13	14	15	16	17	18	19	20	21	22	23	24	25	26	27	28	29	30
						곡우																입하								
양력 월·일	4·15	16	17	18	19	20	21	22	23	24	25	26	27	28	29	30	5·1	2	3	4	5	6	7	8	9	10	11	12	13	14
일 진	戊寅	己卯	庚辰	辛巳	壬午	癸未	甲申	乙酉	丙戌	丁亥	戊子	己丑	庚寅	辛卯	壬辰	癸巳	甲午	乙未	丙申	丁酉	戊戌	己亥	庚子	辛丑	壬寅	癸卯	甲辰	乙巳	丙午	丁未
						申正																寅初								

4 月(癸巳)

음 력	1	2	3	4	5	6	7	8	9	10	11	12	13	14	15	16	17	18	19	20	21	22	23	24	25	26	27	28	29	
							소만																망종							
양력 월·일	5·15	16	17	18	19	20	21	22	23	24	25	26	27	28	29	30	31	6·1	2	3	4	5	6	7	8	9	10	11	12	
일 진	戊申	己酉	庚戌	辛亥	壬子	癸丑	甲寅	乙卯	丙辰	丁巳	戊午	己未	庚申	辛酉	壬戌	癸亥	甲子	乙丑	丙寅	丁卯	戊辰	己巳	庚午	辛未	壬申	癸酉	甲戌	乙亥	丙子	
							申正																辰初							

5 月 (甲午)

음 력	1	2	3	4	5	6	7	8	9	10	11	12	13	14	15	16	17	18	19	20	21	22	23	24	25	26	27	28	29	30
										하지															소서					
양력 월·일	6·13	14	15	16	17	18	19	20	21	22	23	24	25	26	27	28	29	30	7·1	2	3	4	5	6	7	8	9	10	11	12
일 진	丁丑	戊寅	己卯	庚辰	辛巳	壬午	癸未	甲申	乙酉	丙戌	丁亥	戊子	己丑	庚寅	辛卯	壬辰	癸巳	甲午	乙未	丙申	丁酉	戊戌	己亥	庚子	辛丑	壬寅	癸卯	甲辰	乙巳	丙午
										子正															酉正					

6 月(乙未)

음 력	1	2	3	4	5	6	7	8	9	10	11	12	13	14	15	16	17	18	19	20	21	22	23	24	25	26	27	28	29	
				초복							대서			중복													입추			
양력 월·일	7·13	14	15	16	17	18	19	20	21	22	23	24	25	26	27	28	29	30	31	8·1	2	3	4	5	6	7	8	9	10	
일 진	丁未	戊申	己酉	庚戌	辛亥	壬子	癸丑	甲寅	乙卯	丙辰	丁巳	戊午	己未	庚申	辛酉	壬戌	癸亥	甲子	乙丑	丙寅	丁卯	戊辰	己巳	庚午	辛未	壬申	癸酉	甲戌	乙亥	
											午初																寅正			

7 月(丙申)

					말복								처서																백로	
음 력	1	2	3	4	5	6	7	8	9	10	11	12	13	14	15	16	17	18	19	20	21	22	23	24	25	26	27	28	29	30
양력 월·일	8·11	12	13	14	15	16	17	18	19	20	21	22	23	24	25	26	27	28	29	30	31	9·1	2	3	4	5	6	7	8	9
일 진	丙子	丁丑	戊寅	己卯	庚辰	辛巳	壬午	癸未	甲申	乙酉	丙戌	丁亥	戊子	己丑	庚寅	辛卯	壬辰	癸巳	甲午	乙未	丙申	丁酉	戊戌	己亥	庚子	辛丑	壬寅	癸卯	甲辰	乙巳
													酉正																辰初	

8 月(丁酉)

														추분															한로	
음 력	1	2	3	4	5	6	7	8	9	10	11	12	13	14	15	16	17	18	19	20	21	22	23	24	25	26	27	28	29	30
양력 월·일	9·10	11	12	13	14	15	16	17	18	19	20	21	22	23	24	25	26	27	28	29	30	10·1	2	3	4	5	6	7	8	9
일 진	丙午	丁未	戊申	己酉	庚戌	辛亥	壬子	癸丑	甲寅	乙卯	丙辰	丁巳	戊午	己未	庚申	辛酉	壬戌	癸亥	甲子	乙丑	丙寅	丁卯	戊辰	己巳	庚午	辛未	壬申	癸酉	甲戌	乙亥
														申正															亥正	

9 月(戊戌)

															상강															
음 력	1	2	3	4	5	6	7	8	9	10	11	12	13	14	15	16	17	18	19	20	21	22	23	24	25	26	27	28	29	
양력 월·일	10·10	11	12	13	14	15	16	17	18	19	20	21	22	23	24	25	26	27	28	29	30	31	11·1	2	3	4	5	6	7	
일 진	丙子	丁丑	戊寅	己卯	庚辰	辛巳	壬午	癸未	甲申	乙酉	丙戌	丁亥	戊子	己丑	庚寅	辛卯	壬辰	癸巳	甲午	乙未	丙申	丁酉	戊戌	己亥	庚子	辛丑	壬寅	癸卯	甲辰	
															丑初															

10 月(己亥)

	입동														소설															대설
음 력	1	2	3	4	5	6	7	8	9	10	11	12	13	14	15	16	17	18	19	20	21	22	23	24	25	26	27	28	29	30
양력 월·일	11·8	9	10	11	12	13	14	15	16	17	18	19	20	21	22	23	24	25	26	27	28	29	30	12·1	2	3	4	5	6	7
일 진	乙巳	丙午	丁未	戊申	己酉	庚戌	辛亥	壬子	癸丑	甲寅	乙卯	丙辰	丁巳	戊午	己未	庚申	辛酉	壬戌	癸亥	甲子	乙丑	丙寅	丁卯	戊辰	己巳	庚午	辛未	壬申	癸酉	甲戌
	丑初														亥正															酉初

11 月(庚子)

															동지															
음 력	1	2	3	4	5	6	7	8	9	10	11	12	13	14	15	16	17	18	19	20	21	22	23	24	25	26	27	28	29	
양력 월·일	12·8	9	10	11	12	13	14	15	16	17	18	19	20	21	22	23	24	25	26	27	28	29	30	31	1·1	2	3	4	5	
일 진	乙亥	丙子	丁丑	戊寅	己卯	庚辰	辛巳	壬午	癸未	甲申	乙酉	丙戌	丁亥	戊子	己丑	庚寅	辛卯	壬辰	癸巳	甲午	乙未	丙申	丁酉	戊戌	己亥	庚子	辛丑	壬寅	癸卯	
															午初															

12 月(辛丑)

	소한														대한															입춘
음 력	1	2	3	4	5	6	7	8	9	10	11	12	13	14	15	16	17	18	19	20	21	22	23	24	25	26	27	28	29	30
양력 월·일	1·6	7	8	9	10	11	12	13	14	15	16	17	18	19	20	21	22	23	24	25	26	27	28	29	30	31	2·1	2	3	4
일 진	甲辰	乙巳	丙午	丁未	戊申	己酉	庚戌	辛亥	壬子	癸丑	甲寅	乙卯	丙辰	丁巳	戊午	己未	庚申	辛酉	壬戌	癸亥	甲子	乙丑	丙寅	丁卯	戊辰	己巳	庚午	辛未	壬申	癸酉
	寅正														亥初															申正

서기 1962 년/단기 4295 壬 寅 年

正 月(壬寅)

															우수															
음 력	1	2	3	4	5	6	7	8	9	10	11	12	13	14	15	16	17	18	19	20	21	22	23	24	25	26	27	28	29	
양력 월·일	2·5	6	7	8	9	10	11	12	13	14	15	16	17	18	19	20	21	22	23	24	25	26	27	28	3·1	2	3	4	5	
일 진	甲戌	乙亥	丙子	丁丑	戊寅	己卯	庚辰	辛巳	壬午	癸未	甲申	乙酉	丙戌	丁亥	戊子	己丑	庚寅	辛卯	壬辰	癸巳	甲午	乙未	丙申	丁酉	戊戌	己亥	庚子	辛丑	壬寅	
															午正															

2 月(癸卯)

	경칩															춘분														
음 력	1	2	3	4	5	6	7	8	9	10	11	12	13	14	15	16	17	18	19	20	21	22	23	24	25	26	27	28	29	30
양력 월·일	3·6	7	8	9	10	11	12	13	14	15	16	17	18	19	20	21	22	23	24	25	26	27	28	29	30	31	4·1	2	3	4
일 진	癸卯	甲辰	乙巳	丙午	丁未	戊申	己酉	庚戌	辛亥	壬子	癸丑	甲寅	乙卯	丙辰	丁巳	戊午	己未	庚申	辛酉	壬戌	癸亥	甲子	乙丑	丙寅	丁卯	戊辰	己巳	庚午	辛未	壬申
	巳正															午初														

3 月(甲辰)

	청명	한식														곡우														
음 력	1	2	3	4	5	6	7	8	9	10	11	12	13	14	15	16	17	18	19	20	21	22	23	24	25	26	27	28	29	
양력 월·일	4·5	6	7	8	9	10	11	12	13	14	15	16	17	18	19	20	21	22	23	24	25	26	27	28	29	30	5·1	2	3	
일 진	癸酉	甲戌	乙亥	丙子	丁丑	戊寅	己卯	庚辰	辛巳	壬午	癸未	甲申	乙酉	丙戌	丁亥	戊子	己丑	庚寅	辛卯	壬辰	癸巳	甲午	乙未	丙申	丁酉	戊戌	己亥	庚子	辛丑	
	申初															亥正														

4 月(乙巳)

			입하															소만												
음 력	1	2	3	4	5	6	7	8	9	10	11	12	13	14	15	16	17	18	19	20	21	22	23	24	25	26	27	28	29	
양력 월·일	5·4	5	6	7	8	9	10	11	12	13	14	15	16	17	18	19	20	21	22	23	24	25	26	27	28	29	30	31	6·1	
일 진	壬寅	癸卯	甲辰	乙巳	丙午	丁未	戊申	己酉	庚戌	辛亥	壬子	癸丑	甲寅	乙卯	丙辰	丁巳	戊午	己未	庚申	辛酉	壬戌	癸亥	甲子	乙丑	丙寅	丁卯	戊辰	己巳	庚午	
			辰正															亥正												

5 月(丙午)

					망종																하지									
음 력	1	2	3	4	5	6	7	8	9	10	11	12	13	14	15	16	17	18	19	20	21	22	23	24	25	26	27	28	29	30
양력 월·일	6·2	3	4	5	6	7	8	9	10	11	12	13	14	15	16	17	18	19	20	21	22	23	24	25	26	27	28	29	30	7·1
일 진	辛未	壬申	癸酉	甲戌	乙亥	丙子	丁丑	戊寅	己卯	庚辰	辛巳	壬午	癸未	甲申	乙酉	丙戌	丁亥	戊子	己丑	庚寅	辛卯	壬辰	癸巳	甲午	乙未	丙申	丁酉	戊戌	己亥	庚子
					未初																卯正									

6 月(丁未)

						소서														초복		대서								
음 력	1	2	3	4	5	6	7	8	9	10	11	12	13	14	15	16	17	18	19	20	21	22	23	24	25	26	27	28	29	
양력 월·일	7·2	3	4	5	6	7	8	9	10	11	12	13	14	15	16	17	18	19	20	21	22	23	24	25	26	27	28	29	30	
일 진	辛丑	壬寅	癸卯	甲辰	乙巳	丙午	丁未	戊申	己酉	庚戌	辛亥	壬子	癸丑	甲寅	乙卯	丙辰	丁巳	戊午	己未	庚申	辛酉	壬戌	癸亥	甲子	乙丑	丙寅	丁卯	戊辰	己巳	
						子初																酉初								

7 月(戊申)

									입추		말복														처서					
음 력	1	2	3	4	5	6	7	8	9	10	11	12	13	14	15	16	17	18	19	20	21	22	23	24	25	26	27	28	29	30
양력 월·일	7·31	8·1	2	3	4	5	6	7	8	9	10	11	12	13	14	15	16	17	18	19	20	21	22	23	24	25	26	27	28	29
일 진	庚午	辛未	壬申	癸酉	甲戌	乙亥	丙子	丁丑	戊寅	己卯	庚辰	辛巳	壬午	癸未	甲申	乙酉	丙戌	丁亥	戊子	己丑	庚寅	辛卯	壬辰	癸巳	甲午	乙未	丙申	丁酉	戊戌	己亥
									巳初																子正					

8 月(己酉)

										백로															추분					
음 력	1	2	3	4	5	6	7	8	9	10	11	12	13	14	15	16	17	18	19	20	21	22	23	24	25	26	27	28	29	30
양력 월·일	8·30	31	9·1	2	3	4	5	6	7	8	9	10	11	12	13	14	15	16	17	18	19	20	21	22	23	24	25	26	27	28
일 진	庚子	辛丑	壬寅	癸卯	甲辰	乙巳	丙午	丁未	戊申	己酉	庚戌	辛亥	壬子	癸丑	甲寅	乙卯	丙辰	丁巳	戊午	己未	庚申	辛酉	壬戌	癸亥	甲子	乙丑	丙寅	丁卯	戊辰	己巳
										午正															亥正					

9 月(庚戌)

											한로															상강				
음 력	1	2	3	4	5	6	7	8	9	10	11	12	13	14	15	16	17	18	19	20	21	22	23	24	25	26	27	28	29	
양력 월·일	9·29	30	10·1	2	3	4	5	6	7	8	9	10	11	12	13	14	15	16	17	18	19	20	21	22	23	24	25	26	27	
일 진	庚午	辛未	壬申	癸酉	甲戌	乙亥	丙子	丁丑	戊寅	己卯	庚辰	辛巳	壬午	癸未	甲申	乙酉	丙戌	丁亥	戊子	己丑	庚寅	辛卯	壬辰	癸巳	甲午	乙未	丙申	丁酉	戊戌	
											寅正															辰初				

10 月(辛亥)

												입동															소설			
음 력	1	2	3	4	5	6	7	8	9	10	11	12	13	14	15	16	17	18	19	20	21	22	23	24	25	26	27	28	29	30
양력 월·일	10·28	29	30	31	11·1	2	3	4	5	6	7	8	9	10	11	12	13	14	15	16	17	18	19	20	21	22	23	24	25	26
일 진	己亥	庚子	辛丑	壬寅	癸卯	甲辰	乙巳	丙午	丁未	戊申	己酉	庚戌	辛亥	壬子	癸丑	甲寅	乙卯	丙辰	丁巳	戊午	己未	庚申	辛酉	壬戌	癸亥	甲子	乙丑	丙寅	丁卯	戊辰
												辰初															寅正			

11 月(壬子)

											대설															동지				
음 력	1	2	3	4	5	6	7	8	9	10	11	12	13	14	15	16	17	18	19	20	21	22	23	24	25	26	27	28	29	30
양력 월·일	11·27	28	29	30	12·1	2	3	4	5	6	7	8	9	10	11	12	13	14	15	16	17	18	19	20	21	22	23	24	25	26
일 진	己巳	庚午	辛未	壬申	癸酉	甲戌	乙亥	丙子	丁丑	戊寅	己卯	庚辰	辛巳	壬午	癸未	甲申	乙酉	丙戌	丁亥	戊子	己丑	庚寅	辛卯	壬辰	癸巳	甲午	乙未	丙申	丁酉	戊戌
											子初															酉初				

12 月(癸丑)

											소한															대한				
음 력	1	2	3	4	5	6	7	8	9	10	11	12	13	14	15	16	17	18	19	20	21	22	23	24	25	26	27	28	29	
양력 월·일	12·27	28	29	30	31	1·1	2	3	4	5	6	7	8	9	10	11	12	13	14	15	16	17	18	19	20	21	22	23	24	
일 진	己亥	庚子	辛丑	壬寅	癸卯	甲辰	乙巳	丙午	丁未	戊申	己酉	庚戌	辛亥	壬子	癸丑	甲寅	乙卯	丙辰	丁巳	戊午	己未	庚申	辛酉	壬戌	癸亥	甲子	乙丑	丙寅	丁卯	
											巳正															寅初				

서기 1963 년/단기 4296　　癸 卯 年

正 月(甲寅)

											입춘															우수				
음 력	1	2	3	4	5	6	7	8	9	10	11	12	13	14	15	16	17	18	19	20	21	22	23	24	25	26	27	28	29	30
양력 월·일	1·25	26	27	28	29	30	31	2·1	2	3	4	5	6	7	8	9	10	11	12	13	14	15	16	17	18	19	20	21	22	23
일 진	戊辰	己巳	庚午	辛未	壬申	癸酉	甲戌	乙亥	丙子	丁丑	戊寅	己卯	庚辰	辛巳	壬午	癸未	甲申	乙酉	丙戌	丁亥	戊子	己丑	庚寅	辛卯	壬辰	癸巳	甲午	乙未	丙申	丁酉
											亥初															酉初				

2 月(乙卯)

											경칩															춘분				
음 력	1	2	3	4	5	6	7	8	9	10	11	12	13	14	15	16	17	18	19	20	21	22	23	24	25	26	27	28	29	
양력 월·일	2·24	25	26	27	28	3·1	2	3	4	5	6	7	8	9	10	11	12	13	14	15	16	17	18	19	20	21	22	23	24	
일 진	戊戌	己亥	庚子	辛丑	壬寅	癸卯	甲辰	乙巳	丙午	丁未	戊申	己酉	庚戌	辛亥	壬子	癸丑	甲寅	乙卯	丙辰	丁巳	戊午	己未	庚申	辛酉	壬戌	癸亥	甲子	乙丑	丙寅	
											申初															申正				

3 月(丙辰)

												청명	한식															곡우		
음 력	1	2	3	4	5	6	7	8	9	10	11	12	13	14	15	16	17	18	19	20	21	22	23	24	25	26	27	28	29	30
양력 월·일	3·25	26	27	28	29	30	31	4·1	2	3	4	5	6	7	8	9	10	11	12	13	14	15	16	17	18	19	20	21	22	23
일 진	丁卯	戊辰	己巳	庚午	辛未	壬申	癸酉	甲戌	乙亥	丙子	丁丑	戊寅	己卯	庚辰	辛巳	壬午	癸未	甲申	乙酉	丙戌	丁亥	戊子	己丑	庚寅	辛卯	壬辰	癸巳	甲午	乙未	丙申
												戌正																寅正		

4 月(丁巳)

													입하																소만	
음 력	1	2	3	4	5	6	7	8	9	10	11	12	13	14	15	16	17	18	19	20	21	22	23	24	25	26	27	28	29	
양력 월·일	4·24	25	26	27	28	29	30	5·1	2	3	4	5	6	7	8	9	10	11	12	13	14	15	16	17	18	19	20	21	22	
일 진	丁酉	戊戌	己亥	庚子	辛丑	壬寅	癸卯	甲辰	乙巳	丙午	丁未	戊申	己酉	庚戌	辛亥	壬子	癸丑	甲寅	乙卯	丙辰	丁巳	戊午	己未	庚申	辛酉	壬戌	癸亥	甲子	乙丑	
													未正																寅初	

閏 四 月(丁巳)

															망종															
음 력	1	2	3	4	5	6	7	8	9	10	11	12	13	14	15	16	17	18	19	20	21	22	23	24	25	26	27	28	29	
양력 월·일	5·23	24	25	26	27	28	29	30	31	6·1	2	3	4	5	6	7	8	9	10	11	12	13	14	15	16	17	18	19	20	
일 진	丙寅	丁卯	戊辰	己巳	庚午	辛未	壬申	癸酉	甲戌	乙亥	丙子	丁丑	戊寅	己卯	庚辰	辛巳	壬午	癸未	甲申	乙酉	丙戌	丁亥	戊子	己丑	庚寅	辛卯	壬辰	癸巳	甲午	
															戌初															

5 月(戊午)

		하지																소서								초복				
음 력	1	2	3	4	5	6	7	8	9	10	11	12	13	14	15	16	17	18	19	20	21	22	23	24	25	26	27	28	29	30
양력 월·일	6·21	22	23	24	25	26	27	28	29	30	7·1	2	3	4	5	6	7	8	9	10	11	12	13	14	15	16	17	18	19	20
일 진	乙未	丙申	丁酉	戊戌	己亥	庚子	辛丑	壬寅	癸卯	甲辰	乙巳	丙午	丁未	戊申	己酉	庚戌	辛亥	壬子	癸丑	甲寅	乙卯	丙辰	丁巳	戊午	己未	庚申	辛酉	壬戌	癸亥	甲子
		午正																卯初												

6 月(己未)

음 력	1	2	3	4	5	6	7	8	9	10	11	12	13	14	15	16	17	18	19	20	21	22	23	24	25	26	27	28	29	
			대서													중복			입추							말복				
양력 월·일	7·21	22	23	24	25	26	27	28	29	30	31	8·1	2	3	4	5	6	7	8	9	10	11	12	13	14	15	16	17	18	
일 진	乙丑	丙寅	丁卯	戊辰	己巳	庚午	辛未	壬申	癸酉	甲戌	乙亥	丙子	丁丑	戊寅	己卯	庚辰	辛巳	壬午	癸未	甲申	乙酉	丙戌	丁亥	戊子	己丑	庚寅	辛卯	壬辰	癸巳	
			子初																申初											

7 月(庚申)

음 력	1	2	3	4	5	6	7	8	9	10	11	12	13	14	15	16	17	18	19	20	21	22	23	24	25	26	27	28	29	30
						처서															백로									
양력 월·일	8·19	20	21	22	23	24	25	26	27	28	29	30	31	9·1	2	3	4	5	6	7	8	9	10	11	12	13	14	15	16	17
일 진	甲午	乙未	丙申	丁酉	戊戌	己亥	庚子	辛丑	壬寅	癸卯	甲辰	乙巳	丙午	丁未	戊申	己酉	庚戌	辛亥	壬子	癸丑	甲寅	乙卯	丙辰	丁巳	戊午	己未	庚申	辛酉	壬戌	癸亥
						卯正															酉正									

8 月(辛酉)

음 력	1	2	3	4	5	6	7	8	9	10	11	12	13	14	15	16	17	18	19	20	21	22	23	24	25	26	27	28	29	
							추분															한로								
양력 월·일	9·18	19	20	21	22	23	24	25	26	27	28	29	30	10·1	2	3	4	5	6	7	8	9	10	11	12	13	14	15	16	
일 진	甲子	乙丑	丙寅	丁卯	戊辰	己巳	庚午	辛未	壬申	癸酉	甲戌	乙亥	丙子	丁丑	戊寅	己卯	庚辰	辛巳	壬午	癸未	甲申	乙酉	丙戌	丁亥	戊子	己丑	庚寅	辛卯	壬辰	
							寅正															巳正								

9 月(壬戌)

음 력	1	2	3	4	5	6	7	8	9	10	11	12	13	14	15	16	17	18	19	20	21	22	23	24	25	26	27	28	29	30
								상강															입동							
양력 월·일	10·17	18	19	20	21	22	23	24	25	26	27	28	29	30	31	11·1	2	3	4	5	6	7	8	9	10	11	12	13	14	15
일 진	癸巳	甲午	乙未	丙申	丁酉	戊戌	己亥	庚子	辛丑	壬寅	癸卯	甲辰	乙巳	丙午	丁未	戊申	己酉	庚戌	辛亥	壬子	癸丑	甲寅	乙卯	丙辰	丁巳	戊午	己未	庚申	辛酉	壬戌
								未初															未初							

10 月(癸亥)

음 력	1	2	3	4	5	6	7	8	9	10	11	12	13	14	15	16	17	18	19	20	21	22	23	24	25	26	27	28	29	30
								소설															대설							
양력 월·일	11·16	17	18	19	20	21	22	23	24	25	26	27	28	29	30	12·1	2	3	4	5	6	7	8	9	10	11	12	13	14	15
일 진	癸亥	甲子	乙丑	丙寅	丁卯	戊辰	己巳	庚午	辛未	壬申	癸酉	甲戌	乙亥	丙子	丁丑	戊寅	己卯	庚辰	辛巳	壬午	癸未	甲申	乙酉	丙戌	丁亥	戊子	己丑	庚寅	辛卯	壬辰
								巳正															卯初							

11 月(甲子)

음 력	1	2	3	4	5	6	7	8	9	10	11	12	13	14	15	16	17	18	19	20	21	22	23	24	25	26	27	28	29	30
							동지															소한								
양력 월·일	12·16	17	18	19	20	21	22	23	24	25	26	27	28	29	30	31	1·1	2	3	4	5	6	7	8	9	10	11	12	13	14
일 진	癸巳	甲午	乙未	丙申	丁酉	戊戌	己亥	庚子	辛丑	壬寅	癸卯	甲辰	乙巳	丙午	丁未	戊申	己酉	庚戌	辛亥	壬子	癸丑	甲寅	乙卯	丙辰	丁巳	戊午	己未	庚申	辛酉	壬戌
							子初															申正								

12 月(乙丑)

음 력	1	2	3	4	5	6	7	8	9	10	11	12	13	14	15	16	17	18	19	20	21	22	23	24	25	26	27	28	29	
							대한															입춘								
양력 월·일	1·15	16	17	18	19	20	21	22	23	24	25	26	27	28	29	30	31	2·1	2	3	4	5	6	7	8	9	10	11	12	
일 진	癸亥	甲子	乙丑	丙寅	丁卯	戊辰	己巳	庚午	辛未	壬申	癸酉	甲戌	乙亥	丙子	丁丑	戊寅	己卯	庚辰	辛巳	壬午	癸未	甲申	乙酉	丙戌	丁亥	戊子	己丑	庚寅	辛卯	
							巳初															寅正								

서기 1964 년/단기 4297 甲 辰 年

正 月(丙寅)

							우수															경칩								
음 력	1	2	3	4	5	6	7	8	9	10	11	12	13	14	15	16	17	18	19	20	21	22	23	24	25	26	27	28	29	30
양력 월·일	2·13	14	15	16	17	18	19	20	21	22	23	24	25	26	27	28	29	3·1	2	3	4	5	6	7	8	9	10	11	12	13
일 진	壬辰	癸巳	甲午	乙未	丙申	丁酉	戊戌	己亥	庚子	辛丑	壬寅	癸卯	甲辰	乙巳	丙午	丁未	戊申	己酉	庚戌	辛亥	壬子	癸丑	甲寅	乙卯	丙辰	丁巳	戊午	己未	庚申	辛酉
							子初															亥初								

2 月(丁卯)

							춘분																청명	한식						
음 력	1	2	3	4	5	6	7	8	9	10	11	12	13	14	15	16	17	18	19	20	21	22	23	24	25	26	27	28	29	
양력 월·일	3·14	15	16	17	18	19	20	21	22	23	24	25	26	27	28	29	30	31	4·1	2	3	4	5	6	7	8	9	10	11	
일 진	壬戌	癸亥	甲子	乙丑	丙寅	丁卯	戊辰	己巳	庚午	辛未	壬申	癸酉	甲戌	乙亥	丙子	丁丑	戊寅	己卯	庚辰	辛巳	壬午	癸未	甲申	乙酉	丙戌	丁亥	戊子	己丑	庚寅	
							亥正																丑正							

3 月(戊辰)

									곡우															입하						
음 력	1	2	3	4	5	6	7	8	9	10	11	12	13	14	15	16	17	18	19	20	21	22	23	24	25	26	27	28	29	30
양력 월·일	4·12	13	14	15	16	17	18	19	20	21	22	23	24	25	26	27	28	29	30	5·1	2	3	4	5	6	7	8	9	10	11
일 진	辛卯	壬辰	癸巳	甲午	乙未	丙申	丁酉	戊戌	己亥	庚子	辛丑	壬寅	癸卯	甲辰	乙巳	丙午	丁未	戊申	己酉	庚戌	辛亥	壬子	癸丑	甲寅	乙卯	丙辰	丁巳	戊午	己未	庚申
									巳正															戌正						

4 月(己巳)

										소만																망종				
음 력	1	2	3	4	5	6	7	8	9	10	11	12	13	14	15	16	17	18	19	20	21	22	23	24	25	26	27	28	29	
양력 월·일	5·12	13	14	15	16	17	18	19	20	21	22	23	24	25	26	27	28	29	30	31	6·1	2	3	4	5	6	7	8	9	
일 진	辛酉	壬戌	癸亥	甲子	乙丑	丙寅	丁卯	戊辰	己巳	庚午	辛未	壬申	癸酉	甲戌	乙亥	丙子	丁丑	戊寅	己卯	庚辰	辛巳	壬午	癸未	甲申	乙酉	丙戌	丁亥	戊子	己丑	
										巳初																丑初				

5 月(庚午)

												하지																소서		
음 력	1	2	3	4	5	6	7	8	9	10	11	12	13	14	15	16	17	18	19	20	21	22	23	24	25	26	27	28	29	
양력 월·일	6·10	11	12	13	14	15	16	17	18	19	20	21	22	23	24	25	26	27	28	29	30	7·1	2	3	4	5	6	7	8	
일 진	庚寅	辛卯	壬辰	癸巳	甲午	乙未	丙申	丁酉	戊戌	己亥	庚子	辛丑	壬寅	癸卯	甲辰	乙巳	丙午	丁未	戊申	己酉	庚戌	辛亥	壬子	癸丑	甲寅	乙卯	丙辰	丁巳	戊午	
												亥正																午初		

6 月(辛未)

												초복			대서							중복								입추
음 력	1	2	3	4	5	6	7	8	9	10	11	12	13	14	15	16	17	18	19	20	21	22	23	24	25	26	27	28	29	30
양력 월·일	7·9	10	11	12	13	14	15	16	17	18	19	20	21	22	23	24	25	26	27	28	29	30	31	8·1	2	3	4	5	6	7
일 진	己未	庚申	辛酉	壬戌	癸亥	甲子	乙丑	丙寅	丁卯	戊辰	己巳	庚午	辛未	壬申	癸酉	甲戌	乙亥	丙子	丁丑	戊寅	己卯	庚辰	辛巳	壬午	癸未	甲申	乙酉	丙戌	丁亥	戊子
															卯初															亥初

7 月(壬申)

		말복														처서														
음 력	1	2	3	4	5	6	7	8	9	10	11	12	13	14	15	16	17	18	19	20	21	22	23	24	25	26	27	28	29	
양력 월·일	8·8	9	10	11	12	13	14	15	16	17	18	19	20	21	22	23	24	25	26	27	28	29	30	31	9·1	2	3	4	5	
일 진	己丑	庚寅	辛卯	壬辰	癸巳	甲午	乙未	丙申	丁酉	戊戌	己亥	庚子	辛丑	壬寅	癸卯	甲辰	乙巳	丙午	丁未	戊申	己酉	庚戌	辛亥	壬子	癸丑	甲寅	乙卯	丙辰	丁巳	
																午初														

8 月(癸酉)

			백로															추분												
음 력	1	2	3	4	5	6	7	8	9	10	11	12	13	14	15	16	17	18	19	20	21	22	23	24	25	26	27	28	29	30
양력 월·일	9·6	7	8	9	10	11	12	13	14	15	16	17	18	19	20	21	22	23	24	25	26	27	28	29	30	10·1	2	3	4	5
일 진	戊午	己未	庚申	辛酉	壬戌	癸亥	甲子	乙丑	丙寅	丁卯	戊辰	己巳	庚午	辛未	壬申	癸酉	甲戌	乙亥	丙子	丁丑	戊寅	己卯	庚辰	辛巳	壬午	癸未	甲申	乙酉	丙戌	丁亥
			子正															巳初												

9 月(甲戌)

			한로															상강												
음 력	1	2	3	4	5	6	7	8	9	10	11	12	13	14	15	16	17	18	19	20	21	22	23	24	25	26	27	28	29	
양력 월·일	10·6	7	8	9	10	11	12	13	14	15	16	17	18	19	20	21	22	23	24	25	26	27	28	29	30	31	11·1	2	3	
일 진	戊子	己丑	庚寅	辛卯	壬辰	癸巳	甲午	乙未	丙申	丁酉	戊戌	己亥	庚子	辛丑	壬寅	癸卯	甲辰	乙巳	丙午	丁未	戊申	己酉	庚戌	辛亥	壬子	癸丑	甲寅	乙卯	丙辰	
			申正															戌初												

10 月(乙亥)

				입동																소설										
음 력	1	2	3	4	5	6	7	8	9	10	11	12	13	14	15	16	17	18	19	20	21	22	23	24	25	26	27	28	29	30
양력 월·일	11·4	5	6	7	8	9	10	11	12	13	14	15	16	17	18	19	20	21	22	23	24	25	26	27	28	29	30	12·1	2	3
일 진	丁巳	戊午	己未	庚申	辛酉	壬戌	癸亥	甲子	乙丑	丙寅	丁卯	戊辰	己巳	庚午	辛未	壬申	癸酉	甲戌	乙亥	丙子	丁丑	戊寅	己卯	庚辰	辛巳	壬午	癸未	甲申	乙酉	丙戌
				戌初																申正										

11 月(丙子)

				대설															동지											
음 력	1	2	3	4	5	6	7	8	9	10	11	12	13	14	15	16	17	18	19	20	21	22	23	24	25	26	27	28	29	30
양력 월·일	12·4	5	6	7	8	9	10	11	12	13	14	15	16	17	18	19	20	21	22	23	24	25	26	27	28	29	30	31	1·1	2
일 진	丁亥	戊子	己丑	庚寅	辛卯	壬辰	癸巳	甲午	乙未	丙申	丁酉	戊戌	己亥	庚子	辛丑	壬寅	癸卯	甲辰	乙巳	丙午	丁未	戊申	己酉	庚戌	辛亥	壬子	癸丑	甲寅	乙卯	丙辰
				午初															卯初											

12 月(丁丑)

			소한															대한												
음 력	1	2	3	4	5	6	7	8	9	10	11	12	13	14	15	16	17	18	19	20	21	22	23	24	25	26	27	28	29	30
양력 월·일	1·3	4	5	6	7	8	9	10	11	12	13	14	15	16	17	18	19	20	21	22	23	24	25	26	27	28	29	30	31	2·1
일 진	丁巳	戊午	己未	庚申	辛酉	壬戌	癸亥	甲子	乙丑	丙寅	丁卯	戊辰	己巳	庚午	辛未	壬申	癸酉	甲戌	乙亥	丙子	丁丑	戊寅	己卯	庚辰	辛巳	壬午	癸未	甲申	乙酉	丙戌
			亥正															申初												

서기 1965 년/단기 4298　　乙 巳 年

正 月(戊寅)

			입춘															우수												
음 력	1	2	3	4	5	6	7	8	9	10	11	12	13	14	15	16	17	18	19	20	21	22	23	24	25	26	27	28	29	
양력 월·일	2·2	3	4	5	6	7	8	9	10	11	12	13	14	15	16	17	18	19	20	21	22	23	24	25	26	27	28	3·1	2	
일 진	丁亥	戊子	己丑	庚寅	辛卯	壬辰	癸巳	甲午	乙未	丙申	丁酉	戊戌	己亥	庚子	辛丑	壬寅	癸卯	甲辰	乙巳	丙午	丁未	戊申	己酉	庚戌	辛亥	壬子	癸丑	甲寅	乙卯	
			巳初															卯初												

2 月(己卯)

				경칩															춘분											
음 력	1	2	3	4	5	6	7	8	9	10	11	12	13	14	15	16	17	18	19	20	21	22	23	24	25	26	27	28	29	30
양력 월·일	3·3	4	5	6	7	8	9	10	11	12	13	14	15	16	17	18	19	20	21	22	23	24	25	26	27	28	29	30	31	4·1
일 진	丙辰	丁巳	戊午	己未	庚申	辛酉	壬戌	癸亥	甲子	乙丑	丙寅	丁卯	戊辰	己巳	庚午	辛未	壬申	癸酉	甲戌	乙亥	丙子	丁丑	戊寅	己卯	庚辰	辛巳	壬午	癸未	甲申	乙酉
				寅初															寅正											

3 月(庚辰)

				청명	한식														곡우											
음 력	1	2	3	4	5	6	7	8	9	10	11	12	13	14	15	16	17	18	19	20	21	22	23	24	25	26	27	28	29	
양력 월·일	4·2	3	4	5	6	7	8	9	10	11	12	13	14	15	16	17	18	19	20	21	22	23	24	25	26	27	28	29	30	
일 진	丙戌	丁亥	戊子	己丑	庚寅	辛卯	壬辰	癸巳	甲午	乙未	丙申	丁酉	戊戌	己亥	庚子	辛丑	壬寅	癸卯	甲辰	乙巳	丙午	丁未	戊申	己酉	庚戌	辛亥	壬子	癸丑	甲寅	
				辰正															申初											

4 月(辛巳)

						입하															소만									
음 력	1	2	3	4	5	6	7	8	9	10	11	12	13	14	15	16	17	18	19	20	21	22	23	24	25	26	27	28	29	30
양력 월·일	5·1	2	3	4	5	6	7	8	9	10	11	12	13	14	15	16	17	18	19	20	21	22	23	24	25	26	27	28	29	30
일 진	乙卯	丙辰	丁巳	戊午	己未	庚申	辛酉	壬戌	癸亥	甲子	乙丑	丙寅	丁卯	戊辰	己巳	庚午	辛未	壬申	癸酉	甲戌	乙亥	丙子	丁丑	戊寅	己卯	庚辰	辛巳	壬午	癸未	甲申
						丑正															申正									

5 月(壬午)

							망종															하지								
음 력	1	2	3	4	5	6	7	8	9	10	11	12	13	14	15	16	17	18	19	20	21	22	23	24	25	26	27	28	29	
양력 월·일	5·31	6·1	2	3	4	5	6	7	8	9	10	11	12	13	14	15	16	17	18	19	20	21	22	23	24	25	26	27	28	
일 진	乙酉	丙戌	丁亥	戊子	己丑	庚寅	辛卯	壬辰	癸巳	甲午	乙未	丙申	丁酉	戊戌	己亥	庚子	辛丑	壬寅	癸卯	甲辰	乙巳	丙午	丁未	戊申	己酉	庚戌	辛亥	壬子	癸丑	
							卯正															子初								

6 月(癸未)

									소서								초복								대서		중복			
음 력	1	2	3	4	5	6	7	8	9	10	11	12	13	14	15	16	17	18	19	20	21	22	23	24	25	26	27	28	29	
양력 월·일	6·29	30	7·1	2	3	4	5	6	7	8	9	10	11	12	13	14	15	16	17	18	19	20	21	22	23	24	25	26	27	
일 진	甲寅	乙卯	丙辰	丁巳	戊午	己未	庚申	辛酉	壬戌	癸亥	甲子	乙丑	丙寅	丁卯	戊辰	己巳	庚午	辛未	壬申	癸酉	甲戌	乙亥	丙子	丁丑	戊寅	己卯	庚辰	辛巳	壬午	
									酉初																巳正					

7 月(甲申)

												입추						말복										처서			
음 력	1	2	3	4	5	6	7	8	9	10	11	12	13	14	15	16	17	18	19	20	21	22	23	24	25	26	27	28	29	30
양력 월·일	7·28	29	30	31	8·1	2	3	4	5	6	7	8	9	10	11	12	13	14	15	16	17	18	19	20	21	22	23	24	25	26
일 진	癸未	甲申	乙酉	丙戌	丁亥	戊子	己丑	庚寅	辛卯	壬辰	癸巳	甲午	乙未	丙申	丁酉	戊戌	己亥	庚子	辛丑	壬寅	癸卯	甲辰	乙巳	丙午	丁未	戊申	己酉	庚戌	辛亥	壬子
												寅初																酉正			

8 月(乙酉)

													백로															추분		
음 력	1	2	3	4	5	6	7	8	9	10	11	12	13	14	15	16	17	18	19	20	21	22	23	24	25	26	27	28	29	
양력 월·일	8·27	28	29	30	31	9·1	2	3	4	5	6	7	8	9	10	11	12	13	14	15	16	17	18	19	20	21	22	23	24	
일 진	癸丑	甲寅	乙卯	丙辰	丁巳	戊午	己未	庚申	辛酉	壬戌	癸亥	甲子	乙丑	丙寅	丁卯	戊辰	己巳	庚午	辛未	壬申	癸酉	甲戌	乙亥	丙子	丁丑	戊寅	己卯	庚辰	辛巳	
													卯正															申初		

9 月(丙戌)

														한로																
음 력	1	2	3	4	5	6	7	8	9	10	11	12	13	14	15	16	17	18	19	20	21	22	23	24	25	26	27	28	29	
양력 월·일	9·25	26	27	28	29	30	10·1	2	3	4	5	6	7	8	9	10	11	12	13	14	15	16	17	18	19	20	21	22	23	
일 진	壬午	癸未	甲申	乙酉	丙戌	丁亥	戊子	己丑	庚寅	辛卯	壬辰	癸巳	甲午	乙未	丙申	丁酉	戊戌	己亥	庚子	辛丑	壬寅	癸卯	甲辰	乙巳	丙午	丁未	戊申	己酉	庚戌	
														亥正																

10 月(丁亥)

	상강															입동														소설
음 력	1	2	3	4	5	6	7	8	9	10	11	12	13	14	15	16	17	18	19	20	21	22	23	24	25	26	27	28	29	30
양력 월·일	10·24	25	26	27	28	29	30	31	11·1	2	3	4	5	6	7	8	9	10	11	12	13	14	15	16	17	18	19	20	21	22
일 진	辛亥	壬子	癸丑	甲寅	乙卯	丙辰	丁巳	戊午	己未	庚申	辛酉	壬戌	癸亥	甲子	乙丑	丙寅	丁卯	戊辰	己巳	庚午	辛未	壬申	癸酉	甲戌	乙亥	丙子	丁丑	戊寅	己卯	庚辰
	子正															子正														亥正

11 月(戊子)

															대설															동지
음 력	1	2	3	4	5	6	7	8	9	10	11	12	13	14	15	16	17	18	19	20	21	22	23	24	25	26	27	28	29	30
양력 월·일	11·23	24	25	26	27	28	29	30	12·1	2	3	4	5	6	7	8	9	10	11	12	13	14	15	16	17	18	19	20	21	22
일 진	辛巳	壬午	癸未	甲申	乙酉	丙戌	丁亥	戊子	己丑	庚寅	辛卯	壬辰	癸巳	甲午	乙未	丙申	丁酉	戊戌	己亥	庚子	辛丑	壬寅	癸卯	甲辰	乙巳	丙午	丁未	戊申	己酉	庚戌
															酉初															巳正

12 月(己丑)

															소한														대한	
음 력	1	2	3	4	5	6	7	8	9	10	11	12	13	14	15	16	17	18	19	20	21	22	23	24	25	26	27	28	29	30
양력 월·일	12·23	24	25	26	27	28	29	30	31	1·1	2	3	4	5	6	7	8	9	10	11	12	13	14	15	16	17	18	19	20	21
일 진	辛亥	壬子	癸丑	甲寅	乙卯	丙辰	丁巳	戊午	己未	庚申	辛酉	壬戌	癸亥	甲子	乙丑	丙寅	丁卯	戊辰	己巳	庚午	辛未	壬申	癸酉	甲戌	乙亥	丙子	丁丑	戊寅	己卯	庚辰
															寅初														亥初	

서기 1966 년/단기 4299　丙 午 年

正 月(庚寅)

														입춘															우수	
음 력	1	2	3	4	5	6	7	8	9	10	11	12	13	14	15	16	17	18	19	20	21	22	23	24	25	26	27	28	29	
양력 월·일	1·22	23	24	25	26	27	28	29	30	31	2·1	2	3	4	5	6	7	8	9	10	11	12	13	14	15	16	17	18	19	
일 진	辛巳	壬午	癸未	甲申	乙酉	丙戌	丁亥	戊子	己丑	庚寅	辛卯	壬辰	癸巳	甲午	乙未	丙申	丁酉	戊戌	己亥	庚子	辛丑	壬寅	癸卯	甲辰	乙巳	丙午	丁未	戊申	己酉	
														申初															午初	

2 月(辛卯)

															경칩															춘분
음 력	1	2	3	4	5	6	7	8	9	10	11	12	13	14	15	16	17	18	19	20	21	22	23	24	25	26	27	28	29	30
양력 월·일	2·20	21	22	23	24	25	26	27	28	3·1	2	3	4	5	6	7	8	9	10	11	12	13	14	15	16	17	18	19	20	21
일 진	庚戌	辛亥	壬子	癸丑	甲寅	乙卯	丙辰	丁巳	戊午	己未	庚申	辛酉	壬戌	癸亥	甲子	乙丑	丙寅	丁卯	戊辰	己巳	庚午	辛未	壬申	癸酉	甲戌	乙亥	丙子	丁丑	戊寅	己卯
															巳初															巳正

3 月(壬辰)

															청명	한식														곡우
음 력	1	2	3	4	5	6	7	8	9	10	11	12	13	14	15	16	17	18	19	20	21	22	23	24	25	26	27	28	29	30
양력 월·일	3·22	23	24	25	26	27	28	29	30	31	4·1	2	3	4	5	6	7	8	9	10	11	12	13	14	15	16	17	18	19	20
일 진	庚辰	辛巳	壬午	癸未	甲申	乙酉	丙戌	丁亥	戊子	己丑	庚寅	辛卯	壬辰	癸巳	甲午	乙未	丙申	丁酉	戊戌	己亥	庚子	辛丑	壬寅	癸卯	甲辰	乙巳	丙午	丁未	戊申	己酉
															未正															亥初

閏 三 月(壬辰)

																입하														
음 력	1	2	3	4	5	6	7	8	9	10	11	12	13	14	15	16	17	18	19	20	21	22	23	24	25	26	27	28	29	
양력 월·일	4·21	22	23	24	25	26	27	28	29	30	5·1	2	3	4	5	6	7	8	9	10	11	12	13	14	15	16	17	18	19	
일 진	庚戌	辛亥	壬子	癸丑	甲寅	乙卯	丙辰	丁巳	戊午	己未	庚申	辛酉	壬戌	癸亥	甲子	乙丑	丙寅	丁卯	戊辰	己巳	庚午	辛未	壬申	癸酉	甲戌	乙亥	丙子	丁丑	戊寅	
																辰正														

4 月(癸巳)

		소만																망종												
음 력	1	2	3	4	5	6	7	8	9	10	11	12	13	14	15	16	17	18	19	20	21	22	23	24	25	26	27	28	29	30
양력 월·일	5·20	21	22	23	24	25	26	27	28	29	30	31	6·1	2	3	4	5	6	7	8	9	10	11	12	13	14	15	16	17	18
일 진	己卯	庚辰	辛巳	壬午	癸未	甲申	乙酉	丙戌	丁亥	戊子	己丑	庚寅	辛卯	壬辰	癸巳	甲午	乙未	丙申	丁酉	戊戌	己亥	庚子	辛丑	壬寅	癸卯	甲辰	乙巳	丙午	丁未	戊申
		亥初																午正												

5 月(甲午)

				하지															소서											
음 력	1	2	3	4	5	6	7	8	9	10	11	12	13	14	15	16	17	18	19	20	21	22	23	24	25	26	27	28	29	
양력 월·일	6·19	20	21	22	23	24	25	26	27	28	29	30	7·1	2	3	4	5	6	7	8	9	10	11	12	13	14	15	16	17	
일 진	己酉	庚戌	辛亥	壬子	癸丑	甲寅	乙卯	丙辰	丁巳	戊午	己未	庚申	辛酉	壬戌	癸亥	甲子	乙丑	丙寅	丁卯	戊辰	己巳	庚午	辛未	壬申	癸酉	甲戌	乙亥	丙子	丁丑	
				卯初															子初											

6 月(乙未)

			초복			대서							중복									입추	말복							
음 력	1	2	3	4	5	6	7	8	9	10	11	12	13	14	15	16	17	18	19	20	21	22	23	24	25	26	27	28	29	
양력 월·일	7·18	19	20	21	22	23	24	25	26	27	28	29	30	31	8·1	2	3	4	5	6	7	8	9	10	11	12	13	14	15	
일 진	戊寅	己卯	庚辰	辛巳	壬午	癸未	甲申	乙酉	丙戌	丁亥	戊子	己丑	庚寅	辛卯	壬辰	癸巳	甲午	乙未	丙申	丁酉	戊戌	己亥	庚子	辛丑	壬寅	癸卯	甲辰	乙巳	丙午	
						申正																巳初								

7 月(丙申)

								처서																백로						
음 력	1	2	3	4	5	6	7	8	9	10	11	12	13	14	15	16	17	18	19	20	21	22	23	24	25	26	27	28	29	30
양력 월·일	8·16	17	18	19	20	21	22	23	24	25	26	27	28	29	30	31	9·1	2	3	4	5	6	7	8	9	10	11	12	13	14
일 진	丁未	戊申	己酉	庚戌	辛亥	壬子	癸丑	甲寅	乙卯	丙辰	丁巳	戊午	己未	庚申	辛酉	壬戌	癸亥	甲子	乙丑	丙寅	丁卯	戊辰	己巳	庚午	辛未	壬申	癸酉	甲戌	乙亥	丙子
								子初																午正						

8 月(丁酉)

									추분																한로					
음 력	1	2	3	4	5	6	7	8	9	10	11	12	13	14	15	16	17	18	19	20	21	22	23	24	25	26	27	28	29	
양력 월·일	9·15	16	17	18	19	20	21	22	23	24	25	26	27	28	29	30	10·1	2	3	4	5	6	7	8	9	10	11	12	13	
일 진	丁丑	戊寅	己卯	庚辰	辛巳	壬午	癸未	甲申	乙酉	丙戌	丁亥	戊子	己丑	庚寅	辛卯	壬辰	癸巳	甲午	乙未	丙申	丁酉	戊戌	己亥	庚子	辛丑	壬寅	癸卯	甲辰	乙巳	
									亥初																寅初					

9 月(戊戌)

											상강															입동				
음 력	1	2	3	4	5	6	7	8	9	10	11	12	13	14	15	16	17	18	19	20	21	22	23	24	25	26	27	28	29	
양력 월·일	10·14	15	16	17	18	19	20	21	22	23	24	25	26	27	28	29	30	31	11·1	2	3	4	5	6	7	8	9	10	11	
일 진	丙午	丁未	戊申	己酉	庚戌	辛亥	壬子	癸丑	甲寅	乙卯	丙辰	丁巳	戊午	己未	庚申	辛酉	壬戌	癸亥	甲子	乙丑	丙寅	丁卯	戊辰	己巳	庚午	辛未	壬申	癸酉	甲戌	
											卯正															卯正				

10 月(己亥)

												소설														대설				
음 력	1	2	3	4	5	6	7	8	9	10	11	12	13	14	15	16	17	18	19	20	21	22	23	24	25	26	27	28	29	30
양력 월·일	11·12	13	14	15	16	17	18	19	20	21	22	23	24	25	26	27	28	29	30	12·1	2	3	4	5	6	7	8	9	10	11
일 진	乙亥	丙子	丁丑	戊寅	己卯	庚辰	辛巳	壬午	癸未	甲申	乙酉	丙戌	丁亥	戊子	己丑	庚寅	辛卯	壬辰	癸巳	甲午	乙未	丙申	丁酉	戊戌	己亥	庚子	辛丑	壬寅	癸卯	甲辰
												寅正														子初				

11 月(庚子)

											동지															소한				
음 력	1	2	3	4	5	6	7	8	9	10	11	12	13	14	15	16	17	18	19	20	21	22	23	24	25	26	27	28	29	30
양력 월·일	12·12	13	14	15	16	17	18	19	20	21	22	23	24	25	26	27	28	29	30	31	1·1	2	3	4	5	6	7	8	9	10
일 진	乙巳	丙午	丁未	戊申	己酉	庚戌	辛亥	壬子	癸丑	甲寅	乙卯	丙辰	丁巳	戊午	己未	庚申	辛酉	壬戌	癸亥	甲子	乙丑	丙寅	丁卯	戊辰	己巳	庚午	辛未	壬申	癸酉	甲戌
											申正															巳初				

12 月(辛丑)

											대한														입춘					
음 력	1	2	3	4	5	6	7	8	9	10	11	12	13	14	15	16	17	18	19	20	21	22	23	24	25	26	27	28	29	
양력 월·일	1·11	12	13	14	15	16	17	18	19	20	21	22	23	24	25	26	27	28	29	30	31	2·1	2	3	4	5	6	7	8	
일 진	乙亥	丙子	丁丑	戊寅	己卯	庚辰	辛巳	壬午	癸未	甲申	乙酉	丙戌	丁亥	戊子	己丑	庚寅	辛卯	壬辰	癸巳	甲午	乙未	丙申	丁酉	戊戌	己亥	庚子	辛丑	壬寅	癸卯	
											丑正														亥初					

서기 1967 년/단기 4300　　丁 未 年

正 月(壬寅)

											우수															경칩				
음 력	1	2	3	4	5	6	7	8	9	10	11	12	13	14	15	16	17	18	19	20	21	22	23	24	25	26	27	28	29	30
양력 월·일	2·9	10	11	12	13	14	15	16	17	18	19	20	21	22	23	24	25	26	27	28	3·1	2	3	4	5	6	7	8	9	10
일 진	甲辰	乙巳	丙午	丁未	戊申	己酉	庚戌	辛亥	壬子	癸丑	甲寅	乙卯	丙辰	丁巳	戊午	己未	庚申	辛酉	壬戌	癸亥	甲子	乙丑	丙寅	丁卯	戊辰	己巳	庚午	辛未	壬申	癸酉
											酉初															申初				

2 月(癸卯)

											춘분															청명	한식			
음 력	1	2	3	4	5	6	7	8	9	10	11	12	13	14	15	16	17	18	19	20	21	22	23	24	25	26	27	28	29	30
양력 월·일	3·11	12	13	14	15	16	17	18	19	20	21	22	23	24	25	26	27	28	29	30	31	4·1	2	3	4	5	6	7	8	9
일 진	甲戌	乙亥	丙子	丁丑	戊寅	己卯	庚辰	辛巳	壬午	癸未	甲申	乙酉	丙戌	丁亥	戊子	己丑	庚寅	辛卯	壬辰	癸巳	甲午	乙未	丙申	丁酉	戊戌	己亥	庚子	辛丑	壬寅	癸卯
											申正															戌正				

3 月(甲辰)

												곡우															입하			
음 력	1	2	3	4	5	6	7	8	9	10	11	12	13	14	15	16	17	18	19	20	21	22	23	24	25	26	27	28	29	
양력 월·일	4·10	11	12	13	14	15	16	17	18	19	20	21	22	23	24	25	26	27	28	29	30	5·1	2	3	4	5	6	7	8	
일 진	甲辰	乙巳	丙午	丁未	戊申	己酉	庚戌	辛亥	壬子	癸丑	甲寅	乙卯	丙辰	丁巳	戊午	己未	庚申	辛酉	壬戌	癸亥	甲子	乙丑	丙寅	丁卯	戊辰	己巳	庚午	辛未	壬申	
												寅初															未正			

4 月(乙巳)

														소만															망종	
음 력	1	2	3	4	5	6	7	8	9	10	11	12	13	14	15	16	17	18	19	20	21	22	23	24	25	26	27	28	29	30
양력 월·일	5·9	10	11	12	13	14	15	16	17	18	19	20	21	22	23	24	25	26	27	28	29	30	31	6·1	2	3	4	5	6	7
일 진	癸酉	甲戌	乙亥	丙子	丁丑	戊寅	己卯	庚辰	辛巳	壬午	癸未	甲申	乙酉	丙戌	丁亥	戊子	己丑	庚寅	辛卯	壬辰	癸巳	甲午	乙未	丙申	丁酉	戊戌	己亥	庚子	辛丑	壬寅
														寅初															酉正	

5 月(丙午)

															하지															
음 력	1	2	3	4	5	6	7	8	9	10	11	12	13	14	15	16	17	18	19	20	21	22	23	24	25	26	27	28	29	30
양력 월·일	6·8	9	10	11	12	13	14	15	16	17	18	19	20	21	22	23	24	25	26	27	28	29	30	7·1	2	3	4	5	6	7
일 진	癸卯	甲辰	乙巳	丙午	丁未	戊申	己酉	庚戌	辛亥	壬子	癸丑	甲寅	乙卯	丙辰	丁巳	戊午	己未	庚申	辛酉	壬戌	癸亥	甲子	乙丑	丙寅	丁卯	戊辰	己巳	庚午	辛未	壬申
															午初															

6 月(丁未)

	소서							초복								대서		중복												
음 력	1	2	3	4	5	6	7	8	9	10	11	12	13	14	15	16	17	18	19	20	21	22	23	24	25	26	27	28	29	
양력 월·일	7·8	9	10	11	12	13	14	15	16	17	18	19	20	21	22	23	24	25	26	27	28	29	30	31	8·1	2	3	4	5	
일 진	癸酉	甲戌	乙亥	丙子	丁丑	戊寅	己卯	庚辰	辛巳	壬午	癸未	甲申	乙酉	丙戌	丁亥	戊子	己丑	庚寅	辛卯	壬辰	癸巳	甲午	乙未	丙申	丁酉	戊戌	己亥	庚子	辛丑	
	寅正															亥正														

7 月(戊申)

			입추						말복										처서											
음 력	1	2	3	4	5	6	7	8	9	10	11	12	13	14	15	16	17	18	19	20	21	22	23	24	25	26	27	28	29	
양력 월·일	8·6	7	8	9	10	11	12	13	14	15	16	17	18	19	20	21	22	23	24	25	26	27	28	29	30	31	9·1	2	3	
일 진	壬寅	癸卯	甲辰	乙巳	丙午	丁未	戊申	己酉	庚戌	辛亥	壬子	癸丑	甲寅	乙卯	丙辰	丁巳	戊午	己未	庚申	辛酉	壬戌	癸亥	甲子	乙丑	丙寅	丁卯	戊辰	己巳	庚午	
			未正																卯初											

8 月(己酉)

					백로																추분									
음 력	1	2	3	4	5	6	7	8	9	10	11	12	13	14	15	16	17	18	19	20	21	22	23	24	25	26	27	28	29	30
양력 월·일	9·4	5	6	7	8	9	10	11	12	13	14	15	16	17	18	19	20	21	22	23	24	25	26	27	28	29	30	10·1	2	3
일 진	辛未	壬申	癸酉	甲戌	乙亥	丙子	丁丑	戊寅	己卯	庚辰	辛巳	壬午	癸未	甲申	乙酉	丙戌	丁亥	戊子	己丑	庚寅	辛卯	壬辰	癸巳	甲午	乙未	丙申	丁酉	戊戌	己亥	庚子
					酉初																丑正									

9 月(庚戌)

						한로															상강									
음 력	1	2	3	4	5	6	7	8	9	10	11	12	13	14	15	16	17	18	19	20	21	22	23	24	25	26	27	28	29	
양력 월·일	10·4	5	6	7	8	9	10	11	12	13	14	15	16	17	18	19	20	21	22	23	24	25	26	27	28	29	30	31	11·1	
일 진	辛丑	壬寅	癸卯	甲辰	乙巳	丙午	丁未	戊申	己酉	庚戌	辛亥	壬子	癸丑	甲寅	乙卯	丙辰	丁巳	戊午	己未	庚申	辛酉	壬戌	癸亥	甲子	乙丑	丙寅	丁卯	戊辰	己巳	
						辰正															午初									

10 月(辛亥)

							입동															소설								
음 력	1	2	3	4	5	6	7	8	9	10	11	12	13	14	15	16	17	18	19	20	21	22	23	24	25	26	27	28	29	30
양력 월·일	11·2	3	4	5	6	7	8	9	10	11	12	13	14	15	16	17	18	19	20	21	22	23	24	25	26	27	28	29	30	12·1
일 진	庚午	辛未	壬申	癸酉	甲戌	乙亥	丙子	丁丑	戊寅	己卯	庚辰	辛巳	壬午	癸未	甲申	乙酉	丙戌	丁亥	戊子	己丑	庚寅	辛卯	壬辰	癸巳	甲午	乙未	丙申	丁酉	戊戌	己亥
							午初															巳初								

11 月(壬子)

							대설														동지									
음 력	1	2	3	4	5	6	7	8	9	10	11	12	13	14	15	16	17	18	19	20	21	22	23	24	25	26	27	28	29	
양력 월·일	12·2	3	4	5	6	7	8	9	10	11	12	13	14	15	16	17	18	19	20	21	22	23	24	25	26	27	28	29	30	
일 진	庚子	辛丑	壬寅	癸卯	甲辰	乙巳	丙午	丁未	戊申	己酉	庚戌	辛亥	壬子	癸丑	甲寅	乙卯	丙辰	丁巳	戊午	己未	庚申	辛酉	壬戌	癸亥	甲子	乙丑	丙寅	丁卯	戊辰	
							寅正														亥正									

12 月(癸丑)

							소한															대한								
음 력	1	2	3	4	5	6	7	8	9	10	11	12	13	14	15	16	17	18	19	20	21	22	23	24	25	26	27	28	29	30
양력 월·일	12·31	1·1	2	3	4	5	6	7	8	9	10	11	12	13	14	15	16	17	18	19	20	21	22	23	24	25	26	27	28	29
일 진	己巳	庚午	辛未	壬申	癸酉	甲戌	乙亥	丙子	丁丑	戊寅	己卯	庚辰	辛巳	壬午	癸未	甲申	乙酉	丙戌	丁亥	戊子	己丑	庚寅	辛卯	壬辰	癸巳	甲午	乙未	丙申	丁酉	戊戌
							申初															辰正								

서기 1968 년/단기 4301　　戊 申 年

正 月(甲寅)

음 력	1	2	3	4	5	6	7	8	9	10	11	12	13	14	15	16	17	18	19	20	21	22	23	24	25	26	27	28	29	
							입춘														우수									
양력 월·일	1·30	31	2·1	2	3	4	5	6	7	8	9	10	11	12	13	14	15	16	17	18	19	20	21	22	23	24	25	26	27	
일 진	己亥	庚子	辛丑	壬寅	癸卯	甲辰	乙巳	丙午	丁未	戊申	己酉	庚戌	辛亥	壬子	癸丑	甲寅	乙卯	丙辰	丁巳	戊午	己未	庚申	辛酉	壬戌	癸亥	甲子	乙丑	丙寅	丁卯	
							寅初														子初									

2 月(乙卯)

음 력	1	2	3	4	5	6	7	8	9	10	11	12	13	14	15	16	17	18	19	20	21	22	23	24	25	26	27	28	29	30
							경칩															춘분								
양력 월·일	2·28	29	3·1	2	3	4	5	6	7	8	9	10	11	12	13	14	15	16	17	18	19	20	21	22	23	24	25	26	27	28
일 진	戊辰	己巳	庚午	辛未	壬申	癸酉	甲戌	乙亥	丙子	丁丑	戊寅	己卯	庚辰	辛巳	壬午	癸未	甲申	乙酉	丙戌	丁亥	戊子	己丑	庚寅	辛卯	壬辰	癸巳	甲午	乙未	丙申	丁酉
							亥初															亥正								

3 月(丙辰)

음 력	1	2	3	4	5	6	7	8	9	10	11	12	13	14	15	16	17	18	19	20	21	22	23	24	25	26	27	28	29	30
								청명															곡우							
양력 월·일	3·29	30	31	4·1	2	3	4	5	6	7	8	9	10	11	12	13	14	15	16	17	18	19	20	21	22	23	24	25	26	27
일 진	戊戌	己亥	庚子	辛丑	壬寅	癸卯	甲辰	乙巳	丙午	丁未	戊申	己酉	庚戌	辛亥	壬子	癸丑	甲寅	乙卯	丙辰	丁巳	戊午	己未	庚申	辛酉	壬戌	癸亥	甲子	乙丑	丙寅	丁卯
								丑正															巳初							

4 月(丁巳)

음 력	1	2	3	4	5	6	7	8	9	10	11	12	13	14	15	16	17	18	19	20	21	22	23	24	25	26	27	28	29	
								입하																소만						
양력 월·일	4·28	29	30	5·1	2	3	4	5	6	7	8	9	10	11	12	13	14	15	16	17	18	19	20	21	22	23	24	25	26	
일 진	戊辰	己巳	庚午	辛未	壬申	癸酉	甲戌	乙亥	丙子	丁丑	戊寅	己卯	庚辰	辛巳	壬午	癸未	甲申	乙酉	丙戌	丁亥	戊子	己丑	庚寅	辛卯	壬辰	癸巳	甲午	乙未	丙申	
								戌正																巳初						

5 月(戊午)

음 력	1	2	3	4	5	6	7	8	9	10	11	12	13	14	15	16	17	18	19	20	21	22	23	24	25	26	27	28	29	30
											망종															하지				
양력 월·일	5·27	28	29	30	31	6·1	2	3	4	5	6	7	8	9	10	11	12	13	14	15	16	17	18	19	20	21	22	23	24	25
일 진	丁酉	戊戌	己亥	庚子	辛丑	壬寅	癸卯	甲辰	乙巳	丙午	丁未	戊申	己酉	庚戌	辛亥	壬子	癸丑	甲寅	乙卯	丙辰	丁巳	戊午	己未	庚申	辛酉	壬戌	癸亥	甲子	乙丑	丙寅
											子正															酉初				

6 月(己未)

음 력	1	2	3	4	5	6	7	8	9	10	11	12	13	14	15	16	17	18	19	20	21	22	23	24	25	26	27	28	29	
												소서												초복				대서		
양력 월·일	6·26	27	28	29	30	7·1	2	3	4	5	6	7	8	9	10	11	12	13	14	15	16	17	18	19	20	21	22	23	24	
일 진	丁卯	戊辰	己巳	庚午	辛未	壬申	癸酉	甲戌	乙亥	丙子	丁丑	戊寅	己卯	庚辰	辛巳	壬午	癸未	甲申	乙酉	丙戌	丁亥	戊子	己丑	庚寅	辛卯	壬辰	癸巳	甲午	乙未	
												巳正																寅正		

7 月(庚申)

				중복									입추	말복															처서
음 력	1	2	3	4	5	6	7	8	9	10	11	12	13	14	15	16	17	18	19	20	21	22	23	24	25	26	27	28	29	30
양력 월·일	7·25	26	27	28	29	30	31	8·1	2	3	4	5	6	7	8	9	10	11	12	13	14	15	16	17	18	19	20	21	22	23
일 진	丙申	丁酉	戊戌	己亥	庚子	辛丑	壬寅	癸卯	甲辰	乙巳	丙午	丁未	戊申	己酉	庚戌	辛亥	壬子	癸丑	甲寅	乙卯	丙辰	丁巳	戊午	己未	庚申	辛酉	壬戌	癸亥	甲子	乙丑
														戌正																午初

閏 七 月(庚申)

															백로															
음 력	1	2	3	4	5	6	7	8	9	10	11	12	13	14	15	16	17	18	19	20	21	22	23	24	25	26	27	28	29	
양력 월·일	8·24	25	26	27	28	29	30	31	9·1	2	3	4	5	6	7	8	9	10	11	12	13	14	15	16	17	18	19	20	21	
일 진	丙寅	丁卯	戊辰	己巳	庚午	辛未	壬申	癸酉	甲戌	乙亥	丙子	丁丑	戊寅	己卯	庚辰	辛巳	壬午	癸未	甲申	乙酉	丙戌	丁亥	戊子	己丑	庚寅	辛卯	壬辰	癸巳	甲午	
															子初															

8 月(辛酉)

		추분															한로													
음 력	1	2	3	4	5	6	7	8	9	10	11	12	13	14	15	16	17	18	19	20	21	22	23	24	25	26	27	28	29	30
양력 월·일	9·22	23	24	25	26	27	28	29	30	10·1	2	3	4	5	6	7	8	9	10	11	12	13	14	15	16	17	18	19	20	21
일 진	乙未	丙申	丁酉	戊戌	己亥	庚子	辛丑	壬寅	癸卯	甲辰	乙巳	丙午	丁未	戊申	己酉	庚戌	辛亥	壬子	癸丑	甲寅	乙卯	丙辰	丁巳	戊午	己未	庚申	辛酉	壬戌	癸亥	甲子
		辰正															未正													

9 月(壬戌)

	상강																입동													
음 력	1	2	3	4	5	6	7	8	9	10	11	12	13	14	15	16	17	18	19	20	21	22	23	24	25	26	27	28	29	
양력 월·일	10·22	23	24	25	26	27	28	29	30	31	11·1	2	3	4	5	6	7	8	9	10	11	12	13	14	15	16	17	18	19	
일 진	乙丑	丙寅	丁卯	戊辰	己巳	庚午	辛未	壬申	癸酉	甲戌	乙亥	丙子	丁丑	戊寅	己卯	庚辰	辛巳	壬午	癸未	甲申	乙酉	丙戌	丁亥	戊子	己丑	庚寅	辛卯	壬辰	癸巳	
	酉初																酉初													

10 月(癸亥)

			소설															대설												
음 력	1	2	3	4	5	6	7	8	9	10	11	12	13	14	15	16	17	18	19	20	21	22	23	24	25	26	27	28	29	30
양력 월·일	11·20	21	22	23	24	25	26	27	28	29	30	12·1	2	3	4	5	6	7	8	9	10	11	12	13	14	15	16	17	18	19
일 진	甲午	乙未	丙申	丁酉	戊戌	己亥	庚子	辛丑	壬寅	癸卯	甲辰	乙巳	丙午	丁未	戊申	己酉	庚戌	辛亥	壬子	癸丑	甲寅	乙卯	丙辰	丁巳	戊午	己未	庚申	辛酉	壬戌	癸亥
			未正															巳正												

11 月(甲子)

			동지														소한													
음 력	1	2	3	4	5	6	7	8	9	10	11	12	13	14	15	16	17	18	19	20	21	22	23	24	25	26	27	28	29	
양력 월·일	12·20	21	22	23	24	25	26	27	28	29	30	31	1·1	2	3	4	5	6	7	8	9	10	11	12	13	14	15	16	17	
일 진	甲子	乙丑	丙寅	丁卯	戊辰	己巳	庚午	辛未	壬申	癸酉	甲戌	乙亥	丙子	丁丑	戊寅	己卯	庚辰	辛巳	壬午	癸未	甲申	乙酉	丙戌	丁亥	戊子	己丑	庚寅	辛卯	壬辰	
			寅正														亥初													

12 月(乙丑)

			대한															입춘												
음 력	1	2	3	4	5	6	7	8	9	10	11	12	13	14	15	16	17	18	19	20	21	22	23	24	25	26	27	28	29	30
양력 월·일	1·18	19	20	21	22	23	24	25	26	27	28	29	30	31	2·1	2	3	4	5	6	7	8	9	10	11	12	13	14	15	16
일 진	癸巳	甲午	乙未	丙申	丁酉	戊戌	己亥	庚子	辛丑	壬寅	癸卯	甲辰	乙巳	丙午	丁未	戊申	己酉	庚戌	辛亥	壬子	癸丑	甲寅	乙卯	丙辰	丁巳	戊午	己未	庚申	辛酉	壬戌
			未正															辰正												

서기 1969 년/단기 4302 己 酉 年

正 月(丙寅)

			우수															경칩												
음 력	1	2	3	4	5	6	7	8	9	10	11	12	13	14	15	16	17	18	19	20	21	22	23	24	25	26	27	28	29	
양력 월·일	2·17	18	19	20	21	22	23	24	25	26	27	28	3·1	2	3	4	5	6	7	8	9	10	11	12	13	14	15	16	17	
일 진	癸亥	甲子	乙丑	丙寅	丁卯	戊辰	己巳	庚午	辛未	壬申	癸酉	甲戌	乙亥	丙子	丁丑	戊寅	己卯	庚辰	辛巳	壬午	癸未	甲申	乙酉	丙戌	丁亥	戊子	己丑	庚寅	辛卯	
			寅正															寅初												

2 月(丁卯)

				춘분															청명	한식										
음 력	1	2	3	4	5	6	7	8	9	10	11	12	13	14	15	16	17	18	19	20	21	22	23	24	25	26	27	28	29	30
양력 월·일	3·18	19	20	21	22	23	24	25	26	27	28	29	30	31	4·1	2	3	4	5	6	7	8	9	10	11	12	13	14	15	16
일 진	壬辰	癸巳	甲午	乙未	丙申	丁酉	戊戌	己亥	庚子	辛丑	壬寅	癸卯	甲辰	乙巳	丙午	丁未	戊申	己酉	庚戌	辛亥	壬子	癸丑	甲寅	乙卯	丙辰	丁巳	戊午	己未	庚申	辛酉
				寅正															辰正											

3 月(戊辰)

				곡우																입하										
음 력	1	2	3	4	5	6	7	8	9	10	11	12	13	14	15	16	17	18	19	20	21	22	23	24	25	26	27	28	29	
양력 월·일	4·17	18	19	20	21	22	23	24	25	26	27	28	29	30	5·1	2	3	4	5	6	7	8	9	10	11	12	13	14	15	
일 진	壬戌	癸亥	甲子	乙丑	丙寅	丁卯	戊辰	己巳	庚午	辛未	壬申	癸酉	甲戌	乙亥	丙子	丁丑	戊寅	己卯	庚辰	辛巳	壬午	癸未	甲申	乙酉	丙戌	丁亥	戊子	己丑	庚寅	
				申初																丑初										

4 月(己巳)

						소만																망종								
음 력	1	2	3	4	5	6	7	8	9	10	11	12	13	14	15	16	17	18	19	20	21	22	23	24	25	26	27	28	29	30
양력 월·일	5·16	17	18	19	20	21	22	23	24	25	26	27	28	29	30	31	6·1	2	3	4	5	6	7	8	9	10	11	12	13	14
일 진	辛卯	壬辰	癸巳	甲午	乙未	丙申	丁酉	戊戌	己亥	庚子	辛丑	壬寅	癸卯	甲辰	乙巳	丙午	丁未	戊申	己酉	庚戌	辛亥	壬子	癸丑	甲寅	乙卯	丙辰	丁巳	戊午	己未	庚申
						未正																卯正								

5 月(庚午)

							하지																소서							
음 력	1	2	3	4	5	6	7	8	9	10	11	12	13	14	15	16	17	18	19	20	21	22	23	24	25	26	27	28	29	
양력 월·일	6·15	16	17	18	19	20	21	22	23	24	25	26	27	28	29	30	7·1	2	3	4	5	6	7	8	9	10	11	12	13	
일 진	辛酉	壬戌	癸亥	甲子	乙丑	丙寅	丁卯	戊辰	己巳	庚午	辛未	壬申	癸酉	甲戌	乙亥	丙子	丁丑	戊寅	己卯	庚辰	辛巳	壬午	癸未	甲申	乙酉	丙戌	丁亥	戊子	己丑	
							亥正																申正							

6 月(辛未)

										대서	중복															입추				
음 력	1	2	3	4	5	6	7	8	9	10	11	12	13	14	15	16	17	18	19	20	21	22	23	24	25	26	27	28	29	30
양력 월·일	7·14	15	16	17	18	19	20	21	22	23	24	25	26	27	28	29	30	31	8·1	2	3	4	5	6	7	8	9	10	11	12
일 진	庚寅	辛卯	壬辰	癸巳	甲午	乙未	丙申	丁酉	戊戌	己亥	庚子	辛丑	壬寅	癸卯	甲辰	乙巳	丙午	丁未	戊申	己酉	庚戌	辛亥	壬子	癸丑	甲寅	乙卯	丙辰	丁巳	戊午	己未
										巳初																丑正				

7 月(壬申)

음 력	1	2	3	4	5	6	7	8	9	10	11	12	13	14	15	16	17	18	19	20	21	22	23	24	25	26	27	28	29	30
양력 월·일	8·13	14	15	16	17	18	19	20	21	22	23	24	25	26	27	28	29	30	31	9·1	2	3	4	5	6	7	8	9	10	11
일 진	庚申	辛酉	壬戌	癸亥	甲子	乙丑	丙寅	丁卯	戊辰	己巳	庚午	辛未	壬申	癸酉	甲戌	乙亥	丙子	丁丑	戊寅	己卯	庚辰	辛巳	壬午	癸未	甲申	乙酉	丙戌	丁亥	戊子	己丑
											처서																백로			
											申正																寅正			

8 月(癸酉)

음 력	1	2	3	4	5	6	7	8	9	10	11	12	13	14	15	16	17	18	19	20	21	22	23	24	25	26	27	28	29	
양력 월·일	9·12	13	14	15	16	17	18	19	20	21	22	23	24	25	26	27	28	29	30	10·1	2	3	4	5	6	7	8	9	10	
일 진	庚寅	辛卯	壬辰	癸巳	甲午	乙未	丙申	丁酉	戊戌	己亥	庚子	辛丑	壬寅	癸卯	甲辰	乙巳	丙午	丁未	戊申	己酉	庚戌	辛亥	壬子	癸丑	甲寅	乙卯	丙辰	丁巳	戊午	
												추분															한로			
												未正															戌正			

9 月(甲戌)

음 력	1	2	3	4	5	6	7	8	9	10	11	12	13	14	15	16	17	18	19	20	21	22	23	24	25	26	27	28	29	30
양력 월·일	10·11	12	13	14	15	16	17	18	19	20	21	22	23	24	25	26	27	28	29	30	31	11·1	2	3	4	5	6	7	8	9
일 진	己未	庚申	辛酉	壬戌	癸亥	甲子	乙丑	丙寅	丁卯	戊辰	己巳	庚午	辛未	壬申	癸酉	甲戌	乙亥	丙子	丁丑	戊寅	己卯	庚辰	辛巳	壬午	癸未	甲申	乙酉	丙戌	丁亥	戊子
													상강															입동		
													子初															子初		

10 月(乙亥)

음 력	1	2	3	4	5	6	7	8	9	10	11	12	13	14	15	16	17	18	19	20	21	22	23	24	25	26	27	28	29	
양력 월·일	11·10	11	12	13	14	15	16	17	18	19	20	21	22	23	24	25	26	27	28	29	30	12·1	2	3	4	5	6	7	8	
일 진	己丑	庚寅	辛卯	壬辰	癸巳	甲午	乙未	丙申	丁酉	戊戌	己亥	庚子	辛丑	壬寅	癸卯	甲辰	乙巳	丙午	丁未	戊申	己酉	庚戌	辛亥	壬子	癸丑	甲寅	乙卯	丙辰	丁巳	
													소설															대설		
													戌正															申初		

11 月(丙子)

음 력	1	2	3	4	5	6	7	8	9	10	11	12	13	14	15	16	17	18	19	20	21	22	23	24	25	26	27	28	29	30
양력 월·일	12·9	10	11	12	13	14	15	16	17	18	19	20	21	22	23	24	25	26	27	28	29	30	31	1·1	2	3	4	5	6	7
일 진	戊午	己未	庚申	辛酉	壬戌	癸亥	甲子	乙丑	丙寅	丁卯	戊辰	己巳	庚午	辛未	壬申	癸酉	甲戌	乙亥	丙子	丁丑	戊寅	己卯	庚辰	辛巳	壬午	癸未	甲申	乙酉	丙戌	丁亥
														동지															소한	
														巳初															酉初	

12 月(丁丑)

음 력	1	2	3	4	5	6	7	8	9	10	11	12	13	14	15	16	17	18	19	20	21	22	23	24	25	26	27	28	29	
양력 월·일	1·8	9	10	11	12	13	14	15	16	17	18	19	20	21	22	23	24	25	26	27	28	29	30	31	2·1	2	3	4	5	
일 진	戊子	己丑	庚寅	辛卯	壬辰	癸巳	甲午	乙未	丙申	丁酉	戊戌	己亥	庚子	辛丑	壬寅	癸卯	甲辰	乙巳	丙午	丁未	戊申	己酉	庚戌	辛亥	壬子	癸丑	甲寅	乙卯	丙辰	
													대한															입춘		
													戌正															未正		

서기 1970 년/단기 4303　　　庚 戌 年

正 月(戊寅)

음 력	1	2	3	4	5	6	7	8	9	10	11	12	13	14	15	16	17	18	19	20	21	22	23	24	25	26	27	28	29	30
절기														우수															경칩	
양력 월·일	2·6	7	8	9	10	11	12	13	14	15	16	17	18	19	20	21	22	23	24	25	26	27	28	3·1	2	3	4	5	6	7
일 진	丁巳	戊午	己未	庚申	辛酉	壬戌	癸亥	甲子	乙丑	丙寅	丁卯	戊辰	己巳	庚午	辛未	壬申	癸酉	甲戌	乙亥	丙子	丁丑	戊寅	己卯	庚辰	辛巳	壬午	癸未	甲申	乙酉	丙戌
시각														巳正															辰正	

2 月(己卯)

음 력	1	2	3	4	5	6	7	8	9	10	11	12	13	14	15	16	17	18	19	20	21	22	23	24	25	26	27	28	29	
절기														춘분															청명	
양력 월·일	3·8	9	10	11	12	13	14	15	16	17	18	19	20	21	22	23	24	25	26	27	28	29	30	31	4·1	2	3	4	5	
일 진	丁亥	戊子	己丑	庚寅	辛卯	壬辰	癸巳	甲午	乙未	丙申	丁酉	戊戌	己亥	庚子	辛丑	壬寅	癸卯	甲辰	乙巳	丙午	丁未	戊申	己酉	庚戌	辛亥	壬子	癸丑	甲寅	乙卯	
시각														巳初															未正	

3 月(庚辰)

음 력	1	2	3	4	5	6	7	8	9	10	11	12	13	14	15	16	17	18	19	20	21	22	23	24	25	26	27	28	29	
절기															곡우															
양력 월·일	4·6	7	8	9	10	11	12	13	14	15	16	17	18	19	20	21	22	23	24	25	26	27	28	29	30	5·1	2	3	4	
일 진	丙辰	丁巳	戊午	己未	庚申	辛酉	壬戌	癸亥	甲子	乙丑	丙寅	丁卯	戊辰	己巳	庚午	辛未	壬申	癸酉	甲戌	乙亥	丙子	丁丑	戊寅	己卯	庚辰	辛巳	壬午	癸未	甲申	
시각															亥初															

4 月(辛巳)

음 력	1	2	3	4	5	6	7	8	9	10	11	12	13	14	15	16	17	18	19	20	21	22	23	24	25	26	27	28	29	30
절기		입하															소만													
양력 월·일	5·5	6	7	8	9	10	11	12	13	14	15	16	17	18	19	20	21	22	23	24	25	26	27	28	29	30	31	6·1	2	3
일 진	己酉	丙戌	丁亥	戊子	己丑	庚寅	辛卯	壬辰	癸巳	甲午	乙未	丙申	丁酉	戊戌	己亥	庚子	辛丑	壬寅	癸卯	甲辰	乙巳	丙午	丁未	戊申	己酉	庚戌	辛亥	壬子	癸丑	甲寅
시각		辰初															戌正													

5 月(壬午)

음 력	1	2	3	4	5	6	7	8	9	10	11	12	13	14	15	16	17	18	19	20	21	22	23	24	25	26	27	28	29	30
절기			망종																하지											
양력 월·일	6·4	5	6	7	8	9	10	11	12	13	14	15	16	17	18	19	20	21	22	23	24	25	26	27	28	29	30	7·1	2	3
일 진	乙卯	丙辰	丁巳	戊午	己未	庚申	辛酉	壬戌	癸亥	甲子	乙丑	丙寅	丁卯	戊辰	己巳	庚午	辛未	壬申	癸酉	甲戌	乙亥	丙子	丁丑	戊寅	己卯	庚辰	辛巳	壬午	癸未	甲申
시각			午初																寅正											

6 月(癸未)

음 력	1	2	3	4	5	6	7	8	9	10	11	12	13	14	15	16	17	18	19	20	21	22	23	24	25	26	27	28	29	
절기				소서																대서										
양력 월·일	7·4	5	6	7	8	9	10	11	12	13	14	15	16	17	18	19	20	21	22	23	24	25	26	27	28	29	30	31	8·1	
일 진	乙酉	丙戌	丁亥	戊子	己丑	庚寅	辛卯	壬辰	癸巳	甲午	乙未	丙申	丁酉	戊戌	己亥	庚子	辛丑	壬寅	癸卯	甲辰	乙巳	丙午	丁未	戊申	己酉	庚戌	辛亥	壬子	癸丑	
시각				亥正																申初										

7 月(甲申)

							입추															처서								
음 력	1	2	3	4	5	6	7	8	9	10	11	12	13	14	15	16	17	18	19	20	21	22	23	24	25	26	27	28	29	30
양력 월·일	8·2	3	4	5	6	7	8	9	10	11	12	13	14	15	16	17	18	19	20	21	22	23	24	25	26	27	28	29	30	31
일 진	甲寅	乙卯	丙辰	丁巳	戊午	己未	庚申	辛酉	壬戌	癸亥	甲子	乙丑	丙寅	丁卯	戊辰	己巳	庚午	辛未	壬申	癸酉	甲戌	乙亥	丙子	丁丑	戊寅	己卯	庚辰	辛巳	壬午	癸未
							辰初															亥正								

8 月(乙酉)

								백로															추분							
음 력	1	2	3	4	5	6	7	8	9	10	11	12	13	14	15	16	17	18	19	20	21	22	23	24	25	26	27	28	29	
양력 월·일	9·1	2	3	4	5	6	7	8	9	10	11	12	13	14	15	16	17	18	19	20	21	22	23	24	25	26	27	28	29	
일 진	甲申	乙酉	丙戌	丁亥	戊子	己丑	庚寅	辛卯	壬辰	癸巳	甲午	乙未	丙申	丁酉	戊戌	己亥	庚子	辛丑	壬寅	癸卯	甲辰	乙巳	丙午	丁未	戊申	己酉	庚戌	辛亥	壬子	
								巳正															戌初							

9 月(丙戌)

										한로															상강					
음 력	1	2	3	4	5	6	7	8	9	10	11	12	13	14	15	16	17	18	19	20	21	22	23	24	25	26	27	28	29	30
양력 월·일	9·30	10·1	2	3	4	5	6	7	8	9	10	11	12	13	14	15	16	17	18	19	20	21	22	23	24	25	26	27	28	29
일 진	癸丑	甲寅	乙卯	丙辰	丁巳	戊午	己未	庚申	辛酉	壬戌	癸亥	甲子	乙丑	丙寅	丁卯	戊辰	己巳	庚午	辛未	壬申	癸酉	甲戌	乙亥	丙子	丁丑	戊寅	己卯	庚辰	辛巳	壬午
										丑正															卯初					

10 月(丁亥)

										입동															소설					
음 력	1	2	3	4	5	6	7	8	9	10	11	12	13	14	15	16	17	18	19	20	21	22	23	24	25	26	27	28	29	30
양력 월·일	10·30	31	11·1	2	3	4	5	6	7	8	9	10	11	12	13	14	15	16	17	18	19	20	21	22	23	24	25	26	27	28
일 진	癸未	甲申	乙酉	丙戌	丁亥	戊子	己丑	庚寅	辛卯	壬辰	癸巳	甲午	乙未	丙申	丁酉	戊戌	己亥	庚子	辛丑	壬寅	癸卯	甲辰	乙巳	丙午	丁未	戊申	己酉	庚戌	辛亥	壬子
										寅正															寅正					

11 月(戊子)

									대설															동지						
음 력	1	2	3	4	5	6	7	8	9	10	11	12	13	14	15	16	17	18	19	20	21	22	23	24	25	26	27	28	29	
양력 월·일	11·29	30	12·1	2	3	4	5	6	7	8	9	10	11	12	13	14	15	16	17	18	19	20	21	22	23	24	25	26	27	
일 진	癸丑	甲寅	乙卯	丙辰	丁巳	戊午	己未	庚申	辛酉	壬戌	癸亥	甲子	乙丑	丙寅	丁卯	戊辰	己巳	庚午	辛未	壬申	癸酉	甲戌	乙亥	丙子	丁丑	戊寅	己卯	庚辰	辛巳	
									亥正															申正						

12 月(己丑)

										소한															대한					
음 력	1	2	3	4	5	6	7	8	9	10	11	12	13	14	15	16	17	18	19	20	21	22	23	24	25	26	27	28	29	30
양력 월·일	12·28	29	30	31	1·1	2	3	4	5	6	7	8	9	10	11	12	13	14	15	16	17	18	19	20	21	22	23	24	25	26
일 진	壬午	癸未	甲申	乙酉	丙戌	丁亥	戊子	己丑	庚寅	辛卯	壬辰	癸巳	甲午	乙未	丙申	丁酉	戊戌	己亥	庚子	辛丑	壬寅	癸卯	甲辰	乙巳	丙午	丁未	戊申	己酉	庚戌	辛亥
										辰正															丑正					

서기 1971 년/단기 4304　　辛 亥 年

正 月(庚寅)

									입춘															우수						
음 력	1	2	3	4	5	6	7	8	9	10	11	12	13	14	15	16	17	18	19	20	21	22	23	24	25	26	27	28	29	
양력 월·일	1·27	28	29	30	31	2·1	2	3	4	5	6	7	8	9	10	11	12	13	14	15	16	17	18	19	20	21	22	23	24	
일 진	壬子	癸丑	甲寅	乙卯	丙辰	丁巳	戊午	己未	庚申	辛酉	壬戌	癸亥	甲子	乙丑	丙寅	丁卯	戊辰	己巳	庚午	辛未	壬申	癸酉	甲戌	乙亥	丙子	丁丑	戊寅	己卯	庚辰	
									戌正															申正						

2 月(辛卯)

										경칩															춘분					
음 력	1	2	3	4	5	6	7	8	9	10	11	12	13	14	15	16	17	18	19	20	21	22	23	24	25	26	27	28	29	30
양력 월·일	2·25	26	27	28	3·1	2	3	4	5	6	7	8	9	10	11	12	13	14	15	16	17	18	19	20	21	22	23	24	25	26
일 진	辛巳	壬午	癸未	甲申	乙酉	丙戌	丁亥	戊子	己丑	庚寅	辛卯	壬辰	癸巳	甲午	乙未	丙申	丁酉	戊戌	己亥	庚子	辛丑	壬寅	癸卯	甲辰	乙巳	丙午	丁未	戊申	己酉	庚戌
										未正															申初					

3 月(壬辰)

										청명	한식															곡우				
음 력	1	2	3	4	5	6	7	8	9	10	11	12	13	14	15	16	17	18	19	20	21	22	23	24	25	26	27	28	29	
양력 월·일	3·27	28	29	30	31	4·1	2	3	4	5	6	7	8	9	10	11	12	13	14	15	16	17	18	19	20	21	22	23	24	
일 진	辛亥	壬子	癸丑	甲寅	乙卯	丙辰	丁巳	戊午	己未	庚申	辛酉	壬戌	癸亥	甲子	乙丑	丙寅	丁卯	戊辰	己巳	庚午	辛未	壬申	癸酉	甲戌	乙亥	丙子	丁丑	戊寅	己卯	
										戌初																丑正				

4 月(癸巳)

												입하																소만		
음 력	1	2	3	4	5	6	7	8	9	10	11	12	13	14	15	16	17	18	19	20	21	22	23	24	25	26	27	28	29	
양력 월·일	4·25	26	27	28	29	30	5·1	2	3	4	5	6	7	8	9	10	11	12	13	14	15	16	17	18	19	20	21	22	23	
일 진	庚辰	辛巳	壬午	癸未	甲申	乙酉	丙戌	丁亥	戊子	己丑	庚寅	辛卯	壬辰	癸巳	甲午	乙未	丙申	丁酉	戊戌	己亥	庚子	辛丑	壬寅	癸卯	甲辰	乙巳	丙午	丁未	戊申	
												未初																丑正		

5 月(甲午)

														망종																하지
음 력	1	2	3	4	5	6	7	8	9	10	11	12	13	14	15	16	17	18	19	20	21	22	23	24	25	26	27	28	29	30
양력 월·일	5·24	25	26	27	28	29	30	31	6·1	2	3	4	5	6	7	8	9	10	11	12	13	14	15	16	17	18	19	20	21	22
일 진	己酉	庚戌	辛亥	壬子	癸丑	甲寅	乙卯	丙辰	丁巳	戊午	己未	庚申	辛酉	壬戌	癸亥	甲子	乙丑	丙寅	丁卯	戊辰	己巳	庚午	辛未	壬申	癸酉	甲戌	乙亥	丙子	丁丑	戊寅
														酉初																巳正

閏 五 月(甲午)

																소서						초복								
음 력	1	2	3	4	5	6	7	8	9	10	11	12	13	14	15	16	17	18	19	20	21	22	23	24	25	26	27	28	29	
양력 월·일	6·23	24	25	26	27	28	29	30	7·1	2	3	4	5	6	7	8	9	10	11	12	13	14	15	16	17	18	19	20	21	
일 진	己卯	庚辰	辛巳	壬午	癸未	甲申	乙酉	丙戌	丁亥	戊子	己丑	庚寅	辛卯	壬辰	癸巳	甲午	乙未	丙申	丁酉	戊戌	己亥	庚子	辛丑	壬寅	癸卯	甲辰	乙巳	丙午	丁未	
																寅初														

6 月(乙未)

		대서	중복															입추					말복							
음 력	1	2	3	4	5	6	7	8	9	10	11	12	13	14	15	16	17	18	19	20	21	22	23	24	25	26	27	28	29	30
양력 월·일	7·22	23	24	25	26	27	28	29	30	31	8·1	2	3	4	5	6	7	8	9	10	11	12	13	14	15	16	17	18	19	20
일 진	戊申	己酉	庚戌	辛亥	壬子	癸丑	甲寅	乙卯	丙辰	丁巳	戊午	己未	庚申	辛酉	壬戌	癸亥	甲子	乙丑	丙寅	丁卯	戊辰	己巳	庚午	辛未	壬申	癸酉	甲戌	乙亥	丙子	丁丑
		亥初																未初												

7 月(丙申)

				처서															백로											
음 력	1	2	3	4	5	6	7	8	9	10	11	12	13	14	15	16	17	18	19	20	21	22	23	24	25	26	27	28	29	
양력 월·일	8·21	22	23	24	25	26	27	28	29	30	31	9·1	2	3	4	5	6	7	8	9	10	11	12	13	14	15	16	17	18	
일 진	戊寅	己卯	庚辰	辛巳	壬午	癸未	甲申	乙酉	丙戌	丁亥	戊子	己丑	庚寅	辛卯	壬辰	癸巳	甲午	乙未	丙申	丁酉	戊戌	己亥	庚子	辛丑	壬寅	癸卯	甲辰	乙巳	丙午	
				寅正															申正											

8 月(丁酉)

						추분															한로									
음 력	1	2	3	4	5	6	7	8	9	10	11	12	13	14	15	16	17	18	19	20	21	22	23	24	25	26	27	28	29	30
양력 월·일	9·19	20	21	22	23	24	25	26	27	28	29	30	10·1	2	3	4	5	6	7	8	9	10	11	12	13	14	15	16	17	18
일 진	丁未	戊申	己酉	庚戌	辛亥	壬子	癸丑	甲寅	乙卯	丙辰	丁巳	戊午	己未	庚申	辛酉	壬戌	癸亥	甲子	乙丑	丙寅	丁卯	戊辰	己巳	庚午	辛未	壬申	癸酉	甲戌	乙亥	丙子
						丑正															辰正									

9 月(戊戌)

						상강															입동									
음 력	1	2	3	4	5	6	7	8	9	10	11	12	13	14	15	16	17	18	19	20	21	22	23	24	25	26	27	28	29	30
양력 월·일	10·19	20	21	22	23	24	25	26	27	28	29	30	31	11·1	2	3	4	5	6	7	8	9	10	11	12	13	14	15	16	17
일 진	丁丑	戊寅	己卯	庚辰	辛巳	壬午	癸未	甲申	乙酉	丙戌	丁亥	戊子	己丑	庚寅	辛卯	壬辰	癸巳	甲午	乙未	丙申	丁酉	戊戌	己亥	庚子	辛丑	壬寅	癸卯	甲辰	乙巳	丙午
						巳正															巳正									

10 月(己亥)

						소설															대설									
음 력	1	2	3	4	5	6	7	8	9	10	11	12	13	14	15	16	17	18	19	20	21	22	23	24	25	26	27	28	29	30
양력 월·일	11·18	19	20	21	22	23	24	25	26	27	28	29	30	12·1	2	3	4	5	6	7	8	9	10	11	12	13	14	15	16	17
일 진	丁未	戊申	己酉	庚戌	辛亥	壬子	癸丑	甲寅	乙卯	丙辰	丁巳	戊午	己未	庚申	辛酉	壬戌	癸亥	甲子	乙丑	丙寅	丁卯	戊辰	己巳	庚午	辛未	壬申	癸酉	甲戌	乙亥	丙子
						辰正															寅初									

11 月(庚子)

					동지															소한										
음 력	1	2	3	4	5	6	7	8	9	10	11	12	13	14	15	16	17	18	19	20	21	22	23	24	25	26	27	28	29	
양력 월·일	12·18	19	20	21	22	23	24	25	26	27	28	29	30	31	1·1	2	3	4	5	6	7	8	9	10	11	12	13	14	15	
일 진	丁丑	戊寅	己卯	庚辰	辛巳	壬午	癸未	甲申	乙酉	丙戌	丁亥	戊子	己丑	庚寅	辛卯	壬辰	癸巳	甲午	乙未	丙申	丁酉	戊戌	己亥	庚子	辛丑	壬寅	癸卯	甲辰	乙巳	
					亥初															未正										

12 月(辛丑)

						대한															입춘									
음 력	1	2	3	4	5	6	7	8	9	10	11	12	13	14	15	16	17	18	19	20	21	22	23	24	25	26	27	28	29	30
양력 월·일	1·16	17	18	19	20	21	22	23	24	25	26	27	28	29	30	31	2·1	2	3	4	5	6	7	8	9	10	11	12	13	14
일 진	丙午	丁未	戊申	己酉	庚戌	辛亥	壬子	癸丑	甲寅	乙卯	丙辰	丁巳	戊午	己未	庚申	辛酉	壬戌	癸亥	甲子	乙丑	丙寅	丁卯	戊辰	己巳	庚午	辛未	壬申	癸酉	甲戌	乙亥
						辰初															丑正									

서기 1972 년/단기 4305　　壬 子 年

正 月(壬寅)

					우수															경칩										
음 력	1	2	3	4	5	6	7	8	9	10	11	12	13	14	15	16	17	18	19	20	21	22	23	24	25	26	27	28	29	
양력 월·일	2·15	16	17	18	19	20	21	22	23	24	25	26	27	28	29	3·1	2	3	4	5	6	7	8	9	10	11	12	13	14	
일 진	丙子	丁丑	戊寅	己卯	庚辰	辛巳	壬午	癸未	甲申	乙酉	丙戌	丁亥	戊子	己丑	庚寅	辛卯	壬辰	癸巳	甲午	乙未	丙申	丁酉	戊戌	己亥	庚子	辛丑	壬寅	癸卯	甲辰	
					亥正															戌正										

2 月(癸卯)

						춘분																청명	한식							
음 력	1	2	3	4	5	6	7	8	9	10	11	12	13	14	15	16	17	18	19	20	21	22	23	24	25	26	27	28	29	30
양력 월·일	3·15	16	17	18	19	20	21	22	23	24	25	26	27	28	29	30	31	4·1	2	3	4	5	6	7	8	9	10	11	12	13
일 진	乙巳	丙午	丁未	戊申	己酉	庚戌	辛亥	壬子	癸丑	甲寅	乙卯	丙辰	丁巳	戊午	己未	庚申	辛酉	壬戌	癸亥	甲子	乙丑	丙寅	丁卯	戊辰	己巳	庚午	辛未	壬申	癸酉	甲戌
						亥初																丑初								

3 月(甲辰)

							곡우															입하								
음 력	1	2	3	4	5	6	7	8	9	10	11	12	13	14	15	16	17	18	19	20	21	22	23	24	25	26	27	28	29	
양력 월·일	4·14	15	16	17	18	19	20	21	22	23	24	25	26	27	28	29	30	5·1	2	3	4	5	6	7	8	9	10	11	12	
일 진	乙亥	丙子	丁丑	戊寅	己卯	庚辰	辛巳	壬午	癸未	甲申	乙酉	丙戌	丁亥	戊子	己丑	庚寅	辛卯	壬辰	癸巳	甲午	乙未	丙申	丁酉	戊戌	己亥	庚子	辛丑	壬寅	癸卯	
							辰正															戌初								

4 月(乙巳)

									소만															망종						
음 력	1	2	3	4	5	6	7	8	9	10	11	12	13	14	15	16	17	18	19	20	21	22	23	24	25	26	27	28	29	
양력 월·일	5·13	14	15	16	17	18	19	20	21	22	23	24	25	26	27	28	29	30	31	6·1	2	3	4	5	6	7	8	9	10	
일 진	甲辰	乙巳	丙午	丁未	戊申	己酉	庚戌	辛亥	壬子	癸丑	甲寅	乙卯	丙辰	丁巳	戊午	己未	庚申	辛酉	壬戌	癸亥	甲子	乙丑	丙寅	丁卯	戊辰	己巳	庚午	辛未	壬申	
									辰正															子初						

5 月(丙午)

											하지																소서			
음 력	1	2	3	4	5	6	7	8	9	10	11	12	13	14	15	16	17	18	19	20	21	22	23	24	25	26	27	28	29	30
양력 월·일	6·11	12	13	14	15	16	17	18	19	20	21	22	23	24	25	26	27	28	29	30	7·1	2	3	4	5	6	7	8	9	10
일 진	癸酉	甲戌	乙亥	丙子	丁丑	戊寅	己卯	庚辰	辛巳	壬午	癸未	甲申	乙酉	丙戌	丁亥	戊子	己丑	庚寅	辛卯	壬辰	癸巳	甲午	乙未	丙申	丁酉	戊戌	己亥	庚子	辛丑	壬寅
											申正																巳初			

6 月(丁未)

								초복					대서					중복										입추 말복		
음 력	1	2	3	4	5	6	7	8	9	10	11	12	13	14	15	16	17	18	19	20	21	22	23	24	25	26	27	28	29	
양력 월·일	7·11	12	13	14	15	16	17	18	19	20	21	22	23	24	25	26	27	28	29	30	31	8·1	2	3	4	5	6	7	8	
일 진	癸卯	甲辰	乙巳	丙午	丁未	戊申	己酉	庚戌	辛亥	壬子	癸丑	甲寅	乙卯	丙辰	丁巳	戊午	己未	庚申	辛酉	壬戌	癸亥	甲子	乙丑	丙寅	丁卯	戊辰	己巳	庚午	辛未	
													酉初															戌初		

7 月(戊申)

	1	2	3	4	5	6	7	8	9	10	11	12	13	14	15	16	17	18	19	20	21	22	23	24	25	26	27	28	29	30
															처서															백로
음 력	1	2	3	4	5	6	7	8	9	10	11	12	13	14	15	16	17	18	19	20	21	22	23	24	25	26	27	28	29	30
양력 월·일	8·9	10	11	12	13	14	15	16	17	18	19	20	21	22	23	24	25	26	27	28	29	30	31	9·1	2	3	4	5	6	7
일 진	壬申	癸酉	甲戌	乙亥	丙子	丁丑	戊寅	己卯	庚辰	辛巳	壬午	癸未	甲申	乙酉	丙戌	丁亥	戊子	己丑	庚寅	辛丑	壬辰	癸巳	甲午	乙未	丙申	丁酉	戊戌	己亥	庚子	辛丑
															巳正															亥正

8 月(己酉)

	1	2	3	4	5	6	7	8	9	10	11	12	13	14	15	16	17	18	19	20	21	22	23	24	25	26	27	28	29	
																추분														
음 력	1	2	3	4	5	6	7	8	9	10	11	12	13	14	15	16	17	18	19	20	21	22	23	24	25	26	27	28	29	
양력 월·일	9·8	9	10	11	12	13	14	15	16	17	18	19	20	21	22	23	24	25	26	27	28	29	30	10·1	2	3	4	5	6	
일 진	壬寅	癸卯	甲辰	乙巳	丙午	丁未	戊申	己酉	庚戌	辛亥	壬子	癸丑	甲寅	乙卯	丙辰	丁巳	戊午	己未	庚申	辛酉	壬戌	癸亥	甲子	乙丑	丙寅	丁卯	戊辰	己巳	庚午	
																辰初														

9 月(庚戌)

	1	2	3	4	5	6	7	8	9	10	11	12	13	14	15	16	17	18	19	20	21	22	23	24	25	26	27	28	29	30
		한로															상강													
음 력	1	2	3	4	5	6	7	8	9	10	11	12	13	14	15	16	17	18	19	20	21	22	23	24	25	26	27	28	29	30
양력 월·일	10·7	8	9	10	11	12	13	14	15	16	17	18	19	20	21	22	23	24	25	26	27	28	29	30	31	11·1	2	3	4	5
일 진	辛未	壬申	癸酉	甲戌	乙亥	丙子	丁丑	戊寅	己卯	庚辰	辛巳	壬午	癸未	甲申	乙酉	丙戌	丁亥	戊子	己丑	庚寅	辛卯	壬辰	癸巳	甲午	乙未	丙申	丁酉	戊戌	己亥	庚子
		未初															申正													

10 月(辛亥)

	1	2	3	4	5	6	7	8	9	10	11	12	13	14	15	16	17	18	19	20	21	22	23	24	25	26	27	28	29	30
		입동															소설													
음 력	1	2	3	4	5	6	7	8	9	10	11	12	13	14	15	16	17	18	19	20	21	22	23	24	25	26	27	28	29	30
양력 월·일	11·6	7	8	9	10	11	12	13	14	15	16	17	18	19	20	21	22	23	24	25	26	27	28	29	30	12·1	2	3	4	5
일 진	辛丑	壬寅	癸卯	甲辰	乙巳	丙午	丁未	戊申	己酉	庚戌	辛亥	壬子	癸丑	甲寅	乙卯	丙辰	丁巳	戊午	己未	庚申	辛酉	壬戌	癸亥	甲子	乙丑	丙寅	丁卯	戊辰	己巳	庚午
		申正															未正													

11 月(壬子)

	1	2	3	4	5	6	7	8	9	10	11	12	13	14	15	16	17	18	19	20	21	22	23	24	25	26	27	28	29	30
		대설															동지													
음 력	1	2	3	4	5	6	7	8	9	10	11	12	13	14	15	16	17	18	19	20	21	22	23	24	25	26	27	28	29	30
양력 월·일	12·6	7	8	9	10	11	12	13	14	15	16	17	18	19	20	21	22	23	24	25	26	27	28	29	30	31	1·1	2	3	4
일 진	辛未	壬申	癸酉	甲戌	乙亥	丙子	丁丑	戊寅	己卯	庚辰	辛巳	壬午	癸未	甲申	乙酉	丙戌	丁亥	戊子	己丑	庚寅	辛卯	壬辰	癸巳	甲午	乙未	丙申	丁酉	戊戌	己亥	庚子
		巳初															寅初													

12 月(癸丑)

	1	2	3	4	5	6	7	8	9	10	11	12	13	14	15	16	17	18	19	20	21	22	23	24	25	26	27	28	29	
	소한																대한													
음 력	1	2	3	4	5	6	7	8	9	10	11	12	13	14	15	16	17	18	19	20	21	22	23	24	25	26	27	28	29	
양력 월·일	1·5	6	7	8	9	10	11	12	13	14	15	16	17	18	19	20	21	22	23	24	25	26	27	28	29	30	31	2·1	2	
일 진	辛丑	壬寅	癸卯	甲辰	乙巳	丙午	丁未	戊申	己酉	庚戌	辛亥	壬子	癸丑	甲寅	乙卯	丙辰	丁巳	戊午	己未	庚申	辛酉	壬戌	癸亥	甲子	乙丑	丙寅	丁卯	戊辰	己巳	
	戌正																未初													

서기 1973 년/단기 4306 癸 丑 年

正 月(甲寅)

입춘 우수

음 력	1	2	3	4	5	6	7	8	9	10	11	12	13	14	15	16	17	18	19	20	21	22	23	24	25	26	27	28	29	30
양력 월·일	2·3	4	5	6	7	8	9	10	11	12	13	14	15	16	17	18	19	20	21	22	23	24	25	26	27	28	3·1	2	3	4
일 진	庚午	辛未	壬申	癸酉	甲戌	乙亥	丙子	丁丑	戊寅	己卯	庚辰	辛巳	壬午	癸未	甲申	乙酉	丙戌	丁亥	戊子	己丑	庚寅	辛卯	壬辰	癸巳	甲午	乙未	丙申	丁酉	戊戌	己亥

辰正 寅正

2 月(乙卯)

경칩 춘분

음 력	1	2	3	4	5	6	7	8	9	10	11	12	13	14	15	16	17	18	19	20	21	22	23	24	25	26	27	28	29	
양력 월·일	3·5	6	7	8	9	10	11	12	13	14	15	16	17	18	19	20	21	22	23	24	25	26	27	28	29	30	31	4·1	2	
일 진	庚子	辛丑	壬寅	癸卯	甲辰	乙巳	丙午	丁未	戊申	己酉	庚戌	辛亥	壬子	癸丑	甲寅	乙卯	丙辰	丁巳	戊午	己未	庚申	辛酉	壬戌	癸亥	甲子	乙丑	丙寅	丁卯	戊辰	

丑正 寅初

3 月(丙辰)

청명 한식 곡우

음 력	1	2	3	4	5	6	7	8	9	10	11	12	13	14	15	16	17	18	19	20	21	22	23	24	25	26	27	28	29	30
양력 월·일	4·3	4	5	6	7	8	9	10	11	12	13	14	15	16	17	18	19	20	21	22	23	24	25	26	27	28	29	30	5·1	2
일 진	己巳	庚午	辛未	壬申	癸酉	甲戌	乙亥	丙子	丁丑	戊寅	己卯	庚辰	辛巳	壬午	癸未	甲申	乙酉	丙戌	丁亥	戊子	己丑	庚寅	辛卯	壬辰	癸巳	甲午	乙未	丙申	丁酉	戊戌

辰初 未正

4 月(丁巳)

입하 소만

음 력	1	2	3	4	5	6	7	8	9	10	11	12	13	14	15	16	17	18	19	20	21	22	23	24	25	26	27	28	29	
양력 월·일	5·3	4	5	6	7	8	9	10	11	12	13	14	15	16	17	18	19	20	21	22	23	24	25	26	27	28	29	30	31	
일 진	己亥	庚子	辛丑	壬寅	癸卯	甲辰	乙巳	丙午	丁未	戊申	己酉	庚戌	辛亥	壬子	癸丑	甲寅	乙卯	丙辰	丁巳	戊午	己未	庚申	辛酉	壬戌	癸亥	甲子	乙丑	丙寅	丁卯	

子正 未初

5 月(戊午)

망종 하지

음 력	1	2	3	4	5	6	7	8	9	10	11	12	13	14	15	16	17	18	19	20	21	22	23	24	25	26	27	28	29	
양력 월·일	6·1	2	3	4	5	6	7	8	9	10	11	12	13	14	15	16	17	18	19	20	21	22	23	24	25	26	27	28	29	
일 진	戊辰	己巳	庚午	辛未	壬申	癸酉	甲戌	乙亥	丙子	丁丑	戊寅	己卯	庚辰	辛巳	壬午	癸未	甲申	乙酉	丙戌	丁亥	戊子	己丑	庚寅	辛卯	壬辰	癸巳	甲午	乙未	丙申	

卯初 亥正

6 月(己未)

소서 초복 대서 중복

음 력	1	2	3	4	5	6	7	8	9	10	11	12	13	14	15	16	17	18	19	20	21	22	23	24	25	26	27	28	29	30
양력 월·일	6·30	7·1	2	3	4	5	6	7	8	9	10	11	12	13	14	15	16	17	18	19	20	21	22	23	24	25	26	27	28	29
일 진	丁酉	戊戌	己亥	庚子	辛丑	壬寅	癸卯	甲辰	乙巳	丙午	丁未	戊申	己酉	庚戌	辛亥	壬子	癸丑	甲寅	乙卯	丙辰	丁巳	戊午	己未	庚申	辛酉	壬戌	癸亥	甲子	乙丑	丙寅

申初 辰正

7 月(庚申)

										입추															처서					
음 력	1	2	3	4	5	6	7	8	9	10	11	12	13	14	15	16	17	18	19	20	21	22	23	24	25	26	27	28	29	
양력 월·일	7·30	31	8·1	2	3	4	5	6	7	8	9	10	11	12	13	14	15	16	17	18	19	20	21	22	23	24	25	26	27	
일 진	丁卯	戊辰	己巳	庚午	辛未	壬申	癸酉	甲戌	乙亥	丙子	丁丑	戊寅	己卯	庚辰	辛巳	壬午	癸未	甲申	乙酉	丙戌	丁亥	戊子	己丑	庚寅	辛卯	壬辰	癸巳	甲午	乙未	
										丑初															申初					

8 月(辛酉)

												백로															추분			
음 력	1	2	3	4	5	6	7	8	9	10	11	12	13	14	15	16	17	18	19	20	21	22	23	24	25	26	27	28	29	
양력 월·일	8·28	29	30	31	9·1	2	3	4	5	6	7	8	9	10	11	12	13	14	15	16	17	18	19	20	21	22	23	24	25	
일 진	丙申	丁酉	戊戌	己亥	庚子	辛丑	壬寅	癸卯	甲辰	乙巳	丙午	丁未	戊申	己酉	庚戌	辛亥	壬子	癸丑	甲寅	乙卯	丙辰	丁巳	戊午	己未	庚申	辛酉	壬戌	癸亥	甲子	
												酉正															未初			

9 月(壬戌)

													한로															상강		
음 력	1	2	3	4	5	6	7	8	9	10	11	12	13	14	15	16	17	18	19	20	21	22	23	24	25	26	27	28	29	30
양력 월·일	9·26	27	28	29	30	10·1	2	3	4	5	6	7	8	9	10	11	12	13	14	15	16	17	18	19	20	21	22	23	24	25
일 진	乙丑	丙寅	丁卯	戊辰	己巳	庚午	辛未	壬申	癸酉	甲戌	乙亥	丙子	丁丑	戊寅	己卯	庚辰	辛巳	壬午	癸未	甲申	乙酉	丙戌	丁亥	戊子	己丑	庚寅	辛卯	壬辰	癸巳	甲午
													戌初															亥正		

10 月(癸亥)

													입동															소설		
음 력	1	2	3	4	5	6	7	8	9	10	11	12	13	14	15	16	17	18	19	20	21	22	23	24	25	26	27	28	29	30
양력 월·일	10·26	27	28	29	30	31	11·1	2	3	4	5	6	7	8	9	10	11	12	13	14	15	16	17	18	19	20	21	22	23	24
일 진	乙未	丙申	丁酉	戊戌	己亥	庚子	辛丑	壬寅	癸卯	甲辰	乙巳	丙午	丁未	戊申	己酉	庚戌	辛亥	壬子	癸丑	甲寅	乙卯	丙辰	丁巳	戊午	己未	庚申	辛酉	壬戌	癸亥	甲子
													亥正															戌初		

11 月(甲子)

													대설															동지		
음 력	1	2	3	4	5	6	7	8	9	10	11	12	13	14	15	16	17	18	19	20	21	22	23	24	25	26	27	28	29	30
양력 월·일	11·25	26	27	28	29	30	12·1	2	3	4	5	6	7	8	9	10	11	12	13	14	15	16	17	18	19	20	21	22	23	24
일 진	乙丑	丙寅	丁卯	戊辰	己巳	庚午	辛未	壬申	癸酉	甲戌	乙亥	丙子	丁丑	戊寅	己卯	庚辰	辛巳	壬午	癸未	甲申	乙酉	丙戌	丁亥	戊子	己丑	庚寅	辛卯	壬辰	癸巳	甲午
													申初															巳初		

12 月(乙丑)

													소한														대한			
음 력	1	2	3	4	5	6	7	8	9	10	11	12	13	14	15	16	17	18	19	20	21	22	23	24	25	26	27	28	29	
양력 월·일	12·25	26	27	28	29	30	31	1·1	2	3	4	5	6	7	8	9	10	11	12	13	14	15	16	17	18	19	20	21	22	
일 진	乙未	丙申	丁酉	戊戌	己亥	庚子	辛丑	壬寅	癸卯	甲辰	乙巳	丙午	丁未	戊申	己酉	庚戌	辛亥	壬子	癸丑	甲寅	乙卯	丙辰	丁巳	戊午	己未	庚申	辛酉	壬戌	癸亥	
													丑正														戌初			

서기 1974 년/단기 4207　甲 寅 年

正 月(丙寅)

													입춘															우수		
음 력	1	2	3	4	5	6	7	8	9	10	11	12	13	14	15	16	17	18	19	20	21	22	23	24	25	26	27	28	29	30
양력 월·일	1·23	24	25	26	27	28	29	30	31	2·1	2	3	4	5	6	7	8	9	10	11	12	13	14	15	16	17	18	19	20	21
일 진	甲子	乙丑	丙寅	丁卯	戊辰	己巳	庚午	辛未	壬申	癸酉	甲戌	乙亥	丙子	丁丑	戊寅	己卯	庚辰	辛巳	壬午	癸未	甲申	乙酉	丙戌	丁亥	戊子	己丑	庚寅	辛卯	壬辰	癸巳
													未正															巳初		

2 月(丁卯)

													경칩															춘분		
음 력	1	2	3	4	5	6	7	8	9	10	11	12	13	14	15	16	17	18	19	20	21	22	23	24	25	26	27	28	29	30
양력 월·일	2·22	23	24	25	26	27	28	3·1	2	3	4	5	6	7	8	9	10	11	12	13	14	15	16	17	18	19	20	21	22	23
일 진	甲午	乙未	丙申	丁酉	戊戌	己亥	庚子	辛丑	壬寅	癸卯	甲辰	乙巳	丙午	丁未	戊申	己酉	庚戌	辛亥	壬子	癸丑	甲寅	乙卯	丙辰	丁巳	戊午	己未	庚申	辛酉	壬戌	癸亥
													辰正															巳初		

3 月(戊辰)

													청명	한식														곡우		
음 력	1	2	3	4	5	6	7	8	9	10	11	12	13	14	15	16	17	18	19	20	21	22	23	24	25	26	27	28	29	
양력 월·일	3·24	25	26	27	28	29	30	31	4·1	2	3	4	5	6	7	8	9	10	11	12	13	14	15	16	17	18	19	20	21	
일 진	甲子	乙丑	丙寅	丁卯	戊辰	己巳	庚午	辛未	壬申	癸酉	甲戌	乙亥	丙子	丁丑	戊寅	己卯	庚辰	辛巳	壬午	癸未	甲申	乙酉	丙戌	丁亥	戊子	己丑	庚寅	辛卯	壬辰	
													未初															戌正		

4 月(己巳)

															입하															소만
음 력	1	2	3	4	5	6	7	8	9	10	11	12	13	14	15	16	17	18	19	20	21	22	23	24	25	26	27	28	29	30
양력 월·일	4·22	23	24	25	26	27	28	29	30	5·1	2	3	4	5	6	7	8	9	10	11	12	13	14	15	16	17	18	19	20	21
일 진	癸巳	甲午	乙未	丙申	丁酉	戊戌	己亥	庚子	辛丑	壬寅	癸卯	甲辰	乙巳	丙午	丁未	戊申	己酉	庚戌	辛亥	壬子	癸丑	甲寅	乙卯	丙辰	丁巳	戊午	己未	庚申	辛酉	壬戌
															卯正															戌初

閏 四 月(己巳)

																망종														
음 력	1	2	3	4	5	6	7	8	9	10	11	12	13	14	15	16	17	18	19	20	21	22	23	24	25	26	27	28	29	
양력 월·일	5·22	23	24	25	26	27	28	29	30	31	6·1	2	3	4	5	6	7	8	9	10	11	12	13	14	15	16	17	18	19	
일 진	癸亥	甲子	乙丑	丙寅	丁卯	戊辰	己巳	庚午	辛未	壬申	癸酉	甲戌	乙亥	丙子	丁丑	戊寅	己卯	庚辰	辛巳	壬午	癸未	甲申	乙酉	丙戌	丁亥	戊子	己丑	庚寅	辛卯	
																巳正														

5 月(庚午)

			하지															소서											초복	
음 력	1	2	3	4	5	6	7	8	9	10	11	12	13	14	15	16	17	18	19	20	21	22	23	24	25	26	27	28	29	
양력 월·일	6·20	21	22	23	24	25	26	27	28	29	30	7·1	2	3	4	5	6	7	8	9	10	11	12	13	14	15	16	17	18	
일 진	壬辰	癸巳	甲午	乙未	丙申	丁酉	戊戌	己亥	庚子	辛丑	壬寅	癸卯	甲辰	乙巳	丙午	丁未	戊申	己酉	庚戌	辛亥	壬子	癸丑	甲寅	乙卯	丙辰	丁巳	戊午	己未	庚申	
			寅初															亥初												

6 月(辛未)

					대서					중복											입추									말복
음 력	1	2	3	4	5	6	7	8	9	10	11	12	13	14	15	16	17	18	19	20	21	22	23	24	25	26	27	28	29	30
양력 월·일	7·19	20	21	22	23	24	25	26	27	28	29	30	31	8·1	2	3	4	5	6	7	8	9	10	11	12	13	14	15	16	17
일 진	辛酉	壬戌	癸亥	甲子	乙丑	丙寅	丁卯	戊辰	己巳	庚午	辛未	壬申	癸酉	甲戌	乙亥	丙子	丁丑	戊寅	己卯	庚辰	辛巳	壬午	癸未	甲申	乙酉	丙戌	丁亥	戊子	己丑	庚寅
					未正																卯正									

7 月(壬申)

						처서																백로								
음 력	1	2	3	4	5	6	7	8	9	10	11	12	13	14	15	16	17	18	19	20	21	22	23	24	25	26	27	28	29	
양력 월·일	8·18	19	20	21	22	23	24	25	26	27	28	29	30	31	9·1	2	3	4	5	6	7	8	9	10	11	12	13	14	15	
일 진	辛卯	壬辰	癸巳	甲午	乙未	丙申	丁酉	戊戌	己亥	庚子	辛丑	壬寅	癸卯	甲辰	乙巳	丙午	丁未	戊申	己酉	庚戌	辛亥	壬子	癸丑	甲寅	乙卯	丙辰	丁巳	戊午	己未	
						亥初																巳初								

8 月(癸酉)

								추분																한로						
음 력	1	2	3	4	5	6	7	8	9	10	11	12	13	14	15	16	17	18	19	20	21	22	23	24	25	26	27	28	29	
양력 월·일	9·16	17	18	19	20	21	22	23	24	25	26	27	28	29	30	10·1	2	3	4	5	6	7	8	9	10	11	12	13	14	
일 진	庚申	辛酉	壬戌	癸亥	甲子	乙丑	丙寅	丁卯	戊辰	己巳	庚午	辛未	壬申	癸酉	甲戌	乙亥	丙子	丁丑	戊寅	己卯	庚辰	辛巳	壬午	癸未	甲申	乙酉	丙戌	丁亥	戊子	
								酉正																丑初						

9 月(甲戌)

										상강															입동					
음 력	1	2	3	4	5	6	7	8	9	10	11	12	13	14	15	16	17	18	19	20	21	22	23	24	25	26	27	28	29	30
양력 월·일	10·15	16	17	18	19	20	21	22	23	24	25	26	27	28	29	30	31	11·1	2	3	4	5	6	7	8	9	10	11	12	13
일 진	己丑	庚寅	辛卯	壬辰	癸巳	甲午	乙未	丙申	丁酉	戊戌	己亥	庚子	辛丑	壬寅	癸卯	甲辰	乙巳	丙午	丁未	戊申	己酉	庚戌	辛亥	壬子	癸丑	甲寅	乙卯	丙辰	丁巳	戊午
										寅正															寅正					

10 月(乙亥)

										소설														대설						
음 력	1	2	3	4	5	6	7	8	9	10	11	12	13	14	15	16	17	18	19	20	21	22	23	24	25	26	27	28	29	30
양력 월·일	11·14	15	16	17	18	19	20	21	22	23	24	25	26	27	28	29	30	12·1	2	3	4	5	6	7	8	9	10	11	12	13
일 진	己未	庚申	辛酉	壬戌	癸亥	甲子	乙丑	丙寅	丁卯	戊辰	己巳	庚午	辛未	壬申	癸酉	甲戌	乙亥	丙子	丁丑	戊寅	己卯	庚辰	辛巳	壬午	癸未	甲申	乙酉	丙戌	丁亥	戊子
										丑初														亥初						

11 月(丙子)

									동지															소한						
음 력	1	2	3	4	5	6	7	8	9	10	11	12	13	14	15	16	17	18	19	20	21	22	23	24	25	26	27	28	29	
양력 월·일	12·14	15	16	17	18	19	20	21	22	23	24	25	26	27	28	29	30	31	1·1	2	3	4	5	6	7	8	9	10	11	
일 진	己丑	庚寅	辛卯	壬辰	癸巳	甲午	乙未	丙申	丁酉	戊戌	己亥	庚子	辛丑	壬寅	癸卯	甲辰	乙巳	丙午	丁未	戊申	己酉	庚戌	辛亥	壬子	癸丑	甲寅	乙卯	丙辰	丁巳	
									申初															辰正						

12 月(丁丑)

										대한														입춘						
음 력	1	2	3	4	5	6	7	8	9	10	11	12	13	14	15	16	17	18	19	20	21	22	23	24	25	26	27	28	29	30
양력 월·일	1·12	13	14	15	16	17	18	19	20	21	22	23	24	25	26	27	28	29	30	31	2·1	2	3	4	5	6	7	8	9	10
일 진	戊午	己未	庚申	辛酉	壬戌	癸亥	甲子	乙丑	丙寅	丁卯	戊辰	己巳	庚午	辛未	壬申	癸酉	甲戌	乙亥	丙子	丁丑	戊寅	己卯	庚辰	辛巳	壬午	癸未	甲申	乙酉	丙戌	丁亥
										丑初														戌正						

서기 1975 년/단기 4308　　乙 卯 年

正 月(戊寅)

									우수															경칩						
음 력	1	2	3	4	5	6	7	8	9	10	11	12	13	14	15	16	17	18	19	20	21	22	23	24	25	26	27	28	29	30
양력 월·일	2·11	12	13	14	15	16	17	18	19	20	21	22	23	24	25	26	27	28	3·1	2	3	4	5	6	7	8	9	10	11	12
일 진	戊子	己丑	庚寅	辛卯	壬辰	癸巳	甲午	乙未	丙申	丁酉	戊戌	己亥	庚子	辛丑	壬寅	癸卯	甲辰	乙巳	丙午	丁未	戊申	己酉	庚戌	辛亥	壬子	癸丑	甲寅	乙卯	丙辰	丁巳
									申初															未正						

2 月(己卯)

									춘분															청명	한식					
음 력	1	2	3	4	5	6	7	8	9	10	11	12	13	14	15	16	17	18	19	20	21	22	23	24	25	26	27	28	29	30
양력 월·일	3·13	14	15	16	17	18	19	20	21	22	23	24	25	26	27	28	29	30	31	4·1	2	3	4	5	6	7	8	9	10	11
일 진	戊午	己未	庚申	辛酉	壬戌	癸亥	甲子	乙丑	丙寅	丁卯	戊辰	己巳	庚午	辛未	壬申	癸酉	甲戌	乙亥	丙子	丁丑	戊寅	己卯	庚辰	辛巳	壬午	癸未	甲申	乙酉	丙戌	丁亥
									未正															戌初						

3 月(庚辰)

										곡우															입하					
음 력	1	2	3	4	5	6	7	8	9	10	11	12	13	14	15	16	17	18	19	20	21	22	23	24	25	26	27	28	29	
양력 월·일	4·12	13	14	15	16	17	18	19	20	21	22	23	24	25	26	27	28	29	30	5·1	2	3	4	5	6	7	8	9	10	
일 진	戊子	己丑	庚寅	辛卯	壬辰	癸巳	甲午	乙未	丙申	丁酉	戊戌	己亥	庚子	辛丑	壬寅	癸卯	甲辰	乙巳	丙午	丁未	戊申	己酉	庚戌	辛亥	壬子	癸丑	甲寅	乙卯	丙辰	
										丑正															午正					

4 月(辛巳)

												소만															망종			
음 력	1	2	3	4	5	6	7	8	9	10	11	12	13	14	15	16	17	18	19	20	21	22	23	24	25	26	27	28	29	30
양력 월·일	5·11	12	13	14	15	16	17	18	19	20	21	22	23	24	25	26	27	28	29	30	31	6·1	2	3	4	5	6	7	8	9
일 진	丁巳	戊午	己未	庚申	辛酉	壬戌	癸亥	甲子	乙丑	丙寅	丁卯	戊辰	己巳	庚午	辛未	壬申	癸酉	甲戌	乙亥	丙子	丁丑	戊寅	己卯	庚辰	辛巳	壬午	癸未	甲申	乙酉	丙戌
												丑初															申正			

5 月(壬午)

													하지																소서	
음 력	1	2	3	4	5	6	7	8	9	10	11	12	13	14	15	16	17	18	19	20	21	22	23	24	25	26	27	28	29	
양력 월·일	6·10	11	12	13	14	15	16	17	18	19	20	21	22	23	24	25	26	27	28	29	30	7·1	2	3	4	5	6	7	8	
일 진	丁亥	戊子	己丑	庚寅	辛卯	壬辰	癸巳	甲午	乙未	丙申	丁酉	戊戌	己亥	庚子	辛丑	壬寅	癸卯	甲辰	乙巳	丙午	丁未	戊申	己酉	庚戌	辛亥	壬子	癸丑	甲寅	乙卯	
													巳初																寅初	

6 月(癸未)

					초복										중복 대서															
음 력	1	2	3	4	5	6	7	8	9	10	11	12	13	14	15	16	17	18	19	20	21	22	23	24	25	26	27	28	29	
양력 월·일	7·9	10	11	12	13	14	15	16	17	18	19	20	21	22	23	24	25	26	27	28	29	30	31	8·1	2	3	4	5	6	
일 진	丙辰	丁巳	戊午	己未	庚申	辛酉	壬戌	癸亥	甲子	乙丑	丙寅	丁卯	戊辰	己巳	庚午	辛未	壬申	癸酉	甲戌	乙亥	丙子	丁丑	戊寅	己卯	庚辰	辛巳	壬午	癸未	甲申	
															戌正															

7 月(甲申)

	1	2	3	4	5	6	7	8	9	10	11	12	13	14	15	16	17	18	19	20	21	22	23	24	25	26	27	28	29	30
		입추				말복												처서												
음 력	1	2	3	4	5	6	7	8	9	10	11	12	13	14	15	16	17	18	19	20	21	22	23	24	25	26	27	28	29	30
양력 월·일	8·7	8	9	10	11	12	13	14	15	16	17	18	19	20	21	22	23	24	25	26	27	28	29	30	31	9·1	2	3	4	5
일 진	乙酉	丙戌	丁亥	戊子	己丑	庚寅	辛卯	壬辰	癸巳	甲午	乙未	丙申	丁酉	戊戌	己亥	庚子	辛丑	壬寅	癸卯	甲辰	乙巳	丙午	丁未	戊申	己酉	庚戌	辛亥	壬子	癸丑	甲寅
		午正																寅初												

8 月(乙酉)

	1	2	3	4	5	6	7	8	9	10	11	12	13	14	15	16	17	18	19	20	21	22	23	24	25	26	27	28	29	
			백로																추분											
음 력	1	2	3	4	5	6	7	8	9	10	11	12	13	14	15	16	17	18	19	20	21	22	23	24	25	26	27	28	29	
양력 월·일	9·6	7	8	9	10	11	12	13	14	15	16	17	18	19	20	21	22	23	24	25	26	27	28	29	30	10·1	2	3	4	
일 진	乙卯	丙辰	丁巳	戊午	己未	庚申	辛酉	壬戌	癸亥	甲子	乙丑	丙寅	丁卯	戊辰	己巳	庚午	辛未	壬申	癸酉	甲戌	乙亥	丙子	丁丑	戊寅	己卯	庚辰	辛巳	壬午	癸未	
			申初																子正											

9 月(丙戌)

	1	2	3	4	5	6	7	8	9	10	11	12	13	14	15	16	17	18	19	20	21	22	23	24	25	26	27	28	29	
					한로															상강										
음 력	1	2	3	4	5	6	7	8	9	10	11	12	13	14	15	16	17	18	19	20	21	22	23	24	25	26	27	28	29	
양력 월·일	10·5	6	7	8	9	10	11	12	13	14	15	16	17	18	19	20	21	22	23	24	25	26	27	28	29	30	31	11·1	2	
일 진	甲申	乙酉	丙戌	丁亥	戊子	己丑	庚寅	辛卯	壬辰	癸巳	甲午	乙未	丙申	丁酉	戊戌	己亥	庚子	辛丑	壬寅	癸卯	甲辰	乙巳	丙午	丁未	戊申	己酉	庚戌	辛亥	壬子	
					辰初															巳正										

10 月(丁亥)

	1	2	3	4	5	6	7	8	9	10	11	12	13	14	15	16	17	18	19	20	21	22	23	24	25	26	27	28	29	30
						입동														소설										
음 력	1	2	3	4	5	6	7	8	9	10	11	12	13	14	15	16	17	18	19	20	21	22	23	24	25	26	27	28	29	30
양력 월·일	11·3	4	5	6	7	8	9	10	11	12	13	14	15	16	17	18	19	20	21	22	23	24	25	26	27	28	29	30	12·1	2
일 진	癸丑	甲寅	乙卯	丙辰	丁巳	戊午	己未	庚申	辛酉	壬戌	癸亥	甲子	乙丑	丙寅	丁卯	戊辰	己巳	庚午	辛未	壬申	癸酉	甲戌	乙亥	丙子	丁丑	戊寅	己卯	庚辰	辛巳	壬午
						巳正														辰初										

11 月(戊子)

	1	2	3	4	5	6	7	8	9	10	11	12	13	14	15	16	17	18	19	20	21	22	23	24	25	26	27	28	29	
						대설														동지										
음 력	1	2	3	4	5	6	7	8	9	10	11	12	13	14	15	16	17	18	19	20	21	22	23	24	25	26	27	28	29	
양력 월·일	12·3	4	5	6	7	8	9	10	11	12	13	14	15	16	17	18	19	20	21	22	23	24	25	26	27	28	29	30	31	
일 진	癸未	甲申	乙酉	丙戌	丁亥	戊子	己丑	庚寅	辛卯	壬辰	癸巳	甲午	乙未	丙申	丁酉	戊戌	己亥	庚子	辛丑	壬寅	癸卯	甲辰	乙巳	丙午	丁未	戊申	己酉	庚戌	辛亥	
						丑正														戌正										

12 月(己丑)

	1	2	3	4	5	6	7	8	9	10	11	12	13	14	15	16	17	18	19	20	21	22	23	24	25	26	27	28	29	30
						소한																대한								
음 력	1	2	3	4	5	6	7	8	9	10	11	12	13	14	15	16	17	18	19	20	21	22	23	24	25	26	27	28	29	30
양력 월·일	1·1	2	3	4	5	6	7	8	9	10	11	12	13	14	15	16	17	18	19	20	21	22	23	24	25	26	27	28	29	30
일 진	壬子	癸丑	甲寅	乙卯	丙辰	丁巳	戊午	己未	庚申	辛酉	壬戌	癸亥	甲子	乙丑	丙寅	丁卯	戊辰	己巳	庚午	辛未	壬申	癸酉	甲戌	乙亥	丙子	丁丑	戊寅	己卯	庚辰	辛巳
						未正																辰初								

서기 1976 년/단기 4309	丙 辰 年

正 月(庚寅)

						입춘															우수										
음 력	1	2	3	4	5	6	7	8	9	10	11	12	13	14	15	16	17	18	19	20	21	22	23	24	25	26	27	28	29	30
양력 월·일	1·31	2·1	2	3	4	5	6	7	8	9	10	11	12	13	14	15	16	17	18	19	20	21	22	23	24	25	26	27	28	29
일 진	壬午	癸未	甲申	乙酉	丙戌	丁亥	戊子	己丑	庚寅	辛卯	壬辰	癸巳	甲午	乙未	丙申	丁酉	戊戌	己亥	庚子	辛丑	壬寅	癸卯	甲辰	乙巳	丙午	丁未	戊申	己酉	庚戌	辛亥
						丑初														亥初										

2 月(辛卯)

					경칩															춘분										
음 력	1	2	3	4	5	6	7	8	9	10	11	12	13	14	15	16	17	18	19	20	21	22	23	24	25	26	27	28	29	30
양력 월·일	3·1	2	3	4	5	6	7	8	9	10	11	12	13	14	15	16	17	18	19	20	21	22	23	24	25	26	27	28	29	30
일 진	壬子	癸丑	甲寅	乙卯	丙辰	丁巳	戊午	己未	庚申	辛酉	壬戌	癸亥	甲子	乙丑	丙寅	丁卯	戊辰	己巳	庚午	辛未	壬申	癸酉	甲戌	乙亥	丙子	丁丑	戊寅	己卯	庚辰	辛巳
					戌初															戌正										

3 月(壬辰)

						청명	한식														곡우									
음 력	1	2	3	4	5	6	7	8	9	10	11	12	13	14	15	16	17	18	19	20	21	22	23	24	25	26	27	28	29	
양력 월·일	3·31	4·1	2	3	4	5	6	7	8	9	10	11	12	13	14	15	16	17	18	19	20	21	22	23	24	25	26	27	28	
일 진	壬午	癸未	甲申	乙酉	丙戌	丁亥	戊子	己丑	庚寅	辛卯	壬辰	癸巳	甲午	乙未	丙申	丁酉	戊戌	己亥	庚子	辛丑	壬寅	癸卯	甲辰	乙巳	丙午	丁未	戊申	己酉	庚戌	
						子正															辰正									

4 月(癸巳)

							입하																소만							
음 력	1	2	3	4	5	6	7	8	9	10	11	12	13	14	15	16	17	18	19	20	21	22	23	24	25	26	27	28	29	30
양력 월·일	4·29	30	5·1	2	3	4	5	6	7	8	9	10	11	12	13	14	15	16	17	18	19	20	21	22	23	24	25	26	27	28
일 진	辛亥	壬子	癸丑	甲寅	乙卯	丙辰	丁巳	戊午	己未	庚申	辛酉	壬戌	癸亥	甲子	乙丑	丙寅	丁卯	戊辰	己巳	庚午	辛未	壬申	癸酉	甲戌	乙亥	丙子	丁丑	戊寅	己卯	庚辰
							酉正																辰初							

5 月(甲午)

								망종																하지						
음 력	1	2	3	4	5	6	7	8	9	10	11	12	13	14	15	16	17	18	19	20	21	22	23	24	25	26	27	28	29	
양력 월·일	5·29	30	31	6·1	2	3	4	5	6	7	8	9	10	11	12	13	14	15	16	17	18	19	20	21	22	23	24	25	26	
일 진	辛巳	壬午	癸未	甲申	乙酉	丙戌	丁亥	戊子	己丑	庚寅	辛卯	壬辰	癸巳	甲午	乙未	丙申	丁酉	戊戌	己亥	庚子	辛丑	壬寅	癸卯	甲辰	乙巳	丙午	丁未	戊申	己酉	
								亥正																申初						

6 月(乙未)

											소서										초복						대서			
음 력	1	2	3	4	5	6	7	8	9	10	11	12	13	14	15	16	17	18	19	20	21	22	23	24	25	26	27	28	29	30
양력 월·일	6·27	28	29	30	7·1	2	3	4	5	6	7	8	9	10	11	12	13	14	15	16	17	18	19	20	21	22	23	24	25	26
일 진	庚戌	辛亥	壬子	癸丑	甲寅	乙卯	丙辰	丁巳	戊午	己未	庚申	辛酉	壬戌	癸亥	甲子	乙丑	丙寅	丁卯	戊辰	己巳	庚午	辛未	壬申	癸酉	甲戌	乙亥	丙子	丁丑	戊寅	己卯
											辰正																丑正			

7 月(丙申)

	중복										입추									말복							처서		
음 력	1	2	3	4	5	6	7	8	9	10	11	12	13	14	15	16	17	18	19	20	21	22	23	24	25	26	27	28	29	
양력 월·일	7·27	28	29	30	31	8·1	2	3	4	5	6	7	8	9	10	11	12	13	14	15	16	17	18	19	20	21	22	23	24	
일 진	庚辰	辛巳	壬午	癸未	甲申	乙酉	丙戌	丁亥	戊子	己丑	庚寅	辛卯	壬辰	癸巳	甲午	乙未	丙申	丁酉	戊戌	己亥	庚子	辛丑	壬寅	癸卯	甲辰	乙巳	丙午	丁未	戊申	
												酉正																辰正		

8 月(丁酉)

														백로																추분
음 력	1	2	3	4	5	6	7	8	9	10	11	12	13	14	15	16	17	18	19	20	21	22	23	24	25	26	27	28	29	30
양력 월·일	8·25	26	27	28	29	30	31	9·1	2	3	4	5	6	7	8	9	10	11	12	13	14	15	16	17	18	19	20	21	22	23
일 진	己酉	庚戌	辛亥	壬子	癸丑	甲寅	乙卯	丙辰	丁巳	戊午	己未	庚申	辛酉	壬戌	癸亥	甲子	乙丑	丙寅	丁卯	戊辰	己巳	庚午	辛未	壬申	癸酉	甲戌	乙亥	丙子	丁丑	戊寅
														亥初																卯正

閏 八 月(丁酉)

															한로															
음 력	1	2	3	4	5	6	7	8	9	10	11	12	13	14	15	16	17	18	19	20	21	22	23	24	25	26	27	28	29	
양력 월·일	9·24	25	26	27	28	29	30	10·1	2	3	4	5	6	7	8	9	10	11	12	13	14	15	16	17	18	19	20	21	22	
일 진	己卯	庚辰	辛巳	壬午	癸未	甲申	乙酉	丙戌	丁亥	戊子	己丑	庚寅	辛卯	壬辰	癸巳	甲午	乙未	丙申	丁酉	戊戌	己亥	庚子	辛丑	壬寅	癸卯	甲辰	乙巳	丙午	丁未	
															未初															

9 月(戊戌)

	상강															입동														
음 력	1	2	3	4	5	6	7	8	9	10	11	12	13	14	15	16	17	18	19	20	21	22	23	24	25	26	27	28	29	30
양력 월·일	10·23	24	25	26	27	28	29	30	31	11·1	2	3	4	5	6	7	8	9	10	11	12	13	14	15	16	17	18	19	20	21
일 진	戊申	己酉	庚戌	辛亥	壬子	癸丑	甲寅	乙卯	丙辰	丁巳	戊午	己未	庚申	辛酉	壬戌	癸亥	甲子	乙丑	丙寅	丁卯	戊辰	己巳	庚午	辛未	壬申	癸酉	甲戌	乙亥	丙子	丁丑
	申初															申正														

10 月(己亥)

	소설															대설														
음 력	1	2	3	4	5	6	7	8	9	10	11	12	13	14	15	16	17	18	19	20	21	22	23	24	25	26	27	28	29	
양력 월·일	11·22	23	24	25	26	27	28	29	30	12·1	2	3	4	5	6	7	8	9	10	11	12	13	14	15	16	17	18	19	20	
일 진	戊寅	己卯	庚辰	辛巳	壬午	癸未	甲申	乙酉	丙戌	丁亥	戊子	己丑	庚寅	辛卯	壬辰	癸巳	甲午	乙未	丙申	丁酉	戊戌	己亥	庚子	辛丑	壬寅	癸卯	甲辰	乙巳	丙午	
	未初															辰正														

11 月(庚子)

		동지														소한														
음 력	1	2	3	4	5	6	7	8	9	10	11	12	13	14	15	16	17	18	19	20	21	22	23	24	25	26	27	28	29	
양력 월·일	12·21	22	23	24	25	26	27	28	29	30	31	1·1	2	3	4	5	6	7	8	9	10	11	12	13	14	15	16	17	18	
일 진	丁未	戊申	己酉	庚戌	辛亥	壬子	癸丑	甲寅	乙卯	丙辰	丁巳	戊午	己未	庚申	辛酉	壬戌	癸亥	甲子	乙丑	丙寅	丁卯	戊辰	己巳	庚午	辛未	壬申	癸酉	甲戌	乙亥	
		丑正														戌初														

12 月(辛丑)

		대한															입춘													
음 력	1	2	3	4	5	6	7	8	9	10	11	12	13	14	15	16	17	18	19	20	21	22	23	24	25	26	27	28	29	30
양력 월·일	1·19	20	21	22	23	24	25	26	27	28	29	30	31	2·1	2	3	4	5	6	7	8	9	10	11	12	13	14	15	16	17
일 진	丙子	丁丑	戊寅	己卯	庚辰	辛巳	壬午	癸未	甲申	乙酉	丙戌	丁亥	戊子	己丑	庚寅	辛卯	壬辰	癸巳	甲午	乙未	丙申	丁酉	戊戌	己亥	庚子	辛丑	壬寅	癸卯	甲辰	乙巳
		未初															辰初													

서기 1977 년/단기 4310　　丁 巳 年

正 月(壬寅)

음 력	1	2	3	4	5	6	7	8	9	10	11	12	13	14	15	16	17	18	19	20	21	22	23	24	25	26	27	28	29	30
		우수															경칩													
양력 월·일	2·18	19	20	21	22	23	24	25	26	27	28	3·1	2	3	4	5	6	7	8	9	10	11	12	13	14	15	16	17	18	19
일 진	丙午	丁未	戊申	己酉	庚戌	辛亥	壬子	癸丑	甲寅	乙卯	丙辰	丁巳	戊午	己未	庚申	辛酉	壬戌	癸亥	甲子	乙丑	丙寅	丁卯	戊辰	己巳	庚午	辛未	壬申	癸酉	甲戌	乙亥
		寅初															丑初													

2 月(癸卯)

음 력	1	2	3	4	5	6	7	8	9	10	11	12	13	14	15	16	17	18	19	20	21	22	23	24	25	26	27	28	29	
		춘분															청명	한식												
양력 월·일	3·20	21	22	23	24	25	26	27	28	29	30	31	4·1	2	3	4	5	6	7	8	9	10	11	12	13	14	15	16	17	
일 진	丙子	丁丑	戊寅	己卯	庚辰	辛巳	壬午	癸未	甲申	乙酉	丙戌	丁亥	戊子	己丑	庚寅	辛卯	壬辰	癸巳	甲午	乙未	丙申	丁酉	戊戌	己亥	庚子	辛丑	壬寅	癸卯	甲辰	
		丑正															卯正													

3 月(甲辰)

음 력	1	2	3	4	5	6	7	8	9	10	11	12	13	14	15	16	17	18	19	20	21	22	23	24	25	26	27	28	29	30
			곡우																입하											
양력 월·일	4·18	19	20	21	22	23	24	25	26	27	28	29	30	5·1	2	3	4	5	6	7	8	9	10	11	12	13	14	15	16	17
일 진	乙巳	丙午	丁未	戊申	己酉	庚戌	辛亥	壬子	癸丑	甲寅	乙卯	丙辰	丁巳	戊午	己未	庚申	辛酉	壬戌	癸亥	甲子	乙丑	丙寅	丁卯	戊辰	己巳	庚午	辛未	壬申	癸酉	甲戌
			未初																子正											

4 月(乙巳)

음 력	1	2	3	4	5	6	7	8	9	10	11	12	13	14	15	16	17	18	19	20	21	22	23	24	25	26	27	28	29	30
				소만																망종										
양력 월·일	5·18	19	20	21	22	23	24	25	26	27	28	29	30	31	6·1	2	3	4	5	6	7	8	9	10	11	12	13	14	15	16
일 진	乙亥	丙子	丁丑	戊寅	己卯	庚辰	辛巳	壬午	癸未	甲申	乙酉	丙戌	丁亥	戊子	己丑	庚寅	辛卯	壬辰	癸巳	甲午	乙未	丙申	丁酉	戊戌	己亥	庚子	辛丑	壬寅	癸卯	甲辰
				未初																寅正										

5 月(丙午)

음 력	1	2	3	4	5	6	7	8	9	10	11	12	13	14	15	16	17	18	19	20	21	22	23	24	25	26	27	28	29	
					하지																소서					초복				
양력 월·일	6·17	18	19	20	21	22	23	24	25	26	27	28	29	30	31	7·1	2	3	4	5	6	7	8	9	10	11	12	13	14	
일 진	乙巳	丙午	丁未	戊申	己酉	庚戌	辛亥	壬子	癸丑	甲寅	乙卯	丙辰	丁巳	戊午	己未	庚申	辛酉	壬戌	癸亥	甲子	乙丑	丙寅	丁卯	戊辰	己巳	庚午	辛未	壬申	癸酉	
					亥初																未正									

6 月(丁未)

음 력	1	2	3	4	5	6	7	8	9	10	11	12	13	14	15	16	17	18	19	20	21	22	23	24	25	26	27	28	29	30
							중복	대서																입추			말복			
양력 월·일	7·16	17	18	19	20	21	22	23	24	25	26	27	28	29	30	31	8·1	2	3	4	5	6	7	8	9	10	11	12	13	14
일 진	甲戌	乙亥	丙子	丁丑	戊寅	己卯	庚辰	辛巳	壬午	癸未	甲申	乙酉	丙戌	丁亥	戊子	己丑	庚寅	辛卯	壬辰	癸巳	甲午	乙未	丙申	丁酉	戊戌	己亥	庚子	辛丑	壬寅	癸卯
								辰正																子正						

7 月(戊申)

									처서																백로					
음 력	1	2	3	4	5	6	7	8	9	10	11	12	13	14	15	16	17	18	19	20	21	22	23	24	25	26	27	28	29	
양력 월·일	8·15	16	17	18	19	20	21	22	23	24	25	26	27	28	29	30	31	9·1	2	3	4	5	6	7	8	9	10	11	12	
일 진	甲辰	乙巳	丙午	丁未	戊申	己酉	庚戌	辛亥	壬子	癸丑	甲寅	乙卯	丙辰	丁巳	戊午	己未	庚申	辛酉	壬戌	癸亥	甲子	乙丑	丙寅	丁卯	戊辰	己巳	庚午	辛未	壬申	
									申初																寅初					

8 月(己酉)

											추분															한로				
음 력	1	2	3	4	5	6	7	8	9	10	11	12	13	14	15	16	17	18	19	20	21	22	23	24	25	26	27	28	29	30
양력 월·일	9·13	14	15	16	17	18	19	20	21	22	23	24	25	26	27	28	29	30	10·1	2	3	4	5	6	7	8	9	10	11	12
일 진	癸酉	甲戌	乙亥	庚子	丁丑	戊寅	己卯	庚辰	辛巳	壬午	癸未	甲申	乙酉	丙戌	丁亥	戊子	己丑	庚寅	辛卯	壬辰	癸巳	甲午	乙未	丙申	丁酉	戊戌	己亥	庚子	辛丑	壬寅
											子正															酉正				

9 月(庚戌)

											상강															입동				
음 력	1	2	3	4	5	6	7	8	9	10	11	12	13	14	15	16	17	18	19	20	21	22	23	24	25	26	27	28	29	
양력 월·일	10·13	14	15	16	17	18	19	20	21	22	23	24	25	26	27	28	29	30	31	11·1	2	3	4	5	6	7	8	9	10	
일 진	癸卯	甲辰	乙巳	丙午	丁未	戊申	己酉	庚戌	辛亥	壬子	癸丑	甲寅	乙卯	丙辰	丁巳	戊午	己未	庚申	辛酉	壬戌	癸亥	甲子	乙丑	丙寅	丁卯	戊辰	己巳	庚午	辛未	
											亥初															亥初				

10 月(辛亥)

											소설																대설			
음 력	1	2	3	4	5	6	7	8	9	10	11	12	13	14	15	16	17	18	19	20	21	22	23	24	25	26	27	28	29	30
양력 월·일	11·11	12	13	14	15	16	17	18	19	20	21	22	23	24	25	26	27	28	29	30	12·1	2	3	4	5	6	7	8	9	10
일 진	壬申	癸酉	甲戌	乙亥	丙子	丁丑	戊寅	己卯	庚辰	辛巳	壬午	癸未	甲申	乙酉	丙戌	丁亥	戊子	己丑	庚寅	辛卯	壬辰	癸巳	甲午	乙未	丙申	丁酉	戊戌	己亥	庚子	辛丑
											戌初																未正			

11 月(壬子)

												동지															소한			
음 력	1	2	3	4	5	6	7	8	9	10	11	12	13	14	15	16	17	18	19	20	21	22	23	24	25	26	27	28	29	
양력 월·일	12·11	12	13	14	15	16	17	18	19	20	21	22	23	24	25	26	27	28	29	30	31	1·1	2	3	4	5	6	7	8	
일 진	壬寅	癸卯	甲辰	乙巳	丙午	丁未	戊申	己酉	庚戌	辛亥	壬子	癸丑	甲寅	乙卯	丙辰	丁巳	戊午	己未	庚申	辛酉	壬戌	癸亥	甲子	乙丑	丙寅	丁卯	戊辰	己巳	庚午	
												辰正															丑初			

12 月(癸丑)

												대한															입춘			
음 력	1	2	3	4	5	6	7	8	9	10	11	12	13	14	15	16	17	18	19	20	21	22	23	24	25	26	27	28	29	
양력 월·일	1·9	10	11	12	13	14	15	16	17	18	19	20	21	22	23	24	25	26	27	28	29	30	31	2·1	2	3	4	5	6	
일 진	辛未	壬申	癸酉	甲戌	乙亥	丙子	丁丑	戊寅	己卯	庚辰	辛巳	壬午	癸未	甲申	乙酉	丙戌	丁亥	戊子	己丑	庚寅	辛卯	壬辰	癸巳	甲午	乙未	丙申	丁酉	戊戌	己亥	
												戌初															未初			

서기 1978 년/단기 4311 戊 午 年

正 月(甲寅)

													우수															경칩		
음 력	1	2	3	4	5	6	7	8	9	10	11	12	13	14	15	16	17	18	19	20	21	22	23	24	25	26	27	28	29	30
양력 월·일	2·7	8	9	10	11	12	13	14	15	16	17	18	19	20	21	22	23	24	25	26	27	28	3·1	2	3	4	5	6	7	8
일 진	庚子	辛丑	壬寅	癸卯	甲辰	乙巳	丙午	丁未	戊申	己酉	庚戌	辛亥	壬子	癸丑	甲寅	乙卯	丙辰	丁巳	戊午	己未	庚申	辛酉	壬戌	癸亥	甲子	乙丑	丙寅	丁卯	戊辰	己巳
													巳初															辰初		

2 月(乙卯)

													춘분															청명		
음 력	1	2	3	4	5	6	7	8	9	10	11	12	13	14	15	16	17	18	19	20	21	22	23	24	25	26	27	28	29	30
양력 월·일	3·9	10	11	12	13	14	15	16	17	18	19	20	21	22	23	24	25	26	27	28	29	30	31	4·1	2	3	4	5	6	7
일 진	庚午	辛未	壬申	癸酉	甲戌	乙亥	丙子	丁丑	戊寅	己卯	庚辰	辛巳	壬午	癸未	甲申	乙酉	丙戌	丁亥	戊子	己丑	庚寅	辛卯	壬辰	癸巳	甲午	乙未	丙申	丁酉	戊戌	己亥
													辰正															午正		

3 月(丙辰)

													곡우																입하	
음 력	1	2	3	4	5	6	7	8	9	10	11	12	13	14	15	16	17	18	19	20	21	22	23	24	25	26	27	28	29	
양력 월·일	4·8	9	10	11	12	13	14	15	16	17	18	19	20	21	22	23	24	25	26	27	28	29	30	5·1	2	3	4	5	6	
일 진	庚子	辛丑	壬寅	癸卯	甲辰	乙巳	丙午	丁未	戊申	己酉	庚戌	辛亥	壬子	癸丑	甲寅	乙卯	丙辰	丁巳	戊午	己未	庚申	辛酉	壬戌	癸亥	甲子	乙丑	丙寅	丁卯	戊辰	
													戌初																卯正	

4 月(丁巳)

															소만															
음 력	1	2	3	4	5	6	7	8	9	10	11	12	13	14	15	16	17	18	19	20	21	22	23	24	25	26	27	28	29	30
양력 월·일	5·7	8	9	10	11	12	13	14	15	16	17	18	19	20	21	22	23	24	25	26	27	28	29	30	31	6·1	2	3	4	5
일 진	己巳	庚午	辛未	壬申	癸酉	甲戌	乙亥	丙子	丁丑	戊寅	己卯	庚辰	辛巳	壬午	癸未	甲申	乙酉	丙戌	丁亥	戊子	己丑	庚寅	辛卯	壬辰	癸巳	甲午	乙未	丙申	丁酉	戊戌
															卯初															

5 月(戊午)

	망종																하지													
음 력	1	2	3	4	5	6	7	8	9	10	11	12	13	14	15	16	17	18	19	20	21	22	23	24	25	26	27	28	29	
양력 월·일	6·6	7	8	9	10	11	12	13	14	15	16	17	18	19	20	21	22	23	24	25	26	27	28	29	30	7·1	2	3	4	
일 진	己亥	庚子	辛丑	壬寅	癸卯	甲辰	乙巳	丙午	丁未	戊申	己酉	庚戌	辛亥	壬子	癸丑	甲寅	乙卯	丙辰	丁巳	戊午	己未	庚申	辛酉	壬戌	癸亥	甲子	乙丑	丙寅	丁卯	
	午初																寅初													

6 月(己未)

			소서																대서											
음 력	1	2	3	4	5	6	7	8	9	10	11	12	13	14	15	16	17	18	19	20	21	22	23	24	25	26	27	28	29	30
양력 월·일	7·5	6	7	8	9	10	11	12	13	14	15	16	17	18	19	20	21	22	23	24	25	26	27	28	29	30	31	8·1	2	3
일 진	戊辰	己巳	庚午	辛未	壬申	癸酉	甲戌	乙亥	丙子	丁丑	戊寅	己卯	庚辰	辛巳	壬午	癸未	甲申	乙酉	丙戌	丁亥	戊子	己丑	庚寅	辛卯	壬辰	癸巳	甲午	乙未	丙申	丁酉
			戌正																未正											

7 月(庚申)

					입추															처서										
음 력	1	2	3	4	5	6	7	8	9	10	11	12	13	14	15	16	17	18	19	20	21	22	23	24	25	26	27	28	29	30
양력 월·일	8·4	5	6	7	8	9	10	11	12	13	14	15	16	17	18	19	20	21	22	23	24	25	26	27	28	29	30	31	9·1	2
일 진	戊戌	己亥	庚子	辛丑	壬寅	癸卯	甲辰	乙巳	丙午	丁未	戊申	己酉	庚戌	辛亥	壬子	癸丑	甲寅	乙卯	丙辰	丁巳	戊午	己未	庚申	辛酉	壬戌	癸亥	甲子	乙丑	丙寅	丁卯
					卯正															戌正										

8 月(辛酉)

						백로															추분									
음 력	1	2	3	4	5	6	7	8	9	10	11	12	13	14	15	16	17	18	19	20	21	22	23	24	25	26	27	28	29	
양력 월·일	9·3	4	5	6	7	8	9	10	11	12	13	14	15	16	17	18	19	20	21	22	23	24	25	26	27	28	29	30	10·1	
일 진	戊辰	己巳	庚午	辛未	壬申	癸酉	甲戌	乙亥	丙子	丁丑	戊寅	己卯	庚辰	辛巳	壬午	癸未	甲申	乙酉	丙戌	丁亥	戊子	己丑	庚寅	辛卯	壬辰	癸巳	甲午	乙未	丙申	
						巳初															酉正									

9 月(壬戌)

								한로															상강							
음 력	1	2	3	4	5	6	7	8	9	10	11	12	13	14	15	16	17	18	19	20	21	22	23	24	25	26	27	28	29	30
양력 월·일	10·2	3	4	5	6	7	8	9	10	11	12	13	14	15	16	17	18	19	20	21	22	23	24	25	26	27	28	29	30	31
일 진	丁酉	戊戌	己亥	庚子	辛丑	壬寅	癸卯	甲辰	乙巳	丙午	丁未	戊申	己酉	庚戌	辛亥	壬子	癸丑	甲寅	乙卯	丙辰	丁巳	戊午	己未	庚申	辛酉	壬戌	癸亥	甲子	乙丑	丙寅
								子正															寅初							

10 月(癸亥)

								입동															소설							
음 력	1	2	3	4	5	6	7	8	9	10	11	12	13	14	15	16	17	18	19	20	21	22	23	24	25	26	27	28	29	
양력 월·일	11·1	2	3	4	5	6	7	8	9	10	11	12	13	14	15	16	17	18	19	20	21	22	23	24	25	26	27	28	29	
일 진	丁卯	戊辰	己巳	庚午	辛未	壬申	癸酉	甲戌	乙亥	丙子	丁丑	戊寅	己卯	庚辰	辛巳	壬午	癸未	甲申	乙酉	丙戌	丁亥	戊子	己丑	庚寅	辛卯	壬辰	癸巳	甲午	乙未	
								寅初															子初							

11 月(甲子)

								대설															동지							
음 력	1	2	3	4	5	6	7	8	9	10	11	12	13	14	15	16	17	18	19	20	21	22	23	24	25	26	27	28	29	30
양력 월·일	11·30	12·1	2	3	4	5	6	7	8	9	10	11	12	13	14	15	16	17	18	19	20	21	22	23	24	25	26	27	28	29
일 진	丙申	丁酉	戊戌	己亥	庚子	辛丑	壬寅	癸卯	甲辰	乙巳	丙午	丁未	戊申	己酉	庚戌	辛亥	壬子	癸丑	甲寅	乙卯	丙辰	丁巳	戊午	己未	庚申	辛酉	壬戌	癸亥	甲子	乙丑
								戌正															未正							

12 月(乙丑)

								소한															대한							
음 력	1	2	3	4	5	6	7	8	9	10	11	12	13	14	15	16	17	18	19	20	21	22	23	24	25	26	27	28	29	
양력 월·일	12·30	31	1·1	2	3	4	5	6	7	8	9	10	11	12	13	14	15	16	17	18	19	20	21	22	23	24	25	26	27	
일 진	丙寅	丁卯	戊辰	己巳	庚午	辛未	壬申	癸酉	甲戌	乙亥	丙子	丁丑	戊寅	己卯	庚辰	辛巳	壬午	癸未	甲申	乙酉	丙戌	丁亥	戊子	己丑	庚寅	辛卯	壬辰	癸巳	甲午	
								辰初															丑初							

서기 1979 년/단기 4312 己 未 年

正 月(丙寅)

								입춘															우수							
음 력	1	2	3	4	5	6	7	8	9	10	11	12	13	14	15	16	17	18	19	20	21	22	23	24	25	26	27	28	29	30
양력 월·일	1·28	29	30	31	2·1	2	3	4	5	6	7	8	9	10	11	12	13	14	15	16	17	18	19	20	21	22	23	24	25	26
일 진	乙未	丙申	丁酉	戊戌	己亥	庚子	辛丑	壬寅	癸卯	甲辰	乙巳	丙午	丁未	戊申	己酉	庚戌	辛亥	壬子	癸丑	甲寅	乙卯	丙辰	丁巳	戊午	己未	庚申	辛酉	壬戌	癸亥	甲子
								戌初															申初							

2 月(丁卯)

								경칩															춘분							
음 력	1	2	3	4	5	6	7	8	9	10	11	12	13	14	15	16	17	18	19	20	21	22	23	24	25	26	27	28	29	
양력 월·일	2·27	28	3·1	2	3	4	5	6	7	8	9	10	11	12	13	14	15	16	17	18	19	20	21	22	23	24	25	26	27	
일 진	乙丑	丙寅	丁卯	戊辰	己巳	庚午	辛未	壬申	癸酉	甲戌	乙亥	丙子	丁丑	戊寅	己卯	庚辰	辛巳	壬午	癸未	甲申	乙酉	丙戌	丁亥	戊子	己丑	庚寅	辛卯	壬辰	癸巳	
								未初															未正							

3 月(戊辰)

									청명																곡우					
음 력	1	2	3	4	5	6	7	8	9	10	11	12	13	14	15	16	17	18	19	20	21	22	23	24	25	26	27	28	29	
양력 월·일	3·28	29	30	31	4·1	2	3	4	5	6	7	8	9	10	11	12	13	14	15	16	17	18	19	20	21	22	23	24	25	
일 진	甲午	乙未	丙申	丁酉	戊戌	己亥	庚子	辛丑	壬寅	癸卯	甲辰	乙巳	丙午	丁未	戊申	己酉	庚戌	辛亥	壬子	癸丑	甲寅	乙卯	丙辰	丁巳	戊午	己未	庚申	辛酉	壬戌	
									酉正																丑初					

4 月(己巳)

											입하																소만			
음 력	1	2	3	4	5	6	7	8	9	10	11	12	13	14	15	16	17	18	19	20	21	22	23	24	25	26	27	28	29	30
양력 월·일	4·26	27	28	29	30	5·1	2	3	4	5	6	7	8	9	10	11	12	13	14	15	16	17	18	19	20	21	22	23	24	25
일 진	癸亥	甲子	乙丑	丙寅	丁卯	戊辰	己巳	庚午	辛未	壬申	癸酉	甲戌	乙亥	丙子	丁丑	戊寅	己卯	庚辰	辛巳	壬午	癸未	甲申	乙酉	丙戌	丁亥	戊子	己丑	庚寅	辛卯	壬辰
											午初																子正			

5 月(庚午)

												망종																하지		
음 력	1	2	3	4	5	6	7	8	9	10	11	12	13	14	15	16	17	18	19	20	21	22	23	24	25	26	27	28	29	
양력 월·일	5·26	27	28	29	30	31	6·1	2	3	4	5	6	7	8	9	10	11	12	13	14	15	16	17	18	19	20	21	22	23	
일 진	癸巳	甲午	乙未	丙申	丁酉	戊戌	己亥	庚子	辛丑	壬寅	癸卯	甲辰	乙巳	丙午	丁未	戊申	己酉	庚戌	辛亥	壬子	癸丑	甲寅	乙卯	丙辰	丁巳	戊午	己未	庚申	辛酉	
												申正																辰正		

6 月(辛未)

															소서															대서
음 력	1	2	3	4	5	6	7	8	9	10	11	12	13	14	15	16	17	18	19	20	21	22	23	24	25	26	27	28	29	30
양력 월·일	6·24	25	26	27	28	29	30	7·1	2	3	4	5	6	7	8	9	10	11	12	13	14	15	16	17	18	19	20	21	22	23
일 진	壬戌	癸亥	甲子	乙丑	丙寅	丁卯	戊辰	己巳	庚午	辛未	壬申	癸酉	甲戌	乙亥	丙子	丁丑	戊寅	己卯	庚辰	辛巳	壬午	癸未	甲申	乙酉	丙戌	丁亥	戊子	己丑	庚寅	辛卯
															丑正															戌初

閏 六 月(辛未)

																입추														
음 력	1	2	3	4	5	6	7	8	9	10	11	12	13	14	15	16	17	18	19	20	21	22	23	24	25	26	27	28	29	30
양력 월·일	7·24	25	26	27	28	29	30	31	8·1	2	3	4	5	6	7	8	9	10	11	12	13	14	15	16	17	18	19	20	21	22
일 진	壬辰	癸巳	甲午	乙未	丙申	丁酉	戊戌	己亥	庚子	辛丑	壬寅	癸卯	甲辰	乙巳	丙午	丁未	戊申	己酉	庚戌	辛亥	壬子	癸丑	甲寅	乙卯	丙辰	丁巳	戊午	己未	庚申	辛酉
																午正														

7 月(壬申)

		처서															백로													
음 력	1	2	3	4	5	6	7	8	9	10	11	12	13	14	15	16	17	18	19	20	21	22	23	24	25	26	27	28	29	
양력 월·일	8·23	24	25	26	27	28	29	30	31	9·1	2	3	4	5	6	7	8	9	10	11	12	13	14	15	16	17	18	19	20	
일 진	壬戌	癸亥	甲子	乙丑	丙寅	丁卯	戊辰	己巳	庚午	辛未	壬申	癸酉	甲戌	乙亥	丙子	丁丑	戊寅	己卯	庚辰	辛巳	壬午	癸未	甲申	乙酉	丙戌	丁亥	戊子	己丑	庚寅	
		丑正															申初													

8 月(癸酉)

				추분															한로											
음 력	1	2	3	4	5	6	7	8	9	10	11	12	13	14	15	16	17	18	19	20	21	22	23	24	25	26	27	28	29	30
양력 월·일	9·21	22	23	24	25	26	27	28	29	30	10·1	2	3	4	5	6	7	8	9	10	11	12	13	14	15	16	17	18	19	20
일 진	辛卯	壬辰	癸巳	甲午	乙未	丙申	丁酉	戊戌	己亥	庚子	辛丑	壬寅	癸卯	甲辰	乙巳	丙午	丁未	戊申	己酉	庚戌	辛亥	壬子	癸丑	甲寅	乙卯	丙辰	丁巳	戊午	己未	庚申
				子正															卯正											

9 月(甲戌)

				상강															입동											
음 력	1	2	3	4	5	6	7	8	9	10	11	12	13	14	15	16	17	18	19	20	21	22	23	24	25	26	27	28	29	30
양력 월·일	10·21	22	23	24	25	26	27	28	29	30	31	11·1	2	3	4	5	6	7	8	9	10	11	12	13	14	15	16	17	18	19
일 진	辛酉	壬戌	癸亥	甲子	乙丑	丙寅	丁卯	戊辰	己巳	庚午	辛未	壬申	癸酉	甲戌	乙亥	丙子	丁丑	戊寅	己卯	庚辰	辛巳	壬午	癸未	甲申	乙酉	丙戌	丁亥	戊子	己丑	庚寅
				巳初															巳初											

10 月(乙亥)

				소설															대설											
음 력	1	2	3	4	5	6	7	8	9	10	11	12	13	14	15	16	17	18	19	20	21	22	23	24	25	26	27	28	29	
양력 월·일	11·20	21	22	23	24	25	26	27	28	29	30	12·1	2	3	4	5	6	7	8	9	10	11	12	13	14	15	16	17	18	
일 진	辛卯	壬辰	癸巳	甲午	乙未	丙申	丁酉	戊戌	己亥	庚子	辛丑	壬寅	癸卯	甲辰	乙巳	丙午	丁未	戊申	己酉	庚戌	辛亥	壬子	癸丑	甲寅	乙卯	丙辰	丁巳	戊午	己未	
				卯正															丑正											

11 月(丙子)

				동지															소한											
음 력	1	2	3	4	5	6	7	8	9	10	11	12	13	14	15	16	17	18	19	20	21	22	23	24	25	26	27	28	29	30
양력 월·일	12·19	20	21	22	23	24	25	26	27	28	29	30	31	1·1	2	3	4	5	6	7	8	9	10	11	12	13	14	15	16	17
일 진	庚申	辛酉	壬戌	癸亥	甲子	乙丑	丙寅	丁卯	戊辰	己巳	庚午	辛未	壬申	癸酉	甲戌	乙亥	丙子	丁丑	戊寅	己卯	庚辰	辛巳	壬午	癸未	甲申	乙酉	丙戌	丁亥	戊子	己丑
				戌正															未初											

12 月(丁丑)

				대한															입춘											
음 력	1	2	3	4	5	6	7	8	9	10	11	12	13	14	15	16	17	18	19	20	21	22	23	24	25	26	27	28	29	
양력 월·일	1·18	19	20	21	22	23	24	25	26	27	28	29	30	31	2·1	2	3	4	5	6	7	8	9	10	11	12	13	14	15	
일 진	庚寅	辛卯	壬辰	癸巳	甲午	乙未	丙申	丁酉	戊戌	己亥	庚子	辛丑	壬寅	癸卯	甲辰	乙巳	丙午	丁未	戊申	己酉	庚戌	辛亥	壬子	癸丑	甲寅	乙卯	丙辰	丁巳	戊午	
				卯正															丑初											

서기 1980 년/단기 4313　　庚 申 年

正 月(戊寅)

				우수															경칩											
음 력	1	2	3	4	5	6	7	8	9	10	11	12	13	14	15	16	17	18	19	20	21	22	23	24	25	26	27	28	29	30
양력 월·일	2·16	17	18	19	20	21	22	23	24	25	26	27	28	29	3·1	2	3	4	5	6	7	8	9	10	11	12	13	14	15	16
일 진	己未	庚申	辛酉	壬戌	癸亥	甲子	乙丑	丙寅	丁卯	戊辰	己巳	庚午	辛未	壬申	癸酉	甲戌	乙亥	丙子	丁丑	戊寅	己卯	庚辰	辛巳	壬午	癸未	甲申	乙酉	丙戌	丁亥	戊子
				亥初															戌初											

2 月(己卯)

				춘분																청명										
음 력	1	2	3	4	5	6	7	8	9	10	11	12	13	14	15	16	17	18	19	20	21	22	23	24	25	26	27	28	29	
양력 월·일	3·17	18	19	20	21	22	23	24	25	26	27	28	29	30	31	4·1	2	3	4	5	6	7	8	9	10	11	12	13	14	
일 진	己丑	庚寅	辛卯	壬辰	癸巳	甲午	乙未	丙申	丁酉	戊戌	己亥	庚子	辛丑	壬寅	癸卯	甲辰	乙巳	丙午	丁未	戊申	己酉	庚戌	辛亥	壬子	癸丑	甲寅	乙卯	丙辰	丁巳	
				戌正																子正										

3 月(庚辰)

						곡우															입하									
음 력	1	2	3	4	5	6	7	8	9	10	11	12	13	14	15	16	17	18	19	20	21	22	23	24	25	26	27	28	29	
양력 월·일	4·15	16	17	18	19	20	21	22	23	24	25	26	27	28	29	30	5·1	2	3	4	5	6	7	8	9	10	11	12	13	
일 진	戊午	己未	庚申	辛酉	壬戌	癸亥	甲子	乙丑	丙寅	丁卯	戊辰	己巳	庚午	辛未	壬申	癸酉	甲戌	乙亥	丙子	丁丑	戊寅	己卯	庚辰	辛巳	壬午	癸未	甲申	乙酉	丙戌	
						辰初															酉初									

4 月(辛巳)

								소만															망종							
음 력	1	2	3	4	5	6	7	8	9	10	11	12	13	14	15	16	17	18	19	20	21	22	23	24	25	26	27	28	29	30
양력 월·일	5·14	15	16	17	18	19	20	21	22	23	24	25	26	27	28	29	30	31	6·1	2	3	4	5	6	7	8	9	10	11	12
일 진	丁亥	戊子	己丑	庚寅	辛卯	壬辰	癸巳	甲午	乙未	丙申	丁酉	戊戌	己亥	庚子	辛丑	壬寅	癸卯	甲辰	乙巳	丙午	丁未	戊申	己酉	庚戌	辛亥	壬子	癸丑	甲寅	乙卯	丙辰
								卯正															亥正							

5 月(壬午)

									하지																소서					
음 력	1	2	3	4	5	6	7	8	9	10	11	12	13	14	15	16	17	18	19	20	21	22	23	24	25	26	27	28	29	
양력 월·일	6·13	14	15	16	17	18	19	20	21	22	23	24	25	26	27	28	29	30	7·1	2	3	4	5	6	7	8	9	10	11	
일 진	丁巳	戊午	己未	庚申	辛酉	壬戌	癸亥	甲子	乙丑	丙寅	丁卯	戊辰	己巳	庚午	辛未	壬申	癸酉	甲戌	乙亥	丙子	丁丑	戊寅	己卯	庚辰	辛巳	壬午	癸未	甲申	乙酉	
									未正																辰正					

6 月(癸未)

												대서															입추			
음 력	1	2	3	4	5	6	7	8	9	10	11	12	13	14	15	16	17	18	19	20	21	22	23	24	25	26	27	28	29	30
양력 월·일	7·12	13	14	15	16	17	18	19	20	21	22	23	24	25	26	27	28	29	30	31	8·1	2	3	4	5	6	7	8	9	10
일 진	丙戌	丁亥	戊子	己丑	庚寅	辛卯	壬辰	癸巳	甲午	乙未	丙申	丁酉	戊戌	己亥	庚子	辛丑	壬寅	癸卯	甲辰	乙巳	丙午	丁未	戊申	己酉	庚戌	辛亥	壬子	癸丑	甲寅	乙卯
												丑初															酉正			

7 月(甲申)

													처서															백로		
음력	1	2	3	4	5	6	7	8	9	10	11	12	13	14	15	16	17	18	19	20	21	22	23	24	25	26	27	28	29	
양력 월·일	8·11	12	13	14	15	16	17	18	19	20	21	22	23	24	25	26	27	28	29	30	31	9·1	2	3	4	5	6	7	8	
일진	丙辰	丁巳	戊午	己未	庚申	辛酉	壬戌	癸亥	甲子	乙丑	丙寅	丁卯	戊辰	己巳	庚午	辛未	壬申	癸酉	甲戌	乙亥	丙子	丁丑	戊寅	己卯	庚辰	辛巳	壬午	癸未	甲申	
													辰正															戌正		

8 月(乙酉)

															추분															한로
음력	1	2	3	4	5	6	7	8	9	10	11	12	13	14	15	16	17	18	19	20	21	22	23	24	25	26	27	28	29	30
양력 월·일	9·9	10	11	12	13	14	15	16	17	18	19	20	21	22	23	24	25	26	27	28	29	30	10·1	2	3	4	5	6	7	8
일진	乙酉	丙戌	丁亥	戊子	己丑	庚寅	辛卯	壬辰	癸巳	甲午	乙未	丙申	丁酉	戊戌	己亥	庚子	辛丑	壬寅	癸卯	甲辰	乙巳	丙午	丁未	戊申	己酉	庚戌	辛亥	壬子	癸丑	甲寅
															卯正															午正

9 月(丙戌)

															상강															입동
음력	1	2	3	4	5	6	7	8	9	10	11	12	13	14	15	16	17	18	19	20	21	22	23	24	25	26	27	28	29	30
양력 월·일	10·9	10	11	12	13	14	15	16	17	18	19	20	21	22	23	24	25	26	27	28	29	30	31	11·1	2	3	4	5	6	7
일진	乙卯	丙辰	丁巳	戊午	己未	庚申	辛酉	壬戌	癸亥	甲子	乙丑	丙寅	丁卯	戊辰	己巳	庚午	辛未	壬申	癸酉	甲戌	乙亥	丙子	丁丑	戊寅	己卯	庚辰	辛巳	壬午	癸未	甲申
															申初															申初

10 月(丁亥)

															소설															
음력	1	2	3	4	5	6	7	8	9	10	11	12	13	14	15	16	17	18	19	20	21	22	23	24	25	26	27	28	29	
양력 월·일	11·8	9	10	11	12	13	14	15	16	17	18	19	20	21	22	23	24	25	26	27	28	29	30	12·1	2	3	4	5	6	
일진	乙酉	丙戌	丁亥	戊子	己丑	庚寅	辛卯	壬辰	癸巳	甲午	乙未	丙申	丁酉	戊戌	己亥	庚子	辛丑	壬寅	癸卯	甲辰	乙巳	丙午	丁未	戊申	己酉	庚戌	辛亥	壬子	癸丑	
															午正															

11 月(戊子)

	대설															동지														소한
음력	1	2	3	4	5	6	7	8	9	10	11	12	13	14	15	16	17	18	19	20	21	22	23	24	25	26	27	28	29	30
양력 월·일	12·7	8	9	10	11	12	13	14	15	16	17	18	19	20	21	22	23	24	25	26	27	28	29	30	31	1·1	2	3	4	5
일진	甲寅	乙卯	丙辰	丁巳	戊午	己未	庚申	辛酉	壬戌	癸亥	甲子	乙丑	丙寅	丁卯	戊辰	己巳	庚午	辛未	壬申	癸酉	甲戌	乙亥	丙子	丁丑	戊寅	己卯	庚辰	辛巳	壬午	癸未
	辰正															丑初														戌初

12 月(己丑)

															대한															입춘
음력	1	2	3	4	5	6	7	8	9	10	11	12	13	14	15	16	17	18	19	20	21	22	23	24	25	26	27	28	29	30
양력 월·일	1·6	7	8	9	10	11	12	13	14	15	16	17	18	19	20	21	22	23	24	25	26	27	28	29	30	31	2·1	2	3	4
일진	甲申	乙酉	丙戌	丁亥	戊子	己丑	庚寅	辛卯	壬辰	癸巳	甲午	乙未	丙申	丁酉	戊戌	己亥	庚子	辛丑	壬寅	癸卯	甲辰	乙巳	丙午	丁未	戊申	己酉	庚戌	辛亥	壬子	癸丑
															午正															卯正

서기 1981 년/단기 4314　辛 酉 年

正 月(庚寅)

															우수															
음 력	1	2	3	4	5	6	7	8	9	10	11	12	13	14	15	16	17	18	19	20	21	22	23	24	25	26	27	28	29	
양력 월·일	2·5	6	7	8	9	10	11	12	13	14	15	16	17	18	19	20	21	22	23	24	25	26	27	28	3·1	2	3	4	5	
일 진	甲寅	乙卯	丙辰	丁巳	戊午	己未	庚申	辛酉	壬戌	癸亥	甲子	乙丑	丙寅	丁卯	戊辰	己巳	庚午	辛未	壬申	癸酉	甲戌	乙亥	丙子	丁丑	戊寅	己卯	庚辰	辛巳	壬午	
															丑正															

2 月(辛卯)

	경칩															춘분														
음 력	1	2	3	4	5	6	7	8	9	10	11	12	13	14	15	16	17	18	19	20	21	22	23	24	25	26	27	28	29	30
양력 월·일	3·6	7	8	9	10	11	12	13	14	15	16	17	18	19	20	21	22	23	24	25	26	27	28	29	30	31	4·1	2	3	4
일 진	癸未	甲申	乙酉	丙戌	丁亥	戊子	己丑	庚寅	辛卯	壬辰	癸巳	甲午	乙未	丙申	丁酉	戊戌	己亥	庚子	辛丑	壬寅	癸卯	甲辰	乙巳	丙午	丁未	戊申	己酉	庚戌	辛亥	壬子
	丑初															丑正														

3 月(壬辰)

	청명	한식														곡우														
음 력	1	2	3	4	5	6	7	8	9	10	11	12	13	14	15	16	17	18	19	20	21	22	23	24	25	26	27	28	29	
양력 월·일	4·5	6	7	8	9	10	11	12	13	14	15	16	17	18	19	20	21	22	23	24	25	26	27	28	29	30	5·1	2	3	
일 진	癸丑	甲寅	乙卯	丙辰	丁巳	戊午	己未	庚申	辛酉	壬戌	癸亥	甲子	乙丑	丙寅	丁卯	戊辰	己巳	庚午	辛未	壬申	癸酉	甲戌	乙亥	丙子	丁丑	戊寅	己卯	庚辰	辛巳	
	卯正															午正														

4 月(癸巳)

		입하																소만												
음 력	1	2	3	4	5	6	7	8	9	10	11	12	13	14	15	16	17	18	19	20	21	22	23	24	25	26	27	28	29	
양력 월·일	5·4	5	6	7	8	9	10	11	12	13	14	15	16	17	18	19	20	21	22	23	24	25	26	27	28	29	30	31	6·1	
일 진	壬午	癸未	甲申	乙酉	丙戌	丁亥	戊子	己丑	庚寅	辛卯	壬辰	癸巳	甲午	乙未	丙申	丁酉	戊戌	己亥	庚子	辛丑	壬寅	癸卯	甲辰	乙巳	丙午	丁未	戊申	己酉	庚戌	
		子初																午正												

5 月(甲午)

					망종															하지										
음 력	1	2	3	4	5	6	7	8	9	10	11	12	13	14	15	16	17	18	19	20	21	22	23	24	25	26	27	28	29	30
양력 월·일	6·2	3	4	5	6	7	8	9	10	11	12	13	14	15	16	17	18	19	20	21	22	23	24	25	26	27	28	29	30	7·1
일 진	辛亥	壬子	癸丑	甲寅	乙卯	丙辰	丁巳	戊午	己未	庚申	辛酉	壬戌	癸亥	甲子	乙丑	丙寅	丁卯	戊辰	己巳	庚午	辛未	壬申	癸酉	甲戌	乙亥	丙子	丁丑	戊寅	己卯	庚辰
					寅初															戌正										

6 月(乙未)

						소서																대서								
음 력	1	2	3	4	5	6	7	8	9	10	11	12	13	14	15	16	17	18	19	20	21	22	23	24	25	26	27	28	29	
양력 월·일	7·2	3	4	5	6	7	8	9	10	11	12	13	14	15	16	17	18	19	20	21	22	23	24	25	26	27	28	29	30	
일 진	辛巳	壬午	癸未	甲申	乙酉	丙戌	丁亥	戊子	己丑	庚寅	辛卯	壬辰	癸巳	甲午	乙未	丙申	丁酉	戊戌	己亥	庚子	辛丑	壬寅	癸卯	甲辰	乙巳	丙午	丁未	戊申	己酉	
						未正																辰初								

7 月(丙申)

								입추																처서						
음 력	1	2	3	4	5	6	7	8	9	10	11	12	13	14	15	16	17	18	19	20	21	22	23	24	25	26	27	28	29	
양력 월·일	7·31	8·1	2	3	4	5	6	7	8	9	10	11	12	13	14	15	16	17	18	19	20	21	22	23	24	25	26	27	28	
일 진	庚戌	辛亥	壬子	癸丑	甲寅	乙卯	丙辰	丁巳	戊午	己未	庚申	辛酉	壬戌	癸亥	甲子	乙丑	丙寅	丁卯	戊辰	己巳	庚午	辛未	壬申	癸酉	甲戌	乙亥	丙子	丁丑	戊寅	
								子初																未正						

8 月(丁酉)

											백로															추분				
음 력	1	2	3	4	5	6	7	8	9	10	11	12	13	14	15	16	17	18	19	20	21	22	23	24	25	26	27	28	29	30
양력 월·일	8·29	30	31	9·1	2	3	4	5	6	7	8	9	10	11	12	13	14	15	16	17	18	19	20	21	22	23	24	25	26	27
일 진	己卯	庚辰	辛巳	壬午	癸未	甲申	乙酉	丙戌	丁亥	戊子	己丑	庚寅	辛卯	壬辰	癸巳	甲午	乙未	丙申	丁酉	戊戌	己亥	庚子	辛丑	壬寅	癸卯	甲辰	乙巳	丙午	丁未	戊申
											丑正															午初				

9 月(戊戌)

											한로															상강				
음 력	1	2	3	4	5	6	7	8	9	10	11	12	13	14	15	16	17	18	19	20	21	22	23	24	25	26	27	28	29	30
양력 월·일	9·28	29	30	10·1	2	3	4	5	6	7	8	9	10	11	12	13	14	15	16	17	18	19	20	21	22	23	24	25	26	27
일 진	己酉	庚戌	辛亥	壬子	癸丑	甲寅	乙卯	丙辰	丁巳	戊午	己未	庚申	辛酉	壬戌	癸亥	甲子	乙丑	丙寅	丁卯	戊辰	己巳	庚午	辛未	壬申	癸酉	甲戌	乙亥	丙子	丁丑	戊寅
											酉正															亥初				

10 月(己亥)

											입동															소설				
음 력	1	2	3	4	5	6	7	8	9	10	11	12	13	14	15	16	17	18	19	20	21	22	23	24	25	26	27	28	29	
양력 월·일	10·28	29	30	31	11·1	2	3	4	5	6	7	8	9	10	11	12	13	14	15	16	17	18	19	20	21	22	23	24	25	
일 진	己卯	庚辰	辛巳	壬午	癸未	甲申	乙酉	丙戌	丁亥	戊子	己丑	庚寅	辛卯	壬辰	癸巳	甲午	乙未	丙申	丁酉	戊戌	己亥	庚子	辛丑	壬寅	癸卯	甲辰	乙巳	丙午	丁未	
											亥初															酉正				

11 月(庚子)

												대설															동지			
음 력	1	2	3	4	5	6	7	8	9	10	11	12	13	14	15	16	17	18	19	20	21	22	23	24	25	26	27	28	29	30
양력 월·일	11·26	27	28	29	30	12·1	2	3	4	5	6	7	8	9	10	11	12	13	14	15	16	17	18	19	20	21	22	23	24	25
일 진	戊申	己酉	庚戌	辛亥	壬子	癸丑	甲寅	乙卯	丙辰	丁巳	戊午	己未	庚申	辛酉	壬戌	癸亥	甲子	乙丑	丙寅	丁卯	戊辰	己巳	庚午	辛未	壬申	癸酉	甲戌	乙亥	丙子	丁丑
												未初															辰初			

12 月(辛丑)

												소한														대한				
음 력	1	2	3	4	5	6	7	8	9	10	11	12	13	14	15	16	17	18	19	20	21	22	23	24	25	26	27	28	29	30
양력 월·일	12·26	27	28	29	30	31	1·1	2	3	4	5	6	7	8	9	10	11	12	13	14	15	16	17	18	19	20	21	22	23	24
일 진	戊寅	己卯	庚辰	辛巳	壬午	癸未	甲申	乙酉	丙戌	丁亥	戊子	己丑	庚寅	辛卯	壬辰	癸巳	甲午	乙未	丙申	丁酉	戊戌	己亥	庚子	辛丑	壬寅	癸卯	甲辰	乙巳	丙午	丁未
												子正														酉正				

서기 1982 년/단기 4315　　壬 戌 年

正 月(壬寅)

											입춘															우수				
음력	1	2	3	4	5	6	7	8	9	10	11	12	13	14	15	16	17	18	19	20	21	22	23	24	25	26	27	28	29	30
양력 월·일	1·25	26	27	28	29	30	31	2·1	2	3	4	5	6	7	8	9	10	11	12	13	14	15	16	17	18	19	20	21	22	23
일진	戊申	己酉	庚戌	辛亥	壬子	癸丑	甲寅	乙卯	丙辰	丁巳	戊午	己未	庚申	辛酉	壬戌	癸亥	甲子	乙丑	丙寅	丁卯	戊辰	己巳	庚午	辛未	壬申	癸酉	甲戌	乙亥	丙子	丁丑
											午正															辰正				

2 月(癸卯)

											경칩															춘분				
음력	1	2	3	4	5	6	7	8	9	10	11	12	13	14	15	16	17	18	19	20	21	22	23	24	25	26	27	28	29	
양력 월·일	2·24	25	26	27	28	3·1	2	3	4	5	6	7	8	9	10	11	12	13	14	15	16	17	18	19	20	21	22	23	24	
일진	戊寅	己卯	庚辰	辛巳	壬午	癸未	甲申	乙酉	丙戌	丁亥	戊子	己丑	庚寅	辛卯	壬辰	癸巳	甲午	乙未	丙申	丁酉	戊戌	己亥	庚子	辛丑	壬寅	癸卯	甲辰	乙巳	丙午	
											卯正															辰初				

3 月(甲辰)

												청명	한식														곡우			
음력	1	2	3	4	5	6	7	8	9	10	11	12	13	14	15	16	17	18	19	20	21	22	23	24	25	26	27	28	29	30
양력 월·일	3·25	26	27	28	29	30	31	4·1	2	3	4	5	6	7	8	9	10	11	12	13	14	15	16	17	18	19	20	21	22	23
일진	丁未	戊申	己酉	庚戌	辛亥	壬子	癸丑	甲寅	乙卯	丙辰	丁巳	戊午	己未	庚申	辛酉	壬戌	癸亥	甲子	乙丑	丙寅	丁卯	戊辰	己巳	庚午	辛未	壬申	癸酉	甲戌	乙亥	丙子
												午初															戌初			

4 月(乙巳)

													입하															소만		
음력	1	2	3	4	5	6	7	8	9	10	11	12	13	14	15	16	17	18	19	20	21	22	23	24	25	26	27	28	29	
양력 월·일	4·24	25	26	27	28	29	30	5·1	2	3	4	5	6	7	8	9	10	11	12	13	14	15	16	17	18	19	20	21	22	
일진	丁丑	戊寅	己卯	庚辰	辛巳	壬午	癸未	甲申	乙酉	丙戌	丁亥	戊子	己丑	庚寅	辛卯	壬辰	癸巳	甲午	乙未	丙申	丁酉	戊戌	己亥	庚子	辛丑	壬寅	癸卯	甲辰	乙巳	
													卯初															酉正		

閏 四 月(乙巳)

													망종																	
음력	1	2	3	4	5	6	7	8	9	10	11	12	13	14	15	16	17	18	19	20	21	22	23	24	25	26	27	28	29	
양력 월·일	5·23	24	25	26	27	28	29	30	31	6·1	2	3	4	5	6	7	8	9	10	11	12	13	14	15	16	17	18	19	20	
일진	丙午	丁未	戊申	己酉	庚戌	辛亥	壬子	癸丑	甲寅	乙卯	丙辰	丁巳	戊午	己未	庚申	辛酉	壬戌	癸亥	甲子	乙丑	丙寅	丁卯	戊辰	己巳	庚午	辛未	壬申	癸酉	甲戌	
													巳初																	

5 月(丙午)

		하지															소서													
음력	1	2	3	4	5	6	7	8	9	10	11	12	13	14	15	16	17	18	19	20	21	22	23	24	25	26	27	28	29	30
양력 월·일	6·21	22	23	24	25	26	27	28	29	30	7·1	2	3	4	5	6	7	8	9	10	11	12	13	14	15	16	17	18	19	20
일진	乙亥	丙子	丁丑	戊寅	己卯	庚辰	辛巳	壬午	癸未	甲申	乙酉	丙戌	丁亥	戊子	己丑	庚寅	辛卯	壬辰	癸巳	甲午	乙未	丙申	丁酉	戊戌	己亥	庚子	辛丑	壬寅	癸卯	甲辰
		丑正															戌初													

6 月(丁未)

			대서																입추											
음 력	1	2	3	4	5	6	7	8	9	10	11	12	13	14	15	16	17	18	19	20	21	22	23	24	25	26	27	28	29	
양력 월·일	7·21	22	23	24	25	26	27	28	29	30	31	8·1	2	3	4	5	6	7	8	9	10	11	12	13	14	15	16	17	18	
일 진	乙巳	丙午	丁未	戊申	己酉	庚戌	辛亥	壬子	癸丑	甲寅	乙卯	丙辰	丁巳	戊午	己未	庚申	辛酉	壬戌	癸亥	甲子	乙丑	丙寅	丁卯	戊辰	己巳	庚午	辛未	壬申	癸酉	
			未初																卯初											

7 月(戊申)

					처서																백로									
음 력	1	2	3	4	5	6	7	8	9	10	11	12	13	14	15	16	17	18	19	20	21	22	23	24	25	26	27	28	29	
양력 월·일	8·19	20	21	22	23	24	25	26	27	28	29	30	31	9·1	2	3	4	5	6	7	8	9	10	11	12	13	14	15	16	
일 진	甲戌	乙亥	丙子	丁丑	戊寅	己卯	庚辰	辛巳	壬午	癸未	甲申	乙酉	丙戌	丁亥	戊子	己丑	庚寅	辛卯	壬辰	癸巳	甲午	乙未	丙申	丁酉	戊戌	己亥	庚子	辛丑	壬寅	
					戌正																辰正									

8 月(己酉)

							추분																한로							
음 력	1	2	3	4	5	6	7	8	9	10	11	12	13	14	15	16	17	18	19	20	21	22	23	24	25	26	27	28	29	30
양력 월·일	9·17	18	19	20	21	22	23	24	25	26	27	28	29	30	10·1	2	3	4	5	6	7	8	9	10	11	12	13	14	15	16
일 진	癸卯	甲辰	乙巳	丙午	丁未	戊申	己酉	庚戌	辛亥	壬子	癸丑	甲寅	乙卯	丙辰	丁巳	戊午	己未	庚申	辛酉	壬戌	癸亥	甲子	乙丑	丙寅	丁卯	戊辰	己巳	庚午	辛未	壬申
							酉初																子正							

9 月(庚戌)

								상강															입동							
음 력	1	2	3	4	5	6	7	8	9	10	11	12	13	14	15	16	17	18	19	20	21	22	23	24	25	26	27	28	29	30
양력 월·일	10·17	18	19	20	21	22	23	24	25	26	27	28	29	30	31	11·1	2	3	4	5	6	7	8	9	10	11	12	13	14	15
일 진	癸酉	甲戌	乙亥	丙子	丁丑	戊寅	己卯	庚辰	辛巳	壬午	癸未	甲申	乙酉	丙戌	丁亥	戊子	己丑	庚寅	辛卯	壬辰	癸巳	甲午	乙未	丙申	丁酉	戊戌	己亥	庚子	辛丑	壬寅
								丑正															寅初							

10 月(辛亥)

								소설														대설								
음 력	1	2	3	4	5	6	7	8	9	10	11	12	13	14	15	16	17	18	19	20	21	22	23	24	25	26	27	28	29	
양력 월·일	11·16	17	18	19	20	21	22	23	24	25	26	27	28	29	30	12·1	2	3	4	5	6	7	8	9	10	11	12	13	14	
일 진	癸卯	甲辰	乙巳	丙午	丁未	戊申	己酉	庚戌	辛亥	壬子	癸丑	甲寅	乙卯	丙辰	丁巳	戊午	己未	庚申	辛酉	壬戌	癸亥	甲子	乙丑	丙寅	丁卯	戊辰	己巳	庚午	辛未	
								子正														戌初								

11 月(壬子)

								동지															소한							
음 력	1	2	3	4	5	6	7	8	9	10	11	12	13	14	15	16	17	18	19	20	21	22	23	24	25	26	27	28	29	30
양력 월·일	12·15	16	17	18	19	20	21	22	23	24	25	26	27	28	29	30	31	1·1	2	3	4	5	6	7	8	9	10	11	12	13
일 진	壬申	癸酉	甲戌	乙亥	丙子	丁丑	戊寅	己卯	庚辰	辛巳	壬午	癸未	甲申	乙酉	丙戌	丁亥	戊子	己丑	庚寅	辛卯	壬辰	癸巳	甲午	乙未	丙申	丁酉	戊戌	己亥	庚子	辛丑
								未初															辰初							

12 月(癸丑)

								대한														입춘								
음 력	1	2	3	4	5	6	7	8	9	10	11	12	13	14	15	16	17	18	19	20	21	22	23	24	25	26	27	28	29	30
양력 월·일	1·14	15	16	17	18	19	20	21	22	23	24	25	26	27	28	29	30	31	2·1	2	3	4	5	6	7	8	9	10	11	12
일 진	壬寅	癸卯	甲辰	乙巳	丙午	丁未	戊申	己酉	庚戌	辛亥	壬子	癸丑	甲寅	乙卯	丙辰	丁巳	戊午	己未	庚申	辛酉	壬戌	癸亥	甲子	乙丑	丙寅	丁卯	戊辰	己巳	庚午	辛未
								子正														酉正								

서기 1983 년/단기 4316	癸 亥 年

正 月(甲寅)

							우수															경칩								
음력	1	2	3	4	5	6	7	8	9	10	11	12	13	14	15	16	17	18	19	20	21	22	23	24	25	26	27	28	29	30
양력 월·일	2·13	14	15	16	17	18	19	20	21	22	23	24	25	26	27	28	3·1	2	3	4	5	6	7	8	9	10	11	12	13	14
일진	壬申	癸酉	甲戌	乙亥	丙子	丁丑	戊寅	己卯	庚辰	辛巳	壬午	癸未	甲申	乙酉	丙戌	丁亥	戊子	己丑	庚寅	辛卯	壬辰	癸巳	甲午	乙未	丙申	丁酉	戊戌	己亥	庚子	辛丑
							未正															午正								

2 月(乙卯)

							춘분															청명								
음력	1	2	3	4	5	6	7	8	9	10	11	12	13	14	15	16	17	18	19	20	21	22	23	24	25	26	27	28	29	
양력 월·일	3·15	16	17	18	19	20	21	22	23	24	25	26	27	28	29	30	31	4·1	2	3	4	5	6	7	8	9	10	11	12	
일진	壬寅	癸卯	甲辰	乙巳	丙午	丁未	戊申	己酉	庚戌	辛亥	壬子	癸丑	甲寅	乙卯	丙辰	丁巳	戊午	己未	庚申	辛酉	壬戌	癸亥	甲子	乙丑	丙寅	丁卯	戊辰	己巳	庚午	
							未初															酉初								

3 月(丙辰)

									곡우															입하						
음력	1	2	3	4	5	6	7	8	9	10	11	12	13	14	15	16	17	18	19	20	21	22	23	24	25	26	27	28	29	30
양력 월·일	4·13	14	15	16	17	18	19	20	21	22	23	24	25	26	27	28	29	30	5·1	2	3	4	5	6	7	8	9	10	11	12
일진	辛未	壬申	癸酉	甲戌	乙亥	丙子	丁丑	戊寅	己卯	庚辰	辛巳	壬午	癸未	甲申	乙酉	丙戌	丁亥	戊子	己丑	庚寅	辛卯	壬辰	癸巳	甲午	乙未	丙申	丁酉	戊戌	己亥	庚子
									子正															巳正						

4 月(丁巳)

										소만															망종					
음력	1	2	3	4	5	6	7	8	9	10	11	12	13	14	15	16	17	18	19	20	21	22	23	24	25	26	27	28	29	
양력 월·일	5·13	14	15	16	17	18	19	20	21	22	23	24	25	26	27	28	29	30	31	6·1	2	3	4	5	6	7	8	9	10	
일진	辛丑	壬寅	癸卯	甲辰	乙巳	丙午	丁未	戊申	己酉	庚戌	辛亥	壬子	癸丑	甲寅	乙卯	丙辰	丁巳	戊午	己未	庚申	辛酉	壬戌	癸亥	甲子	乙丑	丙寅	丁卯	戊辰	己巳	
										子初															申初					

5 月(戊午)

													하지																소서	
음력	1	2	3	4	5	6	7	8	9	10	11	12	13	14	15	16	17	18	19	20	21	22	23	24	25	26	27	28	29	
양력 월·일	6·11	12	13	14	15	16	17	18	19	20	21	22	23	24	25	26	27	28	29	30	7·1	2	3	4	5	6	7	8	9	
일진	庚午	辛未	壬申	癸酉	甲戌	乙亥	丙子	丁丑	戊寅	己卯	庚辰	辛巳	壬午	癸未	甲申	乙酉	丙戌	丁亥	戊子	己丑	庚寅	辛卯	壬辰	癸巳	甲午	乙未	丙申	丁酉	戊戌	
													辰初																丑初	

6 月(己未)

														대서																입추
음력	1	2	3	4	5	6	7	8	9	10	11	12	13	14	15	16	17	18	19	20	21	22	23	24	25	26	27	28	29	30
양력 월·일	7·10	11	12	13	14	15	16	17	18	19	20	21	22	23	24	25	26	27	28	29	30	31	8·1	2	3	4	5	6	7	8
일진	己亥	庚子	辛丑	壬寅	癸卯	甲辰	乙巳	丙午	丁未	戊申	己酉	庚戌	辛亥	壬子	癸丑	甲寅	乙卯	丙辰	丁巳	戊午	己未	庚申	辛酉	壬戌	癸亥	甲子	乙丑	丙寅	丁卯	戊辰
														酉正																午初

7 月(庚申)

	1	2	3	4	5	6	7	8	9	10	11	12	13	14	15	16	17	18	19	20	21	22	23	24	25	26	27	28	29	30
																처서														
음 력	1	2	3	4	5	6	7	8	9	10	11	12	13	14	15	16	17	18	19	20	21	22	23	24	25	26	27	28	29	
양력 월·일	8·9	10	11	12	13	14	15	16	17	18	19	20	21	22	23	24	25	26	27	28	29	30	31	9·1	2	3	4	5	6	
일 진	己巳	庚午	辛未	壬申	癸酉	甲戌	乙亥	丙子	丁丑	戊寅	己卯	庚辰	辛巳	壬午	癸未	甲申	乙酉	丙戌	丁亥	戊子	己丑	庚寅	辛卯	壬辰	癸巳	甲午	乙未	丙申	丁酉	
																丑初														

8 月(辛酉)

	1	2	3	4	5	6	7	8	9	10	11	12	13	14	15	16	17	18	19	20	21	22	23	24	25	26	27	28	29	30
		백로															추분													
음 력	1	2	3	4	5	6	7	8	9	10	11	12	13	14	15	16	17	18	19	20	21	22	23	24	25	26	27	28	29	
양력 월·일	9·7	8	9	10	11	12	13	14	15	16	17	18	19	20	21	22	23	24	25	26	27	28	29	30	10·1	2	3	4	5	
일 진	戊戌	己亥	庚子	辛丑	壬寅	癸卯	甲辰	乙巳	丙午	丁未	戊申	己酉	庚戌	辛亥	壬子	癸丑	甲寅	乙卯	丙辰	丁巳	戊午	己未	庚申	辛酉	壬戌	癸亥	甲子	乙丑	丙寅	
		未正															子初													

9 月(壬戌)

	1	2	3	4	5	6	7	8	9	10	11	12	13	14	15	16	17	18	19	20	21	22	23	24	25	26	27	28	29	30
				한로															상강											
음 력	1	2	3	4	5	6	7	8	9	10	11	12	13	14	15	16	17	18	19	20	21	22	23	24	25	26	27	28	29	30
양력 월·일	10·6	7	8	9	10	11	12	13	14	15	16	17	18	19	20	21	22	23	24	25	26	27	28	29	30	31	11·1	2	3	4
일 진	丁卯	戊辰	己巳	庚午	辛未	壬申	癸酉	甲戌	乙亥	丙子	丁丑	戊寅	己卯	庚辰	辛巳	壬午	癸未	甲申	乙酉	丙戌	丁亥	戊子	己丑	庚寅	辛卯	壬辰	癸巳	甲午	乙未	丙申
				卯初															辰正											

10 月(癸亥)

	1	2	3	4	5	6	7	8	9	10	11	12	13	14	15	16	17	18	19	20	21	22	23	24	25	26	27	28	29	30
				입동															소설											
음 력	1	2	3	4	5	6	7	8	9	10	11	12	13	14	15	16	17	18	19	20	21	22	23	24	25	26	27	28	29	
양력 월·일	11·5	6	7	8	9	10	11	12	13	14	15	16	17	18	19	20	21	22	23	24	25	26	27	28	29	30	12·1	2	3	
일 진	丁酉	戊戌	己亥	庚子	辛丑	壬寅	癸卯	甲辰	乙巳	丙午	丁未	戊申	己酉	庚戌	辛亥	壬子	癸丑	甲寅	乙卯	丙辰	丁巳	戊午	己未	庚申	辛酉	壬戌	癸亥	甲子	乙丑	
				辰正															卯正											

11 月(甲子)

	1	2	3	4	5	6	7	8	9	10	11	12	13	14	15	16	17	18	19	20	21	22	23	24	25	26	27	28	29	30
					대설														동지											
음 력	1	2	3	4	5	6	7	8	9	10	11	12	13	14	15	16	17	18	19	20	21	22	23	24	25	26	27	28	29	30
양력 월·일	12·4	5	6	7	8	9	10	11	12	13	14	15	16	17	18	19	20	21	22	23	24	25	26	27	28	29	30	31	1·1	2
일 진	丙寅	丁卯	戊辰	己巳	庚午	辛未	壬申	癸酉	甲戌	乙亥	丙子	丁丑	戊寅	己卯	庚辰	辛巳	壬午	癸未	甲申	乙酉	丙戌	丁亥	戊子	己丑	庚寅	辛卯	壬辰	癸巳	甲午	乙未
					丑初														戌初											

12 月(乙丑)

	1	2	3	4	5	6	7	8	9	10	11	12	13	14	15	16	17	18	19	20	21	22	23	24	25	26	27	28	29	30
				소한															대한											
음 력	1	2	3	4	5	6	7	8	9	10	11	12	13	14	15	16	17	18	19	20	21	22	23	24	25	26	27	28	29	30
양력 월·일	1·3	4	5	6	7	8	9	10	11	12	13	14	15	16	17	18	19	20	21	22	23	24	25	26	27	28	29	30	31	2·1
일 진	丙申	丁酉	戊戌	己亥	庚子	辛丑	壬寅	癸卯	甲辰	乙巳	丙午	丁未	戊申	己酉	庚戌	辛亥	壬子	癸丑	甲寅	乙卯	丙辰	丁巳	戊午	己未	庚申	辛酉	壬戌	癸亥	甲子	乙丑
				午正															卯初											

서기 1984 년/단기 4317　　甲 子 年

正 月(丙寅)

				입춘														우수												
음력	1	2	3	4	5	6	7	8	9	10	11	12	13	14	15	16	17	18	19	20	21	22	23	24	25	26	27	28	29	30
양력 월·일	2·2	3	4	5	6	7	8	9	10	11	12	13	14	15	16	17	18	19	20	21	22	23	24	25	26	27	28	29	3·1	2
일진	丙寅	丁卯	戊辰	己巳	庚午	辛未	壬申	癸酉	甲戌	乙亥	丙子	丁丑	戊寅	己卯	庚辰	辛巳	壬午	癸未	甲申	乙酉	丙戌	丁亥	戊子	己丑	庚寅	辛卯	壬辰	癸巳	甲午	乙未
				子正														戌正												

2 月(丁卯)

			경칩															춘분												
음력	1	2	3	4	5	6	7	8	9	10	11	12	13	14	15	16	17	18	19	20	21	22	23	24	25	26	27	28	29	
양력 월·일	3·3	4	5	6	7	8	9	10	11	12	13	14	15	16	17	18	19	20	21	22	23	24	25	26	27	28	29	30	31	
일진	丙申	丁酉	戊戌	己亥	庚子	辛丑	壬寅	癸卯	甲辰	乙巳	丙午	丁未	戊申	己酉	庚戌	辛亥	壬子	癸丑	甲寅	乙卯	丙辰	丁巳	戊午	己未	庚申	辛酉	壬戌	癸亥	甲子	
			酉正															戌初												

3 月(戊辰)

				청명																곡우										
음력	1	2	3	4	5	6	7	8	9	10	11	12	13	14	15	16	17	18	19	20	21	22	23	24	25	26	27	28	29	30
양력 월·일	4·1	2	3	4	5	6	7	8	9	10	11	12	13	14	15	16	17	18	19	20	21	22	23	24	25	26	27	28	29	30
일진	乙丑	丙寅	丁卯	戊辰	己巳	庚午	辛未	壬申	癸酉	甲戌	乙亥	丙子	丁丑	戊寅	己卯	庚辰	辛巳	壬午	癸未	甲申	乙酉	丙戌	丁亥	戊子	己丑	庚寅	辛卯	壬辰	癸巳	甲午
				子初																卯正										

4 月(己巳)

					입하																소만									
음력	1	2	3	4	5	6	7	8	9	10	11	12	13	14	15	16	17	18	19	20	21	22	23	24	25	26	27	28	29	30
양력 월·일	5·1	2	3	4	5	6	7	8	9	10	11	12	13	14	15	16	17	18	19	20	21	22	23	24	25	26	27	28	29	30
일진	乙未	丙申	丁酉	戊戌	己亥	庚子	辛丑	壬寅	癸卯	甲辰	乙巳	丙午	丁未	戊申	己酉	庚戌	辛亥	壬子	癸丑	甲寅	乙卯	丙辰	丁巳	戊午	己未	庚申	辛酉	壬戌	癸亥	甲子
					申正																卯初									

5 月(庚午)

						망종																하지								
음력	1	2	3	4	5	6	7	8	9	10	11	12	13	14	15	16	17	18	19	20	21	22	23	24	25	26	27	28	29	
양력 월·일	5·31	6·1	2	3	4	5	6	7	8	9	10	11	12	13	14	15	16	17	18	19	20	21	22	23	24	25	26	27	28	
일진	乙丑	丙寅	丁卯	戊辰	己巳	庚午	辛未	壬申	癸酉	甲戌	乙亥	丙子	丁丑	戊寅	己卯	庚辰	辛巳	壬午	癸未	甲申	乙酉	丙戌	丁亥	戊子	己丑	庚寅	辛卯	壬辰	癸巳	
						亥初																未初								

6 月(辛未)

									소서																대서					
음력	1	2	3	4	5	6	7	8	9	10	11	12	13	14	15	16	17	18	19	20	21	22	23	24	25	26	27	28	29	
양력 월·일	6·29	30	7·1	2	3	4	5	6	7	8	9	10	11	12	13	14	15	16	17	18	19	20	21	22	23	24	25	26	27	
일진	甲午	乙未	丙申	丁酉	戊戌	己亥	庚子	辛丑	壬寅	癸卯	甲辰	乙巳	丙午	丁未	戊申	己酉	庚戌	辛亥	壬子	癸丑	甲寅	乙卯	丙辰	丁巳	戊午	己未	庚申	辛酉	壬戌	
									辰初																子正					

7 月(壬申)

	1	2	3	4	5	6	7	8	9	10	11	12	13	14	15	16	17	18	19	20	21	22	23	24	25	26	27	28	29	30
											입추																처서			
음 력	1	2	3	4	5	6	7	8	9	10	11	12	13	14	15	16	17	18	19	20	21	22	23	24	25	26	27	28	29	30
양력 월·일	7·28	29	30	31	8·1	2	3	4	5	6	7	8	9	10	11	12	13	14	15	16	17	18	19	20	21	22	23	24	25	26
일 진	癸亥	甲子	乙丑	丙寅	丁卯	戊辰	己巳	庚午	辛未	壬申	癸酉	甲戌	乙亥	丙子	丁丑	戊寅	己卯	庚辰	辛巳	壬午	癸未	甲申	乙酉	丙戌	丁亥	戊子	己丑	庚寅	辛卯	壬辰
											酉初																辰初			

8 月(癸酉)

	1	2	3	4	5	6	7	8	9	10	11	12	13	14	15	16	17	18	19	20	21	22	23	24	25	26	27	28	29	
												백로																추분		
음 력	1	2	3	4	5	6	7	8	9	10	11	12	13	14	15	16	17	18	19	20	21	22	23	24	25	26	27	28	29	
양력 월·일	8·27	28	29	30	31	9·1	2	3	4	5	6	7	8	9	10	11	12	13	14	15	16	17	18	19	20	21	22	23	24	
일 진	癸巳	甲午	乙未	丙申	丁酉	戊戌	己亥	庚子	辛丑	壬寅	癸卯	甲辰	乙巳	丙午	丁未	戊申	己酉	庚戌	辛亥	壬子	癸丑	甲寅	乙卯	丙辰	丁巳	戊午	己未	庚申	辛酉	
												戌正																卯初		

9 月(甲戌)

	1	2	3	4	5	6	7	8	9	10	11	12	13	14	15	16	17	18	19	20	21	22	23	24	25	26	27	28	29	
														한로															상강	
음 력	1	2	3	4	5	6	7	8	9	10	11	12	13	14	15	16	17	18	19	20	21	22	23	24	25	26	27	28	29	
양력 월·일	9·25	26	27	28	29	30	10·1	2	3	4	5	6	7	8	9	10	11	12	13	14	15	16	17	18	19	20	21	22	23	
일 진	壬戌	癸亥	甲子	乙丑	丙寅	丁卯	戊辰	己巳	庚午	辛未	壬申	癸酉	甲戌	乙亥	丙子	丁丑	戊寅	己卯	庚辰	辛巳	壬午	癸未	甲申	乙酉	丙戌	丁亥	戊子	己丑	庚寅	
														午初															未正	

10 月(乙亥)

	1	2	3	4	5	6	7	8	9	10	11	12	13	14	15	16	17	18	19	20	21	22	23	24	25	26	27	28	29	30
															입동															소설
음 력	1	2	3	4	5	6	7	8	9	10	11	12	13	14	15	16	17	18	19	20	21	22	23	24	25	26	27	28	29	30
양력 월·일	10·24	25	26	27	28	29	30	31	11·1	2	3	4	5	6	7	8	9	10	11	12	13	14	15	16	17	18	19	20	21	22
일 진	辛卯	壬辰	癸巳	甲午	乙未	丙申	丁酉	戊戌	己亥	庚子	辛丑	壬寅	癸卯	甲辰	乙巳	丙午	丁未	戊申	己酉	庚戌	辛亥	壬子	癸丑	甲寅	乙卯	丙辰	丁巳	戊午	己未	庚申
															未正															午初

閏 十 月(乙亥)

	1	2	3	4	5	6	7	8	9	10	11	12	13	14	15	16	17	18	19	20	21	22	23	24	25	26	27	28	29	
															대설															
음 력	1	2	3	4	5	6	7	8	9	10	11	12	13	14	15	16	17	18	19	20	21	22	23	24	25	26	27	28	29	
양력 월·일	11·23	24	25	26	27	28	29	30	12·1	2	3	4	5	6	7	8	9	10	11	12	13	14	15	16	17	18	19	20	21	
일 진	辛酉	壬戌	癸亥	甲子	乙丑	丙寅	丁卯	戊辰	己巳	庚午	辛未	壬申	癸酉	甲戌	乙亥	丙子	丁丑	戊寅	己卯	庚辰	辛巳	壬午	癸未	甲申	乙酉	丙戌	丁亥	戊子	己丑	
															辰初															

11 月(丙子)

	1	2	3	4	5	6	7	8	9	10	11	12	13	14	15	16	17	18	19	20	21	22	23	24	25	26	27	28	29	30
	동지														소한															대한
음 력	1	2	3	4	5	6	7	8	9	10	11	12	13	14	15	16	17	18	19	20	21	22	23	24	25	26	27	28	29	30
양력 월·일	12·22	23	24	25	26	27	28	29	30	31	1·1	2	3	4	5	6	7	8	9	10	11	12	13	14	15	16	17	18	19	20
일 진	庚寅	辛卯	壬辰	癸巳	甲午	乙未	丙申	丁酉	戊戌	己亥	庚子	辛丑	壬寅	癸卯	甲辰	乙巳	丙午	丁未	戊申	己酉	庚戌	辛亥	壬子	癸丑	甲寅	乙卯	丙辰	丁巳	戊午	己未
	丑初														酉正															午初

12 月(丁丑)

	1	2	3	4	5	6	7	8	9	10	11	12	13	14	15	16	17	18	19	20	21	22	23	24	25	26	27	28	29	30
															입춘															우수
음 력	1	2	3	4	5	6	7	8	9	10	11	12	13	14	15	16	17	18	19	20	21	22	23	24	25	26	27	28	29	30
양력 월·일	1·21	22	23	24	25	26	27	28	29	30	31	2·1	2	3	4	5	6	7	8	9	10	11	12	13	14	15	16	17	18	19
일 진	庚申	辛酉	壬戌	癸亥	甲子	乙丑	丙寅	丁卯	戊辰	己巳	庚午	辛未	壬申	癸酉	甲戌	乙亥	丙子	丁丑	戊寅	己卯	庚辰	辛巳	壬午	癸未	甲申	乙酉	丙戌	丁亥	戊子	己丑
															卯正															丑初

서기 1985 년/단기 4318 乙 丑 年

正 月(戊寅)

															경칩															
음 력	1	2	3	4	5	6	7	8	9	10	11	12	13	14	15	16	17	18	19	20	21	22	23	24	25	26	27	28	29	
양력 월·일	2·20	21	22	23	24	25	26	27	28	3·1	2	3	4	5	6	7	8	9	10	11	12	13	14	15	16	17	18	19	20	
일 진	庚寅	辛卯	壬辰	癸巳	甲午	乙未	丙申	丁酉	戊戌	己亥	庚子	辛丑	壬寅	癸卯	甲辰	乙巳	丙午	丁未	戊申	己酉	庚戌	辛亥	壬子	癸丑	甲寅	乙卯	丙辰	丁巳	戊午	
															子正															

2 月(己卯)

	춘분															청명														
음 력	1	2	3	4	5	6	7	8	9	10	11	12	13	14	15	16	17	18	19	20	21	22	23	24	25	26	27	28	29	30
양력 월·일	3·21	22	23	24	25	26	27	28	29	30	31	4·1	2	3	4	5	6	7	8	9	10	11	12	13	14	15	16	17	18	19
일 진	己未	庚申	辛酉	壬戌	癸亥	甲子	乙丑	丙寅	丁卯	戊辰	己巳	庚午	辛未	壬申	癸酉	甲戌	乙亥	丙子	丁丑	戊寅	己卯	庚辰	辛巳	壬午	癸未	甲申	乙酉	丙戌	丁亥	戊子
	子正															卯初														

3 月(庚辰)

	곡우															입하														
음 력	1	2	3	4	5	6	7	8	9	10	11	12	13	14	15	16	17	18	19	20	21	22	23	24	25	26	27	28	29	30
양력 월·일	4·20	21	22	23	24	25	26	27	28	29	30	5·1	2	3	4	5	6	7	8	9	10	11	12	13	14	15	16	17	18	19
일 진	己丑	庚寅	辛卯	壬辰	癸巳	甲午	乙未	丙申	丁酉	戊戌	己亥	庚子	辛丑	壬寅	癸卯	甲辰	乙巳	丙午	丁未	戊申	己酉	庚戌	辛亥	壬子	癸丑	甲寅	乙卯	丙辰	丁巳	戊午
	午正															亥正														

4 月(辛巳)

		소만																망종												
음 력	1	2	3	4	5	6	7	8	9	10	11	12	13	14	15	16	17	18	19	20	21	22	23	24	25	26	27	28	29	
양력 월·일	5·20	21	22	23	24	25	26	27	28	29	30	31	6·1	2	3	4	5	6	7	8	9	10	11	12	13	14	15	16	17	
일 진	己未	庚申	辛酉	壬戌	癸亥	甲子	乙丑	丙寅	丁卯	戊辰	己巳	庚午	辛未	壬申	癸酉	甲戌	乙亥	丙子	丁丑	戊寅	己卯	庚辰	辛巳	壬午	癸未	甲申	乙酉	丙戌	丁亥	
		午初																丑正												

5 月(壬午)

				하지																소서										
음 력	1	2	3	4	5	6	7	8	9	10	11	12	13	14	15	16	17	18	19	20	21	22	23	24	25	26	27	28	29	30
양력 월·일	6·18	19	20	21	22	23	24	25	26	27	28	29	30	7·1	2	3	4	5	6	7	8	9	10	11	12	13	14	15	16	17
일 진	戊子	己丑	庚寅	辛卯	壬辰	癸巳	甲午	乙未	丙申	丁酉	戊戌	己亥	庚子	辛丑	壬寅	癸卯	甲辰	乙巳	丙午	丁未	戊申	己酉	庚戌	辛亥	壬子	癸丑	甲寅	乙卯	丙辰	丁巳
				戌初																未初										

6 月(癸未)

						대서															입추									
음 력	1	2	3	4	5	6	7	8	9	10	11	12	13	14	15	16	17	18	19	20	21	22	23	24	25	26	27	28	29	
양력 월·일	7·18	19	20	21	22	23	24	25	26	27	28	29	30	31	8·1	2	3	4	5	6	7	8	9	10	11	12	13	14	15	
일 진	戊午	己未	庚申	辛酉	壬戌	癸亥	甲子	乙丑	丙寅	丁卯	戊辰	己巳	庚午	辛未	壬申	癸酉	甲戌	乙亥	丙子	丁丑	戊寅	己卯	庚辰	辛巳	壬午	癸未	甲申	乙酉	丙戌	
						卯正															子初									

7 月(甲申)

								처서																백로						
음 력	1	2	3	4	5	6	7	8	9	10	11	12	13	14	15	16	17	18	19	20	21	22	23	24	25	26	27	28	29	30
양력 월·일	8·16	17	18	19	20	21	22	23	24	25	26	27	28	29	30	31	9·1	2	3	4	5	6	7	8	9	10	11	12	13	14
일 진	丁亥	戊子	己丑	庚寅	辛卯	壬辰	癸巳	甲午	乙未	丙申	丁酉	戊戌	己亥	庚子	辛丑	壬寅	癸卯	甲辰	乙巳	丙午	丁未	戊申	己酉	庚戌	辛亥	壬子	癸丑	甲寅	乙卯	丙辰
								未初																丑初						

8 月(乙酉)

									추분															한로						
음 력	1	2	3	4	5	6	7	8	9	10	11	12	13	14	15	16	17	18	19	20	21	22	23	24	25	26	27	28	29	
양력 월·일	9·15	16	17	18	19	20	21	22	23	24	25	26	27	28	29	30	10·1	2	3	4	5	6	7	8	9	10	11	12	13	
일 진	丁巳	戊午	己未	庚申	辛酉	壬戌	癸亥	甲子	乙丑	丙寅	丁卯	戊辰	己巳	庚午	辛未	壬申	癸酉	甲戌	乙亥	丙子	丁丑	戊寅	己卯	庚辰	辛巳	壬午	癸未	甲申	乙酉	
									午初															酉初						

9 月(丙戌)

										상강															입동					
음 력	1	2	3	4	5	6	7	8	9	10	11	12	13	14	15	16	17	18	19	20	21	22	23	24	25	26	27	28	29	
양력 월·일	10·14	15	16	17	18	19	20	21	22	23	24	25	26	27	28	29	30	31	11·1	2	3	4	5	6	7	8	9	10	11	
일 진	丙戌	丁亥	戊子	己丑	庚寅	辛卯	壬辰	癸巳	甲午	乙未	丙申	丁酉	戊戌	己亥	庚子	辛丑	壬寅	癸卯	甲辰	乙巳	丙午	丁未	戊申	己酉	庚戌	辛亥	壬子	癸丑	甲寅	
										戌正															戌正					

10 月(丁亥)

											소설															대설				
음 력	1	2	3	4	5	6	7	8	9	10	11	12	13	14	15	16	17	18	19	20	21	22	23	24	25	26	27	28	29	30
양력 월·일	11·12	13	14	15	16	17	18	19	20	21	22	23	24	25	26	27	28	29	30	12·1	2	3	4	5	6	7	8	9	10	11
일 진	乙卯	丙辰	丁巳	戊午	己未	庚申	辛酉	壬戌	癸亥	甲子	乙丑	丙寅	丁卯	戊辰	己巳	庚午	辛未	壬申	癸酉	甲戌	乙亥	丙子	丁丑	戊寅	己卯	庚辰	辛巳	壬午	癸未	甲申
											酉初															未初				

11 月(戊子)

											동지															소한				
음 력	1	2	3	4	5	6	7	8	9	10	11	12	13	14	15	16	17	18	19	20	21	22	23	24	25	26	27	28	29	
양력 월·일	12·12	13	14	15	16	17	18	19	20	21	22	23	24	25	26	27	28	29	30	31	1·1	2	3	4	5	6	7	8	9	
일 진	乙酉	丙戌	丁亥	戊子	己丑	庚寅	辛卯	壬辰	癸巳	甲午	乙未	丙申	丁酉	戊戌	己亥	庚子	辛丑	壬寅	癸卯	甲辰	乙巳	丙午	丁未	戊申	己酉	庚戌	辛亥	壬子	癸丑	
											卯正															子正				

12 月(己丑)

											대한															입춘				
음 력	1	2	3	4	5	6	7	8	9	10	11	12	13	14	15	16	17	18	19	20	21	22	23	24	25	26	27	28	29	30
양력 월·일	1·10	11	12	13	14	15	16	17	18	19	20	21	22	23	24	25	26	27	28	29	30	31	2·1	2	3	4	5	6	7	8
일 진	甲寅	乙卯	丙辰	丁巳	戊午	己未	庚申	辛酉	壬戌	癸亥	甲子	乙丑	丙寅	丁卯	戊辰	己巳	庚午	辛未	壬申	癸酉	甲戌	乙亥	丙子	丁丑	戊寅	己卯	庚辰	辛巳	壬午	癸未
											酉初															午正				

서기 1986 년/단기 4319　　丙 寅 年

正 月(庚寅)

											우수															경칩				
음력	1	2	3	4	5	6	7	8	9	10	11	12	13	14	15	16	17	18	19	20	21	22	23	24	25	26	27	28	29	
양력 월·일	2·9	10	11	12	13	14	15	16	17	18	19	20	21	22	23	24	25	26	27	28	3·1	2	3	4	5	6	7	8	9	
일진	甲申	乙酉	丙戌	丁亥	戊子	己丑	庚寅	辛卯	壬辰	癸巳	甲午	乙未	丙申	丁酉	戊戌	己亥	庚子	辛丑	壬寅	癸卯	甲辰	乙巳	丙午	丁未	戊申	己酉	庚戌	辛亥	壬子	
																										卯正				

2 月(辛卯)

												춘분															청명			
음력	1	2	3	4	5	6	7	8	9	10	11	12	13	14	15	16	17	18	19	20	21	22	23	24	25	26	27	28	29	30
양력 월·일	3·10	11	12	13	14	15	16	17	18	19	20	21	22	23	24	25	26	27	28	29	30	31	4·1	2	3	4	5	6	7	8
일진	癸丑	甲寅	乙卯	丙辰	丁巳	戊午	己未	庚申	辛酉	壬戌	癸亥	甲子	乙丑	丙寅	丁卯	戊辰	己巳	庚午	辛未	壬申	癸酉	甲戌	乙亥	丙子	丁丑	戊寅	己卯	庚辰	辛巳	壬午
												卯正															午初			

3 月(壬辰)

												곡우																입하		
음력	1	2	3	4	5	6	7	8	9	10	11	12	13	14	15	16	17	18	19	20	21	22	23	24	25	26	27	28	29	30
양력 월·일	4·9	10	11	12	13	14	15	16	17	18	19	20	21	22	23	24	25	26	27	28	29	30	5·1	2	3	4	5	6	7	8
일진	癸未	甲申	乙酉	丙戌	丁亥	戊子	己丑	庚寅	辛卯	壬辰	癸巳	甲午	乙未	丙申	丁酉	戊戌	己亥	庚子	辛丑	壬寅	癸卯	甲辰	乙巳	丙午	丁未	戊申	己酉	庚戌	辛亥	壬子
												酉初																寅正		

4 月(癸巳)

													소만																망종	
음력	1	2	3	4	5	6	7	8	9	10	11	12	13	14	15	16	17	18	19	20	21	22	23	24	25	26	27	28	29	
양력 월·일	5·9	10	11	12	13	14	15	16	17	18	19	20	21	22	23	24	25	26	27	28	29	30	31	6·1	2	3	4	5	6	
일진	癸丑	甲寅	乙卯	丙辰	丁巳	戊午	己未	庚申	辛酉	壬戌	癸亥	甲子	乙丑	丙寅	丁卯	戊辰	己巳	庚午	辛未	壬申	癸酉	甲戌	乙亥	丙子	丁丑	戊寅	己卯	庚辰	辛巳	
													酉初																辰正	

5 月(甲午)

																하지														
음력	1	2	3	4	5	6	7	8	9	10	11	12	13	14	15	16	17	18	19	20	21	22	23	24	25	26	27	28	29	30
양력 월·일	6·7	8	9	10	11	12	13	14	15	16	17	18	19	20	21	22	23	24	25	26	27	28	29	30	7·1	2	3	4	5	6
일진	壬午	癸未	甲申	乙酉	丙戌	丁亥	戊子	己丑	庚寅	辛卯	壬辰	癸巳	甲午	乙未	丙申	丁酉	戊戌	己亥	庚子	辛丑	壬寅	癸卯	甲辰	乙巳	丙午	丁未	戊申	己酉	庚戌	辛亥
																丑初														

6 月(乙巳)

	소서																대서													
음력	1	2	3	4	5	6	7	8	9	10	11	12	13	14	15	16	17	18	19	20	21	22	23	24	25	26	27	28	29	30
양력 월·일	7·7	8	9	10	11	12	13	14	15	16	17	18	19	20	21	22	23	24	25	26	27	28	29	30	31	8·1	2	3	4	5
일진	壬子	癸丑	甲寅	乙卯	丙辰	丁巳	戊午	己未	庚申	辛酉	壬戌	癸亥	甲子	乙丑	丙寅	丁卯	戊辰	己巳	庚午	辛未	壬申	癸酉	甲戌	乙亥	丙子	丁丑	戊寅	己卯	庚辰	辛巳
	酉正																午正													

7 月(丙申)

입추 3 (寅正) · 처서 18 (戌初)

음력	1	2	3	4	5	6	7	8	9	10	11	12	13	14	15	16	17	18	19	20	21	22	23	24	25	26	27	28	29	
양력 월·일	8·6	7	8	9	10	11	12	13	14	15	16	17	18	19	20	21	22	23	24	25	26	27	28	29	30	31	9·1	2	3	
일진	壬午	癸未	甲申	乙酉	丙戌	丁亥	戊子	己丑	庚寅	辛卯	壬辰	癸巳	甲午	乙未	丙申	丁酉	戊戌	己亥	庚子	辛丑	壬寅	癸卯	甲辰	乙巳	丙午	丁未	戊申	己酉	庚戌	

8 月(丁酉)

백로 5 (辰初) · 추분 20 (申正)

음력	1	2	3	4	5	6	7	8	9	10	11	12	13	14	15	16	17	18	19	20	21	22	23	24	25	26	27	28	29	30
양력 월·일	9·4	5	6	7	8	9	10	11	12	13	14	15	16	17	18	19	20	21	22	23	24	25	26	27	28	29	30	10·1	2	3
일진	辛亥	壬子	癸丑	甲寅	乙卯	丙辰	丁巳	戊午	己未	庚申	辛酉	壬戌	癸亥	甲子	乙丑	丙寅	丁卯	戊辰	己巳	庚午	辛未	壬申	癸酉	甲戌	乙亥	丙子	丁丑	戊寅	己卯	庚辰

9 月(戊戌)

한로 5 (子初) · 상강 21 (丑正)

음력	1	2	3	4	5	6	7	8	9	10	11	12	13	14	15	16	17	18	19	20	21	22	23	24	25	26	27	28	29	
양력 월·일	10·4	5	6	7	8	9	10	11	12	13	14	15	16	17	18	19	20	21	22	23	24	25	26	27	28	29	30	31	11·1	
일진	辛巳	壬午	癸未	甲申	乙酉	丙戌	丁亥	戊子	己丑	庚寅	辛卯	壬辰	癸巳	甲午	乙未	丙申	丁酉	戊戌	己亥	庚子	辛丑	壬寅	癸卯	甲辰	乙巳	丙午	丁未	戊申	己酉	

10 月(己亥)

입동 7 (丑正) · 소설 21 (子初)

음력	1	2	3	4	5	6	7	8	9	10	11	12	13	14	15	16	17	18	19	20	21	22	23	24	25	26	27	28	29	30
양력 월·일	11·2	3	4	5	6	7	8	9	10	11	12	13	14	15	16	17	18	19	20	21	22	23	24	25	26	27	28	29	30	12·1
일진	庚戌	辛亥	壬子	癸丑	甲寅	乙卯	丙辰	丁巳	戊午	己未	庚申	辛酉	壬戌	癸亥	甲子	乙丑	丙寅	丁卯	戊辰	己巳	庚午	辛未	壬申	癸酉	甲戌	乙亥	丙子	丁丑	戊寅	己卯

11 月(庚子)

대설 6 (酉正) · 동지 21 (午正)

음력	1	2	3	4	5	6	7	8	9	10	11	12	13	14	15	16	17	18	19	20	21	22	23	24	25	26	27	28	29	
양력 월·일	12·2	3	4	5	6	7	8	9	10	11	12	13	14	15	16	17	18	19	20	21	22	23	24	25	26	27	28	29	30	
일진	庚辰	辛巳	壬午	癸未	甲申	乙酉	丙戌	丁亥	戊子	己丑	庚寅	辛卯	壬辰	癸巳	甲午	乙未	丙申	丁酉	戊戌	己亥	庚子	辛丑	壬寅	癸卯	甲辰	乙巳	丙午	丁未	戊申	

12 月(辛丑)

소한 7 (卯正) · 대한 21 (子初)

음력	1	2	3	4	5	6	7	8	9	10	11	12	13	14	15	16	17	18	19	20	21	22	23	24	25	26	27	28	29	
양력 월·일	12·31	1·1	2	3	4	5	6	7	8	9	10	11	12	13	14	15	16	17	18	19	20	21	22	23	24	25	26	27	28	
일진	己酉	庚戌	辛亥	壬子	癸丑	甲寅	乙卯	丙辰	丁巳	戊午	己未	庚申	辛酉	壬戌	癸亥	甲子	乙丑	丙寅	丁卯	戊辰	己巳	庚午	辛未	壬申	癸酉	甲戌	乙亥	丙子	丁丑	

서기 1987 년/단기 4320　　丁 卯 年

正 月(壬寅)

입춘 (7) 酉初 · 우수 (22) 未初

음 력	1	2	3	4	5	6	7	8	9	10	11	12	13	14	15	16	17	18	19	20	21	22	23	24	25	26	27	28	29	30
양력 월·일	1·29	30	31	2·1	2	3	4	5	6	7	8	9	10	11	12	13	14	15	16	17	18	19	20	21	22	23	24	25	26	27
일 진	戊寅	己卯	庚辰	辛巳	壬午	癸未	甲申	乙酉	丙戌	丁亥	戊子	己丑	庚寅	辛卯	壬辰	癸巳	甲午	乙未	丙申	丁酉	戊戌	己亥	庚子	辛丑	壬寅	癸卯	甲辰	乙巳	丙午	丁未

2 月(癸卯)

경칩 (7) 午初 · 춘분 (21) 午正

음 력	1	2	3	4	5	6	7	8	9	10	11	12	13	14	15	16	17	18	19	20	21	22	23	24	25	26	27	28	29	
양력 월·일	2·28	3·1	2	3	4	5	6	7	8	9	10	11	12	13	14	15	16	17	18	19	20	21	22	23	24	25	26	27	28	
일 진	戊申	己酉	庚戌	辛亥	壬子	癸丑	甲寅	乙卯	丙辰	丁巳	戊午	己未	庚申	辛酉	壬戌	癸亥	甲子	乙丑	丙寅	丁卯	戊辰	己巳	庚午	辛未	壬申	癸酉	甲戌	乙亥	丙子	

3 月(甲辰)

청명 (8) 申正 · 곡우 (23) 子初

음 력	1	2	3	4	5	6	7	8	9	10	11	12	13	14	15	16	17	18	19	20	21	22	23	24	25	26	27	28	29	30
양력 월·일	3·29	30	31	4·1	2	3	4	5	6	7	8	9	10	11	12	13	14	15	16	17	18	19	20	21	22	23	24	25	26	27
일 진	丁丑	戊寅	己卯	庚辰	辛巳	壬午	癸未	甲申	乙酉	丙戌	丁亥	戊子	己丑	庚寅	辛卯	壬辰	癸巳	甲午	乙未	丙申	丁酉	戊戌	己亥	庚子	辛丑	壬寅	癸卯	甲辰	乙巳	丙午

4 月(乙巳)

입하 (9) 巳正 · 소만 (24) 子初

음 력	1	2	3	4	5	6	7	8	9	10	11	12	13	14	15	16	17	18	19	20	21	22	23	24	25	26	27	28	29	30
양력 월·일	4·28	29	30	5·1	2	3	4	5	6	7	8	9	10	11	12	13	14	15	16	17	18	19	20	21	22	23	24	25	26	27
일 진	丁未	戊申	己酉	庚戌	辛亥	壬子	癸丑	甲寅	乙卯	丙辰	丁巳	戊午	己未	庚申	辛酉	壬戌	癸亥	甲子	乙丑	丙寅	丁卯	戊辰	己巳	庚午	辛未	壬申	癸酉	甲戌	乙亥	丙子

5 月(丙午)

망종 (10) 未正 · 하지 (26) 辰初

음 력	1	2	3	4	5	6	7	8	9	10	11	12	13	14	15	16	17	18	19	20	21	22	23	24	25	26	27	28	29	
양력 월·일	5·28	29	30	31	6·1	2	3	4	5	6	7	8	9	10	11	12	13	14	15	16	17	18	19	20	21	22	23	24	25	
일 진	丁丑	戊寅	己卯	庚辰	辛巳	壬午	癸未	甲申	乙酉	丙戌	丁亥	戊子	己丑	庚寅	辛卯	壬辰	癸巳	甲午	乙未	丙申	丁酉	戊戌	己亥	庚子	辛丑	壬寅	癸卯	甲辰	乙巳	

6 月(丁未)

소서 (13) 子正 · 대서 (28) 酉正

음 력	1	2	3	4	5	6	7	8	9	10	11	12	13	14	15	16	17	18	19	20	21	22	23	24	25	26	27	28	29	30
양력 월·일	6·26	27	28	29	30	7·1	2	3	4	5	6	7	8	9	10	11	12	13	14	15	16	17	18	19	20	21	22	23	24	25
일 진	丙午	丁未	戊申	己酉	庚戌	辛亥	壬子	癸丑	甲寅	乙卯	丙辰	丁巳	戊午	己未	庚申	辛酉	壬戌	癸亥	甲子	乙丑	丙寅	丁卯	戊辰	己巳	庚午	辛未	壬申	癸酉	甲戌	乙亥

閏 六 月(丁未)

														입추																
음 력	1	2	3	4	5	6	7	8	9	10	11	12	13	14	15	16	17	18	19	20	21	22	23	24	25	26	27	28	29	
양력 월·일	7·26	27	28	29	30	31	8·1	2	3	4	5	6	7	8	9	10	11	12	13	14	15	16	17	18	19	20	21	22	23	
일 진	丙子	丁丑	戊寅	己卯	庚辰	辛巳	壬午	癸未	甲申	乙酉	丙戌	丁亥	戊子	己丑	庚寅	辛卯	壬辰	癸巳	甲午	乙未	丙申	丁酉	戊戌	己亥	庚子	辛丑	壬寅	癸卯	甲辰	
														巳正																

7 月(戊申)

	처서															백로														
음 력	1	2	3	4	5	6	7	8	9	10	11	12	13	14	15	16	17	18	19	20	21	22	23	24	25	26	27	28	29	30
양력 월·일	8·24	25	26	27	28	29	30	31	9·1	2	3	4	5	6	7	8	9	10	11	12	13	14	15	16	17	18	19	20	21	22
일 진	乙巳	丙午	丁未	戊申	己酉	庚戌	辛亥	壬子	癸丑	甲寅	乙卯	丙辰	丁巳	戊午	己未	庚申	辛酉	壬戌	癸亥	甲子	乙丑	丙寅	丁卯	戊辰	己巳	庚午	辛未	壬申	癸酉	甲戌
	丑初															未初														

8 月(己酉)

	추분																한로													
음 력	1	2	3	4	5	6	7	8	9	10	11	12	13	14	15	16	17	18	19	20	21	22	23	24	25	26	27	28	29	30
양력 월·일	9·23	24	25	26	27	28	29	30	10·1	2	3	4	5	6	7	8	9	10	11	12	13	14	15	16	17	18	19	20	21	22
일 진	乙亥	丙子	丁丑	戊寅	己卯	庚辰	辛巳	壬午	癸未	甲申	乙酉	丙戌	丁亥	戊子	己丑	庚寅	辛卯	壬辰	癸巳	甲午	乙未	丙申	丁酉	戊戌	己亥	庚子	辛丑	壬寅	癸卯	甲辰
	亥正																寅正													

9 月(庚戌)

		상강															입동													
음 력	1	2	3	4	5	6	7	8	9	10	11	12	13	14	15	16	17	18	19	20	21	22	23	24	25	26	27	28	29	
양력 월·일	10·23	24	25	26	27	28	29	30	31	11·1	2	3	4	5	6	7	8	9	10	11	12	13	14	15	16	17	18	19	20	
일 진	乙巳	丙午	丁未	戊申	己酉	庚戌	辛亥	壬子	癸丑	甲寅	乙卯	丙辰	丁巳	戊午	己未	庚申	辛酉	壬戌	癸亥	甲子	乙丑	丙寅	丁卯	戊辰	己巳	庚午	辛未	壬申	癸酉	
		辰初															辰正													

10 月(辛亥)

			소설															대설												
음 력	1	2	3	4	5	6	7	8	9	10	11	12	13	14	15	16	17	18	19	20	21	22	23	24	25	26	27	28	29	30
양력 월·일	11·21	22	23	24	25	26	27	28	29	30	12·1	2	3	4	5	6	7	8	9	10	11	12	13	14	15	16	17	18	19	20
일 진	甲戌	乙亥	丙子	丁丑	戊寅	己卯	庚辰	辛巳	壬午	癸未	甲申	乙酉	丙戌	丁亥	戊子	己丑	庚寅	辛卯	壬辰	癸巳	甲午	乙未	丙申	丁酉	戊戌	己亥	庚子	辛丑	壬寅	癸卯
			卯初															子正												

11 月(壬子)

		동지															소한													
음 력	1	2	3	4	5	6	7	8	9	10	11	12	13	14	15	16	17	18	19	20	21	22	23	24	25	26	27	28	29	
양력 월·일	12·21	22	23	24	25	26	27	28	29	30	31	1·1	2	3	4	5	6	7	8	9	10	11	12	13	14	15	16	17	18	
일 진	甲辰	乙巳	丙午	丁未	戊申	己酉	庚戌	辛亥	壬子	癸丑	甲寅	乙卯	丙辰	丁巳	戊午	己未	庚申	辛酉	壬戌	癸亥	甲子	乙丑	丙寅	丁卯	戊辰	己巳	庚午	辛未	壬申	
		酉正															午正													

12 月(癸丑)

			대한														입춘													
음 력	1	2	3	4	5	6	7	8	9	10	11	12	13	14	15	16	17	18	19	20	21	22	23	24	25	26	27	28	29	30
양력 월·일	1·19	20	21	22	23	24	25	26	27	28	29	30	31	2·1	2	3	4	5	6	7	8	9	10	11	12	13	14	15	16	17
일 진	癸酉	甲戌	乙亥	丙子	丁丑	戊寅	己卯	庚辰	辛巳	壬午	癸未	甲申	乙酉	丙戌	丁亥	戊子	己丑	庚寅	辛卯	壬辰	癸巳	甲午	乙未	丙申	丁酉	戊戌	己亥	庚子	辛丑	壬寅
			卯初														子初													

서기 1988 년/단기 4321　　戊 辰 年

正 月(甲寅)

		우수															경칩													
음 력	1	2	3	4	5	6	7	8	9	10	11	12	13	14	15	16	17	18	19	20	21	22	23	24	25	26	27	28	29	
양력 월·일	2·18	19	20	21	22	23	24	25	26	27	28	29	3·1	2	3	4	5	6	7	8	9	10	11	12	13	14	15	16	17	
일 진	癸卯	甲辰	乙巳	丙午	丁未	戊申	己酉	庚戌	辛亥	壬子	癸丑	甲寅	乙卯	丙辰	丁巳	戊午	己未	庚申	辛酉	壬戌	癸亥	甲子	乙丑	丙寅	丁卯	戊辰	己巳	庚午	辛未	
		戌初															酉初													

2 月(乙卯)

			춘분															청명												
음 력	1	2	3	4	5	6	7	8	9	10	11	12	13	14	15	16	17	18	19	20	21	22	23	24	25	26	27	28	29	
양력 월·일	3·18	19	20	21	22	23	24	25	26	27	28	29	30	31	4·1	2	3	4	5	6	7	8	9	10	11	12	13	14	15	
일 진	壬申	癸酉	甲戌	乙亥	丙子	丁丑	戊寅	己卯	庚辰	辛巳	壬午	癸未	甲申	乙酉	丙戌	丁亥	戊子	己丑	庚寅	辛卯	壬辰	癸巳	甲午	乙未	丙申	丁酉	戊戌	己亥	庚子	
			酉正															亥正												

3 月(丙辰)

					곡우															입하										
음 력	1	2	3	4	5	6	7	8	9	10	11	12	13	14	15	16	17	18	19	20	21	22	23	24	25	26	27	28	29	30
양력 월·일	4·16	17	18	19	20	21	22	23	24	25	26	27	28	29	30	5·1	2	3	4	5	6	7	8	9	10	11	12	13	14	15
일 진	辛丑	壬寅	癸卯	甲辰	乙巳	丙午	丁未	戊申	己酉	庚戌	辛亥	壬子	癸丑	甲寅	乙卯	丙辰	丁巳	戊午	己未	庚申	辛酉	壬戌	癸亥	甲子	乙丑	丙寅	丁卯	戊辰	己巳	庚午
					卯初															申正										

4 月(丁巳)

						소만															망종									
음 력	1	2	3	4	5	6	7	8	9	10	11	12	13	14	15	16	17	18	19	20	21	22	23	24	25	26	27	28	29	
양력 월·일	5·16	17	18	19	20	21	22	23	24	25	26	27	28	29	30	31	6·1	2	3	4	5	6	7	8	9	10	11	12	13	
일 진	辛未	壬申	癸酉	甲戌	乙亥	丙子	丁丑	戊寅	己卯	庚辰	辛巳	壬午	癸未	甲申	乙酉	丙戌	丁亥	戊子	己丑	庚寅	辛卯	壬辰	癸巳	甲午	乙未	丙申	丁酉	戊戌	己亥	
						寅正															戌正									

5 月(戊午)

								하지																소서						
음 력	1	2	3	4	5	6	7	8	9	10	11	12	13	14	15	16	17	18	19	20	21	22	23	24	25	26	27	28	29	30
양력 월·일	6·14	15	16	17	18	19	20	21	22	23	24	25	26	27	28	29	30	7·1	2	3	4	5	6	7	8	9	10	11	12	13
일 진	庚子	辛丑	壬寅	癸卯	甲辰	乙巳	丙午	丁未	戊申	己酉	庚戌	辛亥	壬子	癸丑	甲寅	乙卯	丙辰	丁巳	戊午	己未	庚申	辛酉	壬戌	癸亥	甲子	乙丑	丙寅	丁卯	戊辰	己巳
								午正																卯正						

6 月(己未)

									대서																입추					
음 력	1	2	3	4	5	6	7	8	9	10	11	12	13	14	15	16	17	18	19	20	21	22	23	24	25	26	27	28	29	
양력 월·일	7·14	15	16	17	18	19	20	21	22	23	24	25	26	27	28	29	30	31	8·1	2	3	4	5	6	7	8	9	10	11	
일 진	庚午	辛未	壬申	癸酉	甲戌	乙亥	丙子	丁丑	戊寅	己卯	庚辰	辛巳	壬午	癸未	甲申	乙酉	丙戌	丁亥	戊子	己丑	庚寅	辛卯	壬辰	癸巳	甲午	乙未	丙申	丁酉	戊戌	
									子初																申正					

7 月(庚申)

처서 (12) · 백로 (27)

음력	1	2	3	4	5	6	7	8	9	10	11	12	13	14	15	16	17	18	19	20	21	22	23	24	25	26	27	28	29	30
양력 월·일	8·12	13	14	15	16	17	18	19	20	21	22	23	24	25	26	27	28	29	30	31	9·1	2	3	4	5	6	7	8	9	10
일 진	己亥	庚子	辛丑	壬寅	癸卯	甲辰	乙巳	丙午	丁未	戊申	己酉	庚戌	辛亥	壬子	癸丑	甲寅	乙卯	丙辰	丁巳	戊午	己未	庚申	辛酉	壬戌	癸亥	甲子	乙丑	丙寅	丁卯	戊辰

卯正 (12) · 戌初 (27)

8 月(辛酉)

추분 (13) · 한로 (28)

음력	1	2	3	4	5	6	7	8	9	10	11	12	13	14	15	16	17	18	19	20	21	22	23	24	25	26	27	28	29	20
양력 월·일	9·11	12	13	14	15	16	17	18	19	20	21	22	23	24	25	26	27	28	29	30	10·1	2	3	4	5	6	7	8	9	10
일 진	己巳	庚午	辛未	壬申	癸酉	甲戌	乙亥	丙子	丁丑	戊寅	己卯	庚辰	辛巳	壬午	癸未	甲申	乙酉	丙戌	丁亥	戊子	己丑	庚寅	辛卯	壬辰	癸巳	甲午	乙未	丙申	丁酉	戊戌

寅正 (13) · 巳正 (28)

9 月(壬戌)

상강 (13) · 입동 (28)

음력	1	2	3	4	5	6	7	8	9	10	11	12	13	14	15	16	17	18	19	20	21	22	23	24	25	26	27	28	29	
양력 월·일	10·11	12	13	14	15	16	17	18	19	20	21	22	23	24	25	26	27	28	29	30	31	11·1	2	3	4	5	6	7	8	
일 진	己亥	庚子	辛丑	壬寅	癸卯	甲辰	乙巳	丙午	丁未	戊申	己酉	庚戌	辛亥	壬子	癸丑	甲寅	乙卯	丙辰	丁巳	戊午	己未	庚申	辛酉	壬戌	癸亥	甲子	乙丑	丙寅	丁卯	

未初 (13) · 未初 (28)

10 月(癸亥)

소설 (14) · 대설 (29)

음력	1	2	3	4	5	6	7	8	9	10	11	12	13	14	15	16	17	18	19	20	21	22	23	24	25	26	27	28	29	30
양력 월·일	11·9	10	11	12	13	14	15	16	17	18	19	20	21	22	23	24	25	26	27	28	29	30	12·1	2	3	4	5	6	7	8
일 진	戊辰	己巳	庚午	辛未	壬申	癸酉	甲戌	乙亥	丙子	丁丑	戊寅	己卯	庚辰	辛巳	壬午	癸未	甲申	乙酉	丙戌	丁亥	戊子	己丑	庚寅	辛卯	壬辰	癸巳	甲午	乙未	丙申	丁酉

午初 (14) · 卯正 (29)

11 月(甲子)

동지 (14) · 소한 (28)

음력	1	2	3	4	5	6	7	8	9	10	11	12	13	14	15	16	17	18	19	20	21	22	23	24	25	26	27	28	29	30
양력 월·일	12·9	10	11	12	13	14	15	16	17	18	19	20	21	22	23	24	25	26	27	28	29	30	31	1·1	2	3	4	5	6	7
일 진	戊戌	己亥	庚子	辛丑	壬寅	癸卯	甲辰	乙巳	丙午	丁未	戊申	己酉	庚戌	辛亥	壬子	癸丑	甲寅	乙卯	丙辰	丁巳	戊午	己未	庚申	辛酉	壬戌	癸亥	甲子	乙丑	丙寅	丁卯

子正 (14) · 酉初 (28)

12 月(乙丑)

대한 (13) · 입춘 (28)

음력	1	2	3	4	5	6	7	8	9	10	11	12	13	14	15	16	17	18	19	20	21	22	23	24	25	26	27	28	29	
양력 월·일	1·8	9	10	11	12	13	14	15	16	17	18	19	20	21	22	23	24	25	26	27	28	29	30	31	2·1	2	3	4	5	
일 진	戊辰	己巳	庚午	辛未	壬申	癸酉	甲戌	乙亥	丙子	丁丑	戊寅	己卯	庚辰	辛巳	壬午	癸未	甲申	乙酉	丙戌	丁亥	戊子	己丑	庚寅	辛卯	壬辰	癸巳	甲午	乙未	丙申	

午初 (13) · 卯初 (28)

서기 1989 년/단기 4322　　己 巳 年

正 月(丙寅)

														우수														경칩		
음 력	1	2	3	4	5	6	7	8	9	10	11	12	13	14	15	16	17	18	19	20	21	22	23	24	25	26	27	28	29	30
양력 월·일	2·6	7	8	9	10	11	12	13	14	15	16	17	18	19	20	21	22	23	24	25	26	27	28	3·1	2	3	4	5	6	7
일 진	丁酉	戊戌	己亥	庚子	辛丑	壬寅	癸卯	甲辰	乙巳	丙午	丁未	戊申	己酉	庚戌	辛亥	壬子	癸丑	甲寅	乙卯	丙辰	丁巳	戊午	己未	庚申	辛酉	壬戌	癸亥	甲子	乙丑	丙寅
														丑初														子初		

2 月(丁卯)

														춘분															청명	
음 력	1	2	3	4	5	6	7	8	9	10	11	12	13	14	15	16	17	18	19	20	21	22	23	24	25	26	27	28	29	
양력 월·일	3·8	9	10	11	12	13	14	15	16	17	18	19	20	21	22	23	24	25	26	27	28	29	30	31	4·1	2	3	4	5	
일 진	丁卯	戊辰	己巳	庚午	辛未	壬申	癸酉	甲戌	乙亥	丙子	丁丑	戊寅	己卯	庚辰	辛巳	壬午	癸未	甲申	乙酉	丙戌	丁亥	戊子	己丑	庚寅	辛卯	壬辰	癸巳	甲午	乙未	
														子正															寅正	

3 月(戊辰)

															곡우															
음 력	1	2	3	4	5	6	7	8	9	10	11	12	13	14	15	16	17	18	19	20	21	22	23	24	25	26	27	28	29	
양력 월·일	4·6	7	8	9	10	11	12	13	14	15	16	17	18	19	20	21	22	23	24	25	26	27	28	29	30	5·1	2	3	4	
일 진	丙申	丁酉	戊戌	己亥	庚子	辛丑	壬寅	癸卯	甲辰	乙巳	丙午	丁未	戊申	己酉	庚戌	辛亥	壬子	癸丑	甲寅	乙卯	丙辰	丁巳	戊午	己未	庚申	辛酉	壬戌	癸亥	甲子	
															午初															

4 月(己巳)

	입하																소만													
음 력	1	2	3	4	5	6	7	8	9	10	11	12	13	14	15	16	17	18	19	20	21	22	23	24	25	26	27	28	29	30
양력 월·일	5·5	6	7	8	9	10	11	12	13	14	15	16	17	18	19	20	21	22	23	24	25	26	27	28	29	30	31	6·1	2	3
일 진	乙丑	丙寅	丁卯	戊辰	己巳	庚午	辛未	壬申	癸酉	甲戌	乙亥	丙子	丁丑	戊寅	己卯	庚辰	辛巳	壬午	癸未	甲申	乙酉	丙戌	丁亥	戊子	己丑	庚寅	辛卯	壬辰	癸巳	甲午
	亥初																巳正													

5 月(庚午)

			망종															하지												
음 력	1	2	3	4	5	6	7	8	9	10	11	12	13	14	15	16	17	18	19	20	21	22	23	24	25	26	27	28	29	
양력 월·일	6·4	5	6	7	8	9	10	11	12	13	14	15	16	17	18	19	20	21	22	23	24	25	26	27	28	29	30	7·1	2	
일 진	乙未	丙申	丁酉	戊戌	己亥	庚子	辛丑	壬寅	癸卯	甲辰	乙巳	丙午	丁未	戊申	己酉	庚戌	辛亥	壬子	癸丑	甲寅	乙卯	丙辰	丁巳	戊午	己未	庚申	辛酉	壬戌	癸亥	
			丑正															酉正												

6 月(辛未)

					소서																대서									
음 력	1	2	3	4	5	6	7	8	9	10	11	12	13	14	15	16	17	18	19	20	21	22	23	24	25	26	27	28	29	30
양력 월·일	7·3	4	5	6	7	8	9	10	11	12	13	14	15	16	17	18	19	20	21	22	23	24	25	26	27	28	29	30	31	8·1
일 진	甲子	乙丑	丙寅	丁卯	戊辰	己巳	庚午	辛未	壬申	癸酉	甲戌	乙亥	丙子	丁丑	戊寅	己卯	庚辰	辛巳	壬午	癸未	甲申	乙酉	丙戌	丁亥	戊子	己丑	庚寅	辛卯	壬辰	癸巳
					午正																卯初									

7 月(壬申)

음력	1	2	3	4	5	6	7	8	9	10	11	12	13	14	15	16	17	18	19	20	21	22	23	24	25	26	27	28	29	
						입추																처서								
양력 월·일	8·2	3	4	5	6	7	8	9	10	11	12	13	14	15	16	17	18	19	20	21	22	23	24	25	26	27	28	29	30	
일진	甲午	乙未	丙申	丁酉	戊戌	己亥	庚子	辛丑	壬寅	癸卯	甲辰	乙巳	丙午	丁未	戊申	己酉	庚戌	辛亥	壬子	癸丑	甲寅	乙卯	丙辰	丁巳	戊午	己未	庚申	辛酉	壬戌	
						亥正																午正								

8 月(癸酉)

음력	1	2	3	4	5	6	7	8	9	10	11	12	13	14	15	16	17	18	19	20	21	22	23	24	25	26	27	28	29	30
									백로															추분						
양력 월·일	8·31	9·1	2	3	4	5	6	7	8	9	10	11	12	13	14	15	16	17	18	19	20	21	22	23	24	25	26	27	28	29
일진	癸亥	甲子	乙丑	丙寅	丁卯	戊辰	己巳	庚午	辛未	壬申	癸酉	甲戌	乙亥	丙子	丁丑	戊寅	己卯	庚辰	辛巳	壬午	癸未	甲申	乙酉	丙戌	丁亥	戊子	己丑	庚寅	辛卯	壬辰
									子正															巳正						

9 月(甲戌)

음력	1	2	3	4	5	6	7	8	9	10	11	12	13	14	15	16	17	18	19	20	21	22	23	24	25	26	27	28	29	30
									한로															상강						
양력 월·일	9·30	10·1	2	3	4	5	6	7	8	9	10	11	12	13	14	15	16	17	18	19	20	21	22	23	24	25	26	27	28	29
일진	癸巳	甲午	乙未	丙申	丁酉	戊戌	己亥	庚子	辛丑	壬寅	癸卯	甲辰	乙巳	丙午	丁未	戊申	己酉	庚戌	辛亥	壬子	癸丑	甲寅	乙卯	丙辰	丁巳	戊午	己未	庚申	辛酉	壬戌
									申正															戌初						

10 月(乙亥)

음력	1	2	3	4	5	6	7	8	9	10	11	12	13	14	15	16	17	18	19	20	21	22	23	24	25	26	27	28	29	
									입동															소설						
양력 월·일	10·30	31	11·1	2	3	4	5	6	7	8	9	10	11	12	13	14	15	16	17	18	19	20	21	22	23	24	25	26	27	
일진	癸亥	甲子	乙丑	丙寅	丁卯	戊辰	己巳	庚午	辛未	壬申	癸酉	甲戌	乙亥	丙子	丁丑	戊寅	己卯	庚辰	辛巳	壬午	癸未	甲申	乙酉	丙戌	丁亥	戊子	己丑	庚寅	辛卯	
									戌初															申正						

11 月(丙子)

음력	1	2	3	4	5	6	7	8	9	10	11	12	13	14	15	16	17	18	19	20	21	22	23	24	25	26	27	28	29	30
										대설															동지					
양력 월·일	11·28	29	30	12·1	2	3	4	5	6	7	8	9	10	11	12	13	14	15	16	17	18	19	20	21	22	23	24	25	26	27
일진	壬辰	癸巳	甲午	乙未	丙申	丁酉	戊戌	己亥	庚子	辛丑	壬寅	癸卯	甲辰	乙巳	丙午	丁未	戊申	己酉	庚戌	辛亥	壬子	癸丑	甲寅	乙卯	丙辰	丁巳	戊午	己未	庚申	辛酉
										午正															卯正					

12 月(丁丑)

음력	1	2	3	4	5	6	7	8	9	10	11	12	13	14	15	16	17	18	19	20	21	22	23	24	25	26	27	28	29	30
									소한															대한						
양력 월·일	12·28	29	30	31	1·1	2	3	4	5	6	7	8	9	10	11	12	13	14	15	16	17	18	19	20	21	22	23	24	25	26
일진	壬戌	癸亥	甲子	乙丑	丙寅	丁卯	戊辰	己巳	庚午	辛未	壬申	癸酉	甲戌	乙亥	丙子	丁丑	戊寅	己卯	庚辰	辛巳	壬午	癸未	甲申	乙酉	丙戌	丁亥	戊子	己丑	庚寅	辛卯
									子初															申正						

서기 1990 년/단기 4323　庚 午 年

正 月(戊寅)

									입춘															우수						
음 력	1	2	3	4	5	6	7	8	9	10	11	12	13	14	15	16	17	18	19	20	21	22	23	24	25	26	27	28	29	
양력 월·일	1·27	28	29	30	31	2·1	2	3	4	5	6	7	8	9	10	11	12	13	14	15	16	17	18	19	20	21	22	23	24	
일 진	壬辰	癸巳	甲午	乙未	丙申	丁酉	戊戌	己亥	庚子	辛丑	壬寅	癸卯	甲辰	乙巳	丙午	丁未	戊申	己酉	庚戌	辛亥	壬子	癸丑	甲寅	乙卯	丙辰	丁巳	戊午	己未	庚申	
									午初															卯正						

2 月(己卯)

										경칩															춘분					
음 력	1	2	3	4	5	6	7	8	9	10	11	12	13	14	15	16	17	18	19	20	21	22	23	24	25	26	27	28	29	30
양력 월·일	2·25	26	27	28	3·1	2	3	4	5	6	7	8	9	10	11	12	13	14	15	16	17	18	19	20	21	22	23	24	25	26
일 진	辛酉	壬戌	癸亥	甲子	乙丑	丙寅	丁卯	戊辰	己巳	庚午	辛未	壬申	癸酉	甲戌	乙亥	丙子	丁丑	戊寅	己卯	庚辰	辛巳	壬午	癸未	甲申	乙酉	丙戌	丁亥	戊子	己丑	庚寅
										卯初															卯正					

3 月(庚辰)

										청명															곡우					
음 력	1	2	3	4	5	6	7	8	9	10	11	12	13	14	15	16	17	18	19	20	21	22	23	24	25	26	27	28	29	
양력 월·일	3·27	28	29	30	31	4·1	2	3	4	5	6	7	8	9	10	11	12	13	14	15	16	17	18	19	20	21	22	23	24	
일 진	辛卯	壬辰	癸巳	甲午	乙未	丙申	丁酉	戊戌	己亥	庚子	辛丑	壬寅	癸卯	甲辰	乙巳	丙午	丁未	戊申	己酉	庚戌	辛亥	壬子	癸丑	甲寅	乙卯	丙辰	丁巳	戊午	己未	
										巳正															酉初					

4 月(辛巳)

												입하															소만			
음 력	1	2	3	4	5	6	7	8	9	10	11	12	13	14	15	16	17	18	19	20	21	22	23	24	25	26	27	28	29	
양력 월·일	4·25	26	27	28	29	30	5·1	2	3	4	5	6	7	8	9	10	11	12	13	14	15	16	17	18	19	20	21	22	23	
일 진	庚申	辛酉	壬戌	癸亥	甲子	乙丑	丙寅	丁卯	戊辰	己巳	庚午	辛未	壬申	癸酉	甲戌	乙亥	丙子	丁丑	戊寅	己卯	庚辰	辛巳	壬午	癸未	甲申	乙酉	丙戌	丁亥	戊子	
												寅初															申正			

5 月(壬午)

														망종																하지
음 력	1	2	3	4	5	6	7	8	9	10	11	12	13	14	15	16	17	18	19	20	21	22	23	24	25	26	27	28	29	30
양력 월·일	5·24	25	26	27	28	29	30	31	6·1	2	3	4	5	6	7	8	9	10	11	12	13	14	15	16	17	18	19	20	21	22
일 진	己丑	庚寅	辛卯	壬辰	癸巳	甲午	乙未	丙申	丁酉	戊戌	己亥	庚子	辛丑	壬寅	癸卯	甲辰	乙巳	丙午	丁未	戊申	己酉	庚戌	辛亥	壬子	癸丑	甲寅	乙卯	丙辰	丁巳	戊午
														辰初																子正

閏 五 月(壬午)

															소서															
음 력	1	2	3	4	5	6	7	8	9	10	11	12	13	14	15	16	17	18	19	20	21	22	23	24	25	26	27	28	29	
양력 월·일	6·23	24	25	26	27	28	29	30	7·1	2	3	4	5	6	7	8	9	10	11	12	13	14	15	16	17	18	19	20	21	
일 진	己未	庚申	辛酉	壬戌	癸亥	甲子	乙丑	丙寅	丁卯	戊辰	己巳	庚午	辛未	壬申	癸酉	甲戌	乙亥	丙子	丁丑	戊寅	己卯	庚辰	辛巳	壬午	癸未	甲申	乙酉	丙戌	丁亥	
															酉正															

6 月(癸未)

음 력	1	2	3	4	5	6	7	8	9	10	11	12	13	14	15	16	17	18	19	20	21	22	23	24	25	26	27	28	29	
		대서																입추												
양력 월·일	7·22	23	24	25	26	27	28	29	30	31	8·1	2	3	4	5	6	7	8	9	10	11	12	13	14	15	16	17	18	19	
일 진	戊子	己丑	庚寅	辛卯	壬辰	癸巳	甲午	乙未	丙申	丁酉	戊戌	己亥	庚子	辛丑	壬寅	癸卯	甲辰	乙巳	丙午	丁未	戊申	己酉	庚戌	辛亥	壬子	癸丑	甲寅	乙卯	丙辰	
		午初																寅初												

7 月(甲申)

음 력	1	2	3	4	5	6	7	8	9	10	11	12	13	14	15	16	17	18	19	20	21	22	23	24	25	26	27	28	29	30
				처서																백로										
양력 월·일	8·20	21	22	23	24	25	26	27	28	29	30	31	9·1	2	3	4	5	6	7	8	9	10	11	12	13	14	15	16	17	18
일 진	丁巳	戊午	己未	庚申	辛酉	壬戌	癸亥	甲子	乙丑	丙寅	丁卯	戊辰	己巳	庚午	辛未	壬申	癸酉	甲戌	乙亥	丙子	丁丑	戊寅	己卯	庚辰	辛巳	壬午	癸未	甲申	乙酉	丙戌
				酉正																卯正										

8 月(乙酉)

음 력	1	2	3	4	5	6	7	8	9	10	11	12	13	14	15	16	17	18	19	20	21	22	23	24	25	26	27	28	29	30
					추분															한로										
양력 월·일	9·19	20	21	22	23	24	25	26	27	28	29	30	10·1	2	3	4	5	6	7	8	9	10	11	12	13	14	15	16	17	18
일 진	丁亥	戊子	己丑	庚寅	辛卯	壬辰	癸巳	甲午	乙未	丙申	丁酉	戊戌	己亥	庚子	辛丑	壬寅	癸卯	甲辰	乙巳	丙午	丁未	戊申	己酉	庚戌	辛亥	壬子	癸丑	甲寅	乙卯	丙辰
					申正															亥正										

9 月(丙戌)

음 력	1	2	3	4	5	6	7	8	9	10	11	12	13	14	15	16	17	18	19	20	21	22	23	24	25	26	27	28	29	
						상강															입동									
양력 월·일	10·19	20	21	22	23	24	25	26	27	28	29	30	31	11·1	2	3	4	5	6	7	8	9	10	11	12	13	14	15	16	
일 진	丁巳	戊午	己未	庚申	辛酉	壬戌	癸亥	甲子	乙丑	丙寅	丁卯	戊辰	己巳	庚午	辛未	壬申	癸酉	甲戌	乙亥	丙子	丁丑	戊寅	己卯	庚辰	辛巳	壬午	癸未	甲申	乙酉	
						丑初															丑初									

10 月(丁亥)

음 력	1	2	3	4	5	6	7	8	9	10	11	12	13	14	15	16	17	18	19	20	21	22	23	24	25	26	27	28	29	30
						소설															대설									
양력 월·일	11·17	18	19	20	21	22	23	24	25	26	27	28	29	30	12·1	2	3	4	5	6	7	8	9	10	11	12	13	14	15	16
일 진	丙戌	丁亥	戊子	己丑	庚寅	辛卯	壬辰	癸巳	甲午	乙未	丙申	丁酉	戊戌	己亥	庚子	辛丑	壬寅	癸卯	甲辰	乙巳	丙午	丁未	戊申	己酉	庚戌	辛亥	壬子	癸丑	甲寅	乙卯
						亥正															酉正									

11 月(戊子)

음 력	1	2	3	4	5	6	7	8	9	10	11	12	13	14	15	16	17	18	19	20	21	22	23	24	25	26	27	28	29	30
						동지															소한									
양력 월·일	12·17	18	19	20	21	22	23	24	25	26	27	28	29	30	31	1·1	2	3	4	5	6	7	8	9	10	11	12	13	14	15
일 진	丙辰	丁巳	戊午	己未	庚申	辛酉	壬戌	癸亥	甲子	乙丑	丙寅	丁卯	戊辰	己巳	庚午	辛未	壬申	癸酉	甲戌	乙亥	丙子	丁丑	戊寅	己卯	庚辰	辛巳	壬午	癸未	甲申	乙酉
						午正															卯初									

12 月(己丑)

음 력	1	2	3	4	5	6	7	8	9	10	11	12	13	14	15	16	17	18	19	20	21	22	23	24	25	26	27	28	29	30
					대한															입춘										
양력 월·일	1·16	17	18	19	20	21	22	23	24	25	26	27	28	29	30	31	2·1	2	3	4	5	6	7	8	9	10	11	12	13	14
일 진	丙戌	丁亥	戊子	己丑	庚寅	辛卯	壬辰	癸巳	甲午	乙未	丙申	丁酉	戊戌	己亥	庚子	辛丑	壬寅	癸卯	甲辰	乙巳	丙午	丁未	戊申	己酉	庚戌	辛亥	壬子	癸丑	甲寅	乙卯
					亥正															酉初										

서기 1991 년/단기 4324	辛 未 年

正 月(庚寅)

					우수															경칩										
음 력	1	2	3	4	5	6	7	8	9	10	11	12	13	14	15	16	17	18	19	20	21	22	23	24	25	26	27	28	29	
양력 월·일	2·15	16	17	18	19	20	21	22	23	24	25	26	27	28	3·1	2	3	4	5	6	7	8	9	10	11	12	13	14	15	
일 진	丙辰	丁巳	戊午	己未	庚申	辛酉	壬戌	癸亥	甲子	乙丑	丙寅	丁卯	戊辰	己巳	庚午	辛未	壬申	癸酉	甲戌	乙亥	丙子	丁丑	戊寅	己卯	庚辰	辛巳	壬午	癸未	甲申	
					午正															午初										

2 月(辛卯)

						춘분															청명									
음 력	1	2	3	4	5	6	7	8	9	10	11	12	13	14	15	16	17	18	19	20	21	22	23	24	25	26	27	28	29	30
양력 월·일	3·16	17	18	19	20	21	22	23	24	25	26	27	28	29	30	31	4·1	2	3	4	5	6	7	8	9	10	11	12	13	14
일 진	乙酉	丙戌	丁亥	戊子	己丑	庚寅	辛卯	壬辰	癸巳	甲午	乙未	丙申	丁酉	戊戌	己亥	庚子	辛丑	壬寅	癸卯	甲辰	乙巳	丙午	丁未	戊申	己酉	庚戌	辛亥	壬子	癸丑	甲寅
						午初															申正									

3 月(壬辰)

						곡우																입하								
음 력	1	2	3	4	5	6	7	8	9	10	11	12	13	14	15	16	17	18	19	20	21	22	23	24	25	26	27	28	29	
양력 월·일	4·15	16	17	18	19	20	21	22	23	24	25	26	27	28	29	30	5·1	2	3	4	5	6	7	8	9	10	11	12	13	
일 진	乙卯	丙辰	丁巳	戊午	己未	庚申	辛酉	壬戌	癸亥	甲子	乙丑	丙寅	丁卯	戊辰	己巳	庚午	辛未	壬申	癸酉	甲戌	乙亥	丙子	丁丑	戊寅	己卯	庚辰	辛巳	壬午	癸未	
						亥正																巳初								

4 月(癸巳)

								소만																망종						
음 력	1	2	3	4	5	6	7	8	9	10	11	12	13	14	15	16	17	18	19	20	21	22	23	24	25	26	27	28	29	
양력 월·일	5·14	15	16	17	18	19	20	21	22	23	24	25	26	27	28	29	30	31	6·1	2	3	4	5	6	7	8	9	10	11	
일 진	甲申	乙酉	丙戌	丁亥	戊子	己丑	庚寅	辛卯	壬辰	癸巳	甲午	乙未	丙申	丁酉	戊戌	己亥	庚子	辛丑	壬寅	癸卯	甲辰	乙巳	丙午	丁未	戊申	己酉	庚戌	辛亥	壬子	
								亥正																未初						

5 月(甲午)

											하지															소서				
음 력	1	2	3	4	5	6	7	8	9	10	11	12	13	14	15	16	17	18	19	20	21	22	23	24	25	26	27	28	29	30
양력 월·일	6·12	13	14	15	16	17	18	19	20	21	22	23	24	25	26	27	28	29	30	7·1	2	3	4	5	6	7	8	9	10	11
일 진	癸丑	甲寅	乙卯	丙辰	丁巳	戊午	己未	庚申	辛酉	壬戌	癸亥	甲子	乙丑	丙寅	丁卯	戊辰	己巳	庚午	辛未	壬申	癸酉	甲戌	乙亥	丙子	丁丑	戊寅	己卯	庚辰	辛巳	壬午
											卯正															子初				

6 月(乙未)

												대서																입추		
음 력	1	2	3	4	5	6	7	8	9	10	11	12	13	14	15	16	17	18	19	20	21	22	23	24	25	26	27	28	29	
양력 월·일	7·12	13	14	15	16	17	18	19	20	21	22	23	24	25	26	27	28	29	30	31	8·1	2	3	4	5	6	7	8	9	
일 진	癸未	甲申	乙酉	丙戌	丁亥	戊子	己丑	庚寅	辛卯	壬辰	癸巳	甲午	乙未	丙申	丁酉	戊戌	己亥	庚子	辛丑	壬寅	癸卯	甲辰	乙巳	丙午	丁未	戊申	己酉	庚戌	辛亥	
												酉初																巳初		

7 月(丙申)

음력	1	2	3	4	5	6	7	8	9	10	11	12	13	14	15	16	17	18	19	20	21	22	23	24	25	26	27	28	29	
양력 월·일	8·10	11	12	13	14	15	16	17	18	19	20	21	22	23	24	25	26	27	28	29	30	31	9·1	2	3	4	5	6	7	
일진	壬子	癸丑	甲寅	乙卯	丙辰	丁巳	戊午	己未	庚申	辛酉	壬戌	癸亥	甲子	乙丑	丙寅	丁卯	戊辰	己巳	庚午	辛未	壬申	癸酉	甲戌	乙亥	丙子	丁丑	戊寅	己卯	庚辰	
															처서 子正															

8 月(丁酉)

음력	1	2	3	4	5	6	7	8	9	10	11	12	13	14	15	16	17	18	19	20	21	22	23	24	25	26	27	28	29	30
양력 월·일	9·8	9	10	11	12	13	14	15	16	17	18	19	20	21	22	23	24	25	26	27	28	29	30	10·1	2	3	4	5	6	7
일진	辛巳	壬午	癸未	甲申	乙酉	丙戌	丁亥	戊子	己丑	庚寅	辛卯	壬辰	癸巳	甲午	乙未	丙申	丁酉	戊戌	己亥	庚子	辛丑	壬寅	癸卯	甲辰	乙巳	丙午	丁未	戊申	己酉	庚戌
	백로 午正															추분 亥初														

9 月(戊戌)

음력	1	2	3	4	5	6	7	8	9	10	11	12	13	14	15	16	17	18	19	20	21	22	23	24	25	26	27	28	29	
양력 월·일	10·8	9	10	11	12	13	14	15	16	17	18	19	20	21	22	23	24	25	26	27	28	29	30	31	11·1	2	3	4	5	
일진	辛亥	壬子	癸丑	甲寅	乙卯	丙辰	丁巳	戊午	己未	庚申	辛酉	壬戌	癸亥	甲子	乙丑	丙寅	丁卯	戊辰	己巳	庚午	辛未	壬申	癸酉	甲戌	乙亥	丙子	丁丑	戊寅	己卯	
		한로 寅正															상강 辰初													

10 月(己亥)

음력	1	2	3	4	5	6	7	8	9	10	11	12	13	14	15	16	17	18	19	20	21	22	23	24	25	26	27	28	29	30
양력 월·일	11·6	7	8	9	10	11	12	13	14	15	16	17	18	19	20	21	22	23	24	25	26	27	28	29	30	12·1	2	3	4	5
일진	庚辰	辛巳	壬午	癸未	甲申	乙酉	丙戌	丁亥	戊子	己丑	庚寅	辛卯	壬辰	癸巳	甲午	乙未	丙申	丁酉	戊戌	己亥	庚子	辛丑	壬寅	癸卯	甲辰	乙巳	丙午	丁未	戊申	己酉
			입동 辰初															소설 寅正												

11 月(庚子)

음력	1	2	3	4	5	6	7	8	9	10	11	12	13	14	15	16	17	18	19	20	21	22	23	24	25	26	27	28	29	30
양력 월·일	12·6	7	8	9	10	11	12	13	14	15	16	17	18	19	20	21	22	23	24	25	26	27	28	29	30	31	1·1	2	3	4
일진	庚戌	辛亥	壬子	癸丑	甲寅	乙卯	丙辰	丁巳	戊午	己未	庚申	辛酉	壬戌	癸亥	甲子	乙丑	丙寅	丁卯	戊辰	己巳	庚午	辛未	壬申	癸酉	甲戌	乙亥	丙子	丁丑	戊寅	己卯
		대설 子初															동지 酉初													

12 月(辛丑)

음력	1	2	3	4	5	6	7	8	9	10	11	12	13	14	15	16	17	18	19	20	21	22	23	24	25	26	27	28	29	30
양력 월·일	1·5	6	7	8	9	10	11	12	13	14	15	16	17	18	19	20	21	22	23	24	25	26	27	28	29	30	31	2·1	2	3
일진	庚辰	辛巳	壬午	癸未	甲申	乙酉	丙戌	丁亥	戊子	己丑	庚寅	辛卯	壬辰	癸巳	甲午	乙未	丙申	丁酉	戊戌	己亥	庚子	辛丑	壬寅	癸卯	甲辰	乙巳	丙午	丁未	戊申	己酉
		소한 午初															대한 寅正													

서기 1992 년/단기 4325　　　壬 申 年

正 月(壬寅)

입춘　우수

음　력	1	2	3	4	5	6	7	8	9	10	11	12	13	14	15	16	17	18	19	20	21	22	23	24	25	26	27	28	29	
양력 월·일	2·4	5	6	7	8	9	10	11	12	13	14	15	16	17	18	19	20	21	22	23	24	25	26	27	28	29	3·1	2	3	
일　진	庚戌	辛亥	壬子	癸丑	甲寅	乙卯	丙辰	丁巳	戊午	己未	庚申	辛酉	壬戌	癸亥	甲子	乙丑	丙寅	丁卯	戊辰	己巳	庚午	辛未	壬申	癸酉	甲戌	乙亥	丙子	丁丑	戊寅	

亥正　酉正

2 月(癸卯)

경칩　춘분

음　력	1	2	3	4	5	6	7	8	9	10	11	12	13	14	15	16	17	18	19	20	21	22	23	24	25	26	27	28	29	30
양력 월·일	3·4	5	6	7	8	9	10	11	12	13	14	15	16	17	18	19	20	21	22	23	24	25	26	27	28	29	30	31	4·1	2
일　진	己卯	庚辰	辛巳	壬午	癸未	甲申	乙酉	丙戌	丁亥	戊子	己丑	庚寅	辛卯	壬辰	癸巳	甲午	乙未	丙申	丁酉	戊戌	己亥	庚子	辛丑	壬寅	癸卯	甲辰	乙巳	丙午	丁未	戊申

申正　酉初

3 月(甲辰)

청명　곡우

음　력	1	2	3	4	5	6	7	8	9	10	11	12	13	14	15	16	17	18	19	20	21	22	23	24	25	26	27	28	29	30
양력 월·일	4·3	4	5	6	7	8	9	10	11	12	13	14	15	16	17	18	19	20	21	22	23	24	25	26	27	28	29	30	5·1	2
일　진	己酉	庚戌	辛亥	壬子	癸丑	甲寅	乙卯	丙辰	丁巳	戊午	己未	庚申	辛酉	壬戌	癸亥	甲子	乙丑	丙寅	丁卯	戊辰	己巳	庚午	辛未	壬申	癸酉	甲戌	乙亥	丙子	丁丑	戊寅

亥初　寅正

4 月(乙巳)

입하　소만

음　력	1	2	3	4	5	6	7	8	9	10	11	12	13	14	15	16	17	18	19	20	21	22	23	24	25	26	27	28	29	
양력 월·일	5·3	4	5	6	7	8	9	10	11	12	13	14	15	16	17	18	19	20	21	22	23	24	25	26	27	28	29	30	31	
일　진	己卯	庚辰	辛巳	壬午	癸未	甲申	乙酉	丙戌	丁亥	戊子	己丑	庚寅	辛卯	壬辰	癸巳	甲午	乙未	丙申	丁酉	戊戌	己亥	庚子	辛丑	壬寅	癸卯	甲辰	乙巳	丙午	丁未	

申初　寅正

5 月(丙午)

망종　하지

음　력	1	2	3	4	5	6	7	8	9	10	11	12	13	14	15	16	17	18	19	20	21	22	23	24	25	26	27	28	29	
양력 월·일	6·1	2	3	4	5	6	7	8	9	10	11	12	13	14	15	16	17	18	19	20	21	22	23	24	25	26	27	28	29	
일　진	戊申	己酉	庚戌	辛亥	壬子	癸丑	甲寅	乙卯	丙辰	丁巳	戊午	己未	庚申	辛酉	壬戌	癸亥	甲子	乙丑	丙寅	丁卯	戊辰	己巳	庚午	辛未	壬申	癸酉	甲戌	乙亥	丙子	

戌初　午正

6 月(丁未)

소서　대서

음　력	1	2	3	4	5	6	7	8	9	10	11	12	13	14	15	16	17	18	19	20	21	22	23	24	25	26	27	28	29	30
양력 월·일	6·30	7·1	2	3	4	5	6	7	8	9	10	11	12	13	14	15	16	17	18	19	20	21	22	23	24	25	26	27	28	29
일　진	丁丑	戊寅	己卯	庚辰	辛巳	壬午	癸未	甲申	乙酉	丙戌	丁亥	戊子	己丑	庚寅	辛卯	壬辰	癸巳	甲午	乙未	丙申	丁酉	戊戌	己亥	庚子	辛丑	壬寅	癸卯	甲辰	乙巳	丙午

卯初　子初

7 月(戊申)

									입추																처서					
음 력	1	2	3	4	5	6	7	8	9	10	11	12	13	14	15	16	17	18	19	20	21	22	23	24	25	26	27	28	29	
양력 월·일	7·30	31	8·1	2	3	4	5	6	7	8	9	10	11	12	13	14	15	16	17	18	19	20	21	22	23	24	25	26	27	
일 진	丁未	戊申	己酉	庚戌	辛亥	壬子	癸丑	甲寅	乙卯	丙辰	丁巳	戊午	己未	庚申	辛酉	壬戌	癸亥	甲子	乙丑	丙寅	丁卯	戊辰	己巳	庚午	辛未	壬申	癸酉	甲戌	乙亥	
									申正																卯正					

8 月(己酉)

											백로																추분			
음 력	1	2	3	4	5	6	7	8	9	10	11	12	13	14	15	16	17	18	19	20	21	22	23	24	25	26	27	28	29	
양력 월·일	8·28	29	30	31	9·1	2	3	4	5	6	7	8	9	10	11	12	13	14	15	16	17	18	19	20	21	22	23	24	25	
일 진	丙子	丁丑	戊寅	己卯	庚辰	辛巳	壬午	癸未	甲申	乙酉	丙戌	丁亥	戊子	己丑	庚寅	辛卯	壬辰	癸巳	甲午	乙未	丙申	丁酉	戊戌	己亥	庚子	辛丑	壬寅	癸卯	甲辰	
											酉正																寅初			

9 月(庚戌)

													한로															상강		
음 력	1	2	3	4	5	6	7	8	9	10	11	12	13	14	15	16	17	18	19	20	21	22	23	24	25	26	27	28	29	30
양력 월·일	9·26	27	28	29	30	10·1	2	3	4	5	6	7	8	9	10	11	12	13	14	15	16	17	18	19	20	21	22	23	24	25
일 진	乙巳	丙午	丁未	戊申	己酉	庚戌	辛亥	壬子	癸丑	甲寅	乙卯	丙辰	丁巳	戊午	己未	庚申	辛酉	壬戌	癸亥	甲子	乙丑	丙寅	丁卯	戊辰	己巳	庚午	辛未	壬申	癸酉	甲戌
													巳初															未初		

10 月(辛亥)

													입동															소설		
음 력	1	2	3	4	5	6	7	8	9	10	11	12	13	14	15	16	17	18	19	20	21	22	23	24	25	26	27	28	29	
양력 월·일	10·26	27	28	29	30	31	11·1	2	3	4	5	6	7	8	9	10	11	12	13	14	15	16	17	18	19	20	21	22	23	
일 진	乙亥	丙子	丁丑	戊寅	己卯	庚辰	辛巳	壬午	癸未	甲申	乙酉	丙戌	丁亥	戊子	己丑	庚寅	辛卯	壬辰	癸巳	甲午	乙未	丙申	丁酉	戊戌	己亥	庚子	辛丑	壬寅	癸卯	
													未初															巳正		

11 月(壬子)

														대설														동지		
음 력	1	2	3	4	5	6	7	8	9	10	11	12	13	14	15	16	17	18	19	20	21	22	23	24	25	26	27	28	29	30
양력 월·일	11·24	25	26	27	28	29	30	12·1	2	3	4	5	6	7	8	9	10	11	12	13	14	15	16	17	18	19	20	21	22	23
일 진	甲辰	乙巳	丙午	丁未	戊申	己酉	庚戌	辛亥	壬子	癸丑	甲寅	乙卯	丙辰	丁巳	戊午	己未	庚申	辛酉	壬戌	癸亥	甲子	乙丑	丙寅	丁卯	戊辰	己巳	庚午	辛未	壬申	癸酉
														卯初														子初		

12 月(癸丑)

													소한															대한		
음 력	1	2	3	4	5	6	7	8	9	10	11	12	13	14	15	16	17	18	19	20	21	22	23	24	25	26	27	28	29	30
양력 월·일	12·24	25	26	27	28	29	30	31	1·1	2	3	4	5	6	7	8	9	10	11	12	13	14	15	16	17	18	19	20	21	22
일 진	甲戌	乙亥	丙子	丁丑	戊寅	己卯	庚辰	辛巳	壬午	癸未	甲申	乙酉	丙戌	丁亥	戊子	己丑	庚寅	辛卯	壬辰	癸巳	甲午	乙未	丙申	丁酉	戊戌	己亥	庚子	辛丑	壬寅	癸卯
													申正															巳正		

서기 1993 년/단기 4326 癸 酉 年

正 月(甲寅)

													입춘															우수		
음 력	1	2	3	4	5	6	7	8	9	10	11	12	13	14	15	16	17	18	19	20	21	22	23	24	25	26	27	28	29	
양력 월·일	1·23	24	25	26	27	28	29	30	31	2·1	2	3	4	5	6	7	8	9	10	11	12	13	14	15	16	17	18	19	20	
일 진	甲辰	乙巳	丙午	丁未	戊申	己酉	庚戌	辛亥	壬子	癸丑	甲寅	乙卯	丙辰	丁巳	戊午	己未	庚申	辛酉	壬戌	癸亥	甲子	乙丑	丙寅	丁卯	戊辰	己巳	庚午	辛未	壬申	
													寅正															子正		

2 月(乙卯)

													경칩															춘분		
음 력	1	2	3	4	5	6	7	8	9	10	11	12	13	14	15	16	17	18	19	20	21	22	23	24	25	26	27	28	29	30
양력 월·일	2·21	22	23	24	25	26	27	28	3·1	2	3	4	5	6	7	8	9	10	11	12	13	14	15	16	17	18	19	20	21	22
일 진	癸酉	甲戌	乙亥	丙子	丁丑	戊寅	己卯	庚辰	辛巳	壬午	癸未	甲申	乙酉	丙戌	丁亥	戊子	己丑	庚寅	辛卯	壬辰	癸巳	甲午	乙未	丙申	丁酉	戊戌	己亥	庚子	辛丑	壬寅
													亥正															子初		

3 月(丙辰)

														청명															곡우	
음 력	1	2	3	4	5	6	7	8	9	10	11	12	13	14	15	16	17	18	19	20	21	22	23	24	25	26	27	28	29	30
양력 월·일	3·23	24	25	26	27	28	29	30	31	4·1	2	3	4	5	6	7	8	9	10	11	12	13	14	15	16	17	18	19	20	21
일 진	癸卯	甲辰	乙巳	丙午	丁未	戊申	己酉	庚戌	辛亥	壬子	癸丑	甲寅	乙卯	丙辰	丁巳	戊午	己未	庚申	辛酉	壬戌	癸亥	甲子	乙丑	丙寅	丁卯	戊辰	己巳	庚午	辛未	壬申
														寅初																

閏 三 月(丙辰)

														입하																
음 력	1	2	3	4	5	6	7	8	9	10	11	12	13	14	15	16	17	18	19	20	21	22	23	24	25	26	27	28	29	
양력 월·일	4·22	23	24	25	26	27	28	29	30	5·1	2	3	4	5	6	7	8	9	10	11	12	13	14	15	16	17	18	19	20	
일 진	癸酉	甲戌	乙亥	丙子	丁丑	戊寅	己卯	庚辰	辛巳	壬午	癸未	甲申	乙酉	丙戌	丁亥	戊子	己丑	庚寅	辛卯	壬辰	癸巳	甲午	乙未	丙申	丁酉	戊戌	己亥	庚子	辛丑	
														亥初																

4 月(丁巳)

	소만																망종													
음 력	1	2	3	4	5	6	7	8	9	10	11	12	13	14	15	16	17	18	19	20	21	22	23	24	25	26	27	28	29	30
양력 월·일	5·21	22	23	24	25	26	27	28	29	30	31	6·1	2	3	4	5	6	7	8	9	10	11	12	13	14	15	16	17	18	19
일 진	壬寅	癸卯	甲辰	乙巳	丙午	丁未	戊申	己酉	庚戌	辛亥	壬子	癸丑	甲寅	乙卯	丙辰	丁巳	戊午	己未	庚申	辛酉	壬戌	癸亥	甲子	乙丑	丙寅	丁卯	戊辰	己巳	庚午	辛未
	巳初																丑初													

5 月(戊午)

		하지																소서												
음 력	1	2	3	4	5	6	7	8	9	10	11	12	13	14	15	16	17	18	19	20	21	22	23	24	25	26	27	28	29	
양력 월·일	6·20	21	22	23	24	25	26	27	28	29	30	7·1	2	3	4	5	6	7	8	9	10	11	12	13	14	15	16	17	18	
일 진	壬申	癸酉	甲戌	乙亥	丙子	丁丑	戊寅	己卯	庚辰	辛巳	壬午	癸未	甲申	乙酉	丙戌	丁亥	戊子	己丑	庚寅	辛卯	壬辰	癸巳	甲午	乙未	丙申	丁酉	戊戌	己亥	庚子	
		午初																午初												

6 月(己未)

					대서															입추										
음 력	1	2	3	4	5	6	7	8	9	10	11	12	13	14	15	16	17	18	19	20	21	22	23	24	25	26	27	28	29	30
양력 월·일	7·19	20	21	22	23	24	25	26	27	28	29	30	31	8·1	2	3	4	5	6	7	8	9	10	11	12	13	14	15	16	17
일 진	辛丑	壬寅	癸卯	甲辰	乙巳	丙午	丁未	戊申	己酉	庚戌	辛亥	壬子	癸丑	甲寅	乙卯	丙辰	丁巳	戊午	己未	庚申	辛酉	壬戌	癸亥	甲子	乙丑	丙寅	丁卯	戊辰	己巳	庚午
					寅正															亥初										

7 月(庚申)

						처서																백로								
음 력	1	2	3	4	5	6	7	8	9	10	11	12	13	14	15	16	17	18	19	20	21	22	23	24	25	26	27	28	29	
양력 월·일	8·18	19	20	21	22	23	24	25	26	27	28	29	30	31	9·1	2	3	4	5	6	7	8	9	10	11	12	13	14	15	
일 진	辛未	壬申	癸酉	甲戌	乙亥	丙子	丁丑	戊寅	己卯	庚辰	辛巳	壬午	癸未	甲申	乙酉	丙戌	丁亥	戊子	己丑	庚寅	辛卯	壬辰	癸巳	甲午	乙未	丙申	丁酉	戊戌	己亥	
						午初																子正								

8 月(辛酉)

								추분															한로							
음 력	1	2	3	4	5	6	7	8	9	10	11	12	13	14	15	16	17	18	19	20	21	22	23	24	25	26	27	28	29	
양력 월·일	9·16	17	18	19	20	21	22	23	24	25	26	27	28	29	30	10·1	2	3	4	5	6	7	8	9	10	11	12	13	14	
일 진	庚子	辛丑	壬寅	癸卯	甲辰	乙巳	丙午	丁未	戊申	己酉	庚戌	辛亥	壬子	癸丑	甲寅	乙卯	丙辰	丁巳	戊午	己未	庚申	辛酉	壬戌	癸亥	甲子	乙丑	丙寅	丁卯	戊辰	
								巳初															申初							

9 月(壬戌)

									상강															입동						
음 력	1	2	3	4	5	6	7	8	9	10	11	12	13	14	15	16	17	18	19	20	21	22	23	24	25	26	27	28	29	30
양력 월·일	10·15	16	17	18	19	20	21	22	23	24	25	26	27	28	29	30	31	11·1	2	3	4	5	6	7	8	9	10	11	12	13
일 진	己巳	庚午	辛未	壬申	癸酉	甲戌	乙亥	丙子	丁丑	戊寅	己卯	庚辰	辛巳	壬午	癸未	甲申	乙酉	丙戌	丁亥	戊子	己丑	庚寅	辛卯	壬辰	癸巳	甲午	乙未	丙申	丁酉	戊戌
									酉正															酉正						

10 月(癸亥)

									소설															대설						
음 력	1	2	3	4	5	6	7	8	9	10	11	12	13	14	15	16	17	18	19	20	21	22	23	24	25	26	27	28	29	
양력 월·일	11·14	15	16	17	18	19	20	21	22	23	24	25	26	27	28	29	30	12·1	2	3	4	5	6	7	8	9	10	11	12	
일 진	己亥	庚子	辛丑	壬寅	癸卯	甲辰	乙巳	丙午	丁未	戊申	己酉	庚戌	辛亥	壬子	癸丑	甲寅	乙卯	丙辰	丁巳	戊午	己未	庚申	辛酉	壬戌	癸亥	甲子	乙丑	丙寅	丁卯	
									申正															午初						

11 月(甲子)

										동지														소한						
음 력	1	2	3	4	5	6	7	8	9	10	11	12	13	14	15	16	17	18	19	20	21	22	23	24	25	26	27	28	29	30
양력 월·일	12·13	14	15	16	17	18	19	20	21	22	23	24	25	26	27	28	29	30	31	1·1	2	3	4	5	6	7	8	9	10	11
일 진	戊辰	己巳	庚午	辛未	壬申	癸酉	甲戌	乙亥	丙子	丁丑	戊寅	己卯	庚辰	辛巳	壬午	癸未	甲申	乙酉	丙戌	丁亥	戊子	己丑	庚寅	辛卯	壬辰	癸巳	甲午	乙未	丙申	丁酉
										卯初														亥正						

12 月(乙丑)

									대한															입춘						
음 력	1	2	3	4	5	6	7	8	9	10	11	12	13	14	15	16	17	18	19	20	21	22	23	24	25	26	27	28	29	
양력 월·일	1·12	13	14	15	16	17	18	19	20	21	22	23	24	25	26	27	28	29	30	31	2·1	2	3	4	5	6	7	8	9	
일 진	戊戌	己亥	庚子	辛丑	壬寅	癸卯	甲辰	乙巳	丙午	丁未	戊申	己酉	庚戌	辛亥	壬子	癸丑	甲寅	乙卯	丙辰	丁巳	戊午	己未	庚申	辛酉	壬戌	癸亥	甲子	乙丑	丙寅	
									申正															巳正						

서기 1994 년/단기 4327　　甲 戌 年

正 月(丙寅)

										우수															경칩					
음 력	1	2	3	4	5	6	7	8	9	10	11	12	13	14	15	16	17	18	19	20	21	22	23	24	25	26	27	28	29	30
양력 월·일	2·10	11	12	13	14	15	16	17	18	19	20	21	22	23	24	25	26	27	28	3·1	2	3	4	5	6	7	8	9	10	11
일 진	丁卯	戊辰	己巳	庚午	辛未	壬申	癸酉	甲戌	乙亥	丙子	丁丑	戊寅	己卯	庚辰	辛巳	壬午	癸未	甲申	乙酉	丙戌	丁亥	戊子	己丑	庚寅	辛卯	壬辰	癸巳	甲午	乙未	丙申
										卯正															寅正					

2 月(丁卯)

										춘분															청명					
음 력	1	2	3	4	5	6	7	8	9	10	11	12	13	14	15	16	17	18	19	20	21	22	23	24	25	26	27	28	29	30
양력 월·일	3·12	13	14	15	16	17	18	19	20	21	22	23	24	25	26	27	28	29	30	31	4·1	2	3	4	5	6	7	8	9	10
일 진	丁酉	戊戌	己亥	庚子	辛丑	壬寅	癸卯	甲辰	乙巳	丙午	丁未	戊申	己酉	庚戌	辛亥	壬子	癸丑	甲寅	乙卯	丙辰	丁巳	戊午	己未	庚申	辛酉	壬戌	癸亥	甲子	乙丑	丙寅
										卯初															巳初					

3 月(戊辰)

										곡우																입하				
음 력	1	2	3	4	5	6	7	8	9	10	11	12	13	14	15	16	17	18	19	20	21	22	23	24	25	26	27	28	29	30
양력 월·일	4·11	12	13	14	15	16	17	18	19	20	21	22	23	24	25	26	27	28	29	30	5·1	2	3	4	5	6	7	8	9	10
일 진	丁卯	戊辰	己巳	庚午	辛未	壬申	癸酉	甲戌	乙亥	丙子	丁丑	戊寅	己卯	庚辰	辛巳	壬午	癸未	甲申	乙酉	丙戌	丁亥	戊子	己丑	庚寅	辛卯	壬辰	癸巳	甲午	乙未	丙申
										申正																丑正				

4 月(己巳)

											소만																망종			
음 력	1	2	3	4	5	6	7	8	9	10	11	12	13	14	15	16	17	18	19	20	21	22	23	24	25	26	27	28	29	
양력 월·일	5·11	12	13	14	15	16	17	18	19	20	21	22	23	24	25	26	27	28	29	30	31	6·1	2	3	4	5	6	7	8	
일 진	丁酉	戊戌	己亥	庚子	辛丑	壬寅	癸卯	甲辰	乙巳	丙午	丁未	戊申	己酉	庚戌	辛亥	壬子	癸丑	甲寅	乙卯	丙辰	丁巳	戊午	己未	庚申	辛酉	壬戌	癸亥	甲子	乙丑	
											申初																卯正			

5 月(庚午)

													하지																소서	
음 력	1	2	3	4	5	6	7	8	9	10	11	12	13	14	15	16	17	18	19	20	21	22	23	24	25	26	27	28	29	30
양력 월·일	6·9	10	11	12	13	14	15	16	17	18	19	20	21	22	23	24	25	26	27	28	29	30	7·1	2	3	4	5	6	7	8
일 진	丙寅	丁卯	戊辰	己巳	庚午	辛未	壬申	癸酉	甲戌	乙亥	丙子	丁丑	戊寅	己卯	庚辰	辛巳	壬午	癸未	甲申	乙酉	丙戌	丁亥	戊子	己丑	庚寅	辛卯	壬辰	癸巳	甲午	乙未
													子初																酉初	

6 月(辛未)

															대서															
음 력	1	2	3	4	5	6	7	8	9	10	11	12	13	14	15	16	17	18	19	20	21	22	23	24	25	26	27	28	29	
양력 월·일	7·9	10	11	12	13	14	15	16	17	18	19	20	21	22	23	24	25	26	27	28	29	30	31	8·1	2	3	4	5	6	
일 진	丙申	丁酉	戊戌	己亥	庚子	辛丑	壬寅	癸卯	甲辰	乙巳	丙午	丁未	戊申	己酉	庚戌	辛亥	壬子	癸丑	甲寅	乙卯	丙辰	丁巳	戊午	己未	庚申	辛酉	壬戌	癸亥	甲子	
															巳正															

7 月(壬申)

	1	2	3	4	5	6	7	8	9	10	11	12	13	14	15	16	17	18	19	20	21	22	23	24	25	26	27	28	29	30
		입추															처서													
음 력	1	2	3	4	5	6	7	8	9	10	11	12	13	14	15	16	17	18	19	20	21	22	23	24	25	26	27	28	29	30
양력 월·일	8·7	8	9	10	11	12	13	14	15	16	17	18	19	20	21	22	23	24	25	26	27	28	29	30	31	9·1	2	3	4	5
일 진	乙丑	丙寅	丁卯	戊辰	己巳	庚午	辛未	壬申	癸酉	甲戌	乙亥	丙子	丁丑	戊寅	己卯	庚辰	辛巳	壬午	癸未	甲申	乙酉	丙戌	丁亥	戊子	己丑	庚寅	辛卯	壬辰	癸巳	甲午
		寅初															酉初													

8 月(癸酉)

	1	2	3	4	5	6	7	8	9	10	11	12	13	14	15	16	17	18	19	20	21	22	23	24	25	26	27	28	29	
			백로															추분												
음 력	1	2	3	4	5	6	7	8	9	10	11	12	13	14	15	16	17	18	19	20	21	22	23	24	25	26	27	28	29	
양력 월·일	9·6	7	8	9	10	11	12	13	14	15	16	17	18	19	20	21	22	23	24	25	26	27	28	29	30	10·1	2	3	4	
일 진	乙未	丙申	丁酉	戊戌	己亥	庚子	辛丑	壬寅	癸卯	甲辰	乙巳	丙午	丁未	戊申	己酉	庚戌	辛亥	壬子	癸丑	甲寅	乙卯	丙辰	丁巳	戊午	己未	庚申	辛酉	壬戌	癸亥	
			卯初															申初												

9 月(甲戌)

	1	2	3	4	5	6	7	8	9	10	11	12	13	14	15	16	17	18	19	20	21	22	23	24	25	26	27	28	29	
				한로																상강										
음 력	1	2	3	4	5	6	7	8	9	10	11	12	13	14	15	16	17	18	19	20	21	22	23	24	25	26	27	28	29	
양력 월·일	10·5	6	7	8	9	10	11	12	13	14	15	16	17	18	19	20	21	22	23	24	25	26	27	28	29	30	31	11·1	2	
일 진	甲子	乙丑	丙寅	丁卯	戊辰	己巳	庚午	辛未	壬申	癸酉	甲戌	乙亥	丙子	丁丑	戊寅	己卯	庚辰	辛巳	壬午	癸未	甲申	乙酉	丙戌	丁亥	戊子	己丑	庚寅	辛卯	壬辰	
				亥初																子正										

10 月(乙亥)

	1	2	3	4	5	6	7	8	9	10	11	12	13	14	15	16	17	18	19	20	21	22	23	24	25	26	27	28	29	30
						입동														소설										
음 력	1	2	3	4	5	6	7	8	9	10	11	12	13	14	15	16	17	18	19	20	21	22	23	24	25	26	27	28	29	30
양력 월·일	11·3	4	5	6	7	8	9	10	11	12	13	14	15	16	17	18	19	20	21	22	23	24	25	26	27	28	29	30	12·1	2
일 진	癸巳	甲午	乙未	丙申	丁酉	戊戌	己亥	庚子	辛丑	壬寅	癸卯	甲辰	乙巳	丙午	丁未	戊申	己酉	庚戌	辛亥	壬子	癸丑	甲寅	乙卯	丙辰	丁巳	戊午	己未	庚申	辛酉	壬戌
						子正														亥正										

11 月(丙子)

	1	2	3	4	5	6	7	8	9	10	11	12	13	14	15	16	17	18	19	20	21	22	23	24	25	26	27	28	29	
					대설															동지										
음 력	1	2	3	4	5	6	7	8	9	10	11	12	13	14	15	16	17	18	19	20	21	22	23	24	25	26	27	28	29	
양력 월·일	12·3	4	5	6	7	8	9	10	11	12	13	14	15	16	17	18	19	20	21	22	23	24	25	26	27	28	29	30	31	
일 진	癸亥	甲子	乙丑	丙寅	丁卯	戊辰	己巳	庚午	辛未	壬申	癸酉	甲戌	乙亥	丙子	丁丑	戊寅	己卯	庚辰	辛巳	壬午	癸未	甲申	乙酉	丙戌	丁亥	戊子	己丑	庚寅	辛卯	
					酉初															午初										

12 月(丁丑)

	1	2	3	4	5	6	7	8	9	10	11	12	13	14	15	16	17	18	19	20	21	22	23	24	25	26	27	28	29	30
						소한														대한										
음 력	1	2	3	4	5	6	7	8	9	10	11	12	13	14	15	16	17	18	19	20	21	22	23	24	25	26	27	28	29	30
양력 월·일	1·1	2	3	4	5	6	7	8	9	10	11	12	13	14	15	16	17	18	19	20	21	22	23	24	25	26	27	28	29	30
일 진	壬辰	癸巳	甲午	乙未	丙申	丁酉	戊戌	己亥	庚子	辛丑	壬寅	癸卯	甲辰	乙巳	丙午	丁未	戊申	己酉	庚戌	辛亥	壬子	癸丑	甲寅	乙卯	丙辰	丁巳	戊午	己未	庚申	辛酉
						寅正														亥初										

서기 1995 년/단기 4328　　乙 亥 年

正 月(戊寅)

					입춘															우수										
음 력	1	2	3	4	5	6	7	8	9	10	11	12	13	14	15	16	17	18	19	20	21	22	23	24	25	26	27	28	29	
양력 월·일	1·31	2·1	2	3	4	5	6	7	8	9	10	11	12	13	14	15	16	17	18	19	20	21	22	23	24	25	26	27	28	
일 진	壬戌	癸亥	甲子	乙丑	丙寅	丁卯	戊辰	己巳	庚午	辛未	壬申	癸酉	甲戌	乙亥	丙子	丁丑	戊寅	己卯	庚辰	辛巳	壬午	癸未	甲申	乙酉	丙戌	丁亥	戊子	己丑	庚寅	
					申正															午正										

2 月(己卯)

						경칩																춘분								
음 력	1	2	3	4	5	6	7	8	9	10	11	12	13	14	15	16	17	18	19	20	21	22	23	24	25	26	27	28	29	30
양력 월·일	3·1	2	3	4	5	6	7	8	9	10	11	12	13	14	15	16	17	18	19	20	21	22	23	24	25	26	27	28	29	30
일 진	辛卯	壬辰	癸巳	甲午	乙未	丙申	丁酉	戊戌	己亥	庚子	辛丑	壬寅	癸卯	甲辰	乙巳	丙午	丁未	戊申	己酉	庚戌	辛亥	壬子	癸丑	甲寅	乙卯	丙辰	丁巳	戊午	己未	庚申
						巳正																午初								

3 月(庚辰)

						청명															곡우									
음 력	1	2	3	4	5	6	7	8	9	10	11	12	13	14	15	16	17	18	19	20	21	22	23	24	25	26	27	28	29	30
양력 월·일	3·31	4·1	2	3	4	5	6	7	8	9	10	11	12	13	14	15	16	17	18	19	20	21	22	23	24	25	26	27	28	29
일 진	辛酉	壬戌	癸亥	甲子	乙丑	丙寅	丁卯	戊辰	己巳	庚午	辛未	壬申	癸酉	甲戌	乙亥	丙子	丁丑	戊寅	己卯	庚辰	辛巳	壬午	癸未	甲申	乙酉	丙戌	丁亥	戊子	己丑	庚寅
						申初															亥正									

4 月(辛巳)

							입하															소만								
음 력	1	2	3	4	5	6	7	8	9	10	11	12	13	14	15	16	17	18	19	20	21	22	23	24	25	26	27	28	29	
양력 월·일	4·30	5·1	2	3	4	5	6	7	8	9	10	11	12	13	14	15	16	17	18	19	20	21	22	23	24	25	26	27	28	
일 진	辛卯	壬辰	癸巳	甲午	乙未	丙申	丁酉	戊戌	己亥	庚子	辛丑	壬寅	癸卯	甲辰	乙巳	丙午	丁未	戊申	己酉	庚戌	辛亥	壬子	癸丑	甲寅	乙卯	丙辰	丁巳	戊午	己未	
							辰正															亥初								

5 月(壬午)

									망종																하지					
음 력	1	2	3	4	5	6	7	8	9	10	11	12	13	14	15	16	17	18	19	20	21	22	23	24	25	26	27	28	29	30
양력 월·일	5·29	30	31	6·1	2	3	4	5	6	7	8	9	10	11	12	13	14	15	16	17	18	19	20	21	22	23	24	25	26	27
일 진	庚申	辛酉	壬戌	癸亥	甲子	乙丑	丙寅	丁卯	戊辰	己巳	庚午	辛未	壬申	癸酉	甲戌	乙亥	丙子	丁丑	戊寅	己卯	庚辰	辛巳	壬午	癸未	甲申	乙酉	丙戌	丁亥	戊子	己丑
									午正																卯初					

6 月(癸未)

										소서																대서				
음 력	1	2	3	4	5	6	7	8	9	10	11	12	13	14	15	16	17	18	19	20	21	22	23	24	25	26	27	28	29	30
양력 월·일	6·28	29	30	7·1	2	3	4	5	6	7	8	9	10	11	12	13	14	15	16	17	18	19	20	21	22	23	24	25	26	27
일 진	庚寅	辛卯	壬辰	癸巳	甲午	乙未	丙申	丁酉	戊戌	己亥	庚子	辛丑	壬寅	癸卯	甲辰	乙巳	丙午	丁未	戊申	己酉	庚戌	辛亥	壬子	癸丑	甲寅	乙卯	丙辰	丁巳	戊午	己未
										子初																申正				

7 月(甲申)

												입추															처서			
음 력	1	2	3	4	5	6	7	8	9	10	11	12	13	14	15	16	17	18	19	20	21	22	23	24	25	26	27	28	29	
양력 월·일	7·28	29	30	31	8·1	2	3	4	5	6	7	8	9	10	11	12	13	14	15	16	17	18	19	20	21	22	23	24	25	
일 진	庚申	辛酉	壬戌	癸亥	甲子	乙丑	丙寅	丁卯	戊辰	己巳	庚午	辛未	壬申	癸酉	甲戌	乙亥	丙子	丁丑	戊寅	己卯	庚辰	辛巳	壬午	癸未	甲申	乙酉	丙戌	丁亥	戊子	
												辰正															子初			

8 月(乙酉)

														백로															추분	
음 력	1	2	3	4	5	6	7	8	9	10	11	12	13	14	15	16	17	18	19	20	21	22	23	24	25	26	27	28	29	30
양력 월·일	8·26	27	28	29	30	31	9·1	2	3	4	5	6	7	8	9	10	11	12	13	14	15	16	17	18	19	20	21	22	23	24
일 진	己丑	庚寅	辛卯	壬辰	癸巳	甲午	乙未	丙申	丁酉	戊戌	己亥	庚子	辛丑	壬寅	癸卯	甲辰	乙巳	丙午	丁未	戊申	己酉	庚戌	辛亥	壬子	癸丑	甲寅	乙卯	丙辰	丁巳	戊午
														午初															亥初	

閏 八 月(乙酉)

															한로															
음 력	1	2	3	4	5	6	7	8	9	10	11	12	13	14	15	16	17	18	19	20	21	22	23	24	25	26	27	28	29	
양력 월·일	9·25	26	27	28	29	30	10·1	2	3	4	5	6	7	8	9	10	11	12	13	14	15	16	17	18	19	20	21	22	23	
일 진	己未	庚申	辛酉	壬戌	癸亥	甲子	乙丑	丙寅	丁卯	戊辰	己巳	庚午	辛未	壬申	癸酉	甲戌	乙亥	丙子	丁丑	戊寅	己卯	庚辰	辛巳	壬午	癸未	甲申	乙酉	丙戌	丁亥	
															寅初															

9 月(丙戌)

	상강															입동														
음 력	1	2	3	4	5	6	7	8	9	10	11	12	13	14	15	16	17	18	19	20	21	22	23	24	25	26	27	28	29	30
양력 월·일	10·24	25	26	27	28	29	30	31	11·1	2	3	4	5	6	7	8	9	10	11	12	13	14	15	16	17	18	19	20	21	22
일 진	戊子	己丑	庚寅	辛卯	壬辰	癸巳	甲午	乙未	丙申	丁酉	戊戌	己亥	庚子	辛丑	壬寅	癸卯	甲辰	乙巳	丙午	丁未	戊申	己酉	庚戌	辛亥	壬子	癸丑	甲寅	乙卯	丙辰	丁巳
	卯正															卯正														

10 月(丁亥)

	소설														대설															
음 력	1	2	3	4	5	6	7	8	9	10	11	12	13	14	15	16	17	18	19	20	21	22	23	24	25	26	27	28	29	
양력 월·일	11·23	24	25	26	27	28	29	30	12·1	2	3	4	5	6	7	8	9	10	11	12	13	14	15	16	17	18	19	20	21	
일 진	戊午	己未	庚申	辛酉	壬戌	癸亥	甲子	乙丑	丙寅	丁卯	戊辰	己巳	庚午	辛未	壬申	癸酉	甲戌	乙亥	丙子	丁丑	戊寅	己卯	庚辰	辛巳	壬午	癸未	甲申	乙酉	丙戌	
	寅初														子初															

11 月(戊子)

	동지															소한														
음 력	1	2	3	4	5	6	7	8	9	10	11	12	13	14	15	16	17	18	19	20	21	22	23	24	25	26	27	28	29	
양력 월·일	12·22	23	24	25	26	27	28	29	30	31	1·1	2	3	4	5	6	7	8	9	10	11	12	13	14	15	16	17	18	19	
일 진	丁亥	戊子	己丑	庚寅	辛卯	壬辰	癸巳	甲午	乙未	丙申	丁酉	戊戌	己亥	庚子	辛丑	壬寅	癸卯	甲辰	乙巳	丙午	丁未	戊申	己酉	庚戌	辛亥	壬子	癸丑	甲寅	乙卯	
	酉初															巳正														

12 月(己丑)

		대한														입춘														
음 력	1	2	3	4	5	6	7	8	9	10	11	12	13	14	15	16	17	18	19	20	21	22	23	24	25	26	27	28	29	30
양력 월·일	1·20	21	22	23	24	25	26	27	28	29	30	31	2·1	2	3	4	5	6	7	8	9	10	11	12	13	14	15	16	17	18
일 진	丙辰	丁巳	戊午	己未	庚申	辛酉	壬戌	癸亥	甲子	乙丑	丙寅	丁卯	戊辰	己巳	庚午	辛未	壬申	癸酉	甲戌	乙亥	丙子	丁丑	戊寅	己卯	庚辰	辛巳	壬午	癸未	甲申	乙酉
		寅初														亥正														

서기 1996 년/단기 4329　　丙 子 年

正 月(庚寅)

음 력	1	2	3	4	5	6	7	8	9	10	11	12	13	14	15	16	17	18	19	20	21	22	23	24	25	26	27	28	29	
	우수															경칩														
양력 월·일	2·19	20	21	22	23	24	25	26	27	28	29	3·1	2	3	4	5	6	7	8	9	10	11	12	13	14	15	16	17	18	
일 진	丙戌	丁亥	戊子	己丑	庚寅	辛卯	壬辰	癸巳	甲午	乙未	丙申	丁酉	戊戌	己亥	庚子	辛丑	壬寅	癸卯	甲辰	乙巳	丙午	丁未	戊申	己酉	庚戌	辛亥	壬子	癸丑	甲寅	
	酉初															申正														

2 月(辛卯)

음 력	1	2	3	4	5	6	7	8	9	10	11	12	13	14	15	16	17	18	19	20	21	22	23	24	25	26	27	28	29	30
		춘분															청명													
양력 월·일	3·19	20	21	22	23	24	25	26	27	28	29	30	31	4·1	2	3	4	5	6	7	8	9	10	11	12	13	14	15	16	17
일 진	乙卯	丙辰	丁巳	戊午	己未	庚申	辛酉	壬戌	癸亥	甲子	乙丑	丙寅	丁卯	戊辰	己巳	庚午	辛未	壬申	癸酉	甲戌	乙亥	丙子	丁丑	戊寅	己卯	庚辰	辛巳	壬午	癸未	甲申
		申正															戌正													

3 月(壬辰)

음 력	1	2	3	4	5	6	7	8	9	10	11	12	13	14	15	16	17	18	19	20	21	22	23	24	25	26	27	28	29	
			곡우															입하												
양력 월·일	4·18	19	20	21	22	23	24	25	26	27	28	29	30	5·1	2	3	4	5	6	7	8	9	10	11	12	13	14	15	16	
일 진	乙酉	丙戌	丁亥	戊子	己丑	庚寅	辛卯	壬辰	癸巳	甲午	乙未	丙申	丁酉	戊戌	己亥	庚子	辛丑	壬寅	癸卯	甲辰	乙巳	丙午	丁未	戊申	己酉	庚戌	辛亥	壬子	癸丑	
			寅正															未正												

4 月(癸巳)

음 력	1	2	3	4	5	6	7	8	9	10	11	12	13	14	15	16	17	18	19	20	21	22	23	24	25	26	27	28	29	30
					소만															망종										
양력 월·일	5·17	18	19	20	21	22	23	24	25	26	27	28	29	30	31	6·1	2	3	4	5	6	7	8	9	10	11	12	13	14	15
일 진	甲寅	乙卯	丙辰	丁巳	戊午	己未	庚申	辛酉	壬戌	癸亥	甲子	乙丑	丙寅	丁卯	戊辰	己巳	庚午	辛未	壬申	癸酉	甲戌	乙亥	丙子	丁丑	戊寅	己卯	庚辰	辛巳	壬午	癸未
					寅初															酉正										

5 月(甲午)

음 력	1	2	3	4	5	6	7	8	9	10	11	12	13	14	15	16	17	18	19	20	21	22	23	24	25	26	27	28	29	30
						하지																소서								
양력 월·일	6·16	17	18	19	20	21	22	23	24	25	26	27	28	29	30	7·1	2	3	4	5	6	7	8	9	10	11	12	13	14	15
일 진	甲申	乙酉	丙戌	丁亥	戊子	己丑	庚寅	辛卯	壬辰	癸巳	甲午	乙未	丙申	丁酉	戊戌	己亥	庚子	辛丑	壬寅	癸卯	甲辰	乙巳	丙午	丁未	戊申	己酉	庚戌	辛亥	壬子	癸丑
						午初																寅正								

6 月(乙未)

음 력	1	2	3	4	5	6	7	8	9	10	11	12	13	14	15	16	17	18	19	20	21	22	23	24	25	26	27	28	29	
							대서																입추							
양력 월·일	7·16	17	18	19	20	21	22	23	24	25	26	27	28	29	30	31	8·1	2	3	4	5	6	7	8	9	10	11	12	13	
일 진	甲寅	乙卯	丙辰	丁巳	戊午	己未	庚申	辛酉	壬戌	癸亥	甲子	乙丑	丙寅	丁卯	戊辰	己巳	庚午	辛未	壬申	癸酉	甲戌	乙亥	丙子	丁丑	戊寅	己卯	庚辰	辛巳	壬午	
							亥正																未正							

7 月(丙申)

음력	1	2	3	4	5	6	7	8	9	10	11	12	13	14	15	16	17	18	19	20	21	22	23	24	25	26	27	28	29	30
										처서															백로					
양력 월·일	8·14	15	16	17	18	19	20	21	22	23	24	25	26	27	28	29	30	31	9·1	2	3	4	5	6	7	8	9	10	11	12
일진	癸未	甲申	乙酉	丙戌	丁亥	戊子	己丑	庚寅	辛卯	壬辰	癸巳	甲午	乙未	丙申	丁酉	戊戌	己亥	庚子	辛丑	壬寅	癸卯	甲辰	乙巳	丙午	丁未	戊申	己酉	庚戌	辛亥	壬子
										卯初															酉初					

8 月(丁酉)

음력	1	2	3	4	5	6	7	8	9	10	11	12	13	14	15	16	17	18	19	20	21	22	23	24	25	26	27	28	29	
											추분															한로				
양력 월·일	9·13	14	15	16	17	18	19	20	21	22	23	24	25	26	27	28	29	30	10·1	2	3	4	5	6	7	8	9	10	11	
일진	癸丑	甲寅	乙卯	丙辰	丁巳	戊午	己未	庚申	辛酉	壬戌	癸亥	甲子	乙丑	丙寅	丁卯	戊辰	己巳	庚午	辛未	壬申	癸酉	甲戌	乙亥	丙子	丁丑	戊寅	己卯	庚辰	辛巳	
											丑正															巳初				

9 月(戊戌)

음력	1	2	3	4	5	6	7	8	9	10	11	12	13	14	15	16	17	18	19	20	21	22	23	24	25	26	27	28	29	30
												상강															입동			
양력 월·일	10·12	13	14	15	16	17	18	19	20	21	22	23	24	25	26	27	28	29	30	31	11·1	2	3	4	5	6	7	8	9	10
일진	壬午	癸未	甲申	乙酉	丙戌	丁亥	戊子	己丑	庚寅	辛卯	壬辰	癸巳	甲午	乙未	丙申	丁酉	戊戌	己亥	庚子	辛丑	壬寅	癸卯	甲辰	乙巳	丙午	丁未	戊申	己酉	庚戌	辛亥
												午正															午正			

10 月(己亥)

음력	1	2	3	4	5	6	7	8	9	10	11	12	13	14	15	16	17	18	19	20	21	22	23	24	25	26	27	28	29	30
												소설															대설			
양력 월·일	11·11	12	13	14	15	16	17	18	19	20	21	22	23	24	25	26	27	28	29	30	12·1	2	3	4	5	6	7	8	9	10
일진	壬子	癸丑	甲寅	乙卯	丙辰	丁巳	戊午	己未	庚申	辛酉	壬戌	癸亥	甲子	乙丑	丙寅	丁卯	戊辰	己巳	庚午	辛未	壬申	癸酉	甲戌	乙亥	丙子	丁丑	戊寅	己卯	庚辰	辛巳
												巳初															卯初			

11 月(庚子)

음력	1	2	3	4	5	6	7	8	9	10	11	12	13	14	15	16	17	18	19	20	21	22	23	24	25	26	27	28	29	
											동지															소한				
양력 월·일	12·11	12	13	14	15	16	17	18	19	20	21	22	23	24	25	26	27	28	29	30	31	1·1	2	3	4	5	6	7	8	
일진	壬午	癸未	甲申	乙酉	丙戌	丁亥	戊子	己丑	庚寅	辛卯	壬辰	癸巳	甲午	乙未	丙申	丁酉	戊戌	己亥	庚子	辛丑	壬寅	癸卯	甲辰	乙巳	丙午	丁未	戊申	己酉	庚戌	
											子初															申正				

12 月(辛丑)

음력	1	2	3	4	5	6	7	8	9	10	11	12	13	14	15	16	17	18	19	20	21	22	23	24	25	26	27	28	29	30
												대한															입춘			
양력 월·일	1·9	10	11	12	13	14	15	16	17	18	19	20	21	22	23	24	25	26	27	28	29	30	31	2·1	2	3	4	5	6	7
일진	辛亥	壬子	癸丑	甲寅	乙卯	丙辰	丁巳	戊午	己未	庚申	辛酉	壬戌	癸亥	甲子	乙丑	丙寅	丁卯	戊辰	己巳	庚午	辛未	壬申	癸酉	甲戌	乙亥	丙子	丁丑	戊寅	己卯	庚辰
												巳初															寅初			

서기 1997 년/단기 4330 丁 丑 年

正 月(壬寅)

											우수															경칩				
음 력	1	2	3	4	5	6	7	8	9	10	11	12	13	14	15	16	17	18	19	20	21	22	23	24	25	26	27	28	29	
양력 월·일	2·8	9	10	11	12	13	14	15	16	17	18	19	20	21	22	23	24	25	26	27	28	3·1	2	3	4	5	6	7	8	
일 진	辛巳	壬午	癸未	甲申	乙酉	丙戌	丁亥	戊子	己丑	庚寅	辛卯	壬辰	癸巳	甲午	乙未	丙申	丁酉	戊戌	己亥	庚子	辛丑	壬寅	癸卯	甲辰	乙巳	丙午	丁未	戊申	己酉	
											子初															亥正				

2 月(癸卯)

												춘분																청명		
음 력	1	2	3	4	5	6	7	8	9	10	11	12	13	14	15	16	17	18	19	20	21	22	23	24	25	26	27	28	29	
양력 월·일	3·9	10	11	12	13	14	15	16	17	18	19	20	21	22	23	24	25	26	27	28	29	30	31	4·1	2	3	4	5	6	
일 진	庚戌	辛亥	壬子	癸丑	甲寅	乙卯	丙辰	丁巳	戊午	己未	庚申	辛酉	壬戌	癸亥	甲子	乙丑	丙寅	丁卯	戊辰	己巳	庚午	辛未	壬申	癸酉	甲戌	乙亥	丙子	丁丑	戊寅	
												亥正																丑正		

3 月(甲辰)

														곡우															입하	
음 력	1	2	3	4	5	6	7	8	9	10	11	12	13	14	15	16	17	18	19	20	21	22	23	24	25	26	27	28	29	30
양력 월·일	4·7	8	9	10	11	12	13	14	15	16	17	18	19	20	21	22	23	24	25	26	27	28	29	30	5·1	2	3	4	5	6
일 진	己卯	庚辰	辛巳	壬午	癸未	甲申	乙酉	丙戌	丁亥	戊子	己丑	庚寅	辛卯	壬辰	癸巳	甲午	乙未	丙申	丁酉	戊戌	己亥	庚子	辛丑	壬寅	癸卯	甲辰	乙巳	丙午	丁未	戊申
														巳初															戌正	

4 月(乙巳)

															소만															
음 력	1	2	3	4	5	6	7	8	9	10	11	12	13	14	15	16	17	18	19	20	21	22	23	24	25	26	27	28	29	
양력 월·일	5·7	8	9	10	11	12	13	14	15	16	17	18	19	20	21	22	23	24	25	26	27	28	29	30	31	6·1	2	3	4	
일 진	己酉	庚戌	辛亥	壬子	癸丑	甲寅	乙卯	丙辰	丁巳	戊午	己未	庚申	辛酉	壬戌	癸亥	甲子	乙丑	丙寅	丁卯	戊辰	己巳	庚午	辛未	壬申	癸酉	甲戌	乙亥	丙子	丁丑	
															巳初															

5 月(丙午)

		망종															하지													
음 력	1	2	3	4	5	6	7	8	9	10	11	12	13	14	15	16	17	18	19	20	21	22	23	24	25	26	27	28	29	30
양력 월·일	6·5	6	7	8	9	10	11	12	13	14	15	16	17	18	19	20	21	22	23	24	25	26	27	28	29	30	7·1	2	3	4
일 진	戊寅	己卯	庚辰	辛巳	壬午	癸未	甲申	乙酉	丙戌	丁亥	戊子	己丑	庚寅	辛卯	壬辰	癸巳	甲午	乙未	丙申	丁酉	戊戌	己亥	庚子	辛丑	壬寅	癸卯	甲辰	乙巳	丙午	丁未
		子正															酉初													

6 月(丁未)

			소서																대서											
음 력	1	2	3	4	5	6	7	8	9	10	11	12	13	14	15	16	17	18	19	20	21	22	23	24	25	26	27	28	29	
양력 월·일	7·5	6	7	8	9	10	11	12	13	14	15	16	17	18	19	20	21	22	23	24	25	26	27	28	29	30	31	8·1	2	
일 진	戊申	己酉	庚戌	辛亥	壬子	癸丑	甲寅	乙卯	丙辰	丁巳	戊午	己未	庚申	辛酉	壬戌	癸亥	甲子	乙丑	丙寅	丁卯	戊辰	己巳	庚午	辛未	壬申	癸酉	甲戌	乙亥	丙子	
			巳正																寅正											

7 月(戊申)

입추 처서

음력	1	2	3	4	5	6	7	8	9	10	11	12	13	14	15	16	17	18	19	20	21	22	23	24	25	26	27	28	29	30
양력 월·일	8·3	4	5	6	7	8	9	10	11	12	13	14	15	16	17	18	19	20	21	22	23	24	25	26	27	28	29	30	31	9·1
일진	丁丑	戊寅	己卯	庚辰	辛巳	壬午	癸未	甲申	乙酉	丙戌	丁亥	戊子	己丑	庚寅	辛卯	壬辰	癸巳	甲午	乙未	丙申	丁酉	戊戌	己亥	庚子	辛丑	壬寅	癸卯	甲辰	乙巳	丙午

戌正 午初

8 月(己酉)

백로 추분

음력	1	2	3	4	5	6	7	8	9	10	11	12	13	14	15	16	17	18	19	20	21	22	23	24	25	26	27	28	29	30
양력 월·일	9·2	3	4	5	6	7	8	9	10	11	12	13	14	15	16	17	18	19	20	21	22	23	24	25	26	27	28	29	30	10·1
일진	丁未	戊申	己酉	庚戌	辛亥	壬子	癸丑	甲寅	乙卯	丙辰	丁巳	戊午	己未	庚申	辛酉	壬戌	癸亥	甲子	乙丑	丙寅	丁卯	戊辰	己巳	庚午	辛未	壬申	癸酉	甲戌	乙亥	丙子

子初 辰正

9 月(庚戌)

한로 상강

음력	1	2	3	4	5	6	7	8	9	10	11	12	13	14	15	16	17	18	19	20	21	22	23	24	25	26	27	28	29	
양력 월·일	10·2	3	4	5	6	7	8	9	10	11	12	13	14	15	16	17	18	19	20	21	22	23	24	25	26	27	28	29	30	
일진	丁丑	戊寅	己卯	庚辰	辛巳	壬午	癸未	甲申	乙酉	丙戌	丁亥	戊子	己丑	庚寅	辛卯	壬辰	癸巳	甲午	乙未	丙申	丁酉	戊戌	己亥	庚子	辛丑	壬寅	癸卯	甲辰	乙巳	

申初 酉正

10 月(辛亥)

입동 소설

음력	1	2	3	4	5	6	7	8	9	10	11	12	13	14	15	16	17	18	19	20	21	22	23	24	25	26	27	28	29	30
양력 월·일	10·31	11·1	2	3	4	5	6	7	8	9	10	11	12	13	14	15	16	17	18	19	20	21	22	23	24	25	26	27	28	29
일진	丙午	丁未	戊申	己酉	庚戌	辛亥	壬子	癸丑	甲寅	乙卯	丙辰	丁巳	戊午	己未	庚申	辛酉	壬戌	癸亥	甲子	乙丑	丙寅	丁卯	戊辰	己巳	庚午	辛未	壬申	癸酉	甲戌	乙亥

酉正 申初

11 月(壬子)

대설 동지

음력	1	2	3	4	5	6	7	8	9	10	11	12	13	14	15	16	17	18	19	20	21	22	23	24	25	26	27	28	29	30
양력 월·일	11·30	12·1	2	3	4	5	6	7	8	9	10	11	12	13	14	15	16	17	18	19	20	21	22	23	24	25	26	27	28	29
일진	丙子	丁丑	戊寅	己卯	庚辰	辛巳	壬午	癸未	甲申	乙酉	丙戌	丁亥	戊子	己丑	庚寅	辛卯	壬辰	癸巳	甲午	乙未	丙申	丁酉	戊戌	己亥	庚子	辛丑	壬寅	癸卯	甲辰	乙巳

午初 寅正

12 月(癸丑)

소한 대한

음력	1	2	3	4	5	6	7	8	9	10	11	12	13	14	15	16	17	18	19	20	21	22	23	24	25	26	27	28	29	
양력 월·일	12·30	31	1·1	2	3	4	5	6	7	8	9	10	11	12	13	14	15	16	17	18	19	20	21	22	23	24	25	26	27	
일진	丙午	丁未	戊申	己酉	庚戌	辛亥	壬子	癸丑	甲寅	乙卯	丙辰	丁巳	戊午	己未	庚申	辛酉	壬戌	癸亥	甲子	乙丑	丙寅	丁卯	戊辰	己巳	庚午	辛未	壬申	癸酉	甲戌	

亥正 申初

서기 1998 년/단기 4331	戊 寅 年

正 月(甲寅)

								입춘															우수							
음 력	1	2	3	4	5	6	7	8	9	10	11	12	13	14	15	16	17	18	19	20	21	22	23	24	25	26	27	28	29	30
양력 월·일	1·28	29	30	31	2·1	2	3	4	5	6	7	8	9	10	11	12	13	14	15	16	17	18	19	20	21	22	23	24	25	26
일 진	乙亥	丙子	丁丑	戊寅	己卯	庚辰	辛巳	壬午	癸未	甲申	乙酉	丙戌	丁亥	戊子	己丑	庚寅	辛卯	壬辰	癸巳	甲午	乙未	丙申	丁酉	戊戌	己亥	庚子	辛丑	壬寅	癸卯	甲辰
								巳初															卯初							

2 月(乙卯)

								경칩															춘분							
음 력	1	2	3	4	5	6	7	8	9	10	11	12	13	14	15	16	17	18	19	20	21	22	23	24	25	26	27	28	29	
양력 월·일	2·27	28	3·1	2	3	4	5	6	7	8	9	10	11	12	13	14	15	16	17	18	19	20	21	22	23	24	25	26	27	
일 진	乙巳	丙午	丁未	戊申	己酉	庚戌	辛亥	壬子	癸丑	甲寅	乙卯	丙辰	丁巳	戊午	己未	庚申	辛酉	壬戌	癸亥	甲子	乙丑	丙寅	丁卯	戊辰	己巳	庚午	辛未	壬申	癸酉	
								寅初															寅正							

3 月(丙辰)

									청명															곡우						
음 력	1	2	3	4	5	6	7	8	9	10	11	12	13	14	15	16	17	18	19	20	21	22	23	24	25	26	27	28	29	
양력 월·일	3·28	29	30	31	4·1	2	3	4	5	6	7	8	9	10	11	12	13	14	15	16	17	18	19	20	21	22	23	24	25	
일 진	甲戌	乙亥	丙子	丁丑	戊寅	己卯	庚辰	辛巳	壬午	癸未	甲申	乙酉	丙戌	丁亥	戊子	己丑	庚寅	辛卯	壬辰	癸巳	甲午	乙未	丙申	丁酉	戊戌	己亥	庚子	辛丑	壬寅	
									辰正															申初						

4 月(丁巳)

											입하															소만				
음 력	1	2	3	4	5	6	7	8	9	10	11	12	13	14	15	16	17	18	19	20	21	22	23	24	25	26	27	28	29	30
양력 월·일	4·26	27	28	29	30	5·1	2	3	4	5	6	7	8	9	10	11	12	13	14	15	16	17	18	19	20	21	22	23	24	25
일 진	癸卯	甲辰	乙巳	丙午	丁未	戊申	己酉	庚戌	辛亥	壬子	癸丑	甲寅	乙卯	丙辰	丁巳	戊午	己未	庚申	辛酉	壬戌	癸亥	甲子	乙丑	丙寅	丁卯	戊辰	己巳	庚午	辛未	壬申
											丑正															未正				

5 月(戊午)

												망종															하지			
음 력	1	2	3	4	5	6	7	8	9	10	11	12	13	14	15	16	17	18	19	20	21	22	23	24	25	26	27	28	29	
양력 월·일	5·26	27	28	29	30	31	6·1	2	3	4	5	6	7	8	9	10	11	12	13	14	15	16	17	18	19	20	21	22	23	
일 진	癸酉	甲戌	乙亥	丙子	丁丑	戊寅	己卯	庚辰	辛巳	壬午	癸未	甲申	乙酉	丙戌	丁亥	戊子	己丑	庚寅	辛卯	壬辰	癸巳	甲午	乙未	丙申	丁酉	戊戌	己亥	庚子	辛丑	
												卯正															亥正			

閏 五 月(戊午)

														소서																
음 력	1	2	3	4	5	6	7	8	9	10	11	12	13	14	15	16	17	18	19	20	21	22	23	24	25	26	27	28	29	
양력 월·일	6·24	25	26	27	28	29	30	7·1	2	3	4	5	6	7	8	9	10	11	12	13	14	15	16	17	18	19	20	21	22	
일 진	壬寅	癸卯	甲辰	乙巳	丙午	丁未	戊申	己酉	庚戌	辛亥	壬子	癸丑	甲寅	乙卯	丙辰	丁巳	戊午	己未	庚申	辛酉	壬戌	癸亥	甲子	乙丑	丙寅	丁巳	戊辰	己巳	庚午	
														申正																

6 月(己未)

	대서																입추													
음 력	1	2	3	4	5	6	7	8	9	10	11	12	13	14	15	16	17	18	19	20	21	22	23	24	25	26	27	28	29	30
양력 월·일	7·23	24	25	26	27	28	29	30	31	8·1	2	3	4	5	6	7	8	9	10	11	12	13	14	15	16	17	18	19	20	21
일 진	辛未	壬申	癸酉	甲戌	乙亥	丙子	丁丑	戊寅	己卯	庚辰	辛巳	壬午	癸未	甲申	乙酉	丙戌	丁亥	戊子	己丑	庚寅	辛卯	壬辰	癸巳	甲午	乙未	丙申	丁酉	戊戌	己亥	庚子
	巳初																丑正													

7 月(庚申)

		처서																백로												
음 력	1	2	3	4	5	6	7	8	9	10	11	12	13	14	15	16	17	18	19	20	21	22	23	24	25	26	27	28	29	30
양력 월·일	8·22	23	24	25	26	27	28	29	30	31	9·1	2	3	4	5	6	7	8	9	10	11	12	13	14	15	16	17	18	19	20
일 진	辛丑	壬寅	癸卯	甲辰	乙巳	丙午	丁未	戊申	己酉	庚戌	辛亥	壬子	癸丑	甲寅	乙卯	丙辰	丁巳	戊午	己未	庚申	辛酉	壬戌	癸亥	甲子	乙丑	丙寅	丁卯	戊辰	己巳	庚午
		申正																卯初												

8 月(辛酉)

			추분															상강												
음 력	1	2	3	4	5	6	7	8	9	10	11	12	13	14	15	16	17	18	19	20	21	22	23	24	25	26	27	28	29	
양력 월·일	9·21	22	23	24	25	26	27	28	29	30	10·1	2	3	4	5	6	7	8	9	10	11	12	13	14	15	16	17	18	19	
일 진	辛未	壬申	癸酉	甲戌	乙亥	丙子	丁丑	戊寅	己卯	庚辰	辛巳	壬午	癸未	甲申	乙酉	丙戌	丁亥	戊子	己丑	庚寅	辛卯	壬辰	癸巳	甲午	乙未	丙申	丁酉	戊戌	己亥	
			未正															戌正												

9 月(壬戌)

				한로															입동											
음 력	1	2	3	4	5	6	7	8	9	10	11	12	13	14	15	16	17	18	19	20	21	22	23	24	25	26	27	28	29	30
양력 월·일	10·20	21	22	23	24	25	26	27	28	29	30	31	11·1	2	3	4	5	6	7	8	9	10	11	12	13	14	15	16	17	18
일 진	庚子	辛丑	壬寅	癸卯	甲辰	乙巳	丙午	丁未	戊申	己酉	庚戌	辛亥	壬子	癸丑	甲寅	乙卯	丙辰	丁巳	戊午	己未	庚申	辛酉	壬戌	癸亥	甲子	乙丑	丙寅	丁卯	戊辰	己巳
				子初															子初											

10 月(癸亥)

				소설															대설											
음 력	1	2	3	4	5	6	7	8	9	10	11	12	13	14	15	16	17	18	19	20	21	22	23	24	25	26	27	28	29	30
양력 월·일	11·19	20	21	22	23	24	25	26	27	28	29	30	12·1	2	3	4	5	6	7	8	9	10	11	12	13	14	15	16	17	18
일 진	庚午	辛未	壬申	癸酉	甲戌	乙亥	丙子	丁丑	戊寅	己卯	庚辰	辛巳	壬午	癸未	甲申	乙酉	丙戌	丁亥	戊子	己丑	庚寅	辛卯	壬辰	癸巳	甲午	乙未	丙申	丁酉	戊戌	己亥
				亥初															申正											

11 月(甲子)

				동지															소한											
음 력	1	2	3	4	5	6	7	8	9	10	11	12	13	14	15	16	17	18	19	20	21	22	23	24	25	26	27	28	29	30
양력 월·일	12·19	20	21	22	23	24	25	26	27	28	29	30	31	1·1	2	3	4	5	6	7	8	9	10	11	12	13	14	15	16	17
일 진	庚子	辛丑	壬寅	癸卯	甲辰	乙巳	丙午	丁未	戊申	己酉	庚戌	辛亥	壬子	癸丑	甲寅	乙卯	丙辰	丁巳	戊午	己未	庚申	辛酉	壬戌	癸亥	甲子	乙丑	丙寅	丁卯	戊辰	己巳
				巳正															寅正											

12 月(乙丑)

			대한															입춘												
음 력	1	2	3	4	5	6	7	8	9	10	11	12	13	14	15	16	17	18	19	20	21	22	23	24	25	26	27	28	29	
양력 월·일	1·18	19	20	21	22	23	24	25	26	27	28	29	30	31	2·1	2	3	4	5	6	7	8	9	10	11	12	13	14	15	
일 진	庚午	辛未	壬申	癸酉	甲戌	乙亥	丙子	丁丑	戊寅	己卯	庚辰	辛巳	壬午	癸未	甲申	乙酉	丙戌	丁亥	戊子	己丑	庚寅	辛卯	壬辰	癸巳	甲午	乙未	丙申	丁酉	戊戌	
			亥初															申初												

서기 1999 년/단기 4332　　己 卯 年

正 月(丙寅)

음력	1	2	3	4	5	6	7	8	9	10	11	12	13	14	15	16	17	18	19	20	21	22	23	24	25	26	27	28	29	30
				우수															경칩											
양력 월·일	2·16	17	18	19	20	21	22	23	24	25	26	27	28	3·1	2	3	4	5	6	7	8	9	10	11	12	13	14	15	16	17
일진	己亥	庚子	辛丑	壬寅	癸卯	甲辰	乙巳	丙午	丁未	戊申	己酉	庚戌	辛亥	壬子	癸丑	甲寅	乙卯	丙辰	丁巳	戊午	己未	庚申	辛酉	壬戌	癸亥	甲子	乙丑	丙寅	丁卯	戊辰
				午初															巳初											

2 月(丁卯)

음력	1	2	3	4	5	6	7	8	9	10	11	12	13	14	15	16	17	18	19	20	21	22	23	24	25	26	27	28	29	
				춘분															청명											
양력 월·일	3·18	19	20	21	22	23	24	25	26	27	28	29	30	31	4·1	2	3	4	5	6	7	8	9	10	11	12	13	14	15	
일진	己巳	庚午	辛未	壬申	癸酉	甲戌	乙亥	丙子	丁丑	戊寅	己卯	庚辰	辛巳	壬午	癸未	甲申	乙酉	丙戌	丁亥	戊子	己丑	庚寅	辛卯	壬辰	癸巳	甲午	乙未	丙申	丁酉	
				巳正															未正											

3 月(戊辰)

음력	1	2	3	4	5	6	7	8	9	10	11	12	13	14	15	16	17	18	19	20	21	22	23	24	25	26	27	28	29	
					곡우																입하									
양력 월·일	4·16	17	18	19	20	21	22	23	24	25	26	27	28	29	30	5·1	2	3	4	5	6	7	8	9	10	11	12	13	14	
일진	戊戌	己亥	庚子	辛丑	壬寅	癸卯	甲辰	乙巳	丙午	丁未	戊申	己酉	庚戌	辛亥	壬子	癸丑	甲寅	乙卯	丙辰	丁巳	戊午	己未	庚申	辛酉	壬戌	癸亥	甲子	乙丑	丙寅	
					亥初																辰初									

4 月(己巳)

음력	1	2	3	4	5	6	7	8	9	10	11	12	13	14	15	16	17	18	19	20	21	22	23	24	25	26	27	28	29	30
							소만																망종							
양력 월·일	5·15	16	17	18	19	20	21	22	23	24	25	26	27	28	29	30	31	6·1	2	3	4	5	6	7	8	9	10	11	12	13
일진	丁卯	戊辰	己巳	庚午	辛未	壬申	癸酉	甲戌	乙亥	丙子	丁丑	戊寅	己卯	庚辰	辛巳	壬午	癸未	甲申	乙酉	丙戌	丁亥	戊子	己丑	庚寅	辛卯	壬辰	癸巳	甲午	乙未	丙申
							戌正																午正							

5 月(庚午)

음력	1	2	3	4	5	6	7	8	9	10	11	12	13	14	15	16	17	18	19	20	21	22	23	24	25	26	27	28	29	
									하지															소서						
양력 월·일	6·14	15	16	17	18	19	20	21	22	23	24	25	26	27	28	29	30	7·1	2	3	4	5	6	7	8	9	10	11	12	
일진	丁酉	戊戌	己亥	庚子	辛丑	壬寅	癸卯	甲辰	乙巳	丙午	丁未	戊申	己酉	庚戌	辛亥	壬子	癸丑	甲寅	乙卯	丙辰	丁巳	戊午	己未	庚申	辛酉	壬戌	癸亥	甲子	乙丑	
									寅正															亥正						

6 月(辛未)

음력	1	2	3	4	5	6	7	8	9	10	11	12	13	14	15	16	17	18	19	20	21	22	23	24	25	26	27	28	29	
											대서																입추			
양력 월·일	7·13	14	15	16	17	18	19	20	21	22	23	24	25	26	27	28	29	30	31	8·1	2	3	4	5	6	7	8	9	10	
일진	丙寅	丁卯	戊辰	己巳	庚午	辛未	壬申	癸酉	甲戌	乙亥	丙子	丁丑	戊寅	己卯	庚辰	辛巳	壬午	癸未	甲申	乙酉	丙戌	丁亥	戊子	己丑	庚寅	辛卯	壬辰	癸巳	甲午	
											申初																辰正			

7月(壬申)

													처서																백로	
음 력	1	2	3	4	5	6	7	8	9	10	11	12	13	14	15	16	17	18	19	20	21	22	23	24	25	26	27	28	29	30
양력 월·일	8·11	12	13	14	15	16	17	18	19	20	21	22	23	24	25	26	27	28	29	30	31	9·1	2	3	4	5	6	7	8	9
일 진	乙未	丙申	丁酉	戊戌	己亥	庚子	辛丑	壬寅	癸卯	甲辰	乙巳	丙午	丁未	戊申	己酉	庚戌	辛亥	壬子	癸丑	甲寅	乙卯	丙辰	丁巳	戊午	己未	庚申	辛酉	壬戌	癸亥	甲子
													亥正																午初	

8月(癸酉)

														추분																
음 력	1	2	3	4	5	6	7	8	9	10	11	12	13	14	15	16	17	18	19	20	21	22	23	24	25	26	27	28	29	
양력 월·일	9·10	11	12	13	14	15	16	17	18	19	20	21	22	23	24	25	26	27	28	29	30	10·1	2	3	4	5	6	7	8	
일 진	乙丑	丙寅	丁卯	戊辰	己巳	庚午	辛未	壬申	癸酉	甲戌	乙亥	丙子	丁丑	戊寅	己卯	庚辰	辛巳	壬午	癸未	甲申	乙酉	丙戌	丁亥	戊子	己丑	庚寅	辛卯	壬辰	癸巳	
														戌正																

9月(甲戌)

	한로															상강														
음 력	1	2	3	4	5	6	7	8	9	10	11	12	13	14	15	16	17	18	19	20	21	22	23	24	25	26	27	28	29	30
양력 월·일	10·9	10	11	12	13	14	15	16	17	18	19	20	21	22	23	24	25	26	27	28	29	30	31	11·1	2	3	4	5	6	7
일 진	甲午	乙未	丙申	丁酉	戊戌	己亥	庚子	辛丑	壬寅	癸卯	甲辰	乙巳	丙午	丁未	戊申	己酉	庚戌	辛亥	壬子	癸丑	甲寅	乙卯	丙辰	丁巳	戊午	己未	庚申	辛酉	壬戌	癸亥
	丑正															卯初														

10月(乙亥)

	입동															소설														대설
음 력	1	2	3	4	5	6	7	8	9	10	11	12	13	14	15	16	17	18	19	20	21	22	23	24	25	26	27	28	29	30
양력 월·일	11·8	9	10	11	12	13	14	15	16	17	18	19	20	21	22	23	24	25	26	27	28	29	30	12·1	2	3	4	5	6	7
일 진	甲子	乙丑	丙寅	丁卯	戊辰	己巳	庚午	辛未	壬申	癸酉	甲戌	乙亥	丙子	丁丑	戊寅	己卯	庚辰	辛巳	壬午	癸未	甲申	乙酉	丙戌	丁亥	戊子	己丑	庚寅	辛卯	壬辰	癸巳
	卯初															寅初														亥正

11月(丙子)

															동지															소한
음 력	1	2	3	4	5	6	7	8	9	10	11	12	13	14	15	16	17	18	19	20	21	22	23	24	25	26	27	28	29	30
양력 월·일	12·8	9	10	11	12	13	14	15	16	17	18	19	20	21	22	23	24	25	26	27	28	29	30	31	1·1	2	3	4	5	6
일 진	甲午	乙未	丙申	丁酉	戊戌	己亥	庚子	辛丑	壬寅	癸卯	甲辰	乙巳	丙午	丁未	戊申	己酉	庚戌	辛亥	壬子	癸丑	甲寅	乙卯	丙辰	丁巳	戊午	己未	庚申	辛酉	壬戌	癸亥
															申正															巳初

12月(丁丑)

															대한														입춘	
음 력	1	2	3	4	5	6	7	8	9	10	11	12	13	14	15	16	17	18	19	20	21	22	23	24	25	26	27	28	29	
양력 월·일	1·7	8	9	10	11	12	13	14	15	16	17	18	19	20	21	22	23	24	25	26	27	28	29	30	31	2·1	2	3	4	
일 진	甲子	乙丑	丙寅	丁卯	戊辰	己巳	庚午	辛未	壬申	癸酉	甲戌	乙亥	丙子	丁丑	戊寅	己卯	庚辰	辛巳	壬午	癸未	甲申	乙酉	丙戌	丁亥	戊子	己丑	庚寅	辛卯	壬辰	
															寅初														亥初	

단기 4333년	2000년	

소한 6일 10시00분

1 · 丁丑月 (양1.6 ~ 2.3)

대한 21일 03시22분

양력	1	2	3	4	5	6	7	8	9	10	11	12	13	14	15	16	17	18	19	20	21	22	23	24	25	26	27	28	29	30	31
음력	25	26	27	28	29	30	12.1	2	3	4	5	6	7	8	9	10	11	12	13	14	15	16	17	18	19	20	21	22	23	24	25
일진	戊午	己未	庚申	辛酉	壬戌	癸亥	甲子	乙丑	丙寅	丁卯	戊辰	己巳	庚午	辛未	壬申	癸酉	甲戌	乙亥	丙子	丁丑	戊寅	己卯	庚辰	辛巳	壬午	癸未	甲申	乙酉	丙戌	丁亥	戊子

입춘 4일 21시40분

2 · 戊寅月 (양2.4 ~ 3.4)

우수 19일 17시33분

양력	1	2	3	4	5	6	7	8	9	10	11	12	13	14	15	16	17	18	19	20	21	22	23	24	25	26	27	28	29
음력	26	27	28	29	1.1	2	3	4	5	6	7	8	9	10	11	12	13	14	15	16	17	18	19	20	21	22	23	24	25
일진	己丑	庚寅	辛卯	壬辰	癸巳	甲午	乙未	丙申	丁酉	戊戌	己亥	庚子	辛丑	壬寅	癸卯	甲辰	乙巳	丙午	丁未	戊申	己酉	庚戌	辛亥	壬子	癸丑	甲寅	乙卯	丙辰	丁巳

경칩 5일 15시42분

3 · 己卯月 (양3.5 ~ 4.3)

춘분 20일 16시35분

양력	1	2	3	4	5	6	7	8	9	10	11	12	13	14	15	16	17	18	19	20	21	22	23	24	25	26	27	28	29	30	31
음력	26	27	28	29	30	2.1	2	3	4	5	6	7	8	9	10	11	12	13	14	15	16	17	18	19	20	21	22	23	24	25	26
일진	戊午	己未	庚申	辛酉	壬戌	癸亥	甲子	乙丑	丙寅	丁卯	戊辰	己巳	庚午	辛未	壬申	癸酉	甲戌	乙亥	丙子	丁丑	戊寅	己卯	庚辰	辛巳	壬午	癸未	甲申	乙酉	丙戌	丁亥	戊子

청명 4일 20시31분

4 · 庚辰月 (양4.4 ~ 5.4)

곡우 20일 03시39분

양력	1	2	3	4	5	6	7	8	9	10	11	12	13	14	15	16	17	18	19	20	21	22	23	24	25	26	27	28	29	30
음력	27	28	29	30	3.1	2	3	4	5	6	7	8	9	10	11	12	13	14	15	16	17	18	19	20	21	22	23	24	25	26
일진	己丑	庚寅	辛卯	壬辰	癸巳	甲午	乙未	丙申	丁酉	戊戌	己亥	庚子	辛丑	壬寅	癸卯	甲辰	乙巳	丙午	丁未	戊申	己酉	庚戌	辛亥	壬子	癸丑	甲寅	乙卯	丙辰	丁巳	戊午

입하 5일 13시50분

5 · 辛巳月 (양5.5 ~ 6.4)

소만 21일 02시49분

양력	1	2	3	4	5	6	7	8	9	10	11	12	13	14	15	16	17	18	19	20	21	22	23	24	25	26	27	28	29	30	31
음력	27	28	29	4.1	2	3	4	5	6	7	8	9	10	11	12	13	14	15	16	17	18	19	20	21	22	23	24	25	26	27	28
일진	己未	庚申	辛酉	壬戌	癸亥	甲子	乙丑	丙寅	丁卯	戊辰	己巳	庚午	辛未	壬申	癸酉	甲戌	乙亥	丙子	丁丑	戊寅	己卯	庚辰	辛巳	壬午	癸未	甲申	乙酉	丙戌	丁亥	戊子	己丑

망종 5일 17시58분

6 · 壬午月 (양6.5 ~ 7.6)

하지 21일 10시47분

양력	1	2	3	4	5	6	7	8	9	10	11	12	13	14	15	16	17	18	19	20	21	22	23	24	25	26	27	28	29	30
음력	29	5.1	2	3	4	5	6	7	8	9	10	11	12	13	14	15	16	17	18	19	20	21	22	23	24	25	26	27	28	29
일진	庚寅	辛卯	壬辰	癸巳	甲午	乙未	丙申	丁酉	戊戌	己亥	庚子	辛丑	壬寅	癸卯	甲辰	乙巳	丙午	丁未	戊申	己酉	庚戌	辛亥	壬子	癸丑	甲寅	乙卯	丙辰	丁巳	戊午	己未

	庚辰年	동경 135도 표준시

소서 7일 04시13분

7 · 癸未月 (양 7.7 ~ 8.6)

대서 22일 21시42분

양력	1	2	3	4	5	6	7	8	9	10	11	12	13	14	15	16	17	18	19	20	21	22	23	24	25	26	27	28	29	30	31
음력	30	6.1	2	3	4	5	6	7	8	9	10	11	12	13	14	15	16	17	18	19	20	21	22	23	24	25	26	27	28	29	7.1
일진	庚申	辛酉	壬戌	癸亥	甲子	乙丑	丙寅	丁卯	戊辰	己巳	庚午	辛未	壬申	癸酉	甲戌	乙亥	丙子	丁丑	戊寅	己卯	庚辰	辛巳	壬午	癸未	甲申	乙酉	丙戌	丁亥	戊子	己丑	庚寅

입추 7일 14시02분

8 · 甲申月 (양 8.7 ~ 9.6)

처서 23일 04시48분

양력	1	2	3	4	5	6	7	8	9	10	11	12	13	14	15	16	17	18	19	20	21	22	23	24	25	26	27	28	29	30	31
음력	2	3	4	5	6	7	8	9	10	11	12	13	14	15	16	17	18	19	20	21	22	23	24	25	26	27	28	29	8.1	2	3
일진	辛卯	壬辰	癸巳	甲午	乙未	丙申	丁酉	戊戌	己亥	庚子	辛丑	壬寅	癸卯	甲辰	乙巳	丙午	丁未	戊申	己酉	庚戌	辛亥	壬子	癸丑	甲寅	乙卯	丙辰	丁巳	戊午	己未	庚申	辛酉

백로 7일 16시59분

9 · 乙酉月 (양 9.7 ~ 10.7)

추분 23일 02시27분

양력	1	2	3	4	5	6	7	8	9	10	11	12	13	14	15	16	17	18	19	20	21	22	23	24	25	26	27	28	29	30	
음력	4	5	6	7	8	9	10	11	12	13	14	15	16	17	18	19	20	21	22	23	24	25	26	27	28	29	30	9.1	2	3	
일진	壬戌	癸亥	甲子	乙丑	丙寅	丁卯	戊辰	己巳	庚午	辛未	壬申	癸酉	甲戌	乙亥	丙子	丁丑	戊寅	己卯	庚辰	辛巳	壬午	癸未	甲申	乙酉	丙戌	丁亥	戊子	己丑	庚寅	辛卯	

한로 8일 08시38분

10 · 丙戌月 (양 10.8 ~ 11.6)

상강 23일 11시47분

양력	1	2	3	4	5	6	7	8	9	10	11	12	13	14	15	16	17	18	19	20	21	22	23	24	25	26	27	28	29	30	31
음력	4	5	6	7	8	9	10	11	12	13	14	15	16	17	18	19	20	21	22	23	24	25	26	27	28	29	10.1	2	3	4	5
일진	壬辰	癸巳	甲午	乙未	丙申	丁酉	戊戌	己亥	庚子	辛丑	壬寅	癸卯	甲辰	乙巳	丙午	丁未	戊申	己酉	庚戌	辛亥	壬子	癸丑	甲寅	乙卯	丙辰	丁巳	戊午	己未	庚申	辛酉	壬戌

입동 7일 11시47분

11 · 丁亥月 (양 11.7 ~ 12.6)

소설 22일 09시19분

양력	1	2	3	4	5	6	7	8	9	10	11	12	13	14	15	16	17	18	19	20	21	22	23	24	25	26	27	28	29	30	
음력	6	7	8	9	10	11	12	13	14	15	16	17	18	19	20	21	22	23	24	25	26	27	28	29	30	11.1	2	3	4	5	
일진	癸亥	甲子	乙丑	丙寅	丁卯	戊辰	己巳	庚午	辛未	壬申	癸酉	甲戌	乙亥	丙子	丁丑	戊寅	己卯	庚辰	辛巳	壬午	癸未	甲申	乙酉	丙戌	丁亥	戊子	己丑	庚寅	辛卯	壬辰	

대설 7일 04시36분

12 · 戊子月 (양 12.7 ~ 1.4)

동지 21일 22시37분

양력	1	2	3	4	5	6	7	8	9	10	11	12	13	14	15	16	17	18	19	20	21	22	23	24	25	26	27	28	29	30	31
음력	6	7	8	9	10	11	12	13	14	15	16	17	18	19	20	21	22	23	24	25	26	27	28	29	30	12.1	2	3	4	5	6
일진	癸巳	甲午	乙未	丙申	丁酉	戊戌	己亥	庚子	辛丑	壬寅	癸卯	甲辰	乙巳	丙午	丁未	戊申	己酉	庚戌	辛亥	壬子	癸丑	甲寅	乙卯	丙辰	丁巳	戊午	己未	庚申	辛酉	壬戌	癸亥

단기 4334년	2001년(윤4월)	

1 · 己丑月 (양 1.5 ~ 2.3)

소한 5일 15시49분　　대한 20일 09시16분

양력	1	2	3	4	5	6	7	8	9	10	11	12	13	14	15	16	17	18	19	20	21	22	23	24	25	26	27	28	29	30	31
음력	7	8	9	10	11	12	13	14	15	16	17	18	19	20	21	22	23	24	25	26	27	28	29	1.1	2	3	4	5	6	7	8
일진	甲子	乙丑	丙寅	丁卯	戊辰	己巳	庚午	辛未	壬申	癸酉	甲戌	乙亥	丙子	丁丑	戊寅	己卯	庚辰	辛巳	壬午	癸未	甲申	乙酉	丙戌	丁亥	戊子	己丑	庚寅	辛卯	壬辰	癸巳	甲午

2 · 庚寅月 (양 2.4 ~ 3.4)

입춘 4일 03시28분　　우수 18일 23시27분

양력	1	2	3	4	5	6	7	8	9	10	11	12	13	14	15	16	17	18	19	20	21	22	23	24	25	26	27	28
음력	9	10	11	12	13	14	15	16	17	18	19	20	21	22	23	24	25	26	27	28	29	30	2.1	2	3	4	5	6
일진	乙未	丙申	丁酉	戊戌	己亥	庚子	辛丑	壬寅	癸卯	甲辰	乙巳	丙午	丁未	戊申	己酉	庚戌	辛亥	壬子	癸丑	甲寅	乙卯	丙辰	丁巳	戊午	己未	庚申	辛酉	壬戌

3 · 辛卯月 (양 3.5 ~ 4.4)

경칩 5일 21시32분　　춘분 20일 22시30분

양력	1	2	3	4	5	6	7	8	9	10	11	12	13	14	15	16	17	18	19	20	21	22	23	24	25	26	27	28	29	30	31
음력	7	8	9	10	11	12	13	14	15	16	17	18	19	20	21	22	23	24	25	26	27	28	29	30	3.1	2	3	4	5	6	7
일진	癸亥	甲子	乙丑	丙寅	丁卯	戊辰	己巳	庚午	辛未	壬申	癸酉	甲戌	乙亥	丙子	丁丑	戊寅	己卯	庚辰	辛巳	壬午	癸未	甲申	乙酉	丙戌	丁亥	戊子	己丑	庚寅	辛卯	壬辰	癸巳

4 · 壬辰月 (양 4.5 ~ 5.4)

청명 5일 02시24분　　곡우 20일 09시35분

양력	1	2	3	4	5	6	7	8	9	10	11	12	13	14	15	16	17	18	19	20	21	22	23	24	25	26	27	28	29	30
음력	8	9	10	11	12	13	14	15	16	17	18	19	20	21	22	23	24	25	26	27	28	29	30	4.1	2	3	4	5	6	7
일진	甲午	乙未	丙申	丁酉	戊戌	己亥	庚子	辛丑	壬寅	癸卯	甲辰	乙巳	丙午	丁未	戊申	己酉	庚戌	辛亥	壬子	癸丑	甲寅	乙卯	丙辰	丁巳	戊午	己未	庚申	辛酉	壬戌	癸亥

5 · 癸巳月 (양 5.5 ~ 6.4)

입하 5일 19시44분　　소만 21일 08시44분

양력	1	2	3	4	5	6	7	8	9	10	11	12	13	14	15	16	17	18	19	20	21	22	23	24	25	26	27	28	29	30	31
음력	8	9	10	11	12	13	14	15	16	17	18	19	20	21	22	23	24	25	26	27	28	29	윤	4.2	3	4	5	6	7	8	9
일진	甲子	乙丑	丙寅	丁卯	戊辰	己巳	庚午	辛未	壬申	癸酉	甲戌	乙亥	丙子	丁丑	戊寅	己卯	庚辰	辛巳	壬午	癸未	甲申	乙酉	丙戌	丁亥	戊子	己丑	庚寅	辛卯	壬辰	癸巳	甲午

6 · 甲午月 (양 6.5 ~ 7.6)

망종 5일 23시53분　　하지 21일 16시37분

양력	1	2	3	4	5	6	7	8	9	10	11	12	13	14	15	16	17	18	19	20	21	22	23	24	25	26	27	28	29	30
음력	10	11	12	13	14	15	16	17	18	19	20	21	22	23	24	25	26	27	28	29	5.1	2	3	4	5	6	7	8	9	10
일진	乙未	丙申	丁酉	戊戌	己亥	庚子	辛丑	壬寅	癸卯	甲辰	乙巳	丙午	丁未	戊申	己酉	庚戌	辛亥	壬子	癸丑	甲寅	乙卯	丙辰	丁巳	戊午	己未	庚申	辛酉	壬戌	癸亥	甲子

	# 辛巳年	동경 135도 표준시

소서 7일 10시06분

7 · 乙未月 (양 7.7 ~ 8.6)

대서 23일 03시26분

양력	1	2	3	4	5	6	7	8	9	10	11	12	13	14	15	16	17	18	19	20	21	22	23	24	25	26	27	28	29	30	31
음력	11	12	13	14	15	16	17	18	19	20	21	22	23	24	25	26	27	28	29	30	6.1	2	3	4	5	6	7	8	9	10	11
일진	乙丑	丙寅	丁卯	戊辰	己巳	庚午	辛未	壬申	癸酉	甲戌	乙亥	丙子	丁丑	戊寅	己卯	庚辰	辛巳	壬午	癸未	甲申	乙酉	丙戌	丁亥	戊子	己丑	庚寅	辛卯	壬辰	癸巳	甲午	乙未

입추 7일 19시52분

8 · 丙申月 (양 8.7 ~ 9.6)

처서 23일 10시26분

양력	1	2	3	4	5	6	7	8	9	10	11	12	13	14	15	16	17	18	19	20	21	22	23	24	25	26	27	28	29	30	31
음력	12	13	14	15	16	17	18	19	20	21	22	23	24	25	26	27	28	29	7.1	2	3	4	5	6	7	8	9	10	11	12	13
일진	丙申	丁酉	戊戌	己亥	庚子	辛丑	壬寅	癸卯	甲辰	乙巳	丙午	丁未	戊申	己酉	庚戌	辛亥	壬子	癸丑	甲寅	乙卯	丙辰	丁巳	戊午	己未	庚申	辛酉	壬戌	癸亥	甲子	乙丑	丙寅

백로 7일 22시46분

9 · 丁酉月 (양 9.7 ~ 10.7)

추분 23일 08시04분

양력	1	2	3	4	5	6	7	8	9	10	11	12	13	14	15	16	17	18	19	20	21	22	23	24	25	26	27	28	29	30
음력	14	15	16	17	18	19	20	21	22	23	24	25	26	27	28	29	8.1	2	3	4	5	6	7	8	9	10	11	12	13	14
일진	丁卯	戊辰	己巳	庚午	辛未	壬申	癸酉	甲戌	乙亥	丙子	丁丑	戊寅	己卯	庚辰	辛巳	壬午	癸未	甲申	乙酉	丙戌	丁亥	戊子	己丑	庚寅	辛卯	壬辰	癸巳	甲午	乙未	丙申

한로 8일 14시24분

10 · 戊戌月 (양 10.8 ~ 11.6)

상강 23일 17시25분

양력	1	2	3	4	5	6	7	8	9	10	11	12	13	14	15	16	17	18	19	20	21	22	23	24	25	26	27	28	29	30	31
음력	15	16	17	18	19	20	21	22	23	24	25	26	27	28	29	30	9.1	2	3	4	5	6	7	8	9	10	11	12	13	14	15
일진	丁酉	戊戌	己亥	庚子	辛丑	壬寅	癸卯	甲辰	乙巳	丙午	丁未	戊申	己酉	庚戌	辛亥	壬子	癸丑	甲寅	乙卯	丙辰	丁巳	戊午	己未	庚申	辛酉	壬戌	癸亥	甲子	乙丑	丙寅	丁卯

입동 7일 17시36분

11 · 己亥月 (양 11.7 ~ 12.6)

소설 22일 15시00분

양력	1	2	3	4	5	6	7	8	9	10	11	12	13	14	15	16	17	18	19	20	21	22	23	24	25	26	27	28	29	30
음력	16	17	18	19	20	21	22	23	24	25	26	27	28	29	10.1	2	3	4	5	6	7	8	9	10	11	12	13	14	15	16
일진	戊辰	己巳	庚午	辛未	壬申	癸酉	甲戌	乙亥	丙子	丁丑	戊寅	己卯	庚辰	辛巳	壬午	癸未	甲申	乙酉	丙戌	丁亥	戊子	己丑	庚寅	辛卯	壬辰	癸巳	甲午	乙未	丙申	丁酉

대설 7일 10시28분

12 · 庚子月 (양 12.7 ~ 1.4)

동지 22일 04시21분

양력	1	2	3	4	5	6	7	8	9	10	11	12	13	14	15	16	17	18	19	20	21	22	23	24	25	26	27	28	29	30	31
음력	17	18	19	20	21	22	23	24	25	26	27	28	29	30	11.1	2	3	4	5	6	7	8	9	10	11	12	13	14	15	16	17
일진	戊戌	己亥	庚子	辛丑	壬寅	癸卯	甲辰	乙巳	丙午	丁未	戊申	己酉	庚戌	辛亥	壬子	癸丑	甲寅	乙卯	丙辰	丁巳	戊午	己未	庚申	辛酉	壬戌	癸亥	甲子	乙丑	丙寅	丁卯	戊辰

단기 4335년	2002년	

소한 5일 21시43분

1 · 辛丑月 (양 1.5 ~ 2.3)

대한 20일 15시01분

양력	1	2	3	4	5	6	7	8	9	10	11	12	13	14	15	16	17	18	19	20	21	22	23	24	25	26	27	28	29	30	31
음력	18	19	20	21	22	23	24	25	26	27	28	29	12.1	2	3	4	5	6	7	8	9	10	11	12	13	14	15	16	17	18	19
일진	己巳	庚午	辛未	壬申	癸酉	甲戌	乙亥	丙子	丁丑	戊寅	己卯	庚辰	辛巳	壬午	癸未	甲申	乙酉	丙戌	丁亥	戊子	己丑	庚寅	辛卯	壬辰	癸巳	甲午	乙未	丙申	丁酉	戊戌	己亥

입춘 4일 09시23분

2 · 壬寅月 (양 2.4 ~ 3.5)

우수 19일 05시13분

양력	1	2	3	4	5	6	7	8	9	10	11	12	13	14	15	16	17	18	19	20	21	22	23	24	25	26	27	28
음력	20	21	22	23	24	25	26	27	28	29	30	1.1	2	3	4	5	6	7	8	9	10	11	12	13	14	15	16	17
일진	庚子	辛丑	壬寅	癸卯	甲辰	乙巳	丙午	丁未	戊申	己酉	庚戌	辛亥	壬子	癸丑	甲寅	乙卯	丙辰	丁巳	戊午	己未	庚申	辛酉	壬戌	癸亥	甲子	乙丑	丙寅	丁卯

경칩 6일 03시27분

3 · 癸卯月 (양 3.6 ~ 4.4)

춘분 21일 04시15분

양력	1	2	3	4	5	6	7	8	9	10	11	12	13	14	15	16	17	18	19	20	21	22	23	24	25	26	27	28	29	30	31
음력	18	19	20	21	22	23	24	25	26	27	28	29	30	2.1	2	3	4	5	6	7	8	9	10	11	12	13	14	15	16	17	18
일진	戊辰	己巳	庚午	辛未	壬申	癸酉	甲戌	乙亥	丙子	丁丑	戊寅	己卯	庚辰	辛巳	壬午	癸未	甲申	乙酉	丙戌	丁亥	戊子	己丑	庚寅	辛卯	壬辰	癸巳	甲午	乙未	丙申	丁酉	戊戌

청명 5일 08시18분

4 · 甲辰月 (양 4.5 ~ 5.5)

곡우 20일 15시20분

양력	1	2	3	4	5	6	7	8	9	10	11	12	13	14	15	16	17	18	19	20	21	22	23	24	25	26	27	28	29	30
음력	19	20	21	22	23	24	25	26	27	28	29	30	3.1	2	3	4	5	6	7	8	9	10	11	12	13	14	15	16	17	18
일진	己亥	庚子	辛丑	壬寅	癸卯	甲辰	乙巳	丙午	丁未	戊申	己酉	庚戌	辛亥	壬子	癸丑	甲寅	乙卯	丙辰	丁巳	戊午	己未	庚申	辛酉	壬戌	癸亥	甲子	乙丑	丙寅	丁卯	戊辰

입하 6일 01시37분

5 · 乙巳月 (양 5.6 ~ 6.5)

소만 21일 14시28분

양력	1	2	3	4	5	6	7	8	9	10	11	12	13	14	15	16	17	18	19	20	21	22	23	24	25	26	27	28	29	30	31
음력	19	20	21	22	23	24	25	26	27	28	29	4.1	2	3	4	5	6	7	8	9	10	11	12	13	14	15	16	17	18	19	20
일진	己巳	庚午	辛未	壬申	癸酉	甲戌	乙亥	丙子	丁丑	戊寅	己卯	庚辰	辛巳	壬午	癸未	甲申	乙酉	丙戌	丁亥	戊子	己丑	庚寅	辛卯	壬辰	癸巳	甲午	乙未	丙申	丁酉	戊戌	己亥

망종 6일 05시44분

6 · 丙午月 (양 6.6 ~ 7.6)

하지 21일 22시24분

양력	1	2	3	4	5	6	7	8	9	10	11	12	13	14	15	16	17	18	19	20	21	22	23	24	25	26	27	28	29	30
음력	21	22	23	24	25	26	27	28	29	30	5.1	2	3	4	5	6	7	8	9	10	11	12	13	14	15	16	17	18	19	20
일진	庚子	辛丑	壬寅	癸卯	甲辰	乙巳	丙午	丁未	戊申	己酉	庚戌	辛亥	壬子	癸丑	甲寅	乙卯	丙辰	丁巳	戊午	己未	庚申	辛酉	壬戌	癸亥	甲子	乙丑	丙寅	丁卯	戊辰	己巳

壬午年

동경 135도 표준시

소서 7일 15시56분

7 · 丁未月(양 7.7 ~ 8.7)

대서 23일 09시14분

양력	1	2	3	4	5	6	7	8	9	10	11	12	13	14	15	16	17	18	19	20	21	22	23	24	25	26	27	28	29	30	31
음력	21	22	23	24	25	26	27	28	29	6.1	2	3	4	5	6	7	8	9	10	11	12	13	14	15	16	17	18	19	20	21	22
일진	庚午	辛未	壬申	癸酉	甲戌	乙亥	丙子	丁丑	戊寅	己卯	庚辰	辛巳	壬午	癸未	甲申	乙酉	丙戌	丁亥	戊子	己丑	庚寅	辛卯	壬辰	癸巳	甲午	乙未	丙申	丁酉	戊戌	己亥	庚子

입추 8일 01시39분

8 · 戊申月(양 8.8 ~ 9.7)

처서 23일 16시16분

양력	1	2	3	4	5	6	7	8	9	10	11	12	13	14	15	16	17	18	19	20	21	22	23	24	25	26	27	28	29	30	31
음력	23	24	25	26	27	28	29	30	7.1	2	3	4	5	6	7	8	9	10	11	12	13	14	15	16	17	18	19	20	21	22	23
일진	辛丑	壬寅	癸卯	甲辰	乙巳	丙午	丁未	戊申	己酉	庚戌	辛亥	壬子	癸丑	甲寅	乙卯	丙辰	丁巳	戊午	己未	庚申	辛酉	壬戌	癸亥	甲子	乙丑	丙寅	丁卯	戊辰	己巳	庚午	辛未

백로 8일 04시30분

9 · 己酉月(양 9.8 ~ 10.7)

추분 23일 13시55분

양력	1	2	3	4	5	6	7	8	9	10	11	12	13	14	15	16	17	18	19	20	21	22	23	24	25	26	27	28	29	30	
음력	24	25	26	27	28	29	8.1	2	3	4	5	6	7	8	9	10	11	12	13	14	15	16	17	18	19	20	21	22	23	24	
일진	壬申	癸酉	甲戌	乙亥	丙子	丁丑	戊寅	己卯	庚辰	辛巳	壬午	癸未	甲申	乙酉	丙戌	丁亥	戊子	己丑	庚寅	辛卯	壬辰	癸巳	甲午	乙未	丙申	丁酉	戊戌	己亥	庚子	辛丑	

한로 8일 20시09분

10 · 庚戌月(양 10.8 ~ 11.6)

상강 23일 23시17분

양력	1	2	3	4	5	6	7	8	9	10	11	12	13	14	15	16	17	18	19	20	21	22	23	24	25	26	27	28	29	30	31
음력	25	26	27	28	29	9.1	2	3	4	5	6	7	8	9	10	11	12	13	14	15	16	17	18	19	20	21	22	23	24	25	26
일진	壬寅	癸卯	甲辰	乙巳	丙午	丁未	戊申	己酉	庚戌	辛亥	壬子	癸丑	甲寅	乙卯	丙辰	丁巳	戊午	己未	庚申	辛酉	壬戌	癸亥	甲子	乙丑	丙寅	丁卯	戊辰	己巳	庚午	辛未	壬申

입동 7일 23시21분

11 · 辛亥月(양 11.7 ~ 12.6)

소설 22일 20시53분

양력	1	2	3	4	5	6	7	8	9	10	11	12	13	14	15	16	17	18	19	20	21	22	23	24	25	26	27	28	29	30	
음력	27	28	29	30	10.1	2	3	4	5	6	7	8	9	10	11	12	13	14	15	16	17	18	19	20	21	22	23	24	25	26	
일진	癸酉	甲戌	乙亥	丙子	丁丑	戊寅	己卯	庚辰	辛巳	壬午	癸未	甲申	乙酉	丙戌	丁亥	戊子	己丑	庚寅	辛卯	壬辰	癸巳	甲午	乙未	丙申	丁酉	戊戌	己亥	庚子	辛丑	壬寅	

대설 7일 16시14분

12 · 壬子月(양 12.7 ~ 1.5)

동지 22일 10시14분

양력	1	2	3	4	5	6	7	8	9	10	11	12	13	14	15	16	17	18	19	20	21	22	23	24	25	26	27	28	29	30	31
음력	27	28	29	11.1	2	3	4	5	6	7	8	9	10	11	12	13	14	15	16	17	18	19	20	21	22	23	24	25	26	27	28
일진	癸卯	甲辰	乙巳	丙午	丁未	戊申	己酉	庚戌	辛亥	壬子	癸丑	甲寅	乙卯	丙辰	丁巳	戊午	己未	庚申	辛酉	壬戌	癸亥	甲子	乙丑	丙寅	丁卯	戊辰	己巳	庚午	辛未	壬申	癸酉

단기 4336년	2003년	

1 · 癸丑月 (양 1.6 ~ 2.3)

소한 6일 03시27분　　대한 20일 20시52분

양력	1	2	3	4	5	6	7	8	9	10	11	12	13	14	15	16	17	18	19	20	21	22	23	24	25	26	27	28	29	30	31
음력	29	30	12.1	2	3	4	5	6	7	8	9	10	11	12	13	14	15	16	17	18	19	20	21	22	23	24	25	26	27	28	29
일진	甲戌	乙亥	丙子	丁丑	戊寅	己卯	庚辰	辛巳	壬午	癸未	甲申	乙酉	丙戌	丁亥	戊子	己丑	庚寅	辛卯	壬辰	癸巳	甲午	乙未	丙申	丁酉	戊戌	己亥	庚子	辛丑	壬寅	癸卯	甲辰

2 · 甲寅月 (양 2.4 ~ 3.5)

입춘 4일 15시05분　　우수 19일 11시00분

양력	1	2	3	4	5	6	7	8	9	10	11	12	13	14	15	16	17	18	19	20	21	22	23	24	25	26	27	28
음력	1.1	2	3	4	5	6	7	8	9	10	11	12	13	14	15	16	17	18	19	20	21	22	23	24	25	26	27	28
일진	乙巳	丙午	丁未	戊申	己酉	庚戌	辛亥	壬子	癸丑	甲寅	乙卯	丙辰	丁巳	戊午	己未	庚申	辛酉	壬戌	癸亥	甲子	乙丑	丙寅	丁卯	戊辰	己巳	庚午	辛未	壬申

3 · 乙卯月 (양 3.6 ~ 4.4)

경칩 6일 09시04분　　춘분 21일 09시59분

양력	1	2	3	4	5	6	7	8	9	10	11	12	13	14	15	16	17	18	19	20	21	22	23	24	25	26	27	28	29	30	31
음력	29	30	2.1	2	3	4	5	6	7	8	9	10	11	12	13	14	15	16	17	18	19	20	21	22	23	24	25	26	27	28	29
일진	癸酉	甲戌	乙亥	丙子	丁丑	戊寅	己卯	庚辰	辛巳	壬午	癸未	甲申	乙酉	丙戌	丁亥	戊子	己丑	庚寅	辛卯	壬辰	癸巳	甲午	乙未	丙申	丁酉	戊戌	己亥	庚子	辛丑	壬寅	癸卯

4 · 丙辰月 (양 4.5 ~ 5.5)

청명 5일 13시52분　　곡우 20일 21시02분

양력	1	2	3	4	5	6	7	8	9	10	11	12	13	14	15	16	17	18	19	20	21	22	23	24	25	26	27	28	29	30
음력	30	3.1	2	3	4	5	6	7	8	9	10	11	12	13	14	15	16	17	18	19	20	21	22	23	24	25	26	27	28	29
일진	甲辰	乙巳	丙午	丁未	戊申	己酉	庚戌	辛亥	壬子	癸丑	甲寅	乙卯	丙辰	丁巳	戊午	己未	庚申	辛酉	壬戌	癸亥	甲子	乙丑	丙寅	丁卯	戊辰	己巳	庚午	辛未	壬申	癸酉

5 · 丁巳月 (양 5.6 ~ 6.5)

입하 6일 07시10분　　소만 21일 20시12분

양력	1	2	3	4	5	6	7	8	9	10	11	12	13	14	15	16	17	18	19	20	21	22	23	24	25	26	27	28	29	30	31
음력	4.1	2	3	4	5	6	7	8	9	10	11	12	13	14	15	16	17	18	19	20	21	22	23	24	25	26	27	28	29	30	5.1
일진	甲戌	乙亥	丙子	丁丑	戊寅	己卯	庚辰	辛巳	壬午	癸未	甲申	乙酉	丙戌	丁亥	戊子	己丑	庚寅	辛卯	壬辰	癸巳	甲午	乙未	丙申	丁酉	戊戌	己亥	庚子	辛丑	壬寅	癸卯	甲辰

6 · 戊午月 (양 6.6 ~ 7.6)

망종 6일 11시19분　　하지 22일 04시10분

양력	1	2	3	4	5	6	7	8	9	10	11	12	13	14	15	16	17	18	19	20	21	22	23	24	25	26	27	28	29	30
음력	2	3	4	5	6	7	8	9	10	11	12	13	14	15	16	17	18	19	20	21	22	23	24	25	26	27	28	29	30	6.1
일진	乙巳	丙午	丁未	戊申	己酉	庚戌	辛亥	壬子	癸丑	甲寅	乙卯	丙辰	丁巳	戊午	己未	庚申	辛酉	壬戌	癸亥	甲子	乙丑	丙寅	丁卯	戊辰	己巳	庚午	辛未	壬申	癸酉	甲戌

癸未年

동경 135도 표준시

소서 7일 21시35분

7 · 己未月 (양 7.7 ~ 8.7)

대서 23일 15시03분

양력	1	2	3	4	5	6	7	8	9	10	11	12	13	14	15	16	17	18	19	20	21	22	23	24	25	26	27	28	29	30	31
음력	2	3	4	5	6	7	8	9	10	11	12	13	14	15	16	17	18	19	20	21	22	23	24	25	26	27	28	29	7.1	2	3
일진	乙亥	丙子	丁丑	戊寅	己卯	庚辰	辛巳	壬午	癸未	甲申	乙酉	丙戌	丁亥	戊子	己丑	庚寅	辛卯	壬辰	癸巳	甲午	乙未	丙申	丁酉	戊戌	己亥	庚子	辛丑	壬寅	癸卯	甲辰	乙巳

입추 8일 07시24분

8 · 庚申月 (양 8.8 ~ 9.7)

처서 23일 22시07분

양력	1	2	3	4	5	6	7	8	9	10	11	12	13	14	15	16	17	18	19	20	21	22	23	24	25	26	27	28	29	30	31
음력	4	5	6	7	8	9	10	11	12	13	14	15	16	17	18	19	20	21	22	23	24	25	26	27	28	29	30	8.1	2	3	4
일진	丙午	丁未	戊申	己酉	庚戌	辛亥	壬子	癸丑	甲寅	乙卯	丙辰	丁巳	戊午	己未	庚申	辛酉	壬戌	癸亥	甲子	乙丑	丙寅	丁卯	戊辰	己巳	庚午	辛未	壬申	癸酉	甲戌	乙亥	丙子

백로 8일 10시20분

9 · 辛酉月 (양 9.8 ~ 10.8)

추분 23일 19시46분

양력	1	2	3	4	5	6	7	8	9	10	11	12	13	14	15	16	17	18	19	20	21	22	23	24	25	26	27	28	29	30	
음력	5	6	7	8	9	10	11	12	13	14	15	16	17	18	19	20	21	22	23	24	25	26	27	28	29	9.1	2	3	4	5	
일진	丁丑	戊寅	己卯	庚辰	辛巳	壬午	癸未	甲申	乙酉	丙戌	丁亥	戊子	己丑	庚寅	辛卯	壬辰	癸巳	甲午	乙未	丙申	丁酉	戊戌	己亥	庚子	辛丑	壬寅	癸卯	甲辰	乙巳	丙午	

한로 9일 02시00분

10 · 壬戌月 (양 10.9 ~ 11.7)

상강 24일 05시08분

양력	1	2	3	4	5	6	7	8	9	10	11	12	13	14	15	16	17	18	19	20	21	22	23	24	25	26	27	28	29	30	31
음력	6	7	8	9	10	11	12	13	14	15	16	17	18	19	20	21	22	23	24	25	26	27	28	29	10.1	2	3	4	5	6	7
일진	丁未	戊申	己酉	庚戌	辛亥	壬子	癸丑	甲寅	乙卯	丙辰	丁巳	戊午	己未	庚申	辛酉	壬戌	癸亥	甲子	乙丑	丙寅	丁卯	戊辰	己巳	庚午	辛未	壬申	癸酉	甲戌	乙亥	丙子	丁丑

입동 8일 05시12분

11 · 癸亥月 (양 11.8 ~ 12.6)

소설 23일 02시43분

양력	1	2	3	4	5	6	7	8	9	10	11	12	13	14	15	16	17	18	19	20	21	22	23	24	25	26	27	28	29	30	
음력	8	9	10	11	12	13	14	15	16	17	18	19	20	21	22	23	24	25	26	27	28	29	30	11.1	2	3	4	5	6	7	
일진	戊寅	己卯	庚辰	辛巳	壬午	癸未	甲申	乙酉	丙戌	丁亥	戊子	己丑	庚寅	辛卯	壬辰	癸巳	甲午	乙未	丙申	丁酉	戊戌	己亥	庚子	辛丑	壬寅	癸卯	甲辰	乙巳	丙午	丁未	

대설 7일 22시04분

12 · 甲子月 (양 12.7 ~ 1.5)

동지 22일 16시03분

양력	1	2	3	4	5	6	7	8	9	10	11	12	13	14	15	16	17	18	19	20	21	22	23	24	25	26	27	28	29	30	31
음력	8	9	10	11	12	13	14	15	16	17	18	19	20	21	22	23	24	25	26	27	28	29	12.1	2	3	4	5	6	7	8	9
일진	戊申	己酉	庚戌	辛亥	壬子	癸丑	甲寅	乙卯	丙辰	丁巳	戊午	己未	庚申	辛酉	壬戌	癸亥	甲子	乙丑	丙寅	丁卯	戊辰	己巳	庚午	辛未	壬申	癸酉	甲戌	乙亥	丙子	丁丑	戊寅

단기 4337년	2004년(윤2월)	

소한 6일 09시18분 **1 · 乙丑月**(양 1.6 ~ 2.3) 대한 21일 02시42분

양력	1	2	3	4	5	6	7	8	9	10	11	12	13	14	15	16	17	18	19	20	21	22	23	24	25	26	27	28	29	30	31
음력	10	11	12	13	14	15	16	17	18	19	20	21	22	23	24	25	26	27	28	29	30	1.1	2	3	4	5	6	7	8	9	10
일진	己卯	庚辰	辛巳	壬午	癸未	甲申	乙酉	丙戌	丁亥	戊子	己丑	庚寅	辛卯	壬辰	癸巳	甲午	乙未	丙申	丁酉	戊戌	己亥	庚子	辛丑	壬寅	癸卯	甲辰	乙巳	丙午	丁未	戊申	己酉

입춘 4일 20시55분 **2 · 丙寅月**(양 2.4 ~ 3.4) 우수 19일 16시49분

양력	1	2	3	4	5	6	7	8	9	10	11	12	13	14	15	16	17	18	19	20	21	22	23	24	25	26	27	28	29
음력	11	12	13	14	15	16	17	18	19	20	21	22	23	24	25	26	27	28	29	2.1	2	3	4	5	6	7	8	9	10
일진	庚戌	辛亥	壬子	癸丑	甲寅	乙卯	丙辰	丁巳	戊午	己未	庚申	辛酉	壬戌	癸亥	甲子	乙丑	丙寅	丁卯	戊辰	己巳	庚午	辛未	壬申	癸酉	甲戌	乙亥	丙子	丁丑	戊寅

경칩 5일 14시55분 **3 · 丁卯月**(양 3.5 ~ 4.3) 춘분 20일 15시48분

양력	1	2	3	4	5	6	7	8	9	10	11	12	13	14	15	16	17	18	19	20	21	22	23	24	25	26	27	28	29	30	31
음력	11	12	13	14	15	16	17	18	19	20	21	22	23	24	25	26	27	28	29	30	윤	2.2	3	4	5	6	7	8	9	10	11
일진	己卯	庚辰	辛巳	壬午	癸未	甲申	乙酉	丙戌	丁亥	戊子	己丑	庚寅	辛卯	壬辰	癸巳	甲午	乙未	丙申	丁酉	戊戌	己亥	庚子	辛丑	壬寅	癸卯	甲辰	乙巳	丙午	丁未	戊申	己酉

청명 4일 19시43분 **4 · 戊辰月**(양 4.4 ~ 5.4) 곡우 20일 02시50분

양력	1	2	3	4	5	6	7	8	9	10	11	12	13	14	15	16	17	18	19	20	21	22	23	24	25	26	27	28	29	30
음력	12	13	14	15	16	17	18	19	20	21	22	23	24	25	26	27	28	29	3.1	2	3	4	5	6	7	8	9	10	11	12
일진	庚戌	辛亥	壬子	癸丑	甲寅	乙卯	丙辰	丁巳	戊午	己未	庚申	辛酉	壬戌	癸亥	甲子	乙丑	丙寅	丁卯	戊辰	己巳	庚午	辛未	壬申	癸酉	甲戌	乙亥	丙子	丁丑	戊寅	己卯

입하 5일 13시02분 **5 · 己巳月**(양 5.5 ~ 6.4) 소만 21일 01시58분

양력	1	2	3	4	5	6	7	8	9	10	11	12	13	14	15	16	17	18	19	20	21	22	23	24	25	26	27	28	29	30	31
음력	13	14	15	16	17	18	19	20	21	22	23	24	25	26	27	28	29	30	4.1	2	3	4	5	6	7	8	9	10	11	12	13
일진	庚辰	辛巳	壬午	癸未	甲申	乙酉	丙戌	丁亥	戊子	己丑	庚寅	辛卯	壬辰	癸巳	甲午	乙未	丙申	丁酉	戊戌	己亥	庚子	辛丑	壬寅	癸卯	甲辰	乙巳	丙午	丁未	戊申	己酉	庚戌

망종 5일 17시13분 **6 · 庚午月**(양 6.5 ~ 7.6) 하지 21일 09시56분

양력	1	2	3	4	5	6	7	8	9	10	11	12	13	14	15	16	17	18	19	20	21	22	23	24	25	26	27	28	29	30
음력	14	15	16	17	18	19	20	21	22	23	24	25	26	27	28	29	30	5.1	2	3	4	5	6	7	8	9	10	11	12	13
일진	辛亥	壬子	癸丑	甲寅	乙卯	丙辰	丁巳	戊午	己未	庚申	辛酉	壬戌	癸亥	甲子	乙丑	丙寅	丁卯	戊辰	己巳	庚午	辛未	壬申	癸酉	甲戌	乙亥	丙子	丁丑	戊寅	己卯	庚辰

	甲申年	동경 135도 표준시

소서 7일 03시31분

7 · 辛未月 (양 7.7 ~ 8.6)

대서 22일 20시49분

양력	1	2	3	4	5	6	7	8	9	10	11	12	13	14	15	16	17	18	19	20	21	22	23	24	25	26	27	28	29	30	31
음력	14	15	16	17	18	19	20	21	22	23	24	25	26	27	28	29	6.1	2	3	4	5	6	7	8	9	10	11	12	13	14	15
일진	辛巳	壬午	癸未	甲申	乙酉	丙戌	丁亥	戊子	己丑	庚寅	辛卯	壬辰	癸巳	甲午	乙未	丙申	丁酉	戊戌	己亥	庚子	辛丑	壬寅	癸卯	甲辰	乙巳	丙午	丁未	戊申	己酉	庚戌	辛亥

입추 7일 13시19분

8 · 壬申月 (양 8.7 ~ 9.6)

처서 23일 03시53분

양력	1	2	3	4	5	6	7	8	9	10	11	12	13	14	15	16	17	18	19	20	21	22	23	24	25	26	27	28	29	30	31
음력	16	17	18	19	20	21	22	23	24	25	26	27	28	29	30	7.1	2	3	4	5	6	7	8	9	10	11	12	13	14	15	16
일진	壬子	癸丑	甲寅	乙卯	丙辰	丁巳	戊午	己未	庚申	辛酉	壬戌	癸亥	甲子	乙丑	丙寅	丁卯	戊辰	己巳	庚午	辛未	壬申	癸酉	甲戌	乙亥	丙子	丁丑	戊寅	己卯	庚辰	辛巳	壬午

백로 7일 16시12분

9 · 癸酉月 (양 9.7 ~ 10.7)

추분 23일 01시29분

양력	1	2	3	4	5	6	7	8	9	10	11	12	13	14	15	16	17	18	19	20	21	22	23	24	25	26	27	28	29	30	
음력	17	18	19	20	21	22	23	24	25	26	27	28	29	8.1	2	3	4	5	6	7	8	9	10	11	12	13	14	15	16	17	
일진	癸未	甲申	乙酉	丙戌	丁亥	戊子	己丑	庚寅	辛卯	壬辰	癸巳	甲午	乙未	丙申	丁酉	戊戌	己亥	庚子	辛丑	壬寅	癸卯	甲辰	乙巳	丙午	丁未	戊申	己酉	庚戌	辛亥	壬子	

한로 8일 07시49분

10 · 甲戌月 (양 10.8 ~ 11.6)

상강 23일 10시48분

양력	1	2	3	4	5	6	7	8	9	10	11	12	13	14	15	16	17	18	19	20	21	22	23	24	25	26	27	28	29	30	31
음력	18	19	20	21	22	23	24	25	26	27	28	29	30	9.1	2	3	4	5	6	7	8	9	10	11	12	13	14	15	16	17	18
일진	癸丑	甲寅	乙卯	丙辰	丁巳	戊午	己未	庚申	辛酉	壬戌	癸亥	甲子	乙丑	丙寅	丁卯	戊辰	己巳	庚午	辛未	壬申	癸酉	甲戌	乙亥	丙子	丁丑	戊寅	己卯	庚辰	辛巳	壬午	癸未

입동 7일 10시58분

11 · 乙亥月 (양 11.7 ~ 12.6)

소설 22일 08시21분

양력	1	2	3	4	5	6	7	8	9	10	11	12	13	14	15	16	17	18	19	20	21	22	23	24	25	26	27	28	29	30	
음력	19	20	21	22	23	24	25	26	27	28	29	10.1	2	3	4	5	6	7	8	9	10	11	12	13	14	15	16	17	18	19	
일진	甲申	乙酉	丙戌	丁亥	戊子	己丑	庚寅	辛卯	壬辰	癸巳	甲午	乙未	丙申	丁酉	戊戌	己亥	庚子	辛丑	壬寅	癸卯	甲辰	乙巳	丙午	丁未	戊申	己酉	庚戌	辛亥	壬子	癸丑	

대설 7일 03시48분

12 · 丙子月 (양 12.7 ~ 1.4)

동지 21일 21시41분

양력	1	2	3	4	5	6	7	8	9	10	11	12	13	14	15	16	17	18	19	20	21	22	23	24	25	26	27	28	29	30	31
음력	20	21	22	23	24	25	26	27	28	29	30	11.1	2	3	4	5	6	7	8	9	10	11	12	13	14	15	16	17	18	19	20
일진	甲寅	乙卯	丙辰	丁巳	戊午	己未	庚申	辛酉	壬戌	癸亥	甲子	乙丑	丙寅	丁卯	戊辰	己巳	庚午	辛未	壬申	癸酉	甲戌	乙亥	丙子	丁丑	戊寅	己卯	庚辰	辛巳	壬午	癸未	甲申

단기 4338년	2005년	

1 · 丁丑月 (양 1.5 ~ 2.3)

소한 5일 15시02분 / 대한 20일 08시21분

양력	1	2	3	4	5	6	7	8	9	10	11	12	13	14	15	16	17	18	19	20	21	22	23	24	25	26	27	28	29	30	31
음력	21	22	23	24	25	26	27	28	29	12.1	2	3	4	5	6	7	8	9	10	11	12	13	14	15	16	17	18	19	20	21	22
일진	乙酉	丙戌	丁亥	戊子	己丑	庚寅	辛卯	壬辰	癸巳	甲午	乙未	丙申	丁酉	戊戌	己亥	庚子	辛丑	壬寅	癸卯	甲辰	乙巳	丙午	丁未	戊申	己酉	庚戌	辛亥	壬子	癸丑	甲寅	乙卯

2 · 戊寅月 (양 2.4 ~ 3.4)

입춘 4일 02시42분 / 우수 18일 22시31분

양력	1	2	3	4	5	6	7	8	9	10	11	12	13	14	15	16	17	18	19	20	21	22	23	24	25	26	27	28
음력	23	24	25	26	27	28	29	30	1.1	2	3	4	5	6	7	8	9	10	11	12	13	14	15	16	17	18	19	20
일진	丙辰	丁巳	戊午	己未	庚申	辛酉	壬戌	癸亥	甲子	乙丑	丙寅	丁卯	戊辰	己巳	庚午	辛未	壬申	癸酉	甲戌	乙亥	丙子	丁丑	戊寅	己卯	庚辰	辛巳	壬午	癸未

3 · 己卯月 (양 3.5 ~ 4.4)

경칩 5일 20시44분 / 춘분 20일 21시33분

양력	1	2	3	4	5	6	7	8	9	10	11	12	13	14	15	16	17	18	19	20	21	22	23	24	25	26	27	28	29	30	31
음력	21	22	23	24	25	26	27	28	29	2.1	2	3	4	5	6	7	8	9	10	11	12	13	14	15	16	17	18	19	20	21	22
일진	甲申	乙酉	丙戌	丁亥	戊子	己丑	庚寅	辛卯	壬辰	癸巳	甲午	乙未	丙申	丁酉	戊戌	己亥	庚子	辛丑	壬寅	癸卯	甲辰	乙巳	丙午	丁未	戊申	己酉	庚戌	辛亥	壬子	癸丑	甲寅

4 · 庚辰月 (양 4.5 ~ 5.4)

청명 5일 01시34분 / 곡우 20일 08시36분

양력	1	2	3	4	5	6	7	8	9	10	11	12	13	14	15	16	17	18	19	20	21	22	23	24	25	26	27	28	29	30
음력	23	24	25	26	27	28	29	30	3.1	2	3	4	5	6	7	8	9	10	11	12	13	14	15	16	17	18	19	20	21	22
일진	乙卯	丙辰	丁巳	戊午	己未	庚申	辛酉	壬戌	癸亥	甲子	乙丑	丙寅	丁卯	戊辰	己巳	庚午	辛未	壬申	癸酉	甲戌	乙亥	丙子	丁丑	戊寅	己卯	庚辰	辛巳	壬午	癸未	甲申

5 · 辛巳月 (양 5.5 ~ 6.4)

입하 5일 18시52분 / 소만 21일 07시47분

양력	1	2	3	4	5	6	7	8	9	10	11	12	13	14	15	16	17	18	19	20	21	22	23	24	25	26	27	28	29	30	31
음력	23	24	25	26	27	28	29	4.1	2	3	4	5	6	7	8	9	10	11	12	13	14	15	16	17	18	19	20	21	22	23	24
일진	乙酉	丙戌	丁亥	戊子	己丑	庚寅	辛卯	壬辰	癸巳	甲午	乙未	丙申	丁酉	戊戌	己亥	庚子	辛丑	壬寅	癸卯	甲辰	乙巳	丙午	丁未	戊申	己酉	庚戌	辛亥	壬子	癸丑	甲寅	乙卯

6 · 壬午月 (양 6.5 ~ 7.6)

망종 5일 23시01분 / 하지 21일 15시45분

양력	1	2	3	4	5	6	7	8	9	10	11	12	13	14	15	16	17	18	19	20	21	22	23	24	25	26	27	28	29	30
음력	25	26	27	28	29	30	5.1	2	3	4	5	6	7	8	9	10	11	12	13	14	15	16	17	18	19	20	21	22	23	24
일진	丙辰	丁巳	戊午	己未	庚申	辛酉	壬戌	癸亥	甲子	乙丑	丙寅	丁卯	戊辰	己巳	庚午	辛未	壬申	癸酉	甲戌	乙亥	丙子	丁丑	戊寅	己卯	庚辰	辛巳	壬午	癸未	甲申	乙酉

乙酉年

동경 135도 표준시

7 · 癸未月 (양7.7 ~ 8.6)

소서 7일 09시16분 / 대서 23일 02시40분

양력	1	2	3	4	5	6	7	8	9	10	11	12	13	14	15	16	17	18	19	20	21	22	23	24	25	26	27	28	29	30	31
음력	25	26	27	28	29	6.1	2	3	4	5	6	7	8	9	10	11	12	13	14	15	16	17	18	19	20	21	22	23	24	25	26
일진	丙戌	丁亥	戊子	己丑	庚寅	辛卯	壬辰	癸巳	甲午	乙未	丙申	丁酉	戊戌	己亥	庚子	辛丑	壬寅	癸卯	甲辰	乙巳	丙午	丁未	戊申	己酉	庚戌	辛亥	壬子	癸丑	甲寅	乙卯	丙辰

8 · 甲申月 (양8.7 ~ 9.6)

입추 7일 19시03분 / 처서 23일 09시45분

양력	1	2	3	4	5	6	7	8	9	10	11	12	13	14	15	16	17	18	19	20	21	22	23	24	25	26	27	28	29	30	31
음력	27	28	29	30	7.1	2	3	4	5	6	7	8	9	10	11	12	13	14	15	16	17	18	19	20	21	22	23	24	25	26	27
일진	丁巳	戊午	己未	庚申	辛酉	壬戌	癸亥	甲子	乙丑	丙寅	丁卯	戊辰	己巳	庚午	辛未	壬申	癸酉	甲戌	乙亥	丙子	丁丑	戊寅	己卯	庚辰	辛巳	壬午	癸未	甲申	乙酉	丙戌	丁亥

9 · 乙酉月 (양9.7 ~ 10.7)

백로 7일 21시56분 / 추분 23일 07시22분

양력	1	2	3	4	5	6	7	8	9	10	11	12	13	14	15	16	17	18	19	20	21	22	23	24	25	26	27	28	29	30
음력	28	29	30	8.1	2	3	4	5	6	7	8	9	10	11	12	13	14	15	16	17	18	19	20	21	22	23	24	25	26	27
일진	戊子	己丑	庚寅	辛卯	壬辰	癸巳	甲午	乙未	丙申	丁酉	戊戌	己亥	庚子	辛丑	壬寅	癸卯	甲辰	乙巳	丙午	丁未	戊申	己酉	庚戌	辛亥	壬子	癸丑	甲寅	乙卯	丙辰	丁巳

10 · 丙戌月 (양10.8 ~ 11.6)

한로 8일 13시33분 / 상강 23일 16시42분

양력	1	2	3	4	5	6	7	8	9	10	11	12	13	14	15	16	17	18	19	20	21	22	23	24	25	26	27	28	29	30	31
음력	28	29	9.1	2	3	4	5	6	7	8	9	10	11	12	13	14	15	16	17	18	19	20	21	22	23	24	25	26	27	28	29
일진	戊午	己未	庚申	辛酉	壬戌	癸亥	甲子	乙丑	丙寅	丁卯	戊辰	己巳	庚午	辛未	壬申	癸酉	甲戌	乙亥	丙子	丁丑	戊寅	己卯	庚辰	辛巳	壬午	癸未	甲申	乙酉	丙戌	丁亥	戊子

11 · 丁亥月 (양11.7 ~ 12.6)

입동 7일 16시42분 / 소설 22일 14시14분

양력	1	2	3	4	5	6	7	8	9	10	11	12	13	14	15	16	17	18	19	20	21	22	23	24	25	26	27	28	29	30
음력	30	10.1	2	3	4	5	6	7	8	9	10	11	12	13	14	15	16	17	18	19	20	21	22	23	24	25	26	27	28	29
일진	己丑	庚寅	辛卯	壬辰	癸巳	甲午	乙未	丙申	丁酉	戊戌	己亥	庚子	辛丑	壬寅	癸卯	甲辰	乙巳	丙午	丁未	戊申	己酉	庚戌	辛亥	壬子	癸丑	甲寅	乙卯	丙辰	丁巳	戊午

12 · 戊子月 (양12.7 ~ 1.4)

대설 7일 09시32분 / 동지 22일 03시34분

양력	1	2	3	4	5	6	7	8	9	10	11	12	13	14	15	16	17	18	19	20	21	22	23	24	25	26	27	28	29	30	31
음력	30	11.1	2	3	4	5	6	7	8	9	10	11	12	13	14	15	16	17	18	19	20	21	22	23	24	25	26	27	28	29	12.1
일진	己未	庚申	辛酉	壬戌	癸亥	甲子	乙丑	丙寅	丁卯	戊辰	己巳	庚午	辛未	壬申	癸酉	甲戌	乙亥	丙子	丁丑	戊寅	己卯	庚辰	辛巳	壬午	癸未	甲申	乙酉	丙戌	丁亥	戊子	己丑

단기 4339년	2006년(윤7월)	

소한 5일 20시46분

1 · 己丑月 (양 1.5 ~ 2.3)

대한 20일 14시15분

양력	1	2	3	4	5	6	7	8	9	10	11	12	13	14	15	16	17	18	19	20	21	22	23	24	25	26	27	28	29	30	31
음력	2	3	4	5	6	7	8	9	10	11	12	13	14	15	16	17	18	19	20	21	22	23	24	25	26	27	28	29	1.1	2	3
일진	庚寅	辛卯	壬辰	癸巳	甲午	乙未	丙申	丁酉	戊戌	己亥	庚子	辛丑	壬寅	癸卯	甲辰	乙巳	丙午	丁未	戊申	己酉	庚戌	辛亥	壬子	癸丑	甲寅	乙卯	丙辰	丁巳	戊午	己未	庚申

입춘 4일 08시27분

2 · 庚寅月 (양 2.4 ~ 3.5)

우수 19일 04시25분

양력	1	2	3	4	5	6	7	8	9	10	11	12	13	14	15	16	17	18	19	20	21	22	23	24	25	26	27	28
음력	4	5	6	7	8	9	10	11	12	13	14	15	16	17	18	19	20	21	22	23	24	25	26	27	28	29	30	2.1
일진	辛酉	壬戌	癸亥	甲子	乙丑	丙寅	丁卯	戊辰	己巳	庚午	辛未	壬申	癸酉	甲戌	乙亥	丙子	丁丑	戊寅	己卯	庚辰	辛巳	壬午	癸未	甲申	乙酉	丙戌	丁亥	戊子

경칩 6일 02시28분

3 · 辛卯月 (양 3.6 ~ 4.4)

춘분 21일 03시25분

양력	1	2	3	4	5	6	7	8	9	10	11	12	13	14	15	16	17	18	19	20	21	22	23	24	25	26	27	28	29	30	31
음력	2	3	4	5	6	7	8	9	10	11	12	13	14	15	16	17	18	19	20	21	22	23	24	25	26	27	28	29	3.1	2	3
일진	己丑	庚寅	辛卯	壬辰	癸巳	甲午	乙未	丙申	丁酉	戊戌	己亥	庚子	辛丑	壬寅	癸卯	甲辰	乙巳	丙午	丁未	戊申	己酉	庚戌	辛亥	壬子	癸丑	甲寅	乙卯	丙辰	丁巳	戊午	己未

청명 5일 07시15분

4 · 壬辰月 (양 4.5 ~ 5.5)

곡우 20일 14시25분

양력	1	2	3	4	5	6	7	8	9	10	11	12	13	14	15	16	17	18	19	20	21	22	23	24	25	26	27	28	29	30
음력	4	5	6	7	8	9	10	11	12	13	14	15	16	17	18	19	20	21	22	23	24	25	26	27	28	29	30	4.1	2	3
일진	庚申	辛酉	壬戌	癸亥	甲子	乙丑	丙寅	丁卯	戊辰	己巳	庚午	辛未	壬申	癸酉	甲戌	乙亥	丙子	丁丑	戊寅	己卯	庚辰	辛巳	壬午	癸未	甲申	乙酉	丙戌	丁亥	戊子	己丑

입하 6일 00시30분

5 · 癸巳月 (양 5.6 ~ 6.5)

소만 21일 13시31분

양력	1	2	3	4	5	6	7	8	9	10	11	12	13	14	15	16	17	18	19	20	21	22	23	24	25	26	27	28	29	30	31
음력	4	5	6	7	8	9	10	11	12	13	14	15	16	17	18	19	20	21	22	23	24	25	26	27	28	29	5.1	2	3	4	5
일진	庚寅	辛卯	壬辰	癸巳	甲午	乙未	丙申	丁酉	戊戌	己亥	庚子	辛丑	壬寅	癸卯	甲辰	乙巳	丙午	丁未	戊申	己酉	庚戌	辛亥	壬子	癸丑	甲寅	乙卯	丙辰	丁巳	戊午	己未	庚申

망종 6일 04시36분

6 · 甲午月 (양 6.6 ~ 7.6)

하지 21일 21시25분

양력	1	2	3	4	5	6	7	8	9	10	11	12	13	14	15	16	17	18	19	20	21	22	23	24	25	26	27	28	29	30
음력	6	7	8	9	10	11	12	13	14	15	16	17	18	19	20	21	22	23	24	25	26	27	28	29	30	6.1	2	3	4	5
일진	辛酉	壬戌	癸亥	甲子	乙丑	丙寅	丁卯	戊辰	己巳	庚午	辛未	壬申	癸酉	甲戌	乙亥	丙子	丁丑	戊寅	己卯	庚辰	辛巳	壬午	癸未	甲申	乙酉	丙戌	丁亥	戊子	己丑	庚寅

	丙戌年	동경 135도 표준시

소서 7일 14시51분 **7 · 乙未月** (양 7.7 ~ 8.7) 대서 23일 08시17분

양력	1	2	3	4	5	6	7	8	9	10	11	12	13	14	15	16	17	18	19	20	21	22	23	24	25	26	27	28	29	30	31
음력	6	7	8	9	10	11	12	13	14	15	16	17	18	19	20	21	22	23	24	25	26	27	28	29	7.1	2	3	4	5	6	7
일진	辛卯	壬辰	癸巳	甲午	乙未	丙申	丁酉	戊戌	己亥	庚子	辛丑	壬寅	癸卯	甲辰	乙巳	丙午	丁未	戊申	己酉	庚戌	辛亥	壬子	癸丑	甲寅	乙卯	丙辰	丁巳	戊午	己未	庚申	辛酉

입추 8일 00시40분 **8 · 丙申月** (양 8.8 ~ 9.7) 처서 23일 15시22분

양력	1	2	3	4	5	6	7	8	9	10	11	12	13	14	15	16	17	18	19	20	21	22	23	24	25	26	27	28	29	30	31
음력	8	9	10	11	12	13	14	15	16	17	18	19	20	21	22	23	24	25	26	27	28	29	30	윤	7.2	3	4	5	6	7	8
일진	壬戌	癸亥	甲子	乙丑	丙寅	丁卯	戊辰	己巳	庚午	辛未	壬申	癸酉	甲戌	乙亥	丙子	丁丑	戊寅	己卯	庚辰	辛巳	壬午	癸未	甲申	乙酉	丙戌	丁亥	戊子	己丑	庚寅	辛卯	壬辰

백로 8일 03시38분 **9 · 丁酉月** (양 9.8 ~ 10.7) 추분 23일 13시03분

양력	1	2	3	4	5	6	7	8	9	10	11	12	13	14	15	16	17	18	19	20	21	22	23	24	25	26	27	28	29	30
음력	9	10	11	12	13	14	15	16	17	18	19	20	21	22	23	24	25	26	27	28	29	8.1	2	3	4	5	6	7	8	9
일진	癸巳	甲午	乙未	丙申	丁酉	戊戌	己亥	庚子	辛丑	壬寅	癸卯	甲辰	乙巳	丙午	丁未	戊申	己酉	庚戌	辛亥	壬子	癸丑	甲寅	乙卯	丙辰	丁巳	戊午	己未	庚申	辛酉	壬戌

한로 8일 19시21분 **10 · 戊戌月** (양 10.8 ~ 11.6) 상강 23일 22시26분

양력	1	2	3	4	5	6	7	8	9	10	11	12	13	14	15	16	17	18	19	20	21	22	23	24	25	26	27	28	29	30	31
음력	10	11	12	13	14	15	16	17	18	19	20	21	22	23	24	25	26	27	28	29	30	9.1	2	3	4	5	6	7	8	9	10
일진	癸亥	甲子	乙丑	丙寅	丁卯	戊辰	己巳	庚午	辛未	壬申	癸酉	甲戌	乙亥	丙子	丁丑	戊寅	己卯	庚辰	辛巳	壬午	癸未	甲申	乙酉	丙戌	丁亥	戊子	己丑	庚寅	辛卯	壬辰	癸巳

입동 7일 22시34분 **11 · 己亥月** (양 11.7 ~ 12.6) 소설 22일 20시01분

양력	1	2	3	4	5	6	7	8	9	10	11	12	13	14	15	16	17	18	19	20	21	22	23	24	25	26	27	28	29	30
음력	11	12	13	14	15	16	17	18	19	20	21	22	23	24	25	26	27	28	29	30	10.1	2	3	4	5	6	7	8	9	10
일진	甲午	乙未	丙申	丁酉	戊戌	己亥	庚子	辛丑	壬寅	癸卯	甲辰	乙巳	丙午	丁未	戊申	己酉	庚戌	辛亥	壬子	癸丑	甲寅	乙卯	丙辰	丁巳	戊午	己未	庚申	辛酉	壬戌	癸亥

대설 7일 15시26분 **12 · 庚子月** (양 12.7 ~ 1.5) 동지 22일 09시21분

양력	1	2	3	4	5	6	7	8	9	10	11	12	13	14	15	16	17	18	19	20	21	22	23	24	25	26	27	28	29	30	31
음력	11	12	13	14	15	16	17	18	19	20	21	22	23	24	25	26	27	28	29	11.1	2	3	4	5	6	7	8	9	10	11	12
일진	甲子	乙丑	丙寅	丁卯	戊辰	己巳	庚午	辛未	壬申	癸酉	甲戌	乙亥	丙子	丁丑	戊寅	己卯	庚辰	辛巳	壬午	癸未	甲申	乙酉	丙戌	丁亥	戊子	己丑	庚寅	辛卯	壬辰	癸巳	甲午

단기 4340년	2007년	

소한 6일 02시39분

1 · 辛丑月 (양 1.6~2.3)

대한 20일 20시00분

양력	1	2	3	4	5	6	7	8	9	10	11	12	13	14	15	16	17	18	19	20	21	22	23	24	25	26	27	28	29	30	31
음력	13	14	15	16	17	18	19	20	21	22	23	24	25	26	27	28	29	30	12.1	2	3	4	5	6	7	8	9	10	11	12	13
일진	乙未	丙申	丁酉	戊戌	己亥	庚子	辛丑	壬寅	癸卯	甲辰	乙巳	丙午	丁未	戊申	己酉	庚戌	辛亥	壬子	癸丑	甲寅	乙卯	丙辰	丁巳	戊午	己未	庚申	辛酉	壬戌	癸亥	甲子	乙丑

입춘 4일 14시17분

2 · 壬寅月 (양 2.4~3.5)

우수 19일 10시08분

양력	1	2	3	4	5	6	7	8	9	10	11	12	13	14	15	16	17	18	19	20	21	22	23	24	25	26	27	28
음력	14	15	16	17	18	19	20	21	22	23	24	25	26	27	28	29	30	1.1	2	3	4	5	6	7	8	9	10	11
일진	丙寅	丁卯	戊辰	己巳	庚午	辛未	壬申	癸酉	甲戌	乙亥	丙子	丁丑	戊寅	己卯	庚辰	辛巳	壬午	癸未	甲申	乙酉	丙戌	丁亥	戊子	己丑	庚寅	辛卯	壬辰	癸巳

경칩 6일 08시17분

3 · 癸卯月 (양 3.6~4.4)

춘분 21일 09시07분

양력	1	2	3	4	5	6	7	8	9	10	11	12	13	14	15	16	17	18	19	20	21	22	23	24	25	26	27	28	29	30	31
음력	12	13	14	15	16	17	18	19	20	21	22	23	24	25	26	27	28	29	2.1	2	3	4	5	6	7	8	9	10	11	12	13
일진	甲午	乙未	丙申	丁酉	戊戌	己亥	庚子	辛丑	壬寅	癸卯	甲辰	乙巳	丙午	丁未	戊申	己酉	庚戌	辛亥	壬子	癸丑	甲寅	乙卯	丙辰	丁巳	戊午	己未	庚申	辛酉	壬戌	癸亥	甲子

청명 5일 13시04분

4 · 甲辰月 (양 4.5~5.5)

곡우 20일 20시06분

양력	1	2	3	4	5	6	7	8	9	10	11	12	13	14	15	16	17	18	19	20	21	22	23	24	25	26	27	28	29	30
음력	14	15	16	17	18	19	20	21	22	23	24	25	26	27	28	29	3.1	2	3	4	5	6	7	8	9	10	11	12	13	14
일진	乙丑	丙寅	丁卯	戊辰	己巳	庚午	辛未	壬申	癸酉	甲戌	乙亥	丙子	丁丑	戊寅	己卯	庚辰	辛巳	壬午	癸未	甲申	乙酉	丙戌	丁亥	戊子	己丑	庚寅	辛卯	壬辰	癸巳	甲午

입하 6일 06시20분

5 · 乙巳月 (양 5.6~6.5)

소만 21일 19시11분

양력	1	2	3	4	5	6	7	8	9	10	11	12	13	14	15	16	17	18	19	20	21	22	23	24	25	26	27	28	29	30	31
음력	15	16	17	18	19	20	21	22	23	24	25	26	27	28	29	30	4.1	2	3	4	5	6	7	8	9	10	11	12	13	14	15
일진	乙未	丙申	丁酉	戊戌	己亥	庚子	辛丑	壬寅	癸卯	甲辰	乙巳	丙午	丁未	戊申	己酉	庚戌	辛亥	壬子	癸丑	甲寅	乙卯	丙辰	丁巳	戊午	己未	庚申	辛酉	壬戌	癸亥	甲子	乙丑

망종 6일 10시26분

6 · 丙午月 (양 6.6~7.6)

하지 22일 03시06분

양력	1	2	3	4	5	6	7	8	9	10	11	12	13	14	15	16	17	18	19	20	21	22	23	24	25	26	27	28	29	30
음력	16	17	18	19	20	21	22	23	24	25	26	27	28	29	5.1	2	3	4	5	6	7	8	9	10	11	12	13	14	15	16
일진	丙寅	丁卯	戊辰	己巳	庚午	辛未	壬申	癸酉	甲戌	乙亥	丙子	丁丑	戊寅	己卯	庚辰	辛巳	壬午	癸未	甲申	乙酉	丙戌	丁亥	戊子	己丑	庚寅	辛卯	壬辰	癸巳	甲午	乙未

	丁亥年	동경135도표준시

소서 7일 20시41분 **7 · 丁未月** (양 7.7~8.7) 대서 23일 13시59분

양력	1	2	3	4	5	6	7	8	9	10	11	12	13	14	15	16	17	18	19	20	21	22	23	24	25	26	27	28	29	30	31
음력	17	18	19	20	21	22	23	24	25	26	27	28	29	6.1	2	3	4	5	6	7	8	9	10	11	12	13	14	15	16	17	18
일진	丙申	丁酉	戊戌	己亥	庚子	辛丑	壬寅	癸卯	甲辰	乙巳	丙午	丁未	戊申	己酉	庚戌	辛亥	壬子	癸丑	甲寅	乙卯	丙辰	丁巳	戊午	己未	庚申	辛酉	壬戌	癸亥	甲子	乙丑	丙寅

입추 8일 06시30분 **8 · 戊申月** (양 8.8~9.7) 처서 23일 21시07분

양력	1	2	3	4	5	6	7	8	9	10	11	12	13	14	15	16	17	18	19	20	21	22	23	24	25	26	27	28	29	30	31
음력	19	20	21	22	23	24	25	26	27	28	29	30	7.1	2	3	4	5	6	7	8	9	10	11	12	13	14	15	16	17	18	19
일진	丁卯	戊辰	己巳	庚午	辛未	壬申	癸酉	甲戌	乙亥	丙子	丁丑	戊寅	己卯	庚辰	辛巳	壬午	癸未	甲申	乙酉	丙戌	丁亥	戊子	己丑	庚寅	辛卯	壬辰	癸巳	甲午	乙未	丙申	丁酉

백로 8일 09시29분 **9 · 己酉月** (양 9.8~10.8) 추분 23일 18시50분

양력	1	2	3	4	5	6	7	8	9	10	11	12	13	14	15	16	17	18	19	20	21	22	23	24	25	26	27	28	29	30
음력	20	21	22	23	24	25	26	27	28	29	8.1	2	3	4	5	6	7	8	9	10	11	12	13	14	15	16	17	18	19	20
일진	戊戌	己亥	庚子	辛丑	壬寅	癸卯	甲辰	乙巳	丙午	丁未	戊申	己酉	庚戌	辛亥	壬子	癸丑	甲寅	乙卯	丙辰	丁巳	戊午	己未	庚申	辛酉	壬戌	癸亥	甲子	乙丑	丙寅	丁卯

한로 9일 01시11분 **10 · 庚戌月** (양 10.9~11.7) 상강 24일 04시15분

양력	1	2	3	4	5	6	7	8	9	10	11	12	13	14	15	16	17	18	19	20	21	22	23	24	25	26	27	28	29	30	31
음력	21	22	23	24	25	26	27	28	29	30	9.1	2	3	4	5	6	7	8	9	10	11	12	13	14	15	16	17	18	19	20	21
일진	戊辰	己巳	庚午	辛未	壬申	癸酉	甲戌	乙亥	丙子	丁丑	戊寅	己卯	庚辰	辛巳	壬午	癸未	甲申	乙酉	丙戌	丁亥	戊子	己丑	庚寅	辛卯	壬辰	癸巳	甲午	乙未	丙申	丁酉	戊戌

입동 8일 04시23분 **11 · 辛亥月** (양 11.8~12.6) 소설 23일 01시49분

양력	1	2	3	4	5	6	7	8	9	10	11	12	13	14	15	16	17	18	19	20	21	22	23	24	25	26	27	28	29	30
음력	22	23	24	25	26	27	28	29	30	10.1	2	3	4	5	6	7	8	9	10	11	12	13	14	15	16	17	18	19	20	21
일진	己亥	庚子	辛丑	壬寅	癸卯	甲辰	乙巳	丙午	丁未	戊申	己酉	庚戌	辛亥	壬子	癸丑	甲寅	乙卯	丙辰	丁巳	戊午	己未	庚申	辛酉	壬戌	癸亥	甲子	乙丑	丙寅	丁卯	戊辰

대설 7일 21시13분 **12 · 壬子月** (양 12.7~1.5) 동지 22일 15시07분

양력	1	2	3	4	5	6	7	8	9	10	11	12	13	14	15	16	17	18	19	20	21	22	23	24	25	26	27	28	29	30	31
음력	22	23	24	25	26	27	28	29	30	11.1	2	3	4	5	6	7	8	9	10	11	12	13	14	15	16	17	18	19	20	21	22
일진	己巳	庚午	辛未	壬申	癸酉	甲戌	乙亥	丙子	丁丑	戊寅	己卯	庚辰	辛巳	壬午	癸未	甲申	乙酉	丙戌	丁亥	戊子	己丑	庚寅	辛卯	壬辰	癸巳	甲午	乙未	丙申	丁酉	戊戌	己亥

단기 4341년	2008년	

소한 6일 08시24분

1 · 癸丑月(양 1.6~2.3)

대한 21일 01시43분

양력	1	2	3	4	5	6	7	8	9	10	11	12	13	14	15	16	17	18	19	20	21	22	23	24	25	26	27	28	29	30	31
음력	23	24	25	26	27	28	29	12.1	2	3	4	5	6	7	8	9	10	11	12	13	14	15	16	17	18	19	20	21	22	23	24
일진	庚子	辛丑	壬寅	癸卯	甲辰	乙巳	丙午	丁未	戊申	己酉	庚戌	辛亥	壬子	癸丑	甲寅	乙卯	丙辰	丁巳	戊午	己未	庚申	辛酉	壬戌	癸亥	甲子	乙丑	丙寅	丁卯	戊辰	己巳	庚午

입춘 4일 20시00분

2 · 甲寅月(양 2.4~3.4)

우수 19일 15시49분

양력	1	2	3	4	5	6	7	8	9	10	11	12	13	14	15	16	17	18	19	20	21	22	23	24	25	26	27	28	29
음력	25	26	27	28	29	30	1.1	2	3	4	5	6	7	8	9	10	11	12	13	14	15	16	17	18	19	20	21	22	23
일진	辛未	壬申	癸酉	甲戌	乙亥	丙子	丁丑	戊寅	己卯	庚辰	辛巳	壬午	癸未	甲申	乙酉	丙戌	丁亥	戊子	己丑	庚寅	辛卯	壬辰	癸巳	甲午	乙未	丙申	丁酉	戊戌	己亥

경칩 5일 13시58분

3 · 乙卯月(양 3.5~4.3)

춘분 20일 14시47분

양력	1	2	3	4	5	6	7	8	9	10	11	12	13	14	15	16	17	18	19	20	21	22	23	24	25	26	27	28	29	30	31
음력	24	25	26	27	28	29	30	2.1	2	3	4	5	6	7	8	9	10	11	12	13	14	15	16	17	18	19	20	21	22	23	24
일진	庚子	辛丑	壬寅	癸卯	甲辰	乙巳	丙午	丁未	戊申	己酉	庚戌	辛亥	壬子	癸丑	甲寅	乙卯	丙辰	丁巳	戊午	己未	庚申	辛酉	壬戌	癸亥	甲子	乙丑	丙寅	丁卯	戊辰	己巳	庚午

청명 4일 18시45분

4 · 丙辰月(양 4.4~5.4)

곡우 20일 01시50분

양력	1	2	3	4	5	6	7	8	9	10	11	12	13	14	15	16	17	18	19	20	21	22	23	24	25	26	27	28	29	30
음력	25	26	27	28	29	3.1	2	3	4	5	6	7	8	9	10	11	12	13	14	15	16	17	18	19	20	21	22	23	24	25
일진	辛未	壬申	癸酉	甲戌	乙亥	丙子	丁丑	戊寅	己卯	庚辰	辛巳	壬午	癸未	甲申	乙酉	丙戌	丁亥	戊子	己丑	庚寅	辛卯	壬辰	癸巳	甲午	乙未	丙申	丁酉	戊戌	己亥	庚子

입하 5일 12시03분

5 · 丁巳月(양 5.5~6.4)

소만 21일 01시00분

양력	1	2	3	4	5	6	7	8	9	10	11	12	13	14	15	16	17	18	19	20	21	22	23	24	25	26	27	28	29	30	31
음력	26	27	28	29	4.1	2	3	4	5	6	7	8	9	10	11	12	13	14	15	16	17	18	19	20	21	22	23	24	25	26	27
일진	辛丑	壬寅	癸卯	甲辰	乙巳	丙午	丁未	戊申	己酉	庚戌	辛亥	壬子	癸丑	甲寅	乙卯	丙辰	丁巳	戊午	己未	庚申	辛酉	壬戌	癸亥	甲子	乙丑	丙寅	丁卯	戊辰	己巳	庚午	辛未

망종 5일 16시11분

6 · 戊午月(양 6.5~7.6)

하지 21일 08시59분

양력	1	2	3	4	5	6	7	8	9	10	11	12	13	14	15	16	17	18	19	20	21	22	23	24	25	26	27	28	29	30
음력	28	29	30	5.1	2	3	4	5	6	7	8	9	10	11	12	13	14	15	16	17	18	19	20	21	22	23	24	25	26	27
일진	壬申	癸酉	甲戌	乙亥	丙子	丁丑	戊寅	己卯	庚辰	辛巳	壬午	癸未	甲申	乙酉	丙戌	丁亥	戊子	己丑	庚寅	辛卯	壬辰	癸巳	甲午	乙未	丙申	丁酉	戊戌	己亥	庚子	辛丑

	戊子年	동경135도표준시

소서 7일 02시26분 **7 · 己未月**(양 7.7~8.6) 대서 22일 19시54분

양력	1	2	3	4	5	6	7	8	9	10	11	12	13	14	15	16	17	18	19	20	21	22	23	24	25	26	27	28	29	30	31
음력	28	29	6.1	2	3	4	5	6	7	8	9	10	11	12	13	14	15	16	17	18	19	20	21	22	23	24	25	26	27	28	29
일진	壬寅	癸卯	甲辰	乙巳	丙午	丁未	戊申	己酉	庚戌	辛亥	壬子	癸丑	甲寅	乙卯	丙辰	丁巳	戊午	己未	庚申	辛酉	壬戌	癸亥	甲子	乙丑	丙寅	丁卯	戊辰	己巳	庚午	辛未	壬申

입추 7일 12시15분 **8 · 庚申月**(양 8.7~9.6) 처서 23일 03시01분

양력	1	2	3	4	5	6	7	8	9	10	11	12	13	14	15	16	17	18	19	20	21	22	23	24	25	26	27	28	29	30	31
음력	7.1	2	3	4	5	6	7	8	9	10	11	12	13	14	15	16	17	18	19	20	21	22	23	24	25	26	27	28	29	30	8.1
일진	癸酉	甲戌	乙亥	丙子	丁丑	戊寅	己卯	庚辰	辛巳	壬午	癸未	甲申	乙酉	丙戌	丁亥	戊子	己丑	庚寅	辛卯	壬辰	癸巳	甲午	乙未	丙申	丁酉	戊戌	己亥	庚子	辛丑	壬寅	癸卯

백로 7일 15시13분 **9 · 辛酉月**(양 9.7~10.7) 추분 23일 00시44분

양력	1	2	3	4	5	6	7	8	9	10	11	12	13	14	15	16	17	18	19	20	21	22	23	24	25	26	27	28	29	30	
음력	2	3	4	5	6	7	8	9	10	11	12	13	14	15	16	17	18	19	20	21	22	23	24	25	26	27	28	29	9.1	2	
일진	甲辰	乙巳	丙午	丁未	戊申	己酉	庚戌	辛亥	壬子	癸丑	甲寅	乙卯	丙辰	丁巳	戊午	己未	庚申	辛酉	壬戌	癸亥	甲子	乙丑	丙寅	丁卯	戊辰	己巳	庚午	辛未	壬申	癸酉	

한로 8일 06시56분 **10 · 壬戌月**(양 10.8~11.6) 상강 23일 10시08분

양력	1	2	3	4	5	6	7	8	9	10	11	12	13	14	15	16	17	18	19	20	21	22	23	24	25	26	27	28	29	30	31
음력	3	4	5	6	7	8	9	10	11	12	13	14	15	16	17	18	19	20	21	22	23	24	25	26	27	28	29	30	10.1	2	3
일진	甲戌	乙亥	丙子	丁丑	戊寅	己卯	庚辰	辛巳	壬午	癸未	甲申	乙酉	丙戌	丁亥	戊子	己丑	庚寅	辛卯	壬辰	癸巳	甲午	乙未	丙申	丁酉	戊戌	己亥	庚子	辛丑	壬寅	癸卯	甲辰

입동 7일 10시10분 **11 · 癸亥月**(양 11.7~12.6) 소설 22일 07시44분

양력	1	2	3	4	5	6	7	8	9	10	11	12	13	14	15	16	17	18	19	20	21	22	23	24	25	26	27	28	29	30	
음력	4	5	6	7	8	9	10	11	12	13	14	15	16	17	18	19	20	21	22	23	24	25	26	27	28	29	30	11.1	2	3	
일진	乙巳	丙午	丁未	戊申	己酉	庚戌	辛亥	壬子	癸丑	甲寅	乙卯	丙辰	丁巳	戊午	己未	庚申	辛酉	壬戌	癸亥	甲子	乙丑	丙寅	丁卯	戊辰	己巳	庚午	辛未	壬申	癸酉	甲戌	

대설 7일 03시02분 **12 · 甲子月**(양 12.7~1.4) 동지 21일 21시03분

양력	1	2	3	4	5	6	7	8	9	10	11	12	13	14	15	16	17	18	19	20	21	22	23	24	25	26	27	28	29	30	31
음력	4	5	6	7	8	9	10	11	12	13	14	15	16	17	18	19	20	21	22	23	24	25	26	27	28	29	12.1	2	3	4	5
일진	乙亥	丙子	丁丑	戊寅	己卯	庚辰	辛巳	壬午	癸未	甲申	乙酉	丙戌	丁亥	戊子	己丑	庚寅	辛卯	壬辰	癸巳	甲午	乙未	丙申	丁酉	戊戌	己亥	庚子	辛丑	壬寅	癸卯	甲辰	乙巳

단기 4342년	2009년(윤5월)	

1 · 乙丑月(양 1.5~2.3)

소한 5일 14시13분 — 대한 20일 07시40분

양력	1	2	3	4	5	6	7	8	9	10	11	12	13	14	15	16	17	18	19	20	21	22	23	24	25	26	27	28	29	30	31
음력	6	7	8	9	10	11	12	13	14	15	16	17	18	19	20	21	22	23	24	25	26	27	28	29	30	1.1	2	3	4	5	6
일진	丙午	丁未	戊申	己酉	庚戌	辛亥	壬子	癸丑	甲寅	乙卯	丙辰	丁巳	戊午	己未	庚申	辛酉	壬戌	癸亥	甲子	乙丑	丙寅	丁卯	戊辰	己巳	庚午	辛未	壬申	癸酉	甲戌	乙亥	丙子

2 · 丙寅月(양 2.4~3.4)

입춘 4일 01시49분 — 우수 18일 21시45분

양력	1	2	3	4	5	6	7	8	9	10	11	12	13	14	15	16	17	18	19	20	21	22	23	24	25	26	27	28
음력	7	8	9	10	11	12	13	14	15	16	17	18	19	20	21	22	23	24	25	26	27	28	29	30	2.1	2	3	4
일진	丁丑	戊寅	己卯	庚辰	辛巳	壬午	癸未	甲申	乙酉	丙戌	丁亥	戊子	己丑	庚寅	辛卯	壬辰	癸巳	甲午	乙未	丙申	丁酉	戊戌	己亥	庚子	辛丑	壬寅	癸卯	甲辰

3 · 丁卯月(양 3.5~4.4)

경칩 5일 19시47분 — 춘분 20일 20시43분

양력	1	2	3	4	5	6	7	8	9	10	11	12	13	14	15	16	17	18	19	20	21	22	23	24	25	26	27	28	29	30	31
음력	5	6	7	8	9	10	11	12	13	14	15	16	17	18	19	20	21	22	23	24	25	26	27	28	29	30	3.1	2	3	4	5
일진	乙巳	丙午	丁未	戊申	己酉	庚戌	辛亥	壬子	癸丑	甲寅	乙卯	丙辰	丁巳	戊午	己未	庚申	辛酉	壬戌	癸亥	甲子	乙丑	丙寅	丁卯	戊辰	己巳	庚午	辛未	壬申	癸酉	甲戌	乙亥

4 · 戊辰月(양 4.5~5.4)

청명 5일 00시33분 — 곡우 20일 07시44분

양력	1	2	3	4	5	6	7	8	9	10	11	12	13	14	15	16	17	18	19	20	21	22	23	24	25	26	27	28	29	30
음력	6	7	8	9	10	11	12	13	14	15	16	17	18	19	20	21	22	23	24	25	26	27	28	29	4.1	2	3	4	5	6
일진	丙子	丁丑	戊寅	己卯	庚辰	辛巳	壬午	癸未	甲申	乙酉	丙戌	丁亥	戊子	己丑	庚寅	辛卯	壬辰	癸巳	甲午	乙未	丙申	丁酉	戊戌	己亥	庚子	辛丑	壬寅	癸卯	甲辰	乙巳

5 · 己巳月(양 5.5~6.4)

입하 5일 17시50분 — 소만 21일 06시50분

양력	1	2	3	4	5	6	7	8	9	10	11	12	13	14	15	16	17	18	19	20	21	22	23	24	25	26	27	28	29	30	31
음력	7	8	9	10	11	12	13	14	15	16	17	18	19	20	21	22	23	24	25	26	27	28	29	5.1	2	3	4	5	6	7	8
일진	丙午	丁未	戊申	己酉	庚戌	辛亥	壬子	癸丑	甲寅	乙卯	丙辰	丁巳	戊午	己未	庚申	辛酉	壬戌	癸亥	甲子	乙丑	丙寅	丁卯	戊辰	己巳	庚午	辛未	壬申	癸酉	甲戌	乙亥	丙子

6 · 庚午月(양 6.5~7.6)

망종 5일 21시58분 — 하지 21일 14시45분

양력	1	2	3	4	5	6	7	8	9	10	11	12	13	14	15	16	17	18	19	20	21	22	23	24	25	26	27	28	29	30
음력	9	10	11	12	13	14	15	16	17	18	19	20	21	22	23	24	25	26	27	28	29	30	윤	5.2	3	4	5	6	7	8
일진	丁丑	戊寅	己卯	庚辰	辛巳	壬午	癸未	甲申	乙酉	丙戌	丁亥	戊子	己丑	庚寅	辛卯	壬辰	癸巳	甲午	乙未	丙申	丁酉	戊戌	己亥	庚子	辛丑	壬寅	癸卯	甲辰	乙巳	丙午

	# 己丑年	동경135도표준시

소서 7일 08시13분 **7 · 辛未月**(양 7.7~8.6) 대서 23일 01시35분

양력	1	2	3	4	5	6	7	8	9	10	11	12	13	14	15	16	17	18	19	20	21	22	23	24	25	26	27	28	29	30	31
음력	9	10	11	12	13	14	15	16	17	18	19	20	21	22	23	24	25	26	27	28	29	6.1	2	3	4	5	6	7	8	9	10
일진	丁未	戊申	己酉	庚戌	辛亥	壬子	癸丑	甲寅	乙卯	丙辰	丁巳	戊午	己未	庚申	辛酉	壬戌	癸亥	甲子	乙丑	丙寅	丁卯	戊辰	己巳	庚午	辛未	壬申	癸酉	甲戌	乙亥	丙子	丁丑

입추 7일 18시00분 **8 · 壬申月**(양 8.7~9.6) 처서 23일 08시38분

양력	1	2	3	4	5	6	7	8	9	10	11	12	13	14	15	16	17	18	19	20	21	22	23	24	25	26	27	28	29	30	31
음력	11	12	13	14	15	16	17	18	19	20	21	22	23	24	25	26	27	28	29	7.1	2	3	4	5	6	7	8	9	10	11	12
일진	戊寅	己卯	庚辰	辛巳	壬午	癸未	甲申	乙酉	丙戌	丁亥	戊子	己丑	庚寅	辛卯	壬辰	癸巳	甲午	乙未	丙申	丁酉	戊戌	己亥	庚子	辛丑	壬寅	癸卯	甲辰	乙巳	丙午	丁未	戊申

백로 7일 20시57분 **9 · 癸酉月**(양 9.7~10.7) 추분 23일 06시18분

양력	1	2	3	4	5	6	7	8	9	10	11	12	13	14	15	16	17	18	19	20	21	22	23	24	25	26	27	28	29	30	
음력	13	14	15	16	17	18	19	20	21	22	23	24	25	26	27	28	29	30	8.1	2	3	4	5	6	7	8	9	10	11	12	
일진	己酉	庚戌	辛亥	壬子	癸丑	甲寅	乙卯	丙辰	丁巳	戊午	己未	庚申	辛酉	壬戌	癸亥	甲子	乙丑	丙寅	丁卯	戊辰	己巳	庚午	辛未	壬申	癸酉	甲戌	乙亥	丙子	丁丑	戊寅	

한로 8일 12시39분 **10 · 甲戌月**(양 10.8~11.6) 상강 23일 15시43분

양력	1	2	3	4	5	6	7	8	9	10	11	12	13	14	15	16	17	18	19	20	21	22	23	24	25	26	27	28	29	30	31
음력	13	14	15	16	17	18	19	20	21	22	23	24	25	26	27	28	29	9.1	2	3	4	5	6	7	8	9	10	11	12	13	14
일진	己卯	庚辰	辛巳	壬午	癸未	甲申	乙酉	丙戌	丁亥	戊子	己丑	庚寅	辛卯	壬辰	癸巳	甲午	乙未	丙申	丁酉	戊戌	己亥	庚子	辛丑	壬寅	癸卯	甲辰	乙巳	丙午	丁未	戊申	己酉

입동 7일 15시55분 **11 · 乙亥月**(양 11.7~12.6) 소설 22일 13시22분

양력	1	2	3	4	5	6	7	8	9	10	11	12	13	14	15	16	17	18	19	20	21	22	23	24	25	26	27	28	29	30	
음력	15	16	17	18	19	20	21	22	23	24	25	26	27	28	29	30	10.1	2	3	4	5	6	7	8	9	10	11	12	13	14	
일진	庚戌	辛亥	壬子	癸丑	甲寅	乙卯	丙辰	丁巳	戊午	己未	庚申	辛酉	壬戌	癸亥	甲子	乙丑	丙寅	丁卯	戊辰	己巳	庚午	辛未	壬申	癸酉	甲戌	乙亥	丙子	丁丑	戊寅	己卯	

대설 7일 08시51분 **12 · 丙子月**(양 12.7~1.4) 동지 22일 02시46분

양력	1	2	3	4	5	6	7	8	9	10	11	12	13	14	15	16	17	18	19	20	21	22	23	24	25	26	27	28	29	30	31
음력	15	16	17	18	19	20	21	22	23	24	25	26	27	28	29	11.1	2	3	4	5	6	7	8	9	10	11	12	13	14	15	16
일진	庚辰	辛巳	壬午	癸未	甲申	乙酉	丙戌	丁亥	戊子	己丑	庚寅	辛卯	壬辰	癸巳	甲午	乙未	丙申	丁酉	戊戌	己亥	庚子	辛丑	壬寅	癸卯	甲辰	乙巳	丙午	丁未	戊申	己酉	庚戌

단기 4343년	2010년	

1 · 丁丑月 (양 1.5~2.3)

소한 5일 20시08분 — 대한 20일 13시27분

양력	1	2	3	4	5	6	7	8	9	10	11	12	13	14	15	16	17	18	19	20	21	22	23	24	25	26	27	28	29	30	31
음력	17	18	19	20	21	22	23	24	25	26	27	28	29	30	12.1	2	3	4	5	6	7	8	9	10	11	12	13	14	15	16	17
일진	辛亥	壬子	癸丑	甲寅	乙卯	丙辰	丁巳	戊午	己未	庚申	辛酉	壬戌	癸亥	甲子	乙丑	丙寅	丁卯	戊辰	己巳	庚午	辛未	壬申	癸酉	甲戌	乙亥	丙子	丁丑	戊寅	己卯	庚辰	辛巳

2 · 戊寅月 (양 2.4~3.5)

입춘 4일 07시47분 — 우수 19일 03시35분

양력	1	2	3	4	5	6	7	8	9	10	11	12	13	14	15	16	17	18	19	20	21	22	23	24	25	26	27	28
음력	18	19	20	21	22	23	24	25	26	27	28	29	30	1.1	2	3	4	5	6	7	8	9	10	11	12	13	14	15
일진	壬午	癸未	甲申	乙酉	丙戌	丁亥	戊子	己丑	庚寅	辛卯	壬辰	癸巳	甲午	乙未	丙申	丁酉	戊戌	己亥	庚子	辛丑	壬寅	癸卯	甲辰	乙巳	丙午	丁未	戊申	己酉

3 · 己卯月 (양 3.6~4.4)

경칩 6일 01시46분 — 춘분 21일 02시31분

양력	1	2	3	4	5	6	7	8	9	10	11	12	13	14	15	16	17	18	19	20	21	22	23	24	25	26	27	28	29	30	31
음력	16	17	18	19	20	21	22	23	24	25	26	27	28	29	30	2.1	2	3	4	5	6	7	8	9	10	11	12	13	14	15	16
일진	庚戌	辛亥	壬子	癸丑	甲寅	乙卯	丙辰	丁巳	戊午	己未	庚申	辛酉	壬戌	癸亥	甲子	乙丑	丙寅	丁卯	戊辰	己巳	庚午	辛未	壬申	癸酉	甲戌	乙亥	丙子	丁丑	戊寅	己卯	庚辰

4 · 庚辰月 (양 4.5~5.4)

청명 5일 06시30분 — 곡우 20일 13시29분

양력	1	2	3	4	5	6	7	8	9	10	11	12	13	14	15	16	17	18	19	20	21	22	23	24	25	26	27	28	29	30
음력	17	18	19	20	21	22	23	24	25	26	27	28	29	3.1	2	3	4	5	6	7	8	9	10	11	12	13	14	15	16	17
일진	辛巳	壬午	癸未	甲申	乙酉	丙戌	丁亥	戊子	己丑	庚寅	辛卯	壬辰	癸巳	甲午	乙未	丙申	丁酉	戊戌	己亥	庚子	辛丑	壬寅	癸卯	甲辰	乙巳	丙午	丁未	戊申	己酉	庚戌

5 · 辛巳月 (양 5.5~6.5)

입하 5일 23시43분 — 소만 21일 12시33분

양력	1	2	3	4	5	6	7	8	9	10	11	12	13	14	15	16	17	18	19	20	21	22	23	24	25	26	27	28	29	30	31
음력	18	19	20	21	22	23	24	25	26	27	28	29	30	4.1	2	3	4	5	6	7	8	9	10	11	12	13	14	15	16	17	18
일진	辛亥	壬子	癸丑	甲寅	乙卯	丙辰	丁巳	戊午	己未	庚申	辛酉	壬戌	癸亥	甲子	乙丑	丙寅	丁卯	戊辰	己巳	庚午	辛未	壬申	癸酉	甲戌	乙亥	丙子	丁丑	戊寅	己卯	庚辰	辛巳

6 · 壬午月 (양 6.6~7.6)

망종 6일 03시49분 — 하지 21일 20시28분

양력	1	2	3	4	5	6	7	8	9	10	11	12	13	14	15	16	17	18	19	20	21	22	23	24	25	26	27	28	29	30
음력	19	20	21	22	23	24	25	26	27	28	29	5.1	2	3	4	5	6	7	8	9	10	11	12	13	14	15	16	17	18	19
일진	壬午	癸未	甲申	乙酉	丙戌	丁亥	戊子	己丑	庚寅	辛卯	壬辰	癸巳	甲午	乙未	丙申	丁酉	戊戌	己亥	庚子	辛丑	壬寅	癸卯	甲辰	乙巳	丙午	丁未	戊申	己酉	庚戌	辛亥

	庚寅年	동경135도표준시

소서 7일 14시02분 | **7 · 癸未月** (양 7.7~8.6) | 대서 23일 07시20분

양력	1	2	3	4	5	6	7	8	9	10	11	12	13	14	15	16	17	18	19	20	21	22	23	24	25	26	27	28	29	30	31
음력	20	21	22	23	24	25	26	27	28	29	30	6.1	2	3	4	5	6	7	8	9	10	11	12	13	14	15	16	17	18	19	20
일진	壬子	癸丑	甲寅	乙卯	丙辰	丁巳	戊午	己未	庚申	辛酉	壬戌	癸亥	甲子	乙丑	丙寅	丁卯	戊辰	己巳	庚午	辛未	壬申	癸酉	甲戌	乙亥	丙子	丁丑	戊寅	己卯	庚辰	辛巳	壬午

입추 7일 23시48분 | **8 · 甲申月** (양 8.7~9.7) | 처서 23일 14시26분

양력	1	2	3	4	5	6	7	8	9	10	11	12	13	14	15	16	17	18	19	20	21	22	23	24	25	26	27	28	29	30	31
음력	21	22	23	24	25	26	27	28	29	7.1	2	3	4	5	6	7	8	9	10	11	12	13	14	15	16	17	18	19	20	21	22
일진	癸未	甲申	乙酉	丙戌	丁亥	戊子	己丑	庚寅	辛卯	壬辰	癸巳	甲午	乙未	丙申	丁酉	戊戌	己亥	庚子	辛丑	壬寅	癸卯	甲辰	乙巳	丙午	丁未	戊申	己酉	庚戌	辛亥	壬子	癸丑

백로 8일 02시44분 | **9 · 乙酉月** (양 9.8~10.7) | 추분 23일 12시08분

양력	1	2	3	4	5	6	7	8	9	10	11	12	13	14	15	16	17	18	19	20	21	22	23	24	25	26	27	28	29	30	
음력	23	24	25	26	27	28	29	8.1	2	3	4	5	6	7	8	9	10	11	12	13	14	15	16	17	18	19	20	21	22	23	
일진	甲寅	乙卯	丙辰	丁巳	戊午	己未	庚申	辛酉	壬戌	癸亥	甲子	乙丑	丙寅	丁卯	戊辰	己巳	庚午	辛未	壬申	癸酉	甲戌	乙亥	丙子	丁丑	戊寅	己卯	庚辰	辛巳	壬午	癸未	

한로 8일 18시26분 | **10 · 丙戌月** (양 10.8~11.6) | 상강 23일 21시34분

양력	1	2	3	4	5	6	7	8	9	10	11	12	13	14	15	16	17	18	19	20	21	22	23	24	25	26	27	28	29	30	31
음력	24	25	26	27	28	29	30	9.1	2	3	4	5	6	7	8	9	10	11	12	13	14	15	16	17	18	19	20	21	22	23	24
일진	甲申	乙酉	丙戌	丁亥	戊子	己丑	庚寅	辛卯	壬辰	癸巳	甲午	乙未	丙申	丁酉	戊戌	己亥	庚子	辛丑	壬寅	癸卯	甲辰	乙巳	丙午	丁未	戊申	己酉	庚戌	辛亥	壬子	癸丑	甲寅

입동 7일 21시42분 | **11 · 丁亥月** (양 11.7~12.6) | 소설 22일 19시14분

양력	1	2	3	4	5	6	7	8	9	10	11	12	13	14	15	16	17	18	19	20	21	22	23	24	25	26	27	28	29	30	
음력	25	26	27	28	29	10.1	2	3	4	5	6	7	8	9	10	11	12	13	14	15	16	17	18	19	20	21	22	23	24	25	
일진	乙卯	丙辰	丁巳	戊午	己未	庚申	辛酉	壬戌	癸亥	甲子	乙丑	丙寅	丁卯	戊辰	己巳	庚午	辛未	壬申	癸酉	甲戌	乙亥	丙子	丁丑	戊寅	己卯	庚辰	辛巳	壬午	癸未	甲申	

대설 7일 14시38분 | **12 · 戊子月** (양 12.7~1.5) | 동지 22일 08시38분

양력	1	2	3	4	5	6	7	8	9	10	11	12	13	14	15	16	17	18	19	20	21	22	23	24	25	26	27	28	29	30	31
음력	26	27	28	29	30	11.1	2	3	4	5	6	7	8	9	10	11	12	13	14	15	16	17	18	19	20	21	22	23	24	25	26
일진	乙酉	丙戌	丁亥	戊子	己丑	庚寅	辛卯	壬辰	癸巳	甲午	乙未	丙申	丁酉	戊戌	己亥	庚子	辛丑	壬寅	癸卯	甲辰	乙巳	丙午	丁未	戊申	己酉	庚戌	辛亥	壬子	癸丑	甲寅	乙卯

단기 4344년	2011년	

2011년

소한 6일 01시54분

1 · 己丑月(양 1.6 ~ 2.3)

대한 20일 19시18분

양력	1	2	3	4	5	6	7	8	9	10	11	12	13	14	15	16	17	18	19	20	21	22	23	24	25	26	27	28	29	30	31
음력	27	28	29	12.1	2	3	4	5	6	7	8	9	10	11	12	13	14	15	16	17	18	19	20	21	22	23	24	25	26	27	28
일진	丙辰	丁巳	戊午	己未	庚申	辛酉	壬戌	癸亥	甲子	乙丑	丙寅	丁卯	戊辰	己巳	庚午	辛未	壬申	癸酉	甲戌	乙亥	丙子	丁丑	戊寅	己卯	庚辰	辛巳	壬午	癸未	甲申	乙酉	丙戌

입춘 4일 13시32분

2 · 庚寅月(양 2.4~3.5)

우수 19일 09시24분

양력	1	2	3	4	5	6	7	8	9	10	11	12	13	14	15	16	17	18	19	20	21	22	23	24	25	26	27	28
음력	29	30	1.1	2	3	4	5	6	7	8	9	10	11	12	13	14	15	16	17	18	19	20	21	22	23	24	25	26
일진	丁亥	戊子	己丑	庚寅	辛卯	壬辰	癸巳	甲午	乙未	丙申	丁酉	戊戌	己亥	庚子	辛丑	壬寅	癸卯	甲辰	乙巳	丙午	丁未	戊申	己酉	庚戌	辛亥	壬子	癸丑	甲寅

경칩 6일 07시29분

3 · 辛卯月(양 3.6~4.4)

춘분 21일 08시20분

양력	1	2	3	4	5	6	7	8	9	10	11	12	13	14	15	16	17	18	19	20	21	22	23	24	25	26	27	28	29	30	31
음력	27	28	29	30	2.1	2	3	4	5	6	7	8	9	10	11	12	13	14	15	16	17	18	19	20	21	22	23	24	25	26	27
일진	乙卯	丙辰	丁巳	戊午	己未	庚申	辛酉	壬戌	癸亥	甲子	乙丑	丙寅	丁卯	戊辰	己巳	庚午	辛未	壬申	癸酉	甲戌	乙亥	丙子	丁丑	戊寅	己卯	庚辰	辛巳	壬午	癸未	甲申	乙酉

청명 5일 12시11분

4 · 壬辰月(양 4.5~5.5)

곡우 20일 19시17분

양력	1	2	3	4	5	6	7	8	9	10	11	12	13	14	15	16	17	18	19	20	21	22	23	24	25	26	27	28	29	30
음력	28	29	3.1	2	3	4	5	6	7	8	9	10	11	12	13	14	15	16	17	18	19	20	21	22	23	24	25	26	27	28
일진	丙戌	丁亥	戊子	己丑	庚寅	辛卯	壬辰	癸巳	甲午	乙未	丙申	丁酉	戊戌	己亥	庚子	辛丑	壬寅	癸卯	甲辰	乙巳	丙午	丁未	戊申	己酉	庚戌	辛亥	壬子	癸丑	甲寅	乙卯

입하 6일 05시22분

5 · 癸巳月(양 5.6~6.5)

소만 21일 18시20분

양력	1	2	3	4	5	6	7	8	9	10	11	12	13	14	15	16	17	18	19	20	21	22	23	24	25	26	27	28	29	30	31
음력	29	30	4.1	2	3	4	5	6	7	8	9	10	11	12	13	14	15	16	17	18	19	20	21	22	23	24	25	26	27	28	29
일진	丙辰	丁巳	戊午	己未	庚申	辛酉	壬戌	癸亥	甲子	乙丑	丙寅	丁卯	戊辰	己巳	庚午	辛未	壬申	癸酉	甲戌	乙亥	丙子	丁丑	戊寅	己卯	庚辰	辛巳	壬午	癸未	甲申	乙酉	丙戌

망종 6일 09시26분

6 · 甲午月(양 6.6~7.6)

하지 22일 02시16분

양력	1	2	3	4	5	6	7	8	9	10	11	12	13	14	15	16	17	18	19	20	21	22	23	24	25	26	27	28	29	30
음력	30	5.1	2	3	4	5	6	7	8	9	10	11	12	13	14	15	16	17	18	19	20	21	22	23	24	25	26	27	28	29
일진	丁亥	戊子	己丑	庚寅	辛卯	壬辰	癸巳	甲午	乙未	丙申	丁酉	戊戌	己亥	庚子	辛丑	壬寅	癸卯	甲辰	乙巳	丙午	丁未	戊申	己酉	庚戌	辛亥	壬子	癸丑	甲寅	乙卯	丙辰

辛卯年

동경135도표준시

7 · 乙未月 (양 7.7~8.7)

소서 7일 19시41분 / 대서 23일 13시11분

양력	1	2	3	4	5	6	7	8	9	10	11	12	13	14	15	16	17	18	19	20	21	22	23	24	25	26	27	28	29	30	31
음력	6.1	2	3	4	5	6	7	8	9	10	11	12	13	14	15	16	17	18	19	20	21	22	23	24	25	26	27	28	29	30	7.1
일진	丁巳	戊午	己未	庚申	辛酉	壬戌	癸亥	甲子	乙丑	丙寅	丁卯	戊辰	己巳	庚午	辛未	壬申	癸酉	甲戌	乙亥	丙子	丁丑	戊寅	己卯	庚辰	辛巳	壬午	癸未	甲申	乙酉	丙戌	丁亥

8 · 丙申月 (양 8.8~9.7)

입추 8일 05시33분 / 처서 23일 20시20분

양력	1	2	3	4	5	6	7	8	9	10	11	12	13	14	15	16	17	18	19	20	21	22	23	24	25	26	27	28	29	30	31
음력	2	3	4	5	6	7	8	9	10	11	12	13	14	15	16	17	18	19	20	21	22	23	24	25	26	27	28	29	8.1	2	3
일진	戊子	己丑	庚寅	辛卯	壬辰	癸巳	甲午	乙未	丙申	丁酉	戊戌	己亥	庚子	辛丑	壬寅	癸卯	甲辰	乙巳	丙午	丁未	戊申	己酉	庚戌	辛亥	壬子	癸丑	甲寅	乙卯	丙辰	丁巳	戊午

9 · 丁酉月 (양 9.8~10.8)

백로 8일 08시33분 / 추분 23일 18시04분

양력	1	2	3	4	5	6	7	8	9	10	11	12	13	14	15	16	17	18	19	20	21	22	23	24	25	26	27	28	29	30	
음력	4	5	6	7	8	9	10	11	12	13	14	15	16	17	18	19	20	21	22	23	24	25	26	27	28	29	9.1	2	3	4	
일진	己未	庚申	辛酉	壬戌	癸亥	甲子	乙丑	丙寅	丁卯	戊辰	己巳	庚午	辛未	壬申	癸酉	甲戌	乙亥	丙子	丁丑	戊寅	己卯	庚辰	辛巳	壬午	癸未	甲申	乙酉	丙戌	丁亥	戊子	

10 · 戊戌月 (양 10.9~11.7)

한로 9일 00시18분 / 상강 24일 03시29분

양력	1	2	3	4	5	6	7	8	9	10	11	12	13	14	15	16	17	18	19	20	21	22	23	24	25	26	27	28	29	30	31
음력	5	6	7	8	9	10	11	12	13	14	15	16	17	18	19	20	21	22	23	24	25	26	27	28	29	30	10.1	2	3	4	5
일진	己丑	庚寅	辛卯	壬辰	癸巳	甲午	乙未	丙申	丁酉	戊戌	己亥	庚子	辛丑	壬寅	癸卯	甲辰	乙巳	丙午	丁未	戊申	己酉	庚戌	辛亥	壬子	癸丑	甲寅	乙卯	丙辰	丁巳	戊午	己未

11 · 己亥月 (양 11.8~12.6)

입동 8일 03시34분 / 소설 23일 01시07분

양력	1	2	3	4	5	6	7	8	9	10	11	12	13	14	15	16	17	18	19	20	21	22	23	24	25	26	27	28	29	30	
음력	6	7	8	9	10	11	12	13	14	15	16	17	18	19	20	21	22	23	24	25	26	27	28	29	11.1	2	3	4	5	6	
일진	庚申	辛酉	壬戌	癸亥	甲子	乙丑	丙寅	丁卯	戊辰	己巳	庚午	辛未	壬申	癸酉	甲戌	乙亥	丙子	丁丑	戊寅	己卯	庚辰	辛巳	壬午	癸未	甲申	乙酉	丙戌	丁亥	戊子	己丑	

12 · 庚子月 (양 12.7~1.5)

대설 7일 20시28분 / 동지 22일 14시29분

양력	1	2	3	4	5	6	7	8	9	10	11	12	13	14	15	16	17	18	19	20	21	22	23	24	25	26	27	28	29	30	31
음력	7	8	9	10	11	12	13	14	15	16	17	18	19	20	21	22	23	24	25	26	27	28	29	30	12.1	2	3	4	5	6	7
일진	庚寅	辛卯	壬辰	癸巳	甲午	乙未	丙申	丁酉	戊戌	己亥	庚子	辛丑	壬寅	癸卯	甲辰	乙巳	丙午	丁未	戊申	己酉	庚戌	辛亥	壬子	癸丑	甲寅	乙卯	丙辰	丁巳	戊午	己未	庚申

단기 4345년	2012년(윤3월)	

소한 6일 07시43분 | **1 · 辛丑月** (양 1.6 ~ 2.3) | 대한 21일 01시09분

양력	1	2	3	4	5	6	7	8	9	10	11	12	13	14	15	16	17	18	19	20	21	22	23	24	25	26	27	28	29	30	31
음력	8	9	10	11	12	13	14	15	16	17	18	19	20	21	22	23	24	25	26	27	28	29	1.1	2	3	4	5	6	7	8	9
일진	辛酉	壬戌	癸亥	甲子	乙丑	丙寅	丁卯	戊辰	己巳	庚午	辛未	壬申	癸酉	甲戌	乙亥	丙子	丁丑	戊寅	己卯	庚辰	辛巳	壬午	癸未	甲申	乙酉	丙戌	丁亥	戊子	己丑	庚寅	辛卯

입춘 4일 19시22분 | **2 · 壬寅月** (양 2.4~3.4) | 우수 19일 15시17분

양력	1	2	3	4	5	6	7	8	9	10	11	12	13	14	15	16	17	18	19	20	21	22	23	24	25	26	27	28	29	
음력	10	11	12	13	14	15	16	17	18	19	20	21	22	23	24	25	26	27	28	29	30	2.1	2	3	4	5	6	7	8	
일진	壬辰	癸巳	甲午	乙未	丙申	丁酉	戊戌	己亥	庚子	辛丑	壬寅	癸卯	甲辰	乙巳	丙午	丁未	戊申	己酉	庚戌	辛亥	壬子	癸丑	甲寅	乙卯	丙辰	丁巳	戊午	己未	庚申	

경칩 5일 13시20분 | **3 · 癸卯月** (양 3.5~4.3) | 춘분 20일 14시14분

양력	1	2	3	4	5	6	7	8	9	10	11	12	13	14	15	16	17	18	19	20	21	22	23	24	25	26	27	28	29	30	31
음력	9	10	11	12	13	14	15	16	17	18	19	20	21	22	23	24	25	26	27	28	29	3.1	2	3	4	5	6	7	8	9	10
일진	辛酉	壬戌	癸亥	甲子	乙丑	丙寅	丁卯	戊辰	己巳	庚午	辛未	壬申	癸酉	甲戌	乙亥	丙子	丁丑	戊寅	己卯	庚辰	辛巳	壬午	癸未	甲申	乙酉	丙戌	丁亥	戊子	己丑	庚寅	辛卯

청명 4일 18시05분 | **4 · 甲辰月** (양 4.4~5.4) | 곡우 20일 01시11분

양력	1	2	3	4	5	6	7	8	9	10	11	12	13	14	15	16	17	18	19	20	21	22	23	24	25	26	27	28	29	30	
음력	11	12	13	14	15	16	17	18	19	20	21	22	23	24	25	26	27	28	29	30	윤	3.2	3	4	5	6	7	8	9	10	
일진	壬辰	癸巳	甲午	乙未	丙申	丁酉	戊戌	己亥	庚子	辛丑	壬寅	癸卯	甲辰	乙巳	丙午	丁未	戊申	己酉	庚戌	辛亥	壬子	癸丑	甲寅	乙卯	丙辰	丁巳	戊午	己未	庚申	辛酉	

입하 5일 11시19분 | **5 · 乙巳月** (양 5.5~6.4) | 소만 21일 00시15분

양력	1	2	3	4	5	6	7	8	9	10	11	12	13	14	15	16	17	18	19	20	21	22	23	24	25	26	27	28	29	30	31
음력	11	12	13	14	15	16	17	18	19	20	21	22	23	24	25	26	27	28	29	30	4.1	2	3	4	5	6	7	8	9	10	11
일진	壬戌	癸亥	甲子	乙丑	丙寅	丁卯	戊辰	己巳	庚午	辛未	壬申	癸酉	甲戌	乙亥	丙子	丁丑	戊寅	己卯	庚辰	辛巳	壬午	癸未	甲申	乙酉	丙戌	丁亥	戊子	己丑	庚寅	辛卯	壬辰

망종 5일 15시25분 | **6 · 丙午月** (양 6.5~7.6) | 하지 21일 08시08분

양력	1	2	3	4	5	6	7	8	9	10	11	12	13	14	15	16	17	18	19	20	21	22	23	24	25	26	27	28	29	30	
음력	12	13	14	15	16	17	18	19	20	21	22	23	24	25	26	27	28	29	30	5.1	2	3	4	5	6	7	8	9	10	11	
일진	癸巳	甲午	乙未	丙申	丁酉	戊戌	己亥	庚子	辛丑	壬寅	癸卯	甲辰	乙巳	丙午	丁未	戊申	己酉	庚戌	辛亥	壬子	癸丑	甲寅	乙卯	丙辰	丁巳	戊午	己未	庚申	辛酉	壬戌	

	# 壬辰年	동경135도표준시

소서 7일 01시40분

7 · 丁未月 (양 7.7~8.6)

대서 22일 19시00분

양력	1	2	3	4	5	6	7	8	9	10	11	12	13	14	15	16	17	18	19	20	21	22	23	24	25	26	27	28	29	30	31
음력	12	13	14	15	16	17	18	19	20	21	22	23	24	25	26	27	28	29	6.1	2	3	4	5	6	7	8	9	10	11	12	13
일진	癸亥	甲子	乙丑	丙寅	丁卯	戊辰	己巳	庚午	辛未	壬申	癸酉	甲戌	乙亥	丙子	丁丑	戊寅	己卯	庚辰	辛巳	壬午	癸未	甲申	乙酉	丙戌	丁亥	戊子	己丑	庚寅	辛卯	壬辰	癸巳

입추 7일 11시30분

8 · 戊申月 (양 8.7~9.6)

처서 23일 02시06분

양력	1	2	3	4	5	6	7	8	9	10	11	12	13	14	15	16	17	18	19	20	21	22	23	24	25	26	27	28	29	30	31
음력	14	15	16	17	18	19	20	21	22	23	24	25	26	27	28	29	30	7.1	2	3	4	5	6	7	8	9	10	11	12	13	14
일진	甲午	乙未	丙申	丁酉	戊戌	己亥	庚子	辛丑	壬寅	癸卯	甲辰	乙巳	丙午	丁未	戊申	己酉	庚戌	辛亥	壬子	癸丑	甲寅	乙卯	丙辰	丁巳	戊午	己未	庚申	辛酉	壬戌	癸亥	甲子

백로 7일 14시28분

9 · 己酉月 (양 9.7~10.7)

추분 22일 23시48분

양력	1	2	3	4	5	6	7	8	9	10	11	12	13	14	15	16	17	18	19	20	21	22	23	24	25	26	27	28	29	30	
음력	15	16	17	18	19	20	21	22	23	24	25	26	27	28	29	8.1	2	3	4	5	6	7	8	9	10	11	12	13	14	15	
일진	乙丑	丙寅	丁卯	戊辰	己巳	庚午	辛未	壬申	癸酉	甲戌	乙亥	丙子	丁丑	戊寅	己卯	庚辰	辛巳	壬午	癸未	甲申	乙酉	丙戌	丁亥	戊子	己丑	庚寅	辛卯	壬辰	癸巳	甲午	

한로 8일 06시11분

10 · 庚戌月 (양 10.8~11.6)

상강 23일 09시13분

양력	1	2	3	4	5	6	7	8	9	10	11	12	13	14	15	16	17	18	19	20	21	22	23	24	25	26	27	28	29	30	31
음력	16	17	18	19	20	21	22	23	24	25	26	27	28	29	9.1	2	3	4	5	6	7	8	9	10	11	12	13	14	15	16	17
일진	乙未	丙申	丁酉	戊戌	己亥	庚子	辛丑	壬寅	癸卯	甲辰	乙巳	丙午	丁未	戊申	己酉	庚戌	辛亥	壬子	癸丑	甲寅	乙卯	丙辰	丁巳	戊午	己未	庚申	辛酉	壬戌	癸亥	甲子	乙丑

입동 7일 09시25분

11 · 辛亥月 (양 11.7~12.6)

소설 22일 06시49분

양력	1	2	3	4	5	6	7	8	9	10	11	12	13	14	15	16	17	18	19	20	21	22	23	24	25	26	27	28	29	30	
음력	18	19	20	21	22	23	24	25	26	27	28	29	30	10.1	2	3	4	5	6	7	8	9	10	11	12	13	14	15	16	17	
일진	丙寅	丁卯	戊辰	己巳	庚午	辛未	壬申	癸酉	甲戌	乙亥	丙子	丁丑	戊寅	己卯	庚辰	辛巳	壬午	癸未	甲申	乙酉	丙戌	丁亥	戊子	己丑	庚寅	辛卯	壬辰	癸巳	甲午	乙未	

대설 7일 02시18분

12 · 壬子月 (양 12.7~1.4)

동지 21일 20시11분

양력	1	2	3	4	5	6	7	8	9	10	11	12	13	14	15	16	17	18	19	20	21	22	23	24	25	26	27	28	29	30	31
음력	18	19	20	21	22	23	24	25	26	27	28	29	11.1	2	3	4	5	6	7	8	9	10	11	12	13	14	15	16	17	18	19
일진	丙申	丁酉	戊戌	己亥	庚子	辛丑	壬寅	癸卯	甲辰	乙巳	丙午	丁未	戊申	己酉	庚戌	辛亥	壬子	癸丑	甲寅	乙卯	丙辰	丁巳	戊午	己未	庚申	辛酉	壬戌	癸亥	甲子	乙丑	丙寅

단기 4346년	2013년	

소한 5일 13시33분 **1 · 癸丑月** (양 1.5 ~ 2.3) 대한 20일 06시51분

양력	1	2	3	4	5	6	7	8	9	10	11	12	13	14	15	16	17	18	19	20	21	22	23	24	25	26	27	28	29	30	31
음력	20	21	22	23	24	25	26	27	28	29	30	12.1	2	3	4	5	6	7	8	9	10	11	12	13	14	15	16	17	18	19	20
일진	丁卯	戊辰	己巳	庚午	辛未	壬申	癸酉	甲戌	乙亥	丙子	丁丑	戊寅	己卯	庚辰	辛巳	壬午	癸未	甲申	乙酉	丙戌	丁亥	戊子	己丑	庚寅	辛卯	壬辰	癸巳	甲午	乙未	丙申	丁酉

입춘 4일 01시13분 **2 · 甲寅月** (양 2.4~3.4) 우수 18일 21시01분

양력	1	2	3	4	5	6	7	8	9	10	11	12	13	14	15	16	17	18	19	20	21	22	23	24	25	26	27	28
음력	21	22	23	24	25	26	27	28	29	1.1	2	3	4	5	6	7	8	9	10	11	12	13	14	15	16	17	18	19
일진	戊戌	己亥	庚子	辛丑	壬寅	癸卯	甲辰	乙巳	丙午	丁未	戊申	己酉	庚戌	辛亥	壬子	癸丑	甲寅	乙卯	丙辰	丁巳	戊午	己未	庚申	辛酉	壬戌	癸亥	甲子	乙丑

경칩 5일 19시14분 **3 · 乙卯月** (양 3.5~4.4) 춘분 20일 20시01분

양력	1	2	3	4	5	6	7	8	9	10	11	12	13	14	15	16	17	18	19	20	21	22	23	24	25	26	27	28	29	30	31
음력	20	21	22	23	24	25	26	27	28	29	30	2.1	2	3	4	5	6	7	8	9	10	11	12	13	14	15	16	17	18	19	20
일진	丙寅	丁卯	戊辰	己巳	庚午	辛未	壬申	癸酉	甲戌	乙亥	丙子	丁丑	戊寅	己卯	庚辰	辛巳	壬午	癸未	甲申	乙酉	丙戌	丁亥	戊子	己丑	庚寅	辛卯	壬辰	癸巳	甲午	乙未	丙申

청명 5일 00시02분 **4 · 丙辰月** (양 4.5~5.4) 곡우 20일 07시02분

양력	1	2	3	4	5	6	7	8	9	10	11	12	13	14	15	16	17	18	19	20	21	22	23	24	25	26	27	28	29	30
음력	21	22	23	24	25	26	27	28	29	3.1	2	3	4	5	6	7	8	9	10	11	12	13	14	15	16	17	18	19	20	21
일진	丁酉	戊戌	己亥	庚子	辛丑	壬寅	癸卯	甲辰	乙巳	丙午	丁未	戊申	己酉	庚戌	辛亥	壬子	癸丑	甲寅	乙卯	丙辰	丁巳	戊午	己未	庚申	辛酉	壬戌	癸亥	甲子	乙丑	丙寅

입하 5일 17시17분 **5 · 丁巳月** (양 5.5~6.4) 소만 21일 06시09분

양력	1	2	3	4	5	6	7	8	9	10	11	12	13	14	15	16	17	18	19	20	21	22	23	24	25	26	27	28	29	30	31
음력	22	23	24	25	26	27	28	29	30	4.1	2	3	4	5	6	7	8	9	10	11	12	13	14	15	16	17	18	19	20	21	22
일진	丁卯	戊辰	己巳	庚午	辛未	壬申	癸酉	甲戌	乙亥	丙子	丁丑	戊寅	己卯	庚辰	辛巳	壬午	癸未	甲申	乙酉	丙戌	丁亥	戊子	己丑	庚寅	辛卯	壬辰	癸巳	甲午	乙未	丙申	丁酉

망종 5일 21시22분 **6 · 戊午月** (양 6.5~7.6) 하지 21일 14시03분

양력	1	2	3	4	5	6	7	8	9	10	11	12	13	14	15	16	17	18	19	20	21	22	23	24	25	26	27	28	29	30
음력	23	24	25	26	27	28	29	30	5.1	2	3	4	5	6	7	8	9	10	11	12	13	14	15	16	17	18	19	20	21	22
일진	戊戌	己亥	庚子	辛丑	壬寅	癸卯	甲辰	乙巳	丙午	丁未	戊申	己酉	庚戌	辛亥	壬子	癸丑	甲寅	乙卯	丙辰	丁巳	戊午	己未	庚申	辛酉	壬戌	癸亥	甲子	乙丑	丙寅	丁卯

	# 癸巳年	동경135도표준시

소서 7일 07시34분

7 · 己未月 (양 7.7~8.6)

대서 23일 00시55분

양력	1	2	3	4	5	6	7	8	9	10	11	12	13	14	15	16	17	18	19	20	21	22	23	24	25	26	27	28	29	30	31
음력	23	24	25	26	27	28	29	6.1	2	3	4	5	6	7	8	9	10	11	12	13	14	15	16	17	18	19	20	21	22	23	24
일진	戊辰	己巳	庚午	辛未	壬申	癸酉	甲戌	乙亥	丙子	丁丑	戊寅	己卯	庚辰	辛巳	壬午	癸未	甲申	乙酉	丙戌	丁亥	戊子	己丑	庚寅	辛卯	壬辰	癸巳	甲午	乙未	丙申	丁酉	戊戌

입추 7일 17시19분

8 · 庚申月 (양 8.7~9.6)

처서 23일 08시01분

양력	1	2	3	4	5	6	7	8	9	10	11	12	13	14	15	16	17	18	19	20	21	22	23	24	25	26	27	28	29	30	31
음력	25	26	27	28	29	30	7.1	2	3	4	5	6	7	8	9	10	11	12	13	14	15	16	17	18	19	20	21	22	23	24	25
일진	己亥	庚子	辛丑	壬寅	癸卯	甲辰	乙巳	丙午	丁未	戊申	己酉	庚戌	辛亥	壬子	癸丑	甲寅	乙卯	丙辰	丁巳	戊午	己未	庚申	辛酉	壬戌	癸亥	甲子	乙丑	丙寅	丁卯	戊辰	己巳

백로 7일 20시15분

9 · 辛酉月 (양 9.7~10.7)

추분 23일 05시43분

양력	1	2	3	4	5	6	7	8	9	10	11	12	13	14	15	16	17	18	19	20	21	22	23	24	25	26	27	28	29	30	
음력	26	27	28	29	8.1	2	3	4	5	6	7	8	9	10	11	12	13	14	15	16	17	18	19	20	21	22	23	24	25	26	
일진	庚午	辛未	壬申	癸酉	甲戌	乙亥	丙子	丁丑	戊寅	己卯	庚辰	辛巳	壬午	癸未	甲申	乙酉	丙戌	丁亥	戊子	己丑	庚寅	辛卯	壬辰	癸巳	甲午	乙未	丙申	丁酉	戊戌	己亥	

한로 8일 11시58분

10 · 壬戌月 (양 10.8~11.6)

상강 23일 15시09분

양력	1	2	3	4	5	6	7	8	9	10	11	12	13	14	15	16	17	18	19	20	21	22	23	24	25	26	27	28	29	30	31
음력	27	28	29	30	9.1	2	3	4	5	6	7	8	9	10	11	12	13	14	15	16	17	18	19	20	21	22	23	24	25	26	27
일진	庚子	辛丑	壬寅	癸卯	甲辰	乙巳	丙午	丁未	戊申	己酉	庚戌	辛亥	壬子	癸丑	甲寅	乙卯	丙辰	丁巳	戊午	己未	庚申	辛酉	壬戌	癸亥	甲子	乙丑	丙寅	丁卯	戊辰	己巳	庚午

입동 7일 15시13분

11 · 癸亥月 (양 11.7~12.6)

소설 22일 12시47분

양력	1	2	3	4	5	6	7	8	9	10	11	12	13	14	15	16	17	18	19	20	21	22	23	24	25	26	27	28	29	30	
음력	28	29	10.1	2	3	4	5	6	7	8	9	10	11	12	13	14	15	16	17	18	19	20	21	22	23	24	25	26	27	28	
일진	辛未	壬申	癸酉	甲戌	乙亥	丙子	丁丑	戊寅	己卯	庚辰	辛巳	壬午	癸未	甲申	乙酉	丙戌	丁亥	戊子	己丑	庚寅	辛卯	壬辰	癸巳	甲午	乙未	丙申	丁酉	戊戌	己亥	庚子	

대설 7일 08시08분

12 · 甲子月 (양 12.7~1.4)

동지 22일 02시10분

양력	1	2	3	4	5	6	7	8	9	10	11	12	13	14	15	16	17	18	19	20	21	22	23	24	25	26	27	28	29	30	31
음력	29	30	11.1	2	3	4	5	6	7	8	9	10	11	12	13	14	15	16	17	18	19	20	21	22	23	24	25	26	27	28	29
일진	辛丑	壬寅	癸卯	甲辰	乙巳	丙午	丁未	戊申	己酉	庚戌	辛亥	壬子	癸丑	甲寅	乙卯	丙辰	丁巳	戊午	己未	庚申	辛酉	壬戌	癸亥	甲子	乙丑	丙寅	丁卯	戊辰	己巳	庚午	辛未

단기 4347년	**2014년**(윤9월)	

소한 5일 19시23분 / 대한 20일 12시50분

1 · 乙丑月 (양 1.5~2.3)

양력	1	2	3	4	5	6	7	8	9	10	11	12	13	14	15	16	17	18	19	20	21	22	23	24	25	26	27	28	29	30	31
음력	12.1	2	3	4	5	6	7	8	9	10	11	12	13	14	15	16	17	18	19	20	21	22	23	24	25	26	27	28	29	30	1.1
일진	壬申	癸酉	甲戌	乙亥	丙子	丁丑	戊寅	己卯	庚辰	辛巳	壬午	癸未	甲申	乙酉	丙戌	丁亥	戊子	己丑	庚寅	辛卯	壬辰	癸巳	甲午	乙未	丙申	丁酉	戊戌	己亥	庚子	辛丑	壬寅

입춘 4일 07시02분 / 우수 19일 02시59분

2 · 丙寅月 (양 2.4~3.5)

양력	1	2	3	4	5	6	7	8	9	10	11	12	13	14	15	16	17	18	19	20	21	22	23	24	25	26	27	28
음력	2	3	4	5	6	7	8	9	10	11	12	13	14	15	16	17	18	19	20	21	22	23	24	25	26	27	28	29
일진	癸卯	甲辰	乙巳	丙午	丁未	戊申	己酉	庚戌	辛亥	壬子	癸丑	甲寅	乙卯	丙辰	丁巳	戊午	己未	庚申	辛酉	壬戌	癸亥	甲子	乙丑	丙寅	丁卯	戊辰	己巳	庚午

경칩 6일 01시01분 / 춘분 21일 01시56분

3 · 丁卯月 (양 3.6~4.4)

양력	1	2	3	4	5	6	7	8	9	10	11	12	13	14	15	16	17	18	19	20	21	22	23	24	25	26	27	28	29	30	31
음력	2.1	2	3	4	5	6	7	8	9	10	11	12	13	14	15	16	17	18	19	20	21	22	23	24	25	26	27	28	29	30	3.1
일진	辛未	壬申	癸酉	甲戌	乙亥	丙子	丁丑	戊寅	己卯	庚辰	辛巳	壬午	癸未	甲申	乙酉	丙戌	丁亥	戊子	己丑	庚寅	辛卯	壬辰	癸巳	甲午	乙未	丙申	丁酉	戊戌	己亥	庚子	辛丑

청명 5일 05시46분 / 곡우 20일 12시55분

4 · 戊辰月 (양 4.5~5.4)

양력	1	2	3	4	5	6	7	8	9	10	11	12	13	14	15	16	17	18	19	20	21	22	23	24	25	26	27	28	29	30
음력	2	3	4	5	6	7	8	9	10	11	12	13	14	15	16	17	18	19	20	21	22	23	24	25	26	27	28	29	4.1	2
일진	壬寅	癸卯	甲辰	乙巳	丙午	丁未	戊申	己酉	庚戌	辛亥	壬子	癸丑	甲寅	乙卯	丙辰	丁巳	戊午	己未	庚申	辛酉	壬戌	癸亥	甲子	乙丑	丙寅	丁卯	戊辰	己巳	庚午	辛未

입하 5일 22시59분 / 소만 21일 11시58분

5 · 己巳月 (양 5.5~6.5)

양력	1	2	3	4	5	6	7	8	9	10	11	12	13	14	15	16	17	18	19	20	21	22	23	24	25	26	27	28	29	30	31
음력	3	4	5	6	7	8	9	10	11	12	13	14	15	16	17	18	19	20	21	22	23	24	25	26	27	28	29	30	5.1	2	3
일진	壬申	癸酉	甲戌	乙亥	丙子	丁丑	戊寅	己卯	庚辰	辛巳	壬午	癸未	甲申	乙酉	丙戌	丁亥	戊子	己丑	庚寅	辛卯	壬辰	癸巳	甲午	乙未	丙申	丁酉	戊戌	己亥	庚子	辛丑	壬寅

망종 6일 03시02분 / 하지 21일 19시50분

6 · 庚午月 (양 6.6~7.6)

양력	1	2	3	4	5	6	7	8	9	10	11	12	13	14	15	16	17	18	19	20	21	22	23	24	25	26	27	28	29	30
음력	4	5	6	7	8	9	10	11	12	13	14	15	16	17	18	19	20	21	22	23	24	25	26	27	28	29	6.1	2	3	4
일진	癸卯	甲辰	乙巳	丙午	丁未	戊申	己酉	庚戌	辛亥	壬子	癸丑	甲寅	乙卯	丙辰	丁巳	戊午	己未	庚申	辛酉	壬戌	癸亥	甲子	乙丑	丙寅	丁卯	戊辰	己巳	庚午	辛未	壬申

甲午年

동경135도표준시

소서 7일 13시14분 **7 · 辛未月**(양 7.7~8.6) 대서 23일 06시40분

양력	1	2	3	4	5	6	7	8	9	10	11	12	13	14	15	16	17	18	19	20	21	22	23	24	25	26	27	28	29	30	31
음력	5	6	7	8	9	10	11	12	13	14	15	16	17	18	19	20	21	22	23	24	25	26	27	28	29	30	7.1	2	3	4	5
일진	癸酉	甲戌	乙亥	丙子	丁丑	戊寅	己卯	庚辰	辛巳	壬午	癸未	甲申	乙酉	丙戌	丁亥	戊子	己丑	庚寅	辛卯	壬辰	癸巳	甲午	乙未	丙申	丁酉	戊戌	己亥	庚子	辛丑	壬寅	癸卯

입추 7일 23시02분 **8 · 壬申月**(양 8.7~9.7) 처서 23일 13시45분

양력	1	2	3	4	5	6	7	8	9	10	11	12	13	14	15	16	17	18	19	20	21	22	23	24	25	26	27	28	29	30	31
음력	6	7	8	9	10	11	12	13	14	15	16	17	18	19	20	21	22	23	24	25	26	27	28	29	8.1	2	3	4	5	6	7
일진	甲辰	乙巳	丙午	丁未	戊申	己酉	庚戌	辛亥	壬子	癸丑	甲寅	乙卯	丙辰	丁巳	戊午	己未	庚申	辛酉	壬戌	癸亥	甲子	乙丑	丙寅	丁卯	戊辰	己巳	庚午	辛未	壬申	癸酉	甲戌

백로 8일 02시01분 **9 · 癸酉月**(양 9.8~10.7) 추분 23일 11시28분

양력	1	2	3	4	5	6	7	8	9	10	11	12	13	14	15	16	17	18	19	20	21	22	23	24	25	26	27	28	29	30
음력	8	9	10	11	12	13	14	15	16	17	18	19	20	21	22	23	24	25	26	27	28	29	30	9.1	2	3	4	5	6	7
일진	乙亥	丙子	丁丑	戊寅	己卯	庚辰	辛巳	壬午	癸未	甲申	乙酉	丙戌	丁亥	戊子	己丑	庚寅	辛卯	壬辰	癸巳	甲午	乙未	丙申	丁酉	戊戌	己亥	庚子	辛丑	壬寅	癸卯	甲辰

한로 8일 17시47분 **10 · 甲戌月**(양 10.8~11.6) 상강 23일 20시56분

양력	1	2	3	4	5	6	7	8	9	10	11	12	13	14	15	16	17	18	19	20	21	22	23	24	25	26	27	28	29	30	31
음력	8	9	10	11	12	13	14	15	16	17	18	19	20	21	22	23	24	25	26	27	28	29	30	윤	9.2	3	4	5	6	7	8
일진	乙巳	丙午	丁未	戊申	己酉	庚戌	辛亥	壬子	癸丑	甲寅	乙卯	丙辰	丁巳	戊午	己未	庚申	辛酉	壬戌	癸亥	甲子	乙丑	丙寅	丁卯	戊辰	己巳	庚午	辛未	壬申	癸酉	甲戌	乙亥

입동 7일 21시06분 **11 · 乙亥月**(양 11.7~12.6) 소설 22일 18시37분

양력	1	2	3	4	5	6	7	8	9	10	11	12	13	14	15	16	17	18	19	20	21	22	23	24	25	26	27	28	29	30
음력	9	10	11	12	13	14	15	16	17	18	19	20	21	22	23	24	25	26	27	28	29	10.1	2	3	4	5	6	7	8	9
일진	丙子	丁丑	戊寅	己卯	庚辰	辛巳	壬午	癸未	甲申	乙酉	丙戌	丁亥	戊子	己丑	庚寅	辛卯	壬辰	癸巳	甲午	乙未	丙申	丁酉	戊戌	己亥	庚子	辛丑	壬寅	癸卯	甲辰	乙巳

대설 7일 14시03분 **12 · 丙子月**(양 12.7~1.5) 동지 22일 08시02분

양력	1	2	3	4	5	6	7	8	9	10	11	12	13	14	15	16	17	18	19	20	21	22	23	24	25	26	27	28	29	30	31
음력	10	11	12	13	14	15	16	17	18	19	20	21	22	23	24	25	26	27	28	29	30	11.1	2	3	4	5	6	7	8	9	10
일진	丙午	丁未	戊申	己酉	庚戌	辛亥	壬子	癸丑	甲寅	乙卯	丙辰	丁巳	戊午	己未	庚申	辛酉	壬戌	癸亥	甲子	乙丑	丙寅	丁卯	戊辰	己巳	庚午	辛未	壬申	癸酉	甲戌	乙亥	丙子

단기 4348년	**2015년**	

소한 6일 01시20분

1 · 丁丑月 (양 1.6~2.3)

대한 20일 18시42분

양력	1	2	3	4	5	6	7	8	9	10	11	12	13	14	15	16	17	18	19	20	21	22	23	24	25	26	27	28	29	30	31
음력	11	12	13	14	15	16	17	18	19	20	21	22	23	24	25	26	27	28	29	12.1	2	3	4	5	6	7	8	9	10	11	12
일진	丁丑	戊寅	己卯	庚辰	辛巳	壬午	癸未	甲申	乙酉	丙戌	丁亥	戊子	己丑	庚寅	辛卯	壬辰	癸巳	甲午	乙未	丙申	丁酉	戊戌	己亥	庚子	辛丑	壬寅	癸卯	甲辰	乙巳	丙午	丁未

입춘 4일 12시58분

2 · 戊寅月 (양 2.4~3.5)

우수 19일 08시49분

양력	1	2	3	4	5	6	7	8	9	10	11	12	13	14	15	16	17	18	19	20	21	22	23	24	25	26	27	28
음력	13	14	15	16	17	18	19	20	21	22	23	24	25	26	27	28	29	30	1.1	2	3	4	5	6	7	8	9	10
일진	戊申	己酉	庚戌	辛亥	壬子	癸丑	甲寅	乙卯	丙辰	丁巳	戊午	己未	庚申	辛酉	壬戌	癸亥	甲子	乙丑	丙寅	丁卯	戊辰	己巳	庚午	辛未	壬申	癸酉	甲戌	乙亥

경칩 6일 06시55분

3 · 己卯月 (양 3.6~4.4)

춘분 21일 07시44분

양력	1	2	3	4	5	6	7	8	9	10	11	12	13	14	15	16	17	18	19	20	21	22	23	24	25	26	27	28	29	30	31
음력	11	12	13	14	15	16	17	18	19	20	21	22	23	24	25	26	27	28	29	2.1	2	3	4	5	6	7	8	9	10	11	12
일진	丙子	丁丑	戊寅	己卯	庚辰	辛巳	壬午	癸未	甲申	乙酉	丙戌	丁亥	戊子	己丑	庚寅	辛卯	壬辰	癸巳	甲午	乙未	丙申	丁酉	戊戌	己亥	庚子	辛丑	壬寅	癸卯	甲辰	乙巳	丙午

청명 5일 11시38분

4 · 庚辰月 (양 4.5~5.5)

곡우 20일 18시41분

양력	1	2	3	4	5	6	7	8	9	10	11	12	13	14	15	16	17	18	19	20	21	22	23	24	25	26	27	28	29	30
음력	13	14	15	16	17	18	19	20	21	22	23	24	25	26	27	28	29	30	3.1	2	3	4	5	6	7	8	9	10	11	12
일진	丁未	戊申	己酉	庚戌	辛亥	壬子	癸丑	甲寅	乙卯	丙辰	丁巳	戊午	己未	庚申	辛酉	壬戌	癸亥	甲子	乙丑	丙寅	丁卯	戊辰	己巳	庚午	辛未	壬申	癸酉	甲戌	乙亥	丙子

입하 6일 04시52분

5 · 辛巳月 (양 5.6~6.5)

소만 21일 17시44분

양력	1	2	3	4	5	6	7	8	9	10	11	12	13	14	15	16	17	18	19	20	21	22	23	24	25	26	27	28	29	30	31
음력	13	14	15	16	17	18	19	20	21	22	23	24	25	26	27	28	29	4.1	2	3	4	5	6	7	8	9	10	11	12	13	14
일진	丁丑	戊寅	己卯	庚辰	辛巳	壬午	癸未	甲申	乙酉	丙戌	丁亥	戊子	己丑	庚寅	辛卯	壬辰	癸巳	甲午	乙未	丙申	丁酉	戊戌	己亥	庚子	辛丑	壬寅	癸卯	甲辰	乙巳	丙午	丁未

망종 6일 08시57분

6 · 壬午月 (양 6.6~7.6)

하지 22일 01시37분

양력	1	2	3	4	5	6	7	8	9	10	11	12	13	14	15	16	17	18	19	20	21	22	23	24	25	26	27	28	29	30
음력	15	16	17	18	19	20	21	22	23	24	25	26	27	28	29	5.1	2	3	4	5	6	7	8	9	10	11	12	13	14	15
일진	戊申	己酉	庚戌	辛亥	壬子	癸丑	甲寅	乙卯	丙辰	丁巳	戊午	己未	庚申	辛酉	壬戌	癸亥	甲子	乙丑	丙寅	丁卯	戊辰	己巳	庚午	辛未	壬申	癸酉	甲戌	乙亥	丙子	丁丑

	乙未年	동경135도표준시

소서 7일 19시11분 **7 · 癸未月**(양 7.7~8.7) 대서 23일 12시30분

양력	1	2	3	4	5	6	7	8	9	10	11	12	13	14	15	16	17	18	19	20	21	22	23	24	25	26	27	28	29	30	31
음력	16	17	18	19	20	21	22	23	24	25	26	27	28	29	30	6.1	2	3	4	5	6	7	8	9	10	11	12	13	14	15	16
일진	戊寅	己卯	庚辰	辛巳	壬午	癸未	甲申	乙酉	丙戌	丁亥	戊子	己丑	庚寅	辛卯	壬辰	癸巳	甲午	乙未	丙申	丁酉	戊戌	己亥	庚子	辛丑	壬寅	癸卯	甲辰	乙巳	丙午	丁未	戊申

입추 8일 05시00분 **8 · 甲申月**(양 8.8~9.7) 처서 23일 19시36분

양력	1	2	3	4	5	6	7	8	9	10	11	12	13	14	15	16	17	18	19	20	21	22	23	24	25	26	27	28	29	30	31
음력	17	18	19	20	21	22	23	24	25	26	27	28	29	7.1	2	3	4	5	6	7	8	9	10	11	12	13	14	15	16	17	18
일진	己酉	庚戌	辛亥	壬子	癸丑	甲寅	乙卯	丙辰	丁巳	戊午	己未	庚申	辛酉	壬戌	癸亥	甲子	乙丑	丙寅	丁卯	戊辰	己巳	庚午	辛未	壬申	癸酉	甲戌	乙亥	丙子	丁丑	戊寅	己卯

백로 8일 07시59분 **9 · 乙酉月**(양 9.8~10.7) 추분 23일 17시20분

양력	1	2	3	4	5	6	7	8	9	10	11	12	13	14	15	16	17	18	19	20	21	22	23	24	25	26	27	28	29	30
음력	19	20	21	22	23	24	25	26	27	28	29	30	8.1	2	3	4	5	6	7	8	9	10	11	12	13	14	15	16	17	18
일진	庚辰	辛巳	壬午	癸未	甲申	乙酉	丙戌	丁亥	戊子	己丑	庚寅	辛卯	壬辰	癸巳	甲午	乙未	丙申	丁酉	戊戌	己亥	庚子	辛丑	壬寅	癸卯	甲辰	乙巳	丙午	丁未	戊申	己酉

한로 8일 23시42분 **10 · 丙戌月**(양 10.8~11.7) 상강 24일 02시46분

양력	1	2	3	4	5	6	7	8	9	10	11	12	13	14	15	16	17	18	19	20	21	22	23	24	25	26	27	28	29	30	31
음력	19	20	21	22	23	24	25	26	27	28	29	30	9.1	2	3	4	5	6	7	8	9	10	11	12	13	14	15	16	17	18	19
일진	庚戌	辛亥	壬子	癸丑	甲寅	乙卯	丙辰	丁巳	戊午	己未	庚申	辛酉	壬戌	癸亥	甲子	乙丑	丙寅	丁卯	戊辰	己巳	庚午	辛未	壬申	癸酉	甲戌	乙亥	丙子	丁丑	戊寅	己卯	庚辰

입동 8일 02시58분 **11 · 丁亥月**(양 11.8~12.6) 소설 23일 00시24분

양력	1	2	3	4	5	6	7	8	9	10	11	12	13	14	15	16	17	18	19	20	21	22	23	24	25	26	27	28	29	30
음력	20	21	22	23	24	25	26	27	28	29	30	10.1	2	3	4	5	6	7	8	9	10	11	12	13	14	15	16	17	18	19
일진	辛巳	壬午	癸未	甲申	乙酉	丙戌	丁亥	戊子	己丑	庚寅	辛卯	壬辰	癸巳	甲午	乙未	丙申	丁酉	戊戌	己亥	庚子	辛丑	壬寅	癸卯	甲辰	乙巳	丙午	丁未	戊申	己酉	庚戌

대설 7일 19시52분 **12 · 戊子月**(양 12.7~1.5) 동지 22일 13시47분

양력	1	2	3	4	5	6	7	8	9	10	11	12	13	14	15	16	17	18	19	20	21	22	23	24	25	26	27	28	29	30	31
음력	20	21	22	23	24	25	26	27	28	29	11.1	2	3	4	5	6	7	8	9	10	11	12	13	14	15	16	17	18	19	20	21
일진	辛亥	壬子	癸丑	甲寅	乙卯	丙辰	丁巳	戊午	己未	庚申	辛酉	壬戌	癸亥	甲子	乙丑	丙寅	丁卯	戊辰	己巳	庚午	辛未	壬申	癸酉	甲戌	乙亥	丙子	丁丑	戊寅	己卯	庚辰	辛巳

단기 4349년	2016년	

소한 6일 07시07분 **1 · 己丑月**(양 1.6 ~ 2.3) 대한 21일 00시26분

양력	1	2	3	4	5	6	7	8	9	10	11	12	13	14	15	16	17	18	19	20	21	22	23	24	25	26	27	28	29	30	31
음력	22	23	24	25	26	27	28	29	30	12.1	2	3	4	5	6	7	8	9	10	11	12	13	14	15	16	17	18	19	20	21	22
일진	壬午	癸未	甲申	乙酉	丙戌	丁亥	戊子	己丑	庚寅	辛卯	壬辰	癸巳	甲午	乙未	丙申	丁酉	戊戌	己亥	庚子	辛丑	壬寅	癸卯	甲辰	乙巳	丙午	丁未	戊申	己酉	庚戌	辛亥	壬子

입춘 4일 18시45분 **2 · 庚寅月**(양 2.4~3.4) 우수 19일 14시33분

양력	1	2	3	4	5	6	7	8	9	10	11	12	13	14	15	16	17	18	19	20	21	22	23	24	25	26	27	28	29
음력	23	24	25	26	27	28	29	1.1	2	3	4	5	6	7	8	9	10	11	12	13	14	15	16	17	18	19	20	21	22
일진	癸丑	甲寅	乙卯	丙辰	丁巳	戊午	己未	庚申	辛酉	壬戌	癸亥	甲子	乙丑	丙寅	丁卯	戊辰	己巳	庚午	辛未	壬申	癸酉	甲戌	乙亥	丙子	丁丑	戊寅	己卯	庚辰	辛巳

경칩 5일 12시43분 **3 · 辛卯月**(양 3.5~4.3) 춘분 20일 13시29분

양력	1	2	3	4	5	6	7	8	9	10	11	12	13	14	15	16	17	18	19	20	21	22	23	24	25	26	27	28	29	30	31
음력	23	24	25	26	27	28	29	30	2.1	2	3	4	5	6	7	8	9	10	11	12	13	14	15	16	17	18	19	20	21	22	23
일진	壬午	癸未	甲申	乙酉	丙戌	丁亥	戊子	己丑	庚寅	辛卯	壬辰	癸巳	甲午	乙未	丙申	丁酉	戊戌	己亥	庚子	辛丑	壬寅	癸卯	甲辰	乙巳	丙午	丁未	戊申	己酉	庚戌	辛亥	壬子

청명 4일 17시27분 **4 · 壬辰月**(양 4.4~5.4) 곡우 20일 00시29분

양력	1	2	3	4	5	6	7	8	9	10	11	12	13	14	15	16	17	18	19	20	21	22	23	24	25	26	27	28	29	30
음력	24	25	26	27	28	29	3.1	2	3	4	5	6	7	8	9	10	11	12	13	14	15	16	17	18	19	20	21	22	23	24
일진	癸丑	甲寅	乙卯	丙辰	丁巳	戊午	己未	庚申	辛酉	壬戌	癸亥	甲子	乙丑	丙寅	丁卯	戊辰	己巳	庚午	辛未	壬申	癸酉	甲戌	乙亥	丙子	丁丑	戊寅	己卯	庚辰	辛巳	壬午

입하 5일 10시41분 **5 · 癸巳月**(양 5.5~6.4) 소만 20일 23시36분

양력	1	2	3	4	5	6	7	8	9	10	11	12	13	14	15	16	17	18	19	20	21	22	23	24	25	26	27	28	29	30	31
음력	25	26	27	28	29	30	4.1	2	3	4	5	6	7	8	9	10	11	12	13	14	15	16	17	18	19	20	21	22	23	24	25
일진	癸未	甲申	乙酉	丙戌	丁亥	戊子	己丑	庚寅	辛卯	壬辰	癸巳	甲午	乙未	丙申	丁酉	戊戌	己亥	庚子	辛丑	壬寅	癸卯	甲辰	乙巳	丙午	丁未	戊申	己酉	庚戌	辛亥	壬子	癸丑

망종 5일 14시48분 **6 · 甲午月**(양 6.5~7.6) 하지 21일 07시33분

양력	1	2	3	4	5	6	7	8	9	10	11	12	13	14	15	16	17	18	19	20	21	22	23	24	25	26	27	28	29	30
음력	26	27	28	29	5.1	2	3	4	5	6	7	8	9	10	11	12	13	14	15	16	17	18	19	20	21	22	23	24	25	26
일진	甲寅	乙卯	丙辰	丁巳	戊午	己未	庚申	辛酉	壬戌	癸亥	甲子	乙丑	丙寅	丁卯	戊辰	己巳	庚午	辛未	壬申	癸酉	甲戌	乙亥	丙子	丁丑	戊寅	己卯	庚辰	辛巳	壬午	癸未

	丙申年	동경135도표준시

소서 7일 01시02분 **7 · 乙未月**(양 7.7~8.6) 대서 22일 18시29분

양력	1	2	3	4	5	6	7	8	9	10	11	12	13	14	15	16	17	18	19	20	21	22	23	24	25	26	27	28	29	30	31
음력	27	28	29	6.1	2	3	4	5	6	7	8	9	10	11	12	13	14	15	16	17	18	19	20	21	22	23	24	25	26	27	28
일진	甲申	乙酉	丙戌	丁亥	戊子	己丑	庚寅	辛卯	壬辰	癸巳	甲午	乙未	丙申	丁酉	戊戌	己亥	庚子	辛丑	壬寅	癸卯	甲辰	乙巳	丙午	丁未	戊申	己酉	庚戌	辛亥	壬子	癸丑	甲寅

입추 7일 10시52분 **8 · 丙申月**(양 8.7~9.6) 처서 23일 01시38분

양력	1	2	3	4	5	6	7	8	9	10	11	12	13	14	15	16	17	18	19	20	21	22	23	24	25	26	27	28	29	30	31
음력	29	30	7.1	2	3	4	5	6	7	8	9	10	11	12	13	14	15	16	17	18	19	20	21	22	23	24	25	26	27	28	29
일진	乙卯	丙辰	丁巳	戊午	己未	庚申	辛酉	壬戌	癸亥	甲子	乙丑	丙寅	丁卯	戊辰	己巳	庚午	辛未	壬申	癸酉	甲戌	乙亥	丙子	丁丑	戊寅	己卯	庚辰	辛巳	壬午	癸未	甲申	乙酉

백로 7일 13시50분 **9 · 丁酉月**(양 9.7~10.7) 추분 22일 23시20분

양력	1	2	3	4	5	6	7	8	9	10	11	12	13	14	15	16	17	18	19	20	21	22	23	24	25	26	27	28	29	30	
음력	8.1	2	3	4	5	6	7	8	9	10	11	12	13	14	15	16	17	18	19	20	21	22	23	24	25	26	27	28	29	30	
일진	丙戌	丁亥	戊子	己丑	庚寅	辛卯	壬辰	癸巳	甲午	乙未	丙申	丁酉	戊戌	己亥	庚子	辛丑	壬寅	癸卯	甲辰	乙巳	丙午	丁未	戊申	己酉	庚戌	辛亥	壬子	癸丑	甲寅	乙卯	

한로 8일 05시32분 **10 · 戊戌月**(양 10.8~11.6) 상강 23일 08시45분

양력	1	2	3	4	5	6	7	8	9	10	11	12	13	14	15	16	17	18	19	20	21	22	23	24	25	26	27	28	29	30	31
음력	9.1	2	3	4	5	6	7	8	9	10	11	12	13	14	15	16	17	18	19	20	21	22	23	24	25	26	27	28	29	30	10.1
일진	丙辰	丁巳	戊午	己未	庚申	辛酉	壬戌	癸亥	甲子	乙丑	丙寅	丁卯	戊辰	己巳	庚午	辛未	壬申	癸酉	甲戌	乙亥	丙子	丁丑	戊寅	己卯	庚辰	辛巳	壬午	癸未	甲申	乙酉	丙戌

입동 6일 08시47분 **11 · 己亥月**(양 11.7~12.6) 소설 22일 06시21분

양력	1	2	3	4	5	6	7	8	9	10	11	12	13	14	15	16	17	18	19	20	21	22	23	24	25	26	27	28	29	30	
음력	2	3	4	5	6	7	8	9	10	11	12	13	14	15	16	17	18	19	20	21	22	23	24	25	26	27	28	29	11.1	2	
일진	丁亥	戊子	己丑	庚寅	辛卯	壬辰	癸巳	甲午	乙未	丙申	丁酉	戊戌	己亥	庚子	辛丑	壬寅	癸卯	甲辰	乙巳	丙午	丁未	戊申	己酉	庚戌	辛亥	壬子	癸丑	甲寅	乙卯	丙辰	

대설 7일 01시40분 **12 · 庚子月**(양 12.7~1.4) 동지 21일 19시43분

양력	1	2	3	4	5	6	7	8	9	10	11	12	13	14	15	16	17	18	19	20	21	22	23	24	25	26	27	28	29	30	31
음력	3	4	5	6	7	8	9	10	11	12	13	14	15	16	17	18	19	20	21	22	23	24	25	26	27	28	29	30	12.1	2	3
일진	丁巳	戊午	己未	庚申	辛酉	壬戌	癸亥	甲子	乙丑	丙寅	丁卯	戊辰	己巳	庚午	辛未	壬申	癸酉	甲戌	乙亥	丙子	丁丑	戊寅	己卯	庚辰	辛巳	壬午	癸未	甲申	乙酉	丙戌	丁亥

단기 4350년	2017년(윤5월)	

소한 5일 12시55분

1 · 辛丑月 (양 1.5~2.3)

대한 20일 06시23분

양력	1	2	3	4	5	6	7	8	9	10	11	12	13	14	15	16	17	18	19	20	21	22	23	24	25	26	27	28	29	30	31
음력	4	5	6	7	8	9	10	11	12	13	14	15	16	17	18	19	20	21	22	23	24	25	26	27	28	29	30	1.1	2	3	4
일진	戊子	己丑	庚寅	辛卯	壬辰	癸巳	甲午	乙未	丙申	丁酉	戊戌	己亥	庚子	辛丑	壬寅	癸卯	甲辰	乙巳	丙午	丁未	戊申	己酉	庚戌	辛亥	壬子	癸丑	甲寅	乙卯	丙辰	丁巳	戊午

입춘 4일 00시33분

2 · 壬寅月 (양 2.4~3.4)

우수 18일 20시30분

양력	1	2	3	4	5	6	7	8	9	10	11	12	13	14	15	16	17	18	19	20	21	22	23	24	25	26	27	28
음력	5	6	7	8	9	10	11	12	13	14	15	16	17	18	19	20	21	22	23	24	25	26	27	28	29	2.1	2	3
일진	己未	庚申	辛酉	壬戌	癸亥	甲子	乙丑	丙寅	丁卯	戊辰	己巳	庚午	辛未	壬申	癸酉	甲戌	乙亥	丙子	丁丑	戊寅	己卯	庚辰	辛巳	壬午	癸未	甲申	乙酉	丙戌

경칩 5일 18시32분

3 · 癸卯月 (양 3.5~4.3)

춘분 20일 19시28분

양력	1	2	3	4	5	6	7	8	9	10	11	12	13	14	15	16	17	18	19	20	21	22	23	24	25	26	27	28	29	30	31
음력	4	5	6	7	8	9	10	11	12	13	14	15	16	17	18	19	20	21	22	23	24	25	26	27	28	29	30	3.1	2	3	4
일진	丁亥	戊子	己丑	庚寅	辛卯	壬辰	癸巳	甲午	乙未	丙申	丁酉	戊戌	己亥	庚子	辛丑	壬寅	癸卯	甲辰	乙巳	丙午	丁未	戊申	己酉	庚戌	辛亥	壬子	癸丑	甲寅	乙卯	丙辰	丁巳

청명 4일 23시16분

4 · 甲辰月 (양 4.4~5.4)

곡우 20일 06시26분

양력	1	2	3	4	5	6	7	8	9	10	11	12	13	14	15	16	17	18	19	20	21	22	23	24	25	26	27	28	29	30
음력	5	6	7	8	9	10	11	12	13	14	15	16	17	18	19	20	21	22	23	24	25	26	27	28	29	4.1	2	3	4	5
일진	戊午	己未	庚申	辛酉	壬戌	癸亥	甲子	乙丑	丙寅	丁卯	戊辰	己巳	庚午	辛未	壬申	癸酉	甲戌	乙亥	丙子	丁丑	戊寅	己卯	庚辰	辛巳	壬午	癸未	甲申	乙酉	丙戌	丁亥

입하 5일 16시30분

5 · 乙巳月 (양 5.5~6.4)

소만 21일 05시30분

양력	1	2	3	4	5	6	7	8	9	10	11	12	13	14	15	16	17	18	19	20	21	22	23	24	25	26	27	28	29	30	31
음력	6	7	8	9	10	11	12	13	14	15	16	17	18	19	20	21	22	23	24	25	26	27	28	29	30	5.1	2	3	4	5	6
일진	戊子	己丑	庚寅	辛卯	壬辰	癸巳	甲午	乙未	丙申	丁酉	戊戌	己亥	庚子	辛丑	壬寅	癸卯	甲辰	乙巳	丙午	丁未	戊申	己酉	庚戌	辛亥	壬子	癸丑	甲寅	乙卯	丙辰	丁巳	戊午

망종 5일 20시36분

6 · 丙午月 (양 6.5~7.6)

하지 21일 13시23분

양력	1	2	3	4	5	6	7	8	9	10	11	12	13	14	15	16	17	18	19	20	21	22	23	24	25	26	27	28	29	30
음력	7	8	9	10	11	12	13	14	15	16	17	18	19	20	21	22	23	24	25	26	27	28	29	윤	5.2	3	4	5	6	7
일진	己未	庚申	辛酉	壬戌	癸亥	甲子	乙丑	丙寅	丁卯	戊辰	己巳	庚午	辛未	壬申	癸酉	甲戌	乙亥	丙子	丁丑	戊寅	己卯	庚辰	辛巳	壬午	癸未	甲申	乙酉	丙戌	丁亥	戊子

	丁酉年	동경135도표준시

소서 7일 06시50분 **7 · 丁未月**(양 7.7~8.6) 대서 23일 00시14분

양력	1	2	3	4	5	6	7	8	9	10	11	12	13	14	15	16	17	18	19	20	21	22	23	24	25	26	27	28	29	30	31
음력	8	9	10	11	12	13	14	15	16	17	18	19	20	21	22	23	24	25	26	27	28	29	6.1	2	3	4	5	6	7	8	9
일진	己丑	庚寅	辛卯	壬辰	癸巳	甲午	乙未	丙申	丁酉	戊戌	己亥	庚子	辛丑	壬寅	癸卯	甲辰	乙巳	丙午	丁未	戊申	己酉	庚戌	辛亥	壬子	癸丑	甲寅	乙卯	丙辰	丁巳	戊午	己未

입추 7일 16시39분 **8 · 戊申月**(양 8.7~9.6) 처서 23일 07시19분

양력	1	2	3	4	5	6	7	8	9	10	11	12	13	14	15	16	17	18	19	20	21	22	23	24	25	26	27	28	29	30	31
음력	10	11	12	13	14	15	16	17	18	19	20	21	22	23	24	25	26	27	28	29	30	7.1	2	3	4	5	6	7	8	9	10
일진	庚申	辛酉	壬戌	癸亥	甲子	乙丑	丙寅	丁卯	戊辰	己巳	庚午	辛未	壬申	癸酉	甲戌	乙亥	丙子	丁丑	戊寅	己卯	庚辰	辛巳	壬午	癸未	甲申	乙酉	丙戌	丁亥	戊子	己丑	庚寅

백로 7일 19시38분 **9 · 己酉月**(양 9.7~10.7) 추분 23일 05시01분

양력	1	2	3	4	5	6	7	8	9	10	11	12	13	14	15	16	17	18	19	20	21	22	23	24	25	26	27	28	29	30	
음력	11	12	13	14	15	16	17	18	19	20	21	22	23	24	25	26	27	28	29	8.1	2	3	4	5	6	7	8	9	10	11	
일진	辛卯	壬辰	癸巳	甲午	乙未	丙申	丁酉	戊戌	己亥	庚子	辛丑	壬寅	癸卯	甲辰	乙巳	丙午	丁未	戊申	己酉	庚戌	辛亥	壬子	癸丑	甲寅	乙卯	丙辰	丁巳	戊午	己未	庚申	

한로 8일 11시21분 **10 · 庚戌月**(양 10.8~11.6) 상강 23일 14시26분

양력	1	2	3	4	5	6	7	8	9	10	11	12	13	14	15	16	17	18	19	20	21	22	23	24	25	26	27	28	29	30	31
음력	12	13	14	15	16	17	18	19	20	21	22	23	24	25	26	27	28	29	30	9.1	2	3	4	5	6	7	8	9	10	11	12
일진	辛酉	壬戌	癸亥	甲子	乙丑	丙寅	丁卯	戊辰	己巳	庚午	辛未	壬申	癸酉	甲戌	乙亥	丙子	丁丑	戊寅	己卯	庚辰	辛巳	壬午	癸未	甲申	乙酉	丙戌	丁亥	戊子	己丑	庚寅	辛卯

입동 7일 14시37분 **11 · 辛亥月**(양 11.7~12.6) 소설 22일 12시04분

양력	1	2	3	4	5	6	7	8	9	10	11	12	13	14	15	16	17	18	19	20	21	22	23	24	25	26	27	28	29	30	
음력	13	14	15	16	17	18	19	20	21	22	23	24	25	26	27	28	29	10.1	2	3	4	5	6	7	8	9	10	11	12	13	
일진	壬辰	癸巳	甲午	乙未	丙申	丁酉	戊戌	己亥	庚子	辛丑	壬寅	癸卯	甲辰	乙巳	丙午	丁未	戊申	己酉	庚戌	辛亥	壬子	癸丑	甲寅	乙卯	丙辰	丁巳	戊午	己未	庚申	辛酉	

대설 7일 07시32분 **12 · 壬子月**(양 12.7~1.4) 동지 22일 01시27분

양력	1	2	3	4	5	6	7	8	9	10	11	12	13	14	15	16	17	18	19	20	21	22	23	24	25	26	27	28	29	30	31
음력	14	15	16	17	18	19	20	21	22	23	24	25	26	27	28	29	30	11.1	2	3	4	5	6	7	8	9	10	11	12	13	14
일진	壬戌	癸亥	甲子	乙丑	丙寅	丁卯	戊辰	己巳	庚午	辛未	壬申	癸酉	甲戌	乙亥	丙子	丁丑	戊寅	己卯	庚辰	辛巳	壬午	癸未	甲申	乙酉	丙戌	丁亥	戊子	己丑	庚寅	辛卯	壬辰

단기 4351년	2018년	

소한 5일 18시48분

1 · 癸丑月(양 1.5~2.3)

대한 20일 12시08분

양력	1	2	3	4	5	6	7	8	9	10	11	12	13	14	15	16	17	18	19	20	21	22	23	24	25	26	27	28	29	30	31
음력	15	16	17	18	19	20	21	22	23	24	25	26	27	28	29	30	12.1	2	3	4	5	6	7	8	9	10	11	12	13	14	15
일진	癸巳	甲午	乙未	丙申	丁酉	戊戌	己亥	庚子	辛丑	壬寅	癸卯	甲辰	乙巳	丙午	丁未	戊申	己酉	庚戌	辛亥	壬子	癸丑	甲寅	乙卯	丙辰	丁巳	戊午	己未	庚申	辛酉	壬戌	癸亥

입춘 4일 06시28분

2 · 甲寅月(양 2.4~3.5)

우수 19일 02시17분

양력	1	2	3	4	5	6	7	8	9	10	11	12	13	14	15	16	17	18	19	20	21	22	23	24	25	26	27	28
음력	16	17	18	19	20	21	22	23	24	25	26	27	28	29	30	1.1	2	3	4	5	6	7	8	9	10	11	12	13
일진	甲子	乙丑	丙寅	丁卯	戊辰	己巳	庚午	辛未	壬申	癸酉	甲戌	乙亥	丙子	丁丑	戊寅	己卯	庚辰	辛巳	壬午	癸未	甲申	乙酉	丙戌	丁亥	戊子	己丑	庚寅	辛卯

경칩 6일 00시27분

3 · 乙卯月(양 3.6~4.4)

춘분 21일 01시14분

양력	1	2	3	4	5	6	7	8	9	10	11	12	13	14	15	16	17	18	19	20	21	22	23	24	25	26	27	28	29	30	31
음력	14	15	16	17	18	19	20	21	22	23	24	25	26	27	28	29	2.1	2	3	4	5	6	7	8	9	10	11	12	13	14	15
일진	壬辰	癸巳	甲午	乙未	丙申	丁酉	戊戌	己亥	庚子	辛丑	壬寅	癸卯	甲辰	乙巳	丙午	丁未	戊申	己酉	庚戌	辛亥	壬子	癸丑	甲寅	乙卯	丙辰	丁巳	戊午	己未	庚申	辛酉	壬戌

청명 5일 05시12분

4 · 丙辰月(양 4.5~5.4)

곡우 20일 12시12분

양력	1	2	3	4	5	6	7	8	9	10	11	12	13	14	15	16	17	18	19	20	21	22	23	24	25	26	27	28	29	30
음력	16	17	18	19	20	21	22	23	24	25	26	27	28	29	30	3.1	2	3	4	5	6	7	8	9	10	11	12	13	14	15
일진	癸亥	甲子	乙丑	丙寅	丁卯	戊辰	己巳	庚午	辛未	壬申	癸酉	甲戌	乙亥	丙子	丁丑	戊寅	己卯	庚辰	辛巳	壬午	癸未	甲申	乙酉	丙戌	丁亥	戊子	己丑	庚寅	辛卯	壬辰

입하 5일 22시24분

5 · 丁巳月(양 5.5~6.5)

소만 21일 11시14분

양력	1	2	3	4	5	6	7	8	9	10	11	12	13	14	15	16	17	18	19	20	21	22	23	24	25	26	27	28	29	30	31
음력	16	17	18	19	20	21	22	23	24	25	26	27	28	29	4.1	2	3	4	5	6	7	8	9	10	11	12	13	14	15	16	17
일진	癸巳	甲午	乙未	丙申	丁酉	戊戌	己亥	庚子	辛丑	壬寅	癸卯	甲辰	乙巳	丙午	丁未	戊申	己酉	庚戌	辛亥	壬子	癸丑	甲寅	乙卯	丙辰	丁巳	戊午	己未	庚申	辛酉	壬戌	癸亥

망종 6일 02시28분

6 · 戊午月(양 6.6~7.6)

하지 21일 19시06분

양력	1	2	3	4	5	6	7	8	9	10	11	12	13	14	15	16	17	18	19	20	21	22	23	24	25	26	27	28	29	30
음력	18	19	20	21	22	23	24	25	26	27	28	29	30	5.1	2	3	4	5	6	7	8	9	10	11	12	13	14	15	16	17
일진	甲子	乙丑	丙寅	丁卯	戊辰	己巳	庚午	辛未	壬申	癸酉	甲戌	乙亥	丙子	丁丑	戊寅	己卯	庚辰	辛巳	壬午	癸未	甲申	乙酉	丙戌	丁亥	戊子	己丑	庚寅	辛卯	壬辰	癸巳

	戊戌年	동경135도표준시

소서 7일 12시41분

7 · 己未月(양 7.7~8.6)

대서 23일 05시59분

양력	1	2	3	4	5	6	7	8	9	10	11	12	13	14	15	16	17	18	19	20	21	22	23	24	25	26	27	28	29	30	31
음력	18	19	20	21	22	23	24	25	26	27	28	29	6.1	2	3	4	5	6	7	8	9	10	11	12	13	14	15	16	17	18	19
일진	甲午	乙未	丙申	丁酉	戊戌	己亥	庚子	辛丑	壬寅	癸卯	甲辰	乙巳	丙午	丁未	戊申	己酉	庚戌	辛亥	壬子	癸丑	甲寅	乙卯	丙辰	丁巳	戊午	己未	庚申	辛酉	壬戌	癸亥	甲子

입추 7일 22시30분

8 · 庚申月(양 8.7~9.7)

처서 23일 13시08분

양력	1	2	3	4	5	6	7	8	9	10	11	12	13	14	15	16	17	18	19	20	21	22	23	24	25	26	27	28	29	30	31
음력	20	21	22	23	24	25	26	27	28	29	7.1	2	3	4	5	6	7	8	9	10	11	12	13	14	15	16	17	18	19	20	21
일진	乙丑	丙寅	丁卯	戊辰	己巳	庚午	辛未	壬申	癸酉	甲戌	乙亥	丙子	丁丑	戊寅	己卯	庚辰	辛巳	壬午	癸未	甲申	乙酉	丙戌	丁亥	戊子	己丑	庚寅	辛卯	壬辰	癸巳	甲午	乙未

백로 8일 01시29분

9 · 辛酉月(양 9.8~10.7)

추분 23일 10시53분

양력	1	2	3	4	5	6	7	8	9	10	11	12	13	14	15	16	17	18	19	20	21	22	23	24	25	26	27	28	29	30
음력	22	23	24	25	26	27	28	29	30	8.1	2	3	4	5	6	7	8	9	10	11	12	13	14	15	16	17	18	19	20	21
일진	丙申	丁酉	戊戌	己亥	庚子	辛丑	壬寅	癸卯	甲辰	乙巳	丙午	丁未	戊申	己酉	庚戌	辛亥	壬子	癸丑	甲寅	乙卯	丙辰	丁巳	戊午	己未	庚申	辛酉	壬戌	癸亥	甲子	乙丑

한로 8일 17시14분

10 · 壬戌月(양 10.8~11.6)

상강 23일 20시21분

양력	1	2	3	4	5	6	7	8	9	10	11	12	13	14	15	16	17	18	19	20	21	22	23	24	25	26	27	28	29	30	31
음력	22	23	24	25	26	27	28	29	9.1	2	3	4	5	6	7	8	9	10	11	12	13	14	15	16	17	18	19	20	21	22	23
일진	丙寅	丁卯	戊辰	己巳	庚午	辛未	壬申	癸酉	甲戌	乙亥	丙子	丁丑	戊寅	己卯	庚辰	辛巳	壬午	癸未	甲申	乙酉	丙戌	丁亥	戊子	己丑	庚寅	辛卯	壬辰	癸巳	甲午	乙未	丙申

입동 7일 20시31분

11 · 癸亥月(양 11.7~12.6)

소설 22일 18시01분

양력	1	2	3	4	5	6	7	8	9	10	11	12	13	14	15	16	17	18	19	20	21	22	23	24	25	26	27	28	29	30
음력	24	25	26	27	28	29	30	10.1	2	3	4	5	6	7	8	9	10	11	12	13	14	15	16	17	18	19	20	21	22	23
일진	丁酉	戊戌	己亥	庚子	辛丑	壬寅	癸卯	甲辰	乙巳	丙午	丁未	戊申	己酉	庚戌	辛亥	壬子	癸丑	甲寅	乙卯	丙辰	丁巳	戊午	己未	庚申	辛酉	壬戌	癸亥	甲子	乙丑	丙寅

대설 7일 13시25분

12 · 甲子月(양 12.7~1.5)

동지 22일 07시22분

양력	1	2	3	4	5	6	7	8	9	10	11	12	13	14	15	16	17	18	19	20	21	22	23	24	25	26	27	28	29	30	31
음력	24	25	26	27	28	29	11.1	2	3	4	5	6	7	8	9	10	11	12	13	14	15	16	17	18	19	20	21	22	23	24	25
일진	丁卯	戊辰	己巳	庚午	辛未	壬申	癸酉	甲戌	乙亥	丙子	丁丑	戊寅	己卯	庚辰	辛巳	壬午	癸未	甲申	乙酉	丙戌	丁亥	戊子	己丑	庚寅	辛卯	壬辰	癸巳	甲午	乙未	丙申	丁酉

단기 4352년	2019년	

소한 6일 00시38분

1 · 乙丑月 (양 1.6 ~ 2.3)

대한 20일 17시59분

양력	1	2	3	4	5	6	7	8	9	10	11	12	13	14	15	16	17	18	19	20	21	22	23	24	25	26	27	28	29	30	31
음력	26	27	28	29	30	12.1	2	3	4	5	6	7	8	9	10	11	12	13	14	15	16	17	18	19	20	21	22	23	24	25	26
일진	戊戌	己亥	庚子	辛丑	壬寅	癸卯	甲辰	乙巳	丙午	丁未	戊申	己酉	庚戌	辛亥	壬子	癸丑	甲寅	乙卯	丙辰	丁巳	戊午	己未	庚申	辛酉	壬戌	癸亥	甲子	乙丑	丙寅	丁卯	戊辰

입춘 4일 12시13분

2 · 丙寅月 (양 2.4~3.5)

우수 19일 08시03분

양력	1	2	3	4	5	6	7	8	9	10	11	12	13	14	15	16	17	18	19	20	21	22	23	24	25	26	27	28
음력	27	28	29	30	1.1	2	3	4	5	6	7	8	9	10	11	12	13	14	15	16	17	18	19	20	21	22	23	24
일진	己巳	庚午	辛未	壬申	癸酉	甲戌	乙亥	丙子	丁丑	戊寅	己卯	庚辰	辛巳	壬午	癸未	甲申	乙酉	丙戌	丁亥	戊子	己丑	庚寅	辛卯	壬辰	癸巳	甲午	乙未	丙申

경칩 6일 06시09분

3 · 丁卯月 (양 3.6~4.4)

춘분 21일 06시57분

양력	1	2	3	4	5	6	7	8	9	10	11	12	13	14	15	16	17	18	19	20	21	22	23	24	25	26	27	28	29	30	31
음력	25	26	27	28	29	30	2.1	2	3	4	5	6	7	8	9	10	11	12	13	14	15	16	17	18	19	20	21	22	23	24	25
일진	丁酉	戊戌	己亥	庚子	辛丑	壬寅	癸卯	甲辰	乙巳	丙午	丁未	戊申	己酉	庚戌	辛亥	壬子	癸丑	甲寅	乙卯	丙辰	丁巳	戊午	己未	庚申	辛酉	壬戌	癸亥	甲子	乙丑	丙寅	丁卯

청명 5일 10시50분

4 · 戊辰月 (양 4.5~5.5)

곡우 20일 17시54분

양력	1	2	3	4	5	6	7	8	9	10	11	12	13	14	15	16	17	18	19	20	21	22	23	24	25	26	27	28	29	30
음력	26	27	28	29	3.1	2	3	4	5	6	7	8	9	10	11	12	13	14	15	16	17	18	19	20	21	22	23	24	25	26
일진	戊辰	己巳	庚午	辛未	壬申	癸酉	甲戌	乙亥	丙子	丁丑	戊寅	己卯	庚辰	辛巳	壬午	癸未	甲申	乙酉	丙戌	丁亥	戊子	己丑	庚寅	辛卯	壬辰	癸巳	甲午	乙未	丙申	丁酉

입하 6일 04시02분

5 · 己巳月 (양 5.6~6.5)

소만 21일 16시58분

양력	1	2	3	4	5	6	7	8	9	10	11	12	13	14	15	16	17	18	19	20	21	22	23	24	25	26	27	28	29	30	31
음력	27	28	29	30	4.1	2	3	4	5	6	7	8	9	10	11	12	13	14	15	16	17	18	19	20	21	22	23	24	25	26	27
일진	戊戌	己亥	庚子	辛丑	壬寅	癸卯	甲辰	乙巳	丙午	丁未	戊申	己酉	庚戌	辛亥	壬子	癸丑	甲寅	乙卯	丙辰	丁巳	戊午	己未	庚申	辛酉	壬戌	癸亥	甲子	乙丑	丙寅	丁卯	戊辰

망종 6일 08시05분

6 · 庚午月 (양 6.6~7.6)

하지 22일 00시53분

양력	1	2	3	4	5	6	7	8	9	10	11	12	13	14	15	16	17	18	19	20	21	22	23	24	25	26	27	28	29	30
음력	28	29	5.1	2	3	4	5	6	7	8	9	10	11	12	13	14	15	16	17	18	19	20	21	22	23	24	25	26	27	28
일진	己巳	庚午	辛未	壬申	癸酉	甲戌	乙亥	丙子	丁丑	戊寅	己卯	庚辰	辛巳	壬午	癸未	甲申	乙酉	丙戌	丁亥	戊子	己丑	庚寅	辛卯	壬辰	癸巳	甲午	乙未	丙申	丁酉	戊戌

己亥年

동경135도표준시

소서 7일 18시20분

7 · 辛未月(양 7.7~8.7)

대서 23일 11시49분

양력	1	2	3	4	5	6	7	8	9	10	11	12	13	14	15	16	17	18	19	20	21	22	23	24	25	26	27	28	29	30	31
음력	29	30	6.1	2	3	4	5	6	7	8	9	10	11	12	13	14	15	16	17	18	19	20	21	22	23	24	25	26	27	28	29
일진	己亥	庚子	辛丑	壬寅	癸卯	甲辰	乙巳	丙午	丁未	戊申	己酉	庚戌	辛亥	壬子	癸丑	甲寅	乙卯	丙辰	丁巳	戊午	己未	庚申	辛酉	壬戌	癸亥	甲子	乙丑	丙寅	丁卯	戊辰	己巳

입추 8일 04시12분

8 · 壬申月(양 8.8~9.7)

처서 23일 19시01분

양력	1	2	3	4	5	6	7	8	9	10	11	12	13	14	15	16	17	18	19	20	21	22	23	24	25	26	27	28	29	30	31
음력	7.1	2	3	4	5	6	7	8	9	10	11	12	13	14	15	16	17	18	19	20	21	22	23	24	25	26	27	28	29	8.1	2
일진	庚午	辛未	壬申	癸酉	甲戌	乙亥	丙子	丁丑	戊寅	己卯	庚辰	辛巳	壬午	癸未	甲申	乙酉	丙戌	丁亥	戊子	己丑	庚寅	辛卯	壬辰	癸巳	甲午	乙未	丙申	丁酉	戊戌	己亥	庚子

백로 8일 07시16분

9 · 癸酉月(양 9.8~10.7)

추분 23일 16시49분

양력	1	2	3	4	5	6	7	8	9	10	11	12	13	14	15	16	17	18	19	20	21	22	23	24	25	26	27	28	29	30	
음력	3	4	5	6	7	8	9	10	11	12	13	14	15	16	17	18	19	20	21	22	23	24	25	26	27	28	29	30	9.1	2	
일진	辛丑	壬寅	癸卯	甲辰	乙巳	丙午	丁未	戊申	己酉	庚戌	辛亥	壬子	癸丑	甲寅	乙卯	丙辰	丁巳	戊午	己未	庚申	辛酉	壬戌	癸亥	甲子	乙丑	丙寅	丁卯	戊辰	己巳	庚午	

한로 8일 23시05분

10 · 甲戌月(양 10.8~11.7)

상강 24일 02시19분

양력	1	2	3	4	5	6	7	8	9	10	11	12	13	14	15	16	17	18	19	20	21	22	23	24	25	26	27	28	29	30	31
음력	3	4	5	6	7	8	9	10	11	12	13	14	15	16	17	18	19	20	21	22	23	24	25	26	27	28	29	10.1	2	3	4
일진	辛未	壬申	癸酉	甲戌	乙亥	丙子	丁丑	戊寅	己卯	庚辰	辛巳	壬午	癸未	甲申	乙酉	丙戌	丁亥	戊子	己丑	庚寅	辛卯	壬辰	癸巳	甲午	乙未	丙申	丁酉	戊戌	己亥	庚子	辛丑

입동 8일 02시23분

11 · 乙亥月(양 11.8~12.6)

소설 22일 23시58분

양력	1	2	3	4	5	6	7	8	9	10	11	12	13	14	15	16	17	18	19	20	21	22	23	24	25	26	27	28	29	30	
음력	5	6	7	8	9	10	11	12	13	14	15	16	17	18	19	20	21	22	23	24	25	26	27	28	29	30	11.1	2	3	4	
일진	壬寅	癸卯	甲辰	乙巳	丙午	丁未	戊申	己酉	庚戌	辛亥	壬子	癸丑	甲寅	乙卯	丙辰	丁巳	戊午	己未	庚申	辛酉	壬戌	癸亥	甲子	乙丑	丙寅	丁卯	戊辰	己巳	庚午	辛未	

대설 7일 19시17분

12 · 丙子月(양 12.7~1.5)

동지 22일 13시18분

양력	1	2	3	4	5	6	7	8	9	10	11	12	13	14	15	16	17	18	19	20	21	22	23	24	25	26	27	28	29	30	31
음력	5	6	7	8	9	10	11	12	13	14	15	16	17	18	19	20	21	22	23	24	25	26	27	28	29	12.1	2	3	4	5	6
일진	壬申	癸酉	甲戌	乙亥	丙子	丁丑	戊寅	己卯	庚辰	辛巳	壬午	癸未	甲申	乙酉	丙戌	丁亥	戊子	己丑	庚寅	辛卯	壬辰	癸巳	甲午	乙未	丙申	丁酉	戊戌	己亥	庚子	辛丑	壬寅

단기 4353년	2020년(윤4월)	

1 · 丁丑月 (양 1.6 ~ 2.3)

소한 6일 06시29분　　대한 20일 23시54분

양력	1	2	3	4	5	6	7	8	9	10	11	12	13	14	15	16	17	18	19	20	21	22	23	24	25	26	27	28	29	30	31
음력	7	8	9	10	11	12	13	14	15	16	17	18	19	20	21	22	23	24	25	26	27	28	29	30	1.1	2	3	4	5	6	7
일진	癸卯	甲辰	乙巳	丙午	丁未	戊申	己酉	庚戌	辛亥	壬子	癸丑	甲寅	乙卯	丙辰	丁巳	戊午	己未	庚申	辛酉	壬戌	癸亥	甲子	乙丑	丙寅	丁卯	戊辰	己巳	庚午	辛未	壬申	癸酉

2 · 戊寅月 (양 2.4~3.4)

입춘 4일 18시02분　　우수 19일 13시56분

양력	1	2	3	4	5	6	7	8	9	10	11	12	13	14	15	16	17	18	19	20	21	22	23	24	25	26	27	28	29
음력	8	9	10	11	12	13	14	15	16	17	18	19	20	21	22	23	24	25	26	27	28	29	30	2.1	2	3	4	5	6
일진	甲戌	乙亥	丙子	丁丑	戊寅	己卯	庚辰	辛巳	壬午	癸未	甲申	乙酉	丙戌	丁亥	戊子	己丑	庚寅	辛卯	壬辰	癸巳	甲午	乙未	丙申	丁酉	戊戌	己亥	庚子	辛丑	壬寅

3 · 己卯月 (양 3.5~4.3)

경칩 5일 11시56분　　춘분 20일 12시49분

양력	1	2	3	4	5	6	7	8	9	10	11	12	13	14	15	16	17	18	19	20	21	22	23	24	25	26	27	28	29	30	31
음력	7	8	9	10	11	12	13	14	15	16	17	18	19	20	21	22	23	24	25	26	27	28	29	3.1	2	3	4	5	6	7	8
일진	癸卯	甲辰	乙巳	丙午	丁未	戊申	己酉	庚戌	辛亥	壬子	癸丑	甲寅	乙卯	丙辰	丁巳	戊午	己未	庚申	辛酉	壬戌	癸亥	甲子	乙丑	丙寅	丁卯	戊辰	己巳	庚午	辛未	壬申	癸酉

4 · 庚辰月 (양 4.4~5.4)

청명 4일 16시37분　　곡우 19일 23시44분

양력	1	2	3	4	5	6	7	8	9	10	11	12	13	14	15	16	17	18	19	20	21	22	23	24	25	26	27	28	29	30
음력	9	10	11	12	13	14	15	16	17	18	19	20	21	22	23	24	25	26	27	28	29	30	4.1	2	3	4	5	6	7	8
일진	甲戌	乙亥	丙子	丁丑	戊寅	己卯	庚辰	辛巳	壬午	癸未	甲申	乙酉	丙戌	丁亥	戊子	己丑	庚寅	辛卯	壬辰	癸巳	甲午	乙未	丙申	丁酉	戊戌	己亥	庚子	辛丑	壬寅	癸卯

5 · 辛巳月 (양 5.5~6.4)

입하 5일 09시50분　　소만 20일 22시48분

양력	1	2	3	4	5	6	7	8	9	10	11	12	13	14	15	16	17	18	19	20	21	22	23	24	25	26	27	28	29	30	31
음력	9	10	11	12	13	14	15	16	17	18	19	20	21	22	23	24	25	26	27	28	29	30	윤	4.2	3	4	5	6	7	8	9
일진	甲辰	乙巳	丙午	丁未	戊申	己酉	庚戌	辛亥	壬子	癸丑	甲寅	乙卯	丙辰	丁巳	戊午	己未	庚申	辛酉	壬戌	癸亥	甲子	乙丑	丙寅	丁卯	戊辰	己巳	庚午	辛未	壬申	癸酉	甲戌

6 · 壬午月 (양 6.5~7.6)

망종 5일 13시57분　　하지 21일 06시43분

양력	1	2	3	4	5	6	7	8	9	10	11	12	13	14	15	16	17	18	19	20	21	22	23	24	25	26	27	28	29	30
음력	10	11	12	13	14	15	16	17	18	19	20	21	22	23	24	25	26	27	28	29	5.1	2	3	4	5	6	7	8	9	10
일진	乙亥	丙子	丁丑	戊寅	己卯	庚辰	辛巳	壬午	癸未	甲申	乙酉	丙戌	丁亥	戊子	己丑	庚寅	辛卯	壬辰	癸巳	甲午	乙未	丙申	丁酉	戊戌	己亥	庚子	辛丑	壬寅	癸卯	甲辰

庚子年

동경135도표준시

소서 7일 00시13분 | **7 · 癸未月** (양 7.7~8.6) | 대서 22일 17시36분

양력	1	2	3	4	5	6	7	8	9	10	11	12	13	14	15	16	17	18	19	20	21	22	23	24	25	26	27	28	29	30	31
음력	11	12	13	14	15	16	17	18	19	20	21	22	23	24	25	26	27	28	29	30	6.1	2	3	4	5	6	7	8	9	10	11
일진	乙巳	丙午	丁未	戊申	己酉	庚戌	辛亥	壬子	癸丑	甲寅	乙卯	丙辰	丁巳	戊午	己未	庚申	辛酉	壬戌	癸亥	甲子	乙丑	丙寅	丁卯	戊辰	己巳	庚午	辛未	壬申	癸酉	甲戌	乙亥

입추 7일 10시05분 | **8 · 甲申月** (양 8.7~9.6) | 처서 23일 00시44분

양력	1	2	3	4	5	6	7	8	9	10	11	12	13	14	15	16	17	18	19	20	21	22	23	24	25	26	27	28	29	30	31
음력	12	13	14	15	16	17	18	19	20	21	22	23	24	25	26	27	28	29	7.1	2	3	4	5	6	7	8	9	10	11	12	13
일진	丙子	丁丑	戊寅	己卯	庚辰	辛巳	壬午	癸未	甲申	乙酉	丙戌	丁亥	戊子	己丑	庚寅	辛卯	壬辰	癸巳	甲午	乙未	丙申	丁酉	戊戌	己亥	庚子	辛丑	壬寅	癸卯	甲辰	乙巳	丙午

백로 7일 13시07분 | **9 · 乙酉月** (양 9.7~10.7) | 추분 22일 22시30분

양력	1	2	3	4	5	6	7	8	9	10	11	12	13	14	15	16	17	18	19	20	21	22	23	24	25	26	27	28	29	30
음력	14	15	16	17	18	19	20	21	22	23	24	25	26	27	28	29	8.1	2	3	4	5	6	7	8	9	10	11	12	13	14
일진	丁未	戊申	己酉	庚戌	辛亥	壬子	癸丑	甲寅	乙卯	丙辰	丁巳	戊午	己未	庚申	辛酉	壬戌	癸亥	甲子	乙丑	丙寅	丁卯	戊辰	己巳	庚午	辛未	壬申	癸酉	甲戌	乙亥	丙子

한로 8일 04시54분 | **10 · 丙戌月** (양 10.8~11.6) | 상강 23일 07시59분

양력	1	2	3	4	5	6	7	8	9	10	11	12	13	14	15	16	17	18	19	20	21	22	23	24	25	26	27	28	29	30	31
음력	15	16	17	18	19	20	21	22	23	24	25	26	27	28	29	30	9.1	2	3	4	5	6	7	8	9	10	11	12	13	14	15
일진	丁丑	戊寅	己卯	庚辰	辛巳	壬午	癸未	甲申	乙酉	丙戌	丁亥	戊子	己丑	庚寅	辛卯	壬辰	癸巳	甲午	乙未	丙申	丁酉	戊戌	己亥	庚子	辛丑	壬寅	癸卯	甲辰	乙巳	丙午	丁未

입동 7일 08시13분 | **11 · 丁亥月** (양 11.7~12.6) | 소설 22일 05시39분

양력	1	2	3	4	5	6	7	8	9	10	11	12	13	14	15	16	17	18	19	20	21	22	23	24	25	26	27	28	29	30
음력	16	17	18	19	20	21	22	23	24	25	26	27	28	29	10.1	2	3	4	5	6	7	8	9	10	11	12	13	14	15	16
일진	戊申	己酉	庚戌	辛亥	壬子	癸丑	甲寅	乙卯	丙辰	丁巳	戊午	己未	庚申	辛酉	壬戌	癸亥	甲子	乙丑	丙寅	丁卯	戊辰	己巳	庚午	辛未	壬申	癸酉	甲戌	乙亥	丙子	丁丑

대설 7일 01시08분 | **12 · 戊子月** (양 12.7~1.4) | 동지 21일 19시01분

양력	1	2	3	4	5	6	7	8	9	10	11	12	13	14	15	16	17	18	19	20	21	22	23	24	25	26	27	28	29	30	31
음력	17	18	19	20	21	22	23	24	25	26	27	28	29	30	11.1	2	3	4	5	6	7	8	9	10	11	12	13	14	15	16	17
일진	戊寅	己卯	庚辰	辛巳	壬午	癸未	甲申	乙酉	丙戌	丁亥	戊子	己丑	庚寅	辛卯	壬辰	癸巳	甲午	乙未	丙申	丁酉	戊戌	己亥	庚子	辛丑	壬寅	癸卯	甲辰	乙巳	丙午	丁未	戊申

단기 4354년	2021년	

소한 5일 12시22분

1 · 己丑月 (양 1.5~2.2)

대한 20일 05시39분

양력	1	2	3	4	5	6	7	8	9	10	11	12	13	14	15	16	17	18	19	20	21	22	23	24	25	26	27	28	29	30	31
음력	18	19	20	21	22	23	24	25	26	27	28	29	12.1	2	3	4	5	6	7	8	9	10	11	12	13	14	15	16	17	18	19
일진	己酉	庚戌	辛亥	壬子	癸丑	甲寅	乙卯	丙辰	丁巳	戊午	己未	庚申	辛酉	壬戌	癸亥	甲子	乙丑	丙寅	丁卯	戊辰	己巳	庚午	辛未	壬申	癸酉	甲戌	乙亥	丙子	丁丑	戊寅	己卯

입춘 3일 23시58분

2 · 庚寅月 (양 2.3~3.4)

우수 18일 19시43분

양력	1	2	3	4	5	6	7	8	9	10	11	12	13	14	15	16	17	18	19	20	21	22	23	24	25	26	27	28
음력	20	21	22	23	24	25	26	27	28	29	30	1.1	2	3	4	5	6	7	8	9	10	11	12	13	14	15	16	17
일진	庚辰	辛巳	壬午	癸未	甲申	乙酉	丙戌	丁亥	戊子	己丑	庚寅	辛卯	壬辰	癸巳	甲午	乙未	丙申	丁酉	戊戌	己亥	庚子	辛丑	壬寅	癸卯	甲辰	乙巳	丙午	丁未

경칩 5일 17시53분

3 · 辛卯月 (양 3.5~4.3)

춘분 20일 18시36분

양력	1	2	3	4	5	6	7	8	9	10	11	12	13	14	15	16	17	18	19	20	21	22	23	24	25	26	27	28	29	30	31
음력	18	19	20	21	22	23	24	25	26	27	28	29	2.1	2	3	4	5	6	7	8	9	10	11	12	13	14	15	16	17	18	19
일진	戊申	己酉	庚戌	辛亥	壬子	癸丑	甲寅	乙卯	丙辰	丁巳	戊午	己未	庚申	辛酉	壬戌	癸亥	甲子	乙丑	丙寅	丁卯	戊辰	己巳	庚午	辛未	壬申	癸酉	甲戌	乙亥	丙子	丁丑	戊寅

청명 4일 22시34분

4 · 壬辰月 (양 4.4~5.4)

곡우 20일 05시32분

양력	1	2	3	4	5	6	7	8	9	10	11	12	13	14	15	16	17	18	19	20	21	22	23	24	25	26	27	28	29	30
음력	20	21	22	23	24	25	26	27	28	29	30	3.1	2	3	4	5	6	7	8	9	10	11	12	13	14	15	16	17	18	19
일진	己卯	庚辰	辛巳	壬午	癸未	甲申	乙酉	丙戌	丁亥	戊子	己丑	庚寅	辛卯	壬辰	癸巳	甲午	乙未	丙申	丁酉	戊戌	己亥	庚子	辛丑	壬寅	癸卯	甲辰	乙巳	丙午	丁未	戊申

입하 5일 15시46분

5 · 癸巳月 (양 5.5~6.4)

소만 21일 04시36분

양력	1	2	3	4	5	6	7	8	9	10	11	12	13	14	15	16	17	18	19	20	21	22	23	24	25	26	27	28	29	30	31
음력	20	21	22	23	24	25	26	27	28	29	30	4.1	2	3	4	5	6	7	8	9	10	11	12	13	14	15	16	17	18	19	20
일진	己酉	庚戌	辛亥	壬子	癸丑	甲寅	乙卯	丙辰	丁巳	戊午	己未	庚申	辛酉	壬戌	癸亥	甲子	乙丑	丙寅	丁卯	戊辰	己巳	庚午	辛未	壬申	癸酉	甲戌	乙亥	丙子	丁丑	戊寅	己卯

망종 5일 19시51분

6 · 甲午月 (양 6.5~7.6)

하지 21일 12시31분

양력	1	2	3	4	5	6	7	8	9	10	11	12	13	14	15	16	17	18	19	20	21	22	23	24	25	26	27	28	29	30
음력	21	22	23	24	25	26	27	28	29	5.1	2	3	4	5	6	7	8	9	10	11	12	13	14	15	16	17	18	19	20	21
일진	庚辰	辛巳	壬午	癸未	甲申	乙酉	丙戌	丁亥	戊子	己丑	庚寅	辛卯	壬辰	癸巳	甲午	乙未	丙申	丁酉	戊戌	己亥	庚子	辛丑	壬寅	癸卯	甲辰	乙巳	丙午	丁未	戊申	己酉

	辛丑年	동경135도표준시

소서 7일 06시04분

7 · 乙未月(양 7.7~8.6)

대서 22일 23시25분

양력	1	2	3	4	5	6	7	8	9	10	11	12	13	14	15	16	17	18	19	20	21	22	23	24	25	26	27	28	29	30	31
음력	22	23	24	25	26	27	28	29	30	6.1	2	3	4	5	6	7	8	9	10	11	12	13	14	15	16	17	18	19	20	21	22
일진	庚戌	辛亥	壬子	癸丑	甲寅	乙卯	丙辰	丁巳	戊午	己未	庚申	辛酉	壬戌	癸亥	甲子	乙丑	丙寅	丁卯	戊辰	己巳	庚午	辛未	壬申	癸酉	甲戌	乙亥	丙子	丁丑	戊寅	己卯	庚辰

입추 7일 15시53분

8 · 丙申月(양 8.7~9.6)

처서 23일 06시34분

양력	1	2	3	4	5	6	7	8	9	10	11	12	13	14	15	16	17	18	19	20	21	22	23	24	25	26	27	28	29	30	31
음력	23	24	25	26	27	28	29	7.1	2	3	4	5	6	7	8	9	10	11	12	13	14	15	16	17	18	19	20	21	22	23	24
일진	辛巳	壬午	癸未	甲申	乙酉	丙戌	丁亥	戊子	己丑	庚寅	辛卯	壬辰	癸巳	甲午	乙未	丙申	丁酉	戊戌	己亥	庚子	辛丑	壬寅	癸卯	甲辰	乙巳	丙午	丁未	戊申	己酉	庚戌	辛亥

백로 7일 18시52분

9 · 丁酉月(양 9.7~10.7)

추분 23일 04시20분

양력	1	2	3	4	5	6	7	8	9	10	11	12	13	14	15	16	17	18	19	20	21	22	23	24	25	26	27	28	29	30
음력	25	26	27	28	29	30	8.1	2	3	4	5	6	7	8	9	10	11	12	13	14	15	16	17	18	19	20	21	22	23	24
일진	壬子	癸丑	甲寅	乙卯	丙辰	丁巳	戊午	己未	庚申	辛酉	壬戌	癸亥	甲子	乙丑	丙寅	丁卯	戊辰	己巳	庚午	辛未	壬申	癸酉	甲戌	乙亥	丙子	丁丑	戊寅	己卯	庚辰	辛巳

한로 8일 10시38분

10 · 戊戌月(양 10.8~11.6)

상강 23일 13시50분

양력	1	2	3	4	5	6	7	8	9	10	11	12	13	14	15	16	17	18	19	20	21	22	23	24	25	26	27	28	29	30	31
음력	25	26	27	28	29	9.1	2	3	4	5	6	7	8	9	10	11	12	13	14	15	16	17	18	19	20	21	22	23	24	25	26
일진	壬午	癸未	甲申	乙酉	丙戌	丁亥	戊子	己丑	庚寅	辛卯	壬辰	癸巳	甲午	乙未	丙申	丁酉	戊戌	己亥	庚子	辛丑	壬寅	癸卯	甲辰	乙巳	丙午	丁未	戊申	己酉	庚戌	辛亥	壬子

입동 7일 13시58분

11 · 己亥月(양 11.7~12.6)

소설 22일 11시33분

양력	1	2	3	4	5	6	7	8	9	10	11	12	13	14	15	16	17	18	19	20	21	22	23	24	25	26	27	28	29	30
음력	27	28	29	30	10.1	2	3	4	5	6	7	8	9	10	11	12	13	14	15	16	17	18	19	20	21	22	23	24	25	26
일진	癸丑	甲寅	乙卯	丙辰	丁巳	戊午	己未	庚申	辛酉	壬戌	癸亥	甲子	乙丑	丙寅	丁卯	戊辰	己巳	庚午	辛未	壬申	癸酉	甲戌	乙亥	丙子	丁丑	戊寅	己卯	庚辰	辛巳	壬午

대설 7일 06시56분

12 · 庚子月(양 12.7~1.4)

동지 22일 00시58분

양력	1	2	3	4	5	6	7	8	9	10	11	12	13	14	15	16	17	18	19	20	21	22	23	24	25	26	27	28	29	30	31
음력	27	28	29	11.1	2	3	4	5	6	7	8	9	10	11	12	13	14	15	16	17	18	19	20	21	22	23	24	25	26	27	28
일진	癸未	甲申	乙酉	丙戌	丁亥	戊子	己丑	庚寅	辛卯	壬辰	癸巳	甲午	乙未	丙申	丁酉	戊戌	己亥	庚子	辛丑	壬寅	癸卯	甲辰	乙巳	丙午	丁未	戊申	己酉	庚戌	辛亥	壬子	癸丑

단기 4355년	2022년	

소한 5일 18시13분 — **1 · 辛丑月** (양 1.5~2.3) — 대한 20일 11시38분

양력	1	2	3	4	5	6	7	8	9	10	11	12	13	14	15	16	17	18	19	20	21	22	23	24	25	26	27	28	29	30	31
음력	29	30	12.1	2	3	4	5	6	7	8	9	10	11	12	13	14	15	16	17	18	19	20	21	22	23	24	25	26	27	28	29
일진	甲寅	乙卯	丙辰	丁巳	戊午	己未	庚申	辛酉	壬戌	癸亥	甲子	乙丑	丙寅	丁卯	戊辰	己巳	庚午	辛未	壬申	癸酉	甲戌	乙亥	丙子	丁丑	戊寅	己卯	庚辰	辛巳	壬午	癸未	甲申

입춘 4일 05시50분 — **2 · 壬寅月** (양 2.4~3.4) — 우수 19일 01시42분

양력	1	2	3	4	5	6	7	8	9	10	11	12	13	14	15	16	17	18	19	20	21	22	23	24	25	26	27	28			
음력	1.1	2	3	4	5	6	7	8	9	10	11	12	13	14	15	16	17	18	19	20	21	22	23	24	25	26	27	28			
일진	乙酉	丙戌	丁亥	戊子	己丑	庚寅	辛卯	壬辰	癸巳	甲午	乙未	丙申	丁酉	戊戌	己亥	庚子	辛丑	壬寅	癸卯	甲辰	乙巳	丙午	丁未	戊申	己酉	庚戌	辛亥	壬子			

경칩 5일 23시43분 — **3 · 癸卯月** (양 3.5~4.4) — 춘분 21일 00시32분

양력	1	2	3	4	5	6	7	8	9	10	11	12	13	14	15	16	17	18	19	20	21	22	23	24	25	26	27	28	29	30	31
음력	29	30	2.1	2	3	4	5	6	7	8	9	10	11	12	13	14	15	16	17	18	19	20	21	22	23	24	25	26	27	28	29
일진	癸丑	甲寅	乙卯	丙辰	丁巳	戊午	己未	庚申	辛酉	壬戌	癸亥	甲子	乙丑	丙寅	丁卯	戊辰	己巳	庚午	辛未	壬申	癸酉	甲戌	乙亥	丙子	丁丑	戊寅	己卯	庚辰	辛巳	壬午	癸未

청명 5일 04시19분 — **4 · 甲辰月** (양 4.5~5.4) — 곡우 20일 11시23분

양력	1	2	3	4	5	6	7	8	9	10	11	12	13	14	15	16	17	18	19	20	21	22	23	24	25	26	27	28	29	30	
음력	3.1	2	3	4	5	6	7	8	9	10	11	12	13	14	15	16	17	18	19	20	21	22	23	24	25	26	27	28	29	30	
일진	甲申	乙酉	丙戌	丁亥	戊子	己丑	庚寅	辛卯	壬辰	癸巳	甲午	乙未	丙申	丁酉	戊戌	己亥	庚子	辛丑	壬寅	癸卯	甲辰	乙巳	丙午	丁未	戊申	己酉	庚戌	辛亥	壬子	癸丑	

입하 5일 21시25분 — **5 · 乙巳月** (양 5.5~6.5) — 소만 21일 10시22분

양력	1	2	3	4	5	6	7	8	9	10	11	12	13	14	15	16	17	18	19	20	21	22	23	24	25	26	27	28	29	30	31
음력	4.1	2	3	4	5	6	7	8	9	10	11	12	13	14	15	16	17	18	19	20	21	22	23	24	25	26	27	28	29	5.1	2
일진	甲寅	乙卯	丙辰	丁巳	戊午	己未	庚申	辛酉	壬戌	癸亥	甲子	乙丑	丙寅	丁卯	戊辰	己巳	庚午	辛未	壬申	癸酉	甲戌	乙亥	丙子	丁丑	戊寅	己卯	庚辰	辛巳	壬午	癸未	甲申

망종 6일 01시25분 — **6 · 丙午月** (양 6.6~7.6) — 하지 21일 18시13분

양력	1	2	3	4	5	6	7	8	9	10	11	12	13	14	15	16	17	18	19	20	21	22	23	24	25	26	27	28	29	30	
음력	3	4	5	6	7	8	9	10	11	12	13	14	15	16	17	18	19	20	21	22	23	24	25	26	27	28	29	30	6.1	12	
일진	乙酉	丙戌	丁亥	戊子	己丑	庚寅	辛卯	壬辰	癸巳	甲午	乙未	丙申	丁酉	戊戌	己亥	庚子	辛丑	壬寅	癸卯	甲辰	乙巳	丙午	丁未	戊申	己酉	庚戌	辛亥	壬子	癸丑	甲寅	

	壬寅年	동경135도표준시

소서 7일 11시37분 **7 · 丁未月** (양 7.7~8.6) 대서 23일 05시06분

양력	1	2	3	4	5	6	7	8	9	10	11	12	13	14	15	16	17	18	19	20	21	22	23	24	25	26	27	28	29	30	31
음력	3	4	5	6	7	8	9	10	11	12	13	14	15	16	17	18	19	20	21	22	23	24	25	26	27	28	29	30	7.1	2	3
일진	乙卯	丙辰	丁巳	戊午	己未	庚申	辛酉	壬戌	癸亥	甲子	乙丑	丙寅	丁卯	戊辰	己巳	庚午	辛未	壬申	癸酉	甲戌	乙亥	丙子	丁丑	戊寅	己卯	庚辰	辛巳	壬午	癸未	甲申	乙酉

입추 7일 21시28분 **8 · 戊申月** (양 8.7~9.7) 처서 23일 12시15분

양력	1	2	3	4	5	6	7	8	9	10	11	12	13	14	15	16	17	18	19	20	21	22	23	24	25	26	27	28	29	30	31
음력	4	5	6	7	8	9	10	11	12	13	14	15	16	17	18	19	20	21	22	23	24	25	26	27	28	29	8.1	2	3	4	5
일진	丙戌	丁亥	戊子	己丑	庚寅	辛卯	壬辰	癸巳	甲午	乙未	丙申	丁酉	戊戌	己亥	庚子	辛丑	壬寅	癸卯	甲辰	乙巳	丙午	丁未	戊申	己酉	庚戌	辛亥	壬子	癸丑	甲寅	乙卯	丙辰

백로 8일 00시31분 **9 · 己酉月** (양 9.8~10.7) 추분 23일 10시03분

양력	1	2	3	4	5	6	7	8	9	10	11	12	13	14	15	16	17	18	19	20	21	22	23	24	25	26	27	28	29	30	
음력	6	7	8	9	10	11	12	13	14	15	16	17	18	19	20	21	22	23	24	25	26	27	28	29	30	9.1	2	3	4	5	
일진	丁巳	戊午	己未	庚申	辛酉	壬戌	癸亥	甲子	乙丑	丙寅	丁卯	戊辰	己巳	庚午	辛未	壬申	癸酉	甲戌	乙亥	丙子	丁丑	戊寅	己卯	庚辰	辛巳	壬午	癸未	甲申	乙酉	丙戌	

한로 8일 16시21분 **10 · 庚戌月** (양 10.8~11.6) 상강 23일 19시35분

양력	1	2	3	4	5	6	7	8	9	10	11	12	13	14	15	16	17	18	19	20	21	22	23	24	25	26	27	28	29	30	31
음력	6	7	8	9	10	11	12	13	14	15	16	17	18	19	20	21	22	23	24	25	26	27	28	29	10.1	2	3	4	5	6	7
일진	丁亥	戊子	己丑	庚寅	辛卯	壬辰	癸巳	甲午	乙未	丙申	丁酉	戊戌	己亥	庚子	辛丑	壬寅	癸卯	甲辰	乙巳	丙午	丁未	戊申	己酉	庚戌	辛亥	壬子	癸丑	甲寅	乙卯	丙辰	丁巳

입동 7일 19시44분 **11 · 辛亥月** (양 11.7~12.6) 소설 22일 17시19분

양력	1	2	3	4	5	6	7	8	9	10	11	12	13	14	15	16	17	18	19	20	21	22	23	24	25	26	27	28	29	30	
음력	8	9	10	11	12	13	14	15	16	17	18	19	20	21	22	23	24	25	26	27	28	29	30	11.1	2	3	4	5	6	7	
일진	戊午	己未	庚申	辛酉	壬戌	癸亥	甲子	乙丑	丙寅	丁卯	戊辰	己巳	庚午	辛未	壬申	癸酉	甲戌	乙亥	丙子	丁丑	戊寅	己卯	庚辰	辛巳	壬午	癸未	甲申	乙酉	丙戌	丁亥	

대설 7일 12시45분 **12 · 壬子月** (양 12.7~1.5) 동지 22일 06시47분

양력	1	2	3	4	5	6	7	8	9	10	11	12	13	14	15	16	17	18	19	20	21	22	23	24	25	26	27	28	29	30	31
음력	8	9	10	11	12	13	14	15	16	17	18	19	20	21	22	23	24	25	26	27	28	29	12.1	2	3	4	5	6	7	8	9
일진	戊子	己丑	庚寅	辛卯	壬辰	癸巳	甲午	乙未	丙申	丁酉	戊戌	己亥	庚子	辛丑	壬寅	癸卯	甲辰	乙巳	丙午	丁未	戊申	己酉	庚戌	辛亥	壬子	癸丑	甲寅	乙卯	丙辰	丁巳	戊午

단기 4356년	2023년(윤2월)	

소한 6일 00시04분

1 · 癸丑月 (양 1.6 ~ 2.3)

대한 20일 17시28분

양력	1	2	3	4	5	6	7	8	9	10	11	12	13	14	15	16	17	18	19	20	21	22	23	24	25	26	27	28	29	30	31
음력	10	11	12	13	14	15	16	17	18	19	20	21	22	23	24	25	26	27	28	29	30	1.1	2	3	4	5	6	7	8	9	10
일진	己未	庚申	辛酉	壬戌	癸亥	甲子	乙丑	丙寅	丁卯	戊辰	己巳	庚午	辛未	壬申	癸酉	甲戌	乙亥	丙子	丁丑	戊寅	己卯	庚辰	辛巳	壬午	癸未	甲申	乙酉	丙戌	丁亥	戊子	己丑

입춘 4일 11시41분

2 · 甲寅月 (양 2.4 ~ 3.5)

우수 19일 07시33분

양력	1	2	3	4	5	6	7	8	9	10	11	12	13	14	15	16	17	18	19	20	21	22	23	24	25	26	27	28
음력	11	12	13	14	15	16	17	18	19	20	21	22	23	24	25	26	27	28	29	2.1	2	3	4	5	6	7	8	9
일진	庚寅	辛卯	壬辰	癸巳	甲午	乙未	丙申	丁酉	戊戌	己亥	庚子	辛丑	壬寅	癸卯	甲辰	乙巳	丙午	丁未	戊申	己酉	庚戌	辛亥	壬子	癸丑	甲寅	乙卯	丙辰	丁巳

경칩 6일 05시35분

3 · 乙卯月 (양 3.6 ~ 4.4)

춘분 21일 06시23분

양력	1	2	3	4	5	6	7	8	9	10	11	12	13	14	15	16	17	18	19	20	21	22	23	24	25	26	27	28	29	30	31
음력	10	11	12	13	14	15	16	17	18	19	20	21	22	23	24	25	26	27	28	29	30	윤	2.2	3	4	5	6	7	8	9	10
일진	戊午	己未	庚申	辛酉	壬戌	癸亥	甲子	乙丑	丙寅	丁卯	戊辰	己巳	庚午	辛未	壬申	癸酉	甲戌	乙亥	丙子	丁丑	戊寅	己卯	庚辰	辛巳	壬午	癸未	甲申	乙酉	丙戌	丁亥	戊子

청명 5일 10시12분

4 · 丙辰月 (양 4.5 ~ 5.5)

곡우 20일 17시13분

양력	1	2	3	4	5	6	7	8	9	10	11	12	13	14	15	16	17	18	19	20	21	22	23	24	25	26	27	28	29	30
음력	11	12	13	14	15	16	17	18	19	20	21	22	23	24	25	26	27	28	29	3.1	2	3	4	5	6	7	8	9	10	11
일진	己丑	庚寅	辛卯	壬辰	癸巳	甲午	乙未	丙申	丁酉	戊戌	己亥	庚子	辛丑	壬寅	癸卯	甲辰	乙巳	丙午	丁未	戊申	己酉	庚戌	辛亥	壬子	癸丑	甲寅	乙卯	丙辰	丁巳	戊午

입하 6일 03시18분

5 · 丁巳月 (양 5.6 ~ 6.5)

소만 21일 16시08분

양력	1	2	3	4	5	6	7	8	9	10	11	12	13	14	15	16	17	18	19	20	21	22	23	24	25	26	27	28	29	30	31
음력	12	13	14	15	16	17	18	19	20	21	22	23	24	25	26	27	28	29	30	4.1	2	3	4	5	6	7	8	9	10	11	12
일진	己未	庚申	辛酉	壬戌	癸亥	甲子	乙丑	丙寅	丁卯	戊辰	己巳	庚午	辛未	壬申	癸酉	甲戌	乙亥	丙子	丁丑	戊寅	己卯	庚辰	辛巳	壬午	癸未	甲申	乙酉	丙戌	丁亥	戊子	己丑

망종 6일 07시17분

6 · 戊午月 (양 6.6 ~ 7.6)

하지 21일 23시57분

양력	1	2	3	4	5	6	7	8	9	10	11	12	13	14	15	16	17	18	19	20	21	22	23	24	25	26	27	28	29	30
음력	13	14	15	16	17	18	19	20	21	22	23	24	25	26	27	28	29	5.1	2	3	4	5	6	7	8	9	10	11	12	13
일진	庚寅	辛卯	壬辰	癸巳	甲午	乙未	丙申	丁酉	戊戌	己亥	庚子	辛丑	壬寅	癸卯	甲辰	乙巳	丙午	丁未	戊申	己酉	庚戌	辛亥	壬子	癸丑	甲寅	乙卯	丙辰	丁巳	戊午	己未

	癸卯年	동경 135도 표준시

소서 7일 17시30분

7 · 己未月 (양 7.7 ~ 8.7)

대서 23일 10시49분

양력	1	2	3	4	5	6	7	8	9	10	11	12	13	14	15	16	17	18	19	20	21	22	23	24	25	26	27	28	29	30	31
음력	14	15	16	17	18	19	20	21	22	23	24	25	26	27	28	29	30	6.1	2	3	4	5	6	7	8	9	10	11	12	13	14
일진	庚申	辛酉	壬戌	癸亥	甲子	乙丑	丙寅	丁卯	戊辰	己巳	庚午	辛未	壬申	癸酉	甲戌	乙亥	丙子	丁丑	戊寅	己卯	庚辰	辛巳	壬午	癸未	甲申	乙酉	丙戌	丁亥	戊子	己丑	庚寅

입추 8일 03시22분

8 · 庚申月 (양 8.8 ~ 9.7)

처서 23일 18시00분

양력	1	2	3	4	5	6	7	8	9	10	11	12	13	14	15	16	17	18	19	20	21	22	23	24	25	26	27	28	29	30	31
음력	15	16	17	18	19	20	21	22	23	24	25	26	27	28	29	7.1	2	3	4	5	6	7	8	9	10	11	12	13	14	15	16
일진	辛卯	壬辰	癸巳	甲午	乙未	丙申	丁酉	戊戌	己亥	庚子	辛丑	壬寅	癸卯	甲辰	乙巳	丙午	丁未	戊申	己酉	庚戌	辛亥	壬子	癸丑	甲寅	乙卯	丙辰	丁巳	戊午	己未	庚申	辛酉

백로 8일 06시26분

9 · 辛酉月 (양 9.8 ~ 10.7)

추분 23일 15시49분

양력	1	2	3	4	5	6	7	8	9	10	11	12	13	14	15	16	17	18	19	20	21	22	23	24	25	26	27	28	29	30
음력	17	18	19	20	21	22	23	24	25	26	27	28	29	30	8.1	2	3	4	5	6	7	8	9	10	11	12	13	14	15	16
일진	壬戌	癸亥	甲子	乙丑	丙寅	丁卯	戊辰	己巳	庚午	辛未	壬申	癸酉	甲戌	乙亥	丙子	丁丑	戊寅	己卯	庚辰	辛巳	壬午	癸未	甲申	乙酉	丙戌	丁亥	戊子	己丑	庚寅	辛卯

한로 8일 22시14분

10 · 壬戌月 (양 10.8 ~ 11.7)

상강 24일 01시20분

양력	1	2	3	4	5	6	7	8	9	10	11	12	13	14	15	16	17	18	19	20	21	22	23	24	25	26	27	28	29	30	31
음력	17	18	19	20	21	22	23	24	25	26	27	28	29	30	9.1	2	3	4	5	6	7	8	9	10	11	12	13	14	15	16	17
일진	壬辰	癸巳	甲午	乙未	丙申	丁酉	戊戌	己亥	庚子	辛丑	壬寅	癸卯	甲辰	乙巳	丙午	丁未	戊申	己酉	庚戌	辛亥	壬子	癸丑	甲寅	乙卯	丙辰	丁巳	戊午	己未	庚申	辛酉	壬戌

입동 8일 01시35분

11 · 癸亥月 (양 11.8 ~ 12.6)

소설 22일 23시02분

양력	1	2	3	4	5	6	7	8	9	10	11	12	13	14	15	16	17	18	19	20	21	22	23	24	25	26	27	28	29	30
음력	18	19	20	21	22	23	24	25	26	27	28	29	10.1	2	3	4	5	6	7	8	9	10	11	12	13	14	15	16	17	18
일진	癸亥	甲子	乙丑	丙寅	丁卯	戊辰	己巳	庚午	辛未	壬申	癸酉	甲戌	乙亥	丙子	丁丑	戊寅	己卯	庚辰	辛巳	壬午	癸未	甲申	乙酉	丙戌	丁亥	戊子	己丑	庚寅	辛卯	壬辰

대설 7일 18시32분

12 · 甲子月 (양 12.7 ~ 1.5)

동지 22일 12시26분

양력	1	2	3	4	5	6	7	8	9	10	11	12	13	14	15	16	17	18	19	20	21	22	23	24	25	26	27	28	29	30	31
음력	19	20	21	22	23	24	25	26	27	28	29	30	11.1	2	3	4	5	6	7	8	9	10	11	12	13	14	15	16	17	18	19
일진	癸巳	甲午	乙未	丙申	丁酉	戊戌	己亥	庚子	辛丑	壬寅	癸卯	甲辰	乙巳	丙午	丁未	戊申	己酉	庚戌	辛亥	壬子	癸丑	甲寅	乙卯	丙辰	丁巳	戊午	己未	庚申	辛酉	壬戌	癸亥

단기 4357년	**2024년**	

소한 6일 05시48분

1 · 乙丑月 (양 1.6 ~ 2.3)

대한 20일 23시06분

양력	1	2	3	4	5	6	7	8	9	10	11	12	13	14	15	16	17	18	19	20	21	22	23	24	25	26	27	28	29	30	31
음력	20	21	22	23	24	25	26	27	28	29	12.1	2	3	4	5	6	7	8	9	10	11	12	13	14	15	16	17	18	19	20	21
일진	甲子	乙丑	丙寅	丁卯	戊辰	己巳	庚午	辛未	壬申	癸酉	甲戌	乙亥	丙子	丁丑	戊寅	己卯	庚辰	辛巳	壬午	癸未	甲申	乙酉	丙戌	丁亥	戊子	己丑	庚寅	辛卯	壬辰	癸巳	甲午

입춘 4일 17시26분

2 · 丙寅月 (양 2.4 ~ 3.4)

우수 19일 13시12분

양력	1	2	3	4	5	6	7	8	9	10	11	12	13	14	15	16	17	18	19	20	21	22	23	24	25	26	27	28	29
음력	22	23	24	25	26	27	28	29	30	1.1	2	3	4	5	6	7	8	9	10	11	12	13	14	15	16	17	18	19	20
일진	乙未	丙申	丁酉	戊戌	己亥	庚子	辛丑	壬寅	癸卯	甲辰	乙巳	丙午	丁未	戊申	己酉	庚戌	辛亥	壬子	癸丑	甲寅	乙卯	丙辰	丁巳	戊午	己未	庚申	辛酉	壬戌	癸亥

경칩 5일 11시22분

3 · 丁卯月 (양 3.5 ~ 4.3)

춘분 20일 12시05분

양력	1	2	3	4	5	6	7	8	9	10	11	12	13	14	15	16	17	18	19	20	21	22	23	24	25	26	27	28	29	30	31
음력	21	22	23	24	25	26	27	28	29	2.1	2	3	4	5	6	7	8	9	10	11	12	13	14	15	16	17	18	19	20	21	22
일진	甲子	乙丑	丙寅	丁卯	戊辰	己巳	庚午	辛未	壬申	癸酉	甲戌	乙亥	丙子	丁丑	戊寅	己卯	庚辰	辛巳	壬午	癸未	甲申	乙酉	丙戌	丁亥	戊子	己丑	庚寅	辛卯	壬辰	癸巳	甲午

청명 4일 16시01분

4 · 戊辰月 (양 4.4 ~ 5.4)

곡우 19일 22시59분

양력	1	2	3	4	5	6	7	8	9	10	11	12	13	14	15	16	17	18	19	20	21	22	23	24	25	26	27	28	29	30
음력	23	24	25	26	27	28	29	30	3.1	2	3	4	5	6	7	8	9	10	11	12	13	14	15	16	17	18	19	20	21	22
일진	乙未	丙申	丁酉	戊戌	己亥	庚子	辛丑	壬寅	癸卯	甲辰	乙巳	丙午	丁未	戊申	己酉	庚戌	辛亥	壬子	癸丑	甲寅	乙卯	丙辰	丁巳	戊午	己未	庚申	辛酉	壬戌	癸亥	甲子

입하 5일 09시09분

5 · 己巳月 (양 5.5 ~ 6.4)

소만 20일 21시58분

양력	1	2	3	4	5	6	7	8	9	10	11	12	13	14	15	16	17	18	19	20	21	22	23	24	25	26	27	28	29	30	31
음력	23	24	25	26	27	28	29	4.1	2	3	4	5	6	7	8	9	10	11	12	13	14	15	16	17	18	19	20	21	22	23	24
일진	乙丑	丙寅	丁卯	戊辰	己巳	庚午	辛未	壬申	癸酉	甲戌	乙亥	丙子	丁丑	戊寅	己卯	庚辰	辛巳	壬午	癸未	甲申	乙酉	丙戌	丁亥	戊子	己丑	庚寅	辛卯	壬辰	癸巳	甲午	乙未

망종 5일 13시09분

6 · 庚午月 (양 6.5 ~ 7.5)

하지 21일 05시50분

양력	1	2	3	4	5	6	7	8	9	10	11	12	13	14	15	16	17	18	19	20	21	22	23	24	25	26	27	28	29	30
음력	25	26	27	28	29	5.1	2	3	4	5	6	7	8	9	10	11	12	13	14	15	16	17	18	19	20	21	22	23	24	25
일진	丙申	丁酉	戊戌	己亥	庚子	辛丑	壬寅	癸卯	甲辰	乙巳	丙午	丁未	戊申	己酉	庚戌	辛亥	壬子	癸丑	甲寅	乙卯	丙辰	丁巳	戊午	己未	庚申	辛酉	壬戌	癸亥	甲子	乙丑

	甲辰年	동경 135도 표준시

소서 6일 23시19분 **7 · 辛未月** (양 7.6 ~ 8.6) 대서 22일 16시43분

양력	1	2	3	4	5	6	7	8	9	10	11	12	13	14	15	16	17	18	19	20	21	22	23	24	25	26	27	28	29	30	31
음력	26	27	28	29	30	6.1	2	3	4	5	6	7	8	9	10	11	12	13	14	15	16	17	18	19	20	21	22	23	24	25	26
일진	丙寅	丁卯	戊辰	己巳	庚午	辛未	壬申	癸酉	甲戌	乙亥	丙子	丁丑	戊寅	己卯	庚辰	辛巳	壬午	癸未	甲申	乙酉	丙戌	丁亥	戊子	己丑	庚寅	辛卯	壬辰	癸巳	甲午	乙未	丙申

입추 7일 09시08분 **8 · 壬申月** (양 8.7 ~ 9.6) 처서 22일 23시54분

양력	1	2	3	4	5	6	7	8	9	10	11	12	13	14	15	16	17	18	19	20	21	22	23	24	25	26	27	28	29	30	31
음력	27	28	29	7.1	2	3	4	5	6	7	8	9	10	11	12	13	14	15	16	17	18	19	20	21	22	23	24	25	26	27	28
일진	丁酉	戊戌	己亥	庚子	辛丑	壬寅	癸卯	甲辰	乙巳	丙午	丁未	戊申	己酉	庚戌	辛亥	壬子	癸丑	甲寅	乙卯	丙辰	丁巳	戊午	己未	庚申	辛酉	壬戌	癸亥	甲子	乙丑	丙寅	丁卯

백로 7일 12시10분 **9 · 癸酉月** (양 9.7 ~ 10.7) 추분 22일 21시43분

양력	1	2	3	4	5	6	7	8	9	10	11	12	13	14	15	16	17	18	19	20	21	22	23	24	25	26	27	28	29	30
음력	29	30	8.1	2	3	4	5	6	7	8	9	10	11	12	13	14	15	16	17	18	19	20	21	22	23	24	25	26	27	28
일진	戊辰	己巳	庚午	辛未	壬申	癸酉	甲戌	乙亥	丙子	丁丑	戊寅	己卯	庚辰	辛巳	壬午	癸未	甲申	乙酉	丙戌	丁亥	戊子	己丑	庚寅	辛卯	壬辰	癸巳	甲午	乙未	丙申	丁酉

한로 8일 03시59분 **10 · 甲戌月** (양 10.8 ~ 11.6) 상강 23일 07시14분

양력	1	2	3	4	5	6	7	8	9	10	11	12	13	14	15	16	17	18	19	20	21	22	23	24	25	26	27	28	29	30	31
음력	29	30	9.1	2	3	4	5	6	7	8	9	10	11	12	13	14	15	16	17	18	19	20	21	22	23	24	25	26	27	28	29
일진	戊戌	己亥	庚子	辛丑	壬寅	癸卯	甲辰	乙巳	丙午	丁未	戊申	己酉	庚戌	辛亥	壬子	癸丑	甲寅	乙卯	丙辰	丁巳	戊午	己未	庚申	辛酉	壬戌	癸亥	甲子	乙丑	丙寅	丁卯	戊辰

입동 7일 07시19분 **11 · 乙亥月** (양 11.7 ~ 12.6) 소설 22일 04시55분

양력	1	2	3	4	5	6	7	8	9	10	11	12	13	14	15	16	17	18	19	20	21	22	23	24	25	26	27	28	29	30
음력	10.1	2	3	4	5	6	7	8	9	10	11	12	13	14	15	16	17	18	19	20	21	22	23	24	25	26	27	28	29	30
일진	己巳	庚午	辛未	壬申	癸酉	甲戌	乙亥	丙子	丁丑	戊寅	己卯	庚辰	辛巳	壬午	癸未	甲申	乙酉	丙戌	丁亥	戊子	己丑	庚寅	辛卯	壬辰	癸巳	甲午	乙未	丙申	丁酉	戊戌

대설 7일 00시16분 **12 · 丙子月** (양 12.7 ~ 1.4) 동지 21일 18시19분

양력	1	2	3	4	5	6	7	8	9	10	11	12	13	14	15	16	17	18	19	20	21	22	23	24	25	26	27	28	29	30	31
음력	11.1	2	3	4	5	6	7	8	9	10	11	12	13	14	15	16	17	18	19	20	21	22	23	24	25	26	27	28	29	30	12.1
일진	己亥	庚子	辛丑	壬寅	癸卯	甲辰	乙巳	丙午	丁未	戊申	己酉	庚戌	辛亥	壬子	癸丑	甲寅	乙卯	丙辰	丁巳	戊午	己未	庚申	辛酉	壬戌	癸亥	甲子	乙丑	丙寅	丁卯	戊辰	己巳

단기 4358년	2025년(윤6월)	

소한 5일 11시32분

1 · 丁丑月(양 1.5 ~ 2.2)

대한 20일 04시59분

양력	1	2	3	4	5	6	7	8	9	10	11	12	13	14	15	16	17	18	19	20	21	22	23	24	25	26	27	28	29	30	31
음력	2	3	4	5	6	7	8	9	10	11	12	13	14	15	16	17	18	19	20	21	22	23	24	25	26	27	28	29	1.1	2	3
일진	庚午	辛未	壬申	癸酉	甲戌	乙亥	丙子	丁丑	戊寅	己卯	庚辰	辛巳	壬午	癸未	甲申	乙酉	丙戌	丁亥	戊子	己丑	庚寅	辛卯	壬辰	癸巳	甲午	乙未	丙申	丁酉	戊戌	己亥	庚子

입춘 3일 23시09분

2 · 戊寅月(양 2.3 ~ 3.4)

우수 18일 19시05분

양력	1	2	3	4	5	6	7	8	9	10	11	12	13	14	15	16	17	18	19	20	21	22	23	24	25	26	27	28
음력	4	5	6	7	8	9	10	11	12	13	14	15	16	17	18	19	20	21	22	23	24	25	26	27	28	29	30	2.1
일진	辛丑	壬寅	癸卯	甲辰	乙巳	丙午	丁未	戊申	己酉	庚戌	辛亥	壬子	癸丑	甲寅	乙卯	丙辰	丁巳	戊午	己未	庚申	辛酉	壬戌	癸亥	甲子	乙丑	丙寅	丁卯	戊辰

경칩 5일 17시06분

3 · 己卯月(양 3.5 ~ 4.3)

춘분 20일 18시00분

양력	1	2	3	4	5	6	7	8	9	10	11	12	13	14	15	16	17	18	19	20	21	22	23	24	25	26	27	28	29	30	31
음력	2	3	4	5	6	7	8	9	10	11	12	13	14	15	16	17	18	19	20	21	22	23	24	25	26	27	28	29	3.1	2	3
일진	己巳	庚午	辛未	壬申	癸酉	甲戌	乙亥	丙子	丁丑	戊寅	己卯	庚辰	辛巳	壬午	癸未	甲申	乙酉	丙戌	丁亥	戊子	己丑	庚寅	辛卯	壬辰	癸巳	甲午	乙未	丙申	丁酉	戊戌	己亥

청명 4일 21시47분

4 · 庚辰月(양 4.4 ~ 5.4)

곡우 20일 04시55분

양력	1	2	3	4	5	6	7	8	9	10	11	12	13	14	15	16	17	18	19	20	21	22	23	24	25	26	27	28	29	30
음력	4	5	6	7	8	9	10	11	12	13	14	15	16	17	18	19	20	21	22	23	24	25	26	27	28	29	30	4.1	2	3
일진	庚子	辛丑	壬寅	癸卯	甲辰	乙巳	丙午	丁未	戊申	己酉	庚戌	辛亥	壬子	癸丑	甲寅	乙卯	丙辰	丁巳	戊午	己未	庚申	辛酉	壬戌	癸亥	甲子	乙丑	丙寅	丁卯	戊辰	己巳

입하 5일 14시56분

5 · 辛巳月(양 5.5 ~ 6.4)

소만 21일 03시54분

양력	1	2	3	4	5	6	7	8	9	10	11	12	13	14	15	16	17	18	19	20	21	22	23	24	25	26	27	28	29	30	31
음력	4	5	6	7	8	9	10	11	12	13	14	15	16	17	18	19	20	21	22	23	24	25	26	27	28	29	5.1	2	3	4	5
일진	庚午	辛未	壬申	癸酉	甲戌	乙亥	丙子	丁丑	戊寅	己卯	庚辰	辛巳	壬午	癸未	甲申	乙酉	丙戌	丁亥	戊子	己丑	庚寅	辛卯	壬辰	癸巳	甲午	乙未	丙申	丁酉	戊戌	己亥	庚子

망종 5일 18시55분

6 · 壬午月(양 6.5 ~ 7.6)

하지 21일 11시41분

양력	1	2	3	4	5	6	7	8	9	10	11	12	13	14	15	16	17	18	19	20	21	22	23	24	25	26	27	28	29	30
음력	6	7	8	9	10	11	12	13	14	15	16	17	18	19	20	21	22	23	24	25	26	27	28	29	6.1	2	3	4	5	6
일진	辛丑	壬寅	癸卯	甲辰	乙巳	丙午	丁未	戊申	己酉	庚戌	辛亥	壬子	癸丑	甲寅	乙卯	丙辰	丁巳	戊午	己未	庚申	辛酉	壬戌	癸亥	甲子	乙丑	丙寅	丁卯	戊辰	己巳	庚午

	乙巳年	동경 135도 표준시

소서 7일 05시04분

7 · 癸未月 (양 7.7 ~ 8.6)

대서 22일 22시28분

양력	1	2	3	4	5	6	7	8	9	10	11	12	13	14	15	16	17	18	19	20	21	22	23	24	25	26	27	28	29	30	31
음력	7	8	9	10	11	12	13	14	15	16	17	18	19	20	21	22	23	24	25	26	27	28	29	30	윤	6.2	3	4	5	6	7
일진	辛未	壬申	癸酉	甲戌	乙亥	丙子	丁丑	戊寅	己卯	庚辰	辛巳	壬午	癸未	甲申	乙酉	丙戌	丁亥	戊子	己丑	庚寅	辛卯	壬辰	癸巳	甲午	乙未	丙申	丁酉	戊戌	己亥	庚子	辛丑

입추 7일 14시50분

8 · 甲申月 (양 8.7 ~ 9.6)

처서 23일 05시33분

양력	1	2	3	4	5	6	7	8	9	10	11	12	13	14	15	16	17	18	19	20	21	22	23	24	25	26	27	28	29	30	31
음력	8	9	10	11	12	13	14	15	16	17	18	19	20	21	22	23	24	25	26	27	28	29	7.1	2	3	4	5	6	7	8	9
일진	壬寅	癸卯	甲辰	乙巳	丙午	丁未	戊申	己酉	庚戌	辛亥	壬子	癸丑	甲寅	乙卯	丙辰	丁巳	戊午	己未	庚申	辛酉	壬戌	癸亥	甲子	乙丑	丙寅	丁卯	戊辰	己巳	庚午	辛未	壬申

백로 7일 17시51분

9 · 乙酉月 (양 9.7 ~ 10.7)

추분 23일 03시18분

양력	1	2	3	4	5	6	7	8	9	10	11	12	13	14	15	16	17	18	19	20	21	22	23	24	25	26	27	28	29	30	
음력	10	11	12	13	14	15	16	17	18	19	20	21	22	23	24	25	26	27	28	29	30	8.1	2	3	4	5	6	7	8	9	
일진	癸酉	甲戌	乙亥	丙子	丁丑	戊寅	己卯	庚辰	辛巳	壬午	癸未	甲申	乙酉	丙戌	丁亥	戊子	己丑	庚寅	辛卯	壬辰	癸巳	甲午	乙未	丙申	丁酉	戊戌	己亥	庚子	辛丑	壬寅	

한로 8일 09시40분

10 · 丙戌月 (양 10.8 ~ 11.6)

상강 23일 12시50분

양력	1	2	3	4	5	6	7	8	9	10	11	12	13	14	15	16	17	18	19	20	21	22	23	24	25	26	27	28	29	30	31
음력	10	11	12	13	14	15	16	17	18	19	20	21	22	23	24	25	26	27	28	29	9.1	2	3	4	5	6	7	8	9	10	11
일진	癸卯	甲辰	乙巳	丙午	丁未	戊申	己酉	庚戌	辛亥	壬子	癸丑	甲寅	乙卯	丙辰	丁巳	戊午	己未	庚申	辛酉	壬戌	癸亥	甲子	乙丑	丙寅	丁卯	戊辰	己巳	庚午	辛未	壬申	癸酉

입동 7일 13시03분

11 · 丁亥月 (양 11.7 ~ 12.6)

소설 22일 10시34분

양력	1	2	3	4	5	6	7	8	9	10	11	12	13	14	15	16	17	18	19	20	21	22	23	24	25	26	27	28	29	30	
음력	12	13	14	15	16	17	18	19	20	21	22	23	24	25	26	27	28	29	30	10.1	2	3	4	5	6	7	8	9	10	11	
일진	甲戌	乙亥	丙子	丁丑	戊寅	己卯	庚辰	辛巳	壬午	癸未	甲申	乙酉	丙戌	丁亥	戊子	己丑	庚寅	辛卯	壬辰	癸巳	甲午	乙未	丙申	丁酉	戊戌	己亥	庚子	辛丑	壬寅	癸卯	

대설 7일 06시03분

12 · 戊子月 (양 12.7 ~ 1.4)

동지 21일 00시02분

양력	1	2	3	4	5	6	7	8	9	10	11	12	13	14	15	16	17	18	19	20	21	22	23	24	25	26	27	28	29	30	31
음력	12	13	14	15	16	17	18	19	20	21	22	23	24	25	26	27	28	29	30	11.1	2	3	4	5	6	7	8	9	10	11	12
일진	甲辰	乙巳	丙午	丁未	戊申	己酉	庚戌	辛亥	壬子	癸丑	甲寅	乙卯	丙辰	丁巳	戊午	己未	庚申	辛酉	壬戌	癸亥	甲子	乙丑	丙寅	丁卯	戊辰	己巳	庚午	辛未	壬申	癸酉	甲戌

단기 4359년	2026년	

소한 5일 17시22분

1 · 己丑月(양 1.5 ~ 2.3)

대한 20일 10시44분

양력	1	2	3	4	5	6	7	8	9	10	11	12	13	14	15	16	17	18	19	20	21	22	23	24	25	26	27	28	29	30	31
음력	13	14	15	16	17	18	19	20	21	22	23	24	25	26	27	28	29	30	12.1	2	3	4	5	6	7	8	9	10	11	12	13
일진	乙亥	丙子	丁丑	戊寅	己卯	庚辰	辛巳	壬午	癸未	甲申	乙酉	丙戌	丁亥	戊子	己丑	庚寅	辛卯	壬辰	癸巳	甲午	乙未	丙申	丁酉	戊戌	己亥	庚子	辛丑	壬寅	癸卯	甲辰	乙巳

입춘 4일 05시01분

2 · 庚寅月(양 2.4 ~ 3.4)

우수 19일 00시51분

양력	1	2	3	4	5	6	7	8	9	10	11	12	13	14	15	16	17	18	19	20	21	22	23	24	25	26	27	28
음력	14	15	16	17	18	19	20	21	22	23	24	25	26	27	28	29	1.1	2	3	4	5	6	7	8	9	10	11	12
일진	丙午	丁未	戊申	己酉	庚戌	辛亥	壬子	癸丑	甲寅	乙卯	丙辰	丁巳	戊午	己未	庚申	辛酉	壬戌	癸亥	甲子	乙丑	丙寅	丁卯	戊辰	己巳	庚午	辛未	壬申	癸酉

경칩 5일 22시58분

3 · 辛卯月(양 3.5 ~ 4.4)

춘분 20일 23시45분

양력	1	2	3	4	5	6	7	8	9	10	11	12	13	14	15	16	17	18	19	20	21	22	23	24	25	26	27	28	29	30	31
음력	13	14	15	16	17	18	19	20	21	22	23	24	25	26	27	28	29	30	2.1	2	3	4	5	6	7	8	9	10	11	12	13
일진	甲戌	乙亥	丙子	丁丑	戊寅	己卯	庚辰	辛巳	壬午	癸未	甲申	乙酉	丙戌	丁亥	戊子	己丑	庚寅	辛卯	壬辰	癸巳	甲午	乙未	丙申	丁酉	戊戌	己亥	庚子	辛丑	壬寅	癸卯	甲辰

청명 5일 03시39분

4 · 壬辰月(양 4.5 ~ 5.4)

곡우 20일 10시38분

양력	1	2	3	4	5	6	7	8	9	10	11	12	13	14	15	16	17	18	19	20	21	22	23	24	25	26	27	28	29	30
음력	14	15	16	17	18	19	20	21	22	23	24	25	26	27	28	29	3.1	2	3	4	5	6	7	8	9	10	11	12	13	14
일진	乙巳	丙午	丁未	戊申	己酉	庚戌	辛亥	壬子	癸丑	甲寅	乙卯	丙辰	丁巳	戊午	己未	庚申	辛酉	壬戌	癸亥	甲子	乙丑	丙寅	丁卯	戊辰	己巳	庚午	辛未	壬申	癸酉	甲戌

입하 5일 20시48분

5 · 癸巳月(양 5.5 ~ 6.5)

소만 21일 09시36분

양력	1	2	3	4	5	6	7	8	9	10	11	12	13	14	15	16	17	18	19	20	21	22	23	24	25	26	27	28	29	30	31
음력	15	16	17	18	19	20	21	22	23	24	25	26	27	28	29	30	4.1	2	3	4	5	6	7	8	9	10	11	12	13	14	15
일진	乙亥	丙子	丁丑	戊寅	己卯	庚辰	辛巳	壬午	癸未	甲申	乙酉	丙戌	丁亥	戊子	己丑	庚寅	辛卯	壬辰	癸巳	甲午	乙未	丙申	丁酉	戊戌	己亥	庚子	辛丑	壬寅	癸卯	甲辰	乙巳

망종 6일 00시47분

6 · 甲午月(양 6.6 ~ 7.6)

하지 21일 17시23분

양력	1	2	3	4	5	6	7	8	9	10	11	12	13	14	15	16	17	18	19	20	21	22	23	24	25	26	27	28	29	30
음력	16	17	18	19	20	21	22	23	24	25	26	27	28	29	5.1	2	3	4	5	6	7	8	9	10	11	12	13	14	15	16
일진	丙午	丁未	戊申	己酉	庚戌	辛亥	壬子	癸丑	甲寅	乙卯	丙辰	丁巳	戊午	己未	庚申	辛酉	壬戌	癸亥	甲子	乙丑	丙寅	丁卯	戊辰	己巳	庚午	辛未	壬申	癸酉	甲戌	乙亥

	丙午年	동경 135도 표준시

소서 7일 10시56분

7 · 乙未月 (양 7.7 ~ 8.6)

대서 23일 04시12분

양력	1	2	3	4	5	6	7	8	9	10	11	12	13	14	15	16	17	18	19	20	21	22	23	24	25	26	27	28	29	30	31
음력	17	18	19	20	21	22	23	24	25	26	27	28	29	6.1	2	3	4	5	6	7	8	9	10	11	12	13	14	15	16	17	18
일진	丙子	丁丑	戊寅	己卯	庚辰	辛巳	壬午	癸未	甲申	乙酉	丙戌	丁亥	戊子	己丑	庚寅	辛卯	壬辰	癸巳	甲午	乙未	丙申	丁酉	戊戌	己亥	庚子	辛丑	壬寅	癸卯	甲辰	乙巳	丙午

입추 7일 20시42분

8 · 丙申月 (양 8.7 ~ 9.6)

처서 23일 11시18분

양력	1	2	3	4	5	6	7	8	9	10	11	12	13	14	15	16	17	18	19	20	21	22	23	24	25	26	27	28	29	30	31
음력	19	20	21	22	23	24	25	26	27	28	29	30	7.1	2	3	4	5	6	7	8	9	10	11	12	13	14	15	16	17	18	19
일진	丁未	戊申	己酉	庚戌	辛亥	壬子	癸丑	甲寅	乙卯	丙辰	丁巳	戊午	己未	庚申	辛酉	壬戌	癸亥	甲子	乙丑	丙寅	丁卯	戊辰	己巳	庚午	辛未	壬申	癸酉	甲戌	乙亥	丙子	丁丑

백로 7일 23시40분

9 · 丁酉月 (양 9.7 ~ 10.7)

추분 23일 09시04분

양력	1	2	3	4	5	6	7	8	9	10	11	12	13	14	15	16	17	18	19	20	21	22	23	24	25	26	27	28	29	30
음력	20	21	22	23	24	25	26	27	28	29	8.1	2	3	4	5	6	7	8	9	10	11	12	13	14	15	16	17	18	19	20
일진	戊寅	己卯	庚辰	辛巳	壬午	癸未	甲申	乙酉	丙戌	丁亥	戊子	己丑	庚寅	辛卯	壬辰	癸巳	甲午	乙未	丙申	丁酉	戊戌	己亥	庚子	辛丑	壬寅	癸卯	甲辰	乙巳	丙午	丁未

한로 8일 15시28분

10 · 戊戌月 (양 10.8 ~ 11.6)

상강 23일 18시37분

양력	1	2	3	4	5	6	7	8	9	10	11	12	13	14	15	16	17	18	19	20	21	22	23	24	25	26	27	28	29	30	31
음력	21	22	23	24	25	26	27	28	29	30	9.1	2	3	4	5	6	7	8	9	10	11	12	13	14	15	16	17	18	19	20	21
일진	戊申	己酉	庚戌	辛亥	壬子	癸丑	甲寅	乙卯	丙辰	丁巳	戊午	己未	庚申	辛酉	壬戌	癸亥	甲子	乙丑	丙寅	丁卯	戊辰	己巳	庚午	辛未	壬申	癸酉	甲戌	乙亥	丙子	丁丑	戊寅

입동 7일 18시51분

11 · 己亥月 (양 11.7 ~ 12.6)

소설 22일 16시22분

양력	1	2	3	4	5	6	7	8	9	10	11	12	13	14	15	16	17	18	19	20	21	22	23	24	25	26	27	28	29	30
음력	22	23	24	25	26	27	28	29	10.1	2	3	4	5	6	7	8	9	10	11	12	13	14	15	16	17	18	19	20	21	22
일진	己卯	庚辰	辛巳	壬午	癸未	甲申	乙酉	丙戌	丁亥	戊子	己丑	庚寅	辛卯	壬辰	癸巳	甲午	乙未	丙申	丁酉	戊戌	己亥	庚子	辛丑	壬寅	癸卯	甲辰	乙巳	丙午	丁未	戊申

대설 7일 11시51분

12 · 庚子月 (양 12.7 ~ 1.4)

동지 22일 05시49분

양력	1	2	3	4	5	6	7	8	9	10	11	12	13	14	15	16	17	18	19	20	21	22	23	24	25	26	27	28	29	30	31
음력	23	24	25	26	27	28	29	30	11.1	2	3	4	5	6	7	8	9	10	11	12	13	14	15	16	17	18	19	20	21	22	23
일진	己酉	庚戌	辛亥	壬子	癸丑	甲寅	乙卯	丙辰	丁巳	戊午	己未	庚申	辛酉	壬戌	癸亥	甲子	乙丑	丙寅	丁卯	戊辰	己巳	庚午	辛未	壬申	癸酉	甲戌	乙亥	丙子	丁丑	戊寅	己卯

단기 4360년	2027년	

소한 5일 23시09분

1 · 辛丑月 (양 1.5 ~ 2.3)

대한 20일 16시29분

양력	1	2	3	4	5	6	7	8	9	10	11	12	13	14	15	16	17	18	19	20	21	22	23	24	25	26	27	28	29	30	31
음력	24	25	26	27	28	29	30	12.1	2	3	4	5	6	7	8	9	10	11	12	13	14	15	16	17	18	19	20	21	22	23	24
일진	庚辰	辛巳	壬午	癸未	甲申	乙酉	丙戌	丁亥	戊子	己丑	庚寅	辛卯	壬辰	癸巳	甲午	乙未	丙申	丁酉	戊戌	己亥	庚子	辛丑	壬寅	癸卯	甲辰	乙巳	丙午	丁未	戊申	己酉	庚戌

입춘 4일 10시45분

2 · 壬寅月 (양 2.4 ~ 3.5)

우수 19일 06시32분

양력	1	2	3	4	5	6	7	8	9	10	11	12	13	14	15	16	17	18	19	20	21	22	23	24	25	26	27	28
음력	25	26	27	28	29	30	1.1	2	3	4	5	6	7	8	9	10	11	12	13	14	15	16	17	18	19	20	21	22
일진	辛亥	壬子	癸丑	甲寅	乙卯	丙辰	丁巳	戊午	己未	庚申	辛酉	壬戌	癸亥	甲子	乙丑	丙寅	丁卯	戊辰	己巳	庚午	辛未	壬申	癸酉	甲戌	乙亥	丙子	丁丑	戊寅

경칩 6일 04시38분

3 · 癸卯月 (양 3.6 ~ 4.4)

춘분 21일 05시24분

양력	1	2	3	4	5	6	7	8	9	10	11	12	13	14	15	16	17	18	19	20	21	22	23	24	25	26	27	28	29	30	31
음력	23	24	25	26	27	28	29	2.1	2	3	4	5	6	7	8	9	10	11	12	13	14	15	16	17	18	19	20	21	22	23	24
일진	己卯	庚辰	辛巳	壬午	癸未	甲申	乙酉	丙戌	丁亥	戊子	己丑	庚寅	辛卯	壬辰	癸巳	甲午	乙未	丙申	丁酉	戊戌	己亥	庚子	辛丑	壬寅	癸卯	甲辰	乙巳	丙午	丁未	戊申	己酉

청명 5일 09시16분

4 · 甲辰月 (양 4.5 ~ 5.5)

곡우 20일 16시16분

양력	1	2	3	4	5	6	7	8	9	10	11	12	13	14	15	16	17	18	19	20	21	22	23	24	25	26	27	28	29	30
음력	25	26	27	28	29	30	3.1	2	3	4	5	6	7	8	9	10	11	12	13	14	15	16	17	18	19	20	21	22	23	24
일진	庚戌	辛亥	壬子	癸丑	甲寅	乙卯	丙辰	丁巳	戊午	己未	庚申	辛酉	壬戌	癸亥	甲子	乙丑	丙寅	丁卯	戊辰	己巳	庚午	辛未	壬申	癸酉	甲戌	乙亥	丙子	丁丑	戊寅	己卯

입하 6일 02시24분

5 · 乙巳月 (양 5.6 ~ 6.5)

소만 21일 15시17분

양력	1	2	3	4	5	6	7	8	9	10	11	12	13	14	15	16	17	18	19	20	21	22	23	24	25	26	27	28	29	30	31
음력	25	26	27	28	29	4.1	2	3	4	5	6	7	8	9	10	11	12	13	14	15	16	17	18	19	20	21	22	23	24	25	26
일진	庚辰	辛巳	壬午	癸未	甲申	乙酉	丙戌	丁亥	戊子	己丑	庚寅	辛卯	壬辰	癸巳	甲午	乙未	丙申	丁酉	戊戌	己亥	庚子	辛丑	壬寅	癸卯	甲辰	乙巳	丙午	丁未	戊申	己酉	庚戌

망종 6일 06시25분

6 · 丙午月 (양 6.6 ~ 7.6)

하지 21일 23시10분

양력	1	2	3	4	5	6	7	8	9	10	11	12	13	14	15	16	17	18	19	20	21	22	23	24	25	26	27	28	29	30
음력	27	28	29	30	5.1	2	3	4	5	6	7	8	9	10	11	12	13	14	15	16	17	18	19	20	21	22	23	24	25	26
일진	辛亥	壬子	癸丑	甲寅	乙卯	丙辰	丁巳	戊午	己未	庚申	辛酉	壬戌	癸亥	甲子	乙丑	丙寅	丁卯	戊辰	己巳	庚午	辛未	壬申	癸酉	甲戌	乙亥	丙子	丁丑	戊寅	己卯	庚辰

	丁未年	동경 135도 표준시

소서 7일 16시36분 **7 · 丁未月** (양 7.7 ~ 8.7) 대서 23일 10시03분

양력	1	2	3	4	5	6	7	8	9	10	11	12	13	14	15	16	17	18	19	20	21	22	23	24	25	26	27	28	29	30	31
음력	27	28	29	6.1	2	3	4	5	6	7	8	9	10	11	12	13	14	15	16	17	18	19	20	21	22	23	24	25	26	27	28
일진	辛巳	壬午	癸未	甲申	乙酉	丙戌	丁亥	戊子	己丑	庚寅	辛卯	壬辰	癸巳	甲午	乙未	丙申	丁酉	戊戌	己亥	庚子	辛丑	壬寅	癸卯	甲辰	乙巳	丙午	丁未	戊申	己酉	庚戌	辛亥

입추 8일 02시26분 **8 · 戊申月** (양 8.8 ~ 9.7) 처서 23일 17시13분

양력	1	2	3	4	5	6	7	8	9	10	11	12	13	14	15	16	17	18	19	20	21	22	23	24	25	26	27	28	29	30	31
음력	29	7.1	2	3	4	5	6	7	8	9	10	11	12	13	14	15	16	17	18	19	20	21	22	23	24	25	26	27	28	29	30
일진	壬子	癸丑	甲寅	乙卯	丙辰	丁巳	戊午	己未	庚申	辛酉	壬戌	癸亥	甲子	乙丑	丙寅	丁卯	戊辰	己巳	庚午	辛未	壬申	癸酉	甲戌	乙亥	丙子	丁丑	戊寅	己卯	庚辰	辛巳	壬午

백로 8일 05시27분 **9 · 己酉月** (양 9.8 ~ 10.7) 추분 23일 15시01분

양력	1	2	3	4	5	6	7	8	9	10	11	12	13	14	15	16	17	18	19	20	21	22	23	24	25	26	27	28	29	30	
음력	8.1	2	3	4	5	6	7	8	9	10	11	12	13	14	15	16	17	18	19	20	21	22	23	24	25	26	27	28	29	9.1	
일진	癸未	甲申	乙酉	丙戌	丁亥	戊子	己丑	庚寅	辛卯	壬辰	癸巳	甲午	乙未	丙申	丁酉	戊戌	己亥	庚子	辛丑	壬寅	癸卯	甲辰	乙巳	丙午	丁未	戊申	己酉	庚戌	辛亥	壬子	

한로 8일 21시16분 **10 · 庚戌月** (양 10.8 ~ 11.7) 상강 24일 00시32분

양력	1	2	3	4	5	6	7	8	9	10	11	12	13	14	15	16	17	18	19	20	21	22	23	24	25	26	27	28	29	30	31
음력	2	3	4	5	6	7	8	9	10	11	12	13	14	15	16	17	18	19	20	21	22	23	24	25	26	27	28	29	10.1	2	3
일진	癸丑	甲寅	乙卯	丙辰	丁巳	戊午	己未	庚申	辛酉	壬戌	癸亥	甲子	乙丑	丙寅	丁卯	戊辰	己巳	庚午	辛未	壬申	癸酉	甲戌	乙亥	丙子	丁丑	戊寅	己卯	庚辰	辛巳	壬午	癸未

입동 8일 00시37분 **11 · 辛亥月** (양 11.8 ~ 12.6) 소설 22일 22시15분

양력	1	2	3	4	5	6	7	8	9	10	11	12	13	14	15	16	17	18	19	20	21	22	23	24	25	26	27	28	29	30	
음력	4	5	6	7	8	9	10	11	12	13	14	15	16	17	18	19	20	21	22	23	24	25	26	27	28	29	30	11.1	2	3	
일진	甲申	乙酉	丙戌	丁亥	戊子	己丑	庚寅	辛卯	壬辰	癸巳	甲午	乙未	丙申	丁酉	戊戌	己亥	庚子	辛丑	壬寅	癸卯	甲辰	乙巳	丙午	丁未	戊申	己酉	庚戌	辛亥	壬子	癸丑	

대설 7일 17시36분 **12 · 壬子月** (양 12.7 ~ 1.5) 동지 22일 11시41분

양력	1	2	3	4	5	6	7	8	9	10	11	12	13	14	15	16	17	18	19	20	21	22	23	24	25	26	27	28	29	30	31
음력	4	5	6	7	8	9	10	11	12	13	14	15	16	17	18	19	20	21	22	23	24	25	26	27	28	29	30	12.1	2	3	4
일진	甲寅	乙卯	丙辰	丁巳	戊午	己未	庚申	辛酉	壬戌	癸亥	甲子	乙丑	丙寅	丁卯	戊辰	己巳	庚午	辛未	壬申	癸酉	甲戌	乙亥	丙子	丁丑	戊寅	己卯	庚辰	辛巳	壬午	癸未	甲申

단기 4361년

2028년(윤5월)

소한 6일 04시53분

1 · 癸丑月 (양 1.6 ~ 2.3)

대한 20일 22시21분

양력	1	2	3	4	5	6	7	8	9	10	11	12	13	14	15	16	17	18	19	20	21	22	23	24	25	26	27	28	29	30	31
음력	5	6	7	8	9	10	11	12	13	14	15	16	17	18	19	20	21	22	23	24	25	26	27	28	29	30	1.1	2	3	4	5
일진	乙酉	丙戌	丁亥	戊子	己丑	庚寅	辛卯	壬辰	癸巳	甲午	乙未	丙申	丁酉	戊戌	己亥	庚子	辛丑	壬寅	癸卯	甲辰	乙巳	丙午	丁未	戊申	己酉	庚戌	辛亥	壬子	癸丑	甲寅	乙卯

입춘 4일 16시30분

2 · 甲寅月 (양 2.4 ~ 3.4)

우수 19일 12시25분

양력	1	2	3	4	5	6	7	8	9	10	11	12	13	14	15	16	17	18	19	20	21	22	23	24	25	26	27	28	29
음력	6	7	8	9	10	11	12	13	14	15	16	17	18	19	20	21	22	23	24	25	26	27	28	29	2.1	2	3	4	5
일진	丙辰	丁巳	戊午	己未	庚申	辛酉	壬戌	癸亥	甲子	乙丑	丙寅	丁卯	戊辰	己巳	庚午	辛未	壬申	癸酉	甲戌	乙亥	丙子	丁丑	戊寅	己卯	庚辰	辛巳	壬午	癸未	甲申

경칩 5일 10시24분

3 · 乙卯月 (양 3.5 ~ 4.3)

춘분 20일 11시16분

양력	1	2	3	4	5	6	7	8	9	10	11	12	13	14	15	16	17	18	19	20	21	22	23	24	25	26	27	28	29	30	31
음력	6	7	8	9	10	11	12	13	14	15	16	17	18	19	20	21	22	23	24	25	26	27	28	29	30	3.1	2	3	4	5	6
일진	乙酉	丙戌	丁亥	戊子	己丑	庚寅	辛卯	壬辰	癸巳	甲午	乙未	丙申	丁酉	戊戌	己亥	庚子	辛丑	壬寅	癸卯	甲辰	乙巳	丙午	丁未	戊申	己酉	庚戌	辛亥	壬子	癸丑	甲寅	乙卯

청명 4일 15시02분

4 · 丙辰月 (양 4.4 ~ 5.4)

곡우 19일 22시08분

양력	1	2	3	4	5	6	7	8	9	10	11	12	13	14	15	16	17	18	19	20	21	22	23	24	25	26	27	28	29	30
음력	7	8	9	10	11	12	13	14	15	16	17	18	19	20	21	22	23	24	25	26	27	28	29	30	4.1	2	3	4	5	6
일진	丙辰	丁巳	戊午	己未	庚申	辛酉	壬戌	癸亥	甲子	乙丑	丙寅	丁卯	戊辰	己巳	庚午	辛未	壬申	癸酉	甲戌	乙亥	丙子	丁丑	戊寅	己卯	庚辰	辛巳	壬午	癸未	甲申	乙酉

입하 5일 08시11분

5 · 丁巳月 (양 5.5 ~ 6.4)

소만 20일 21시09분

양력	1	2	3	4	5	6	7	8	9	10	11	12	13	14	15	16	17	18	19	20	21	22	23	24	25	26	27	28	29	30	31
음력	7	8	9	10	11	12	13	14	15	16	17	18	19	20	21	22	23	24	25	26	27	28	29	5.1	2	3	4	5	6	7	8
일진	丙戌	丁亥	戊子	己丑	庚寅	辛卯	壬辰	癸巳	甲午	乙未	丙申	丁酉	戊戌	己亥	庚子	辛丑	壬寅	癸卯	甲辰	乙巳	丙午	丁未	戊申	己酉	庚戌	辛亥	壬子	癸丑	甲寅	乙卯	丙辰

망종 5일 12시15분

6 · 戊午月 (양 6.5 ~ 7.5)

하지 21일 05시01분

양력	1	2	3	4	5	6	7	8	9	10	11	12	13	14	15	16	17	18	19	20	21	22	23	24	25	26	27	28	29	30
음력	9	10	11	12	13	14	15	16	17	18	19	20	21	22	23	24	25	26	27	28	29	30	윤	5.2	3	4	5	6	7	8
일진	丁巳	戊午	己未	庚申	辛酉	壬戌	癸亥	甲子	乙丑	丙寅	丁卯	戊辰	己巳	庚午	辛未	壬申	癸酉	甲戌	乙亥	丙子	丁丑	戊寅	己卯	庚辰	辛巳	壬午	癸未	甲申	乙酉	丙戌

	戊申年	동경 135도 표준시

소서 6일 22시29분

7 · 己未月 (양 7.6 ~ 8.6)

대서 22일 15시53분

양력	1	2	3	4	5	6	7	8	9	10	11	12	13	14	15	16	17	18	19	20	21	22	23	24	25	26	27	28	29	30	31
음력	9	10	11	12	13	14	15	16	17	18	19	20	21	22	23	24	25	26	27	28	29	6.1	2	3	4	5	6	7	8	9	10
일진	丁亥	戊子	己丑	庚寅	辛卯	壬辰	癸巳	甲午	乙未	丙申	丁酉	戊戌	己亥	庚子	辛丑	壬寅	癸卯	甲辰	乙巳	丙午	丁未	戊申	己酉	庚戌	辛亥	壬子	癸丑	甲寅	乙卯	丙辰	丁巳

입추 7일 08시20분

8 · 庚申月 (양 8.7 ~ 9.6)

처서 22일 23시00분

양력	1	2	3	4	5	6	7	8	9	10	11	12	13	14	15	16	17	18	19	20	21	22	23	24	25	26	27	28	29	30	31
음력	11	12	13	14	15	16	17	18	19	20	21	22	23	24	25	26	27	28	29	7.1	2	3	4	5	6	7	8	9	10	11	12
일진	戊午	己未	庚申	辛酉	壬戌	癸亥	甲子	乙丑	丙寅	丁卯	戊辰	己巳	庚午	辛未	壬申	癸酉	甲戌	乙亥	丙子	丁丑	戊寅	己卯	庚辰	辛巳	壬午	癸未	甲申	乙酉	丙戌	丁亥	戊子

백로 7일 11시21분

9 · 辛酉月 (양 9.7 ~ 10.7)

추분 22일 20시44분

양력	1	2	3	4	5	6	7	8	9	10	11	12	13	14	15	16	17	18	19	20	21	22	23	24	25	26	27	28	29	30
음력	13	14	15	16	17	18	19	20	21	22	23	24	25	26	27	28	29	30	8.1	2	3	4	5	6	7	8	9	10	11	12
일진	己丑	庚寅	辛卯	壬辰	癸巳	甲午	乙未	丙申	丁酉	戊戌	己亥	庚子	辛丑	壬寅	癸卯	甲辰	乙巳	丙午	丁未	戊申	己酉	庚戌	辛亥	壬子	癸丑	甲寅	乙卯	丙辰	丁巳	戊午

한로 8일 03시07분

10 · 壬戌月 (양 10.8 ~ 11.6)

상강 23일 06시12분

양력	1	2	3	4	5	6	7	8	9	10	11	12	13	14	15	16	17	18	19	20	21	22	23	24	25	26	27	28	29	30	31
음력	13	14	15	16	17	18	19	20	21	22	23	24	25	26	27	28	29	9.1	2	3	4	5	6	7	8	9	10	11	12	13	14
일진	己未	庚申	辛酉	壬戌	癸亥	甲子	乙丑	丙寅	丁卯	戊辰	己巳	庚午	辛未	壬申	癸酉	甲戌	乙亥	丙子	丁丑	戊寅	己卯	庚辰	辛巳	壬午	癸未	甲申	乙酉	丙戌	丁亥	戊子	己丑

입동 7일 06시26분

11 · 癸亥月 (양 11.7 ~ 12.5)

소설 22일 03시53분

양력	1	2	3	4	5	6	7	8	9	10	11	12	13	14	15	16	17	18	19	20	21	22	23	24	25	26	27	28	29	30
음력	15	16	17	18	19	20	21	22	23	24	25	26	27	28	29	10.1	2	3	4	5	6	7	8	9	10	11	12	13	14	15
일진	庚寅	辛卯	壬辰	癸巳	甲午	乙未	丙申	丁酉	戊戌	己亥	庚子	辛丑	壬寅	癸卯	甲辰	乙巳	丙午	丁未	戊申	己酉	庚戌	辛亥	壬子	癸丑	甲寅	乙卯	丙辰	丁巳	戊午	己未

대설 6일 23시23분

12 · 甲子月 (양 12.6 ~ 1.4)

동지 21일 17시18분

양력	1	2	3	4	5	6	7	8	9	10	11	12	13	14	15	16	17	18	19	20	21	22	23	24	25	26	27	28	29	30	31
음력	16	17	18	19	20	21	22	23	24	25	26	27	28	29	30	11.1	2	3	4	5	6	7	8	9	10	11	12	13	14	15	16
일진	庚申	辛酉	壬戌	癸亥	甲子	乙丑	丙寅	丁卯	戊辰	己巳	庚午	辛未	壬申	癸酉	甲戌	乙亥	丙子	丁丑	戊寅	己卯	庚辰	辛巳	壬午	癸未	甲申	乙酉	丙戌	丁亥	戊子	己丑	庚寅

단기 4362년

2029년

소한 5일 10시41분

1 · 乙丑月 (양 1.5 ~ 2.2)

대한 20일 04시00분

양력	1	2	3	4	5	6	7	8	9	10	11	12	13	14	15	16	17	18	19	20	21	22	23	24	25	26	27	28	29	30	31
음력	17	18	19	20	21	22	23	24	25	26	27	28	29	30	12.1	2	3	4	5	6	7	8	9	10	11	12	13	14	15	16	17
일진	辛卯	壬辰	癸巳	甲午	乙未	丙申	丁酉	戊戌	己亥	庚子	辛丑	壬寅	癸卯	甲辰	乙巳	丙午	丁未	戊申	己酉	庚戌	辛亥	壬子	癸丑	甲寅	乙卯	丙辰	丁巳	戊午	己未	庚申	辛酉

입춘 3일 22시20분

2 · 丙寅月 (양 2.3 ~ 3.4)

우수 18일 18시07분

양력	1	2	3	4	5	6	7	8	9	10	11	12	13	14	15	16	17	18	19	20	21	22	23	24	25	26	27	28
음력	18	19	20	21	22	23	24	25	26	27	28	29	1.1	2	3	4	5	6	7	8	9	10	11	12	13	14	15	16
일진	壬戌	癸亥	甲子	乙丑	丙寅	丁卯	戊辰	己巳	庚午	辛未	壬申	癸酉	甲戌	乙亥	丙子	丁丑	戊寅	己卯	庚辰	辛巳	壬午	癸未	甲申	乙酉	丙戌	丁亥	戊子	己丑

경칩 5일 16시16분

3 · 丁卯月 (양 3.5 ~ 4.3)

춘분 20일 17시01분

양력	1	2	3	4	5	6	7	8	9	10	11	12	13	14	15	16	17	18	19	20	21	22	23	24	25	26	27	28	29	30	31
음력	17	18	19	20	21	22	23	24	25	26	27	28	29	30	2.1	2	3	4	5	6	7	8	9	10	11	12	13	14	15	16	17
일진	庚寅	辛卯	壬辰	癸巳	甲午	乙未	丙申	丁酉	戊戌	己亥	庚子	辛丑	壬寅	癸卯	甲辰	乙巳	丙午	丁未	戊申	己酉	庚戌	辛亥	壬子	癸丑	甲寅	乙卯	丙辰	丁巳	戊午	己未	庚申

청명 4일 20시57분

4 · 戊辰月 (양 4.4 ~ 5.4)

곡우 20일 03시54분

양력	1	2	3	4	5	6	7	8	9	10	11	12	13	14	15	16	17	18	19	20	21	22	23	24	25	26	27	28	29	30
음력	18	19	20	21	22	23	24	25	26	27	28	29	30	3.1	2	3	4	5	6	7	8	9	10	11	12	13	14	15	16	17
일진	辛酉	壬戌	癸亥	甲子	乙丑	丙寅	丁卯	戊辰	己巳	庚午	辛未	壬申	癸酉	甲戌	乙亥	丙子	丁丑	戊寅	己卯	庚辰	辛巳	壬午	癸未	甲申	乙酉	丙戌	丁亥	戊子	己丑	庚寅

입하 5일 14시07분

5 · 己巳月 (양 5.5 ~ 6.4)

소만 21일 02시56분

양력	1	2	3	4	5	6	7	8	9	10	11	12	13	14	15	16	17	18	19	20	21	22	23	24	25	26	27	28	29	30	31
음력	18	19	20	21	22	23	24	25	26	27	28	29	4.1	2	3	4	5	6	7	8	9	10	11	12	13	14	15	16	17	18	19
일진	辛卯	壬辰	癸巳	甲午	乙未	丙申	丁酉	戊戌	己亥	庚子	辛丑	壬寅	癸卯	甲辰	乙巳	丙午	丁未	戊申	己酉	庚戌	辛亥	壬子	癸丑	甲寅	乙卯	丙辰	丁巳	戊午	己未	庚申	辛酉

망종 5일 18시09분

6 · 庚午月 (양 6.5 ~ 7.6)

하지 21일 10시47분

양력	1	2	3	4	5	6	7	8	9	10	11	12	13	14	15	16	17	18	19	20	21	22	23	24	25	26	27	28	29	30
음력	20	21	22	23	24	25	26	27	28	29	30	5.1	2	3	4	5	6	7	8	9	10	11	12	13	14	15	16	17	18	19
일진	壬戌	癸亥	甲子	乙丑	丙寅	丁卯	戊辰	己巳	庚午	辛未	壬申	癸酉	甲戌	乙亥	丙子	丁丑	戊寅	己卯	庚辰	辛巳	壬午	癸未	甲申	乙酉	丙戌	丁亥	戊子	己丑	庚寅	辛卯

己酉年

동경 135도 표준시

7 · 辛未月 (양 7.7 ~ 8.6)

소서 7일 04시21분 / 대서 22일 21시41분

양력	1	2	3	4	5	6	7	8	9	10	11	12	13	14	15	16	17	18	19	20	21	22	23	24	25	26	27	28	29	30	31
음력	20	21	22	23	24	25	26	27	28	29	30	6.1	2	3	4	5	6	7	8	9	10	11	12	13	14	15	16	17	18	19	20
일진	壬辰	癸巳	甲午	乙未	丙申	丁酉	戊戌	己亥	庚子	辛丑	壬寅	癸卯	甲辰	乙巳	丙午	丁未	戊申	己酉	庚戌	辛亥	壬子	癸丑	甲寅	乙卯	丙辰	丁巳	戊午	己未	庚申	辛酉	壬戌

8 · 壬申月 (양 8.7 ~ 9.6)

입추 7일 14시11분 / 처서 23일 04시50분

양력	1	2	3	4	5	6	7	8	9	10	11	12	13	14	15	16	17	18	19	20	21	22	23	24	25	26	27	28	29	30	31
음력	21	22	23	24	25	26	27	28	29	7.1	2	3	4	5	6	7	8	9	10	11	12	13	14	15	16	17	18	19	20	21	22
일진	癸亥	甲子	乙丑	丙寅	丁卯	戊辰	己巳	庚午	辛未	壬申	癸酉	甲戌	乙亥	丙子	丁丑	戊寅	己卯	庚辰	辛巳	壬午	癸未	甲申	乙酉	丙戌	丁亥	戊子	己丑	庚寅	辛卯	壬辰	癸巳

9 · 癸酉月 (양 9.7 ~ 10.7)

백로 7일 17시11분 / 추분 23일 02시37분

양력	1	2	3	4	5	6	7	8	9	10	11	12	13	14	15	16	17	18	19	20	21	22	23	24	25	26	27	28	29	30
음력	23	24	25	26	27	28	29	8.1	2	3	4	5	6	7	8	9	10	11	12	13	14	15	16	17	18	19	20	21	22	23
일진	甲午	乙未	丙申	丁酉	戊戌	己亥	庚子	辛丑	壬寅	癸卯	甲辰	乙巳	丙午	丁未	戊申	己酉	庚戌	辛亥	壬子	癸丑	甲寅	乙卯	丙辰	丁巳	戊午	己未	庚申	辛酉	壬戌	癸亥

10 · 甲戌月 (양 10.8 ~ 11.6)

한로 8일 08시57분 / 상강 23일 12시07분

양력	1	2	3	4	5	6	7	8	9	10	11	12	13	14	15	16	17	18	19	20	21	22	23	24	25	26	27	28	29	30	31
음력	24	25	26	27	28	29	30	9.1	2	3	4	5	6	7	8	9	10	11	12	13	14	15	16	17	18	19	20	21	22	23	24
일진	甲子	乙丑	丙寅	丁卯	戊辰	己巳	庚午	辛未	壬申	癸酉	甲戌	乙亥	丙子	丁丑	戊寅	己卯	庚辰	辛巳	壬午	癸未	甲申	乙酉	丙戌	丁亥	戊子	己丑	庚寅	辛卯	壬辰	癸巳	甲午

11 · 乙亥月 (양 11.7 ~ 12.6)

입동 7일 12시16분 / 소설 22일 09시48분

양력	1	2	3	4	5	6	7	8	9	10	11	12	13	14	15	16	17	18	19	20	21	22	23	24	25	26	27	28	29	30
음력	25	26	27	28	29	10.1	2	3	4	5	6	7	8	9	10	11	12	13	14	15	16	17	18	19	20	21	22	23	24	25
일진	乙未	丙申	丁酉	戊戌	己亥	庚子	辛丑	壬寅	癸卯	甲辰	乙巳	丙午	丁未	戊申	己酉	庚戌	辛亥	壬子	癸丑	甲寅	乙卯	丙辰	丁巳	戊午	己未	庚申	辛酉	壬戌	癸亥	甲子

12 · 丙子月 (양 12.7 ~ 1.4)

대설 7일 05시13분 / 동지 21일 23시13분

양력	1	2	3	4	5	6	7	8	9	10	11	12	13	14	15	16	17	18	19	20	21	22	23	24	25	26	27	28	29	30	31
음력	26	27	28	29	11.1	2	3	4	5	6	7	8	9	10	11	12	13	14	15	16	17	18	19	20	21	22	23	24	25	26	27
일진	乙丑	丙寅	丁卯	戊辰	己巳	庚午	辛未	壬申	癸酉	甲戌	乙亥	丙子	丁丑	戊寅	己卯	庚辰	辛巳	壬午	癸未	甲申	乙酉	丙戌	丁亥	戊子	己丑	庚寅	辛卯	壬辰	癸巳	甲午	乙未

단기 4363년	2030년	

소한 5일 16시29분

1 · 丁丑月 (양 1.5 ~ 2.3)

대한 20일 09시53분

양력	1	2	3	4	5	6	7	8	9	10	11	12	13	14	15	16	17	18	19	20	21	22	23	24	25	26	27	28	29	30	31
음력	28	29	30	12.1	2	3	4	5	6	7	8	9	10	11	12	13	14	15	16	17	18	19	20	21	22	23	24	25	26	27	28
일진	丙申	丁酉	戊戌	己亥	庚子	辛丑	壬寅	癸卯	甲辰	乙巳	丙午	丁未	戊申	己酉	庚戌	辛亥	壬子	癸丑	甲寅	乙卯	丙辰	丁巳	戊午	己未	庚申	辛酉	壬戌	癸亥	甲子	乙丑	丙寅

입춘 4일 04시07분

2 · 戊寅月 (양 2.4 ~ 3.4)

우수 18일 23시59분

양력	1	2	3	4	5	6	7	8	9	10	11	12	13	14	15	16	17	18	19	20	21	22	23	24	25	26	27	28
음력	29	30	1.1	2	3	4	5	6	7	8	9	10	11	12	13	14	15	16	17	18	19	20	21	22	23	24	25	26
일진	丁卯	戊辰	己巳	庚午	辛未	壬申	癸酉	甲戌	乙亥	丙子	丁丑	戊寅	己卯	庚辰	辛巳	壬午	癸未	甲申	乙酉	丙戌	丁亥	戊子	己丑	庚寅	辛卯	壬辰	癸巳	甲午

경칩 5일 22시02분

3 · 己卯月 (양 3.5 ~ 4.4)

춘분 20일 22시51분

양력	1	2	3	4	5	6	7	8	9	10	11	12	13	14	15	16	17	18	19	20	21	22	23	24	25	26	27	28	29	30	31
음력	27	28	29	2.1	2	3	4	5	6	7	8	9	10	11	12	13	14	15	16	17	18	19	20	21	22	23	24	25	26	27	28
일진	乙未	丙申	丁酉	戊戌	己亥	庚子	辛丑	壬寅	癸卯	甲辰	乙巳	丙午	丁未	戊申	己酉	庚戌	辛亥	壬子	癸丑	甲寅	乙卯	丙辰	丁巳	戊午	己未	庚申	辛酉	壬戌	癸亥	甲子	乙丑

청명 5일 02시40분

4 · 庚辰月 (양 4.5 ~ 5.4)

곡우 20일 09시42분

양력	1	2	3	4	5	6	7	8	9	10	11	12	13	14	15	16	17	18	19	20	21	22	23	24	25	26	27	28	29	30
음력	29	30	3.1	2	3	4	5	6	7	8	9	10	11	12	13	14	15	16	17	18	19	20	21	22	23	24	25	26	27	28
일진	丙寅	丁卯	戊辰	己巳	庚午	辛未	壬申	癸酉	甲戌	乙亥	丙子	丁丑	戊寅	己卯	庚辰	辛巳	壬午	癸未	甲申	乙酉	丙戌	丁亥	戊子	己丑	庚寅	辛卯	壬辰	癸巳	甲午	乙未

입하 5일 19시45분

5 · 辛巳月 (양 5.5 ~ 6.4)

소만 21일 08시40분

양력	1	2	3	4	5	6	7	8	9	10	11	12	13	14	15	16	17	18	19	20	21	22	23	24	25	26	27	28	29	30	31
음력	29	4.1	2	3	4	5	6	7	8	9	10	11	12	13	14	15	16	17	18	19	20	21	22	23	24	25	26	27	28	29	30
일진	丙申	丁酉	戊戌	己亥	庚子	辛丑	壬寅	癸卯	甲辰	乙巳	丙午	丁未	戊申	己酉	庚戌	辛亥	壬子	癸丑	甲寅	乙卯	丙辰	丁巳	戊午	己未	庚申	辛酉	壬戌	癸亥	甲子	乙丑	丙寅

망종 5일 23시43분

6 · 壬午月 (양 6.5 ~ 7.6)

하지 21일 16시30분

양력	1	2	3	4	5	6	7	8	9	10	11	12	13	14	15	16	17	18	19	20	21	22	23	24	25	26	27	28	29	30
음력	5.1	2	3	4	5	6	7	8	9	10	11	12	13	14	15	16	17	18	19	20	21	22	23	24	25	26	27	28	29	30
일진	丁卯	戊辰	己巳	庚午	辛未	壬申	癸酉	甲戌	乙亥	丙子	丁丑	戊寅	己卯	庚辰	辛巳	壬午	癸未	甲申	乙酉	丙戌	丁亥	戊子	己丑	庚寅	辛卯	壬辰	癸巳	甲午	乙未	丙申

	庚戌年	동경 135도 표준시

소서 7일 09시54분 | **7 · 癸未月** (양 7.7 ~ 8.6) | 대서 23일 03시24분

양력	1	2	3	4	5	6	7	8	9	10	11	12	13	14	15	16	17	18	19	20	21	22	23	24	25	26	27	28	29	30	31
음력	6.1	2	3	4	5	6	7	8	9	10	11	12	13	14	15	16	17	18	19	20	21	22	23	24	25	26	27	28	29	7.1	2
일진	丁酉	戊戌	己亥	庚子	辛丑	壬寅	癸卯	甲辰	乙巳	丙午	丁未	戊申	己酉	庚戌	辛亥	壬子	癸丑	甲寅	乙卯	丙辰	丁巳	戊午	己未	庚申	辛酉	壬戌	癸亥	甲子	乙丑	丙寅	丁卯

입추 7일 19시46분 | **8 · 甲申月** (양 8.7 ~ 9.6) | 처서 23일 10시35분

양력	1	2	3	4	5	6	7	8	9	10	11	12	13	14	15	16	17	18	19	20	21	22	23	24	25	26	27	28	29	30	31
음력	3	4	5	6	7	8	9	10	11	12	13	14	15	16	17	18	19	20	21	22	23	24	25	26	27	28	29	30	8.1	2	3
일진	戊辰	己巳	庚午	辛未	壬申	癸酉	甲戌	乙亥	丙子	丁丑	戊寅	己卯	庚辰	辛巳	壬午	癸未	甲申	乙酉	丙戌	丁亥	戊子	己丑	庚寅	辛卯	壬辰	癸巳	甲午	乙未	丙申	丁酉	戊戌

백로 7일 22시52분 | **9 · 乙酉月** (양 9.7 ~ 10.7) | 추분 23일 08시26분

양력	1	2	3	4	5	6	7	8	9	10	11	12	13	14	15	16	17	18	19	20	21	22	23	24	25	26	27	28	29	30
음력	4	5	6	7	8	9	10	11	12	13	14	15	16	17	18	19	20	21	22	23	24	25	26	27	28	29	9.1	2	3	4
일진	己亥	庚子	辛丑	壬寅	癸卯	甲辰	乙巳	丙午	丁未	戊申	己酉	庚戌	辛亥	壬子	癸丑	甲寅	乙卯	丙辰	丁巳	戊午	己未	庚申	辛酉	壬戌	癸亥	甲子	乙丑	丙寅	丁卯	戊辰

한로 8일 14시44분 | **10 · 丙戌月** (양 10.8 ~ 11.6) | 상강 23일 17시59분

양력	1	2	3	4	5	6	7	8	9	10	11	12	13	14	15	16	17	18	19	20	21	22	23	24	25	26	27	28	29	30	31
음력	5	6	7	8	9	10	11	12	13	14	15	16	17	18	19	20	21	22	23	24	25	26	27	28	29	30	10.1	2	3	4	5
일진	己巳	庚午	辛未	壬申	癸酉	甲戌	乙亥	丙子	丁丑	戊寅	己卯	庚辰	辛巳	壬午	癸未	甲申	乙酉	丙戌	丁亥	戊子	己丑	庚寅	辛卯	壬辰	癸巳	甲午	乙未	丙申	丁酉	戊戌	己亥

입동 7일 18시07분 | **11 · 丁亥月** (양 11.7 ~ 12.6) | 소설 22일 15시43분

양력	1	2	3	4	5	6	7	8	9	10	11	12	13	14	15	16	17	18	19	20	21	22	23	24	25	26	27	28	29	30
음력	6	7	8	9	10	11	12	13	14	15	16	17	18	19	20	21	22	23	24	25	26	27	28	29	11.1	2	3	4	5	6
일진	庚子	辛丑	壬寅	癸卯	甲辰	乙巳	丙午	丁未	戊申	己酉	庚戌	辛亥	壬子	癸丑	甲寅	乙卯	丙辰	丁巳	戊午	己未	庚申	辛酉	壬戌	癸亥	甲子	乙丑	丙寅	丁卯	戊辰	己巳

대설 7일 11시06분 | **12 · 戊子月** (양 12.7 ~ 1.4) | 동지 22일 05시08분

양력	1	2	3	4	5	6	7	8	9	10	11	12	13	14	15	16	17	18	19	20	21	22	23	24	25	26	27	28	29	30	31
음력	7	8	9	10	11	12	13	14	15	16	17	18	19	20	21	22	23	24	25	26	27	28	29	30	12.1	2	3	4	5	6	7
일진	庚午	辛未	壬申	癸酉	甲戌	乙亥	丙子	丁丑	戊寅	己卯	庚辰	辛巳	壬午	癸未	甲申	乙酉	丙戌	丁亥	戊子	己丑	庚寅	辛卯	壬辰	癸巳	甲午	乙未	丙申	丁酉	戊戌	己亥	庚子

단기 4364년	2031년(윤3월)	

소한 5일 22시22분

1 · 己丑月 (양 1.5 ~ 2.3)

대한 20일 15시47분

양력	1	2	3	4	5	6	7	8	9	10	11	12	13	14	15	16	17	18	19	20	21	22	23	24	25	26	27	28	29	30	31
음력	8	9	10	11	12	13	14	15	16	17	18	19	20	21	22	23	24	25	26	27	28	29	1.1	2	3	4	5	6	7	8	9
일진	辛丑	壬寅	癸卯	甲辰	乙巳	丙午	丁未	戊申	己酉	庚戌	辛亥	壬子	癸丑	甲寅	乙卯	丙辰	丁巳	戊午	己未	庚申	辛酉	壬戌	癸亥	甲子	乙丑	丙寅	丁卯	戊辰	己巳	庚午	辛未

입춘 4일 09시57분

2 · 庚寅月 (양 2.4 ~ 3.5)

우수 19일 05시50분

양력	1	2	3	4	5	6	7	8	9	10	11	12	13	14	15	16	17	18	19	20	21	22	23	24	25	26	27	28
음력	10	11	12	13	14	15	16	17	18	19	20	21	22	23	24	25	26	27	28	29	30	2.1	2	3	4	5	6	7
일진	壬申	癸酉	甲戌	乙亥	丙子	丁丑	戊寅	己卯	庚辰	辛巳	壬午	癸未	甲申	乙酉	丙戌	丁亥	戊子	己丑	庚寅	辛卯	壬辰	癸巳	甲午	乙未	丙申	丁酉	戊戌	己亥

경칩 6일 03시50분

3 · 辛卯月 (양 3.6 ~ 4.4)

춘분 21일 04시40분

양력	1	2	3	4	5	6	7	8	9	10	11	12	13	14	15	16	17	18	19	20	21	22	23	24	25	26	27	28	29	30	31
음력	8	9	10	11	12	13	14	15	16	17	18	19	20	21	22	23	24	25	26	27	28	29	3.1	2	3	4	5	6	7	8	9
일진	庚子	辛丑	壬寅	癸卯	甲辰	乙巳	丙午	丁未	戊申	己酉	庚戌	辛亥	壬子	癸丑	甲寅	乙卯	丙辰	丁巳	戊午	己未	庚申	辛酉	壬戌	癸亥	甲子	乙丑	丙寅	丁卯	戊辰	己巳	庚午

청명 5일 08시27분

4 · 壬辰月 (양 4.5 ~ 5.5)

곡우 20일 15시30분

양력	1	2	3	4	5	6	7	8	9	10	11	12	13	14	15	16	17	18	19	20	21	22	23	24	25	26	27	28	29	30
음력	10	11	12	13	14	15	16	17	18	19	20	21	22	23	24	25	26	27	28	29	30	윤	3.2	3	4	5	6	7	8	9
일진	辛未	壬申	癸酉	甲戌	乙亥	丙子	丁丑	戊寅	己卯	庚辰	辛巳	壬午	癸未	甲申	乙酉	丙戌	丁亥	戊子	己丑	庚寅	辛卯	壬辰	癸巳	甲午	乙未	丙申	丁酉	戊戌	己亥	庚子

입하 6일 01시34분

5 · 癸巳月 (양 5.6 ~ 6.5)

소만 21일 14시27분

양력	1	2	3	4	5	6	7	8	9	10	11	12	13	14	15	16	17	18	19	20	21	22	23	24	25	26	27	28	29	30	31
음력	10	11	12	13	14	15	16	17	18	19	20	21	22	23	24	25	26	27	28	29	4.1	2	3	4	5	6	7	8	9	10	11
일진	辛丑	壬寅	癸卯	甲辰	乙巳	丙午	丁未	戊申	己酉	庚戌	辛亥	壬子	癸丑	甲寅	乙卯	丙辰	丁巳	戊午	己未	庚申	辛酉	壬戌	癸亥	甲子	乙丑	丙寅	丁卯	戊辰	己巳	庚午	辛未

망종 6일 05시34분

6 · 甲午月 (양 6.6 ~ 7.6)

하지 21일 22시16분

양력	1	2	3	4	5	6	7	8	9	10	11	12	13	14	15	16	17	18	19	20	21	22	23	24	25	26	27	28	29	30
음력	12	13	14	15	16	17	18	19	20	21	22	23	24	25	26	27	28	29	30	5.1	2	3	4	5	6	7	8	9	10	11
일진	壬申	癸酉	甲戌	乙亥	丙子	丁丑	戊寅	己卯	庚辰	辛巳	壬午	癸未	甲申	乙酉	丙戌	丁亥	戊子	己丑	庚寅	辛卯	壬辰	癸巳	甲午	乙未	丙申	丁酉	戊戌	己亥	庚子	辛丑

	辛亥年	동경 135도 표준시

소서 7일 15시48분 **7 · 乙未月** (양 7.7 ~ 8.7) 대서 23일 09시09분

양력	1	2	3	4	5	6	7	8	9	10	11	12	13	14	15	16	17	18	19	20	21	22	23	24	25	26	27	28	29	30	31
음력	12	13	14	15	16	17	18	19	20	21	22	23	24	25	26	27	28	29	6.1	2	3	4	5	6	7	8	9	10	11	12	13
일진	壬寅	癸卯	甲辰	乙巳	丙午	丁未	戊申	己酉	庚戌	辛亥	壬子	癸丑	甲寅	乙卯	丙辰	丁巳	戊午	己未	庚申	辛酉	壬戌	癸亥	甲子	乙丑	丙寅	丁卯	戊辰	己巳	庚午	辛未	壬申

입추 8일 01시42분 **8 · 丙申月** (양 8.8 ~ 9.7) 처서 23일 16시22분

양력	1	2	3	4	5	6	7	8	9	10	11	12	13	14	15	16	17	18	19	20	21	22	23	24	25	26	27	28	29	30	31
음력	14	15	16	17	18	19	20	21	22	23	24	25	26	27	28	29	30	7.1	2	3	4	5	6	7	8	9	10	11	12	13	14
일진	癸酉	甲戌	乙亥	丙子	丁丑	戊寅	己卯	庚辰	辛巳	壬午	癸未	甲申	乙酉	丙戌	丁亥	戊子	己丑	庚寅	辛卯	壬辰	癸巳	甲午	乙未	丙申	丁酉	戊戌	己亥	庚子	辛丑	壬寅	癸卯

백로 8일 04시49분 **9 · 丁酉月** (양 9.8 ~ 10.7) 추분 23일 14시14분

양력	1	2	3	4	5	6	7	8	9	10	11	12	13	14	15	16	17	18	19	20	21	22	23	24	25	26	27	28	29	30	
음력	15	16	17	18	19	20	21	22	23	24	25	26	27	28	29	30	8.1	2	3	4	5	6	7	8	9	10	11	12	13	14	
일진	甲辰	乙巳	丙午	丁未	戊申	己酉	庚戌	辛亥	壬子	癸丑	甲寅	乙卯	丙辰	丁巳	戊午	己未	庚申	辛酉	壬戌	癸亥	甲子	乙丑	丙寅	丁卯	戊辰	己巳	庚午	辛未	壬申	癸酉	

한로 8일 20시42분 **10 · 戊戌月** (양 10.8 ~ 11.7) 상강 23일 23시48분

양력	1	2	3	4	5	6	7	8	9	10	11	12	13	14	15	16	17	18	19	20	21	22	23	24	25	26	27	28	29	30	31
음력	15	16	17	18	19	20	21	22	23	24	25	26	27	28	29	9.1	2	3	4	5	6	7	8	9	10	11	12	13	14	15	16
일진	甲戌	乙亥	丙子	丁丑	戊寅	己卯	庚辰	辛巳	壬午	癸未	甲申	乙酉	丙戌	丁亥	戊子	己丑	庚寅	辛卯	壬辰	癸巳	甲午	乙未	丙申	丁酉	戊戌	己亥	庚子	辛丑	壬寅	癸卯	甲辰

입동 8일 00시04분 **11 · 己亥月** (양 11.8 ~ 12.6) 소설 22일 21시31분

양력	1	2	3	4	5	6	7	8	9	10	11	12	13	14	15	16	17	18	19	20	21	22	23	24	25	26	27	28	29	30	
음력	17	18	19	20	21	22	23	24	25	26	27	28	29	30	10.1	2	3	4	5	6	7	8	9	10	11	12	13	14	15	16	
일진	乙巳	丙午	丁未	戊申	己酉	庚戌	辛亥	壬子	癸丑	甲寅	乙卯	丙辰	丁巳	戊午	己未	庚申	辛酉	壬戌	癸亥	甲子	乙丑	丙寅	丁卯	戊辰	己巳	庚午	辛未	壬申	癸酉	甲戌	

대설 7일 17시02분 **12 · 庚子月** (양 12.7 ~ 1.5) 동지 22일 10시54분

양력	1	2	3	4	5	6	7	8	9	10	11	12	13	14	15	16	17	18	19	20	21	22	23	24	25	26	27	28	29	30	31
음력	17	18	19	20	21	22	23	24	25	26	27	28	29	11.1	2	3	4	5	6	7	8	9	10	11	12	13	14	15	16	17	18
일진	乙亥	丙子	丁丑	戊寅	己卯	庚辰	辛巳	壬午	癸未	甲申	乙酉	丙戌	丁亥	戊子	己丑	庚寅	辛卯	壬辰	癸巳	甲午	乙未	丙申	丁酉	戊戌	己亥	庚子	辛丑	壬寅	癸卯	甲辰	乙巳

단기 4365년	2032년	

소한 6일 04시15분 **1 · 辛丑月**(양1.6 ~ 2.3) 대한 20일 21시30분

양력	1	2	3	4	5	6	7	8	9	10	11	12	13	14	15	16	17	18	19	20	21	22	23	24	25	26	27	28	29	30	31
음력	19	20	21	22	23	24	25	26	27	28	29	30	12.1	2	3	4	5	6	7	8	9	10	11	12	13	14	15	16	17	18	19
일진	丙午	丁未	戊申	己酉	庚戌	辛亥	壬子	癸丑	甲寅	乙卯	丙辰	丁巳	戊午	己未	庚申	辛酉	壬戌	癸亥	甲子	乙丑	丙寅	丁卯	戊辰	己巳	庚午	辛未	壬申	癸酉	甲戌	乙亥	丙子

입춘 4일 15시48분 **2 · 壬寅月**(양2.4 ~ 3.4) 우수 19일 11시31분

양력	1	2	3	4	5	6	7	8	9	10	11	12	13	14	15	16	17	18	19	20	21	22	23	24	25	26	27	28	29
음력	20	21	22	23	24	25	26	27	28	29	1.1	2	3	4	5	6	7	8	9	10	11	12	13	14	15	16	17	18	19
일진	丁丑	戊寅	己卯	庚辰	辛巳	壬午	癸未	甲申	乙酉	丙戌	丁亥	戊子	己丑	庚寅	辛卯	壬辰	癸巳	甲午	乙未	丙申	丁酉	戊戌	己亥	庚子	辛丑	壬寅	癸卯	甲辰	乙巳

경칩 5일 09시39분 **3 · 癸卯月**(양3.5 ~ 4.3) 춘분 20일 10시21분

양력	1	2	3	4	5	6	7	8	9	10	11	12	13	14	15	16	17	18	19	20	21	22	23	24	25	26	27	28	29	30	31
음력	20	21	22	23	24	25	26	27	28	29	30	2.1	2	3	4	5	6	7	8	9	10	11	12	13	14	15	16	17	18	19	20
일진	丙午	丁未	戊申	己酉	庚戌	辛亥	壬子	癸丑	甲寅	乙卯	丙辰	丁巳	戊午	己未	庚申	辛酉	壬戌	癸亥	甲子	乙丑	丙寅	丁卯	戊辰	己巳	庚午	辛未	壬申	癸酉	甲戌	乙亥	丙子

청명 4일 14시16분 **4 · 甲辰月**(양4.4 ~ 5.4) 곡우 19일 21시13분

양력	1	2	3	4	5	6	7	8	9	10	11	12	13	14	15	16	17	18	19	20	21	22	23	24	25	26	27	28	29	30
음력	21	22	23	24	25	26	27	28	29	3.1	2	3	4	5	6	7	8	9	10	11	12	13	14	15	16	17	18	19	20	21
일진	丁丑	戊寅	己卯	庚辰	辛巳	壬午	癸未	甲申	乙酉	丙戌	丁亥	戊子	己丑	庚寅	辛卯	壬辰	癸巳	甲午	乙未	丙申	丁酉	戊戌	己亥	庚子	辛丑	壬寅	癸卯	甲辰	乙巳	丙午

입하 5일 07시25분 **5 · 乙巳月**(양5.5 ~ 6.4) 소만 20일 20시14분

양력	1	2	3	4	5	6	7	8	9	10	11	12	13	14	15	16	17	18	19	20	21	22	23	24	25	26	27	28	29	30	31
음력	22	23	24	25	26	27	28	29	4.1	2	3	4	5	6	7	8	9	10	11	12	13	14	15	16	17	18	19	20	21	22	23
일진	丁未	戊申	己酉	庚戌	辛亥	壬子	癸丑	甲寅	乙卯	丙辰	丁巳	戊午	己未	庚申	辛酉	壬戌	癸亥	甲子	乙丑	丙寅	丁卯	戊辰	己巳	庚午	辛未	壬申	癸酉	甲戌	乙亥	丙子	丁丑

망종 5일 11시27분 **6 · 丙午月**(양6.5 ~ 7.5) 하지 21일 04시07분

양력	1	2	3	4	5	6	7	8	9	10	11	12	13	14	15	16	17	18	19	20	21	22	23	24	25	26	27	28	29	30
음력	24	25	26	27	28	29	30	5.1	2	3	4	5	6	7	8	9	10	11	12	13	14	15	16	17	18	19	20	21	22	23
일진	戊寅	己卯	庚辰	辛巳	壬午	癸未	甲申	乙酉	丙戌	丁亥	戊子	己丑	庚寅	辛卯	壬辰	癸巳	甲午	乙未	丙申	丁酉	戊戌	己亥	庚子	辛丑	壬寅	癸卯	甲辰	乙巳	丙午	丁未

	壬子年	동경 135도 표준시

소서 6일 21시40분

7 · 丁未月 (양 7.6 ~ 8.6)

대서 22일 15시03분

양력	1	2	3	4	5	6	7	8	9	10	11	12	13	14	15	16	17	18	19	20	21	22	23	24	25	26	27	28	29	30	31
음력	24	25	26	27	28	29	6.1	2	3	4	5	6	7	8	9	10	11	12	13	14	15	16	17	18	19	20	21	22	23	24	25
일진	戊申	己酉	庚戌	辛亥	壬子	癸丑	甲寅	乙卯	丙辰	丁巳	戊午	己未	庚申	辛酉	壬戌	癸亥	甲子	乙丑	丙寅	丁卯	戊辰	己巳	庚午	辛未	壬申	癸酉	甲戌	乙亥	丙子	丁丑	戊寅

입추 7일 07시31분

8 · 戊申月 (양 8.7 ~ 9.6)

처서 22일 22시17분

양력	1	2	3	4	5	6	7	8	9	10	11	12	13	14	15	16	17	18	19	20	21	22	23	24	25	26	27	28	29	30	31
음력	26	27	28	29	30	7.1	2	3	4	5	6	7	8	9	10	11	12	13	14	15	16	17	18	19	20	21	22	23	24	25	26
일진	己卯	庚辰	辛巳	壬午	癸未	甲申	乙酉	丙戌	丁亥	戊子	己丑	庚寅	辛卯	壬辰	癸巳	甲午	乙未	丙申	丁酉	戊戌	己亥	庚子	辛丑	壬寅	癸卯	甲辰	乙巳	丙午	丁未	戊申	己酉

백로 7일 10시37분

9 · 己酉月 (양 9.7 ~ 10.7)

추분 22일 20시10분

양력	1	2	3	4	5	6	7	8	9	10	11	12	13	14	15	16	17	18	19	20	21	22	23	24	25	26	27	28	29	30	
음력	27	28	29	30	8.1	2	3	4	5	6	7	8	9	10	11	12	13	14	15	16	17	18	19	20	21	22	23	24	25	26	
일진	庚戌	辛亥	壬子	癸丑	甲寅	乙卯	丙辰	丁巳	戊午	己未	庚申	辛酉	壬戌	癸亥	甲子	乙丑	丙寅	丁卯	戊辰	己巳	庚午	辛未	壬申	癸酉	甲戌	乙亥	丙子	丁丑	戊寅	己卯	

한로 8일 02시29분

10 · 庚戌月 (양 10.8 ~ 11.6)

상강 23일 05시45분

양력	1	2	3	4	5	6	7	8	9	10	11	12	13	14	15	16	17	18	19	20	21	22	23	24	25	26	27	28	29	30	31
음력	27	28	29	9.1	2	3	4	5	6	7	8	9	10	11	12	13	14	15	16	17	18	19	20	21	22	23	24	25	26	27	28
일진	庚辰	辛巳	壬午	癸未	甲申	乙酉	丙戌	丁亥	戊子	己丑	庚寅	辛卯	壬辰	癸巳	甲午	乙未	丙申	丁酉	戊戌	己亥	庚子	辛丑	壬寅	癸卯	甲辰	乙巳	丙午	丁未	戊申	己酉	庚戌

입동 7일 05시53분

11 · 辛亥月 (양 11.7 ~ 12.5)

소설 22일 03시30분

양력	1	2	3	4	5	6	7	8	9	10	11	12	13	14	15	16	17	18	19	20	21	22	23	24	25	26	27	28	29	30	
음력	29	30	10.1	2	3	4	5	6	7	8	9	10	11	12	13	14	15	16	17	18	19	20	21	22	23	24	25	26	27	28	
일진	辛亥	壬子	癸丑	甲寅	乙卯	丙辰	丁巳	戊午	己未	庚申	辛酉	壬戌	癸亥	甲子	乙丑	丙寅	丁卯	戊辰	己巳	庚午	辛未	壬申	癸酉	甲戌	乙亥	丙子	丁丑	戊寅	己卯	庚辰	

대설 6일 22시52분

12 · 壬子月 (양 12.6 ~ 1.4)

동지 21일 16시55분

양력	1	2	3	4	5	6	7	8	9	10	11	12	13	14	15	16	17	18	19	20	21	22	23	24	25	26	27	28	29	30	31
음력	29	30	11.1	2	3	4	5	6	7	8	9	10	11	12	13	14	15	16	17	18	19	20	21	22	23	24	25	26	27	28	29
일진	辛巳	壬午	癸未	甲申	乙酉	丙戌	丁亥	戊子	己丑	庚寅	辛卯	壬辰	癸巳	甲午	乙未	丙申	丁酉	戊戌	己亥	庚子	辛丑	壬寅	癸卯	甲辰	乙巳	丙午	丁未	戊申	己酉	庚戌	辛亥

단기 4366년	2033년(윤11월)	

소한 5일 10시07분

1 · 癸丑月(양 1.5 ~ 2.2)

대한 20일 03시31분

양력	1	2	3	4	5	6	7	8	9	10	11	12	13	14	15	16	17	18	19	20	21	22	23	24	25	26	27	28	29	30	31
음력	12.1	2	3	4	5	6	7	8	9	10	11	12	13	14	15	16	17	18	19	20	21	22	23	24	25	26	27	28	29	30	1.1
일진	壬子	癸丑	甲寅	乙卯	丙辰	丁巳	戊午	己未	庚申	辛酉	壬戌	癸亥	甲子	乙丑	丙寅	丁卯	戊辰	己巳	庚午	辛未	壬申	癸酉	甲戌	乙亥	丙子	丁丑	戊寅	己卯	庚辰	辛巳	壬午

입춘 3일 21시40분

2 · 甲寅月(양 2.3 ~ 3.4)

우수 18일 17시32분

양력	1	2	3	4	5	6	7	8	9	10	11	12	13	14	15	16	17	18	19	20	21	22	23	24	25	26	27	28
음력	2	3	4	5	6	7	8	9	10	11	12	13	14	15	16	17	18	19	20	21	22	23	24	25	26	27	28	29
일진	癸未	甲申	乙酉	丙戌	丁亥	戊子	己丑	庚寅	辛卯	壬辰	癸巳	甲午	乙未	丙申	丁酉	戊戌	己亥	庚子	辛丑	壬寅	癸卯	甲辰	乙巳	丙午	丁未	戊申	己酉	庚戌

경칩 5일 15시31분

3 · 乙卯月(양 3.5 ~ 4.3)

춘분 20일 16시21분

양력	1	2	3	4	5	6	7	8	9	10	11	12	13	14	15	16	17	18	19	20	21	22	23	24	25	26	27	28	29	30	31
음력	2.1	2	3	4	5	6	7	8	9	10	11	12	13	14	15	16	17	18	19	20	21	22	23	24	25	26	27	28	29	30	3.1
일진	辛亥	壬子	癸丑	甲寅	乙卯	丙辰	丁巳	戊午	己未	庚申	辛酉	壬戌	癸亥	甲子	乙丑	丙寅	丁卯	戊辰	己巳	庚午	辛未	壬申	癸酉	甲戌	乙亥	丙子	丁丑	戊寅	己卯	庚辰	辛巳

청명 4일 20시07분

4 · 丙辰月(양 4.4 ~ 5.4)

곡우 20일 03시12분

양력	1	2	3	4	5	6	7	8	9	10	11	12	13	14	15	16	17	18	19	20	21	22	23	24	25	26	27	28	29	30
음력	2	3	4	5	6	7	8	9	10	11	12	13	14	15	16	17	18	19	20	21	22	23	24	25	26	27	28	29	4.1	2
일진	壬午	癸未	甲申	乙酉	丙戌	丁亥	戊子	己丑	庚寅	辛卯	壬辰	癸巳	甲午	乙未	丙申	丁酉	戊戌	己亥	庚子	辛丑	壬寅	癸卯	甲辰	乙巳	丙午	丁未	戊申	己酉	庚戌	辛亥

입하 5일 13시12분

5 · 丁巳月(양 5.5 ~ 6.4)

소만 21일 02시10분

양력	1	2	3	4	5	6	7	8	9	10	11	12	13	14	15	16	17	18	19	20	21	22	23	24	25	26	27	28	29	30	31
음력	3	4	5	6	7	8	9	10	11	12	13	14	15	16	17	18	19	20	21	22	23	24	25	26	27	28	29	5.1	2	3	4
일진	壬子	癸丑	甲寅	乙卯	丙辰	丁巳	戊午	己未	庚申	辛酉	壬戌	癸亥	甲子	乙丑	丙寅	丁卯	戊辰	己巳	庚午	辛未	壬申	癸酉	甲戌	乙亥	丙子	丁丑	戊寅	己卯	庚辰	辛巳	壬午

망종 5일 17시12분

6 · 戊午月(양 6.5 ~ 7.6)

하지 21일 10시00분

양력	1	2	3	4	5	6	7	8	9	10	11	12	13	14	15	16	17	18	19	20	21	22	23	24	25	26	27	28	29	30
음력	5	6	7	8	9	10	11	12	13	14	15	16	17	18	19	20	21	22	23	24	25	26	27	28	29	30	6.1	2	3	4
일진	癸未	甲申	乙酉	丙戌	丁亥	戊子	己丑	庚寅	辛卯	壬辰	癸巳	甲午	乙未	丙申	丁酉	戊戌	己亥	庚子	辛丑	壬寅	癸卯	甲辰	乙巳	丙午	丁未	戊申	己酉	庚戌	辛亥	壬子

癸丑年

동경 135도 표준시

소서 7일 03시24분 **7 · 己未月** (양 7.7 ~ 8.6) 대서 22일 20시51분

양력	1	2	3	4	5	6	7	8	9	10	11	12	13	14	15	16	17	18	19	20	21	22	23	24	25	26	27	28	29	30	31
음력	5	6	7	8	9	10	11	12	13	14	15	16	17	18	19	20	21	22	23	24	25	26	27	28	29	7.1	2	3	4	5	6
일진	癸丑	甲寅	乙卯	丙辰	丁巳	戊午	己未	庚申	辛酉	壬戌	癸亥	甲子	乙丑	丙寅	丁卯	戊辰	己巳	庚午	辛未	壬申	癸酉	甲戌	乙亥	丙子	丁丑	戊寅	己卯	庚辰	辛巳	壬午	癸未

입추 7일 13시14분 **8 · 庚申月** (양 8.7 ~ 9.6) 처서 23일 04시01분

양력	1	2	3	4	5	6	7	8	9	10	11	12	13	14	15	16	17	18	19	20	21	22	23	24	25	26	27	28	29	30	31
음력	7	8	9	10	11	12	13	14	15	16	17	18	19	20	21	22	23	24	25	26	27	28	29	30	8.1	2	3	4	5	6	7
일진	甲申	乙酉	丙戌	丁亥	戊子	己丑	庚寅	辛卯	壬辰	癸巳	甲午	乙未	丙申	丁酉	戊戌	己亥	庚子	辛丑	壬寅	癸卯	甲辰	乙巳	丙午	丁未	戊申	己酉	庚戌	辛亥	壬子	癸丑	甲寅

백로 7일 16시19분 **9 · 辛酉月** (양 9.7 ~ 10.7) 추분 23일 01시50분

양력	1	2	3	4	5	6	7	8	9	10	11	12	13	14	15	16	17	18	19	20	21	22	23	24	25	26	27	28	29	30	
음력	8	9	10	11	12	13	14	15	16	17	18	19	20	21	22	23	24	25	26	27	28	29	9.1	2	3	4	5	6	7	8	
일진	乙卯	丙辰	丁巳	戊午	己未	庚申	辛酉	壬戌	癸亥	甲子	乙丑	丙寅	丁卯	戊辰	己巳	庚午	辛未	壬申	癸酉	甲戌	乙亥	丙子	丁丑	戊寅	己卯	庚辰	辛巳	壬午	癸未	甲申	

한로 8일 08시13분 **10 · 壬戌月** (양 10.8 ~ 11.6) 상강 23일 11시26분

양력	1	2	3	4	5	6	7	8	9	10	11	12	13	14	15	16	17	18	19	20	21	22	23	24	25	26	27	28	29	30	31
음력	9	10	11	12	13	14	15	16	17	18	19	20	21	22	23	24	25	26	27	28	29	30	10.1	2	3	4	5	6	7	8	9
일진	乙酉	丙戌	丁亥	戊子	己丑	庚寅	辛卯	壬辰	癸巳	甲午	乙未	丙申	丁酉	戊戌	己亥	庚子	辛丑	壬寅	癸卯	甲辰	乙巳	丙午	丁未	戊申	己酉	庚戌	辛亥	壬子	癸丑	甲寅	乙卯

입동 7일 11시40분 **11 · 癸亥月** (양 11.7 ~ 12.6) 소설 22일 09시15분

양력	1	2	3	4	5	6	7	8	9	10	11	12	13	14	15	16	17	18	19	20	21	22	23	24	25	26	27	28	29	30	
음력	10	11	12	13	14	15	16	17	18	19	20	21	22	23	24	25	26	27	28	29	30	11.1	2	3	4	5	6	7	8	9	
일진	丙辰	丁巳	戊午	己未	庚申	辛酉	壬戌	癸亥	甲子	乙丑	丙寅	丁卯	戊辰	己巳	庚午	辛未	壬申	癸酉	甲戌	乙亥	丙子	丁丑	戊寅	己卯	庚辰	辛巳	壬午	癸未	甲申	乙酉	

대설 7일 04시44분 **12 · 甲子月** (양 12.7 ~ 1.4) 동지 21일 22시45분

양력	1	2	3	4	5	6	7	8	9	10	11	12	13	14	15	16	17	18	19	20	21	22	23	24	25	26	27	28	29	30	31
음력	10	11	12	13	14	15	16	17	18	19	20	21	22	23	24	25	26	27	28	29	30	윤	11,2	3	4	5	6	7	8	9	10
일진	丙戌	丁亥	戊子	己丑	庚寅	辛卯	壬辰	癸巳	甲午	乙未	丙申	丁酉	戊戌	己亥	庚子	辛丑	壬寅	癸卯	甲辰	乙巳	丙午	丁未	戊申	己酉	庚戌	辛亥	壬子	癸丑	甲寅	乙卯	丙辰

단기 4367년	2034년	

1 · 乙丑月 (양 1.5 ~ 2.3)

소한 5일 16시03분 　　　 대한 20일 09시26분

양력	1	2	3	4	5	6	7	8	9	10	11	12	13	14	15	16	17	18	19	20	21	22	23	24	25	26	27	28	29	30	31
음력	11	12	13	14	15	16	17	18	19	20	21	22	23	24	25	26	27	28	29	12.1	2	3	4	5	6	7	8	9	10	11	12
일진	丁巳	戊午	己未	庚申	辛酉	壬戌	癸亥	甲子	乙丑	丙寅	丁卯	戊辰	己巳	庚午	辛未	壬申	癸酉	甲戌	乙亥	丙子	丁丑	戊寅	己卯	庚辰	辛巳	壬午	癸未	甲申	乙酉	丙戌	丁亥

2 · 丙寅月 (양 2.4 ~ 3.4)

입춘 4일 03시40분 　　　 우수 18일 23시29분

양력	1	2	3	4	5	6	7	8	9	10	11	12	13	14	15	16	17	18	19	20	21	22	23	24	25	26	27	28
음력	13	14	15	16	17	18	19	20	21	22	23	24	25	26	27	28	29	30	1.1	2	3	4	5	6	7	8	9	10
일진	戊子	己丑	庚寅	辛卯	壬辰	癸巳	甲午	乙未	丙申	丁酉	戊戌	己亥	庚子	辛丑	壬寅	癸卯	甲辰	乙巳	丙午	丁未	戊申	己酉	庚戌	辛亥	壬子	癸丑	甲寅	乙卯

3 · 丁卯月 (양 3.5 ~ 4.4)

경칩 5일 21시31분 　　　 춘분 20일 22시16분

양력	1	2	3	4	5	6	7	8	9	10	11	12	13	14	15	16	17	18	19	20	21	22	23	24	25	26	27	28	29	30	31
음력	11	12	13	14	15	16	17	18	19	20	21	22	23	24	25	26	27	28	29	2.1	2	3	4	5	6	7	8	9	10	11	12
일진	丙辰	丁巳	戊午	己未	庚申	辛酉	壬戌	癸亥	甲子	乙丑	丙寅	丁卯	戊辰	己巳	庚午	辛未	壬申	癸酉	甲戌	乙亥	丙子	丁丑	戊寅	己卯	庚辰	辛巳	壬午	癸未	甲申	乙酉	丙戌

4 · 戊辰月 (양 4.5 ~ 5.4)

청명 5일 02시05분 　　　 곡우 20일 09시02분

양력	1	2	3	4	5	6	7	8	9	10	11	12	13	14	15	16	17	18	19	20	21	22	23	24	25	26	27	28	29	30
음력	13	14	15	16	17	18	19	20	21	22	23	24	25	26	27	28	29	30	3.1	2	3	4	5	6	7	8	9	10	11	12
일진	丁亥	戊子	己丑	庚寅	辛卯	壬辰	癸巳	甲午	乙未	丙申	丁酉	戊戌	己亥	庚子	辛丑	壬寅	癸卯	甲辰	乙巳	丙午	丁未	戊申	己酉	庚戌	辛亥	壬子	癸丑	甲寅	乙卯	丙辰

5 · 己巳月 (양 5.5 ~ 6.4)

입하 5일 19시08분 　　　 소만 21일 07시56분

양력	1	2	3	4	5	6	7	8	9	10	11	12	13	14	15	16	17	18	19	20	21	22	23	24	25	26	27	28	29	30	31
음력	13	14	15	16	17	18	19	20	21	22	23	24	25	26	27	28	29	4.1	2	3	4	5	6	7	8	9	10	11	12	13	14
일진	丁巳	戊午	己未	庚申	辛酉	壬戌	癸亥	甲子	乙丑	丙寅	丁卯	戊辰	己巳	庚午	辛未	壬申	癸酉	甲戌	乙亥	丙子	丁丑	戊寅	己卯	庚辰	辛巳	壬午	癸未	甲申	乙酉	丙戌	丁亥

6 · 庚午月 (양 6.5 ~ 7.6)

망종 5일 23시05분 　　　 하지 21일 15시43분

양력	1	2	3	4	5	6	7	8	9	10	11	12	13	14	15	16	17	18	19	20	21	22	23	24	25	26	27	28	29	30
음력	15	16	17	18	19	20	21	22	23	24	25	26	27	28	29	5.1	2	3	4	5	6	7	8	9	10	11	12	13	14	15
일진	戊子	己丑	庚寅	辛卯	壬辰	癸巳	甲午	乙未	丙申	丁酉	戊戌	己亥	庚子	辛丑	壬寅	癸卯	甲辰	乙巳	丙午	丁未	戊申	己酉	庚戌	辛亥	壬子	癸丑	甲寅	乙卯	丙辰	丁巳

	甲寅年	동경 135도 표준시

7 · 辛未月 (양 7.7 ~ 8.6)

소서 7일 09시16분 대서 23일 02시35분

양력	1	2	3	4	5	6	7	8	9	10	11	12	13	14	15	16	17	18	19	20	21	22	23	24	25	26	27	28	29	30	31
음력	16	17	18	19	20	21	22	23	24	25	26	27	28	29	30	6.1	2	3	4	5	6	7	8	9	10	11	12	13	14	15	16
일진	戊午	己未	庚申	辛酉	壬戌	癸亥	甲子	乙丑	丙寅	丁卯	戊辰	己巳	庚午	辛未	壬申	癸酉	甲戌	乙亥	丙子	丁丑	戊寅	己卯	庚辰	辛巳	壬午	癸未	甲申	乙酉	丙戌	丁亥	戊子

8 · 壬申月 (양 8.7 ~ 9.6)

입추 7일 19시08분 처서 23일 09시46분

양력	1	2	3	4	5	6	7	8	9	10	11	12	13	14	15	16	17	18	19	20	21	22	23	24	25	26	27	28	29	30	31
음력	17	18	19	20	21	22	23	24	25	26	27	28	29	7.1	2	3	4	5	6	7	8	9	10	11	12	13	14	15	16	17	18
일진	己丑	庚寅	辛卯	壬辰	癸巳	甲午	乙未	丙申	丁酉	戊戌	己亥	庚子	辛丑	壬寅	癸卯	甲辰	乙巳	丙午	丁未	戊申	己酉	庚戌	辛亥	壬子	癸丑	甲寅	乙卯	丙辰	丁巳	戊午	己未

9 · 癸酉月 (양 9.7 ~ 10.7)

백로 7일 22시13분 추분 23일 07시38분

양력	1	2	3	4	5	6	7	8	9	10	11	12	13	14	15	16	17	18	19	20	21	22	23	24	25	26	27	28	29	30	
음력	19	20	21	22	23	24	25	26	27	28	29	30	8.1	2	3	4	5	6	7	8	9	10	11	12	13	14	15	16	17	18	
일진	庚申	辛酉	壬戌	癸亥	甲子	乙丑	丙寅	丁卯	戊辰	己巳	庚午	辛未	壬申	癸酉	甲戌	乙亥	丙子	丁丑	戊寅	己卯	庚辰	辛巳	壬午	癸未	甲申	乙酉	丙戌	丁亥	戊子	己丑	

10 · 甲戌月 (양 10.8 ~ 11.6)

한로 8일 14시06분 상강 23일 17시15분

양력	1	2	3	4	5	6	7	8	9	10	11	12	13	14	15	16	17	18	19	20	21	22	23	24	25	26	27	28	29	30	31
음력	19	20	21	22	23	24	25	26	27	28	29	9.1	2	3	4	5	6	7	8	9	10	11	12	13	14	15	16	17	18	19	20
일진	庚寅	辛卯	壬辰	癸巳	甲午	乙未	丙申	丁酉	戊戌	己亥	庚子	辛丑	壬寅	癸卯	甲辰	乙巳	丙午	丁未	戊申	己酉	庚戌	辛亥	壬子	癸丑	甲寅	乙卯	丙辰	丁巳	戊午	己未	庚申

11 · 乙亥月 (양 11.7 ~ 12.6)

입동 7일 17시32분 소설 22일 15시04분

양력	1	2	3	4	5	6	7	8	9	10	11	12	13	14	15	16	17	18	19	20	21	22	23	24	25	26	27	28	29	30	
음력	21	22	23	24	25	26	27	28	29	30	10.1	2	3	4	5	6	7	8	9	10	11	12	13	14	15	16	17	18	19	20	
일진	辛酉	壬戌	癸亥	甲子	乙丑	丙寅	丁卯	戊辰	己巳	庚午	辛未	壬申	癸酉	甲戌	乙亥	丙子	丁丑	戊寅	己卯	庚辰	辛巳	壬午	癸未	甲申	乙酉	丙戌	丁亥	戊子	己丑	庚寅	

12 · 丙子月 (양 12.7 ~ 1.4)

대설 7일 10시35분 동지 22일 04시33분

양력	1	2	3	4	5	6	7	8	9	10	11	12	13	14	15	16	17	18	19	20	21	22	23	24	25	26	27	28	29	30	31
음력	21	22	23	24	25	26	27	28	29	30	11.1	2	3	4	5	6	7	8	9	10	11	12	13	14	15	16	17	18	19	20	21
일진	辛卯	壬辰	癸巳	甲午	乙未	丙申	丁酉	戊戌	己亥	庚子	辛丑	壬寅	癸卯	甲辰	乙巳	丙午	丁未	戊申	己酉	庚戌	辛亥	壬子	癸丑	甲寅	乙卯	丙辰	丁巳	戊午	己未	庚申	辛酉

단기 4368년	2035년	

2035년

소한 5일 21시54분 **1 · 丁丑月** (양 1.5 ~ 2.3) 대한 20일 15시13분

양력	1	2	3	4	5	6	7	8	9	10	11	12	13	14	15	16	17	18	19	20	21	22	23	24	25	26	27	28	29	30	31
음력	22	23	24	25	26	27	28	29	30	12.1	2	3	4	5	6	7	8	9	10	11	12	13	14	15	16	17	18	19	20	21	22
일진	壬戌	癸亥	甲子	乙丑	丙寅	丁卯	戊辰	己巳	庚午	辛未	壬申	癸酉	甲戌	乙亥	丙子	丁丑	戊寅	己卯	庚辰	辛巳	壬午	癸未	甲申	乙酉	丙戌	丁亥	戊子	己丑	庚寅	辛卯	壬辰

입춘 4일 09시30분 **2 · 戊寅月** (양 2.4 ~ 3.5) 우수 19일 05시15분

양력	1	2	3	4	5	6	7	8	9	10	11	12	13	14	15	16	17	18	19	20	21	22	23	24	25	26	27	28
음력	23	24	25	26	27	28	29	1.1	2	3	4	5	6	7	8	9	10	11	12	13	14	15	16	17	18	19	20	21
일진	癸巳	甲午	乙未	丙申	丁酉	戊戌	己亥	庚子	辛丑	壬寅	癸卯	甲辰	乙巳	丙午	丁未	戊申	己酉	庚戌	辛亥	壬子	癸丑	甲寅	乙卯	丙辰	丁巳	戊午	己未	庚申

경칩 6일 03시20분 **3 · 己卯月** (양 3.6 ~ 4.4) 춘분 21일 04시01분

양력	1	2	3	4	5	6	7	8	9	10	11	12	13	14	15	16	17	18	19	20	21	22	23	24	25	26	27	28	29	30	31
음력	22	23	24	25	26	27	28	29	30	2.1	2	3	4	5	6	7	8	9	10	11	12	13	14	15	16	17	18	19	20	21	22
일진	辛酉	壬戌	癸亥	甲子	乙丑	丙寅	丁卯	戊辰	己巳	庚午	辛未	壬申	癸酉	甲戌	乙亥	丙子	丁丑	戊寅	己卯	庚辰	辛巳	壬午	癸未	甲申	乙酉	丙戌	丁亥	戊子	己丑	庚寅	辛卯

청명 5일 07시52분 **4 · 庚辰月** (양 4.5 ~ 5.5) 곡우 20일 14시48분

양력	1	2	3	4	5	6	7	8	9	10	11	12	13	14	15	16	17	18	19	20	21	22	23	24	25	26	27	28	29	30
음력	23	24	25	26	27	28	29	3.1	2	3	4	5	6	7	8	9	10	11	12	13	14	15	16	17	18	19	20	21	22	23
일진	壬辰	癸巳	甲午	乙未	丙申	丁酉	戊戌	己亥	庚子	辛丑	壬寅	癸卯	甲辰	乙巳	丙午	丁未	戊申	己酉	庚戌	辛亥	壬子	癸丑	甲寅	乙卯	丙辰	丁巳	戊午	己未	庚申	辛酉

입하 6일 00시54분 **5 · 辛巳月** (양 5.6 ~ 6.5) 소만 21일 13시42분

양력	1	2	3	4	5	6	7	8	9	10	11	12	13	14	15	16	17	18	19	20	21	22	23	24	25	26	27	28	29	30	31
음력	24	25	26	27	28	29	30	4.1	2	3	4	5	6	7	8	9	10	11	12	13	14	15	16	17	18	19	20	21	22	23	24
일진	壬戌	癸亥	甲子	乙丑	丙寅	丁卯	戊辰	己巳	庚午	辛未	壬申	癸酉	甲戌	乙亥	丙子	丁丑	戊寅	己卯	庚辰	辛巳	壬午	癸未	甲申	乙酉	丙戌	丁亥	戊子	己丑	庚寅	辛卯	壬辰

망종 6일 04시49분 **6 · 壬午月** (양 6.6 ~ 7.6) 하지 21일 21시32분

양력	1	2	3	4	5	6	7	8	9	10	11	12	13	14	15	16	17	18	19	20	21	22	23	24	25	26	27	28	29	30
음력	25	26	27	28	29	5.1	2	3	4	5	6	7	8	9	10	11	12	13	14	15	16	17	18	19	20	21	22	23	24	25
일진	癸巳	甲午	乙未	丙申	丁酉	戊戌	己亥	庚子	辛丑	壬寅	癸卯	甲辰	乙巳	丙午	丁未	戊申	己酉	庚戌	辛亥	壬子	癸丑	甲寅	乙卯	丙辰	丁巳	戊午	己未	庚申	辛酉	壬戌

	乙卯年	동경 135도 표준시

7 · 癸未月 (양 7.7 ~ 8.7)

소서 7일 15시00분 — 대서 23일 08시27분

양력	1	2	3	4	5	6	7	8	9	10	11	12	13	14	15	16	17	18	19	20	21	22	23	24	25	26	27	28	29	30	31
음력	26	27	28	29	6.1	2	3	4	5	6	7	8	9	10	11	12	13	14	15	16	17	18	19	20	21	22	23	24	25	26	27
일진	癸亥	甲子	乙丑	丙寅	丁卯	戊辰	己巳	庚午	辛未	壬申	癸酉	甲戌	乙亥	丙子	丁丑	戊寅	己卯	庚辰	辛巳	壬午	癸未	甲申	乙酉	丙戌	丁亥	戊子	己丑	庚寅	辛卯	壬辰	癸巳

8 · 甲申月 (양 8.8 ~ 9.7)

입추 8일 00시53분 — 처서 23일 15시43분

양력	1	2	3	4	5	6	7	8	9	10	11	12	13	14	15	16	17	18	19	20	21	22	23	24	25	26	27	28	29	30	31
음력	28	29	30	7.1	2	3	4	5	6	7	8	9	10	11	12	13	14	15	16	17	18	19	20	21	22	23	24	25	26	27	28
일진	甲午	乙未	丙申	丁酉	戊戌	己亥	庚子	辛丑	壬寅	癸卯	甲辰	乙巳	丙午	丁未	戊申	己酉	庚戌	辛亥	壬子	癸丑	甲寅	乙卯	丙辰	丁巳	戊午	己未	庚申	辛酉	壬戌	癸亥	甲子

9 · 乙酉月 (양 9.8 ~ 10.7)

백로 8일 04시01분 — 추분 23일 13시38분

양력	1	2	3	4	5	6	7	8	9	10	11	12	13	14	15	16	17	18	19	20	21	22	23	24	25	26	27	28	29	30	
음력	29	8.1	2	3	4	5	6	7	8	9	10	11	12	13	14	15	16	17	18	19	20	21	22	23	24	25	26	27	28	29	
일진	乙丑	丙寅	丁卯	戊辰	己巳	庚午	辛未	壬申	癸酉	甲戌	乙亥	丙子	丁丑	戊寅	己卯	庚辰	辛巳	壬午	癸未	甲申	乙酉	丙戌	丁亥	戊子	己丑	庚寅	辛卯	壬辰	癸巳	甲午	

10 · 丙戌月 (양 10.8 ~ 11.6)

한로 8일 19시56분 — 상강 23일 23시15분

양력	1	2	3	4	5	6	7	8	9	10	11	12	13	14	15	16	17	18	19	20	21	22	23	24	25	26	27	28	29	30	31
음력	9.1	2	3	4	5	6	7	8	9	10	11	12	13	14	15	16	17	18	19	20	21	22	23	24	25	26	27	28	29	30	10.1
일진	乙未	丙申	丁酉	戊戌	己亥	庚子	辛丑	壬寅	癸卯	甲辰	乙巳	丙午	丁未	戊申	己酉	庚戌	辛亥	壬子	癸丑	甲寅	乙卯	丙辰	丁巳	戊午	己未	庚申	辛酉	壬戌	癸亥	甲子	乙丑

11 · 丁亥月 (양 11.7 ~ 12.6)

입동 7일 23시22분 — 소설 22일 21시02분

양력	1	2	3	4	5	6	7	8	9	10	11	12	13	14	15	16	17	18	19	20	21	22	23	24	25	26	27	28	29	30	
음력	2	3	4	5	6	7	8	9	10	11	12	13	14	15	16	17	18	19	20	21	22	23	24	25	26	27	28	29	30	11.1	
일진	丙寅	丁卯	戊辰	己巳	庚午	辛未	壬申	癸酉	甲戌	乙亥	丙子	丁丑	戊寅	己卯	庚辰	辛巳	壬午	癸未	甲申	乙酉	丙戌	丁亥	戊子	己丑	庚寅	辛卯	壬辰	癸巳	甲午	乙未	

12 · 戊子月 (양 12.7 ~ 1.5)

대설 7일 16시24분 — 동지 22일 10시30분

양력	1	2	3	4	5	6	7	8	9	10	11	12	13	14	15	16	17	18	19	20	21	22	23	24	25	26	27	28	29	30	31
음력	2	3	4	5	6	7	8	9	10	11	12	13	14	15	16	17	18	19	20	21	22	23	24	25	26	27	28	29	12.1	2	3
일진	丙申	丁酉	戊戌	己亥	庚子	辛丑	壬寅	癸卯	甲辰	乙巳	丙午	丁未	戊申	己酉	庚戌	辛亥	壬子	癸丑	甲寅	乙卯	丙辰	丁巳	戊午	己未	庚申	辛酉	壬戌	癸亥	甲子	乙丑	丙寅

단기 4369년	2036년(윤6월)	

1 · 己丑月 (양 1.6 ~ 2.3)

소한 6일 03시42분 / 대한 20일 21시10분

양력	1	2	3	4	5	6	7	8	9	10	11	12	13	14	15	16	17	18	19	20	21	22	23	24	25	26	27	28	29	30	31
음력	4	5	6	7	8	9	10	11	12	13	14	15	16	17	18	19	20	21	22	23	24	25	26	27	28	29	30	1.1	2	3	4
일진	丁卯	戊辰	己巳	庚午	辛未	壬申	癸酉	甲戌	乙亥	丙子	丁丑	戊寅	己卯	庚辰	辛巳	壬午	癸未	甲申	乙酉	丙戌	丁亥	戊子	己丑	庚寅	辛卯	壬辰	癸巳	甲午	乙未	丙申	丁酉

2 · 庚寅月 (양 2.4 ~ 3.4)

입춘 4일 15시19분 / 우수 19일 11시13분

양력	1	2	3	4	5	6	7	8	9	10	11	12	13	14	15	16	17	18	19	20	21	22	23	24	25	26	27	28	29
음력	5	6	7	8	9	10	11	12	13	14	15	16	17	18	19	20	21	22	23	24	25	26	27	28	29	30	2.1	2	3
일진	戊戌	己亥	庚子	辛丑	壬寅	癸卯	甲辰	乙巳	丙午	丁未	戊申	己酉	庚戌	辛亥	壬子	癸丑	甲寅	乙卯	丙辰	丁巳	戊午	己未	庚申	辛酉	壬戌	癸亥	甲子	乙丑	丙寅

3 · 辛卯月 (양 3.5 ~ 4.3)

경칩 5일 09시10분 / 춘분 20일 10시01분

양력	1	2	3	4	5	6	7	8	9	10	11	12	13	14	15	16	17	18	19	20	21	22	23	24	25	26	27	28	29	30	31
음력	4	5	6	7	8	9	10	11	12	13	14	15	16	17	18	19	20	21	22	23	24	25	26	27	28	29	30	3.1	2	3	4
일진	丁卯	戊辰	己巳	庚午	辛未	壬申	癸酉	甲戌	乙亥	丙子	丁丑	戊寅	己卯	庚辰	辛巳	壬午	癸未	甲申	乙酉	丙戌	丁亥	戊子	己丑	庚寅	辛卯	壬辰	癸巳	甲午	乙未	丙申	丁酉

4 · 壬辰月 (양 4.4 ~ 5.4)

청명 4일 13시45분 / 곡우 19일 20시49분

양력	1	2	3	4	5	6	7	8	9	10	11	12	13	14	15	16	17	18	19	20	21	22	23	24	25	26	27	28	29	30
음력	5	6	7	8	9	10	11	12	13	14	15	16	17	18	19	20	21	22	23	24	25	26	27	28	29	4.1	2	3	4	5
일진	戊戌	己亥	庚子	辛丑	壬寅	癸卯	甲辰	乙巳	丙午	丁未	戊申	己酉	庚戌	辛亥	壬子	癸丑	甲寅	乙卯	丙辰	丁巳	戊午	己未	庚申	辛酉	壬戌	癸亥	甲子	乙丑	丙寅	丁卯

5 · 癸巳月 (양 5.5 ~ 6.4)

입하 5일 06시48분 / 소만 20일 19시43분

양력	1	2	3	4	5	6	7	8	9	10	11	12	13	14	15	16	17	18	19	20	21	22	23	24	25	26	27	28	29	30	31
음력	6	7	8	9	10	11	12	13	14	15	16	17	18	19	20	21	22	23	24	25	26	27	28	29	30	5.1	2	3	4	5	6
일진	戊辰	己巳	庚午	辛未	壬申	癸酉	甲戌	乙亥	丙子	丁丑	戊寅	己卯	庚辰	辛巳	壬午	癸未	甲申	乙酉	丙戌	丁亥	戊子	己丑	庚寅	辛卯	壬辰	癸巳	甲午	乙未	丙申	丁酉	戊戌

6 · 甲午月 (양 6.5 ~ 7.5)

망종 5일 10시46분 / 하지 21일 03시31분

양력	1	2	3	4	5	6	7	8	9	10	11	12	13	14	15	16	17	18	19	20	21	22	23	24	25	26	27	28	29	30
음력	7	8	9	10	11	12	13	14	15	16	17	18	19	20	21	22	23	24	25	26	27	28	29	6.1	2	3	4	5	6	7
일진	己亥	庚子	辛丑	壬寅	癸卯	甲辰	乙巳	丙午	丁未	戊申	己酉	庚戌	辛亥	壬子	癸丑	甲寅	乙卯	丙辰	丁巳	戊午	己未	庚申	辛酉	壬戌	癸亥	甲子	乙丑	丙寅	丁卯	戊辰

丙辰年

동경 135도 표준시

소서 6일 20시56분 | **7 · 乙未月** (양 7.6 ~ 8.6) | 대서 22일 14시21분

양력	1	2	3	4	5	6	7	8	9	10	11	12	13	14	15	16	17	18	19	20	21	22	23	24	25	26	27	28	29	30	31
음력	8	9	10	11	12	13	14	15	16	17	18	19	20	21	22	23	24	25	26	27	28	29	윤	6.2	3	4	5	6	7	8	9
일진	己巳	庚午	辛未	壬申	癸酉	甲戌	乙亥	丙子	丁丑	戊寅	己卯	庚辰	辛巳	壬午	癸未	甲申	乙酉	丙戌	丁亥	戊子	己丑	庚寅	辛卯	壬辰	癸巳	甲午	乙未	丙申	丁酉	戊戌	己亥

입추 7일 06시48분 | **8 · 丙申月** (양 8.7 ~ 9.6) | 처서 22일 21시31분

양력	1	2	3	4	5	6	7	8	9	10	11	12	13	14	15	16	17	18	19	20	21	22	23	24	25	26	27	28	29	30	31
음력	10	11	12	13	14	15	16	17	18	19	20	21	22	23	24	25	26	27	28	29	30	7.1	2	3	4	5	6	7	8	9	10
일진	庚子	辛丑	壬寅	癸卯	甲辰	乙巳	丙午	丁未	戊申	己酉	庚戌	辛亥	壬子	癸丑	甲寅	乙卯	丙辰	丁巳	戊午	己未	庚申	辛酉	壬戌	癸亥	甲子	乙丑	丙寅	丁卯	戊辰	己巳	庚午

백로 7일 09시54분 | **9 · 丁酉月** (양 9.7 ~ 10.7) | 추분 22일 19시22분

양력	1	2	3	4	5	6	7	8	9	10	11	12	13	14	15	16	17	18	19	20	21	22	23	24	25	26	27	28	29	30	
음력	11	12	13	14	15	16	17	18	19	20	21	22	23	24	25	26	27	28	29	8.1	2	3	4	5	6	7	8	9	10	11	
일진	辛未	壬申	癸酉	甲戌	乙亥	丙子	丁丑	戊寅	己卯	庚辰	辛巳	壬午	癸未	甲申	乙酉	丙戌	丁亥	戊子	己丑	庚寅	辛卯	壬辰	癸巳	甲午	乙未	丙申	丁酉	戊戌	己亥	庚子	

한로 8일 01시48분 | **10 · 戊戌月** (양 10.8 ~ 11.6) | 상강 23일 04시57분

양력	1	2	3	4	5	6	7	8	9	10	11	12	13	14	15	16	17	18	19	20	21	22	23	24	25	26	27	28	29	30	31
음력	12	13	14	15	16	17	18	19	20	21	22	23	24	25	26	27	28	29	9.1	2	3	4	5	6	7	8	9	10	11	12	13
일진	辛丑	壬寅	癸卯	甲辰	乙巳	丙午	丁未	戊申	己酉	庚戌	辛亥	壬子	癸丑	甲寅	乙卯	丙辰	丁巳	戊午	己未	庚申	辛酉	壬戌	癸亥	甲子	乙丑	丙寅	丁卯	戊辰	己巳	庚午	辛未

입동 7일 05시13분 | **11 · 己亥月** (양 11.7 ~ 12.5) | 소설 22일 02시44분

양력	1	2	3	4	5	6	7	8	9	10	11	12	13	14	15	16	17	18	19	20	21	22	23	24	25	26	27	28	29	30	
음력	14	15	16	17	18	19	20	21	22	23	24	25	26	27	28	29	30	10.1	2	3	4	5	6	7	8	9	10	11	12	13	
일진	壬申	癸酉	甲戌	乙亥	丙子	丁丑	戊寅	己卯	庚辰	辛巳	壬午	癸未	甲申	乙酉	丙戌	丁亥	戊子	己丑	庚寅	辛卯	壬辰	癸巳	甲午	乙未	丙申	丁酉	戊戌	己亥	庚子	辛丑	

대설 6일 22시15분 | **12 · 庚子月** (양 12.6 ~ 1.4) | 동지 21일 16시11분

양력	1	2	3	4	5	6	7	8	9	10	11	12	13	14	15	16	17	18	19	20	21	22	23	24	25	26	27	28	29	30	31
음력	14	15	16	17	18	19	20	21	22	23	24	25	26	27	28	29	30	11.1	2	3	4	5	6	7	8	9	10	11	12	13	14
일진	壬寅	癸卯	甲辰	乙巳	丙午	丁未	戊申	己酉	庚戌	辛亥	壬子	癸丑	甲寅	乙卯	丙辰	丁巳	戊午	己未	庚申	辛酉	壬戌	癸亥	甲子	乙丑	丙寅	丁卯	戊辰	己巳	庚午	辛未	壬申

단기 4370년	2037년	

소한 5일 09시33분 **1 · 辛丑月** (양 1.5 ~ 2.2) 대한 20일 02시52분

양력	1	2	3	4	5	6	7	8	9	10	11	12	13	14	15	16	17	18	19	20	21	22	23	24	25	26	27	28	29	30	31
음력	15	16	17	18	19	20	21	22	23	24	25	26	27	28	29	12.1	2	3	4	5	6	7	8	9	10	11	12	13	14	15	16
일진	癸酉	甲戌	乙亥	丙子	丁丑	戊寅	己卯	庚辰	辛巳	壬午	癸未	甲申	乙酉	丙戌	丁亥	戊子	己丑	庚寅	辛卯	壬辰	癸巳	甲午	乙未	丙申	丁酉	戊戌	己亥	庚子	辛丑	壬寅	癸卯

입춘 3일 21시10분 **2 · 壬寅月** (양 2.3 ~ 3.4) 우수 18일 16시57분

양력	1	2	3	4	5	6	7	8	9	10	11	12	13	14	15	16	17	18	19	20	21	22	23	24	25	26	27	28
음력	17	18	19	20	21	22	23	24	25	26	27	28	29	30	1.1	2	3	4	5	6	7	8	9	10	11	12	13	14
일진	甲辰	乙巳	丙午	丁未	戊申	己酉	庚戌	辛亥	壬子	癸丑	甲寅	乙卯	丙辰	丁巳	戊午	己未	庚申	辛酉	壬戌	癸亥	甲子	乙丑	丙寅	丁卯	戊辰	己巳	庚午	辛未

경칩 5일 15시05분 **3 · 癸卯月** (양 3.5 ~ 4.3) 춘분 20일 15시49분

양력	1	2	3	4	5	6	7	8	9	10	11	12	13	14	15	16	17	18	19	20	21	22	23	24	25	26	27	28	29	30	31
음력	15	16	17	18	19	20	21	22	23	24	25	26	27	28	29	30	2.1	2	3	4	5	6	7	8	9	10	11	12	13	14	15
일진	壬申	癸酉	甲戌	乙亥	丙子	丁丑	戊寅	己卯	庚辰	辛巳	壬午	癸未	甲申	乙酉	丙戌	丁亥	戊子	己丑	庚寅	辛卯	壬辰	癸巳	甲午	乙未	丙申	丁酉	戊戌	己亥	庚子	辛丑	壬寅

청명 4일 19시43분 **4 · 甲辰月** (양 4.4 ~ 5.4) 곡우 20일 02시39분

양력	1	2	3	4	5	6	7	8	9	10	11	12	13	14	15	16	17	18	19	20	21	22	23	24	25	26	27	28	29	30
음력	16	17	18	19	20	21	22	23	24	25	26	27	28	29	30	3.1	2	3	4	5	6	7	8	9	10	11	12	13	14	15
일진	癸卯	甲辰	乙巳	丙午	丁未	戊申	己酉	庚戌	辛亥	壬子	癸丑	甲寅	乙卯	丙辰	丁巳	戊午	己未	庚申	辛酉	壬戌	癸亥	甲子	乙丑	丙寅	丁卯	戊辰	己巳	庚午	辛未	壬申

입하 5일 12시48분 **5 · 乙巳月** (양 5.5 ~ 6.4) 소만 21일 01시34분

양력	1	2	3	4	5	6	7	8	9	10	11	12	13	14	15	16	17	18	19	20	21	22	23	24	25	26	27	28	29	30	31
음력	16	17	18	19	20	21	22	23	24	25	26	27	28	29	4.1	2	3	4	5	6	7	8	9	10	11	12	13	14	15	16	17
일진	癸酉	甲戌	乙亥	丙子	丁丑	戊寅	己卯	庚辰	辛巳	壬午	癸未	甲申	乙酉	丙戌	丁亥	戊子	己丑	庚寅	辛卯	壬辰	癸巳	甲午	乙未	丙申	丁酉	戊戌	己亥	庚子	辛丑	壬寅	癸卯

망종 5일 16시45분 **6 · 丙午月** (양 6.5 ~ 7.6) 하지 21일 09시21분

양력	1	2	3	4	5	6	7	8	9	10	11	12	13	14	15	16	17	18	19	20	21	22	23	24	25	26	27	28	29	30
음력	18	19	20	21	22	23	24	25	26	27	28	29	30	5.1	2	3	4	5	6	7	8	9	10	11	12	13	14	15	16	17
일진	甲辰	乙巳	丙午	丁未	戊申	己酉	庚戌	辛亥	壬子	癸丑	甲寅	乙卯	丙辰	丁巳	戊午	己未	庚申	辛酉	壬戌	癸亥	甲子	乙丑	丙寅	丁卯	戊辰	己巳	庚午	辛未	壬申	癸酉

	丁巳年	동경 135도 표준시

소서 7일 02시54분 · **7 · 丁未月**(양 7.7 ~ 8.6) · 대서 22일 20시11분

양력	1	2	3	4	5	6	7	8	9	10	11	12	13	14	15	16	17	18	19	20	21	22	23	24	25	26	27	28	29	30	31
음력	18	19	20	21	22	23	24	25	26	27	28	29	6.1	2	3	4	5	6	7	8	9	10	11	12	13	14	15	16	17	18	19
일진	甲戌	乙亥	丙子	丁丑	戊寅	己卯	庚辰	辛巳	壬午	癸未	甲申	乙酉	丙戌	丁亥	戊子	己丑	庚寅	辛卯	壬辰	癸巳	甲午	乙未	丙申	丁酉	戊戌	己亥	庚子	辛丑	壬寅	癸卯	甲辰

입추 7일 12시42분 · **8 · 戊申月**(양 8.7 ~ 9.6) · 처서 23일 03시21분

양력	1	2	3	4	5	6	7	8	9	10	11	12	13	14	15	16	17	18	19	20	21	22	23	24	25	26	27	28	29	30	31
음력	20	21	22	23	24	25	26	27	28	29	7.1	2	3	4	5	6	7	8	9	10	11	12	13	14	15	16	17	18	19	20	21
일진	乙巳	丙午	丁未	戊申	己酉	庚戌	辛亥	壬子	癸丑	甲寅	乙卯	丙辰	丁巳	戊午	己未	庚申	辛酉	壬戌	癸亥	甲子	乙丑	丙寅	丁卯	戊辰	己巳	庚午	辛未	壬申	癸酉	甲戌	乙亥

백로 7일 15시44분 · **9 · 己酉月**(양 9.7 ~ 10.7) · 추분 23일 01시22분

양력	1	2	3	4	5	6	7	8	9	10	11	12	13	14	15	16	17	18	19	20	21	22	23	24	25	26	27	28	29	30	
음력	22	23	24	25	26	27	28	29	30	8.1	2	3	4	5	6	7	8	9	10	11	12	13	14	15	16	17	18	19	20	21	
일진	丙子	丁丑	戊寅	己卯	庚辰	辛巳	壬午	癸未	甲申	乙酉	丙戌	丁亥	戊子	己丑	庚寅	辛卯	壬辰	癸巳	甲午	乙未	丙申	丁酉	戊戌	己亥	庚子	辛丑	壬寅	癸卯	甲辰	乙巳	

한로 8일 07시36분 · **10 · 庚戌月**(양 10.8 ~ 11.6) · 상강 23일 10시48분

양력	1	2	3	4	5	6	7	8	9	10	11	12	13	14	15	16	17	18	19	20	21	22	23	24	25	26	27	28	29	30	31
음력	22	23	24	25	26	27	28	29	9.1	2	3	4	5	6	7	8	9	10	11	12	13	14	15	16	17	18	19	20	21	22	23
일진	丙午	丁未	戊申	己酉	庚戌	辛亥	壬子	癸丑	甲寅	乙卯	丙辰	丁巳	戊午	己未	庚申	辛酉	壬戌	癸亥	甲子	乙丑	丙寅	丁卯	戊辰	己巳	庚午	辛未	壬申	癸酉	甲戌	乙亥	丙子

입동 7일 11시03분 · **11 · 辛亥月**(양 11.7 ~ 12.6) · 소설 22일 08시37분

양력	1	2	3	4	5	6	7	8	9	10	11	12	13	14	15	16	17	18	19	20	21	22	23	24	25	26	27	28	29	30	
음력	24	25	26	27	28	29	10.1	2	3	4	5	6	7	8	9	10	11	12	13	14	15	16	17	18	19	20	21	22	23	24	
일진	丁丑	戊寅	己卯	庚辰	辛巳	壬午	癸未	甲申	乙酉	丙戌	丁亥	戊子	己丑	庚寅	辛卯	壬辰	癸巳	甲午	乙未	丙申	丁酉	戊戌	己亥	庚子	辛丑	壬寅	癸卯	甲辰	乙巳	丙午	

대설 7일 04시06분 · **12 · 壬子月**(양 12.7 ~ 1.4) · 동지 21일 22시06분

양력	1	2	3	4	5	6	7	8	9	10	11	12	13	14	15	16	17	18	19	20	21	22	23	24	25	26	27	28	29	30	31
음력	25	26	27	28	29	30	11.1	2	3	4	5	6	7	8	9	10	11	12	13	14	15	16	17	18	19	20	21	22	23	24	25
일진	丁未	戊申	己酉	庚戌	辛亥	壬子	癸丑	甲寅	乙卯	丙辰	丁巳	戊午	己未	庚申	辛酉	壬戌	癸亥	甲子	乙丑	丙寅	丁卯	戊辰	己巳	庚午	辛未	壬申	癸酉	甲戌	乙亥	丙子	丁丑

단기 4371년	2038년	

소한 5일 15시25분

1 · 癸丑月 (양 1.5 ~ 2.3)

대한 20일 08시47분

양력	1	2	3	4	5	6	7	8	9	10	11	12	13	14	15	16	17	18	19	20	21	22	23	24	25	26	27	28	29	30	31
음력	26	27	28	29	12.1	2	3	4	5	6	7	8	9	10	11	12	13	14	15	16	17	18	19	20	21	22	23	24	25	26	27
일진	戊寅	己卯	庚辰	辛巳	壬午	癸未	甲申	乙酉	丙戌	丁亥	戊子	己丑	庚寅	辛卯	壬辰	癸巳	甲午	乙未	丙申	丁酉	戊戌	己亥	庚子	辛丑	壬寅	癸卯	甲辰	乙巳	丙午	丁未	戊申

입춘 4일 03시02분

2 · 甲寅月 (양 2.4 ~ 3.4)

우수 18일 22시51분

양력	1	2	3	4	5	6	7	8	9	10	11	12	13	14	15	16	17	18	19	20	21	22	23	24	25	26	27	28
음력	28	29	30	1.1	2	3	4	5	6	7	8	9	10	11	12	13	14	15	16	17	18	19	20	21	22	23	24	25
일진	己酉	庚戌	辛亥	壬子	癸丑	甲寅	乙卯	丙辰	丁巳	戊午	己未	庚申	辛酉	壬戌	癸亥	甲子	乙丑	丙寅	丁卯	戊辰	己巳	庚午	辛未	壬申	癸酉	甲戌	乙亥	丙子

경칩 5일 20시54분

3 · 乙卯月 (양 3.5 ~ 4.4)

춘분 20일 21시39분

양력	1	2	3	4	5	6	7	8	9	10	11	12	13	14	15	16	17	18	19	20	21	22	23	24	25	26	27	28	29	30	31
음력	26	27	28	29	30	2.1	2	3	4	5	6	7	8	9	10	11	12	13	14	15	16	17	18	19	20	21	22	23	24	25	26
일진	丁丑	戊寅	己卯	庚辰	辛巳	壬午	癸未	甲申	乙酉	丙戌	丁亥	戊子	己丑	庚寅	辛卯	壬辰	癸巳	甲午	乙未	丙申	丁酉	戊戌	己亥	庚子	辛丑	壬寅	癸卯	甲辰	乙巳	丙午	丁未

청명 5일 01시28분

4 · 丙辰月 (양 4.5 ~ 5.4)

곡우 20일 08시27분

양력	1	2	3	4	5	6	7	8	9	10	11	12	13	14	15	16	17	18	19	20	21	22	23	24	25	26	27	28	29	30
음력	27	28	29	30	3.1	2	3	4	5	6	7	8	9	10	11	12	13	14	15	16	17	18	19	20	21	22	23	24	25	26
일진	戊申	己酉	庚戌	辛亥	壬子	癸丑	甲寅	乙卯	丙辰	丁巳	戊午	己未	庚申	辛酉	壬戌	癸亥	甲子	乙丑	丙寅	丁卯	戊辰	己巳	庚午	辛未	壬申	癸酉	甲戌	乙亥	丙子	丁丑

입하 5일 18시30분

5 · 丁巳月 (양 5.5 ~ 6.4)

소만 21일 07시21분

양력	1	2	3	4	5	6	7	8	9	10	11	12	13	14	15	16	17	18	19	20	21	22	23	24	25	26	27	28	29	30	31
음력	27	28	29	4.1	2	3	4	5	6	7	8	9	10	11	12	13	14	15	16	17	18	19	20	21	22	23	24	25	26	27	28
일진	戊寅	己卯	庚辰	辛巳	壬午	癸未	甲申	乙酉	丙戌	丁亥	戊子	己丑	庚寅	辛卯	壬辰	癸巳	甲午	乙未	丙申	丁酉	戊戌	己亥	庚子	辛丑	壬寅	癸卯	甲辰	乙巳	丙午	丁未	戊申

망종 5일 22시24분

6 · 戊午月 (양 6.5 ~ 7.6)

하지 21일 15시08분

양력	1	2	3	4	5	6	7	8	9	10	11	12	13	14	15	16	17	18	19	20	21	22	23	24	25	26	27	28	29	30
음력	29	30	5.1	2	3	4	5	6	7	8	9	10	11	12	13	14	15	16	17	18	19	20	21	22	23	24	25	26	27	28
일진	己酉	庚戌	辛亥	壬子	癸丑	甲寅	乙卯	丙辰	丁巳	戊午	己未	庚申	辛酉	壬戌	癸亥	甲子	乙丑	丙寅	丁卯	戊辰	己巳	庚午	辛未	壬申	癸酉	甲戌	乙亥	丙子	丁丑	戊寅

戊午年

동경 135도 표준시

7 · 己未月 (양 7.7 ~ 8.6)

소서 7일 08시31분 / 대서 23일 01시58분

양력	1	2	3	4	5	6	7	8	9	10	11	12	13	14	15	16	17	18	19	20	21	22	23	24	25	26	27	28	29	30	31
음력	29	6.1	2	3	4	5	6	7	8	9	10	11	12	13	14	15	16	17	18	19	20	21	22	23	24	25	26	27	28	29	30
일진	己卯	庚辰	辛巳	壬午	癸未	甲申	乙酉	丙戌	丁亥	戊子	己丑	庚寅	辛卯	壬辰	癸巳	甲午	乙未	丙申	丁酉	戊戌	己亥	庚子	辛丑	壬寅	癸卯	甲辰	乙巳	丙午	丁未	戊申	己酉

8 · 庚申月 (양 8.7 ~ 9.6)

입추 7일 18시20분 / 처서 23일 09시09분

양력	1	2	3	4	5	6	7	8	9	10	11	12	13	14	15	16	17	18	19	20	21	22	23	24	25	26	27	28	29	30	31
음력	7.1	2	3	4	5	6	7	8	9	10	11	12	13	14	15	16	17	18	19	20	21	22	23	24	25	26	27	28	29	8.1	2
일진	庚戌	辛亥	壬子	癸丑	甲寅	乙卯	丙辰	丁巳	戊午	己未	庚申	辛酉	壬戌	癸亥	甲子	乙丑	丙寅	丁卯	戊辰	己巳	庚午	辛未	壬申	癸酉	甲戌	乙亥	丙子	丁丑	戊寅	己卯	庚辰

9 · 辛酉月 (양 9.7 ~ 10.7)

백로 7일 21시25분 / 추분 23일 07시01분

양력	1	2	3	4	5	6	7	8	9	10	11	12	13	14	15	16	17	18	19	20	21	22	23	24	25	26	27	28	29	30
음력	3	4	5	6	7	8	9	10	11	12	13	14	15	16	17	18	19	20	21	22	23	24	25	26	27	28	29	30	9.1	2
일진	辛巳	壬午	癸未	甲申	乙酉	丙戌	丁亥	戊子	己丑	庚寅	辛卯	壬辰	癸巳	甲午	乙未	丙申	丁酉	戊戌	己亥	庚子	辛丑	壬寅	癸卯	甲辰	乙巳	丙午	丁未	戊申	己酉	庚戌

10 · 壬戌月 (양 10.8 ~ 11.6)

한로 8일 13시20분 / 상강 23일 16시39분

양력	1	2	3	4	5	6	7	8	9	10	11	12	13	14	15	16	17	18	19	20	21	22	23	24	25	26	27	28	29	30	31
음력	3	4	5	6	7	8	9	10	11	12	13	14	15	16	17	18	19	20	21	22	23	24	25	26	27	28	29	10.1	2	3	4
일진	辛亥	壬子	癸丑	甲寅	乙卯	丙辰	丁巳	戊午	己未	庚申	辛酉	壬戌	癸亥	甲子	乙丑	丙寅	丁卯	戊辰	己巳	庚午	辛未	壬申	癸酉	甲戌	乙亥	丙子	丁丑	戊寅	己卯	庚辰	辛巳

11 · 癸亥月 (양 11.7 ~ 12.6)

입동 7일 16시49분 / 소설 22일 14시30분

양력	1	2	3	4	5	6	7	8	9	10	11	12	13	14	15	16	17	18	19	20	21	22	23	24	25	26	27	28	29	30
음력	5	6	7	8	9	10	11	12	13	14	15	16	17	18	19	20	21	22	23	24	25	26	27	28	29	11.1	2	3	4	5
일진	壬午	癸未	甲申	乙酉	丙戌	丁亥	戊子	己丑	庚寅	辛卯	壬辰	癸巳	甲午	乙未	丙申	丁酉	戊戌	己亥	庚子	辛丑	壬寅	癸卯	甲辰	乙巳	丙午	丁未	戊申	己酉	庚戌	辛亥

12 · 甲子月 (양 12.7 ~ 1.4)

대설 7일 09시55분 / 동지 22일 04시01분

양력	1	2	3	4	5	6	7	8	9	10	11	12	13	14	15	16	17	18	19	20	21	22	23	24	25	26	27	28	29	30	31
음력	6	7	8	9	10	11	12	13	14	15	16	17	18	19	20	21	22	23	24	25	26	27	28	29	30	12.1	2	3	4	5	6
일진	壬子	癸丑	甲寅	乙卯	丙辰	丁巳	戊午	己未	庚申	辛酉	壬戌	癸亥	甲子	乙丑	丙寅	丁卯	戊辰	己巳	庚午	辛未	壬申	癸酉	甲戌	乙亥	丙子	丁丑	戊寅	己卯	庚辰	辛巳	壬午

단기 4372년	**2039년**(윤5월)	

소한 5일 21시51분 대한 20일 14시42분

1 · 乙丑月 (양 1.5 ~ 2.3)

양력	1	2	3	4	5	6	7	8	9	10	11	12	13	14	15	16	17	18	19	20	21	22	23	24	25	26	27	28	29	30	31
음력	7	8	9	10	11	12	13	14	15	16	17	18	19	20	21	22	23	24	25	26	27	28	29	1.1	2	3	4	5	6	7	8
일진	癸未	甲申	乙酉	丙戌	丁亥	戊子	己丑	庚寅	辛卯	壬辰	癸巳	甲午	乙未	丙申	丁酉	戊戌	己亥	庚子	辛丑	壬寅	癸卯	甲辰	乙巳	丙午	丁未	戊申	己酉	庚戌	辛亥	壬子	癸丑

입춘 4일 08시51분 우수 19일 04시44분

2 · 丙寅月 (양 2.4 ~ 3.5)

양력	1	2	3	4	5	6	7	8	9	10	11	12	13	14	15	16	17	18	19	20	21	22	23	24	25	26	27	28			
음력	9	10	11	12	13	14	15	16	17	18	19	20	21	22	23	24	25	26	27	28	29	30	2.1	2	3	4	5	6			
일진	甲寅	乙卯	丙辰	丁巳	戊午	己未	庚申	辛酉	壬戌	癸亥	甲子	乙丑	丙寅	丁卯	戊辰	己巳	庚午	辛未	壬申	癸酉	甲戌	乙亥	丙子	丁丑	戊寅	己卯	庚辰	辛巳			

경칩 6일 02시42분 춘분 21일 03시31분

3 · 丁卯月 (양 3.6 ~ 4.4)

양력	1	2	3	4	5	6	7	8	9	10	11	12	13	14	15	16	17	18	19	20	21	22	23	24	25	26	27	28	29	30	31
음력	7	8	9	10	11	12	13	14	15	16	17	18	19	20	21	22	23	24	25	26	27	28	29	30	3.1	2	3	4	5	6	7
일진	壬午	癸未	甲申	乙酉	丙戌	丁亥	戊子	己丑	庚寅	辛卯	壬辰	癸巳	甲午	乙未	丙申	丁酉	戊戌	己亥	庚子	辛丑	壬寅	癸卯	甲辰	乙巳	丙午	丁未	戊申	己酉	庚戌	辛亥	壬子

청명 5일 07시14분 곡우 20일 14시16분

4 · 戊辰月 (양 4.5 ~ 5.5)

양력	1	2	3	4	5	6	7	8	9	10	11	12	13	14	15	16	17	18	19	20	21	22	23	24	25	26	27	28	29	30	
음력	8	9	10	11	12	13	14	15	16	17	18	19	20	21	22	23	24	25	26	27	28	29	4.1	2	3	4	5	6	7	8	
일진	癸丑	甲寅	乙卯	丙辰	丁巳	戊午	己未	庚申	辛酉	壬戌	癸亥	甲子	乙丑	丙寅	丁卯	戊辰	己巳	庚午	辛未	壬申	癸酉	甲戌	乙亥	丙子	丁丑	戊寅	己卯	庚辰	辛巳	壬午	

입하 6일 00시17분 소만 21일 13시09분

5 · 己巳月 (양 5.6 ~ 6.5)

양력	1	2	3	4	5	6	7	8	9	10	11	12	13	14	15	16	17	18	19	20	21	22	23	24	25	26	27	28	29	30	31
음력	9	10	11	12	13	14	15	16	17	18	19	20	21	22	23	24	25	26	27	28	29	30	5.1	2	3	4	5	6	7	8	9
일진	癸未	甲申	乙酉	丙戌	丁亥	戊子	己丑	庚寅	辛卯	壬辰	癸巳	甲午	乙未	丙申	丁酉	戊戌	己亥	庚子	辛丑	壬寅	癸卯	甲辰	乙巳	丙午	丁未	戊申	己酉	庚戌	辛亥	壬子	癸丑

망종 6일 04시14분 하지 21일 20시56분

6 · 庚午月 (양 6.6 ~ 7.6)

양력	1	2	3	4	5	6	7	8	9	10	11	12	13	14	15	16	17	18	19	20	21	22	23	24	25	26	27	28	29	30	
음력	10	11	12	13	14	15	16	17	18	19	20	21	22	23	24	25	26	27	28	29	30	윤	5.2	3	4	5	6	7	8	9	
일진	甲寅	乙卯	丙辰	丁巳	戊午	己未	庚申	辛酉	壬戌	癸亥	甲子	乙丑	丙寅	丁卯	戊辰	己巳	庚午	辛未	壬申	癸酉	甲戌	乙亥	丙子	丁丑	戊寅	己卯	庚辰	辛巳	壬午	癸未	

己未年

동경 135도 표준시

소서 7일 14시25분

7 · 辛未月 (양 7.7 ~ 8.7)

대서 23일 07시47분

양력	1	2	3	4	5	6	7	8	9	10	11	12	13	14	15	16	17	18	19	20	21	22	23	24	25	26	27	28	29	30	31
음력	10	11	12	13	14	15	16	17	18	19	20	21	22	23	24	25	26	27	28	29	6.1	2	3	4	5	6	7	8	9	10	11
일진	甲申	乙酉	丙戌	丁亥	戊子	己丑	庚寅	辛卯	壬辰	癸巳	甲午	乙未	丙申	丁酉	戊戌	己亥	庚子	辛丑	壬寅	癸卯	甲辰	乙巳	丙午	丁未	戊申	己酉	庚戌	辛亥	壬子	癸丑	甲寅

입추 8일 00시17분

8 · 壬申月 (양 8.8 ~ 9.7)

처서 23일 14시57분

양력	1	2	3	4	5	6	7	8	9	10	11	12	13	14	15	16	17	18	19	20	21	22	23	24	25	26	27	28	29	30	31
음력	12	13	14	15	16	17	18	19	20	21	22	23	24	25	26	27	28	29	30	7.1	2	3	4	5	6	7	8	9	10	11	12
일진	乙卯	丙辰	丁巳	戊午	己未	庚申	辛酉	壬戌	癸亥	甲子	乙丑	丙寅	丁卯	戊辰	己巳	庚午	辛未	壬申	癸酉	甲戌	乙亥	丙子	丁丑	戊寅	己卯	庚辰	辛巳	壬午	癸未	甲申	乙酉

백로 8일 03시23분

9 · 癸酉月 (양 9.8 ~ 10.7)

추분 23일 12시48분

양력	1	2	3	4	5	6	7	8	9	10	11	12	13	14	15	16	17	18	19	20	21	22	23	24	25	26	27	28	29	30	
음력	13	14	15	16	17	18	19	20	21	22	23	24	25	26	27	28	29	8.1	2	3	4	5	6	7	8	9	10	11	12	13	
일진	丙戌	丁亥	戊子	己丑	庚寅	辛卯	壬辰	癸巳	甲午	乙未	丙申	丁酉	戊戌	己亥	庚子	辛丑	壬寅	癸卯	甲辰	乙巳	丙午	丁未	戊申	己酉	庚戌	辛亥	壬子	癸丑	甲寅	乙卯	

한로 8일 19시16분

10 · 甲戌月 (양 10.8 ~ 11.6)

상강 23일 22시24분

양력	1	2	3	4	5	6	7	8	9	10	11	12	13	14	15	16	17	18	19	20	21	22	23	24	25	26	27	28	29	30	31
음력	14	15	16	17	18	19	20	21	22	23	24	25	26	27	28	29	30	9.1	2	3	4	5	6	7	8	9	10	11	12	13	14
일진	丙辰	丁巳	戊午	己未	庚申	辛酉	壬戌	癸亥	甲子	乙丑	丙寅	丁卯	戊辰	己巳	庚午	辛未	壬申	癸酉	甲戌	乙亥	丙子	丁丑	戊寅	己卯	庚辰	辛巳	壬午	癸未	甲申	乙酉	丙戌

입동 7일 22시41분

11 · 乙亥月 (양 11.7 ~ 12.6)

소설 22일 20시11분

양력	1	2	3	4	5	6	7	8	9	10	11	12	13	14	15	16	17	18	19	20	21	22	23	24	25	26	27	28	29	30	
음력	15	16	17	18	19	20	21	22	23	24	25	26	27	28	29	10.1	2	3	4	5	6	7	8	9	10	11	12	13	14	15	
일진	丁亥	戊子	己丑	庚寅	辛卯	壬辰	癸巳	甲午	乙未	丙申	丁酉	戊戌	己亥	庚子	辛丑	壬寅	癸卯	甲辰	乙巳	丙午	丁未	戊申	己酉	庚戌	辛亥	壬子	癸丑	甲寅	乙卯	丙辰	

대설 7일 15시44분

12 · 丙子月 (양 12.7 ~ 1.5)

동지 22일 09시39분

양력	1	2	3	4	5	6	7	8	9	10	11	12	13	14	15	16	17	18	19	20	21	22	23	24	25	26	27	28	29	30	31
음력	16	17	18	19	20	21	22	23	24	25	26	27	28	29	30	11.1	2	3	4	5	6	7	8	9	10	11	12	13	14	15	16
일진	丁巳	戊午	己未	庚申	辛酉	壬戌	癸亥	甲子	乙丑	丙寅	丁卯	戊辰	己巳	庚午	辛未	壬申	癸酉	甲戌	乙亥	丙子	丁丑	戊寅	己卯	庚辰	辛巳	壬午	癸未	甲申	乙酉	丙戌	丁亥

단기 4373년	2040년	

소한 6일 03시02분

1 · 丁丑月 (양 1.6 ~ 2.3)

대한 20일 20시20분

양력	1	2	3	4	5	6	7	8	9	10	11	12	13	14	15	16	17	18	19	20	21	22	23	24	25	26	27	28	29	30	31
음력	17	18	19	20	21	22	23	24	25	26	27	28	29	12.1	2	3	4	5	6	7	8	9	10	11	12	13	14	15	16	17	18
일진	戊子	己丑	庚寅	辛卯	壬辰	癸巳	甲午	乙未	丙申	丁酉	戊戌	己亥	庚子	辛丑	壬寅	癸卯	甲辰	乙巳	丙午	丁未	戊申	己酉	庚戌	辛亥	壬子	癸丑	甲寅	乙卯	丙辰	丁巳	戊午

입춘 4일 14시38분

2 · 戊寅月 (양 2.4 ~ 3.4)

우수 19일 10시22분

양력	1	2	3	4	5	6	7	8	9	10	11	12	13	14	15	16	17	18	19	20	21	22	23	24	25	26	27	28	29
음력	19	20	21	22	23	24	25	26	27	28	29	1.1	2	3	4	5	6	7	8	9	10	11	12	13	14	15	16	17	18
일진	己未	庚申	辛酉	壬戌	癸亥	甲子	乙丑	丙寅	丁卯	戊辰	己巳	庚午	辛未	壬申	癸酉	甲戌	乙亥	丙子	丁丑	戊寅	己卯	庚辰	辛巳	壬午	癸未	甲申	乙酉	丙戌	丁亥

경칩 5일 08시30분

3 · 己卯月 (양 3.5 ~ 4.3)

춘분 20일 09시10분

양력	1	2	3	4	5	6	7	8	9	10	11	12	13	14	15	16	17	18	19	20	21	22	23	24	25	26	27	28	29	30	31
음력	19	20	21	22	23	24	25	26	27	28	29	30	2.1	2	3	4	5	6	7	8	9	10	11	12	13	14	15	16	17	18	19
일진	戊子	己丑	庚寅	辛卯	壬辰	癸巳	甲午	乙未	丙申	丁酉	戊戌	己亥	庚子	辛丑	壬寅	癸卯	甲辰	乙巳	丙午	丁未	戊申	己酉	庚戌	辛亥	壬子	癸丑	甲寅	乙卯	丙辰	丁巳	戊午

청명 4일 13시04분

4 · 庚辰月 (양 4.4 ~ 5.4)

곡우 19일 19시58분

양력	1	2	3	4	5	6	7	8	9	10	11	12	13	14	15	16	17	18	19	20	21	22	23	24	25	26	27	28	29	30
음력	20	21	22	23	24	25	26	27	28	29	3.1	2	3	4	5	6	7	8	9	10	11	12	13	14	15	16	17	18	19	20
일진	己未	庚申	辛酉	壬戌	癸亥	甲子	乙丑	丙寅	丁卯	戊辰	己巳	庚午	辛未	壬申	癸酉	甲戌	乙亥	丙子	丁丑	戊寅	己卯	庚辰	辛巳	壬午	癸未	甲申	乙酉	丙戌	丁亥	戊子

입하 5일 06시08분

5 · 辛巳月 (양 5.5 ~ 6.4)

소만 20일 18시54분

양력	1	2	3	4	5	6	7	8	9	10	11	12	13	14	15	16	17	18	19	20	21	22	23	24	25	26	27	28	29	30	31
음력	21	22	23	24	25	26	27	28	29	30	4.1	2	3	4	5	6	7	8	9	10	11	12	13	14	15	16	17	18	19	20	21
일진	己丑	庚寅	辛卯	壬辰	癸巳	甲午	乙未	丙申	丁酉	戊戌	己亥	庚子	辛丑	壬寅	癸卯	甲辰	乙巳	丙午	丁未	戊申	己酉	庚戌	辛亥	壬子	癸丑	甲寅	乙卯	丙辰	丁巳	戊午	己未

망종 5일 10시07분

6 · 壬午月 (양 6.5 ~ 7.5)

하지 21일 02시45분

양력	1	2	3	4	5	6	7	8	9	10	11	12	13	14	15	16	17	18	19	20	21	22	23	24	25	26	27	28	29	30
음력	22	23	24	25	26	27	28	29	30	5.1	2	3	4	5	6	7	8	9	10	11	12	13	14	15	16	17	18	19	20	21
일진	庚申	辛酉	壬戌	癸亥	甲子	乙丑	丙寅	丁卯	戊辰	己巳	庚午	辛未	壬申	癸酉	甲戌	乙亥	丙子	丁丑	戊寅	己卯	庚辰	辛巳	壬午	癸未	甲申	乙酉	丙戌	丁亥	戊子	己丑

	庚申年	동경 135도 표준시

소서 6일 20시18분

7 · 癸未月 (양 7.6 ~ 8.6)

대서 22일 13시39분

양력	1	2	3	4	5	6	7	8	9	10	11	12	13	14	15	16	17	18	19	20	21	22	23	24	25	26	27	28	29	30	31
음력	22	23	24	25	26	27	28	29	6.1	2	3	4	5	6	7	8	9	10	11	12	13	14	15	16	17	18	19	20	21	22	23
일진	庚寅	辛卯	壬辰	癸巳	甲午	乙未	丙申	丁酉	戊戌	己亥	庚子	辛丑	壬寅	癸卯	甲辰	乙巳	丙午	丁未	戊申	己酉	庚戌	辛亥	壬子	癸丑	甲寅	乙卯	丙辰	丁巳	戊午	己未	庚申

입추 7일 06시09분

8 · 甲申月 (양 8.7 ~ 9.6)

처서 22일 20시52분

양력	1	2	3	4	5	6	7	8	9	10	11	12	13	14	15	16	17	18	19	20	21	22	23	24	25	26	27	28	29	30	31
음력	24	25	26	27	28	29	30	7.1	2	3	4	5	6	7	8	9	10	11	12	13	14	15	16	17	18	19	20	21	22	23	24
일진	辛酉	壬戌	癸亥	甲子	乙丑	丙寅	丁卯	戊辰	己巳	庚午	辛未	壬申	癸酉	甲戌	乙亥	丙子	丁丑	戊寅	己卯	庚辰	辛巳	壬午	癸未	甲申	乙酉	丙戌	丁亥	戊子	己丑	庚寅	辛卯

백로 7일 09시13분

9 · 乙酉月 (양 9.7 ~ 10.7)

추분 22일 18시43분

양력	1	2	3	4	5	6	7	8	9	10	11	12	13	14	15	16	17	18	19	20	21	22	23	24	25	26	27	28	29	30	
음력	25	26	27	28	29	30	8.1	2	3	4	5	6	7	8	9	10	11	12	13	14	15	16	17	18	19	20	21	22	23	24	
일진	壬辰	癸巳	甲午	乙未	丙申	丁酉	戊戌	己亥	庚子	辛丑	壬寅	癸卯	甲辰	乙巳	丙午	丁未	戊申	己酉	庚戌	辛亥	壬子	癸丑	甲寅	乙卯	丙辰	丁巳	戊午	己未	庚申	辛酉	

한로 8일 01시04분

10 · 丙戌月 (양 10.8 ~ 11.6)

상강 23일 04시18분

양력	1	2	3	4	5	6	7	8	9	10	11	12	13	14	15	16	17	18	19	20	21	22	23	24	25	26	27	28	29	30	31
음력	25	26	27	28	29	9.1	2	3	4	5	6	7	8	9	10	11	12	13	14	15	16	17	18	19	20	21	22	23	24	25	26
일진	壬戌	癸亥	甲子	乙丑	丙寅	丁卯	戊辰	己巳	庚午	辛未	壬申	癸酉	甲戌	乙亥	丙子	丁丑	戊寅	己卯	庚辰	辛巳	壬午	癸未	甲申	乙酉	丙戌	丁亥	戊子	己丑	庚寅	辛卯	壬辰

입동 7일 04시28분

11 · 丁亥月 (양 11.7 ~ 12.5)

소설 22일 02시04분

양력	1	2	3	4	5	6	7	8	9	10	11	12	13	14	15	16	17	18	19	20	21	22	23	24	25	26	27	28	29	30	
음력	27	28	29	30	10.1	2	3	4	5	6	7	8	9	10	11	12	13	14	15	16	17	18	19	20	21	22	23	24	25	26	
일진	癸巳	甲午	乙未	丙申	丁酉	戊戌	己亥	庚子	辛丑	壬寅	癸卯	甲辰	乙巳	丙午	丁未	戊申	己酉	庚戌	辛亥	壬子	癸丑	甲寅	乙卯	丙辰	丁巳	戊午	己未	庚申	辛酉	壬戌	

대설 6일 21시29분

12 · 戊子月 (양 12.6 ~ 1.4)

동지 21일 15시31분

양력	1	2	3	4	5	6	7	8	9	10	11	12	13	14	15	16	17	18	19	20	21	22	23	24	25	26	27	28	29	30	31
음력	27	28	29	11.1	2	3	4	5	6	7	8	9	10	11	12	13	14	15	16	17	18	19	20	21	22	23	24	25	26	27	28
일진	癸亥	甲子	乙丑	丙寅	丁卯	戊辰	己巳	庚午	辛未	壬申	癸酉	甲戌	乙亥	丙子	丁丑	戊寅	己卯	庚辰	辛巳	壬午	癸未	甲申	乙酉	丙戌	丁亥	戊子	己丑	庚寅	辛卯	壬辰	癸巳

단기 4374년	2041년	

1 · 己丑月 (양 1.5 ~ 2.2)

소한 5일 08시47분 / 대한 20일 02시12분

양력	1	2	3	4	5	6	7	8	9	10	11	12	13	14	15	16	17	18	19	20	21	22	23	24	25	26	27	28	29	30	31
음력	29	30	12.1	2	3	4	5	6	7	8	9	10	11	12	13	14	15	16	17	18	19	20	21	22	23	24	25	26	27	28	29
일진	甲午	乙未	丙申	丁酉	戊戌	己亥	庚子	辛丑	壬寅	癸卯	甲辰	乙巳	丙午	丁未	戊申	己酉	庚戌	辛亥	壬子	癸丑	甲寅	乙卯	丙辰	丁巳	戊午	己未	庚申	辛酉	壬戌	癸亥	甲子

2 · 庚寅月 (양 2.3 ~ 3.4)

입춘 3일 20시24분 / 우수 18일 16시16분

양력	1	2	3	4	5	6	7	8	9	10	11	12	13	14	15	16	17	18	19	20	21	22	23	24	25	26	27	28
음력	1.1	2	3	4	5	6	7	8	9	10	11	12	13	14	15	16	17	18	19	20	21	22	23	24	25	26	27	28
일진	乙丑	丙寅	丁卯	戊辰	己巳	庚午	辛未	壬申	癸酉	甲戌	乙亥	丙子	丁丑	戊寅	己卯	庚辰	辛巳	壬午	癸未	甲申	乙酉	丙戌	丁亥	戊子	己丑	庚寅	辛卯	壬辰

3 · 辛卯月 (양 3.5 ~ 4.3)

경칩 5일 14시16분 / 춘분 20일 15시05분

양력	1	2	3	4	5	6	7	8	9	10	11	12	13	14	15	16	17	18	19	20	21	22	23	24	25	26	27	28	29	30	31
음력	29	30	2.1	2	3	4	5	6	7	8	9	10	11	12	13	14	15	16	17	18	19	20	21	22	23	24	25	26	27	28	29
일진	癸巳	甲午	乙未	丙申	丁酉	戊戌	己亥	庚子	辛丑	壬寅	癸卯	甲辰	乙巳	丙午	丁未	戊申	己酉	庚戌	辛亥	壬子	癸丑	甲寅	乙卯	丙辰	丁巳	戊午	己未	庚申	辛酉	壬戌	癸亥

4 · 壬辰月 (양 4.4 ~ 5.4)

청명 4일 18시51분 / 곡우 20일 01시53분

양력	1	2	3	4	5	6	7	8	9	10	11	12	13	14	15	16	17	18	19	20	21	22	23	24	25	26	27	28	29	30
음력	3.1	2	3	4	5	6	7	8	9	10	11	12	13	14	15	16	17	18	19	20	21	22	23	24	25	26	27	28	29	4.1
일진	甲子	乙丑	丙寅	丁卯	戊辰	己巳	庚午	辛未	壬申	癸酉	甲戌	乙亥	丙子	丁丑	戊寅	己卯	庚辰	辛巳	壬午	癸未	甲申	乙酉	丙戌	丁亥	戊子	己丑	庚寅	辛卯	壬辰	癸巳

5 · 癸巳月 (양 5.5 ~ 6.4)

입하 5일 11시53분 / 소만 21일 00시47분

양력	1	2	3	4	5	6	7	8	9	10	11	12	13	14	15	16	17	18	19	20	21	22	23	24	25	26	27	28	29	30	31
음력	2	3	4	5	6	7	8	9	10	11	12	13	14	15	16	17	18	19	20	21	22	23	24	25	26	27	28	29	30	5.1	2
일진	甲午	乙未	丙申	丁酉	戊戌	己亥	庚子	辛丑	壬寅	癸卯	甲辰	乙巳	丙午	丁未	戊申	己酉	庚戌	辛亥	壬子	癸丑	甲寅	乙卯	丙辰	丁巳	戊午	己未	庚申	辛酉	壬戌	癸亥	甲子

6 · 甲午月 (양 6.5 ~ 7.6)

망종 5일 15시48분 / 하지 21일 08시34분

양력	1	2	3	4	5	6	7	8	9	10	11	12	13	14	15	16	17	18	19	20	21	22	23	24	25	26	27	28	29	30
음력	3	4	5	6	7	8	9	10	11	12	13	14	15	16	17	18	19	20	21	22	23	24	25	26	27	28	29	6.1	2	3
일진	乙丑	丙寅	丁卯	戊辰	己巳	庚午	辛未	壬申	癸酉	甲戌	乙亥	丙子	丁丑	戊寅	己卯	庚辰	辛巳	壬午	癸未	甲申	乙酉	丙戌	丁亥	戊子	己丑	庚寅	辛卯	壬辰	癸巳	甲午

	辛酉年	동경 135도 표준시

소서 7일 01시57분

7 · 乙未月 (양 7.7 ~ 8.6)

대서 22일 19시25분

양력	1	2	3	4	5	6	7	8	9	10	11	12	13	14	15	16	17	18	19	20	21	22	23	24	25	26	27	28	29	30	31
음력	4	5	6	7	8	9	10	11	12	13	14	15	16	17	18	19	20	21	22	23	24	25	26	27	28	29	30	7.1	2	3	4
일진	乙未	丙申	丁酉	戊戌	己亥	庚子	辛丑	壬寅	癸卯	甲辰	乙巳	丙午	丁未	戊申	己酉	庚戌	辛亥	壬子	癸丑	甲寅	乙卯	丙辰	丁巳	戊午	己未	庚申	辛酉	壬戌	癸亥	甲子	乙丑

입추 7일 11시47분

8 · 丙申月 (양 8.7 ~ 9.6)

처서 23일 02시35분

양력	1	2	3	4	5	6	7	8	9	10	11	12	13	14	15	16	17	18	19	20	21	22	23	24	25	26	27	28	29	30	31
음력	5	6	7	8	9	10	11	12	13	14	15	16	17	18	19	20	21	22	23	24	25	26	27	28	29	30	8.1	2	3	4	5
일진	丙寅	丁卯	戊辰	己巳	庚午	辛未	壬申	癸酉	甲戌	乙亥	丙子	丁丑	戊寅	己卯	庚辰	辛巳	壬午	癸未	甲申	乙酉	丙戌	丁亥	戊子	己丑	庚寅	辛卯	壬辰	癸巳	甲午	乙未	丙申

백로 7일 14시52분

9 · 丁酉月 (양 9.7 ~ 10.7)

추분 23일 00시25분

양력	1	2	3	4	5	6	7	8	9	10	11	12	13	14	15	16	17	18	19	20	21	22	23	24	25	26	27	28	29	30
음력	6	7	8	9	10	11	12	13	14	15	16	17	18	19	20	21	22	23	24	25	26	27	28	29	9.1	2	3	4	5	6
일진	丁酉	戊戌	己亥	庚子	辛丑	壬寅	癸卯	甲辰	乙巳	丙午	丁未	戊申	己酉	庚戌	辛亥	壬子	癸丑	甲寅	乙卯	丙辰	丁巳	戊午	己未	庚申	辛酉	壬戌	癸亥	甲子	乙丑	丙寅

한로 8일 06시45분

10 · 戊戌月 (양 10.8 ~ 11.6)

상강 23일 10시00분

양력	1	2	3	4	5	6	7	8	9	10	11	12	13	14	15	16	17	18	19	20	21	22	23	24	25	26	27	28	29	30	31
음력	7	8	9	10	11	12	13	14	15	16	17	18	19	20	21	22	23	24	25	26	27	28	29	30	10.1	2	3	4	5	6	7
일진	丁卯	戊辰	己巳	庚午	辛未	壬申	癸酉	甲戌	乙亥	丙子	丁丑	戊寅	己卯	庚辰	辛巳	壬午	癸未	甲申	乙酉	丙戌	丁亥	戊子	己丑	庚寅	辛卯	壬辰	癸巳	甲午	乙未	丙申	丁酉

입동 7일 10시12분

11 · 己亥月 (양 11.7 ~ 12.6)

소설 22일 07시48분

양력	1	2	3	4	5	6	7	8	9	10	11	12	13	14	15	16	17	18	19	20	21	22	23	24	25	26	27	28	29	30
음력	8	9	10	11	12	13	14	15	16	17	18	19	20	21	22	23	24	25	26	27	28	29	30	11.1	2	3	4	5	6	7
일진	戊戌	己亥	庚子	辛丑	壬寅	癸卯	甲辰	乙巳	丙午	丁未	戊申	己酉	庚戌	辛亥	壬子	癸丑	甲寅	乙卯	丙辰	丁巳	戊午	己未	庚申	辛酉	壬戌	癸亥	甲子	乙丑	丙寅	丁卯

대설 7일 03시14분

12 · 庚子月 (양 12.7 ~ 1.4)

동지 21일 21시17분

양력	1	2	3	4	5	6	7	8	9	10	11	12	13	14	15	16	17	18	19	20	21	22	23	24	25	26	27	28	29	30	31
음력	8	9	10	11	12	13	14	15	16	17	18	19	20	21	22	23	24	25	26	27	28	29	12.1	2	3	4	5	6	7	8	9
일진	戊辰	己巳	庚午	辛未	壬申	癸酉	甲戌	乙亥	丙子	丁丑	戊寅	己卯	庚辰	辛巳	壬午	癸未	甲申	乙酉	丙戌	丁亥	戊子	己丑	庚寅	辛卯	壬辰	癸巳	甲午	乙未	丙申	丁酉	戊戌

단기 4375년	**2042년**(윤2월)	

소한 5일 14시34분

1 · 辛丑月 (양 1.5 ~ 2.3)

대한 20일 07시59분

양력	1	2	3	4	5	6	7	8	9	10	11	12	13	14	15	16	17	18	19	20	21	22	23	24	25	26	27	28	29	30	31
음력	10	11	12	13	14	15	16	17	18	19	20	21	22	23	24	25	26	27	28	29	30	1.1	2	3	4	5	6	7	8	9	10
일진	己亥	庚子	辛丑	壬寅	癸卯	甲辰	乙巳	丙午	丁未	戊申	己酉	庚戌	辛亥	壬子	癸丑	甲寅	乙卯	丙辰	丁巳	戊午	己未	庚申	辛酉	壬戌	癸亥	甲子	乙丑	丙寅	丁卯	戊辰	己巳

입춘 4일 02시11분

2 · 壬寅月 (양 2.4 ~ 3.4)

우수 18일 22시03

양력	1	2	3	4	5	6	7	8	9	10	11	12	13	14	15	16	17	18	19	20	21	22	23	24	25	26	27	28
음력	11	12	13	14	15	16	17	18	19	20	21	22	23	24	25	26	27	28	29	2.1	2	3	4	5	6	7	8	9
일진	庚午	辛未	壬申	癸酉	甲戌	乙亥	丙子	丁丑	戊寅	己卯	庚辰	辛巳	壬午	癸未	甲申	乙酉	丙戌	丁亥	戊子	己丑	庚寅	辛卯	壬辰	癸巳	甲午	乙未	丙申	丁酉

경칩 5일 20시04분

3 · 癸卯月 (양 3.5 ~ 4.4)

춘분 20일 20시52분

양력	1	2	3	4	5	6	7	8	9	10	11	12	13	14	15	16	17	18	19	20	21	22	23	24	25	26	27	28	29	30	31
음력	10	11	12	13	14	15	16	17	18	19	20	21	22	23	24	25	26	27	28	29	30	윤	2.2	3	4	5	6	7	8	9	10
일진	戊戌	己亥	庚子	辛丑	壬寅	癸卯	甲辰	乙巳	丙午	丁未	戊申	己酉	庚戌	辛亥	壬子	癸丑	甲寅	乙卯	丙辰	丁巳	戊午	己未	庚申	辛酉	壬戌	癸亥	甲子	乙丑	丙寅	丁卯	戊辰

청명 5일 00시39분

4 · 甲辰月 (양 4.5 ~ 5.4)

곡우 20일 07시38분

양력	1	2	3	4	5	6	7	8	9	10	11	12	13	14	15	16	17	18	19	20	21	22	23	24	25	26	27	28	29	30
음력	11	12	13	14	15	16	17	18	19	20	21	22	23	24	25	26	27	28	29	3.1	2	3	4	5	6	7	8	9	10	11
일진	己巳	庚午	辛未	壬申	癸酉	甲戌	乙亥	丙子	丁丑	戊寅	己卯	庚辰	辛巳	壬午	癸未	甲申	乙酉	丙戌	丁亥	戊子	己丑	庚寅	辛卯	壬辰	癸巳	甲午	乙未	丙申	丁酉	戊戌

입하 5일 17시41분

5 · 乙巳月 (양 5.5 ~ 6.4)

소만 21일 06시30분

양력	1	2	3	4	5	6	7	8	9	10	11	12	13	14	15	16	17	18	19	20	21	22	23	24	25	26	27	28	29	30	31
음력	12	13	14	15	16	17	18	19	20	21	22	23	24	25	26	27	28	29	4.1	2	3	4	5	6	7	8	9	10	11	12	13
일진	己亥	庚子	辛丑	壬寅	癸卯	甲辰	乙巳	丙午	丁未	戊申	己酉	庚戌	辛亥	壬子	癸丑	甲寅	乙卯	丙辰	丁巳	戊午	己未	庚申	辛酉	壬戌	癸亥	甲子	乙丑	丙寅	丁卯	戊辰	己巳

망종 5일 21시37분

6 · 丙午月 (양 6.5 ~ 7.6)

하지 21일 14시14분

양력	1	2	3	4	5	6	7	8	9	10	11	12	13	14	15	16	17	18	19	20	21	22	23	24	25	26	27	28	29	30
음력	14	15	16	17	18	19	20	21	22	23	24	25	26	27	28	29	30	5.1	2	3	4	5	6	7	8	9	10	11	12	13
일진	庚午	辛未	壬申	癸酉	甲戌	乙亥	丙子	丁丑	戊寅	己卯	庚辰	辛巳	壬午	癸未	甲申	乙酉	丙戌	丁亥	戊子	己丑	庚寅	辛卯	壬辰	癸巳	甲午	乙未	丙申	丁酉	戊戌	己亥

壬戌年

동경 135도 표준시

소서 7일 07시46분

7 · 丁未月 (양 7.7 ~ 8.6)

대서 23일 01시05분

양력	1	2	3	4	5	6	7	8	9	10	11	12	13	14	15	16	17	18	19	20	21	22	23	24	25	26	27	28	29	30	31
음력	14	15	16	17	18	19	20	21	22	23	24	25	26	27	28	29	6.1	2	3	4	5	6	7	8	9	10	11	12	13	14	15
일진	庚子	辛丑	壬寅	癸卯	甲辰	乙巳	丙午	丁未	戊申	己酉	庚戌	辛亥	壬子	癸丑	甲寅	乙卯	丙辰	丁巳	戊午	己未	庚申	辛酉	壬戌	癸亥	甲子	乙丑	丙寅	丁卯	戊辰	己巳	庚午

입추 7일 17시37분

8 · 戊申月 (양 8.7 ~ 9.6)

처서 23일 08시17분

양력	1	2	3	4	5	6	7	8	9	10	11	12	13	14	15	16	17	18	19	20	21	22	23	24	25	26	27	28	29	30	31
음력	16	17	18	19	20	21	22	23	24	25	26	27	28	29	30	7.1	2	3	4	5	6	7	8	9	10	11	12	13	14	15	16
일진	辛未	壬申	癸酉	甲戌	乙亥	丙子	丁丑	戊寅	己卯	庚辰	辛巳	壬午	癸未	甲申	乙酉	丙戌	丁亥	戊子	己丑	庚寅	辛卯	壬辰	癸巳	甲午	乙未	丙申	丁酉	戊戌	己亥	庚子	辛丑

백로 7일 20시44분

9 · 己酉月 (양 9.7 ~ 10.7)

추분 23일 06시10분

양력	1	2	3	4	5	6	7	8	9	10	11	12	13	14	15	16	17	18	19	20	21	22	23	24	25	26	27	28	29	30
음력	17	18	19	20	21	22	23	24	25	26	27	28	29	8.1	2	3	4	5	6	7	8	9	10	11	12	13	14	15	16	17
일진	壬寅	癸卯	甲辰	乙巳	丙午	丁未	戊申	己酉	庚戌	辛亥	壬子	癸丑	甲寅	乙卯	丙辰	丁巳	戊午	己未	庚申	辛酉	壬戌	癸亥	甲子	乙丑	丙寅	丁卯	戊辰	己巳	庚午	辛未

한로 8일 12시39분

10 · 庚戌月 (양 10.8 ~ 11.6)

상강 23일 15시48분

양력	1	2	3	4	5	6	7	8	9	10	11	12	13	14	15	16	17	18	19	20	21	22	23	24	25	26	27	28	29	30	31
음력	18	19	20	21	22	23	24	25	26	27	28	29	30	9.1	2	3	4	5	6	7	8	9	10	11	12	13	14	15	16	17	18
일진	壬申	癸酉	甲戌	乙亥	丙子	丁丑	戊寅	己卯	庚辰	辛巳	壬午	癸未	甲申	乙酉	丙戌	丁亥	戊子	己丑	庚寅	辛卯	壬辰	癸巳	甲午	乙未	丙申	丁酉	戊戌	己亥	庚子	辛丑	壬寅

입동 7일 16시06분

11 · 辛亥月 (양 11.7 ~ 12.6)

소설 22일 13시36분

양력	1	2	3	4	5	6	7	8	9	10	11	12	13	14	15	16	17	18	19	20	21	22	23	24	25	26	27	28	29	30
음력	19	20	21	22	23	24	25	26	27	28	29	30	10.1	2	3	4	5	6	7	8	9	10	11	12	13	14	15	16	17	18
일진	癸卯	甲辰	乙巳	丙午	丁未	戊申	己酉	庚戌	辛亥	壬子	癸丑	甲寅	乙卯	丙辰	丁巳	戊午	己未	庚申	辛酉	壬戌	癸亥	甲子	乙丑	丙寅	丁卯	戊辰	己巳	庚午	辛未	壬申

대설 7일 09시08분

12 · 壬子月 (양 12.7 ~ 1.4)

동지 22일 03시03분

양력	1	2	3	4	5	6	7	8	9	10	11	12	13	14	15	16	17	18	19	20	21	22	23	24	25	26	27	28	29	30	31
음력	19	20	21	22	23	24	25	26	27	28	29	11.1	2	3	4	5	6	7	8	9	10	11	12	13	14	15	16	17	18	19	20
일진	癸酉	甲戌	乙亥	丙子	丁丑	戊寅	己卯	庚辰	辛巳	壬午	癸未	甲申	乙酉	丙戌	丁亥	戊子	己丑	庚寅	辛卯	壬辰	癸巳	甲午	乙未	丙申	丁酉	戊戌	己亥	庚子	辛丑	壬寅	癸卯

단기 4376년	2043년	

2043년

소한 5일 20시24분

1 · 癸丑月 (양 1.5 ~ 2.3)

대한 20일 13시40분

양력	1	2	3	4	5	6	7	8	9	10	11	12	13	14	15	16	17	18	19	20	21	22	23	24	25	26	27	28	29	30	31
음력	21	22	23	24	25	26	27	28	29	30	12.1	2	3	4	5	6	7	8	9	10	11	12	13	14	15	16	17	18	19	20	21
일진	甲辰	乙巳	丙午	丁未	戊申	己酉	庚戌	辛亥	壬子	癸丑	甲寅	乙卯	丙辰	丁巳	戊午	己未	庚申	辛酉	壬戌	癸亥	甲子	乙丑	丙寅	丁卯	戊辰	己巳	庚午	辛未	壬申	癸酉	甲戌

입춘 4일 07시57분

2 · 甲寅月 (양 2.4 ~ 3.5)

우수 19일 03시40분

양력	1	2	3	4	5	6	7	8	9	10	11	12	13	14	15	16	17	18	19	20	21	22	23	24	25	26	27	28
음력	22	23	24	25	26	27	28	29	30	1.1	2	3	4	5	6	7	8	9	10	11	12	13	14	15	16	17	18	19
일진	乙亥	丙子	丁丑	戊寅	己卯	庚辰	辛巳	壬午	癸未	甲申	乙酉	丙戌	丁亥	戊子	己丑	庚寅	辛卯	壬辰	癸巳	甲午	乙未	丙申	丁酉	戊戌	己亥	庚子	辛丑	壬寅

경칩 6일 01시46분

3 · 乙卯月 (양 3.6 ~ 4.4)

춘분 21일 02시26분

양력	1	2	3	4	5	6	7	8	9	10	11	12	13	14	15	16	17	18	19	20	21	22	23	24	25	26	27	28	29	30	31
음력	20	21	22	23	24	25	26	27	28	29	2.1	2	3	4	5	6	7	8	9	10	11	12	13	14	15	16	17	18	19	20	21
일진	癸卯	甲辰	乙巳	丙午	丁未	戊申	己酉	庚戌	辛亥	壬子	癸丑	甲寅	乙卯	丙辰	丁巳	戊午	己未	庚申	辛酉	壬戌	癸亥	甲子	乙丑	丙寅	丁卯	戊辰	己巳	庚午	辛未	壬申	癸酉

청명 5일 06시19분

4 · 丙辰月 (양 4.5 ~ 5.4)

곡우 20일 13시13분

양력	1	2	3	4	5	6	7	8	9	10	11	12	13	14	15	16	17	18	19	20	21	22	23	24	25	26	27	28	29	30
음력	22	23	24	25	26	27	28	29	30	3.1	2	3	4	5	6	7	8	9	10	11	12	13	14	15	16	17	18	19	20	21
일진	甲戌	乙亥	丙子	丁丑	戊寅	己卯	庚辰	辛巳	壬午	癸未	甲申	乙酉	丙戌	丁亥	戊子	己丑	庚寅	辛卯	壬辰	癸巳	甲午	乙未	丙申	丁酉	戊戌	己亥	庚子	辛丑	壬寅	癸卯

입하 5일 23시21분

5 · 丁巳月 (양 5.5 ~ 6.5)

소만 21일 12시08분

양력	1	2	3	4	5	6	7	8	9	10	11	12	13	14	15	16	17	18	19	20	21	22	23	24	25	26	27	28	29	30	31
음력	22	23	24	25	26	27	28	29	4.1	2	3	4	5	6	7	8	9	10	11	12	13	14	15	16	17	18	19	20	21	22	23
일진	甲辰	乙巳	丙午	丁未	戊申	己酉	庚戌	辛亥	壬子	癸丑	甲寅	乙卯	丙辰	丁巳	戊午	己未	庚申	辛酉	壬戌	癸亥	甲子	乙丑	丙寅	丁卯	戊辰	己巳	庚午	辛未	壬申	癸酉	甲戌

망종 6일 03시17분

6 · 戊午月 (양 6.6 ~ 7.6)

하지 21일 19시57분

양력	1	2	3	4	5	6	7	8	9	10	11	12	13	14	15	16	17	18	19	20	21	22	23	24	25	26	27	28	29	30
음력	24	25	26	27	28	29	5.1	2	3	4	5	6	7	8	9	10	11	12	13	14	15	16	17	18	19	20	21	22	23	24
일진	乙亥	丙子	丁丑	戊寅	己卯	庚辰	辛巳	壬午	癸未	甲申	乙酉	丙戌	丁亥	戊子	己丑	庚寅	辛卯	壬辰	癸巳	甲午	乙未	丙申	丁酉	戊戌	己亥	庚子	辛丑	壬寅	癸卯	甲辰

	癸亥年	동경 135도 표준시

소서 7일 13시26분 **7 · 己未月** (양 7.7 ~ 8.6) 대서 23일 06시52분

양력	1	2	3	4	5	6	7	8	9	10	11	12	13	14	15	16	17	18	19	20	21	22	23	24	25	26	27	28	29	30	31
음력	25	26	27	28	29	30	6.1	2	3	4	5	6	7	8	9	10	11	12	13	14	15	16	17	18	19	20	21	22	23	24	25
일진	乙巳	丙午	丁未	戊申	己酉	庚戌	辛亥	壬子	癸丑	甲寅	乙卯	丙辰	丁巳	戊午	己未	庚申	辛酉	壬戌	癸亥	甲子	乙丑	丙寅	丁卯	戊辰	己巳	庚午	辛未	壬申	癸酉	甲戌	乙亥

입추 7일 23시19분 **8 · 庚申月** (양 8.7 ~ 9.7) 처서 23일 14시08분

양력	1	2	3	4	5	6	7	8	9	10	11	12	13	14	15	16	17	18	19	20	21	22	23	24	25	26	27	28	29	30	31
음력	26	27	28	29	7.1	2	3	4	5	6	7	8	9	10	11	12	13	14	15	16	17	18	19	20	21	22	23	24	25	26	27
일진	丙子	丁丑	戊寅	己卯	庚辰	辛巳	壬午	癸未	甲申	乙酉	丙戌	丁亥	戊子	己丑	庚寅	辛卯	壬辰	癸巳	甲午	乙未	丙申	丁酉	戊戌	己亥	庚子	辛丑	壬寅	癸卯	甲辰	乙巳	丙午

백로 8일 02시29분 **9 · 辛酉月** (양 9.8 ~ 10.7) 추분 23일 12시05분

양력	1	2	3	4	5	6	7	8	9	10	11	12	13	14	15	16	17	18	19	20	21	22	23	24	25	26	27	28	29	30
음력	28	29	8.1	2	3	4	5	6	7	8	9	10	11	12	13	14	15	16	17	18	19	20	21	22	23	24	25	26	27	28
일진	丁未	戊申	己酉	庚戌	辛亥	壬子	癸丑	甲寅	乙卯	丙辰	丁巳	戊午	己未	庚申	辛酉	壬戌	癸亥	甲子	乙丑	丙寅	丁卯	戊辰	己巳	庚午	辛未	壬申	癸酉	甲戌	乙亥	丙子

한로 8일 18시26분 **10 · 壬戌月** (양 10.8 ~ 11.6) 상강 23일 21시45분

양력	1	2	3	4	5	6	7	8	9	10	11	12	13	14	15	16	17	18	19	20	21	22	23	24	25	26	27	28	29	30	31
음력	29	30	9.1	2	3	4	5	6	7	8	9	10	11	12	13	14	15	16	17	18	19	20	21	22	23	24	25	26	27	28	29
일진	丁丑	戊寅	己卯	庚辰	辛巳	壬午	癸未	甲申	乙酉	丙戌	丁亥	戊子	己丑	庚寅	辛卯	壬辰	癸巳	甲午	乙未	丙申	丁酉	戊戌	己亥	庚子	辛丑	壬寅	癸卯	甲辰	乙巳	丙午	丁未

입동 7일 21시54분 **11 · 癸亥月** (양 11.7 ~ 12.6) 소설 22일 19시34분

양력	1	2	3	4	5	6	7	8	9	10	11	12	13	14	15	16	17	18	19	20	21	22	23	24	25	26	27	28	29	30
음력	30	10.1	2	3	4	5	6	7	8	9	10	11	12	13	14	15	16	17	18	19	20	21	22	23	24	25	26	27	28	29
일진	戊申	己酉	庚戌	辛亥	壬子	癸丑	甲寅	乙卯	丙辰	丁巳	戊午	己未	庚申	辛酉	壬戌	癸亥	甲子	乙丑	丙寅	丁卯	戊辰	己巳	庚午	辛未	壬申	癸酉	甲戌	乙亥	丙子	丁丑

대설 7일 14시56분 **12 · 甲子月** (양 12.7 ~ 1.5) 동지 22일 09시00분

양력	1	2	3	4	5	6	7	8	9	10	11	12	13	14	15	16	17	18	19	20	21	22	23	24	25	26	27	28	29	30	31
음력	11.1	2	3	4	5	6	7	8	9	10	11	12	13	14	15	16	17	18	19	20	21	22	23	24	25	26	27	28	29	30	12.1
일진	戊寅	己卯	庚辰	辛巳	壬午	癸未	甲申	乙酉	丙戌	丁亥	戊子	己丑	庚寅	辛卯	壬辰	癸巳	甲午	乙未	丙申	丁酉	戊戌	己亥	庚子	辛丑	壬寅	癸卯	甲辰	乙巳	丙午	丁未	戊申

단기 4377년	2044년(윤7월)	

소한 6일 02시11분

1 · 乙丑月(양 1.6 ~ 2.3)

대한 20일 19시36분

양력	1	2	3	4	5	6	7	8	9	10	11	12	13	14	15	16	17	18	19	20	21	22	23	24	25	26	27	28	29	30	31
음력	2	3	4	5	6	7	8	9	10	11	12	13	14	15	16	17	18	19	20	21	22	23	24	25	26	27	28	29	30	1.1	2
일진	己酉	庚戌	辛亥	壬子	癸丑	甲寅	乙卯	丙辰	丁巳	戊午	己未	庚申	辛酉	壬戌	癸亥	甲子	乙丑	丙寅	丁卯	戊辰	己巳	庚午	辛未	壬申	癸酉	甲戌	乙亥	丙子	丁丑	戊寅	己卯

입춘 4일 13시43분

2 · 丙寅月(양 2.4 ~ 3.4)

우수 19일 09시34분

양력	1	2	3	4	5	6	7	8	9	10	11	12	13	14	15	16	17	18	19	20	21	22	23	24	25	26	27	28	29
음력	3	4	5	6	7	8	9	10	11	12	13	14	15	16	17	18	19	20	21	22	23	24	25	26	27	28	29	30	2.1
일진	庚辰	辛巳	壬午	癸未	甲申	乙酉	丙戌	丁亥	戊子	己丑	庚寅	辛卯	壬辰	癸巳	甲午	乙未	丙申	丁酉	戊戌	己亥	庚子	辛丑	壬寅	癸卯	甲辰	乙巳	丙午	丁未	戊申

경칩 5일 07시30분

3 · 丁卯月(양 3.5 ~ 4.3)

춘분 20일 08시19분

양력	1	2	3	4	5	6	7	8	9	10	11	12	13	14	15	16	17	18	19	20	21	22	23	24	25	26	27	28	29	30	31
음력	2	3	4	5	6	7	8	9	10	11	12	13	14	15	16	17	18	19	20	21	22	23	24	25	26	27	28	29	3.1	2	3
일진	己酉	庚戌	辛亥	壬子	癸丑	甲寅	乙卯	丙辰	丁巳	戊午	己未	庚申	辛酉	壬戌	癸亥	甲子	乙丑	丙寅	丁卯	戊辰	己巳	庚午	辛未	壬申	癸酉	甲戌	乙亥	丙子	丁丑	戊寅	己卯

청명 4일 12시02분

4 · 戊辰月(양 4.4 ~ 5.4)

곡우 19일 19시05분

양력	1	2	3	4	5	6	7	8	9	10	11	12	13	14	15	16	17	18	19	20	21	22	23	24	25	26	27	28	29	30
음력	4	5	6	7	8	9	10	11	12	13	14	15	16	17	18	19	20	21	22	23	24	25	26	27	28	29	30	4.1	2	3
일진	庚辰	辛巳	壬午	癸未	甲申	乙酉	丙戌	丁亥	戊子	己丑	庚寅	辛卯	壬辰	癸巳	甲午	乙未	丙申	丁酉	戊戌	己亥	庚子	辛丑	壬寅	癸卯	甲辰	乙巳	丙午	丁未	戊申	己酉

입하 5일 05시04분

5 · 己巳月(양 5.5 ~ 6.4)

소만 20일 18시00분

양력	1	2	3	4	5	6	7	8	9	10	11	12	13	14	15	16	17	18	19	20	21	22	23	24	25	26	27	28	29	30	31
음력	4	5	6	7	8	9	10	11	12	13	14	15	16	17	18	19	20	21	22	23	24	25	26	27	28	29	5.1	2	3	4	5
일진	庚戌	辛亥	壬子	癸丑	甲寅	乙卯	丙辰	丁巳	戊午	己未	庚申	辛酉	壬戌	癸亥	甲子	乙丑	丙寅	丁卯	戊辰	己巳	庚午	辛未	壬申	癸酉	甲戌	乙亥	丙子	丁丑	戊寅	己卯	庚辰

망종 5일 09시02분

6 · 庚午月(양 6.5 ~ 7.5)

하지 21일 01시50분

양력	1	2	3	4	5	6	7	8	9	10	11	12	13	14	15	16	17	18	19	20	21	22	23	24	25	26	27	28	29	30
음력	6	7	8	9	10	11	12	13	14	15	16	17	18	19	20	21	22	23	24	25	26	27	28	29	6.1	2	3	4	5	6
일진	辛巳	壬午	癸未	甲申	乙酉	丙戌	丁亥	戊子	己丑	庚寅	辛卯	壬辰	癸巳	甲午	乙未	丙申	丁酉	戊戌	己亥	庚子	辛丑	壬寅	癸卯	甲辰	乙巳	丙午	丁未	戊申	己酉	庚戌

甲子年

동경 135도 표준시

소서 6일 19시14분

7 · 辛未月 (양 7.6 ~ 8.6)

대서 22일 12시42분

양력	1	2	3	4	5	6	7	8	9	10	11	12	13	14	15	16	17	18	19	20	21	22	23	24	25	26	27	28	29	30	31
음력	7	8	9	10	11	12	13	14	15	16	17	18	19	20	21	22	23	24	25	26	27	28	29	30	7.1	2	3	4	5	6	7
일진	辛亥	壬子	癸丑	甲寅	乙卯	丙辰	丁巳	戊午	己未	庚申	辛酉	壬戌	癸亥	甲子	乙丑	丙寅	丁卯	戊辰	己巳	庚午	辛未	壬申	癸酉	甲戌	乙亥	丙子	丁丑	戊寅	己卯	庚辰	辛巳

입추 7일 05시07분

8 · 壬申月 (양 8.7 ~ 9.6)

처서 22일 19시53분

양력	1	2	3	4	5	6	7	8	9	10	11	12	13	14	15	16	17	18	19	20	21	22	23	24	25	26	27	28	29	30	31
음력	8	9	10	11	12	13	14	15	16	17	18	19	20	21	22	23	24	25	26	27	28	29	윤	7.2	3	4	5	6	7	8	9
일진	壬午	癸未	甲申	乙酉	丙戌	丁亥	戊子	己丑	庚寅	辛卯	壬辰	癸巳	甲午	乙未	丙申	丁酉	戊戌	己亥	庚子	辛丑	壬寅	癸卯	甲辰	乙巳	丙午	丁未	戊申	己酉	庚戌	辛亥	壬子

백로 7일 08시15분

9 · 癸酉月 (양 9.7 ~ 10.7)

추분 22일 17시46분

양력	1	2	3	4	5	6	7	8	9	10	11	12	13	14	15	16	17	18	19	20	21	22	23	24	25	26	27	28	29	30
음력	10	11	12	13	14	15	16	17	18	19	20	21	22	23	24	25	26	27	28	29	8.1	2	3	4	5	6	7	8	9	10
일진	癸丑	甲寅	乙卯	丙辰	丁巳	戊午	己未	庚申	辛酉	壬戌	癸亥	甲子	乙丑	丙寅	丁卯	戊辰	己巳	庚午	辛未	壬申	癸酉	甲戌	乙亥	丙子	丁丑	戊寅	己卯	庚辰	辛巳	壬午

한로 8일 00시12분

10 · 甲戌月 (양 10.8 ~ 11.6)

상강 23일 03시25분

양력	1	2	3	4	5	6	7	8	9	10	11	12	13	14	15	16	17	18	19	20	21	22	23	24	25	26	27	28	29	30	31
음력	11	12	13	14	15	16	17	18	19	20	21	22	23	24	25	26	27	28	29	30	9.1	2	3	4	5	6	7	8	9	10	11
일진	癸未	甲申	乙酉	丙戌	丁亥	戊子	己丑	庚寅	辛卯	壬辰	癸巳	甲午	乙未	丙申	丁酉	戊戌	己亥	庚子	辛丑	壬寅	癸卯	甲辰	乙巳	丙午	丁未	戊申	己酉	庚戌	辛亥	壬子	癸丑

입동 7일 03시40분

11 · 乙亥月 (양 11.7 ~ 12.5)

소설 22일 01시14분

양력	1	2	3	4	5	6	7	8	9	10	11	12	13	14	15	16	17	18	19	20	21	22	23	24	25	26	27	28	29	30
음력	12	13	14	15	16	17	18	19	20	21	22	23	24	25	26	27	28	29	10.1	2	3	4	5	6	7	8	9	10	11	12
일진	甲寅	乙卯	丙辰	丁巳	戊午	己未	庚申	辛酉	壬戌	癸亥	甲子	乙丑	丙寅	丁卯	戊辰	己巳	庚午	辛未	壬申	癸酉	甲戌	乙亥	丙子	丁丑	戊寅	己卯	庚辰	辛巳	壬午	癸未

대설 6일 20시44분

12 · 丙子月 (양 12.6 ~ 1.4)

동지 21일 14시42분

양력	1	2	3	4	5	6	7	8	9	10	11	12	13	14	15	16	17	18	19	20	21	22	23	24	25	26	27	28	29	30	31
음력	13	14	15	16	17	18	19	20	21	22	23	24	25	26	27	28	29	30	11.1	2	3	4	5	6	7	8	9	10	11	12	13
일진	甲申	乙酉	丙戌	丁亥	戊子	己丑	庚寅	辛卯	壬辰	癸巳	甲午	乙未	丙申	丁酉	戊戌	己亥	庚子	辛丑	壬寅	癸卯	甲辰	乙巳	丙午	丁未	戊申	己酉	庚戌	辛亥	壬子	癸丑	甲寅

단기 4378년	**2045년**	

소한 5일 08시01분

1 · 丁丑月(양 1.5 ~ 2.2)

대한 20일 01시21분

양력	1	2	3	4	5	6	7	8	9	10	11	12	13	14	15	16	17	18	19	20	21	22	23	24	25	26	27	28	29	30	31
음력	14	15	16	17	18	19	20	21	22	23	24	25	26	27	28	29	30	12.1	2	3	4	5	6	7	8	9	10	11	12	13	14
일진	乙卯	丙辰	丁巳	戊午	己未	庚申	辛酉	壬戌	癸亥	甲子	乙丑	丙寅	丁卯	戊辰	己巳	庚午	辛未	壬申	癸酉	甲戌	乙亥	丙子	丁丑	戊寅	己卯	庚辰	辛巳	壬午	癸未	甲申	乙酉

입춘 3일 19시35분

2 · 戊寅月(양 2.3 ~ 3.4)

우수 18일 15시21분

양력	1	2	3	4	5	6	7	8	9	10	11	12	13	14	15	16	17	18	19	20	21	22	23	24	25	26	27	28
음력	15	16	17	18	19	20	21	22	23	24	25	26	27	28	29	30	1.1	2	3	4	5	6	7	8	9	10	11	12
일진	丙戌	丁亥	戊子	己丑	庚寅	辛卯	壬辰	癸巳	甲午	乙未	丙申	丁酉	戊戌	己亥	庚子	辛丑	壬寅	癸卯	甲辰	乙巳	丙午	丁未	戊申	己酉	庚戌	辛亥	壬子	癸丑

경칩 5일 13시23분

3 · 己卯月(양 3.5 ~ 4.3)

춘분 20일 14시06분

양력	1	2	3	4	5	6	7	8	9	10	11	12	13	14	15	16	17	18	19	20	21	22	23	24	25	26	27	28	29	30	31
음력	13	14	15	16	17	18	19	20	21	22	23	24	25	26	27	28	29	30	2.1	2	3	4	5	6	7	8	9	10	11	12	13
일진	甲寅	乙卯	丙辰	丁巳	戊午	己未	庚申	辛酉	壬戌	癸亥	甲子	乙丑	丙寅	丁卯	戊辰	己巳	庚午	辛未	壬申	癸酉	甲戌	乙亥	丙子	丁丑	戊寅	己卯	庚辰	辛巳	壬午	癸未	甲申

청명 4일 17시56분

4 · 庚辰月(양 4.4 ~ 5.4)

곡우 20일 00시51분

양력	1	2	3	4	5	6	7	8	9	10	11	12	13	14	15	16	17	18	19	20	21	22	23	24	25	26	27	28	29	30
음력	14	15	16	17	18	19	20	21	22	23	24	25	26	27	28	29	3.1	2	3	4	5	6	7	8	9	10	11	12	13	14
일진	乙酉	丙戌	丁亥	戊子	己丑	庚寅	辛卯	壬辰	癸巳	甲午	乙未	丙申	丁酉	戊戌	己亥	庚子	辛丑	壬寅	癸卯	甲辰	乙巳	丙午	丁未	戊申	己酉	庚戌	辛亥	壬子	癸丑	甲寅

입하 5일 10시58분

5 · 辛巳月(양 5.5 ~ 6.4)

소만 20일 23시44분

양력	1	2	3	4	5	6	7	8	9	10	11	12	13	14	15	16	17	18	19	20	21	22	23	24	25	26	27	28	29	30	31
음력	15	16	17	18	19	20	21	22	23	24	25	26	27	28	29	30	4.1	2	3	4	5	6	7	8	9	10	11	12	13	14	15
일진	乙卯	丙辰	丁巳	戊午	己未	庚申	辛酉	壬戌	癸亥	甲子	乙丑	丙寅	丁卯	戊辰	己巳	庚午	辛未	壬申	癸酉	甲戌	乙亥	丙子	丁丑	戊寅	己卯	庚辰	辛巳	壬午	癸未	甲申	乙酉

망종 5일 14시55분

6 · 壬午月(양 6.5 ~ 7.6)

하지 21일 07시32분

양력	1	2	3	4	5	6	7	8	9	10	11	12	13	14	15	16	17	18	19	20	21	22	23	24	25	26	27	28	29	30
음력	16	17	18	19	20	21	22	23	24	25	26	27	28	29	5.1	2	3	4	5	6	7	8	9	10	11	12	13	14	15	16
일진	丙戌	丁亥	戊子	己丑	庚寅	辛卯	壬辰	癸巳	甲午	乙未	丙申	丁酉	戊戌	己亥	庚子	辛丑	壬寅	癸卯	甲辰	乙巳	丙午	丁未	戊申	己酉	庚戌	辛亥	壬子	癸丑	甲寅	乙卯

	乙丑年	동경 135도 표준시

소서 7일 01시07분 **7 · 癸未月** (양 7.7 ~ 8.6) 대서 22일 18시25분

양력	1	2	3	4	5	6	7	8	9	10	11	12	13	14	15	16	17	18	19	20	21	22	23	24	25	26	27	28	29	30	31
음력	17	18	19	20	21	22	23	24	25	26	27	28	29	6.1	2	3	4	5	6	7	8	9	10	11	12	13	14	15	16	17	18
일진	丙辰	丁巳	戊午	己未	庚申	辛酉	壬戌	癸亥	甲子	乙丑	丙寅	丁卯	戊辰	己巳	庚午	辛未	壬申	癸酉	甲戌	乙亥	丙子	丁丑	戊寅	己卯	庚辰	辛巳	壬午	癸未	甲申	乙酉	丙戌

입추 7일 10시58분 **8 · 甲申月** (양 8.7 ~ 9.6) 처서 23일 01시38분

양력	1	2	3	4	5	6	7	8	9	10	11	12	13	14	15	16	17	18	19	20	21	22	23	24	25	26	27	28	29	30	31
음력	19	20	21	22	23	24	25	26	27	28	29	30	7.1	2	3	4	5	6	7	8	9	10	11	12	13	14	15	16	17	18	19
일진	丁亥	戊子	己丑	庚寅	辛卯	壬辰	癸巳	甲午	乙未	丙申	丁酉	戊戌	己亥	庚子	辛丑	壬寅	癸卯	甲辰	乙巳	丙午	丁未	戊申	己酉	庚戌	辛亥	壬子	癸丑	甲寅	乙卯	丙辰	丁巳

백로 7일 14시04분 **9 · 乙酉月** (양 9.7 ~ 10.7) 추분 22일 23시31분

양력	1	2	3	4	5	6	7	8	9	10	11	12	13	14	15	16	17	18	19	20	21	22	23	24	25	26	27	28	29	30
음력	20	21	22	23	24	25	26	27	28	29	8.1	2	3	4	5	6	7	8	9	10	11	12	13	14	15	16	17	18	19	20
일진	戊午	己未	庚申	辛酉	壬戌	癸亥	甲子	乙丑	丙寅	丁卯	戊辰	己巳	庚午	辛未	壬申	癸酉	甲戌	乙亥	丙子	丁丑	戊寅	己卯	庚辰	辛巳	壬午	癸未	甲申	乙酉	丙戌	丁亥

한로 8일 05시59분 **10 · 丙戌月** (양 10.8 ~ 11.6) 상강 23일 09시11분

양력	1	2	3	4	5	6	7	8	9	10	11	12	13	14	15	16	17	18	19	20	21	22	23	24	25	26	27	28	29	30	31
음력	21	22	23	24	25	26	27	28	29	9.1	2	3	4	5	6	7	8	9	10	11	12	13	14	15	16	17	18	19	20	21	22
일진	戊子	己丑	庚寅	辛卯	壬辰	癸巳	甲午	乙未	丙申	丁酉	戊戌	己亥	庚子	辛丑	壬寅	癸卯	甲辰	乙巳	丙午	丁未	戊申	己酉	庚戌	辛亥	壬子	癸丑	甲寅	乙卯	丙辰	丁巳	戊午

입동 7일 09시28분 **11 · 丁亥月** (양 11.7 ~ 12.6) 소설 22일 07시02분

양력	1	2	3	4	5	6	7	8	9	10	11	12	13	14	15	16	17	18	19	20	21	22	23	24	25	26	27	28	29	30
음력	23	24	25	26	27	28	29	30	10.1	2	3	5	5	6	7	8	9	10	11	12	13	14	15	16	17	18	19	20	21	22
일진	己未	庚申	辛酉	壬戌	癸亥	甲子	乙丑	丙寅	丁卯	戊辰	己巳	庚午	辛未	壬申	癸酉	甲戌	乙亥	丙子	丁丑	戊寅	己卯	庚辰	辛巳	壬午	癸未	甲申	乙酉	丙戌	丁亥	戊子

대설 7일 02시34분 **12 · 戊子月** (양 12.7 ~ 1.4) 동지 21일 20시34분

양력	1	2	3	4	5	6	7	8	9	10	11	12	13	14	15	16	17	18	19	20	21	22	23	24	25	26	27	28	29	30	31
음력	23	24	25	26	27	28	29	11.1	2	3	4	5	6	7	8	9	10	11	12	13	14	15	16	17	18	19	20	21	22	23	24
일진	己丑	庚寅	辛卯	壬辰	癸巳	甲午	乙未	丙申	丁酉	戊戌	己亥	庚子	辛丑	壬寅	癸卯	甲辰	乙巳	丙午	丁未	戊申	己酉	庚戌	辛亥	壬子	癸丑	甲寅	乙卯	丙辰	丁巳	戊午	己未

단기 4379년	2046년	

소한 5일 13시54분

1 · 己丑月 (양1.5 ~ 2.3)

대한 20일 07시14분

양력	1	2	3	4	5	6	7	8	9	10	11	12	13	14	15	16	17	18	19	20	21	22	23	24	25	26	27	28	29	30	31
음력	25	26	27	28	29	30	12.1	2	3	4	5	6	7	8	9	10	11	12	13	14	15	16	17	18	19	20	21	22	23	24	25
일진	庚申	辛酉	壬戌	癸亥	甲子	乙丑	丙寅	丁卯	戊辰	己巳	庚午	辛未	壬申	癸酉	甲戌	乙亥	丙子	丁丑	戊寅	己卯	庚辰	辛巳	壬午	癸未	甲申	乙酉	丙戌	丁亥	戊子	己丑	庚寅

입춘 4일 01시30분

2 · 庚寅月 (양2.4 ~ 3.4)

우수 18일 21시14분

양력	1	2	3	4	5	6	7	8	9	10	11	12	13	14	15	16	17	18	19	20	21	22	23	24	25	26	27	28
음력	26	27	28	29	30	1.1	2	3	4	5	6	7	8	9	10	11	12	13	14	15	16	17	18	19	20	21	22	23
일진	辛卯	壬辰	癸巳	甲午	乙未	丙申	丁酉	戊戌	己亥	庚子	辛丑	壬寅	癸卯	甲辰	乙巳	丙午	丁未	戊申	己酉	庚戌	辛亥	壬子	癸丑	甲寅	乙卯	丙辰	丁巳	戊午

경칩 5일 19시16분

3 · 辛卯月 (양3.5 ~ 4.3)

춘분 20일 19시56분

양력	1	2	3	4	5	6	7	8	9	10	11	12	13	14	15	16	17	18	19	20	21	22	23	24	25	26	27	28	29	30	31
음력	24	25	26	27	28	29	30	2.1	2	3	4	5	6	7	8	9	10	11	12	13	14	15	16	17	18	19	20	21	22	23	24
일진	己未	庚申	辛酉	壬戌	癸亥	甲子	乙丑	丙寅	丁卯	戊辰	己巳	庚午	辛未	壬申	癸酉	甲戌	乙亥	丙子	丁丑	戊寅	己卯	庚辰	辛巳	壬午	癸未	甲申	乙酉	丙戌	丁亥	戊子	己丑

청명 4일 23시43분

4 · 壬辰月 (양4.4 ~ 5.4)

곡우 20일 06시37분

양력	1	2	3	4	5	6	7	8	9	10	11	12	13	14	15	16	17	18	19	20	21	22	23	24	25	26	27	28	29	30
음력	25	26	27	28	29	3.1	2	3	4	5	6	7	8	9	10	11	12	13	14	15	16	17	18	19	20	21	22	23	24	25
일진	庚寅	辛卯	壬辰	癸巳	甲午	乙未	丙申	丁酉	戊戌	己亥	庚子	辛丑	壬寅	癸卯	甲辰	乙巳	丙午	丁未	戊申	己酉	庚戌	辛亥	壬子	癸丑	甲寅	乙卯	丙辰	丁巳	戊午	己未

입하 5일 16시39분

5 · 癸巳月 (양5.5 ~ 6.4)

소만 21일 05시27분

양력	1	2	3	4	5	6	7	8	9	10	11	12	13	14	15	16	17	18	19	20	21	22	23	24	25	26	27	28	29	30	31
음력	26	27	28	29	30	4.1	2	3	4	5	6	7	8	9	10	11	12	13	14	15	16	17	18	19	20	21	22	23	24	25	26
일진	庚申	辛酉	壬戌	癸亥	甲子	乙丑	丙寅	丁卯	戊辰	己巳	庚午	辛未	壬申	癸酉	甲戌	乙亥	丙子	丁丑	戊寅	己卯	庚辰	辛巳	壬午	癸未	甲申	乙酉	丙戌	丁亥	戊子	己丑	庚寅

망종 5일 20시31분

6 · 甲午月 (양6.5 ~ 7.6)

하지 21일 13시13분

양력	1	2	3	4	5	6	7	8	9	10	11	12	13	14	15	16	17	18	19	20	21	22	23	24	25	26	27	28	29	30
음력	27	28	29	30	5.1	2	3	4	5	6	7	8	9	10	11	12	13	14	15	16	17	18	19	20	21	22	23	24	25	26
일진	辛卯	壬辰	癸巳	甲午	乙未	丙申	丁酉	戊戌	己亥	庚子	辛丑	壬寅	癸卯	甲辰	乙巳	丙午	丁未	戊申	己酉	庚戌	辛亥	壬子	癸丑	甲寅	乙卯	丙辰	丁巳	戊午	己未	庚申

	丙寅年	동경 135도 표준시

소서 7일 06시39분

7 · 乙未月 (양 7.7 ~ 8.6)

대서 23일 00시07분

양력	1	2	3	4	5	6	7	8	9	10	11	12	13	14	15	16	17	18	19	20	21	22	23	24	25	26	27	28	29	30	31
음력	27	28	29	6.1	2	3	4	5	6	7	8	9	10	11	12	13	14	15	16	17	18	19	20	21	22	23	24	25	26	27	28
일진	辛酉	壬戌	癸亥	甲子	乙丑	丙寅	丁卯	戊辰	己巳	庚午	辛未	壬申	癸酉	甲戌	乙亥	丙子	丁丑	戊寅	己卯	庚辰	辛巳	壬午	癸未	甲申	乙酉	丙戌	丁亥	戊子	己丑	庚寅	辛卯

입추 7일 16시32분

8 · 丙申月 (양 8.7 ~ 9.6)

처서 23일 07시23분

양력	1	2	3	4	5	6	7	8	9	10	11	12	13	14	15	16	17	18	19	20	21	22	23	24	25	26	27	28	29	30	31
음력	29	7.1	2	3	4	5	6	7	8	9	10	11	12	13	14	15	16	17	18	19	20	21	22	23	24	25	26	27	28	29	30
일진	壬辰	癸巳	甲午	乙未	丙申	丁酉	戊戌	己亥	庚子	辛丑	壬寅	癸卯	甲辰	乙巳	丙午	丁未	戊申	己酉	庚戌	辛亥	壬子	癸丑	甲寅	乙卯	丙辰	丁巳	戊午	己未	庚申	辛酉	壬戌

백로 7일 19시42분

9 · 丁酉月 (양 9.7 ~ 10.7)

추분 23일 05시20분

양력	1	2	3	4	5	6	7	8	9	10	11	12	13	14	15	16	17	18	19	20	21	22	23	24	25	26	27	28	29	30	
음력	8.1	2	3	4	5	6	7	8	9	10	11	12	13	14	15	16	17	18	19	20	21	22	23	24	25	26	27	28	29	9.1	
일진	癸亥	甲子	乙丑	丙寅	丁卯	戊辰	己巳	庚午	辛未	壬申	癸酉	甲戌	乙亥	丙子	丁丑	戊寅	己卯	庚辰	辛巳	壬午	癸未	甲申	乙酉	丙戌	丁亥	戊子	己丑	庚寅	辛卯	壬辰	

한로 8일 11시41분

10 · 戊戌月 (양 10.8 ~ 11.6)

상강 23일 15시02분

양력	1	2	3	4	5	6	7	8	9	10	11	12	13	14	15	16	17	18	19	20	21	22	23	24	25	26	27	28	29	30	31
음력	2	3	4	5	6	7	8	9	10	11	12	13	14	15	16	17	18	19	20	21	22	23	24	25	26	27	28	29	10.1	2	3
일진	癸巳	甲午	乙未	丙申	丁酉	戊戌	己亥	庚子	辛丑	壬寅	癸卯	甲辰	乙巳	丙午	丁未	戊申	己酉	庚戌	辛亥	壬子	癸丑	甲寅	乙卯	丙辰	丁巳	戊午	己未	庚申	辛酉	壬戌	癸亥

입동 7일 15시13분

11 · 己亥月 (양 11.7 ~ 12.6)

소설 22일 12시55분

양력	1	2	3	4	5	6	7	8	9	10	11	12	13	14	15	16	17	18	19	20	21	22	23	24	25	26	27	28	29	30	
음력	4	5	6	7	8	9	10	11	12	13	14	15	16	17	18	19	20	21	22	23	24	25	26	27	28	29	30	11.1	2	3	
일진	甲子	乙丑	丙寅	丁卯	戊辰	己巳	庚午	辛未	壬申	癸酉	甲戌	乙亥	丙子	丁丑	戊寅	己卯	庚辰	辛巳	壬午	癸未	甲申	乙酉	丙戌	丁亥	戊子	己丑	庚寅	辛卯	壬辰	癸巳	

대설 7일 08시20분

12 · 庚子月 (양 12.7 ~ 1.4)

동지 22일 02시27분

양력	1	2	3	4	5	6	7	8	9	10	11	12	13	14	15	16	17	18	19	20	21	22	23	24	25	26	27	28	29	30	31
음력	4	5	6	7	8	9	10	11	12	13	14	15	16	17	18	19	20	21	22	23	24	25	26	27	28	29	12.1	2	3	4	5
일진	甲午	乙未	丙申	丁酉	戊戌	己亥	庚子	辛丑	壬寅	癸卯	甲辰	乙巳	丙午	丁未	戊申	己酉	庚戌	辛亥	壬子	癸丑	甲寅	乙卯	丙辰	丁巳	戊午	己未	庚申	辛酉	壬戌	癸亥	甲子

단기 4380년	2047년(윤5월)	

소한 5일 19시41분소

1 · 辛丑月 (양1.5 ~ 2.3)

대한 20일 13시08분

양력	1	2	3	4	5	6	7	8	9	10	11	12	13	14	15	16	17	18	19	20	21	22	23	24	25	26	27	28	29	30	31
음력	6	7	8	9	10	11	12	13	14	15	16	17	18	19	20	21	22	23	24	25	26	27	28	29	30	1.1	2	3	4	5	6
일진	乙丑	丙寅	丁卯	戊辰	己巳	庚午	辛未	壬申	癸酉	甲戌	乙亥	丙子	丁丑	戊寅	己卯	庚辰	辛巳	壬午	癸未	甲申	乙酉	丙戌	丁亥	戊子	己丑	庚寅	辛卯	壬辰	癸巳	甲午	乙未

입춘 4일 07시16분

2 · 壬寅月 (양2.4 ~ 3.5)

우수 19일 03시09분

양력	1	2	3	4	5	6	7	8	9	10	11	12	13	14	15	16	17	18	19	20	21	22	23	24	25	26	27	28
음력	7	8	9	10	11	12	13	14	15	16	17	18	19	20	21	22	23	24	25	26	27	28	29	30	2.1	2	3	4
일진	丙申	丁酉	戊戌	己亥	庚子	辛丑	壬寅	癸卯	甲辰	乙巳	丙午	丁未	戊申	己酉	庚戌	辛亥	壬子	癸丑	甲寅	乙卯	丙辰	丁巳	戊午	己未	庚申	辛酉	壬戌	癸亥

경칩 6일 01시04분

3 · 癸卯月 (양3.6 ~ 4.4)

춘분 21일 01시51분

양력	1	2	3	4	5	6	7	8	9	10	11	12	13	14	15	16	17	18	19	20	21	22	23	24	25	26	27	28	29	30	31
음력	5	6	7	8	9	10	11	12	13	14	15	16	17	18	19	20	21	22	23	24	25	26	27	28	29	3.1	2	3	4	5	6
일진	甲子	乙丑	丙寅	丁卯	戊辰	己巳	庚午	辛未	壬申	癸酉	甲戌	乙亥	丙子	丁丑	戊寅	己卯	庚辰	辛巳	壬午	癸未	甲申	乙酉	丙戌	丁亥	戊子	己丑	庚寅	辛卯	壬辰	癸巳	甲午

청명 5일 05시31분

4 · 甲辰月 (양4.5 ~ 5.4)

곡우 20일 12시31분

양력	1	2	3	4	5	6	7	8	9	10	11	12	13	14	15	16	17	18	19	20	21	22	23	24	25	26	27	28	29	30
음력	7	8	9	10	11	12	13	14	15	16	17	18	19	20	21	22	23	24	25	26	27	28	29	30	4.1	2	3	4	5	6
일진	乙未	丙申	丁酉	戊戌	己亥	庚子	辛丑	壬寅	癸卯	甲辰	乙巳	丙午	丁未	戊申	己酉	庚戌	辛亥	壬子	癸丑	甲寅	乙卯	丙辰	丁巳	戊午	己未	庚申	辛酉	壬戌	癸亥	甲子

입하 5일 22시27분

5 · 乙巳月 (양5.5 ~ 6.5)

소만 21일 11시18분

양력	1	2	3	4	5	6	7	8	9	10	11	12	13	14	15	16	17	18	19	20	21	22	23	24	25	26	27	28	29	30	31
음력	7	8	9	10	11	12	13	14	15	16	17	18	19	20	21	22	23	24	25	26	27	28	29	30	5.1	2	3	4	5	6	7
일진	乙丑	丙寅	丁卯	戊辰	己巳	庚午	辛未	壬申	癸酉	甲戌	乙亥	丙子	丁丑	戊寅	己卯	庚辰	辛巳	壬午	癸未	甲申	乙酉	丙戌	丁亥	戊子	己丑	庚寅	辛卯	壬辰	癸巳	甲午	乙未

망종 6일 02시19분

6 · 丙午月 (양6.6 ~ 7.6)

하지 21일 19시02분

양력	1	2	3	4	5	6	7	8	9	10	11	12	13	14	15	16	17	18	19	20	21	22	23	24	25	26	27	28	29	30
음력	8	9	10	11	12	13	14	15	16	17	18	19	20	21	22	23	24	25	26	27	28	29	윤	5.2	3	4	5	6	7	8
일진	丙申	丁酉	戊戌	己亥	庚子	辛丑	壬寅	癸卯	甲辰	乙巳	丙午	丁未	戊申	己酉	庚戌	辛亥	壬子	癸丑	甲寅	乙卯	丙辰	丁巳	戊午	己未	庚申	辛酉	壬戌	癸亥	甲子	乙丑

	丁卯年	동경 135도 표준시

소서 7일 12시29분 **7 · 丁未月** (양 7.7 ~ 8.6) 대서 23일 05시54분

양력	1	2	3	4	5	6	7	8	9	10	11	12	13	14	15	16	17	18	19	20	21	22	23	24	25	26	27	28	29	30	31
음력	9	10	11	12	13	14	15	16	17	18	19	20	21	22	23	24	25	26	27	28	29	30	6.1	2	3	4	5	6	7	8	9
일진	丙寅	丁卯	戊辰	己巳	庚午	辛未	壬申	癸酉	甲戌	乙亥	丙子	丁丑	戊寅	己卯	庚辰	辛巳	壬午	癸未	甲申	乙酉	丙戌	丁亥	戊子	己丑	庚寅	辛卯	壬辰	癸巳	甲午	乙未	丙申

입추 7일 22시24분 **8 · 戊申月** (양 8.7 ~ 9.7) 처서 23일 13시09분

양력	1	2	3	4	5	6	7	8	9	10	11	12	13	14	15	16	17	18	19	20	21	22	23	24	25	26	27	28	29	30	31
음력	10	11	12	13	14	15	16	17	18	19	20	21	22	23	24	25	26	27	28	29	7.1	2	3	4	5	6	7	8	9	10	11
일진	丁酉	戊戌	己亥	庚子	辛丑	壬寅	癸卯	甲辰	乙巳	丙午	丁未	戊申	己酉	庚戌	辛亥	壬子	癸丑	甲寅	乙卯	丙辰	丁巳	戊午	己未	庚申	辛酉	壬戌	癸亥	甲子	乙丑	丙寅	丁卯

백로 8일 01시37분 **9 · 己酉月** (양 9.8 ~ 10.7) 추분 23일 11시07분

양력	1	2	3	4	5	6	7	8	9	10	11	12	13	14	15	16	17	18	19	20	21	22	23	24	25	26	27	28	29	30
음력	12	13	14	15	16	17	18	19	20	21	22	23	24	25	26	27	28	29	30	8.1	2	3	4	5	6	7	8	9	10	11
일진	戊辰	己巳	庚午	辛未	壬申	癸酉	甲戌	乙亥	丙子	丁丑	戊寅	己卯	庚辰	辛巳	壬午	癸未	甲申	乙酉	丙戌	丁亥	戊子	己丑	庚寅	辛卯	壬辰	癸巳	甲午	乙未	丙申	丁酉

한로 8일 17시36분 **10 · 庚戌月** (양 10.8 ~ 11.6) 상강 23일 20시47분

양력	1	2	3	4	5	6	7	8	9	10	11	12	13	14	15	16	17	18	19	20	21	22	23	24	25	26	27	28	29	30	31
음력	12	13	14	15	16	17	18	19	20	21	22	23	24	25	26	27	28	29	9.1	2	3	4	5	6	7	8	9	10	11	12	13
일진	戊戌	己亥	庚子	辛丑	壬寅	癸卯	甲辰	乙巳	丙午	丁未	戊申	己酉	庚戌	辛亥	壬子	癸丑	甲寅	乙卯	丙辰	丁巳	戊午	己未	庚申	辛酉	壬戌	癸亥	甲子	乙丑	丙寅	丁卯	戊辰

입동 7일 21시06분 **11 · 辛亥月** (양 11.7 ~ 12.6) 소설 22일 18시37분

양력	1	2	3	4	5	6	7	8	9	10	11	12	13	14	15	16	17	18	19	20	21	22	23	24	25	26	27	28	29	30
음력	14	15	16	17	18	19	20	21	22	23	24	25	26	27	28	29	10.1	2	3	4	5	6	7	8	9	10	11	12	13	14
일진	己巳	庚午	辛未	壬申	癸酉	甲戌	乙亥	丙子	丁丑	戊寅	己卯	庚辰	辛巳	壬午	癸未	甲申	乙酉	丙戌	丁亥	戊子	己丑	庚寅	辛卯	壬辰	癸巳	甲午	乙未	丙申	丁酉	戊戌

대설 7일 14시09분 **12 · 壬子月** (양 12.7 ~ 1.5) 동지 22일 08시06분

양력	1	2	3	4	5	6	7	8	9	10	11	12	13	14	15	16	17	18	19	20	21	22	23	24	25	26	27	28	29	30	31
음력	15	16	17	18	19	20	21	22	23	24	25	26	27	28	29	30	11.1	2	3	4	5	6	7	8	9	10	11	12	13	14	15
일진	己亥	庚子	辛丑	壬寅	癸卯	甲辰	乙巳	丙午	丁未	戊申	己酉	庚戌	辛亥	壬子	癸丑	甲寅	乙卯	丙辰	丁巳	戊午	己未	庚申	辛酉	壬戌	癸亥	甲子	乙丑	丙寅	丁卯	戊辰	己巳

단기 4381년	2048년	

소한 6일 01시28분 　 **1 · 癸丑月** (양 1.6 ~ 2.3) 　 대한 20일 18시46분

양력	1	2	3	4	5	6	7	8	9	10	11	12	13	14	15	16	17	18	19	20	21	22	23	24	25	26	27	28	29	30	31
음력	16	17	18	19	20	21	22	23	24	25	26	27	28	29	12.1	2	3	4	5	6	7	8	9	10	11	12	13	14	15	16	17
일진	庚午	辛未	壬申	癸酉	甲戌	乙亥	丙子	丁丑	戊寅	己卯	庚辰	辛巳	壬午	癸未	甲申	乙酉	丙戌	丁亥	戊子	己丑	庚寅	辛卯	壬辰	癸巳	甲午	乙未	丙申	丁酉	戊戌	己亥	庚子

입춘 4일 13시03분 　 **2 · 甲寅月** (양 2.4 ~ 3.4) 　 우수 19일 08시47분

양력	1	2	3	4	5	6	7	8	9	10	11	12	13	14	15	16	17	18	19	20	21	22	23	24	25	26	27	28	29
음력	18	19	20	21	22	23	24	25	26	27	28	29	30	1.1	2	3	4	5	6	7	8	9	10	11	12	13	14	15	16
일진	辛丑	壬寅	癸卯	甲辰	乙巳	丙午	丁未	戊申	己酉	庚戌	辛亥	壬子	癸丑	甲寅	乙卯	丙辰	丁巳	戊午	己未	庚申	辛酉	壬戌	癸亥	甲子	乙丑	丙寅	丁卯	戊辰	己巳

경칩 5일 06시53분 　 **3 · 乙卯月** (양 3.5 ~ 4.3) 　 춘분 20일 07시32분

양력	1	2	3	4	5	6	7	8	9	10	11	12	13	14	15	16	17	18	19	20	21	22	23	24	25	26	27	28	29	30	31
음력	17	18	19	20	21	22	23	24	25	26	27	28	29	2.1	2	3	4	5	6	7	8	9	10	11	12	13	14	15	16	17	18
일진	庚午	辛未	壬申	癸酉	甲戌	乙亥	丙子	丁丑	戊寅	己卯	庚辰	辛巳	壬午	癸未	甲申	乙酉	丙戌	丁亥	戊子	己丑	庚寅	辛卯	壬辰	癸巳	甲午	乙未	丙申	丁酉	戊戌	己亥	庚子

청명 4일 11시24분 　 **4 · 丙辰月** (양 4.4 ~ 5.4) 　 곡우 19일 18시16분

양력	1	2	3	4	5	6	7	8	9	10	11	12	13	14	15	16	17	18	19	20	21	22	23	24	25	26	27	28	29	30
음력	19	20	21	22	23	24	25	26	27	28	29	30	3.1	2	3	4	5	6	7	8	9	10	11	12	13	14	15	16	17	18
일진	辛丑	壬寅	癸卯	甲辰	乙巳	丙午	丁未	戊申	己酉	庚戌	辛亥	壬子	癸丑	甲寅	乙卯	丙辰	丁巳	戊午	己未	庚申	辛酉	壬戌	癸亥	甲子	乙丑	丙寅	丁卯	戊辰	己巳	庚午

입하 5일 04시23분 　 **5 · 丁巳月** (양 5.5 ~ 6.4) 　 소만 20일 17시06분

양력	1	2	3	4	5	6	7	8	9	10	11	12	13	14	15	16	17	18	19	20	21	22	23	24	25	26	27	28	29	30	31
음력	19	20	21	22	23	24	25	26	27	28	29	30	4.1	2	3	4	5	6	7	8	9	10	11	12	13	14	15	16	17	18	19
일진	辛未	壬申	癸酉	甲戌	乙亥	丙子	丁丑	戊寅	己卯	庚辰	辛巳	壬午	癸未	甲申	乙酉	丙戌	丁亥	戊子	己丑	庚寅	辛卯	壬辰	癸巳	甲午	乙未	丙申	丁酉	戊戌	己亥	庚子	辛丑

망종 5일 08시17분 　 **6 · 戊午月** (양 6.5 ~ 7.5) 　 하지 21일 00시52분

양력	1	2	3	4	5	6	7	8	9	10	11	12	13	14	15	16	17	18	19	20	21	22	23	24	25	26	27	28	29	30
음력	20	21	22	23	24	25	26	27	28	29	5.1	2	3	4	5	6	7	8	9	10	11	12	13	14	15	16	17	18	19	20
일진	壬寅	癸卯	甲辰	乙巳	丙午	丁未	戊申	己酉	庚戌	辛亥	壬子	癸丑	甲寅	乙卯	丙辰	丁巳	戊午	己未	庚申	辛酉	壬戌	癸亥	甲子	乙丑	丙寅	丁卯	戊辰	己巳	庚午	辛未

	戊辰年	동경 135도 표준시

소서 6일 18시25분

7 · 己未月 (양 7.6 ~ 8.6)

대서 22일 11시45분

양력	1	2	3	4	5	6	7	8	9	10	11	12	13	14	15	16	17	18	19	20	21	22	23	24	25	26	27	28	29	30	31
음력	21	22	23	24	25	26	27	28	29	30	6.1	2	3	4	5	6	7	8	9	10	11	12	13	14	15	16	17	18	19	20	21
일진	壬申	癸酉	甲戌	乙亥	丙子	丁丑	戊寅	己卯	庚辰	辛巳	壬午	癸未	甲申	乙酉	丙戌	丁亥	戊子	己丑	庚寅	辛卯	壬辰	癸巳	甲午	乙未	丙申	丁酉	戊戌	己亥	庚子	辛丑	壬寅

입추 7일 04시17분

8 · 庚申月 (양 8.7 ~ 9.6)

처서 22일 19시01분

양력	1	2	3	4	5	6	7	8	9	10	11	12	13	14	15	16	17	18	19	20	21	22	23	24	25	26	27	28	29	30	31
음력	22	23	24	25	26	27	28	29	30	7.1	2	3	4	5	6	7	8	9	10	11	12	13	14	15	16	17	18	19	20	21	22
일진	癸卯	甲辰	乙巳	丙午	丁未	戊申	己酉	庚戌	辛亥	壬子	癸丑	甲寅	乙卯	丙辰	丁巳	戊午	己未	庚申	辛酉	壬戌	癸亥	甲子	乙丑	丙寅	丁卯	戊辰	己巳	庚午	辛未	壬申	癸酉

백로 7일 07시26분

9 · 辛酉月 (양 9.7 ~ 10.6)

추분 22일 16시59분

양력	1	2	3	4	5	6	7	8	9	10	11	12	13	14	15	16	17	18	19	20	21	22	23	24	25	26	27	28	29	30	
음력	23	24	25	26	27	28	29	8.1	2	3	4	5	6	7	8	9	10	11	12	13	14	15	16	17	18	19	20	21	22	23	
일진	甲戌	乙亥	丙子	丁丑	戊寅	己卯	庚辰	辛巳	壬午	癸未	甲申	乙酉	丙戌	丁亥	戊子	己丑	庚寅	辛卯	壬辰	癸巳	甲午	乙未	丙申	丁酉	戊戌	己亥	庚子	辛丑	壬寅	癸卯	

한로 7일 23시25분

10 · 壬戌月 (양 10.7 ~ 11.6)

상강 23일 02시41분

양력	1	2	3	4	5	6	7	8	9	10	11	12	13	14	15	16	17	18	19	20	21	22	23	24	25	26	27	28	29	30	31
음력	24	25	26	27	28	29	30	9.1	2	3	4	5	6	7	8	9	10	11	12	13	14	15	16	17	18	19	20	21	22	23	24
일진	甲辰	乙巳	丙午	丁未	戊申	己酉	庚戌	辛亥	壬子	癸丑	甲寅	乙卯	丙辰	丁巳	戊午	己未	庚申	辛酉	壬戌	癸亥	甲子	乙丑	丙寅	丁卯	戊辰	己巳	庚午	辛未	壬申	癸酉	甲戌

입동 7일 02시55분

11 · 癸亥月 (양 11.7 ~ 12.5)

소설 22일 00시32분

양력	1	2	3	4	5	6	7	8	9	10	11	12	13	14	15	16	17	18	19	20	21	22	23	24	25	26	27	28	29	30	
음력	25	26	27	28	29	10.1	2	3	4	5	6	7	8	9	10	11	12	13	14	15	16	17	18	19	20	21	22	23	24	25	
일진	乙亥	丙子	丁丑	戊寅	己卯	庚辰	辛巳	壬午	癸未	甲申	乙酉	丙戌	丁亥	戊子	己丑	庚寅	辛卯	壬辰	癸巳	甲午	乙未	丙申	丁酉	戊戌	己亥	庚子	辛丑	壬寅	癸卯	甲辰	

대설 6일 19시59분

12 · 甲子月 (양 12.6 ~ 1.4)

동지 21일 14시01분

양력	1	2	3	4	5	6	7	8	9	10	11	12	13	14	15	16	17	18	19	20	21	22	23	24	25	26	27	28	29	30	31
음력	26	27	28	29	30	11.1	2	3	4	5	6	7	8	9	10	11	12	13	14	15	16	17	18	19	20	21	22	23	24	25	26
일진	乙巳	丙午	丁未	戊申	己酉	庚戌	辛亥	壬子	癸丑	甲寅	乙卯	丙辰	丁巳	戊午	己未	庚申	辛酉	壬戌	癸亥	甲子	乙丑	丙寅	丁卯	戊辰	己巳	庚午	辛未	壬申	癸酉	甲戌	乙亥

단기 4382년	2049년	

1 · 乙丑月 (양 1.5 ~ 2.2)

소한 5일 07시17분 / 대한 20일 00시40분

양력	1	2	3	4	5	6	7	8	9	10	11	12	13	14	15	16	17	18	19	20	21	22	23	24	25	26	27	28	29	30	31
음력	27	28	29	12.1	2	3	4	5	6	7	8	9	10	11	12	13	14	15	16	17	18	19	20	21	22	23	24	25	26	27	28
일진	丙子	丁丑	戊寅	己卯	庚辰	辛巳	壬午	癸未	甲申	乙酉	丙戌	丁亥	戊子	己丑	庚寅	辛卯	壬辰	癸巳	甲午	乙未	丙申	丁酉	戊戌	己亥	庚子	辛丑	壬寅	癸卯	甲辰	乙巳	丙午

2 · 丙寅月 (양 2.3 ~ 3.4)

입춘 3일 18시52분 / 우수 18일 14시41분

양력	1	2	3	4	5	6	7	8	9	10	11	12	13	14	15	16	17	18	19	20	21	22	23	24	25	26	27	28
음력	29	1.1	2	3	4	5	6	7	8	9	10	11	12	13	14	15	16	17	18	19	20	21	22	23	24	25	26	27
일진	丁未	戊申	己酉	庚戌	辛亥	壬子	癸丑	甲寅	乙卯	丙辰	丁巳	戊午	己未	庚申	辛酉	壬戌	癸亥	甲子	乙丑	丙寅	丁卯	戊辰	己巳	庚午	辛未	壬申	癸酉	甲戌

3 · 丁卯月 (양 3.5 ~ 4.3)

경칩 5일 12시41분 / 춘분 20일 13시27분

양력	1	2	3	4	5	6	7	8	9	10	11	12	13	14	15	16	17	18	19	20	21	22	23	24	25	26	27	28	29	30	31
음력	28	29	30	2.1	2	3	4	5	6	7	8	9	10	11	12	13	14	15	16	17	18	19	20	21	22	23	24	25	26	27	28
일진	乙亥	丙子	丁丑	戊寅	己卯	庚辰	辛巳	壬午	癸未	甲申	乙酉	丙戌	丁亥	戊子	己丑	庚寅	辛卯	壬辰	癸巳	甲午	乙未	丙申	丁酉	戊戌	己亥	庚子	辛丑	壬寅	癸卯	甲辰	乙巳

4 · 戊辰月 (양 4.4 ~ 5.4)

청명 4일 17시13분 / 곡우 20일 00시12분

양력	1	2	3	4	5	6	7	8	9	10	11	12	13	14	15	16	17	18	19	20	21	22	23	24	25	26	27	28	29	30
음력	29	3.1	2	3	4	5	6	7	8	9	10	11	12	13	14	15	16	17	18	19	20	21	22	23	24	25	26	27	28	29
일진	丙午	丁未	戊申	己酉	庚戌	辛亥	壬子	癸丑	甲寅	乙卯	丙辰	丁巳	戊午	己未	庚申	辛酉	壬戌	癸亥	甲子	乙丑	丙寅	丁卯	戊辰	己巳	庚午	辛未	壬申	癸酉	甲戌	乙亥

5 · 己巳月 (양 5.5 ~ 6.4)

입하 5일 10시11분 / 소만 20일 23시02분

양력	1	2	3	4	5	6	7	8	9	10	11	12	13	14	15	16	17	18	19	20	21	22	23	24	25	26	27	28	29	30	31
음력	30	4.1	2	3	4	5	6	7	8	9	10	11	12	13	14	15	16	17	18	19	20	21	22	23	24	25	26	27	28	29	5.1
일진	丙子	丁丑	戊寅	己卯	庚辰	辛巳	壬午	癸未	甲申	乙酉	丙戌	丁亥	戊子	己丑	庚寅	辛卯	壬辰	癸巳	甲午	乙未	丙申	丁酉	戊戌	己亥	庚子	辛丑	壬寅	癸卯	甲辰	乙巳	丙午

6 · 庚午月 (양 6.5 ~ 7.6)

망종 5일 14시02분 / 하지 21일 06시46분

양력	1	2	3	4	5	6	7	8	9	10	11	12	13	14	15	16	17	18	19	20	21	22	23	24	25	26	27	28	29	30
음력	2	3	4	5	6	7	8	9	10	11	12	13	14	15	16	17	18	19	20	21	22	23	24	25	26	27	28	29	30	6.1
일진	丁未	戊申	己酉	庚戌	辛亥	壬子	癸丑	甲寅	乙卯	丙辰	丁巳	戊午	己未	庚申	辛酉	壬戌	癸亥	甲子	乙丑	丙寅	丁卯	戊辰	己巳	庚午	辛未	壬申	癸酉	甲戌	乙亥	丙子

己巳年

동경 135도 표준시

소서 7일 00시07분

7 · 辛未月 (양 7.7 ~ 8.6)

대서 22일 17시35분

양력	1	2	3	4	5	6	7	8	9	10	11	12	13	14	15	16	17	18	19	20	21	22	23	24	25	26	27	28	29	30	31
음력	2	3	4	5	6	7	8	9	10	11	12	13	14	15	16	17	18	19	20	21	22	23	24	25	26	27	28	29	30	7.1	2
일진	丁丑	戊寅	己卯	庚辰	辛巳	壬午	癸未	甲申	乙酉	丙戌	丁亥	戊子	己丑	庚寅	辛卯	壬辰	癸巳	甲午	乙未	丙申	丁酉	戊戌	己亥	庚子	辛丑	壬寅	癸卯	甲辰	乙巳	丙午	丁未

입추 7일 09시56분

8 · 壬申月 (양 8.7 ~ 9.6)

처서 23일 00시46분

양력	1	2	3	4	5	6	7	8	9	10	11	12	13	14	15	16	17	18	19	20	21	22	23	24	25	26	27	28	29	30	31
음력	3	4	5	6	7	8	9	10	11	12	13	14	15	16	17	18	19	20	21	22	23	24	25	26	27	28	29	8.1	2	3	4
일진	戊申	己酉	庚戌	辛亥	壬子	癸丑	甲寅	乙卯	丙辰	丁巳	戊午	己未	庚申	辛酉	壬戌	癸亥	甲子	乙丑	丙寅	丁卯	戊辰	己巳	庚午	辛未	壬申	癸酉	甲戌	乙亥	丙子	丁丑	戊寅

백로 7일 13시04분

9 · 癸酉月 (양 9.7 ~ 10.7)

추분 22일 22시41분

양력	1	2	3	4	5	6	7	8	9	10	11	12	13	14	15	16	17	18	19	20	21	22	23	24	25	26	27	28	29	30
음력	5	6	7	8	9	10	11	12	13	14	15	16	17	18	19	20	21	22	23	24	25	26	27	28	29	30	9.1	2	3	4
일진	己卯	庚辰	辛巳	壬午	癸未	甲申	乙酉	丙戌	丁亥	戊子	己丑	庚寅	辛卯	壬辰	癸巳	甲午	乙未	丙申	丁酉	戊戌	己亥	庚子	辛丑	壬寅	癸卯	甲辰	乙巳	丙午	丁未	戊申

한로 8일 05시03분

10 · 甲戌月 (양 10.8 ~ 11.6)

상강 23일 08시24분

양력	1	2	3	4	5	6	7	8	9	10	11	12	13	14	15	16	17	18	19	20	21	22	23	24	25	26	27	28	29	30	31
음력	5	6	7	8	9	10	11	12	13	14	15	16	17	18	19	20	21	22	23	24	25	26	27	28	29	30	10.1	2	3	4	5
일진	己酉	庚戌	辛亥	壬子	癸丑	甲寅	乙卯	丙辰	丁巳	戊午	己未	庚申	辛酉	壬戌	癸亥	甲子	乙丑	丙寅	丁卯	戊辰	己巳	庚午	辛未	壬申	癸酉	甲戌	乙亥	丙子	丁丑	戊寅	己卯

입동 7일 08시37분

11 · 乙亥月 (양 11.7 ~ 12.6)

소설 22일 06시18분

양력	1	2	3	4	5	6	7	8	9	10	11	12	13	14	15	16	17	18	19	20	21	22	23	24	25	26	27	28	29	30
음력	6	7	8	9	10	11	12	13	14	15	16	17	18	19	20	21	22	23	24	25	26	27	28	29	11.1	2	3	4	5	6
일진	庚辰	辛巳	壬午	癸未	甲申	乙酉	丙戌	丁亥	戊子	己丑	庚寅	辛卯	壬辰	癸巳	甲午	乙未	丙申	丁酉	戊戌	己亥	庚子	辛丑	壬寅	癸卯	甲辰	乙巳	丙午	丁未	戊申	己酉

대설 7일 01시45분

12 · 丙子月 (양 12.7 ~ 1.4)

동지 21일 19시51분

양력	1	2	3	4	5	6	7	8	9	10	11	12	13	14	15	16	17	18	19	20	21	22	23	24	25	26	27	28	29	30	31
음력	7	8	9	10	11	12	13	14	15	16	17	18	19	20	21	22	23	24	25	26	27	28	29	30	12.1	2	3	4	5	6	7
일진	庚戌	辛亥	壬子	癸丑	甲寅	乙卯	丙辰	丁巳	戊午	己未	庚申	辛酉	壬戌	癸亥	甲子	乙丑	丙寅	丁卯	戊辰	己巳	庚午	辛未	壬申	癸酉	甲戌	乙亥	丙子	丁丑	戊寅	己卯	庚辰

단기 4383년	**2050년**(윤3월)	

소한 5일 13시06분 **1 · 丁丑月**(양 1.5 ~ 2.3) 대한 20일 06시32분

양력	1	2	3	4	5	6	7	8	9	10	11	12	13	14	15	16	17	18	19	20	21	22	23	24	25	26	27	28	29	30	31
음력	8	9	10	11	12	13	14	15	16	17	18	19	20	21	22	23	24	25	26	27	28	29	1.1	2	3	4	5	6	7	8	9
일진	辛巳	壬午	癸未	甲申	乙酉	丙戌	丁亥	戊子	己丑	庚寅	辛卯	壬辰	癸巳	甲午	乙未	丙申	丁酉	戊戌	己亥	庚子	辛丑	壬寅	癸卯	甲辰	乙巳	丙午	丁未	戊申	己酉	庚戌	辛亥

입춘 4일 00시42분 **2 · 戊寅月**(양 2.4 ~ 3.4) 우수 18일 20시34분

양력	1	2	3	4	5	6	7	8	9	10	11	12	13	14	15	16	17	18	19	20	21	22	23	24	25	26	27	28
음력	10	11	12	13	14	15	16	17	18	19	20	21	22	23	24	25	26	27	28	29	30	2.1	2	3	4	5	6	7
일진	壬子	癸丑	甲寅	乙卯	丙辰	丁巳	戊午	己未	庚申	辛酉	壬戌	癸亥	甲子	乙丑	丙寅	丁卯	戊辰	己巳	庚午	辛未	壬申	癸酉	甲戌	乙亥	丙子	丁丑	戊寅	己卯

경칩 5일 18시31분 **3 · 己卯月**(양 3.5 ~ 4.3) 춘분 20일 19시18분

양력	1	2	3	4	5	6	7	8	9	10	11	12	13	14	15	16	17	18	19	20	21	22	23	24	25	26	27	28	29	30	31
음력	8	9	10	11	12	13	14	15	16	17	18	19	20	21	22	23	24	25	26	27	28	29	3.1	2	3	4	5	6	7	8	9
일진	庚辰	辛巳	壬午	癸未	甲申	乙酉	丙戌	丁亥	戊子	己丑	庚寅	辛卯	壬辰	癸巳	甲午	乙未	丙申	丁酉	戊戌	己亥	庚子	辛丑	壬寅	癸卯	甲辰	乙巳	丙午	丁未	戊申	己酉	庚戌

청명 4일 23시02분 **4 · 庚辰月**(양 4.4 ~ 5.4) 곡우 20일 06시01분

양력	1	2	3	4	5	6	7	8	9	10	11	12	13	14	15	16	17	18	19	20	21	22	23	24	25	26	27	28	29	30
음력	10	11	12	13	14	15	16	17	18	19	20	21	22	23	24	25	26	27	28	29	윤	3.2	3	4	5	6	7	8	9	10
일진	辛亥	壬子	癸丑	甲寅	乙卯	丙辰	丁巳	戊午	己未	庚申	辛酉	壬戌	癸亥	甲子	乙丑	丙寅	丁卯	戊辰	己巳	庚午	辛未	壬申	癸酉	甲戌	乙亥	丙子	丁丑	戊寅	己卯	庚辰

입하 5일 16시00분 **5 · 辛巳月**(양 5.5 ~ 6.4) 소만 21일 04시49분

양력	1	2	3	4	5	6	7	8	9	10	11	12	13	14	15	16	17	18	19	20	21	22	23	24	25	26	27	28	29	30	31
음력	11	12	13	14	15	16	17	18	19	20	21	22	23	24	25	26	27	28	29	30	4.1	2	3	4	5	6	7	8	9	10	11
일진	辛巳	壬午	癸未	甲申	乙酉	丙戌	丁亥	戊子	己丑	庚寅	辛卯	壬辰	癸巳	甲午	乙未	丙申	丁酉	戊戌	己亥	庚子	辛丑	壬寅	癸卯	甲辰	乙巳	丙午	丁未	戊申	己酉	庚戌	辛亥

망종 5일 19시53분 **6 · 壬午月**(양 6.5 ~ 7.6) 하지 21일 12시31분

양력	1	2	3	4	5	6	7	8	9	10	11	12	13	14	15	16	17	18	19	20	21	22	23	24	25	26	27	28	29	30
음력	12	13	14	15	16	17	18	19	20	21	22	23	24	25	26	27	28	29	5.1	2	3	4	5	6	7	8	9	10	11	12
일진	壬子	癸丑	甲寅	乙卯	丙辰	丁巳	戊午	己未	庚申	辛酉	壬戌	癸亥	甲子	乙丑	丙寅	丁卯	戊辰	己巳	庚午	辛未	壬申	癸酉	甲戌	乙亥	丙子	丁丑	戊寅	己卯	庚辰	辛巳

庚午年

동경 135도 표준시

소서 7일 06시00분

7 · 癸未月 (양 7.7 ~ 8.6)

대서 22일 23시20분

양력	1	2	3	4	5	6	7	8	9	10	11	12	13	14	15	16	17	18	19	20	21	22	23	24	25	26	27	28	29	30	31
음력	13	14	15	16	17	18	19	20	21	22	23	24	25	26	27	28	29	30	6.1	2	3	4	5	6	7	8	9	10	11	12	13
일진	壬午	癸未	甲申	乙酉	丙戌	丁亥	戊子	己丑	庚寅	辛卯	壬辰	癸巳	甲午	乙未	丙申	丁酉	戊戌	己亥	庚子	辛丑	壬寅	癸卯	甲辰	乙巳	丙午	丁未	戊申	己酉	庚戌	辛亥	壬子

입추 7일 15시51분

8 · 甲申月 (양 8.7 ~ 9.6)

처서 23일 06시31분

양력	1	2	3	4	5	6	7	8	9	10	11	12	13	14	15	16	17	18	19	20	21	22	23	24	25	26	27	28	29	30	31
음력	14	15	16	17	18	19	20	21	22	23	24	25	26	27	28	29	7.1	2	3	4	5	6	7	8	9	10	11	12	13	14	15
일진	癸丑	甲寅	乙卯	丙辰	丁巳	戊午	己未	庚申	辛酉	壬戌	癸亥	甲子	乙丑	丙寅	丁卯	戊辰	己巳	庚午	辛未	壬申	癸酉	甲戌	乙亥	丙子	丁丑	戊寅	己卯	庚辰	辛巳	壬午	癸未

백로 7일 18시59분

9 · 乙酉月 (양 9.7 ~ 10.7)

추분 23일 04시27분

양력	1	2	3	4	5	6	7	8	9	10	11	12	13	14	15	16	17	18	19	20	21	22	23	24	25	26	27	28	29	30
음력	16	17	18	19	20	21	22	23	24	25	26	27	28	29	30	8.1	2	3	4	5	6	7	8	9	10	11	12	13	14	15
일진	甲申	乙酉	丙戌	丁亥	戊子	己丑	庚寅	辛卯	壬辰	癸巳	甲午	乙未	丙申	丁酉	戊戌	己亥	庚子	辛丑	壬寅	癸卯	甲辰	乙巳	丙午	丁未	戊申	己酉	庚戌	辛亥	壬子	癸丑

한로 8일 10시59분

10 · 丙戌月 (양 10.8 ~ 11.6)

상강 23일 14시10분

양력	1	2	3	4	5	6	7	8	9	10	11	12	13	14	15	16	17	18	19	20	21	22	23	24	25	26	27	28	29	30	31
음력	16	17	18	19	20	21	22	23	24	25	26	27	28	29	30	9.1	2	3	4	5	6	7	8	9	10	11	12	13	14	15	16
일진	甲寅	乙卯	丙辰	丁巳	戊午	己未	庚申	辛酉	壬戌	癸亥	甲子	乙丑	丙寅	丁卯	戊辰	己巳	庚午	辛未	壬申	癸酉	甲戌	乙亥	丙子	丁丑	戊寅	己卯	庚辰	辛巳	壬午	癸未	甲申

입동 7일 14시32분

11 · 丁亥月 (양 11.7 ~ 12.6)

소설 22일 12시05분

양력	1	2	3	4	5	6	7	8	9	10	11	12	13	14	15	16	17	18	19	20	21	22	23	24	25	26	27	28	29	30
음력	17	18	19	20	21	22	23	24	25	26	27	28	29	10.1	2	3	4	5	6	7	8	9	10	11	12	13	14	15	16	17
일진	乙酉	丙戌	丁亥	戊子	己丑	庚寅	辛卯	壬辰	癸巳	甲午	乙未	丙申	丁酉	戊戌	己亥	庚子	辛丑	壬寅	癸卯	甲辰	乙巳	丙午	丁未	戊申	己酉	庚戌	辛亥	壬子	癸丑	甲寅

대설 7일 07시40분

12 · 戊子月 (양 12.7 ~ 1.4)

동지 22일 01시37분

양력	1	2	3	4	5	6	7	8	9	10	11	12	13	14	15	16	17	18	19	20	21	22	23	24	25	26	27	28	29	30	31
음력	18	19	20	21	22	23	24	25	26	27	28	29	30	11.1	2	3	4	5	6	7	8	9	10	11	12	13	14	15	16	17	18
일진	乙卯	丙辰	丁巳	戊午	己未	庚申	辛酉	壬戌	癸亥	甲子	乙丑	丙寅	丁卯	戊辰	己巳	庚午	辛未	壬申	癸酉	甲戌	乙亥	丙子	丁丑	戊寅	己卯	庚辰	辛巳	壬午	癸未	甲申	乙酉

쉽게 푸는 당사주

지은이 | 이 수
펴낸이 | 유재영
펴낸곳 | 동학사

1판 1쇄 | 1997년 10월 15일
1판 10쇄 | 2023년 2월 28일
출판등록 | 1987년 11월 27일 제10-149

주소 | 04083 서울 마포구 토정로 53 (합정동)
전화 | 324-6130, 324-6131 · 팩스 | 324-6135
E-메일 | dhsbook@hanmail.net
홈페이지 | www.donghaksa.co.kr
www.green-home.co.kr

ISBN 89-7190-042-3 03180